U0094248

清代政区地理三探

本书系中国人民大学科学研究基金项目『清史地理信息系统研究』（项目批准号：22XNLG03）成果

主　编　华林甫

副主编　丁　超　胡　恒

北京联合出版公司
Beijing United Publishing Co.,Ltd.

目 录

第一部分　清代历史地图编绘研究

《清史地图集·序》

邹逸麟

　　编纂历史地图是一项崇高的学术事业。它是一门很深的、专门的学问，是一种非常严肃、艰难的学术研究工作，也是历史地理学从业人员的基本功。华林甫团队是新一代学人，愿意承担编绘研制清代历史地图的学术使命，勇于迎接学术挑战，甘于坐冷板凳，潜心于爬梳文献档案，精神可嘉，而且也做出了成绩，学术事业后继有人。

　　现代的历史地图事业，要追踪到谭其骧先生主编的《中国历史地图集》（以下简称"谭图"）。谭图编绘是从1954年开始的。我从1957年开始跟随谭先生从事历史地图编绘，到1987年结束，历时三十年，甘苦自知。编绘地图是有标准年份的，现代地图也是如此。标准年份的选取，谭先生有三个原则：第一，该年份的政局、社会比较稳定；第二，疆域、政区可以代表这一朝代的面貌；第三，资料要齐全。以此衡量，唐朝图选了开元二十九年，因为天宝以后就安史之乱、藩镇割据；宋朝图选的是政和元年，因为那时是澶渊之盟以后，有二十余年比较稳定。清时期的地图，谭先生选定嘉庆二十五年，此时正处于清朝由盛到衰的转变过程中，有《嘉庆重修一统志》为据。这样选都是有道理的。

　　谭图的第八册是清时期图组，包括嘉庆二十五年和光绪三十四年的两幅全国图和三十来幅分省图（包括省级地域图和单独成图的放大图），展开分省图的标准年份是嘉庆二十五年。八册谭图涵盖了中国通史大部分时段，从先秦一直画到清朝，如果加上简明图的话，还包括了民国。从整体来说，清时期图组已经是一册了，篇幅占八分之一，图幅数量、详略程度只能如此。如果说"中国通史"是全貌，那么断代史就是一个个连续的剖面；因此，历史地图集不仅需要通史式的《中国历史地图集》，新时代也呼唤断代史式的《清史地图集》。

　　我们都知道，清朝疆域不仅是清朝本身历史发展的结果，更是两千多年来中国疆域发展变化的最终沉淀，它奠定了目前国家版图的基础。清朝对内地的统治自不必说，就是对边疆地区的控制也远远比汉、唐时期牢固，治理成就也巨大。例如，清代朝廷与内蒙古的联姻、与外蒙古的结盟，比唐代内地与都护府的关系要紧密得多。东北地区，虽然先秦以来就管辖着辽河流域，但中原王朝与松花江、黑龙江流域的联系一直比较松散，如唐代黑水都督府、明代奴儿干都司均属于羁縻性质，清朝设立的盛京、吉林、黑龙江三将军牢牢控制了白山黑水，东北 1907 年建省时则已经内地化。清朝对于西域新疆、西藏、台湾等边疆地区的控制，均达到前所未有的程度。因此，到了乾隆、嘉庆和道光前期，是中国两千多年来中原与边疆地区关系最紧密的时期。

清代内地与边疆的关系如此巩固，不仅仅是因为武力强大，更是中国境内各个民族长期相互融合的结果。汉唐以来北方少数民族不断南下，或互市贸易，或"五胡乱华"，中原政权强大时也曾北征朔漠，说明相互之间谁也离不开谁，所以历史发展到了清朝，各个民族的发展是自然而然地结合在了一起，形成中华民族多元一体格局，乾隆时期大一统是历史发展的必然趋势。清朝在一千三百多万平方公里的广袤国土上遍设驿、站、台、塘，派驻八旗兵丁，有漕八省的滚滚财源也持续输入京师，全国形成一个整体。但是，康乾盛世的全国性历史地图，过去没人做，谭图也没有，《清史地图集》画出了乾隆六十年疆域全盛时期的全国地图，很有价值。

清代的行省体制，也有一个发展、变化的过程。顺治朝，把明朝两京十三布政使司改造为十五省；康熙初，江南、湖广、陕西三省各一分为二，形成十八省；乾隆末改掉元朝以来的"属州"，形成整齐划一的省、府、县三级制度（其中直隶厅、直隶州相当于府，散厅、散州相当于县）。道光中期以后，沿海、边疆地位日益重要，光绪年间，从福建析出了台湾省，伊犁、盛京、吉林、黑龙江四将军辖地分别改制为新疆省、奉天省、吉林省、黑龙江省，此新建五省意义重大。清代全国的治理体系，除了内地行省制之外，北部边疆是将军制，青藏是朝廷管辖的政教合一体制，而内蒙古则辖属于理藩院。它们把全国管理得井井有条，均值得用历史地图来直观地反映。

1840 年以后，列强入侵导致一系列不平等条约的签订，割地、赔款接踵而至，中国人民经历了深重的苦难。近代史上失去的一百五六十万平方公里的国土，如果没有道光二十年与光绪二十年地图的对照就看不清楚。晚清七十年，中国经历了三千年未有之大变局，但此时中国正在逐渐近代化，与嘉庆以前的昔日中国有些不同了，五口通商之后沿海、沿江口岸逐渐开放，与外国打交道过程中知道了"国籍"等新概念，出现一些新生事物，如租借地、铁路、新式邮政等。这些都应该可以用地图反映出来。

因此，编绘研制《清史地图集》不仅是清史研究、历史地理研究的需要，也是为了赓续历史地图事业。其学术价值非常高，当然难度也很大。

就具体做法而言，上文提到某标准年份虽然选定了，但是要编出来还是很不容易的。当初，谭先生布置开元二十九年政区图由我来做，他说："老邹，你先要编一个开元二十九年唐朝政区表。"那么，那一年有多少道、多少府、多少州、多少县，都要编出来。因为没有一部地理志书有现成的答案，我要依据《旧唐书》《新唐书》《通典》《唐会要》《元和郡县图志》《太平寰宇记》编出一个开元二十九年的政区表，有矛盾处还要做考证，十分烦琐；并且，开元二十九年以前、以后的历史都很长，唐朝二百九十年期间曾置或已废的县也要画，做小地名处理，所以唐朝所有县级及其以上的政区我都做过考证。还有，因为唐朝延续时间长，一个年份的图组不够，另外还选了一个大中十三年，那时刚好元和平淮西，藩镇平定，晚唐有一段时期比较稳定。大中十三年的政区表，也是我编的，我也是根据这些典籍编出来的。绘图必须有这个政区表，否则无从下手。

华林甫在项目组会上多次表示，没有我主持的"大型清史"《地理志》，他主持的《清史地图集》画不出来。这是客气话，但是也是事实。编政区表是一个基本功，也不是很容易能做好的事情。《清史地图集》展开的省域图选定宣统三年，就是因为《地理志》政区框架是以宣统三年列目的，那是清朝疆域、政区发展到最后一年的形态。如今的《清史地图集》，不但真正下功夫编出了详细的政区表，还有一千多万字的《编稿表》各种考证，利用档案、文献、舆图，边疆地区还利用满文、蒙古文资料，对政区治所、河流所经、湖泊范围、地物选取、地名写法、政区边界、草原鄂博、西藏宗谿、海岛名实等做了大量的细致工作，功夫扎实，很好地继承了谭先生的学术精神。

《清史地图集》项目组既有宏大设计，具体入手又非常细致，在《编稿表》阶段做了大量地名考证，在研究清代常规地物如何上图的同时，尤其着重于全国的县级政区界线考证（青藏除外），把政区界线的研究精度从谭图的府界提高到了县界。画出全国的县界，这是个雄心壮志。本来，研制明清县界的任务应由省级尺度的历史地图集来完成，但现有成果不尽理想，如今作为全国尺度历史地图的《清史地图集》初步做了有益尝试，是为学术上一大进步，因而出版之后将是影响一代的学术成果。

当年谭先生教我们画历史地图集，虽然是以政区疆域为主，但不能没有山川骨架。山峰简单，古今没有什么大变化的，但河流变化很大，特别是平原的黄河、运河、长江、海河水系等。唐朝以前，河流基本就靠《汉书·地理志》和《水经注》，《水经注》非常详细，基本都能画出来；唐朝以后就没有这样的材料，仅仅靠《元和郡县图志》《太平寰宇记》画不出来。那时，谭先生对我说："老邹，这个事情你干吧！"所以唐朝以后的河流都是我来弄的，这个也是很难的。历史地图集一个朝代只有一个代表年份，画唐朝的黄河就要画开元二十九年的黄河，宋朝图要画政和元年的黄河，明朝图要画万历十年的黄河；但是要把黄河这两千多年的变迁都逐年考证清楚之后，才能知道哪一年的黄河是怎么个流向。所以，图上画画就这么一条线而已，实际花费了很大功夫。《清史地图集》有若干条线、有一些点修正了谭图，"含金量"是很高的，这几条线、这些个点就是专深的学术研究，没有这样的研究是无法推动学术进步的。

这些《编稿表》的考证和结论，是地名地物编绘上图的依据，是《清史地图集》质量的后盾，将与地图伴随终身。以前谭图也设计过《编稿表》，为怕遗失还用蜡纸刻印过前两期，但后来因各种政治运动，地图要先赶进度，导致《编稿表》残缺不全而日后无法出版，成为重大遗憾。所以，希望《清史地图集》把地图部分出版之后，文字部分也尽快整理出来。

项目组通过这次编绘清史地图的实践，我盼望今后陆续有一批扎实的研究成果问世。我一直认为《清代城市研究》是很值得写的一本专著。清代的城市从早期的康、雍、乾时期，到晚清同光、宣统时期发生了本质的变化，非常值得系统研究。同时，清代疆域变迁具有强烈的现实意义，我也很希望项目组能集体写一本比较精确、非常细致、带有精细地图的《清代疆域变迁史》。

现在，《清史地图集》团队有这么多志同道合的成员，取得这么好的成绩，令人振奋，我非常高兴。这个团队是十分有希望的，这项工作也非常有价值。共同参加一个项目是一种缘分。我一直认为，凡是一个大的科研项目都能带动一个学科的发展，培养一批人才。目前，《清史地图集》项目组内已有多人申请到了国家社科基金重大项目、重点项目、冷门绝学项目、青年项目以及各种地方科研项目，今后必将有一批年轻人脱颖而出，这是"既出成果、也出人才"的好兆头。

是为序。

2018 年 12 月 29 日初稿

2019 年 8 月 18 日改定

110年来中国历史地图集的编绘成就与未来展望*

华林甫

谭其骧曰："地理之学，非图不明。"[①] 此处的"图"，包含了古地图和历史地图两大学术领域[②]。本文的关注对象属于历史地图领域，限于严肃的历史地图（集），时间断限上起清末，下迄于今，地域范围为"历史上的中国"[③]，不涉及教学挂图、电子地图。

一、学术传统

历史地图是历史地理学的第二语言，历史地图的研制和编绘是中国历史地理学最

---

* 本文原刊于《中国历史地理论丛》2021年第3辑，《新华文摘》2021年第21期全文转载，收入本书时有修改。

① 谭其骧：《中国古代地图集·序》，文物出版社，明代卷，1995年，第2页；清代卷，1997年，第2页；《长水集续编》，人民出版社，1994年，第356页。清朝有"地理非图不明"之语，见纪昀《河源纪略》卷一《图说》（国家图书馆出版社，据武英殿刻本影印，2011年，第1页）、徐继畬《瀛寰志略·自序》（宋大川校注本，文物出版社，2007年，第9页）等。

② 按照学术界约定俗成的观念，"古地图"是指民国以前使用传统方法绘制的地图，即古人、近人绘制的舆图，属于文物或准文物；古地图研究属于文献学范畴，相当一部分成果属于古籍整理与研究，例如著名的《中国古代地图集》（三卷）等。"历史地图"是"今人"以其所在时代的当代地图为底图、依照"今人"的需要、以历史上某一年代或时期的地理状况为内容而编制的地图，因表现对象为历史时期内容，习称"历史地图"，如谭其骧院士主编的《中国历史地图集》（八册）等。关于"古地图"和"历史地图"的区别，可参考华林甫《中国历史地理学·综述》（山东教育出版社，2009年，第470—471页）、卢祥亮《试论"地图"、"舆地图"和"舆图"三词的起源与流变》一文（《历史·环境与边疆——2010年中国历史地理国际学术研讨会论文集》，广西师范大学出版社，2012年，第83—88页）。

③ 谭其骧：《历史上的中国和中国历代疆域》，《长水集续编》，第1—17页。

富特色的领域，也是历史地理学取得显著成就的一个重要方面。

中国学术界具有编绘历史地图的悠久传统。西晋裴秀主持的《禹贡地域图》18篇[①]所提出的"制图六体"，为中国传统制图学奠定了基础，在世界地图学史上有重要地位[②]，可惜业已失传。唐代贾耽绘《海内华夷图》首创"古墨今朱"[③]的历史地图编绘设想，只不过当时的印刷技术做不到。北宋税安礼《历代地理指掌图》是保存至今最早的一部古人编绘的历史地图集[④]，编有北宋以前的历史地图 43 幅。这类历史地图，南宋有傅寅《禹贡说断》附《禹贡山川总汇之图》、陈元靓《事林广记》附《历代国都图》，元有信州石刻《六经图》、王喜《治河图略》附《禹河之图》，明吴国辅有《今古舆地图》、陈沂有《金陵古今图考》。清胡渭《禹贡锥指》卷首有《禹贡图》47 幅，李兆洛《历代地理沿革图》绘有《禹贡九州图》《春秋列国图》《秦三十六郡图》及西汉以下历代地理志地图 22 幅等。

清末历史地图之编绘，规模大的可举杨守敬[⑤]《历代舆地图》（以下简称"杨图"）为例。它是"我国历史地图里面空前的杰作"[⑥]，是历史地图绘制史上的里程碑[⑦]，达到了清末的最高成就。

杨图线装书有 34 册，总体上分为两大部分：前一部分为《历代舆地沿革险要图》，线装一册，系杨守敬先于同治二年（1863）与邓承修、后于光绪五年（1879）与饶敦秩合作绘成，主要是历代疆域形势图、四裔图等，性质相当于总图，光绪丙午（1906）重订本共 71 幅；后一部分为历代"地理志"图，线装 33 册，始绘年代已不可查考，熊会贞出力尤多，刻印地点有邻苏园、鄂城、菊湾、武昌、沪上等地，最终完成于宣统三年（1911），性质相当于各个朝代分幅图。杨图情况，见表 1：

表 1　杨守敬《历代舆地图》分幅图组、图幅

序号	图组	图幅数量	序号	图组	图幅数量
1	春秋列国地图	29	23	夏疆域图	10
2	战国疆域图	48	24	后蜀疆域图	15

① 《晋书》卷35《裴秀传》，中华书局，1974年，第4册，第1039页。

② 说见谭其骧《中国历史地图集·前言》，中国地图出版社，1982年。

③ 参见《旧唐书》卷138《贾耽传》，中华书局，1975年，第12册，第3786页。

④ 《宋本〈历代地理指掌图〉》，上海古籍出版社，据东洋文库庋藏南宋刻本影印，1989年。

⑤ 杨守敬（1839—1915），字鹏云，号惺吾，晚年自署邻苏老人，湖北宜都人，撰有《历代舆地图》《隋书地理志考证附补遗》《水经注疏》《日本访书志》《晦明轩稿》等。

⑥ 顾颉刚、章巽：《中国历史地图集（古代史部分）·序》。

⑦ 谭其骧：《中国历史地图集·前言》。

序号	图组	图幅数量	序号	图组	图幅数量
3	嬴秦郡县图	18	25	刘宋州郡图	50
4	前汉地理图	95	26	南齐州郡图	47
5	续汉书郡国图	87	27	萧梁疆域图	40
6	三国疆域图	84	28	陈疆域图	33
7	西晋地理图	85	29	北魏地形志图	34
8	东晋疆域图	50	30	北齐疆域图	19
9	前赵疆域图	13	31	西魏疆域图	24
10	后赵疆域图	26	32	北周疆域图	40
11	前燕疆域图	26	33	隋地理志图	82
12	后燕疆域图（西燕附）	24	34	唐地理志图	83
13	南燕疆域图	6	35	后梁并十国图	57
14	北燕疆域图	12	36	后唐并七国图	56
15	前秦疆域图	46	37	后晋并七国图	54
16	后秦疆域图	18	38	后汉并六国图	54
17	西秦疆域图	5	39	后周并七国图	54
18	前凉疆域图	9	40	宋地理志图	70
19	后凉疆域图	5	41	辽地理志图	18
20	南凉疆域图	8	42	金地理志图	35
21	北凉疆域图	6	43	元地理志图	91
22	西凉疆域图	7	44	明地理志图	79
总计	44图组，1752图幅				

杨图分幅图共有 44 图组、1752 幅地图，春秋图组画出《左传》地名，战国图组画出《战国策》地名，嬴秦图组以《汉书·地理志》与综合清儒诸家考证为据，汉代以后各图以相应的各正史《地理志》为主画出各朝政区和山川形势，最多的西汉图组由 95 幅图组成，最少的西秦图组和后凉图组也有 5 幅地图。它采用朱墨套印之法，朱图即是作为底图的胡林翼《大清一统舆图》，墨图即清朝以前的历代各图，后者是杨守敬博考群书后为历代正史《地理志》中地名确定方位、里距后上图的。每幅地图的地名承载量，若平均以 25 个来估算（因为要删汰重复），则这套地图集大约收录地名 43000 多个。它是谭其骧主编《中国历史地图集》之前我国历史上朝代最为完整、内容最为详细的一套大型历史地图集。

中国历史悠久，疆域辽阔，大大小小的山川地名成千上万，而郡县的迁徙、地名的改易、水道的变迁十分复杂。为了画图，杨守敬需考证每一个地名的确切位置，弄清每一条河流的变迁过程，往往要翻检许多典籍，甚至对《水经注》、历代正史《地理志》作了详尽的疏证 [1]。杨守敬与弟子熊会贞另绘有《水经注图》，计有 8 册，40 卷（另有补图 1 卷），598 幅，观海堂于光绪三十一年（1905）刊刻，朱墨套印（底图为红色的胡林翼《大清一统舆图》），计里画方（每方 50 里），内容与其巨著《水经注疏》相配合。

杨守敬之后，虽也出版过一些历史地图，如童世亨《历代疆域形势一览图》、苏甲荣《中国地理沿革图》等，但规模上没有一部是能超过杨图的。清末民初编绘历史地图的主要情况，详见表 2。

表 2　清末民初主要的历史地图和地图集

编绘者	书名	性质	图幅数量	版本信息
卢彤	中国历史战争形势全图	战争图	44 正图 113 附图	武昌同伦学社，1910 年 10 月初版；北京同伦学社，1916 年 5 月第 3 版。另有图说一册
卢彤	中华民国历史四裔战争形势全图	战争图	48 正图 136 附图	南京同伦学社，1912 年 9 月初版。另有图说一册
童世亨	历代疆域形势一览图	疆域图	48	中外舆图局，1914 年 8 月初版，1915 年 6 月再版；商务印书馆，1919 年 12 月第 4 版，1933 年 5 月国难后第 1 版，1934 年 11 月国难后第 2 版
欧阳缨	中国历代疆域战争合图	疆域、战争图	46	武昌亚新地学社，1920 年初版，1930 年 2 月再版，1933 年 9 月第 3 版
苏甲荣	中国地理沿革图	疆域沿革图	105	中国舆地制图社，1922 年 4 月初版；参谋部制图局，1925 年 11 月增补再版，1930 年 9 月增补第 3 版和 1936 年 1 月订正第 4 版则均由上海日新舆地学社出版
魏建新	中国历代疆域形势史图	疆域图	22	中国文化馆，1935 年 9 月出版
章育青	中国历代疆域变迁图	疆域图	19（含卷首中国全图、卷末世界全图）	上海教育书店，1936 年（二十五史精华赠品）

---

[1]　华林甫、赖青寿、薛亚玲编著：《〈隋书·地理志〉汇释》，安徽教育出版社，2019 年。

续表

编绘者	书名	性质	图幅数量	版本信息
吴宗慈	江西省古今政治地理沿革图	沿革图	34	江西省文献委员会，1947年10月

另外，当时一些学术著作和论文中，有时也附有单幅的历史地图。如1930年2月出版的谢国桢著《清初东南沿海迁界考》，附有迁界图；黄文弼编《高昌疆域郡城考》初版于1932年3月，书后附《吐鲁番古地分布图》《高昌郡城疆域图》；1935年顾颉刚发表于《庆祝蔡元培六十五岁论文集》的《两汉州制考》，附有《西汉州郡图》；商务印书馆1939年出版的顾颉刚、史念海合著《中国疆域沿革史》，有自夏商周至民国的历史地图27幅；1947年4月上海商务印书馆出版的朱偰著《明清两代宫苑建置沿革图考》，附有《明代宫禁图》《清代宫禁图》；发表于1944年9月《中国文化研究汇刊》卷四上的徐益棠《南宋杭州之都市的发展》，附有地图；侯仁之发表于《燕京学报》第30期上的《北平金水河考》，也附有地图。例繁不备举。

从上述可以看出，清末民国历史地图集编绘的主题以疆域、政区、战争等为主。这个传统绵延不绝，一直被1949年以后的历史地图所继承。目前学界广泛使用的谭其骧《中国历史地图集》，最初就由重编改绘杨守敬《历代舆地图》而来。

二、《中国历史地图集》及其巨大影响

在所有关于中国的历史地图中，谭其骧主编的《中国历史地图集》（共8册，以下简称为"谭图"）是迄今为止成就最大、观点最权威的成果，王钟翰回忆说："作为一部以历代疆域政区为主的普通地图集，乃迄今国内外同类地图中质量最高、内容最详、印制最精、应用最广、影响最大的地图集。"[1] 国内影响自不必说，凡海外有汉学（"中国研究"）的大学与研究机构，多收藏了谭图，谭图为海内外学界广泛利用并多加赞誉。

杨守敬《历代舆地图》以胡林翼《大清一统舆图》为底图，木版线装，朱墨套印。杨守敬虽是清朝人，但杨图不包括清朝，也没有包括历代边疆区域。杨图之后100多年来政区、地名已有了很大变化，即使早在民国年间，学术界就已经感受到杨

图的不足。因此，20 世纪 30 年代顾颉刚、谭其骧师生将"绘成若干种详备精确而又合用的地理沿革图"列入计划[1]，但当时未能实现。原因是一方面技术未达到，精确的底图条件尚欠成熟；另一方面各种专题研究尚未展开，计划实施须有政区、疆域、地名、山川、水陆变迁等方面的研究成果做支撑才行，还需要一个学术团队，专门有一批学者以此为业。这些条件，1949 年之后才陆续具备。

研制编绘历史地图，一直是历史地理学人的夙愿。1951 年上半年，史念海拟写了"中国历史地图"目录，80 幅，寄给顾颉刚，顾颉刚转述了亚光舆地学社负责人金擎宇表示欢迎的意见[2]。1955 年 3 月由地图出版社（上海）出版了顾颉刚、章巽合编的《中国历史地图集》(古代史部分)，谭其骧校订。该书的序写道："本图共三十一幅，又附图十六幅，从原始社会时代开始，迄于鸦片战争。"该图包括原始社会文化遗址分布图，夏、商、西周至清代各朝的政区划分、人民起义、重要战争、交通路线、四邻形势等，还包含了各朝代简明的经济要素。因当时技术原因而未采用朱墨套印，故在后面附上了详细的"图说"，并编有地名索引。不过，出版后没有马上发行，1956 年 11 月出版社附加了关于采用内部发行办法的"出版者说明"[3]。这是一部开创我国新型综合历史地图集编绘先河的著作[4]。

谭其骧院士主编的《中国历史地图集》，缘起于毛泽东主席 1954 年提议，经吴晗等史学家倾注心血组织，脱胎于杨图而予以重编改绘。当时"重编改绘杨守敬《历代舆地图》委员会"工作的保密代号是"54 号图"，1973 年基本完成，1974 年起以中华地图学社的名义印制了内部本（咖啡色封面，有 8 开本、16 开本，有散页盒装，也有个别抽印本）。1980 年起，中国社会科学院主持对内部本进行修订，从 1982 年至 1987 年，中国地图出版社出齐八册，公开发行，1991—1992 年由香港三联书店出版了繁体字本。谭图从开始编绘到全部公开出版，历时 30 余年，其内容见表 3。

这部地图集以"历史上的中国"理论为指导，编绘出上起原始社会、下迄清末光绪年间，包括 18 个图组、306 幅地图（不计未单独占篇幅的插图），总共有 551 页的《中国历史地图集》[5]，收录了先秦到清朝中期全部可考的县级和县级以上的政区、主要居民点、部族名称，以及与河流、湖泊、海岸、岛屿、山峰、山脉、关隘、长城、运

① 《〈禹贡半月刊〉发刊词》，《禹贡半月刊》第 1 卷第 1 期，1934 年 3 月 1 日，第 3 页。
② 参见史念海著、王双怀编：《史念海遗稿·论著》影印本上册"中国历史地图拟目"，陕西师范大学出版社，2021 年，第 1—15 页。
③ 全文除了本段以外，《中国历史地图集》均是指谭其骧院士主编的八大册地图集。
④ 中国社会科学院历史研究所历史地理研究室撰、史为乐执笔：《中国史研究概述》（1949—1984），江苏古籍出版社，1987 年，第 533—563 页。
⑤ 谭其骧在《中国历史地图集·前言》里写的是有 20 个图组、304 幅图、549 页，与此微有出入。

河等相关的地名约 7 万个，是"中国历史地图史上的空前巨著"[①]，"历史地理学发展史上里程碑意义的著作"[②]。除了规模宏大之外，它还具有科学、全面、准确、精细、严谨等一系列学术特征。

表 3 《中国历史地图集》图组与图幅

册序	图组名称	图组数量	图幅数	所占页码
第一册	原始社会，夏商西周，春秋战国	3	23	44
第二册	秦时期，西汉时期，东汉时期	3	35	65
第三册	三国时期，西晋时期	2	31	59
第四册	东晋十六国时期，南北朝时期	2	36	66
第五册	隋时期，唐时期，五代十国时期	3	57	92
第六册	辽北宋时期，金南宋时期	2	44	75
第七册	元时期，明时期	2	48	87
第八册	清时期	1	34	63
总计		18	308	551

1. 科学。谭其骧提出了"历史上的中国"理论，认为历史上的中国是多民族共同缔造的国家，因而中国与中原王朝是两个不同概念：中华民族大家庭中任何一员在历史上建立的政权，都属于中国历史上的政权；他所管辖和活动的范围，都是历史上中国的疆土，中原王朝只是其中的一部分；历史上除了清朝以外，没有一个政权曾经拥有过所有中国的领土[③]。

谭图也是测绘、制图科学的巨大成果。据邹逸麟回忆，国家测绘总局"从测绘制图角度出发，认为图集的今底图非常重要，随着我国测绘事业的发展，他们要不断地换底图，前后换了四次底图"[④]，"单单这四次更易底图，我们就花了大约二三年的时间"[⑤]。中国地图出版社石奉天回忆道："谭先生曾为数易底图而大伤过脑筋，其实出版社多次提供的底图当时也算是比较好的，但谭先生总觉得不满意……经领导研究，决定采用正在编制的《中华人民共和国国家普通地图集》的编稿作为基本资料，并针对

① 谭其骧：《中国历史地图集·前言》，中国地图出版社，1982年。《地图》杂志2004年第6期专题报道：《三十五载呕心沥血 绘五千年历史变迁——中国历史地图史上的空前巨著〈中国历史地图集〉》，第25—26页。

② 邹逸麟：《谭其骧主编〈中国历史地图集〉编绘始末及其学术意义》，《清代地理志书研究》，中国人民大学出版社，2014年，第1—17页。

③ 谭其骧：《历史上的中国和中国历代疆域》，《长水集续编》，第1—17页。

④ 邹逸麟：《谭其骧主编〈中国历史地图集〉编绘始末及其学术意义》，《清代地理志书研究》，第8页。

⑤ 邹逸麟：《〈中国历史地图集〉工作琐忆》，《历史地理》第二十一辑，第338—339页。

杨图的特定需要设计 1∶250 万、1∶400 万、1∶1000 万三种比例尺全国大拼版底图。"[①]

2. 全面。正如邹逸麟 2010 年 4 月 7 日在台北"中研院"史语所演讲时指出的那样："过去沿革地理专家都有这样传统，他们往往是有选择性的考订，这个问题我有兴趣就搞一下，没有兴趣就不搞；搞得清楚就搞，搞不清楚我就不搞。所以没有能够将历史上所有沿革问题做过全面的研究。……如今画我们历史地图（谭图）可不行了，一个朝代两千多个地名，不能说这个搞得清楚就搞，搞不清楚就不搞，那是全都要画的。两千多个县都要画的，没有一个县可以不画的。当然实在画不出可以叫无考，那是另外一件事情。没有一个沿革地理问题是可以逃避的。所以一定要把以往的沿革地理的东西重新清理一遍。哪些是对的，我们就继承；哪些不对，我们还要考证，要讲出道理的。前人的考订结论为什么不用？你要讲得出他错在哪里。"[②]

3. 准确。绘图之前，科研人员必须填写编稿表，将每个地名的原始史料依据全部列出。对于有不同记载的还要详加考证（有时还要讨论），找到对应的今地，如此才能把地名绘进地图的草图，没有依据的要素一律不上。据骨干成员王文楚回忆，"图组编例定稿后，由一人或二人排出政区表，然后按各朝政区分区，各自负责，根据历史资料，经过缜密考证，确定分区内各级政区治所地点和界线的今图位置，编制成图，然后交与其骧师审定"[③]。项国茂回忆，"文字整理的工作，对图面上的每个点、每条线、每一个要素都要写出地名考释的释文，数以百万字的释文写作，工作量之大是可想而知的"[④]。即使并非以历史地理学为业的姜义华，晚年也回忆道："我一度被安排到历史地理研究室，誊抄各人所写的校记……谭先生所写的校记，文字之精练，考证之精准，抄写中学到很多"；"谭先生做学问非常严谨，而历史地理也不是随随便便就能做出来的，勘定每一个地点，都要有充分的根据，不能随心所欲，也没有办法随心所欲做解释"[⑤]。笔者曾在书摊上见过这类资料，叹为观止[⑥]。7 万个地名的编稿表，

① 石奉天：《编制〈中国历史地图集〉二三事》，《中国地图出版社50年社庆纪念文集》，中国地图出版社，2004年，第95—99页。

② 邹逸麟：《谭其骧主编〈中国历史地图集〉编绘始末及其学术意义》，《清代地理志书研究》，第12—13页。

③ 王文楚：《纪念谭其骧先生》，《历史地理》第二十一辑，第320—321页。

④ 项国茂：《挥不去的记忆　抹不去的怀念——纪念〈中国历史地图集〉开编五十周年》，《历史地理》第二十一辑，第330页。

⑤ 姜义华：《姜义华口述历史》"第四章　师恩友善"，上海书店出版社，2015年，第118—119页。

⑥ 2003年某日，北京报国寺李姓书商告知，他收到一批《中国历史地图集》资料。笔者前去查看，大约有两尺多厚，可能是中央民族学院傅乐焕先生家里散出去的，大部分是《中国历史地图集》绘制过程中形成的文件，里面还有谭其骧关于菊花岛的信，有批判吴晗的油印件等。因售价过高，交易没成功。后阅三联书店2006年9月出版的杨浪著《地图的发现》第20页，作者把谭其骧先生给傅乐焕先生的信影印了出来，并有说明："作者同时收藏的还有60年代关于这部地图集编辑过程中的一些会议文件。"

工作量十分巨大。所以，我们也能理解为什么动员了100多名专业人员、耗时33年才完成这项任务。

4. 精细。我国传世的历史地图，一般都是以一个朝代为一幅全图，由于受到图幅和比例尺的限制，内容只能十分简略，定位也必然欠精确。杨图采用把全国图分解为若干幅分图的办法，使这两个问题得到解决；但由于各分幅图的比例尺相同，而不同历史时期、不同地区的开发程度和文献记载的详略有异，导致都城和中原地区往往地名密密麻麻，而边疆地区却较为稀疏；同时，这种比例尺全部都一样的做法往往使同一政区、同一区域分见于前后好几幅图中，查阅颇为不便。谭图采用了按各历史时期的监察区、地理区域或行省分幅，各图幅又按其内容的密度采用不同的比例尺，必要时插入大比例尺的局部图等办法，基本解决了这个问题。

历史上疆域、政区、地名的变化很大，大多在同一政权时期中也屡有变易，而16部正史《地理志》对断限一般都不够重视，往往混合同一朝代前、后不同年份的建置于一书。杨图大多根据《地理志》或清儒"补志""续志"编绘成图，因而在同一幅图上显示的往往不是同一年份的政区建置，前后相差数十年是常见的。谭图则无论总图还是分幅图，都先要确定标准年份，个别无法确定标准年份的则尽可能选定较短的标准时段，尽可能显示同一年份的疆域、政区建置。因考虑到有的朝代历时较长，变化也大，编绘采用了多幅总图分别显示不同年份的状况（如唐时期图组、清时期图组等）的做法。

5. 严谨。以前的历史地图只能以历史典籍记载为定点上图的依据，而且由于历史典籍的记载浩繁，编者视野、精力有限，错讹时有发生，遗漏在所难免。谭图充分利用历史地理学各方面的研究成果，尽可能吸收了国内外已经发表的考古、地理、民族、断代史等相关领域的成果，用于核实、校正、补充典籍记载，弥补典籍的不足。即使只能依靠典籍确定的点、线、面，也尽量收齐资料，做出客观、严谨的分析。对河流、湖泊、海岸线等历史上变化较大的自然要素，做了一系列贯通性的专题研究，因而改变了许多长期沿用的错误说法，对黄河、长江、淮河、海河、辽河、济水、钱塘江、云梦泽、洞庭湖、鄱阳湖、大陆泽、巨野泽、太湖、苏北海岸等的变迁过程的描述也都采用了新的结论。

谭图出版后备受重视，获得高度评价。学术界认为谭图集中反映了我国历史地理学和相关学科已取得的成就，是中国权威的历史地图集。侯仁之院士评价道："这是我国历史地理发展史上的一项重大成就，是对于历史悠久的传统特色的一个巨大发展。应该指出，这在同类地图的制作中，也是举世无双的。"[1]蔡美彪不但对《中国历史地图集》内容作了介绍，而且对它的编撰史作了回顾，认为："其规模之宏大，体

---

① 侯仁之：《近年来我国历史地理学发展的主要趋势》，《地理学报》1983年第2期，第171—174页。

例之周备，内容之详赡，都是前所未有的。它有如一个里程碑，标志着我国历史地理学迈入了一个新阶段。"①中国台湾学者也给予了实事求是的评价："地图集的问世，使过去所有的历史地图黯然失色；无疑问的，此图集在这一学术领域中，将永垂后世。"②

谭其骧自称他主编的《中国历史地图集》应为"中国历代疆域政区地图集"，或者"中国历代的普通地图集"③，因为它的内容只包括历史上各个政权的疆域、各级政区、重要地名、具有政区性质的民族分布，以及作为地图基础信息的山川湖泊海岸线等。为此，谭其骧主持编绘的《中华人民共和国国家历史地图集》把研究对象发生的时间下限延伸至1949年，设计并编绘了史前遗址、传说时代夏商周、工矿、民族、人口、都市分布、城市遗址与布局、气候、动植物、自然灾害、宗教、疆域政区、农业、交通、古代战争、近代战争、水道、沙漠、文化、植被等20个图组、1300多幅地图。该图集计划分三册出版，2012年已出版了第一册。

同时，从1954年开始研制编绘的谭图为历史地理学科发展带来巨大的推动作用，迄今已出版专题性历史地图集24部（表4）、区域性历史地图集涉及16个省域的20部（表5），显示出积极强劲的"谭图效应"。由于研制谭图的过程在全国学术界影响巨大，出版之后成为专题性历史地图集、区域性历史地图集的学术基础④。目前，历史地震地图、旱涝分布图、史稿图，以及太平天国、辛亥革命、抗日战争等一批专题历史地图集已相继问世。中国台湾也出版了多种专门的历史地图集。具体情况，详见下表：

表4　专题历史地图集概况⑤

书名	作者或主编	图幅数	出版社	出版年份
《中国史稿地图集》（上册）	郭沫若	66	中国地图出版社	1979年
《中国史稿地图集》（下册）		85		1990年

① 蔡美彪：《历史地理学的巨大发展——〈中国历史地图集〉评介》，《历史研究》1983年第6期，第25—30页。

② 陈良佐：《〈中国历史地图集〉湖北古河道刍议》，台湾《汉学研究》第9卷第1期，1991年6月，第91—126页。

③ 谭其骧：《中国历史地图集·后记》，中国地图出版社，1987年，第八册，第122页。

④ 不包括中文印制的外国历史地图集，如《泰晤士世界历史地图集》《世界历史地图集》《世界现代史地图集》《俄国历史地图集》《美国历史地图集》等，亦不含外国学者著作（如Knud Larsen著《拉萨历史城市地图集》，中国建筑工业出版社，2005年）。

⑤ 山东大学历史系中国古代史组编印：《中国古代历史地图集》，8开本，地图36幅、29页，附《中国古今地名对照表》59页，1977年1月油印。因系内部印行，故附于此。

书 名	作者或主编	图幅数	出版社	出版年份
《中国近代史稿地图集》	张海鹏	68	中国地图出版社	1984年
《中国近五百年旱涝分布图集》	国家气象局气象科学研究院	629	地图出版社	1981年
《中国古代史教学参考地图集》	张传玺、杨济安	73	北京大学出版社	1984年
《中国历史地震图集》（战国至元时期）	国家地震局与复旦大学	186	中国地图出版社	1990年
《中国历史地震图集》（明时期）		219①		1986年
《中国历史地震图集》（清时期）		208		1990年
《中国古代历史地图集》	南充师范学院历史系	38	四川人民出版社	1981年
《中国古代历史地图集》	王雅轩、王鸿彬、苏德祥	108	辽宁教育出版社	1990年
《太平天国历史地图集》②	郭毅生	95	中国地图出版社	1990年
《辛亥革命史地图集》③	辛亥革命武昌起义纪念馆	106	中国地图出版社	1991年
《中国新民主主义革命时期通史地图集》	郭利民	159	中国地图出版社	1993年
《中国古代史地图集》	郭利民	211	星球地图出版社	2017年
《中国近代史地图集》	郭利民	140	星球地图出版社	2015年
《中国抗日战争史地图集》	武月星	200余	中国地图出版社	1995年
《中国抗日战争地图集》	李宗远	80	中国地图出版社	2015年
《中国现代史地图集》	武月星	217	中国地图出版社	1999年初版，2013年重印
《徐霞客旅行路线考察图集》	褚绍唐	45	中国地图出版社	1991年
《中国历史文化地理图册》④	陈正祥	118	国际研究中国之家	1975年

---

① 其中五幅是序图。

② 仅计入地图图幅，非地图图片不算。下同。

③ 修订版为王兴科主编：《辛亥革命历史地图》，中国地图出版社，2011年。

④ 东京原书房1982年出版日、汉对照版，1983年重印。

书 名	作者或主编	图幅数	出版社	出版年份
《中国历史地图》（上册）①	张其昀监修，程光裕、徐圣谟主编	83	中国文化大学出版部印行（中国台北）	1980年
《中国历史地图》（下册）		198		1984年
《新清史地理志图集》	王恢	28	台湾"国史馆"印行	1993年
《孔子历史地图集》	骆承烈	46	中国地图出版社	2003年
《中国战争史地图集》	中国人民革命军事博物馆	400多	星球地图出版社	2007年
《中国历代战争史》附图	台湾三军大学	789	中信出版社	2013年
《简明中国交通历史地图集》	王姣娥	95	星球地图出版社	2018年
《中国珍稀野生动物分布变迁地图集》	文榕生	233②	山东科技出版社	2019年

　　单篇的专题性质的历史地图有：地图出版社 1986 年 6 月出版由徐苹芳编著的《明清北京城图》③，测绘出版社 1994 年 6 月出版钮仲勋等编的《历史时期黄河下游河道变迁图》及《图说》等。

　　港澳台在编绘专题性历史地图集方面的成就，首推严耕望所撰《唐代交通图考》。他以惊人毅力写成京都关内区、河陇碛西区、秦岭仇池区、山剑滇黔区、河东河北区、河南淮南区六卷，1985—2003 年间作为"史语所"专刊之八十三出版，该书以区域分卷，以路线为篇，考论每条路线沿途的驿馆和所经州县、津梁、山川、道里，引证史料浩繁，考订史事细致，每篇考论结果都绘制了地图。这是学术界公认的学术巨著，但美中不足的是，因当时海峡两岸的限隔，底图是 1949 年之前的，从而"一定程度上影响了其历史交通地理的研究"④。

　　区域性历史地图，侯仁之主编的《北京历史地图集》是我国第一部公开出版的区

---

① 该图集《编辑例言》第3条："史事繁密，择要绘图，集疆域、都市、社会、美术、经济、交通、战役等图幅，分篇作系统之排比，汇订为两册，疆域篇为上册，余为下册。"第12条："疆域篇多采王恢著中国历史地理附图，略予增删。"

② 涵盖了50余种濒危珍稀多门类野生动物，如大鲵、扬子鳄、鹤、朱鹮、天鹅、鸳鸯、丹顶鹤、猕猴、仰鼻猴、长臂猿、穿山甲、熊、大熊猫、猞猁、豹、虎、亚洲象、野马、野驴、犀牛、双峰驼、麝、河鹿、梅花鹿、麋鹿等。

③ 考古学专刊乙种第二十三号，第143页。

④ 蓝勇针对《〈唐代交通图考〉第四卷〈山剑滇黔区〉》的书评，《唐研究》第二卷"书评"栏目，北京大学出版社，1996年，第548—555页。

域性历史地图集。谭其骧评价其"研订之精确、编制之得体、印刷之精美，皆属上上乘，诚足为历史地图之表率"，开中国历史城市地图集的先河，对中国其他历史名城历史地图集的编绘将起到示范作用①。这部历史城市地图集，十分详细精确的街道图和宫殿图是其他图集所难以比拟的，"是我国城市历史地图集的典范"②。此后出版的区域性历史地图集，包括跨省域的、等于省域的、小于省域的历史地图集 20 部③（见表 5）。

表 5　区域历史地图集概况

书名	主编或作者	图幅（不含附图）	出版社	年份
《北京历史地图集》④ 三册	侯仁之	460	文津出版社	2013—2017年
《西安历史地图集》	史念海	89	西安地图出版社	1996年
《广东历史地图集》	司徒尚纪	149	广东省地图出版社	1995年
《上海历史地图集》	周振鹤	91	上海人民出版社	2000年
《山西省历史地图集》	刘和平、谢鸿喜	387	中国地图出版社	2000年
《四川州县建置沿革图说》	任乃强、任新建	28	巴蜀书社、成都地图出版社	2002年
《天津城市历史地图集》	李尧祖	67	天津古籍出版社	2004年
《福建省历史地图集》	卢美松	140	福建省地图出版社	2004年
《北京宣南历史地图集》	侯仁之、岳升阳	63	学苑出版社	2008年
《洞庭湖历史变迁地图集》	湖南国土资源厅	135	湖南地图出版社	2011年

---

① 谭其骧在《关于〈北京历史地图集〉的一封信》中说，《北京历史地图集》"不仅对研究北京之历史地理有重大价值，还可为全国编制省级历史地图之楷模也"（《长水集续编》，第368页）。

② 此语系陈桥驿在"中国地理学会黄土高原历史地理暨历史地图学术讨论会"开幕词中的话（油印稿，山西太原，1988年）。后收入《陈桥驿全集》第十二卷，人民出版社，2018年，第741—744页。

③ 据笔者查考，我国还有少量市级、县级的历史地图集问世。1998年5月由中国地图出版社出版的《武汉历史地图集》，汇集了100幅（组）历史时期绘成的武汉三镇城市地图，计：宋图1幅、元图无、明图5幅、清图27幅（含个别清人复制或重刻的明图）、民国图31幅、中华人民共和国图29幅，以及"附录"有关武汉城市规划的地图7幅等。该图集所谓的"历史地图"，其实就是学术界常说的"古地图"，混淆了古地图与历史地图的基本概念。类似情况的书籍，还有湖北《咸宁市历史地图集》、广东《东莞历史地图选》、广西《柳州历史地图集》、浙江《绍兴历史地图考释》等。本表均不计入。

④ 《北京历史地图集》第一册，59幅图，原由北京出版社于1988年出版；第二册，33幅图，由北京出版社于1997年出版。

书名	主编或作者	图幅（不含附图）	出版社	年份
《山西省近现代史地图集》	编纂委员会	329	西安地图出版社	2012年
《山东省历史地图集》八册	编纂委员会	994	山东省地图出版社	2014—2016年
《长江三峡历史地图集》	蓝勇	211	星球地图出版社	2015年
《重庆历史地图集》	蓝勇	283	星球地图出版社	2017年
《重庆历史地图集》（两卷）	本书编委会	254	中国地图出版社、西安地图出版社	2017年
《山西省政区沿革地图集》	本书编委会	476	中国地图出版社	2017年
《陕西历史地图集》	赵荣、侯甬坚	67	西安地图出版社	2018年
《内蒙古历史沿革地图集》	曹永年	72	中国地图出版社	2018年
《杭州市行政区划变迁图说》	杭州市民政局	20①	湖南地图出版社	2019年
《广西历史地图集》	周涛、李占元、周长山	289	中国地图出版社	2020年

　　史念海在各类论著中发表了500多幅历史地图，虽未曾单独以图行世，却蔚为壮观，对历史地图学做出了很大贡献。主要有三：一是实地考察大幅提高了历史地图的科学性与学术价值，二是一系列运河地图是集大成之作，三是各类历史经济地图也颇具特色②。

　　与此同时，在各类现当代的地图集、地方志中也会配上历史地图，以反映史实，增加信息量，如"中国地理丛书"内的《中国综合地图集》③，就有一组历史地图39幅。国家文物局主编的《中国文物地图集》各省分册，或多或少收录若干历史地图，如河北分册有春秋、金、元、明、清等16幅历史地图，浙江分册有楚越时期、秦汉时期、三国吴时期、南朝宋时期、五代吴越时期、南宋时期等8幅浙江历史地图，四川分册有西周、秦代、前蜀、清代等10幅历史地图等。新编地方志中往往也绘有当

① 只计入1949年之前图幅。

② 费省：《万里河山尽入图——史念海学术的历史地图学成就述评》，《陕西师大学报》1992年第3期，第49—54页。

③ 《中国综合地图集》，中国地图出版社，1990年。

地的历史地图，如新编《陕西省志》第二卷《行政建置志》①，有《秦代内史及周围郡县图》《元代陕西行省全图》《陕甘宁边区地图》《唐长安城坊图》等20幅历史地图；新编《慈溪县志》卷首有《慈溪县历代境域变迁图》②等。

可见，专题性、区域性历史地图集编绘事业正在蓬勃发展，方兴未艾。

三、分析与评价

各类历史地图集的谋篇布局，跳不出全国综合、专题、区域、时序四大板块。学术研究在进步，技术手段在升级。如果说20世纪的历史地图集编绘主要处于全国性、综合性的阶段，那么21世纪初已进入专题和区域性的新阶段，未来即将开启断代历史地图集的新征程，总体趋势还将伴随着各时段、各地域、各专题的历史地理信息系统（HGIS或CNHGIS）建设，相互交织，将呈现异彩纷呈的多样性。

全国尺度的谭图是按时间顺序编排的（见表3），侯仁之、蔡美彪、陈桥驿等评价都很高③；《中华人民共和国国家历史地图集》属于综合性的当代国家地图集之一，是按专题编排的，2012年出版的4开本第一册包括了民族、人口、都市分布、城市遗址与布局、气候、自然灾害6个图组。

专题历史地图集，全部是依时序设计图幅的。如《中国历史地震图集》分别以远古至元、明、清三个时期分三册出版，张海鹏编著《中国近代史稿地图集》是依近代史上八大运动即鸦片战争、太平天国运动、第二次鸦片战争、中法战争、中日战争、戊戌变法、义和团运动、辛亥革命来编绘的，《太平天国历史地图集》以太平天国运动的时间线来谋篇布局，《中国战争史地图集》依古代战争·上篇（史前到南北朝）、古代战争·下篇（隋朝到清朝平定张格尔之乱）、近代战争·上篇（从鸦片战争到北伐战争）、近代战争·下篇（从南昌起义到解放战争的海南岛战役）、抗美援朝战争（1950—1953年）五个时序展开。

区域性历史地图集中，跨省域的仅见到蓝勇主编的《长江三峡历史地图集》。此书横跨重庆直辖市和湖北省，分为政区、自然、人口、经济、交通、城镇、军事、文教卫生8个图组，共有地图211幅，内容较为全面，在严密考证的基础上画出清末

---

①　《陕西省志》，三秦出版社，1992年。

②　《慈溪县志》，浙江人民出版社，1992年。按：《慈溪县历代境域变迁图》实际作者为华林甫。

③　侯仁之、蔡美彪书评已见上文。陈桥驿：《评〈中国历史地图集〉》，《中国社会科学》1985年第4期，第129—137页。

1908 年县界（"清末的三峡地区政区图"），并附有 20 来万字释文，为地图内容补充了扎实的文献依据，也为读者扩展信息或深入探索提供了确切的途径和线索。作为第一部跨省域的把长江三峡当作一个整体来研究的历史地图集，具有填补学术空白的重大意义。

区域性历史地图集中，以省域为单位的成果，目前有 11 个省域的 14 部地图集。研制编绘省级历史地图集有一个前提，就是地域范围的选定。从目前已出版成果来看，大多数是以"今"省域为范围来编绘的。如三部山西的历史地图集，均未包括清朝属于山西省的归绥地区，而《内蒙古历史沿革地图集》则包含了清朝山西的归绥地区。《福建省历史地图集》没有包括台湾岛，尽管光绪十一年（1885）之前台湾府是福建省的政区。北京、上海、重庆、四川、山东、陕西的省级历史地图集，均以编绘年份的"今"省域为研究范围。然而，《广东省历史地图集》反映的是明清至 1988 年之前地域，既包含海南岛，也包括明清以来长期属于广东的钦廉地区，而《广西历史地图集》也包括了钦廉地区（该地区最后从广东划属广西的时间是 20 世纪 50 年代[①]）。

省级历史地图集的图组设计，全部是以政区为第一图组，然后再予以展开的，一般都设有自然（或地貌）、人口（含民族）、经济、城镇（或城市）、文化、军事与战争等常见图组。广东的有开发图组。广西的特别强调民族要素。《四川州县建置沿革图说》全部 29 幅图，28 幅是政区图。《山西省政区沿革地图集》只有政区的内容。《陕西历史地图集》设有历代全省政区图和文物点分布图，配有相关照片。《北京历史地图集》分三卷，分别是政区城市卷（未分章）、文化生态卷（七章）、人文社会卷（十章）。《重庆历史地图集》（蓝勇主编）按时代分六章，以第四章"元明清时期巴渝地区历史"为例，有政区、人口、移民与社会、农业、城市与交通、民族、文化等内容。篇幅最大的是《山东省历史地图集》，共有八册之巨，政区、自然、经济、文化、村镇、军事、社会、古地图八个专题各为一册，堪称巨著。

小于省域的历史地图集，研究对象为省会城市、地级市、市辖区、普通县，笔者见到过一些，质量最好的要数《西安历史地图集》《北京宣南历史地图集》《洞庭湖历史变迁地图集》等数种，其他如《潍坊市历史地图集》《潍城区历史地图集》《济宁历史地图集》《沾化县历史地图集》《咸宁市历史地图集》《柳州历史地图集》等质量往往不尽如人意，而《武汉历史地图集》《长春历史地图集》连书名也是欠准确的[②]。

历史地图集具有广阔的学术前景，涉及一系列学术理论、学术标准、技术路径等

---

① 高茂兵：《清末民初钦廉改隶之争探究》，《中国边疆史地研究》2012 年第 2 期，第 46—55 页。

② 2019 年 12 月出版的《长春历史地图集》，从 400 多幅古地图中遴选了 106 幅，同《武汉历史地图集》一样，实际是古地图选集。

问题。黄盛璋曾对历代疆域、政区、交通、产业分布地图的绘制提出过一套系统做法的设想[①]。这里，笔者简要分析五个基本的共性问题。

1. 关于历史地图与读史地图的理论思考

历史地图的理论问题，《禹贡半月刊》就曾有过讨论。科学的历史地图与普通的读史地图具有区别，这是侯仁之提出的观点[②]。1993年，韩光辉、尹钧科、俞美尔《〈北京历史地图集〉编制理论实践和社会评介》[③]《〈北京历史地图集〉的编制理论与实践》[④]《历史地图集理论问题刍议》[⑤]三篇文章在全面介绍总结《北京历史地图集》的编制基础上，就历史地图（集）与读史地图（集）的本质区别等基础理论问题进行了深入系统的探讨。

20多年之后，韩光辉进一步阐述了历史地图集与读史地图集之间的本质区别，认为：读史地图集可根据需要截取一定的地域空间绘图，对地图本身的计量要求并不严格，多具有示意性；历史地图集是在现代实测地图的基础上编绘历史地理内容，具有区域的完整性和计量准确的科学性。读史地图集的功能主要是帮助人们理解重大政治历史事件发生的地理背景，是人们阅读史书、理解历史的辅助工具；历史地图集的功能有助于人们直观地认识不同历史时期各种地理事物的空间分布及演变规律，从而加深人们对各种地理事物现状的理解和认识，甚至可以预测各种地理事物未来的发展趋势等[⑥]。

2. 关于历史地图集的学术基础

历史地图集的研制编绘应该基于扎实可靠的沿革地理考证，"谭图效应"已经充分证明了这一点。不论历史地图集的性质是专题、区域，抑或是断代，图上的任何地理要素、专题内容都是依托于历史疆域与政区研究，复原疆域、厘清政区沿革是一切历史地图工作的出发点。沿革地理涉及的问题是巨量的，研制者需要做好每一个细节，否则将涉笔便误，贻笑大方。

谭图之所以取得如此巨大成绩，关键在于沿革地理的学术研究做得扎实，参与其中的各位前辈都有深刻体会。据邹逸麟回忆："当初，谭先生布置开元二十九年政区图由我来做，他说：'老邹，你先要编一个开元二十九年唐朝政区表'……因为没有

① 黄盛璋：《编制历史地图的一些理论与方法初探》，《地理集刊》1963年第7号，收入黄盛璋《历史地理论集》，人民出版社，1982年，第562—586页。

② 李孝聪论文《〈中华人民共和国国家历史地图集〉城市遗址与布局图组的编纂》中有"历史地图与读史地图之别"一节，收入《侯仁之师九十寿辰纪念文集》，学苑出版社，2003年，第358—366页。

③ 《中国历史地理论丛》1993年第3辑，第227—250页。

④ 《北京大学学报》1993年第4期，第118—126页。

⑤ 收入北京大学城市与环境学系编：《城市、区域与环境》，海洋出版社，1993年。

⑥ 收入华林甫主编：《清史地理研究》（第二集），上海古籍出版社，2016年。

一部地理志书有现成的答案，我用《旧唐书》《新唐书》《通典》《唐会要》《元和郡县图志》《太平寰宇记》来编出一个开元二十九年的政区表，有矛盾处还要做考证，十分烦琐；并且，开元二十九年以前、以后的历史都很长，唐朝二百九十年期间曾置或已废的县也要画，做小地名处理，所以唐朝所有县级及其以上的政区我都做过考证。""唐朝以后的河流都是我来弄的，这个也是很难的。历史地图集一个朝代只有一个代表年份，画唐朝的黄河就要画开元二十九年的黄河，宋朝图要画政和元年的黄河，明朝图要画万历十年的黄河；但是要把黄河这两千多年的变迁都逐年考证清楚之后，才能知道哪一年的黄河是怎么个流向。所以，图上画画就这么一条线而已，实际花费了很大功夫。"[1] 当时，邓锐龄在西北组，他回忆道："我担任南宋、元、明三代，几乎是从头做起。按规定，每幅图须取用一标准年代，必须寻找中外史籍上在这个年代纪事里出现的地名，若这年代内虽无而在其前后都重复出现的地名也可以采用，找到后，再设法从前人的成果里知道或自行研究出这地名当今何地，再在近现代的地图上找到或比定地点才可以上图，考释文字则另存。"[2]

3. 关于绘制政区界线的尺度

谭图已把政区界线画到了领县政区（即"统县政区"），据邹逸麟师回忆："本图集在初设计原则时，规定全部各朝图稿都绘至县一级政区，并画出领县政区的界线。"[3] 故大凡秦汉郡国、三国两晋南北朝州郡、隋朝的郡、唐朝道与州、两宋路与府、元朝行省与府级政区、明朝府与直隶州、清朝府与直隶厅直隶州的界线，谭图都呈现了出来。

关于历史上的县界是否要画，从什么朝代开始画出来，学术界是有不同主张的。尽管绘制历史时期县界的困难是很大的，但蓝勇主张画县界[4]，而陈桥驿主张省级历史地图集不画县界[5]。木已成舟的具体事实是，蓝勇主编的《长江三峡历史地图集》《重庆历史地图集》两部著作都画出了清末的县界，而陈桥驿的"浙江省历史地图集"未见下文。笔者认为，凡是历史上真实存在过的政区界线，今人只要秉持言必有据的认真态度，严肃地考证，科学地复原出历史县界，那么有比无强，应予以肯定。

按理说，既然全国尺度的谭图已把政区界线画到了统县政区，那么省级尺度的历

① 邹逸麟：《清史地图集·序》，《地图》2020年第4期，第106—111页。
② 邓锐龄：《参加编制〈中国历史地图集〉工作的岁月》，《历史地理》第三十一辑，上海人民出版社，2015年。邓锐龄：《〈中国历史地图集〉南宋、元时期西北疆域图幅地理考释》，中国藏学出版社，2016年，第273—274页。
③ 邹逸麟：《〈中国历史地图集〉工作琐忆》，《历史地理》第二十一辑，第338—339页。
④ 蓝勇：《〈中国历史地图集〉编绘的历史轨迹和理论思考》，《史学史研究》2013年第2期，第57—62页。
⑤ 陈桥驿：《关于〈浙江省历史地图集〉的编绘》，《杭州师范学院学报》2007年第2期，第54—58页。

史地图集自然要画出县级政区界，但实际非如此，相当多的省级历史地图集关于政区界线的画法仍停留在谭图的统县政区界，只有少量省级历史地图集才画了明清民国时期的县级政区界（县界）。具体情况是：无论篇幅小的《广东历史地图集》，还是鸿篇巨制的《山东省历史地图集》，都没有画出历史县界。《内蒙古历史沿革地图集》没有画出清朝的旗界。《陕西历史地图集》画出了 1927 年的历史县界。《广西历史地图集》画了晚清、民国县界。《长江三峡历史地图集》与《重庆历史地图集》（蓝勇主编）画出清末 1908 年的县界。《北京历史地图集》《福建省历史地图集》画了明、清、民国县界。《四川州县建置沿革图说》画了元、明、清以来的县界。《上海历史地图集》画出了南宋以降的县界。《山西省历史地图集》追溯得最为久远，画出了隋、唐、五代、北宋、金、元、明、清、民国各朝县界。笔者认为，各个省、直辖市、自治区的历史情况各有不同，遗存史料多寡不一，研究程度也千差万别，如何从本省级区域的实际情况出发来考证历史县界，追溯到什么时代，成为摆在历史区域地理学者面前的重要选题。

笔者主持了作为全国尺度的《清史地图集》的研制工作[①]（国家社科基金重大招标项目，批准号：12&ZD146）。项目组知难而进，尝试着把覆盖全国的政区界线的研究精度从府级提升到了县级，实际绘出了清宣统三年（1911）1700 多个县级政区的界线，虽然工作量超大，但完全可以做得到。因此，今后凡是新绘的省级历史地图集，笔者希望能够绘出明清的县界，晚清绝大部分县界是明晰的，是可以考证出来的；各种断代历史地图集中，至少"明史地图集"是可以考虑绘制县界的。

4. 标准年份及其相关问题

谋篇布局时会遇到如何遴选"标准年份"的问题。邹逸麟几乎全程参与了谭图编绘，他回忆道："编绘地图是有标准年份的，现代地图也是如此。标准年份的选取，谭先生有三个原则：第一，该年份的政局、社会比较稳定；第二，疆域、政区可以代表这一朝代的面貌；第三，资料要齐全。以此衡量，唐朝图选了开元二十九年，因为天宝以后就安史之乱、藩镇割据；宋朝图选的是政和元年，因为那时是澶渊之盟以后，有二十余年比较稳定。清时期的地图，谭先生选定嘉庆二十五年，此时正处于清朝由盛到衰的转变过程中，有《嘉庆重修一统志》为据。这样选都是有道理的。"[②]

当然，无论选择的"标准年份"多么具有典型性，都不能代表该朝代所有年份的地理情况，何况谭图"标准年份"最多的唐朝也只有三个（全图有总章二年、开元二十九年、元和十五年三幅）。《清史地图集》的"标准年份"选了五个，即康熙

① 华林甫：《关于编绘〈清史地图集〉的建议》，《历史地理学研究的新探索与新动向——庆贺朱士光教授七十华秩暨荣休论文集》，三秦出版社，2008 年，第 515—518 页。

② 邹逸麟：《清史地图集·序》，《地图》2020 年第 4 期，第 106—111 页。

二十四年（1685）、乾隆六十年（1795）、道光二十年（1840）、光绪二十年（1894）、宣统三年（1911）。在理论上，完整的《清史地图集》不但应覆盖清朝所有年份和所有地域，而且要在疆域政区框架上叠加相应年份的人口、聚落、耕地、动物、植物、自然灾害、交通、宗教、军事等要素，更须将这些纵与横的要素内容交织成动态，从而可望再现清朝主要地理要素完整的时空发展过程。如此庞大的设想，需要基础研究的日积月累，短时期内难以实现。从这层意义上说，未来发展方向应是：以《清史地图集》为出发点，做成开放式的"清史地理信息系统"（Qing Dynasty Geographic Information System，简称 QDGIS）。其他断代历史地图集的技术路径，亦可作如是观。

省级历史地图集的"标准年份"状况是一个朝代往往只有一幅图，这幅图只有一个标准年份。如果按照广西的经验，《广西历史地图集》也可以做成"广西历史地理信息系统"①。

5. 已刊历史地图集的评议

关于已出版历史地图集的评议，公开发表的书评不多。严肃的历史地图集研制编绘之艰辛，非亲历者难以感同身受，所以一般都是赞扬，也值得大力赞扬。

此处论题，可以以谭图为例。有的学生以谭图为研究对象做学位论文选题②。学术界指正谭图错讹的情况，详见表6（依时序、地域排列）。

表6 《中国历史地图集》错讹之指正

序号	作者	观点	论著	出版信息
1	黄鸣	拣出120个相异之处，并以20处为例总结了七条致异之由	《〈中国历史地图集〉春秋时期图组考异例说》	《兰州大学学报》2015年第6期
2	吴良宝	一是讨论谭图第一册战国部分在疆域变迁、地名定位等方面的明显疏误；二是根据战国文字资料补充谭图中未收录的县名	《〈中国历史地图集〉战国部分地名校补》	《中国历史地理论丛》2006年第3期
3	徐少华	为谭图中的申国申县、谢国棘阳、郧邑郧县、商邑商县等一些先秦汉晋地理问题进行了缜密的纠误	《〈中国历史地图集〉先秦两汉若干地理补正》	《中国前近代史理论国际学术研讨论文集》，湖北人民出版社，1997年，第810—826页

① 周长山、陈大克：《广西历史时期人地关系的地图再现——关于〈广西历史地图集〉的编绘及其数字化工程》，《广西社会科学》2008年第3期，第24—26页。

② 崔文君：《〈中国历史地图集〉北魏卷若干地名考析——以今陕西省所在地域为界》，江西师范大学硕士学位论文，2012年。

序号	作者	观点	论著	出版信息
4	徐少华	讨论谭图的古蔡国、汉晋上蔡县等5个问题	《〈中国历史地图集〉先秦汉晋若干地理补正之二》	《人文论丛》1998年卷
5	周伟洲	补出了谭图未绘的9个秦县	《新发现的秦封泥与秦代郡县制》	《西北大学学报》1997年第1期
6	钱宗范	纠正谭图第二册秦汉岭南三郡画法的若干失误	《秦汉时期岭南历史地理若干问题的探讨》	《广西师大学报》2008年第1期
7	李晓杰	指出谭图将东汉阜陵县误定于今全椒县南（实际应在历阳以西）	《东汉下邳国、阜陵国领域变迁考》	《历史地理》1999年第15辑
8	梁允麟	指出谭图三国部分的失误18处	《三国地理志》	广东人民出版社，2004年，第3—8页
9	魏俊杰	经考证研究，有7处的绘法可以改绘得更加准确	《〈中国历史地图集〉十六国部分献疑》	《中国历史地理论丛》2011年第3辑
10	周运中	对海南岛在西汉末期至唐代期间各朝是否归属邻近汉人王朝、岛上设置何政区加以梳理，可补《中国历史地图集》之阙	《再论汉唐间海南岛的建置沿革》	《历史·环境与边疆——2010年中国历史地理国际学术研讨会论文集》，广西师范大学出版社，2012年
11	李并成	指出谭图的两例误绘	《唐代凉州（武威郡）诸县城址的调查与考证》《唐代瓜州（晋昌郡）治所及有关城址的调查与考证》	《敦煌研究》1990年第1期和第3期
12	樊文礼	对谭图将辽天德军标绘在乌拉特前旗明安川一带提出异议	《辽天德军地理位置考》	《昭乌达蒙族师专学报》1993年第1期
13	徐规	指出谭图第六册据《宋志》绘出成都府路的"江原"系"江源"之误	《〈宋史·地理志〉补正》	《历史地理》1998年第14辑
14	杨蕤	西夏文献和考古出土资料将成为谭图《西夏幅》修订的重要信息补充和资料来源	《〈中国历史地图集·西夏幅〉补释》	《中国边疆史地研究》2020年第1期
15	张士尊	确定三岔河与辽河口处梁房口的位置及辽河具体的走向，纠正了《中国历史地图集》中绘制该河段时出现的讹误	《明清两代辽河下游流向考》	《荆楚历史地理与长江中游开发——2008年中国历史地理国际学术研讨会论文集》湖北人民出版社，2009年

清代政区地理三探

续表

序号	作者	观点	论著	出版信息
16	刘纬毅	指出错误15处，遗漏11处	《〈中国历史地图集〉山西部分商榷》	《山西师范大学学报》2001年第1期
17	郭红	指出谭图明代山西图中"杀虎口""阻虎堡""宁鲁堡""威鲁堡"等地名中的"虎""鲁"二字原为"胡""虏"之误	《两幅大同镇图比较研究》	《中国历史地理论丛》2000年第1辑
18	莫久愚	阴山南麓段黄河河道可能并未发生过由北向南的整体水平位移	《昭君坟、石崖城与达拉特旗段黄河——关于〈中国历史地图集〉相关注记的考疏》	《西部资源》2010年第1期
19	林汀水	指出谭图关于南胜县迁治的画法有误	《福建政区地名考四则》	《厦门大学学报》1996年第4期
20	何沛东	人们认为古代大部分时间里小河为伊水正源，迟至清代今伊河为伊水正源的看法被逐渐接受，故谭图《清时期·河南》所绘伊水正源有误	《再议伊水正源——兼议〈中国历史地图集〉伊水正源画法》	《华北水利水电学院学报》2013年5期
21	陈良佐	指正淯水、沮漳水、涌水、沌水、白水、滍水、牛蹄河七条河流画法失误，并综合探讨汉水以北地貌、水文与湖泽的关系	《〈中国历史地图集〉湖北古河道刍议》	台湾《汉学研究》第9卷第1期，1991年6月，第91—126页
22	许鹏	指正谭图清时期图组的陕西图之误32处	《〈中国历史地图集〉第八册（清时期）陕西省修订意见》	《清代地理志书研究》，中国人民大学出版社，2014年，第18—33页
23	杨森翔	指正谭图于明代以前的灵洲、灵州、灵武谷（口）、灵武的地址方位之误	《历史上的灵洲、灵州、灵武谷、灵武城址及其他——订正〈中国历史地图集〉的一个错误》	《宁夏大学学报》2008年第1期
24（补白）	齐涛：《〈中国历史地图集〉辨误一则》，《史学月刊》1986年第6期； 董志勇：《〈中国历史地图集〉第八册中三地名的定位问题》，《中国边疆史地研究导报》1989年8月； 耿占军：《〈中国历史地图集〉校误二则》，《中国历史地理论丛》1994年第1辑； 王小红等：《明通院、明通县考——兼证〈中国历史地图集〉错误一例》，《宋代文化研究》第12辑，线装书局，2003年； 李伟：《〈中国历史地图集·明时期〉正误一则》，《历史地理》2015年第32辑； 卢绪友：《〈中国历史地图集〉校正三则》，《中国历史地理论丛》2017年第3期； 何沛东：《〈中国历史地图集〉清代甘肃地名校误三则》，《历史地理》2017年第34辑； 易山明：《〈中国历史地图集〉清代安徽图地名校误二则》，《历史地理》2018年第36辑； 贾建增：《〈中国历史地图集〉献疑四则》，《中国历史地理论丛》2021年第1辑

28

关于《中国历史地图集》，谭其骧自己"对这套图集的命运是充满信心的"，也认识到"我们的谬误必然很快会被发现"，希望"这套图集会越改越好"①。他曾对学界同行说过："《中国历史地图集》名义上是我主编，其实是集体编绘的。我的工作是组织联络和审稿。在审查过程中，已发现某些标绘可能不尽合理，甚至存在一些问题。我曾与一些编者通信商讨这些问题。但是，作为主编必须尊重每位编者的意见，不能强加改动。因此，我非常欢迎大家多提批评意见，学问要由大家来做，不能由几个少数人垄断，我一直反对这种做法。只有集思广益，采纳百家之长，才能把《中国历史地图集》编好。"②因此，鉴于谭图可以传世的学术价值以及它在海内外的巨大影响，应当启动修订程序，"站在求全的立场，此图集还要不断地加以修正和补充"③，以使其更加完善。

关于历史地图集可探讨的论题尚多，理论升华、时间段选择、疆界范围、政区名称、治所、幅员、聚落点、职官驻地、山脉与山峰、河流与湖泊、海岸线、海岛与海洋等地理要素，农作物分布、交通路线、军事布防与战争进程、城市发展与都市布局、人口密度与人口迁徙、重大历史事件发生地等专题，以及具体图幅的设计等，都是值得探究的话题，期待学术界热烈讨论，以便一起把历史地图集的学术事业推向前进！

四、展望未来

如果立足中国，放眼世界，从中可以窥见中国历史地图（集）事业的未来发展趋势。

清末以降的历史地图以疆域政区沿革图为主，改革开放以来已扩展到城市、人口、农业、社会、民族、交通、军事、文化、宗教、地貌、植被、珍稀动物、气候变化、海岸伸缩、环境变迁等各个领域，呈现出百花争艳的场景。

笔者曾有机会阅读过英国国家图书馆（The British Library）、德国普鲁士文化遗产图书馆（Staatsbibliothek zu Berlin Preußischer Kulturbesitz）收藏的全部英文类历史地图集，以及欧洲其他一些图书馆［如法国国家图书馆（Bibliothèque Nationale de France）、莱顿大学图书馆（Bibliotheek van de Universiteit Leiden）、拜仁州立图书馆（Bayerische Staatsbibliothek）等］的典藏，可将曾经寓目之65部外文历史地图集分作

---

① 谭其骧：《谭其骧自传》，《中国当代社会科学家》第4辑，书目文献出版社，1983年。
② 景爱：《怀念谭其骧先生》，《中国历史地理论丛》1996年第2辑，第19—24页。
③ 陈良佐：《〈中国历史地图集〉湖北古河道刍议》，台湾《汉学研究》第9卷第1期，第91—126页。

如下四类:

第一类:综合性历史地图集,有 15 部。如大家熟知的《泰晤士世界历史地图集》(*The Times Atlas of World History*),主图 318 幅,插图 219 幅。《牛津世界历史地图集》(*Oxford Atlas of World History*),即使简明版也有 300 多幅。德文《世界历史大地图集》(*Groβer Historischer Weltatlas*)分四册,第一册是从史前到公元 600 年,81 幅;第二册为 600—1500 年,105 幅;第三册为 1477—1980 年,140 幅;第四册为 1945 年以来,28 幅。

第二类:区域历史地图集,有 28 部。例如,《泰晤士欧洲历史地图集》(*The Times Atlas of European History*),318 幅。《美国历史地图集》(*Historical Atlas of the United States*),270 幅。《新西兰历史地图集》(*New Zealand Historical Atlas*),173 幅。《南亚历史地图集》(*A Historical Atlas of South Asia*),149 幅。规模最大的地图集是西班牙文的《秘鲁历史地理与景观地图集》(*Atlas Historico Geografico Y De Paisajes Peruanos*),纸本书籍高 57 厘米,宽 42 厘米,厚 6.5 厘米,右图,左说,是历史地图与当代地图的合集,五大部分中第一部分即为历史地图,44 幅。

第三类:专题历史地图集,有 17 部。例如《哥伦布与地理大发现地图集》(*Atlas of Columbus and the Great Discoveries*)有四部分,主图 81 幅,插图 8 幅。《美加环境史地图集》(*The Atlas of U.S. and Canadian Environmental History*),53 幅,规模算是小的。法文《历史移民地图集》(*Atlas Historique des Migrantions*),83 幅。《图绘流行病:疾病历史地图集》(*Mapping Epidemics:A Historical Atlas of Disease*),按照 32 种流行病如艾滋病、黄热病等来绘制地图,分析全球形势。

第四类:时段历史地图集,有 5 部。例如,《十七世纪世界大地图集》(*The Grand Atlas of 17th Century World*)以欧美为主,覆盖全世界,100 幅,其中有关中国的 8 幅。《1760—1790 革命:美国早期历史地图集》(*Atlas of Early American History:The Revolutionary,1760—1790*),180 幅。还有三种第二次世界大战的历史地图集,图幅数量分别为 118,176,290 幅,出版地分别是伦敦、美国加州、意大利。

如果从国外历史地图(集)的发展趋势来看,从学术意义上来说应该有综合、区域、专题、时段四类,代表四个发展方向。据上述列举,区域历史地图集最为丰富(28 种),专题历史地图集则相对不多(17 种),综合性历史地图集因需要区域、专题做基础而相对偏少(15 种),但时段的历史地图集则更少(5 种)。

对照国际学术现状,于中国而言,因历史地图工作需要投入庞大的专业力量、科研经费等,全国综合性的已有谭图八大册和国家历史地图集问世,所以总体性的历史地图集暂时先告一段落;专题性的历史地图集,虽然受到科研难度等内在因素制约,但仍有一些重要的历史地图集已经问世或即将问世①；区域性的历史地图集则因各个地方发展的需要而日渐兴起，而断代历史地图集（即某个特定时段的历史地图集）仍然付阙。

中国编绘历史地图集状况非常不平衡，有许多学术空白应该、并且也值得填补。笔者认为，今后的发展趋势有二：

一是省级历史地图集将全面开花。"区域"是地理学研究的核心，但"区域"有大有小。大于省域或者跨省级的历史地图集，目前只有《长江三峡历史地图集》等个别成果，而像"黄土高原历史地图集""东北三省历史地图集""海河流域历史地图集""太湖流域历史地图集""中国海洋与海岛历史地图集"之类跨省域科研项目，笔者未见。省级历史地图集，目前已经见书的有北京、广东、山西、福建、上海、重庆、四川、陕西、山东、内蒙古、广西 11 个省域。小于省域的历史地图集详见上文。由于跨省域历史地图集需要通力合作，协调成本较高，不易组织，所以今后更多的是应该发展省级历史地图集。目前，还有 23 个省级政区没有历史地图集问世，其中西藏的历史地图集正在研制（国家社科基金 2018 年度重大项目），河南、安徽、云南三省的历史地图集也已着手进行②，但河北、天津③、辽宁、吉林、黑龙江、江苏、浙江④、江西、湖北、湖南、海南、贵州⑤、甘肃、青海、宁夏、新疆、台湾、香港、澳门⑥19 个省域的省级历史地图集至今尚无着落。

有的省份，即使已经出版了省级历史地图集，今后也将朝着多样化、精细化方向发展。一方面是编绘新图集，像山西已经出版了三部，重庆出了两部，为其他省域做了示范。另一方面是已有成果可以修订、充实、完善，毕竟有的省级历史地图集只有不同朝代的全省图，过于简单，连郡级图、府级图或小流域的图都没有。

因中国各地区地方文化建设的需要，为了增强文化自信，每个省级历史地图集的学术空白必将得到填补，全国都将填满，并且一个省域并不会只限于仅有一部历史地图集，学术界需要提前谋划，各所在省域的历史地理学工作者具有大展宏图的良机。

二是断代历史地图集的前景广阔。目前，尚未见过一部某朝代如秦、汉、三国、两晋、南北朝、隋、唐、五代十国、宋、辽、金、西夏、元、明、清、民国的断代历史地图集。零星的历史政区图、某朝农业分布图、某代城市坊巷地图等都曾有过，但

---

①　如文榕生著《中国珍稀野生动物分布变迁地图集》、龚胜生主编《中国疫灾历史地图集》（国家社会科学基金重大项目，待刊）等。

②　均已有相关学术会议讨论过。

③　天津已出版《天津城市历史地图集》，但未能覆盖天津直辖市的全部地域。

④　陈桥驿生前有《关于〈浙江省历史地图集〉的编绘》论文，刊于《杭州师院学报》2007年第2期。但是，关于《浙江省历史地图集》之研制编绘，未见下文。

⑤　姚公书：《编绘〈贵州省历史地图集并说明〉的建议》，《贵州民族研究》1980年第1期，第73—75页。

⑥　中国第一历史档案馆等编《澳门历史地图精选》，只是选编了一些古地图。

反映某个朝代整体面貌的历史地图集迄今未见。当今许多地理现象都根植于过去，清朝是离今天最近的传统王朝，今天的疆域、省制、市名、县名、河流走向、湖泊大小、海岸线位置等地理现象和对山脉山峰的认识都是从清朝延续下来的。因此，研制编绘清朝历史地图集的学术条件应该最为成熟。笔者所在项目组依托教育部文科基地（中国人民大学清史研究所），于 2008 年即已提出要编绘清朝的断代历史地图集——《清史地图集》。2012 年秋，笔者领衔竞标的《清史地图集》获得国家社科基金重大项目立项，2018 年春顺利结项，不久即可见书。《清史地图集》为其他断代历史地图集探索了路子，积累了经验。学术界如果有计划地引导某些断代的历史地理专题研究，随着学术成果的累积，则可以为各个断代研制编绘历史地图集做好学术准备。

中国研制断代历史地图集与海外相比有得天独厚的条件（目前海外的时段历史地图集都是 17 世纪以后的）。一是中国历史悠久，连续不断，古代文明延续至今，生活在神州大地上的都是中华儿女；二是中国历史文献丰富，经史子集四部都包含地理典籍，史部地理类更为集中，现存 1911 年之前的地方志即有 8000 多种，史料基础雄厚；三是中国各断代史已经有了较好的研究基础，八册谭图也已经有了疆域政区框架。中国史学界具有断代史研究的优良传统，今后"战国历史地图集""秦汉史地图集""三国历史地图集""南朝史地图集""北朝史地图集""唐史地图集""宋史地图集""辽金史地图集""元史地图集""明史地图集"，乃至"东晋十六国历史地图集""五代十国历史地图集"等将可能陆续问世，甚至还可以细分为"隋史地图集""晚明史地图集"等。笔者相信，断代历史地图集研制编绘具备后发优势，学术界有望取得丰硕成果。

综上所述，研制编绘历史地图集是新世纪赋予学术界的神圣使命。因此，笔者可以大胆地预言：省级的、断代的历史地图集的研制编绘，将来大有可为！

（中国人民大学清史研究所）

清朝政区边界复原与清史地理再现

——《清史地图集》的编绘实践[*]

华林甫

一、理论依据与篇目设计

历史地图是历史地理学的第二语言，研制编绘历史地图是历史地理学取得最大成就的一个领域。

《清史地图集》的研制编绘建议系笔者首先提出①。《清史地图集》属于历史地图②，可以反映一些用文字不易表达、表达不清或表达不了的清朝历史内容③。它属于历史地理学五大组成部分之一的"历史地图学"，属于断代史"统一清史"的研究领域，属于"清史地理"的核心范围⑤。今天的地理现象都根植于过去，研究清史地理也有助

* 本文原刊于《清史研究》2020年第5期，收入本书有修改。撰写过程中得到李诚、陈栋、赵逸才等协助，谨此致谢！

① 华林甫：《关于编绘〈清史地图集〉的建议》（初稿撰写于2002年9月28日），《历史地理学研究的新探索与新动向——庆贺朱士光教授七十华秩暨荣休论文集》，三秦出版社，2008年，第515—518页。

② 历史地图与古地图不可混淆。按照学术界约定俗成的观念，"古地图"是指民国以前使用传统方法绘制的地图，即古人或近人绘制的舆图，属于文物或准文物；古地图研究属于文献学范畴，相当一部分成果属于古籍整理与研究的对象，例如著名的《中国古代地图集》（三卷）。"历史地图"是"今人"以其所在时代的当代地图为底、依照"今人"需要、以历史上某一年代或时期的地理状况为内容而编制的地图，因表现对象为历史时期内容，习称"历史地图"，例如谭其骧院士主编的《中国历史地图集》（八册）。所以，"古地图"与"历史地图"虽然都是"地图"，但属于不同的学术领域。

③ 或曰，可取名为《清朝历史地图集》或《清代历史地图集》。然则"清朝""清代"本身即含有"历史"的成分，从而造成同义重复。"清史"一词于学界耳熟能详，即为"清朝历史"或"清代历史"之缩略，故书名取名以"清史地图集"为宜。

⑤ "清史地理"概念，详见《清史研究》2008年第2期拙文的阐释。

于认识当代地理现状的由来。

中国学术具有编绘历史地图的悠久传统。远的有西晋裴秀《禹贡地域图》18篇[①]，近的有杨守敬《历代舆地图》分幅44图组、1752幅地图，而谭其骧院士主编的八册《中国历史地图集》（以下简称"谭图"）达到了20世纪的学术高峰。谭图出版之后，成为区域性历史地图集、专题性历史地图集的学术基础。目前，省级历史地图集已有11省14部、专题历史地图集也有17部[②]。

如果放眼世界，可将笔者过阅欧洲各主要图书馆〔英国国家图书馆（The British Library）、法国国家图书馆（Bibliothèque Nationale de France）、莱顿大学图书馆（Bibliotheek van de Universiteit Leiden）、德国普鲁士文化遗产图书馆（Staatsbibliothek zu Berlin Preußischer Kulturbesitz）、拜仁州立图书馆（Bayerische Staatsbibliothek）等〕收藏的62种外文类历史地图集分为综合、区域、专题、断代四类，其中区域历史地图集最为丰富（27种），专题历史地图集则不多（15种），综合性历史地图集因需要区域、专题做基础而显得偏少（14种），但断代的历史地图集则更少（6种）。

对照国际学术现状，全国综合性的历史地图已有谭图八大册和国家历史地图集出版，所以总体性的历史地图集的编绘已告一段落；专题性的历史地图集的编绘，虽然受到研制难度高等内在因素制约，但仍将有少量高质量地图集问世[③]；区域性的历史地图集则因各个地方发展的需要而方兴未艾；只有断代历史地图集仍然付阙。

因此，从中国学术传统和国际学术发展趋势两方面来衡量，研制编绘《清史地图集》是新时代赋予当今学者的神圣使命！也正因为如此，2012年笔者领衔投标的《清史地图集》课题获得国家社科基金重大招标项目立项（批准号：12&ZD146）；项目组团结协作、克服种种困难，于2018年4月顺利结项（结项证书号：2018&J047）。

《清史地图集》由序（学术顾问邹逸麟教授撰）、前言、编例、中英文目录、图例、序图、主体图组及图说、附录、地名索引、后记、作者名单、附件组成。主体图组设计覆盖清朝疆域范围内的所有地域，全国图是纲，省域图是主体，局部地区图、城市图、租借地地图是因图幅限制无法展开而研制的放大图，还有若干专题地图体现清朝历史特色。

历史中国的疆域，奠基于秦汉，定型于清朝，清朝疆域继承了汉唐元明的主体。从清初到宣统三年（1911）辛亥革命爆发的200多年里，疆域发生了巨大变化，高层

---

① 《晋书》卷35《裴秀传》，中华书局，1974年，第4册，第1039页。

② 不包括中文印制的世界或外国历史地图集，如《泰晤士世界历史地图集》《世界历史地图集》《世界现代史地图集》《俄国历史地图集》《美国历史地图集》等，亦不含外国学者著作（如Knud Larsen著《拉萨历史城市地图集》，中国建筑工业出版社，2005年）。

③ 例如黄盛璋等编《中国矿业历史地图集》、龚胜生主编《中国疫灾历史地图集》（国家社科基金重大项目）等。

政区也从 15 省发展到 23 省。《清史地图集》的 5 幅全国总图，画出了各对应标准年份所有县级及其以上政区的名称和治所，标出了国界、省界、省城、道员驻地，边疆与少数民族地区标出各将军辖区和青海、西藏、内蒙古的名称、驻地、边界线、副都统、部族等，择要绘出西南、西北诸地文武各级土司，可以反映清朝疆域从开创到统一、全盛以至于近代又有所收缩的发展历程。

27 幅省域图，包括光绪二十年（1894）台湾省地图和宣统三年直隶、奉天、吉林、黑龙江、江苏、安徽、山东、河南、山西、陕西、甘肃、浙江、江西、福建、湖南、湖北、广东、广西、四川、云南、贵州、新疆 22 省以及内蒙古、外蒙古、青海、西藏的地图，绘出清朝各个省域的地理状况，包括山岭、河流、湖泊、伏流河、井泉、沙漠戈壁、海岸线、岸外沙洲、岛屿、珊瑚礁等自然地理要素和各级职官驻地、聚落、市镇、驿站、商埠、塘汛、巡检司、行宫、边墙、关隘、运河、津渡、炮台、铁路、矿场、盐场、海塘、土司、界碑等人文地理要素，完整展现宣统三年县级及其以上政区建置，画出省级、府级、县级政区界线，但个别县界、旗界、水域界当时未明处不画，以符清末之实。

有的省域因清史内容丰富，项目组还研制了顺天府、归绥地区、关中平原、太湖流域、四川中部、新疆中部等 13 幅局部区域放大图，也研制了胶澳、威海卫、广州湾、旅大、香港、澳门的租借地地图，编绘了 1840 年以后失去国土（如巴尔喀什湖以东以南地区、库页岛、黑龙江以北至外兴安岭地区、乌苏里江以东至海地区等）的 4 幅地图。城市图遴选京师、京师城属、盛京、武汉三镇、天津、上海、广州来研制地图。专题地图选取了能够以地图形式表达的、在清史上具有重要意义的漕运、驿路、卡伦、邮政、柳条边、八旗驻防、通商口岸等 11 个主题[①]。

以上 72 幅清史地图，每一幅地图都有创新（或者主题，或者年份，或者详细程度，或者地名定位等），分全国、省域、专题 3 个图组排列，承载"地物"4 万多个[②]。全国图组、专题图组按年份排列，省域图组排序遵照国家清史纂修工程《清史·地理志》（邹逸麟主持）的结论。局部区域放大图、城市图、租借地地图、近代以来失地地图等相关内容附在该省域图之后。同时，撰写 67 份针对地图所在地域的"图说"[③]，覆盖全部地域，地图与图说可收相得益彰之效。

《清史地图集》是学术界第一部断代历史地图集，反映有清一代地理面貌的变迁，试图在政区界线精度方面从府界提升到县界，在点、线、面定位等质量方面跨上一个

---

① 原本编有战争图组，含山海关之战、雅克萨战役、平定三藩、平准平回、近代外国侵华战争、太平天国运动、义和团运动、武昌起义等 12 幅，因学术界已有众多成果，难以超越，出版时舍弃了。

② 只统计图幅的主区，且图幅之间重复者不计。

③ 直隶、安徽、陕西、四川、新疆五份省域图说，包含了直隶中南部、皖江流域、关中平原、四川中部、新疆中部五幅放大图的内容。

台阶，在地名数量方面超越所有既有之清史地图成果。

当然，在理论上，完整的《清史地图集》不但应覆盖清朝所有年份、所有地域，而且要叠加相应年份的人口、耕地、农业、聚落、交通、动植物、宗教、信仰、军事、自然灾害等要素，更须将这些纵与横的内容交织成动态，从而可以再现整个清朝主要地理要素的时空发展过程。如此庞大的设计，短时期内难以实现，可以作为《清史地图集》的后续计划。从这层意义上说，这部《清史地图集》只是第一集，今后还应该有第二集、第三集乃至更多集的问世。从更长远的意义而论，未来发展方向应是：以《清史地图集》为出发点，建成开放式"清史地理信息系统"（QDGIS）。

二、《编稿表·正编》：遴选具有清史意义的地物

研制编绘《清史地图集》的学术理念是在继承谭图学术精神基础上展开，有继承，也有创新，在继承的基础上创新。如果借用冯友兰先生的说法，就是不只是"照着讲"，而更是要"接着讲"①。传统的考据方法，我们项目组完全继承。研制编绘历史地图，所有上图地物都必须经过严密考证，图上任何点、线、面都必须有文献依据（包括舆图史料）为证，而且要遵循"孤证不立"的原则；既不能轻易相信任何史料，但又离不开史料，要追溯史源，并且始终提倡要扩大史料范围，既要"上穷碧落下黄泉，动手动脚找东西"②，也要勇于开拓。故而笔者曾提出"舆图也是史料"的新概念③。清朝的各种档案、典籍、舆图、地理总志、地方志、地方文献等都在我们视野之内，边疆地区还利用了满文、蒙古文资料。同时重视地理学的实地考察之法，也组织到相关各地调研，有针对性地解决疑点、难点问题。故在开始绘制地图之前，我们在充分挖掘各种资料的基础上，首先选取地物，对上图地物进行考证。作为考证内容的《编稿表》，我们项目组分为"正编""辅编"两类。

《编稿表·正编》是上图内容的依据（辅编用于绘制政区边界，详见下一节），是读者能在《清史地图集》上看得见的内容，如一个省、一个府、一个县，省内有多少政区，府治在哪里，县内有什么重要地物。不同标准年代的5幅全国图，贯穿清朝前后期，在大型《清史·地理志》基础上绘出对应各年份的所有县级及其以上政区，详见表1。

① 冯友兰：《新理学与哲学》，见于《新理学·绪论》，《贞元六书》第5页，华东师范大学出版社，1996年。

② 傅斯年：《历史语言研究所工作之旨趣》，《中央研究院历史语言研究所集刊》第一本第一分，1928年。

③ 华林甫：《英国国家档案馆庋藏近代中文舆图》，上海社会科学院出版社，2009年，第22页。

表1　全国图承载的政区数量（单位：个）

年份	省	府	厅		州		县	备注
			直隶厅	散厅	直隶州	散州		
康熙二十四年	18	161	0	1	21	0	1153	属州190
乾隆六十年	18	185	11	68	66	148	1294	还有盟、旗、土司、宗谿等，暂无统计
道光二十年	18	184	20	82	66	145	1290	
光绪二十年	20	190	52	70	73	144	1312	
宣统三年①	23	219	60	89	79	146	1382	盟10，旗175。②土司、宗谿等，暂无统计

　　全国图标出对应年份的所有政区，省域图标出宣统三年所有府、厅、州、县，这是理所当然的。省域图中，对于各个县级行政区作出较为详尽的展示，于我们而言的难点是：一个县级政区之内究竟要画多少地物为宜。这是不容易回答的问题，因为有的县域狭小（如直隶省南部的小县），而有的县境很大（如山区的、西部的县），而内外蒙古的"旗"往往地物稀少。经过多年摸索，一般是选择具有清史意义的地名地物上图。例如奉天有萨尔浒（今辽宁抚顺县上马镇竖碑村北大伙房水库旁），直隶有山海关，黑龙江北岸有雅克萨，顺天府东安县有郎房（今廊坊市），山东茌平县有冯官屯，山西的河边、东冶两镇清末同属五台县，江苏太仓直隶州有吴淞口，当时的洞庭东山还是太湖中的一个岛，江西有杨家牌，广东东莞县有虎门炮台，广西桂平县有金田村，四川大渡河边有紫打地（光绪二十八年因山崩重建而改名安顺场），湖北武昌有楚望台，东部省份有大运河，北方有长城遗迹，西域新疆有多方乾隆纪功碑（其中以格登山纪功碑最有名），东部海域有钓鱼台（钓鱼岛）等。为此，经我们《编稿表·正编》考证过的"地物"，有将近10万处。

　　这里，笔者以仁和县为例加以说明。浙江杭州府的仁和县，《编稿表·正编》列出具有清史意义的地物，在"杭州府"府名、"仁和县"县名之后，计有：万松岭、凤凰山、皋亭山、临平山、超山、钱塘江、捍海石塘、乌龙庙一堡、戚井村十二堡、侯潮门、艮山门、武林门、武林驿、城河、大运河、上塘河、下塘河、宦塘河、余杭塘河、备塘河、东苕溪、笕桥镇、乔司镇、临平镇、塘栖镇、塘栖巡检司、汤镇巡检

---

① 含台湾省，台湾省政区为光绪二十年数据（府3、直隶州1、散厅3、县11）。

② 据国家清史纂修工程《清史·地理志》统计，清末内蒙古有6盟49旗、漠南阿拉善与额济纳2旗，内属蒙古有察哈尔、归化城土默特、呼伦贝尔等15旗和1个喇嘛旗，外蒙古有4盟86旗，科布多等22旗，合计175旗。未计入牧厂、佐领、青海部族与蒙旗等。

司、彭埠、奉口、沾驾桥、博陆村、翁家埠、拱宸桥、德胜桥、江涨桥、北新关、丁山湖、仁和盐场，共 40 个。每一个地物，都做了考证。今仅举五例，如下：

1. 临平山、临平镇。《读史方舆纪要》卷 90 "浙江杭州府"："临平山，府东北六十里，山周十八里，平旷逶迤，无崇冈修阜；其巅一名丘山，有龙洞及井，虽旱不涸。"《肇域志》"杭州仁和县"："皋亭山、临平山，在县东北五十四里。"《嘉庆重修一统志》卷 283 "浙江杭州府"："临平山，在仁和县东北五十四里。"阮元《揅经室集·一集》卷 13："临平湖在今上塘，临平山之西南，地高于下塘，故旧有四坝以蓄其水。"《清国史·地理志》"浙江仁和县"："自凤凰山东北二十里有皋亭山，五十四里有临平山。"该山东南麓有"临平镇"，见《天下郡国利病书》《两浙輶轩续录》《枣林杂俎》《小仓山房集》《茶香室丛钞》等记载。《读史方舆纪要》卷 90 "浙江杭州府"："临平河泊所，在临平镇，属仁和。"康熙《仁和县志》卷 2《封畛·镇市》："临平市镇，去城四十里。"《嘉庆重修一统志》卷 283 "浙江杭州府"："临平镇，在仁和县东北四十里。唐置临平监，明置横塘临平税课司，本朝因之。"《大清帝国全图》标有"临平"，图例符号为市镇。《清国史·地理志》"浙江仁和县"："德胜桥、江涨桥、临平、汤镇、塘栖五镇，武林、乌山二驿。"《清史稿·地理志》"浙江仁和县"："汤镇、塘栖镇巡司二，又德胜、临平二镇。"按：乾隆时大学士孙士毅即此地人，晚清经学大师俞樾自幼居住于此[1]，清朝文献绝大多数称"临平镇"，独康熙《仁和县志》作"临平市镇"，图上宜标作"临平镇"。今为杭州市临平区政府所在地。

2. 宦塘河：系仁和、钱塘两县界河。康熙《仁和县志》卷 3《山川》与雍正《浙江通志》卷 53《水利·仁和县》均记载，宦塘河"去城西北三十五里，南接北新、江涨桥河，北达奉口河"。乾隆《杭州府志》卷 41《水利·仁和县》："……明以来亦称下塘河，自下塘东分为东小河，西出为宦塘河、奉口河。"《嘉庆重修一统志》卷 283 "浙江杭州府"："宦塘河，在仁和县西北三十五里，南接北新、江涨桥河，北达奉口河。"《清史稿·地理志》"浙江仁和县"："下塘河西自钱塘入，西北流者宦塘河，与苕溪会。其北流者为新开运河，迳塘栖，歧为二，一入德清，一入海宁。"

3. 拱宸桥：既为桥梁名，桥堍又是一个普通聚落。《钦定南巡盛典》卷 80《程途》："自西湖行宫起，八里武林门，六里新马头，登舟，一里江涨桥，三里北新桥，三里拱宸桥，六里谢村，二里十里亭，四里污泾渡，十里王家庄，四里总管堂，五里安桥，五里塘栖镇大营。"同书卷 90《奏请》："自江省交界至杭州城内行宫，计程二百七十里，分设杉青闸、石门镇、塘栖镇、杭城正站四处，王江泾、石门镇、安乐

① 俞樾《八十自悼》："余四岁从德清移居仁和临平镇之史家埭。"（《春在堂诗编·已庚编》）缪荃孙《艺风堂文续集》卷2《俞樾行状》："先生讳樾，字荫甫，号曲园，旧居德清东门之南埭……四岁迁居仁和之临平镇。"

桥、拱宸桥腰站四处，每处相离二十余里至三四十里不等。"康熙《仁和县志》卷首图"下塘图"，标有拱辰桥。《嘉庆重修一统志》卷283"浙江杭州府"："拱辰桥在仁和县北新关，西湖苕溪诸水汇流于此，明末建，后圮；本朝雍正四年重建，乾隆四十年修，并近桥一带塘路均加修葺。"清末陈蝶仙撰有《拱宸桥竹枝词》，上、下两卷。《清史稿·地理志》"浙江钱塘县"："城河出武林门，会西溪入下塘河，一名宦塘河，迳江涨桥。有盐场司，兼管吴山驿。出北新关，有桥曰拱宸。光绪二十一年与日本约，定为通商埠。"按：此地为晚清日本租界所在地，清人或作"拱宸桥"，或作"拱辰桥"，因以称"拱宸桥"者居多，且今地仍称拱宸桥，故今取"拱宸桥"为宜。

4. 塘栖镇：跨越杭州、湖州两府的江南大镇，位于江南运河上，主体在南岸，属仁和县，北岸"水北街"属德清县。《读史方舆纪要》卷91"浙江德清县"："又塘栖市，在县东三十五里，与仁和县接界；水南属仁和，水北属德清；长桥跨踞，为舟车之冲。"《嘉庆重修一统志》卷289"浙江湖州府"："唐栖市，在德清县东南三十五里，与杭州府仁和县接境，南属仁和，北属德清，长桥跨踞，为舟车之冲，居民极盛。"同治《湖州府志》卷22《舆地略·村镇》："唐栖镇，《大清一统志》称市，在县东南三十五里之十六都也。与仁和县十一都联境，水南属仁和，水北则属德清，长桥跨踞，南北实官道舟车之冲，居人，水北约两百家，水南则数倍。"《大清帝国全图》作"塘栖"，为市镇，标注于杭州府境、运河之南侧。光绪《浙江全省舆图并水陆道里记》之《德清县图》作"塘栖镇"。《清国史·地理志》"浙江仁和县"："德胜桥、江涨桥、临平、汤镇、塘栖五镇。"《清史稿·地理志》"浙江仁和县"："汤镇、塘栖镇巡司二。"中国人民大学图书馆庋藏有光绪《唐栖志略》稿本。按：光绪时"帝师"之一的夏同善即此地人，清朝文献有"塘栖镇""塘栖市""唐栖市""唐栖镇"之不同记载，清朝舆图多作"塘栖"[1]，故今取晚清"塘栖镇"之说。

5. 翁家埠[2]：位于仁和、海宁分界处，属于跨界市镇。康熙《仁和县志》卷首上塘图中，标有"翁家埠"。《罪惟录》列传卷12下《熊汝霖》："乙酉北师下南京，间去；闰六月郑义兴兵起，汝霖呼其乡之子弟千人应之，屯龙王堂，合防海；时海宁兵亦起，汝霖渡海鼓之，与北师大战于翁家埠，败绩。"《石匮书后集》卷39《俞元良》："七月汝霖兵轻与清逆战，大败翁家埠；而县无赖奸作，乃阴告清道里及城守状，愿为向；时姜国臣等师次翁家埠，结阵以待，既合，清兵故小却，国臣等进击之，辄走退去。"《国朝先正事略》卷14《嵇文敏公事略》："疏言江海形势，南坍则北涨，今东南两塘根俱涨，有护沙，应建鱼鳞石塘，以期一劳永逸。其海宁迄西翁家埠一带柴草工程，亦加镶高厚。"《清朝文献通考》卷6《田赋考》："仁和县之翁家

① 如《皇朝直省府厅州县全图》《大清邮政公署备用舆图》等。
② 1934年11月13日，《申报》总经理史量才被暗杀于此。因属民国史事，附记于此。

39

埠起，西至海宁县之陈文港七十余里，旧有石塘，无庸议修。"《清经世文编》卷 120
《工政二十六》："惟是翁家埠一段草塘，其地脚系活土浮沙，恐难钉桩砌石，或仍用
草土堵御。"《清国史·地理志》"浙江仁和县"："钱塘江自钱塘县东北流至龙口闸东入
县境，东北流四十七里，抵翁家埠入海宁界，对岸界萧山。"《清史稿·地理志》"浙江
仁和县"："捍海石塘，自钱塘乌龙庙一堡至威井村十二堡，西防同知治；又东至翁家
埠十七堡，中防同知治。"光绪《浙江全省舆图并水陆道里记》之《杭州府仁和县图》
有"十七堡"，附近标有"翁家埠"。《东华续录》卷 114，光绪十九年秋七月癸未：
"前署杭嘉湖道王景澄、现任杭嘉湖道王祖光，督同节次履勘，得西塘自李家埠汛西
道字号起、至翁家埠汛腾字号止，计共埽坦工长二百一十三丈；中塘自翁家埠汛官字号
起，至戴家桥汛丝字号止，计共埽坦工长四百一十丈五尺。"此地至今仍在政区界上，
一条小路的东、西两侧分属海宁市、杭州市临平区。

因受限于地图集开本，真正能上图的地物并没有《编稿表·正编》那么多，遴
选哪个上图、哪个暂不上图的标准是：该地物是否具有清史意义以及清史意义之重要
性。在《清史地图集》"浙江"图幅中，仁和县的地物只有江涨桥、笕桥镇、乔司镇、
拱宸桥、钱塘江、备塘河、翁家埠、临平镇、塘栖镇、奉口 10 个；"太湖流域"图幅
的篇幅稍大，除上述 10 个之外，也只是多了德胜桥镇、三家村、上塘河、宦塘河、
皋亭山、临平山、超山、博陆村 8 个。这 18 个上了图的地物，加上"杭州府""仁和"
两个，就是从《编稿表·正编》40 个地物里遴选出来的。仁和县地物，请参看《清史
地图集》省域图组第 68—69 页"太湖流域"图、第 98—99 页"浙江"图。

在北方，仅举一例"飞地"。梨园屯在哪里？"义和团起源于山东"似乎是常识，
但这个常识需要通过地图稍加修正。义和团源出山东冠县义和拳，一般认为起始于梨
园屯教案。国内外相关论著，都肯定梨园屯教案为义和团运动的源头。而研究梨园屯
教案问题的论著，无一例外地都从文字史料入手；其实，晚清的古地图上也有相关信
息。在德国柏林的普鲁士文化遗产图书馆庋藏的 160 幅晚清华北舆图 [1] 内，有直隶威
县图和山东冠县图。

编号 Kart. E. 1951/11–83 系威县舆图，形状类似针灸铜人侧影，左上角"邵固堡"
往右处有两个格子是空白，第一次见到时引起了笔者的好奇；经查证，原来是属于山
东冠县的飞地，但图上未标任何地物。

威县舆图与编号 Kart. E. 1594/126 佚名之冠县舆图的方向排列，都是上南、下北、
左东、右西。将威县、冠县两幅舆图对照可知，这块冠县飞地上的集镇村庄，从东向
西有：祝家屯、梨园屯、田象村、孟管庄、宋家屯、中兴集、常家庄、小王渠村、王
世公、梁家庄、后店村、鸭窝村、红桃园、赵村、西河口、陈固、小庄、孙家庄、小

---

[1] 这批舆图原是晚清中国官府之物，以手工绘制的居多，近代史上辗转流落海外。

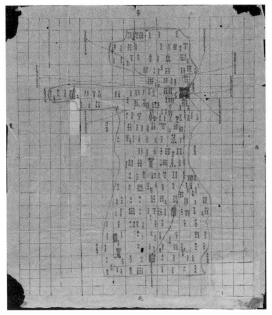

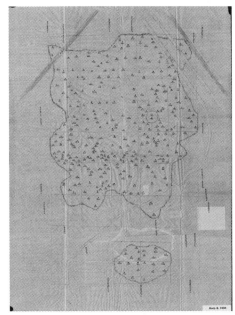

图1　Kart. E. 1951/11-83威县舆图　　　　图2　Kart. E. 1594/126冠县舆图

里固村、小葛寨、大葛寨、固献村、蒋家庄、陈家村，正好是24个村庄名称。冠县主体地域在卫河之南，这片卫河以北、深入直隶威县境内的飞地被称为"冠县十八村"，实有24个村子。图上属于山东冠县、实际深处直隶威县境内的梨园屯，离冠县本土有100多里地，正是著名的"梨园屯教案"发生地。如果以梨园屯教案为义和团起始事件，则义和团实际起源于直隶境内的山东飞地，所以不能说义和团仅起源于山东，比较客观的说法是起源于山东、直隶交界地带。

梨园屯教案涉及多位人物、多处地点，赵三多长期居住和姚文起移居的沙柳寨，就标在 Kart. E. 1951/11-83 威县舆图上，离冠县飞地的那块空白处相当近；张洛焦学习白莲教符咒的固献村，1898 年拳民运动时的红桃园、小里固，以及乡绅集中的梁庄、鸭窝等村，在 Kart. E. 1594/126 冠县舆图上均有标明。至于这块飞地的中心，冠县舆图标为"中兴集"，今名则为"干集"。

义和团的起始地点，得此两幅舆图而更加明晰。因比例尺原因，图幅有限，直隶中南部放大图尽管画出了威县境内的冠县飞地，但只能选上"梨园屯""固献""小里固"三个地名而已。例繁不备举。

关于"飞地"，截至晚清至少有好几百处，我们在把史实考证清楚的基础上，应收尽收，在图上应标尽标。当然，只有一两个少数村庄的飞地，作为全国层面的地图已无法详尽显示，只能寄希望于将来的省级历史地图集。

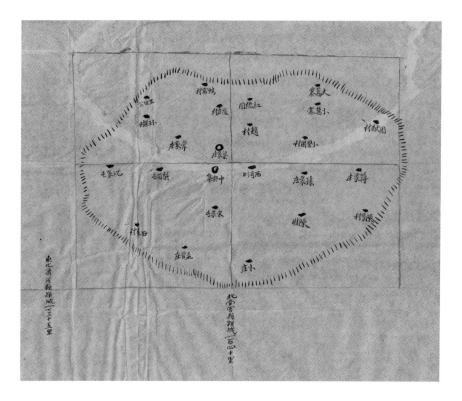

图3　冠县飞地（Kart. E. 1594/126）

像仁和县这样的"面"、梨园屯这样的"点"（也是"飞地"），加上县界、驿路、河流、海岸这样的"线"，以及政区治所、河流所经、湖泊范围、地物选取、地名写法、政区边界、草原鄂博、西藏宗谿、海岛名实等，项目组做了大量的细致工作，《编稿表》有1000多万字，邹逸麟教授评价是："功夫扎实，很好地继承了谭先生的学术精神。"①

由此，项目组师生完成了两篇博士后出站报告，6篇博士学位论文，15篇硕士学位论文，更多的是平时写下而尚未成文的考据文字；召开大小会议10余次（每次会议都做了《简报》），出版了《清代地理志书研究》、《清史地理研究》（第二集）、《清代政区地理初探》、《清代政区地理续探》4部学术论文集（本书《清代政区地理三探》是第5部）。这些基础性工作，就是《清史地图集》的立足之本。呈现在读者面前的《清史地图集》，是项目组从《编稿表·正编》中近10万个"地物"中遴选出4万多个"地物"的结晶。从这层意义上来说，这部《清史地图集》只是一个简本。

---

① 参见邹逸麟《清史地图集·序》，载《地图》2020年第4期。

三、《编稿表·辅编》：政区界线考证

谭图第八册（清时期）画出了府级政区界线，是在当时社会条件下取得的最高成就，影响深远，至今仍无总体超越者。当今已经是 21 世纪 20 年代，有条件在某些方面超越前贤，所以项目组在立项之初决定把政区界线的研究精度从府级提升到县级，故《清史地图集》研制了清末宣统三年基本覆盖全国的县级政区边界线，画出除青海、西藏以外所有省级地域内的县级政区界线，包括内外蒙古的旗界线。宣统三年，全国有县级政区 1792 个（县 1382，散厅 89，散州 146，旗 175）。县界复原研究选择宣统三年的原因是参照了邹逸麟教授主持编纂《清史·地理志》以宣统三年政区列目的原则。邹逸麟教授带领课题组纂修的这部《地理志》把清代覆盖全国的县级及其以上政区沿革史实已考证清楚，正文虽然只有六七十万字，而注释却有 340 万字，为清史地图编绘奠定了雄厚的学术基础。

府界是县界的汇集，而省界又是府界的汇集，所以《清史地图集》政区界线考证的核心工作就是对县界的考证。清朝县界没有现成答案，那么绘制县界的依据是什么？传世文献里的"四至八到"，只是一个大致方位，据此绘图最多也只能是以极坐标法画出有棱有角的不规则的多边形图案。如果由民国某年旧地图做逆推法，存在隐性风险，因为它的前提是要对从清朝到民国某年间县界变化的材料竭泽而渔（若真能做到这一点，也不必逆推了），而如果不做这个追溯的梳理工作即默认该期间内没有变化，则是十分危险的，毕竟民国初年的政区建置、政区界线变化都很大，所以考证县界须慎用民国二年（1913）之后的材料。为此，项目组秉承"最笨的办法就是最好的办法"之理念，对每一个县级单位进行县界的详细考证。这个工作说起来容易，但全面铺开之后工作量巨大，毕竟《清史地图集》的任务是要覆盖清末全国地域。

为此，我们项目组为复原县界而做了大量的县界考证，考证结果汇集成了《编稿表·辅编》。可各举南、北一县为例。

南方的县级单位是属于湖南长沙府的湘乡县，治所在今湖南湘乡市，境域相当于今湘乡市、娄底市之娄星区、双峰县全境和涟源市一部分。湘乡县的邻县有 6 个，分别是湘潭、衡山、衡阳、邵阳、安化、宁乡，项目组针对县界两侧的邻近县界的地点（简称"界邻点"）和县界界点进行了细致考证，具体过程见下述的 12 个表格：

表 2 　湘乡县与湘潭县间界邻点与界点（湘乡一侧）

序号	界邻点与界点	今地	史料依据
1	罗仙寨	今韶山市北部罗仙寨	《嘉庆重修一统志》卷354《长沙府·山川》：罗仙峰"在宁乡县东南七十里，接湘乡县界，上有浴仙池、滴水洞"。 光绪《湖南通志》①卷315《地理志二十九》："罗仙寨路通潭、宁，风门口路通宁乡、安化，可立碉卡，并在状元乡。" 光绪《湖南全省分图·长沙府图·湘潭湘乡》②
2	黄马寨	今湘乡市西北部黄马寨	光绪《湖南全省分图·长沙府图·湘潭湘乡》； 光绪《湖南通志》卷315《地理志二十九》
3	大平坳	今韶山市西部大坪村	光绪《湖南全省分图·长沙府图·湘潭湘乡》
4	沙田街	今湘乡市西北部沙田村	同治《湘乡县志》③卷2《地理·津梁》； 光绪《湖南全省分图·长沙府图·湘潭湘乡》
5	城前	今湘乡市北部城前村	光绪《湖南全省分图·长沙府图·湘潭湘乡》
6	黄泥铺	今韶山市南部黄泥坳	光绪《湖南全省分图·长沙府图·湘潭湘乡》； 光绪《湖南全省舆地图表·湘潭县图》
7	界牌塅	今湘乡市北部界牌塅	同治《湘乡县志》卷2《地理·津梁》； 光绪《湖南全省分图·长沙府图·湘潭湘乡》
8	小田冲	今湘乡市东北部小田村	同治《湘乡县志》卷1《地理·都坊》； 光绪《湖南全省分图·长沙府图·湘潭湘乡》
9	大桥埠	今湘乡市东北部大桥埠	光绪《湖南全省分图·长沙府图·湘潭湘乡》
10	马托铺	今湘乡市东北部马托	光绪《湖南全省分图·长沙府图·湘潭湘乡》
11	文家滩	今湘潭县西部文佳滩村	同治《湘乡县志》卷2《地理·津梁》； 光绪《湖南全省分图·长沙府图·湘潭湘乡》
12	东台山	今湘乡市东南部东台山	《嘉庆重修一统志》卷354《长沙府·山川》：东台山"在湘乡县东十里，一名凤凰山，一名望岳峰，南达华盖，下瞰涟水，有平石若台"。 同治《湘乡县志》卷2《地理·山川》； 光绪《湖南全省分图·长沙府图·湘潭湘乡》
13	菅盘寨	今湘潭县西南部营盘寨	光绪《湖南全省分图·长沙府图·湘潭湘乡》； 光绪《湖南通志》卷9《地理志·水道》
14	隐山	今湘潭县西南部隐山	同治《湘乡县志》卷3上《建置志》； 光绪《湖南全省分图·长沙府图·湘潭湘乡》
15	横铺	今湘乡市南部横铺村	同治《湘乡县志》卷2《地理·山川》； 光绪《湖南全省分图·长沙府图·湘潭湘乡》

① 光绪《湖南通志》，光绪十一年（1885）刻本。
② 光绪《湖南全省分图》，光绪三十三年（1907）印本。
③ 同治《湘乡县志》，同治十三年（1874）刻本。

序号	界邻点与界点	今地	史料依据
16	福海山	今湘乡市东南部福海山	光绪《湖南全省分图·长沙府图·湘潭湘乡》；光绪《湖南通志》卷9《地理志·水道》
17	云霞山	今湘乡市南部云霞岭	光绪《湖南全省分图·长沙府图·湘潭湘乡》
18	桂花村	今湘乡市西南部桂花村	光绪《湖南全省分图·长沙府图·湘潭湘乡》
19	铜梁山	今双峰县东部铜梁大山	《嘉庆重修一统志》卷354《长沙府·山川》，铜梁山"在湘乡县西南八十里，接湘潭县界"；同治《湘乡县志》卷二《地理·山川》；光绪《湖南全省分图·长沙府图·湘潭湘乡》
20	花山冲	今双峰县东部花山冲	光绪《湖南全省分图·长沙府图·湘潭湘乡》；光绪《湖南通志》卷9《地理志·水道》
21	黄牛山	今湘潭县西南部黄牛峰	光绪《湖南全省分图·长沙府图·湘潭湘乡》
22	孟公坳	今湘潭县西南部孟公塘	光绪《湖南全省分图·长沙府图·湘潭湘乡》；光绪《湖南通志》卷18《儒林·文贞吉》
23	天塘坳	今湘潭县西南部天塘坳	光绪《湖南全省分图·长沙府图·湘潭湘乡》；光绪《湖南全省舆地图表·湘潭县图》

表3　湘潭县与湘乡县间界邻点与界点（湘潭一侧）

序号	界邻点与界点	今地	史料依据
1	铁石坳	今韶山市北部铁石坳	光绪《湖南全省分图·长沙府图·湘潭湘乡》；光绪《湖南全省舆地图表·湘潭县图》[①]；光绪《湖南通志》卷首之七
2	瓦子坪	今韶山市北部瓦子坪	光绪《湖南全省分图·长沙府图·湘潭湘乡》；光绪《湖南全省舆地图表·湘潭县图》；光绪《湖南通志》卷9《地理志·水道》
3	黑石寨	今韶山市西部黑石寨	同治《湘乡县志》卷1《地理·坊都》；光绪《湖南全省分图·长沙府图·湘潭湘乡》；光绪《湖南全省舆地图表·湘潭县图》
4	铁皮冲	今韶山市西南部铁皮冲	光绪《湖南全省分图·长沙府图·湘潭湘乡》；光绪《湖南全省舆地图表·湘潭县图》

---

① 光绪《湖南全省舆地图表》，光绪二十二年（1896）石印本。

序号	界邻点 与界点	今地	史料依据
5	韶山	今韶山市韶山风景区	《嘉庆重修一统志》卷354《长沙府·山川》：韶山"在湘潭县西八十里，接湘乡县界。山甚深远，相传舜南巡时奏韶乐于此，因名"。 同治《湘乡县志》卷二《地理·山川》； 光绪《湖南全省分图·长沙府图·湘潭湘乡》； 光绪《湖南全省舆地图表·湘潭县图》； 光绪《湖南通志》卷9《地理志·水道》
6	荷塘湾	今湘乡市东北部荷叶塘	光绪《湖南全省分图·长沙府图·湘潭湘乡》； 光绪《湖南全省舆地图表·湘潭县图》
7	柘塘	今湘乡市东北部柘塘村	光绪《湖南全省分图·长沙府图·湘潭湘乡》； 光绪《湖南全省舆地图表·湘潭县图》
8	石牛冲	今湘乡市东北部石牛冲	光绪《湖南全省分图·长沙府图·湘潭湘乡》； 光绪《湖南全省舆地图表·湘潭县图》
9	白托	今湘潭县西部白托	光绪《湖南全省分图·长沙府图·湘潭湘乡》； 光绪《湖南全省舆地图表·湘潭县图》
10	乌嘴市	今湘潭县西部大坝塘	光绪《湖南全省分图·长沙府图·湘潭湘乡》； 光绪《湖南全省舆地图表·湘潭县图》
11	杨梓塘	今湘潭县西部杨梓塘	光绪《湖南全省分图·长沙府图·湘潭湘乡》； 光绪《湖南全省舆地图表·湘潭县图》
12	葛布洞	今湘潭县西南部各布洞	光绪《湖南全省分图·长沙府图·湘潭湘乡》； 光绪《湖南全省舆地图表·湘潭县图》； 光绪《湖南通志》卷9《地理》
13	两头塘	今湘潭县西南部两头塘	光绪《湖南全省分图·长沙府图·湘潭湘乡》； 光绪《湖南全省舆地图表·湘潭县图》
14	沙洲铺	今湘潭县西南部沙洲村	光绪《湖南全省分图·长沙府图·湘潭湘乡》； 光绪《湖南全省舆地图表·湘潭县图》
15	长丰	今湘潭县西南部长丰村	光绪《湖南全省分图·长沙府图·湘潭湘乡》； 光绪《湖南全省舆地图表·湘潭县图》
16	环山坳	今湘潭县西南部环山	光绪《湖南全省分图·长沙府图·湘潭湘乡》； 光绪《湖南全省舆地图表·湘潭县图》
17	歇马铺	今湘潭县西南部歇马乡	光绪《湖南全省分图·长沙府图·湘潭湘乡》； 光绪《湖南全省舆地图表·湘潭县图》
18	昌山	今湘潭县西南部昌山	《嘉庆重修一统志》卷354《长沙府·山川》； 光绪《湖南全省分图·长沙府图·湘潭湘乡》； 光绪《湖南全省舆地图表·湘潭县图》
19	关门石	今湘潭县西南部关门石	光绪《湖南全省分图·长沙府图·湘潭湘乡》； 光绪《湖南全省舆地图表·湘潭县图》

表 4　湘乡县与衡山县间界邻点与界点（湘乡一侧）

序号	界邻点与界点	今地	史料依据
1	霞岭	今湘潭县西南部霞岭村	光绪《湖南全省分图·长沙府图·湘潭湘乡》；同治《湘乡县志》卷1《地理·坊都》
2	樟木坳	今衡阳县北部樟木坳	光绪《湖南全省分图·长沙府图·湘潭湘乡》
3	尼鱼坝	今双峰县东南部泥鱼坝	光绪《湖南全省分图·长沙府图·湘潭湘乡》

表 5　衡山县与湘乡县间界邻点与界点（衡山一侧）

序号	界邻点与界点	今地	史料依据
1	松柏桥	今衡山县西北部松柏桥	光绪《湖南全省分图·衡州府图·清泉衡阳衡山》；光绪《湖南全省舆地图表·衡山县图》
2	白果市	今衡山县西北部白果镇	光绪《湖南全省分图·衡州府图·清泉衡阳衡山》；光绪《湖南全省舆地图表·衡山县图》
3	界头	今衡阳县北部界台	光绪《湖南全省分图·衡州府图·清泉衡阳衡山》；光绪《湖南全省舆地图表·衡山县图》
4	观底	今衡山县西北部贯底	光绪《湖南全省分图·衡州府图·清泉衡阳衡山》；光绪《湖南全省舆地图表·衡山县图》
5	鱼鳞桥	今衡山县西北部鱼鳞桥	光绪《湖南全省分图·衡州府图·清泉衡阳衡山》；光绪《湖南全省舆地图表·衡山县图》

表 6　湘乡县与衡阳县间界邻点与界点（湘乡一侧）

序号	界邻点与界点	今地	史料依据
1	石牛山	今衡阳县北部石牛山	光绪《湖南全省分图·长沙府图·湘潭湘乡》
2	九峰山	今双峰县东南部九峰山	光绪《湖南全省分图·长沙府图·湘潭湘乡》
3	狮子山	今衡阳县北部天师岭	光绪《湖南全省分图·长沙府图·湘潭湘乡》
4	白马坳	今双峰县南部马基坳	同治《衡阳县志》卷3《山水》；光绪《湖南全省分图·长沙府图·湘潭湘乡》；光绪《大清会典图》卷201《舆地六十三》
5	笋芽山	今衡阳县西北部笋芽山	光绪《湖南全省分图·长沙府图·湘潭湘乡》
6	黄龙大山	今双峰县南部黄龙大山	《嘉庆重修一统志》卷354《长沙府·山川》："又湘乡县西南一百六十里亦有黄龙山，接衡山县及宝庆府邵阳县。"光绪《湖南全省分图·长沙府图·湘潭湘乡》

序号	界邻点与界点	今地	史料依据
7	界首	今双峰县南部界首上	乾隆《衡阳县志》卷二《山川》； 光绪《湖南全省分图·长沙府图·湘潭湘乡》
8	西冲坳	今衡阳县西北部西冲坳	光绪《湖南全省分图·长沙府图·湘潭湘乡》
9	铁丝界	今邵东县东部铁丝界	同治《湘乡县志》卷1《地理·坊都》； 同治《衡阳县志》卷1《疆域》； 光绪《湖南全省分图·长沙府图·湘潭湘乡》

表7 衡阳县与湘乡县间界邻点（衡阳一侧）

序号	界邻点	今地	史料依据
1	黄泥坳	今衡阳县北部黄泥塘	光绪《湖南全省分图·衡州府图·清泉衡阳衡山》； 光绪《湖南全省舆地图表·衡阳县图》
2	黄龙庙	今衡阳县北部黄龙庙村	光绪《湖南全省分图·衡州府图·清泉衡阳衡山》； 光绪《湖南全省舆地图表·衡阳县图》
3	大陂堰	今衡阳县北部大陂堰	光绪《湖南全省分图·衡州府图·清泉衡阳衡山》； 光绪《湖南全省舆地图表·衡阳县图》
4	石洞口	今衡阳县北部石洞口	光绪《湖南全省分图·衡州府图·清泉衡阳衡山》； 光绪《湖南全省舆地图表·衡阳县图》
5	灯芯冲	今双峰县东南部灯芯堂	光绪《湖南全省分图·衡州府图·清泉衡阳衡山》； 光绪《湖南全省舆地图表·衡阳县图》
6	板桥	今衡阳县北部板桥冲	光绪《湖南全省分图·衡州府图·清泉衡阳衡山》； 光绪《湖南全省舆地图表·衡阳县图》
7	逍遥洞	今衡阳县西北部逍遥洞	光绪《湖南全省分图·衡州府图·清泉衡阳衡山》； 光绪《湖南全省舆地图表·衡阳县图》
8	云步	今衡阳县西北部云埠村	光绪《湖南全省分图·衡州府图·清泉衡阳衡山》； 光绪《湖南全省舆地图表·衡阳县图》
9	桐木冲	今衡阳县西北部桐木冲	光绪《湖南全省分图·衡州府图·清泉衡阳衡山》； 光绪《湖南全省舆地图表·衡阳县图》

表8 湘乡县与邵阳县间界邻点与界点（湘乡一侧）

序号	界邻点与界点	今地	史料依据
1	花门楼	今双峰县西南部花门镇	光绪《湖南全省分图·长沙府图·湘潭湘乡》； 光绪《湖南通志》卷44《建置志·津梁》
2	深江桥	今双峰县西南部深江村	光绪《湖南全省分图·长沙府图·湘潭湘乡》
3	大坝桥	今双峰县西南部大坝桥	光绪《湖南全省分图·长沙府图·湘潭湘乡》
4	猴子山	今双峰县西南部猴子山	光绪《湖南全省分图·长沙府图·湘潭湘乡》

序号	界邻点与界点	今地	史料依据
5	寒婆坳	今双峰县西南部寒婆坳	光绪《湖南全省分图·长沙府图·湘潭湘乡》； 光绪《湖南通志》卷15《地理·山川》
6	狮子山	今双峰县西南部狮子山	光绪《湖南全省分图·长沙府图·湘潭湘乡》
7	茶冲	今双峰县西部茶冲	光绪《湖南全省分图·长沙府图·湘潭湘乡》
8	王家湾	今双峰县西部王家湾	光绪《湖南全省分图·长沙府图·湘潭湘乡》
9	山斗铺	今双峰县西部山斗村	光绪《湖南全省分图·长沙府图·湘潭湘乡》
10	月光岭	今涟源市东南部月光岭	光绪《湖南全省分图·宝庆府图·邵阳》； 光绪《湖南全省舆地图表·邵阳县图》
11	飞水洞	今涟源市东南部飞水洞	道光《宝庆府志》卷65《疆里记》； 光绪《湖南全省分图·长沙府图·湘潭湘乡》
12	界田	今涟源市东南部界田	光绪《湖南全省舆地图表·邵阳县图》
13	石坝	今涟源市东南石校村	《湖南分县详图·湘乡县图》； 同治《湘乡县志》卷2《地理志》

表9 邵阳县与湘乡县间界邻点与界点（邵阳一侧）

序号	界邻点与界点	今地	史料依据
1	古城峰	今邵东县东部古城峰	光绪《湖南全省分图·宝庆府图·邵阳》； 光绪《湖南全省舆地图表·邵阳县图》
2	石龙山	今邵东县东北部石龙山	《肇域志》湖南长沙府湘乡县下、宝庆府邵阳县下，均作"龙山"； 光绪《湖南全省分图·宝庆府图·邵阳》； 光绪《湖南全省舆地图表·邵阳县图》
3	宝台山	今双峰县西南部宝台山村	光绪《湖南全省分图·宝庆府图·邵阳》； 光绪《湖南全省舆地图表·邵阳县图》
4	界岭	今邵东县东北部界岭村	光绪《湖南全省分图·宝庆府图·邵阳》； 光绪《湖南全省舆地图表·邵阳县图》
5	金仙铺	邵东县东北部金仙铺	光绪《湖南全省分图·宝庆府图·邵阳》； 光绪《湖南全省舆地图表·邵阳县图》
6	桃林大山	在今双峰县西部桃林村南	光绪《湖南通志》卷20《地理志》； 《古今图书集成·宝庆府山川考》
7	湖心岩	今邵东县东北部岩泉村	光绪《湖南全省分图·宝庆府图·邵阳》； 光绪《湖南全省舆地图表·邵阳县图》
8	大水头	今涟源市东南部大水头村	光绪《湖南全省分图·宝庆府图·邵阳》； 光绪《湖南全省舆地图表·邵阳县图》
9	城坪	今涟源市东南部城坪	光绪《湖南全省分图·宝庆府图·邵阳》； 光绪《湖南全省舆地图表·邵阳县图》

序号	界邻点与界点	今地	史料依据
10	岳平顶	今新邵县东北部岳屏峰	光绪《湖南全省分图·宝庆府图·邵阳》； 光绪《湖南全省舆地图表·邵阳县图》
11	凤凰寺	今涟源市东南部凤凰寺	光绪《湖南全省分图·长沙府图·湘潭湘乡》
12	半山	今涟源市南部半山岭	光绪《湖南全省分图·宝庆府图·邵阳》； 光绪《湖南全省舆地图表·邵阳县图》
13	道童山	今涟源市东南部道童村南	光绪《湖南全省分图·宝庆府图·邵阳》； 光绪《邵阳县志》卷2《山水》
14	白马寺	今涟源市东南部白马镇	光绪《湖南全省分图·宝庆府图·邵阳》； 光绪《湖南全省舆地图表·邵阳县图》

表10 湘乡县与安化县间界邻点与界点（湘乡一侧）

序号	界邻点与界点	今地	史料依据
1	龙山	今涟源市东南龙山	光绪《邵阳县乡土志》卷3《地理》； 光绪《湖南通志》卷20《地理二十·山川十八》； 《嘉庆重修一统志》卷360
2	乱石坪	今涟源市东南部乱石坪	光绪《湖南全省分图·长沙府图·湘潭湘乡》
3	大坳	今涟源市东部大坳	光绪《湖南全省分图·长沙府图·湘潭湘乡》
4	思乐渡	今娄底市娄星区南部思乐村	光绪《湖南全省分图·长沙府图·湘潭湘乡》
5	五里坳	今娄底市娄星区西部五里排	光绪《湖南全省分图·长沙府图·湘潭湘乡》
6	三闺桥	今娄底市娄星区西部三圭桥	光绪《湖南全省分图·长沙府图·湘潭湘乡》
7	悬河岩	今涟源市东北部悬岩	光绪《湖南全省分图·长沙府图·湘潭湘乡》
8	新车桥	今涟源市东北新车湾	同治《湘乡县志》卷2《地理·水道》； 光绪《湖南全省分图·长沙府图·湘潭湘乡》
9	洞冲	今涟源市东北部洞冲村	光绪《湖南全省分图·长沙府图·湘潭湘乡》
10	油罗洞	今涟源市东北部油箩洞	光绪《湖南全省分图·长沙府图·湘潭湘乡》
11	石旗山	今涟源市东北部石旗岭	光绪《湖南全省分图·长沙府图·湘潭湘乡》
12	杨柳井	今涟源市东北部杨柳井	同治《安化县志》卷四《疆域》； 光绪《湖南全省分图·长沙府图·湘潭湘乡》
13	栗树坳	今涟源市东北部栗树坳	光绪《湖南全省分图·长沙府图·湘潭湘乡》

表 11 安化县与湘乡县间界邻点与界点（安化一侧）

序号	界邻点与界点	今地	史料依据
1	蓝田市	今涟源市蓝田街道	《嘉庆重修一统志》卷360《宝庆府·山川》："墨溪，在邵阳县东北，源出黄茅岭，流至蓝田入长沙府湘乡县界。" 《曾文正公年谱》卷2，咸丰三年："安化县属蓝田市，有串子会匪聚众谋乱，公饬湘乡县知县朱孙诒以练勇往捕，擒百余人，事乃解。"（光绪二年刻本） 同治《安化县志》卷3《疆域》； 光绪《湖南全省分图·长沙府图·宁乡安化》
2	牛牯岭	今涟源市东部牛牯寨	光绪《湖南全省分图·长沙府图·宁乡安化》
3	跳石埠	今涟源市东部跳石埠	光绪《湖南全省分图·长沙府图·宁乡安化》
4	笋山脑	今涟源市东北部笋山冲	光绪《湖南全省分图·长沙府图·宁乡安化》
5	明镜泉	今涟源市东北部明镜	光绪《湖南全省分图·长沙府图·宁乡安化》
6	金铃山	今涟源市东北部金玲村	光绪《湖南全省分图·长沙府图·宁乡安化》
7	碧连桥	今涟源市东北部碧林村	光绪《湖南全省分图·长沙府图·宁乡安化》
8	祖师殿	今娄底市娄星区西部祖师殿	光绪《湖南全省分图·长沙府图·宁乡安化》
9	桥头市	今涟源市东北部桥头河镇	同治《安化县志》卷12《坛庙》； 光绪《湖南全省分图·长沙府图·宁乡安化》
10	青草	今涟源市东北部青草村	光绪《湖南全省分图·长沙府图·宁乡安化》
11	温塘	今涟源市东北部温塘	光绪《湖南全省分图·长沙府图·宁乡安化》

表 12 湘乡县与宁乡县间界邻点与界点（湘乡一侧）

序号	界邻点与界点	今地	史料依据
1	四角寨	今湘乡市西北部四角寨	光绪《湖南全省分图·长沙府图·湘潭湘乡》
2	杉木坳	今湘乡市西北部杉木冲	光绪《湖南全省分图·长沙府图·湘潭湘乡》； 光绪《湖南通志》卷9《地理·水道》
3	三角寨	今湘乡市西北部三角寨	《嘉庆重修一统志》卷355《长沙府·关隘》：三角寨"在宁乡县西南一百六十里，接湘乡县界"。（同治《湘乡县志》卷1《地理志》） 光绪《湖南全省分图·长沙府图·湘潭湘乡》
4	三步桥	今湘乡市西北部三步桥	光绪《湖南全省分图·长沙府图·湘潭湘乡》
5	鸟冲	今湘乡市西北部鸟冲村	光绪《湖南全省分图·长沙府图·湘潭湘乡》
6	大乐坪	今湘乡市西北部大乐坪	同治《湘乡县志》卷1《地理》； 光绪《湖南全省分图·长沙府图·湘潭湘乡》
7	梨树坳	今湘乡市西北部梨树坳	光绪《湖南全省分图·长沙府图·湘潭湘乡》

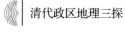

序号	界邻点与界点	今地	史料依据
8	丰山	今湘乡市西北部丰山村	同治《湘乡县志》卷2《地理志》
9	黄龙山	今宁乡县西南部黄龙山	光绪《湖南全省分图·长沙府图·湘潭湘乡》
10	东鹜山	今宁乡县西南部东鹜山	光绪《湖南全省分图·长沙府图·湘潭湘乡》
11	石坝	今湘乡市西北部石坝村	光绪《湖南全省分图·长沙府图·湘潭湘乡》

表13　宁乡县与湘乡县间界邻点与界点（宁乡一侧）

序号	界邻点与界点	今地	史料依据
1	梅树坳	今宁乡县西南部梅树村	光绪《湖南全省分图·长沙府图·宁乡安化》； 光绪《湖南全省舆地图表·宁乡县图》
2	烟波冲	今宁乡县西南部烟波冲	光绪《湖南全省分图·长沙府图·宁乡安化》； 光绪《湖南全省舆地图表·宁乡县图》
3	白竹	今宁乡县西南部白竹坳	光绪《湖南全省分图·长沙府图·宁乡安化》； 光绪《湖南全省舆地图表·宁乡县图》
4	古南桥	今宁乡县西南部古南桥	光绪《湖南全省分图·长沙府图·宁乡安化》； 光绪《湖南全省舆地图表·宁乡县图》
5	红石嘴	今湘乡市西北部红石村	光绪《湖南全省分图·长沙府图·湘潭湘乡》
6	冷水井	今宁乡县西南部冷水井村	光绪《湖南全省分图·长沙府图·宁乡安化》； 光绪《湖南全省舆地图表·宁乡县图》
7	八石头	今宁乡县西南部八石头	光绪《湖南全省分图·长沙府图·宁乡安化》； 光绪《湖南全省舆地图表·宁乡县图》
8	湘宁桥	今宁乡县西南部湘宁村	乾隆《湘潭县志》卷5《疆域》："湘宁孔道，湘人旧建于四都界，曰湘宁桥。" 民国《宁乡县志》（不分卷，民国三十年活字本）："……皆东鹜山东北谷水也，甘塘水又北一里，出湘宁桥，桥入湘乡境，东行三里会于太平水""湘宁桥跨双溪，当宁乡、湘潭交界之处，双溪即甘塘冲水、寒波坳水，合流而入湘乡太平水。" 光绪《湖南全省分图·长沙府图·湘潭湘乡》； 光绪《湖南全省分图·长沙府图·宁乡安化》

图4 湘乡县界复原

依照上述 12 个表格中湘乡与邻县 138 个界邻点与界点考证结果（未找到今地者无法列入表中），基于大比例尺的今地图，依据数量充足的聚落和山岭河流地物复原出清末湘乡县的环状闭合县界（见图 4）。这种做法，可以称为"甲乙两县界邻点穿线法"，即在县界两侧找出可以确定今地的界邻点，在分属甲乙两县的界邻点中间穿过的线接近于宣统三年县界，而界点则直接连在县界上。从理论上衡量，找到这样的"点"越多，就会越接近实际的县界。本图集采用的编稿底图比例尺一般为最后成图比例尺的两倍以上（面积为 4 倍以上），先画出经考证后的编稿图宣统三年县界，再缩编至成图，故最终研制完成的地图精度也得以保证。这个环状闭合的县界，经与1908 年和 1917 年的《湖南分县详图》"湘乡"图进行点对点的核对，没有变化。此后，经出版社"制图综合"后，湘乡县界在地图集中的实际内容，请参看《清史地图集》省域图组第 116—117 页"湖南"图。

北方的县级单位是属于山西省泽州府的高平县，治所在今山西高平市。高平的邻县有长子、长治、陵川、凤台、沁水 5 县，各个界邻点与界点考证详见表 14—23，县界考证仍然遵循"甲乙两县界邻点穿线法"。需要说明的是，下述表格中的《山西自治区域图》正好是宣统三年的材料。

表 14　高平县与长子县间界邻点与界点（高平一侧）

序号	界邻点与界点	今地	史料依据
1	羊头山	今长子县、长治县、高平市交界处羊头山	《肇域志》"山西·泽州·高平县"：羊头山"在县北四十里，上有石，状如羊头"①。 《肇域志》"山西·潞安府·长子县"：羊头山"在县东南五十里"。 光绪《山西通志》卷2《府州厅县图上·高平县》和《府州厅县图上·长子县》； 光绪《续高平县志》卷3《山川》； 光绪《长子县志》卷首《疆域图》
2	张家山	今高平市北部张家山村	宣统《山西自治区域图·高平县》
3	丹朱岭	今高平市北部与长子县分界处之丹朱岭	雍正《泽州府志·疆域道里记》："北至丹朱岭，接长子县张店村界。" 光绪《山西通志》卷2《府州厅县图上·高平县》； 光绪《续高平县志》卷14《丹水源流说》
4	鸦儿沟	今高平市北部之鸦沟村	《嘉庆重修一统志》卷145《泽州府》："南有鸦儿沟，接长子界。" 光绪《长子县志》卷3《地理志·疆域》："南至泽州府高平县界鸦儿沟三十五里。"
5	坡底	今高平市西北部坡根村	同治《高平县志》卷1《地理》； 宣统《山西自治区域图·高平县》
6	草方	今高平市西北部草芳村	宣统《山西自治区域图·高平县》
7	举棒	今高平市西北部举棒村	光绪《山西通志》卷2《府州厅县图上·高平县》； 宣统《山西自治区域图·高平县》
8	河坡	今高平市西北部河泊村	光绪《续高平县志》卷1《再西北四里图》
9	石堂沟	今高平市西北部上石堂沟村、下石堂沟村	光绪《续高平县志》卷1《再西北四里图》
10	发鸠山②	今高平市西北部发鸠山	《肇域志》"山西·泽州·高平县"：发鸠山"在县北五十里，为丹水之源"。 光绪《山西通志》卷2《府州厅县图上·高平县》； 光绪《续高平县志》卷3《山川》

---

① 顾炎武：《肇域志》，谭其骧等点校，上海古籍出版社，2004年。

② 《肇域志》"山西·潞安府·长子县"："伞盖山，在县西南五十里。"按雍正《泽州府志》卷21《寺观》："鸠山寺"在（高平）县北三十里伞盖山"。据《高平金石志》，元至元二十三年《重修伞盖山总圣仙翁庙记》注记："（伞盖山）在高平、沁水、长子三县交界处仙翁总圣仙翁庙，仙翁山古名伞盖山。明清以降，高平人又称此山为发鸠山，实系发鸠山之支脉。"伞盖山即今高平市北部伞盖山。然以地望论之，该山与发鸠山其实有相当大的重合，实为两县界山。"伞盖山"又见于《嘉庆重修一统志》卷145《泽州府》、光绪《长子县志》卷首《疆域图》、光绪《长子县志》卷3《地理志·山川》。

表 15 长子县与高平县间界邻点（长子一侧）

序号	界邻点	今地	史料依据
1	东南沟	今长子县东南之东南沟村	宣统《山西自治区域图·高平县》
2	色头	今长子县东南之色头镇	宣统《山西自治区域图·高平县》
3	鲍寨	今长子县东南鲍寨村	光绪《山西通志》卷2《府州厅县图上·长子县》；光绪《长子县志》卷3《地理志·乡邻》
4	地河	今长子县南部地河村	光绪《山西通志》卷2《府州厅县图上·长子县》
5	龙泉	今长子县南部之龙泉村	宣统《山西自治区域图·高平县》
6	张店	今长子县东南之南张店村	光绪《长子县志》卷3《地理志·疆域》："南至泽州府高平县街鸦儿沟三十五里。《通志》《府志》□四十里，《旧志》南三十五里张店界。"宣统《山西自治区域图·高平县》
7	东峪	今长子县南部之东峪村	光绪《山西通志》卷2《府州厅县图上·长子县》
8	西峪	今长子县南部之西峪村	光绪《山西通志》卷2《府州厅县图上·长子县》

表 16 高平县与长治县间界邻点（高平一侧）

序号	界邻点	今地	史料依据
1	故关	今高平市北部故关村	《肇域志》"山西·泽州·高平县"：故关城"在县北二十五里"。光绪《山西通志》卷2《府州厅县图上·高平县》；宣统《山西自治区域图·高平县》
2	换马	今高平市北部换马村	乾隆《潞安府志》卷2《疆域》；光绪《山西通志》卷2《府州厅县图上·高平县》；光绪《续高平县志》卷3《山川》
3	红庙	今高平市北部红庙村	宣统《山西自治区域图·高平县》
4	石壁关	今高平市魏庄村西侧	雍正《山西通志》卷14；《嘉庆重修一统志》卷145；《清国史·地理志》"山西泽州府高平县"
5	魏庄	今高平市东北部魏庄村	宣统《山西自治区域图·高平县》
6	关家	今高平市东北部关家村	光绪《续高平县志》卷1《再东北九里图》
7	张家	今高平市东北部张家村	光绪《山西通志》卷2《府州厅县图上·高平县》；光绪《续高平县志》卷3《山川》

表17　长治县与高平县间界邻点（长治一侧）

序号	界邻点	今地	史料依据
1	南掌	今长治县东南之南掌村	光绪《长治县志》卷之首《四乡分图》； 光绪《长治县志》卷2《地理志·乡都》
2	上西掌 下西掌	今长治县东南之西掌村	光绪《长治县志》卷之首《四乡分图·雄山乡图》
3	东掌	今长治县东南之东掌村	光绪《长治县志》卷之首《四乡分图·雄山乡图》； 宣统《山西自治区域图·长治县》
4	太义掌	今长治县南之太义掌村	光绪《长治县志》卷之首《四乡分图》； 光绪《长治县志》卷2《地理志·乡都》
5	北苍耳壑	今长治县南之北苍和村	光绪《长治县志》卷之首《四乡分图》； 光绪《长治县志》卷2《地理志·乡都》
6	南苍耳壑	今长治县南之南苍和村	光绪《长治县志》卷之首《四乡分图》； 光绪《长治县志》卷2《地理志·乡都》
7	青岗	今长治县南之青岗村	光绪《长治县志》卷之首《四乡分图》
8	石窝沟	今长治县南之石窝沟村	光绪《山西通志》卷2《府州厅县图上·长治县》； 光绪《长治县志》卷之首《四乡分图》

表18　高平县与陵川县间界邻点（高平一侧）

序号	界邻点	今地	史料依据
1	马岭	今高平市东北部马岭村	光绪《山西通志》卷2《府州厅县图上·高平县》
2	北社	今高平市东北部北社村	宣统《山西自治区域图·高平县》
3	建宁	今高平市东北部建宁乡	宣统《山西自治区域图·高平县》
4	府底	今高平市东北部府底村	宣统《山西自治区域图·高平县》
5	长畛	今高平市东部长畛村	光绪《续高平县志》卷1《东十六里图》
6	东韩	今高平市东部东韩村	光绪《山西通志》卷2《府州厅县图上·高平县》； 宣统《山西自治区域图·高平县》
7	龙尾	今高平市东部龙尾村	宣统《山西自治区域图·高平县》
8	掘墙头	今高平市东部掘墙头村	光绪《山西通志》卷2《府州厅县图上·高平县》
9	平头	今高平市东部平头村	光绪《山西通志》卷2《府州厅县图上·高平县》； 宣统《山西自治区域图·高平县》
10	侯庄	今高平市东南部侯庄村	光绪《山西通志》卷2《府州厅县图上·高平县》； 宣统《山西自治区域图·高平县》
11	石末	今高平市东南部石末乡	宣统《山西自治区域图·高平县》
12	西密	今高平市东南部西瑶村	宣统《山西自治区域图·高平县》
13	南凹	今高平市南部南凹村	光绪《山西通志》卷2《府州厅县图上·高平县》

表 19　陵川县与高平县间界邻点（陵川一侧）

序号	界邻点	今地	史料依据
1	泉头	今陵川县西部泉头村	光绪《山西通志》卷2《府州厅县图上·陵川县》
2	池下	今陵川县西北部池下村	光绪《山西通志》卷2《府州厅县图上·陵川县》；宣统《山西自治区域图·陵川县》
3	杨村	今陵川县北部杨村镇	光绪《山西通志》卷2《府州厅县图上·陵川县》；宣统《山西自治区域图·陵川县》
4	东沟	今陵川县西部东沟村	宣统《山西自治区域图·陵川县》
5	礼义镇	今陵川县西部礼义镇	同治《高平县志》卷1《地理》；光绪《山西通志》卷2《府州厅县图上·陵川县》；光绪《山西通志》卷2《府州厅县图上·高平县》；光绪《陵川县志》卷3《疆域》；宣统《山西自治区域图·陵川县》
6	崔村	今陵川县西部崔村	光绪《山西通志》卷2《府州厅县图上·陵川县》
7	平川	今陵川县西部平川村	光绪《山西通志》卷2《府州厅县图上·陵川县》；宣统《山西自治区域图·陵川县》
8	南马镇	今陵川县西部南马村	光绪《山西通志》卷2《府州厅县图上·陵川县》；宣统《山西自治区域图·陵川县》
9	下壁	今陵川县西部下壁村	光绪《山西通志》卷2《府州厅县图上·陵川县》；宣统《山西自治区域图·陵川县》
10	双泉	今泽州县东部双泉村	光绪《山西通志》卷2《府州厅县图上·陵川县》；宣统《山西自治区域图·陵川县》
11	黄家	今陵川县西部黄庄村	光绪《山西通志》卷2《府州厅县图上·陵川县》
12	张仰	今陵川县西部张仰村	光绪《山西通志》卷2《府州厅县图上·陵川县》
13	偏桥底	今陵川县西部偏巧底村	光绪《山西通志》卷2《府州厅县图上·陵川县》
14	北黑山底	今陵川县西部北黑山底村	宣统《山西自治区域图·陵川县》

表 20　高平县与凤台县间界邻点（高平一侧）

序号	界邻点	今地	史料依据
1	南庄	今高平市南部南庄村	光绪《山西通志》卷2《府州厅县图上·高平县》
2	晃山	今高平市南部晃山村	宣统《山西自治区域图·高平县》
3	丁壁	今高平市南部丁壁村	宣统《山西自治区域图·高平县》
4	牛庄	今高平市南部牛庄村	宣统《山西自治区域图·高平县》
5	杜村	今高平市南部杜村	宣统《山西自治区域图·高平县》
6	刘庄	今高平市南部刘庄村	光绪《山西通志》卷2《府州厅县图上·高平县》
7	牛村	今高平市南部牛村	光绪《山西通志》卷2《府州厅县图上·高平县》；宣统《山西自治区域图·高平县》
8	新庄	今高平市南部新庄村	光绪《山西通志》卷2《府州厅县图上·高平县》

序号	界邻点	今地	史料依据
9	焦河	今高平市南部焦河村	光绪《山西通志》卷2《府州厅县图上·高平县》
10	乔村	今高平市南部乔村	宣统《山西自治区域图·高平县》
11	界牌岭	今高平市南部界牌岭	光绪《山西通志》卷2《府州厅县图上·高平县》
12	悬壶山	今高平市南部悬壶南村	光绪《山西通志》卷2《府州厅县图上·高平县》
13	掘山	今高平市南部西崛山、东崛山、中崛山	宣统《山西自治区域图·高平县》
14	大周纂	今高平市南部大周村	光绪《山西通志》卷2《府州厅县图上·高平县》；宣统《山西自治区域图·高平县》
15	金章背	今高平市南部金章背村	光绪《山西通志》卷2《府州厅县图上·高平县》；宣统《山西自治区域图·高平县》

表21　凤台县与高平县间界邻点与界点（凤台一侧）

序号	界邻点与界点	今地	史料依据
1	车山	今泽州县西北部车山村	光绪《凤台县续志》卷首《续志补图》；宣统《山西自治区域图·凤台县》
2	吾山	今泽州县西北部吾神山	光绪《凤台县续志》卷首《续志补图》
3	上河村	今泽州县西北部上河掌村	光绪《凤台县续志》卷首《续志补图》
4	湾里	今泽州县西北部万里村	光绪《凤台县续志》卷首《续志补图》
5	大阳镇	今泽州县西北部大阳镇	光绪《凤台县续志》卷首《续志补图》；光绪《山西通志》卷2《府州厅县图下·凤台县》
6	西宋山	今泽州县西北部西山村（西宋家山）	光绪《凤台县续志》卷首《续志补图》；宣统《山西自治区域图·凤台县》
7	东宋山	今泽州县西北部东山村（东宋家山）	光绪《凤台县续志》卷首《续志补图》
8	西郜村	今泽州县西北部西郜村	光绪《凤台县续志》卷首《续志补图》
9	北郜村	今泽州县西北部北郜村	光绪《凤台县续志》卷首《续志补图》
10	柳坡掌	今泽州县西北部柳坡掌村	光绪《凤台县续志》卷首《续志补图》
11	东郜村	今泽州县西北部东郜村	光绪《凤台县续志》卷首《续志补图》
12	三家店	今泽州县西北部三家店村	光绪《凤台县续志》卷首《续志补图》；光绪《山西通志》卷2《府州厅县图下·凤台县》；光绪《山西通志》卷2《府州厅县图上·高平县》
13	双王庄	今泽州县西北部双王庄村	光绪《凤台县续志》卷首《续志补图》；光绪《山西通志》卷2《府州厅县图下·凤台县》
14	刘轩窑	今泽州县北部刘轩窑村	光绪《凤台县续志》卷首《续志补图》
15	西村	今泽州县北部西村	光绪《凤台县续志》卷首《续志补图》
16	坛岭	今泽州县北部坛岭头村	光绪《凤台县续志》卷首《续志补图》

序号	界邻点 与界点	今地	史料依据
17	莒山	今泽州县西北部，西至双王庄，东至高平县的刘庄，南至西张村，北至高平县的焦河，定点于今泽州县北之东莒村	光绪《凤台县续志》卷首《续志补图》； 光绪《山西通志》卷2《府州厅县图下·凤台县》； 光绪《凤台县续志》卷首《续志补图》
18	崔庄	今泽州县北部崔家庄村	光绪《凤台县续志》卷首《续志补图》； 光绪《山西通志》卷2《府州厅县图下·凤台县》
19	西黄石	今泽州县北部西黄石村	光绪《凤台县续志》卷首《续志补图》； 光绪《山西通志》卷2《府州厅县图下·凤台县》
20	东黄石	今泽州县北部东黄石村	光绪《凤台县续志》卷首《续志补图》
21	鲁村镇	今泽州县北部鲁村	光绪《凤台县续志》卷首《续志补图》
22	黍米山	今泽州县东北部黍米山村	光绪《凤台县续志》卷首《续志补图》； 光绪《山西通志》卷2《府州厅县图下·凤台县》

表22　高平县与沁水县间界邻点与界点（高平一侧）

序号	界邻点 与界点	今地	史料依据
1	古寨	今高平市南部古寨村	宣统《山西自治区域图·高平县》
2	唐案	今高平市南部唐西村	宣统《山西自治区域图·高平县》
3	阁老窝	今高平市西南部阁老村	光绪《山西通志》卷2《府州厅县图上·高平县》
4	交河	今高平市西部交河村	光绪《续高平县志》卷1《西九里图》
5	南庄	今高平市西南部南庄村	宣统《山西自治区域图·高平县》
6	水南	今高平市西部水南村	光绪《续高平志》卷1《西九里图》
7	董峰	今高平市西部上董峰村、下董峰村	宣统《山西自治区域图·高平县》
8	峰儿背	今高平市西部峰儿背村	光绪《续高平志》卷1《西北五里图》
9	分水岭	今高平市西皇王寨以北，榆树村、峰儿背以西之山岭	光绪《续高平志》卷1《百里总图》； 光绪《续高平志》卷1《西北五里图》； 2013年《高平县地名志》第269页所载，原村河属季节性河流，"流域西北高，东南低，呈簸箕状。流域内主要山峰有相公山、虎头山，最高点位于原村乡皇王寨"
10	王家	今高平市西南部王家庄村	光绪《山西通志》卷2《府州厅县图上·高平县》
11	榆树村	今高平市西部榆树坪村	光绪《续高平志》卷1《西北五里图》
12	常庄	今高平市西北部常庄村	光绪《山西通志》卷2《府州厅县图上·高平县》

序号	界邻点与界点	今地	史料依据
13	柳树	今高平市西北部柳树底村	光绪《山西通志》卷2《府州厅县图上·高平县》；宣统《山西自治区域图·高平县》
14	郭庄	今高平市北部西郭庄村	光绪《山西通志》卷2《府州厅县图上·高平县》；宣统《山西自治区域图·高平县》
15	西社	今高平市北部西社村	光绪《山西通志》卷2《府州厅县图上·高平县》
16	佛儿洼	今高平市西北部佛儿凹村	光绪《续高平县志》卷1《西北五里图》
17	墓凹	今高平市西北部模凹村	光绪《续高平县志》卷1《西北五里图》
18	圪台	今高平市西部圪台村	光绪《续高平县志》卷1《西北五里图》
19	沟底	今高平市西北部沟底村	宣统《山西自治区域图·高平县》
20	范家岭	今高平市西北部范家岭村	光绪《山西通志》卷2《府州厅县图上·高平县》；光绪《续高平县志》卷1《西北五里图》
21	釜山	今高平市西部釜山村	宣统《山西自治区域图·高平县》
22	西沟村	今高平市西北部西沟村	光绪《续高平县志》卷1《西北五里图》
23	公家山	今高平市西北部公家山村	光绪《续高平县志》卷1《西北五里图》
24	白家坡	今高平市西部白家坡村	光绪《山西通志》卷2《府州厅县图上·高平县》
25	韩家山	今高平市西部韩家山村	光绪《续高平县志》卷1《再西北四里图》
26	碾则河	今高平市西北部碾则河村	光绪《续高平县志》卷1《再西北四里图》
27	山则底	今高平市西北部山底村	光绪《续高平县志》卷1《再西北四里图》

表23 沁水县与高平县间界邻点与界点（沁水一侧）

序号	界邻点与界点	今地	史料依据
1	秋峪岭	今沁水县东北部秋峪村	光绪《山西通志》卷2《府州厅县图·沁水县》
2	车道	今沁水县东北部车道村	光绪《山西通志》卷2《府州厅县图·沁水县》；宣统《山西自治区域图·沁水县》
3	明庄	今沁水县东北部明庄村	宣统《山西自治区域图·沁水县》
4	峪里	今沁水县东部峪里村	光绪《山西通志》卷2《府州厅县图·沁水县》；宣统《山西自治区域图·沁水县》
5	檀山	今沁水县东部檀山村	宣统《山西自治区域图·沁水县》
6	王寨	今高平市东部皇王寨村	光绪《山西通志》卷2《府州厅县图·沁水县》；光绪《山西通志》卷2《府州厅县图上·高平县》
7	老坟沟	今沁水县东部老坟沟村	宣统《山西自治区域图·沁水县》

序号	界邻点 与界点	今地	史料依据
8	老马岭	今沁水县、高平市交界处老马岭	光绪《山西通志》卷2《府州厅县图·沁水县》
9	空仓岭	今沁水县、高平市西部空仓岭	光绪《山西通志》卷2《府州厅县图·沁水县》；光绪《续高平县志》卷1《百里总图》及《西南六里图》
10	贾寨	今沁水县东部贾寨村	光绪《山西通志》卷2《府州厅县图·沁水县》；光绪《续高平县志》卷1《西南六里图》

我们项目组考证了高平与邻县的 134 个界邻点与界点，标在地图上的县界效果，详见图 5：

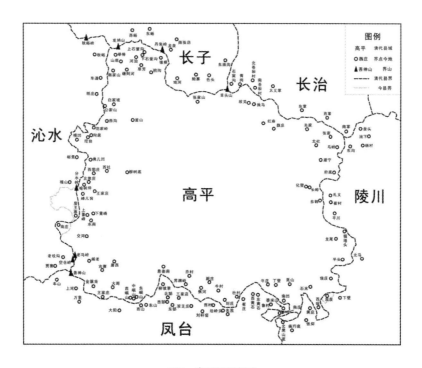

图5　高平县界复原

经出版社"制图综合"后，高平县界在地图集中的实际内容，请参看《清史地图集》省域图组第 86—87 页"山西"图。

以上两例，都只是一个县的县界考证结果。清末全国有 1792 个县级单位，我们项目组都是这样做的考证，考证过的界点超过 10 万个。尽管做了这么繁复的考证，绝大部分界点却没有印到地图上去，它们是衬托出"县界"的"幕后英雄"。历史地理学是"又古又今之学"①，作为科学探索，据《编稿表·辅编》绘制的政区界线，希望经得起学术界验证，也欢迎学术界予以验证。

当然，内地开发充分，县界相对明确，尽管沿海与内陆、平原与山区之间会稍有不同，甚至省内各县之间或有差异，但县界大致可考。但是，草原上就有些不一样。蒙古草原上历来生活着游牧民族，跃马纵横驰骋的时代罕有郡县，也就无所谓政区界线了。清朝建立之后，因人口增加等原因，游牧逐渐变成了驻牧，各个部落采取固定住所、划定牧场等一系列举措之后，逐渐产生了相对明确的旗界，所以晚清有很多蒙古游牧图保留至今②。也正因为清朝的旗具有县级政区职能而又不完全是县，旗界是存在的，但复原旗界的困难实在难以想象。项目组内有多位蒙古族学者从事蒙古史研究经年，利用汉文、蒙古文文献，尽最大努力做了复原旗界的工作，研制出的旗界已经达到学术前沿。当然，即使文献中找到了分界的鄂博、淖尔、胡都克、托罗海，但也难以落实到今地，这些地方均有待于今后进一步深入研究，故有的旗界虽然有所缺损，但也是相对合理的。同时，由于"共游牧"区域的存在，相邻两旗之间没有旗界的情况并不罕见。

此外，陆地上的县界，毕竟理论上还能脚踩实地走访，而海上的水域界线与陆地界线就不同了。例如，江浙两省的海上界线，从明代到清末经历过多次更改，尤其是以今嵊泗列岛诸岛屿的隶属为核心的海界划分，考证难度较大。通过梳理地理志书、地方文献，明清江浙海上省界终于尘埃落定③。

四、结语

清朝的统一，内地与边疆逐渐融为一体，不仅只是因为前期的武力强大，更是境内各兄弟民族长期相互融合的结果。汉唐以来，北方少数民族不断南下，中原政权强大时也曾北征朔漠，说明"历史中国"版图之内的兄弟民族相互之间谁也离不开谁，所以历史发展到清朝就最终结合在了一起，形成中华民族多元一体格局，乾隆时期大一统是历史发展的必然趋势。并且，清朝治理地方之策，除了内地实行省制以外，北

① 侯仁之：《晚晴集·序》，新世界出版社，2001年，第4页。

② 如乌云毕力格等编著《蒙古游牧图——日本天理图书馆所藏手绘蒙古游牧图及研究》，北京大学出版社，2014年。又，据笔者所知，德国普鲁士文化遗产图书馆庋藏丰富的蒙文舆图（游牧图）。

③ 华林甫、赵旭腾：《且为两浙分畛域——宣统三年〈浙江省图〉之编绘》，杨念群主编《滄滄清川——戴逸先生九秩华诞纪念文集》，中国人民大学出版社，2016年，第566—591页。

部边疆是军府制，西藏地区是朝廷管辖下的政教合一体制，内外蒙古是盟旗制，把全国管理得井井有条，都值得用历史地图来直观地反映[①]。

　　《清史地图集》目标是以静态地图的形式反映有清一代的地理演化进程与结果，使读者能够了解今天很多地理事物的渊源，例如江河湖海的古今变化，多民族、大一统的清朝从初起、鼎盛到近代国家的缔造过程，先民在维护疆域完整方面的贡献，近代中国疆域局部有所萎缩的深刻教训，各种、各级政区的变迁等。因此，《清史地图集》是学术界第一部断代意义上地物定位比较准确、信息量比较丰富的具有学术创新的历史地图集，有助于认识有清一代疆域盈缩、政区设置的全过程，在资政育人、维护国家主权和领土完整等方面也具有重要的现实意义。借用邹逸麟教授在《清史地图集·序》中的话，就是："编纂历史地图是一项崇高的学术事业……《清史地图集》初步做了有益尝试，是为学术上一大进步，因而出版之后将是影响一代的学术成果。"

　　清朝与以往朝代最大的不同就在于，它处在从古代向近代的转变进程中，电报、铁路、邮政引入，沿海、沿江城市兴起，工业发展，思想巨变，整个社会发生了巨大转型。所以，清史地理研究的内容十分丰富，《清史地图集》只是以地图来呈现清史地理的研究成果，今后还有很大的拓展余地。

（中国人民大学清史研究所）

---

① 　参见邹逸麟《清史地图集·序》。

清末奉天、锦州二府的县级政区格局及其边界形态*

赵逸才

一、引言

　　行政区划一直被历代王朝视为地方治理的工具和实现国家行政管理的手段。中央政府对政区的设置、调整体现着历代统治者的大政方针和施政理念，而县制是中国长期稳定不变的基层政区体系，历史上置县地域的扩展实质上体现了中央集权和行政管理不断辐散、落实的过程。就东北地区而言，置县地域分布的扩展过程以两汉、宋辽金与清代为著。清代县制的推广与政区一体化进程，大大促进了中国国家疆域的奠定与版图观念的形成。光绪三十三年（1907）原"盛京三将军"辖区改设奉天、吉林、黑龙江省，清末最终形成了23省的政区格局，省下"府（直隶厅、直隶州）—县（散厅、散州）"的政区层级得以广泛落实。

　　相较内地各省而言，清代包括奉天在内的东北地区政区研究是薄弱环节。《清史地图集·奉天图》负责人任玉雪较早地对清代东北地方行政制度进行了系统探索，并有专文探讨了清代东北厅制、盛京将军辖区、八旗驻防体制等问题[1]。但具体到政区要素，尤其是晚清以后行政区划奠定的实际结果，既往研究还未细化至此。县制与省制、府制、州制、厅制等一样，是一个独立、完整的地方行政制度概念。县制的完整概念既包含稳定的政区结构体系，亦包含健全的官员组织结构。稳定的政区结构体系由行政区划的诸多要素组成，是传统沿革地理的核心内容，主要包括地理位置、等

---

* 原刊于《清史研究》2020年第5期。华林甫、任玉雪、胡恒老师为本文提供可行性意见，谨此致谢。

[1] 任玉雪：《清代东北地方行政制度研究》，复旦大学博士学位论文，2003年。

第、边界、幅员（形状）、治所、名称等①。其中的边界要素，往往考证难度最大，基层政区则更甚。但基层县级政区界线与统县政区、高层政区界线实质上的嵌套关系，使我们探讨各级政区边界要素时往往无法逾越对基层县界的考察。

因一般情况下历史文献对疆界仅止于"四至""八到"的记录，"计里画方""山水意象"等传统绘法的舆图虽然有的标示出了一定的边界走向，但总体上仍比较粗疏，这使历史县界复原研究的进展十分有限。相较而言，清代中晚期，版图疆界意识的提升、实地勘测的加强以及绘图技术的转型，使地图编绘的精细程度大大提高，基层政区乃至县下政区等小尺度空间的舆图开始更多涌现。而舆图在表现政区边界和空间形态上，有文字史料无法比拟的直观性。充分有效地发挥县级舆图史料的功用②，并与文字史料相互印证、相辅相成，为复原晚清县级政区边界提供了可能。奉天、锦州二府（以下简称"奉锦二府"）是清代东北开发最成熟的地域单元，"奉天距京较近，为吉、江两省根本。现各干路、枝路皆以该省城为枢纽，总督应建驻署于奉天，以便控制，吉、江两省应各建行署，以符三省各建行台之旨"③，省制建立后，其重要程度仍不待言。

明清以后，府州县方志、乡土志等为我们窥探传统社会中晚期的基层政区形态提供了详实材料。而奉锦二府所辖县级政区的地方志书，光绪、宣统年间不多，民国肇建后各县大量修志，可兹为辅证。此外，宣统《奉天郡邑志》、民国《东三省纪略》、民国《奉天通志》等亦为本文所参考。中国第一历史档案馆藏光绪、宣统朝"录副奏折"，作为探究清末奉天省政区调整的原始文献，有助于进一步理解政区边界变动的原因与过程。然而，《清史地图集》项目组要求超越"四至""八到"的简单框架，复原宣统三年（1911）县级政区完整闭合的边界曲线，这并非看似丰富的文字史料所能解决，因此舆图史料就起到了关键性作用。

舆图史料主要有二：第一种是光绪二十年（1894）《奉天全省府厅州县舆图》。"光绪十有五年，开会典馆重修会典，国史馆重修地理志。诏令各直省绘舆图列表具说以进，以奉天为陪都重地，前修会典之时尚未改立行省，记载尤略，敕令详加编辑"④，是图为编制清会典图而绘，共31幅，其中县级舆图25幅，完整展现了奉天建

---

①　关于政区地理的要素，邹逸麟曾提出层次、幅员、治所、边界四大要素说（《中国历史人文地理》，科学出版社，2001年，第54页）；周振鹤曾提出层级、幅员、边界、形状、地理区域、地理位置六大要素说（《行政区划史研究的基本概念与学术用语刍议》，《复旦学报》［社会科学版］2001年第3期）。

②　参见华林甫：《英国国家档案馆庋藏近代中文舆图》，上海社会科学院出版社，2009年。

③　中国第一历史档案馆藏，《东三省总督徐世昌等呈酌拟东三省督抚办事要纲清单》，光绪三十三年（1907）四月十一日，档号03-5095，件号03-5095-016，缩微号388-0705。

④　《奉天全省府厅州县舆图》，王志修编《奉天全省地舆图说图表》，光绪二十年（1894）。

省前府县政区的空间形态。第二种是中国国家图书馆藏《奉天省全图》[①]，由奉天民政司疆理科编印。该套图集中的图幅尺寸大小不一，方位上北下南，明显吸收了近代测绘制图技术的理念和方法，具有比例尺、山脉等高线和海洋等深线等地图要素，每幅地图皆标有邻县的县名、县界、主干河流、重要聚落等，相比光绪二十年《奉天全省府厅州县舆图》，精细程度大大提高。该图集不仅详细反映了清末奉天省的幅员范围与行政区划设置情况，也描绘了全省山峰山脉、河湖水系等自然地物的形态，还清晰展示了柳条边、台站、交通道路、铁路、邮电等富有东北地域或近代特色的地物的分布状况。根据图集内容已有"长白府""营口厅""辉南厅"等新设政区，可知此图为宣统年间绘制，表现了有清一代奉天省各级政区演化的最终形态。

　　本文基于以上史料基础，主要以清末建省前后的奉天府、锦州府行政地域范围为例，揭示《清史地图集》复原县级政区边界的学术理路，并阐释清末奉锦二府的政区边界类型与形态。

二、政区格局与边界的历史继承性

　　光绪以前，作为陪都和将军辖区的行政中心，"盛京"的地位崇高，奉天府为京府的规格，附郭承德县亦为京县。奉天府的官员组织结构参照京师顺天府，奉天府尹直接领有州县并辖锦州府，锦州府又下辖州县。这种"府管府"的体制凸显了奉天府作为京府的地位，使奉锦二府地域的政区呈现二级制、三级制并行的局面。元明清行省时代以来，相比关内各省而言，奉天省政区发展的积淀时间较短，县级政区的演变只能追溯到清初。以清末奉天府地域单元的县级政区为对象，追溯至清代设县之始：顺治十年（1653），设辽阳、海城二县；顺治十四年置奉天府，设府尹，领辽阳、

---

① 藏于中国国家图书馆善本特藏区，索书号：241/1911-3。图集共10册：《奉天府属舆地全图》《锦州府属舆地全图》《营口厅辉南厅法库厅庄河厅舆地全图》《凤凰厅属舆地全图》《长白府属舆地全图》《新民府属舆地全图》《兴京府属舆地全图》《洮南府属舆地全图》《昌图府属舆地全图》《海龙府属舆地全图》。国图藏石印本无版本年代，《舆图要录》第2425条"奉天省全图"作宣统三年，笔者暂存疑。北京图书馆善本特藏部舆图组编：《舆图要录——北京图书馆藏6827种中外文古旧地图目录》，北京图书馆出版社，1998年，第202页。

海城二县①；康熙三年增置承德、盖平、开原、铁岭四县，升辽阳为州②；雍正十一年
（1733），于明复州卫地置复州，金州卫地置宁海县③。有清一代，奉天府下有8个县
级政区在建省前设立，并延续到清末，分别是：承德、辽阳（辽阳州）、海城、开原、
铁岭、盖平、复州、宁海（金州厅④）。

　　同样，以清末锦州府地域单元的县级政区为对象，追溯至清代设县之始：康熙元
年（1662）置锦县，隶奉天府⑤；康熙二年置宁远州，隶奉天府；康熙三年置广宁府，
设附郭县广宁县，与锦县、宁远州俱属府⑥；康熙四年广宁府迁治锦县，更名锦州府；
雍正十一年，又置义州来属⑦。有清一代，锦州府下有4个县级政区在建省前设立，并
延续到清末，分别是：锦县、广宁、宁远州、义州。

　　上述12个县级政区都是雍正以前设置的。雍正以后，中央对全国行政区划进行
了较为集中的改革，推行了裁撤属州、简化层级、政区分等等一系列制度。由官方主
导划定的"法定界线"开始得以一定程度的涌现⑧，各级政区间的模糊界线逐渐完成了
向精确界线的过渡。雍正三年，朝廷发布敕令，要求各省督抚对各省之间及其省内府
州县地界的错壤不清等弊政进行详细查勘并委员划定⑨。边界意识的强化与边界划分的
法定化，使我们复原清末边界、编绘历史地图的客观性和可信度大大提升。光绪二十
年时，奉锦二府的政区体系，如表1所示。

　　总体而言，从雍正三年至光绪二十八年的近180年时间里，表1中除新民厅、承
德、广宁以外的10个县级政区，基本没有调整⑩。因此奉锦二府县级政区的边界形态，

①　《盛京通志》卷1《建置沿革》："顺治十年以辽东为辽阳府，设辽阳、海城二县。十四年裁辽阳府，设奉
　　天府，以府尹治之。"

②　《圣祖实录》卷12，康熙三年六月甲午，《清实录》第4册，中华书局，1985年，第185页。《嘉庆朝大清
　　一统志·盛京统部》卷57："（康熙）三年，于旧广宁卫地设府，领广宁县、锦县、宁远州。是年奉天府
　　又增置承德、盖平、开原、铁岭四县，改辽阳为州。"

③　《世宗实录》卷133，雍正十一年七月甲午："金州请改为县，裁原设巡检缺，添设知县一员，典史一
　　员。……均应如所请，从之，寻定金州新改县曰宁海。"（《清实录》第8册，第721页）

④　道光二十三年（1843），改宁海县为金州厅，详参中国第一历史档案馆藏《录副奏折·盛京将军禧恩等
　　奏请宁海县知县改为金州海防同知岫岩凤凰城通判改为岫岩凤凰城海防同知事》，道光二十三年五月初七
　　日，档号03-2924，件号03-2924-036，缩微号206-1274。

⑤　《圣祖实录》卷6，康熙元年六月壬辰，《清实录》第4册，第117页。

⑥　《圣祖实录》卷12，康熙三年六月甲午："改广宁为府，添设通判、推官、经历，设广宁县、宁远州，并
　　锦县属广宁府，俱令奉天府府尹管辖。"（《清实录》第4册，第185页）

⑦　《世宗实录》卷133，雍正十一年七月甲午，《清实录》第8册，第721页。

⑧　韩光辉：《清雍正年间的政区勘界》，《中国方域》1997年第4期。

⑨　《世宗实录》卷30，雍正三年三月癸丑，《清实录》第7册，第457页。

⑩　嘉庆十八年（1813）分承德、广宁县地置新民厅，隶奉天府；光绪二十八年升新民府，领镇安、彰武
　　二县。

或者说它们的政区幅员（形状），呈现较长时段的继承性和较强的稳定性。

表 1　光绪二十年奉锦二府政区简表

统县政区	县级政区
奉天府	承德、海城、盖平、开原、铁岭、辽阳州、复州、新民厅、金州厅
锦州府	锦县、广宁、宁远州、义州

晚清以后，奉天旗民分管的矛盾日益突出，朝廷进一步明晰了将军、府尹的职权范围，奉天府尹的权威逐渐增强，奉天的行政体制已逐渐向省制趋近[1]。光绪三十一年，奉天府裁府尹，"窃查奉省官制自前署将军崇实奏准以府尹行巡抚事，复将治中议裁，改设驿巡道缺，已于陪都之中行行省之制。现在府尹已奉特旨裁撤，驿巡道一缺又经奏请加按察使衔，管理全省刑名，是首道责任较重"，[2] 同年又设知府，"吏部为知会事，据政务处议覆：盛京将军赵尔巽请设奉天知府一缺为冲繁疲难请旨拣调要缺等因，于光绪三十一年十一月具奏，奉旨依议，钦此。所有新设奉天府知府一缺相应知会贵处查照办理可也"[3]。此后，奉天府实质上失去了京府的地位，成为与各省首府地位相同的普通政区。光绪后期，奉天的行政区划改革频繁起来，清末光绪二十八年至宣统元年的 8 年间，奉锦二府的县级政区升级两例，新设府级政区两个，新设县级政区七个，裁撤县级政区一个，总体上县制呈进一步扩展态势。

表 2　清末（1902—1909）奉锦二府县级及其以上政区调整情况

	县级政区升级	新设府级政区	新设县级政区	裁撤县级政区
奉天府	光绪二十八年：新民厅升新民府、海龙厅升海龙府	光绪三十二年：法库直隶厅　宣统元年：营口直隶厅	光绪二十八年：绥中、兴仁　光绪三十二年：辽中、本溪　光绪三十四年：抚顺	光绪三十四年：兴仁
锦州府			光绪三十二年：锦西厅、盘山厅	

① 傅林祥、林涓、任玉雪、王卫东：《中国行政区划通史·清代卷》，复旦大学出版社，2017年，第141页。

② 中国第一历史档案馆藏，《录副奏折·盛京将军赵尔巽奏为请设奉天知府裁撤军粮同知以资治理事》，档号03-5448，件号03-5448-020，缩微号411-3486，光绪三十一年九月二十四日。

③ 中国第一历史档案馆藏，《知会吏部为奉旨核议盛京将军赵尔巽奏请新设奉天府知府缺一折奉旨事致军机处知会》，档号03-5450，件号03-5450-017，缩微号412-0322，光绪三十一年十一月十六日。

光绪二十八年，新设绥中、兴仁二县。其中绥中乃分宁远州所置，"宁远州西境置县，治中后所"①。绥中西南临山海关，与直隶永平府临榆县为界，乃关外第一县，是东北门户，其重要的地缘位置是置县主因。同年，兴仁县从承德县分出，"奉天省城附郭只承德一县，事务繁剧，甲于诸城。拟划承德辖地之半以分治之，名曰兴仁县，另添知县一员，典史一员"②。

是时，奉天虽尚未正式建省，但已有"省"的称谓和"省城"概念③，行政体制也与省制接近。奉天府承德县分设兴仁县，主要为分担省城附郭县的繁杂事务，与关内各省、府的附郭县分县模式类似。由此奉天府呈现出承德、兴仁双附郭县的格局。据《最新实测奉天省城全图》标注，兴仁县衙门大体在奉天砖城大东门内偏南位置，图中从北向南依次标有兴仁县南胡同、兴仁县胡同、兴仁县前胡同④。不过六年后兴仁旋即裁撤，"查奉省分设承德、兴仁两县同城设治，殊近复赘，拟请将兴仁县移驻抚顺，必与该处地方有所裨益，并拟改为抚顺县知县，以符名实"⑤。承德、兴仁双附郭县格局迅速解体，这种短时间内政区调整的反复其实是对行政资源的一种浪费。

建省前夕的光绪三十二年，奉锦二府政区多有调整。七月，因柳条边开禁，法库门地方距开原县较远，管控繁难，故分新民府及开原、铁岭、康平三县地置法库直隶厅，治法库门⑥。同月，锦州府又新设抚民厅、江家屯厅⑦。同年九月，江家屯更名锦西厅⑧。十月，广宁县南之盘蛇驿，又分设盘山厅⑨，"光绪三十二年十月，添设盘山厅抚民通判，从将军赵尔巽请也"⑩。以上三厅的设置，都有距离原县治过远、不易控御的考量，加之人口渐增、商贾集聚、案讼繁多等多方面因素而促成。而宣统元年营口直

① 《德宗实录》卷500，光绪二十八年六月己丑，《清实录》第58册，中华书局，1987年，第610页。

② 中国第一历史档案馆藏，《盛京将军增祺、玉恒呈酌拟奉省应行建治添官节略单》，光绪二十八年五月十九日，档号03-5094，件号03-5094-027，缩微388-0529。

③ 嘉庆《清会典》卷10："留都曰盛京，其北曰吉林，又北曰黑龙江，是为东三省。"

④ 奉天发行所、盛京书局刊行，《最新实测奉天省城全图》，日本外务省外交史料馆藏影印件，1911年。

⑤ 中国第一历史档案馆藏，《录副奏折·东三省总督奉天府尹徐世昌唐绍仪奏为奉天复州地方屡受外人侵略请添设州判并将兴仁县移驻抚顺县分治事》，光绪三十四年四月三十日，档号03-5095，件号03-5095-082，缩微号388-0907。

⑥ 中国第一历史档案馆藏，《录副奏折·盛京将军赵尔巽奏为奉省添设厅县治所专官并派员试办请饬部先行立案事》，光绪三十二年七月初四日，档号03-5463，件号03-5463-088，缩微号413-0734。

⑦ 清末时厅制已趋于成熟，清代特有的抚民厅已扩充到东北三省的各级政区体系内，府县二级同知、通判为核心的组织机构业已形成。光绪三年（1877），兴京厅升直隶厅，使厅制充实了奉天各级政区的结构体系。

⑧ 《德宗实录》卷564，光绪三十二年九月乙未，《清实录》第59册，第459页。

⑨ 中国第一历史档案馆藏，《录副奏折·盛京将军赵尔巽奏为续查奉省应添设厅县分防各治派员试办请饬部立案事》，光绪三十二年十月二十三日，档号03-5468，件号03-5468-139，缩微号413-2113。

⑩ 《德宗实录》卷565，光绪三十二年十月辛卯，《清实录》第59册，第486页。

隶厅的设置，主要是基于晚清开埠通商的考量，源于同治五年（1866）设的营口海防同知，并为吉林滨江厅的设置所参照[1]。

此外，光绪三十二年新设的辽中、本溪二县，主要都是从辽阳州划出、辅加周边厅县地域而设，主要是为了就近控制，加强地方治理[2]。光绪三十四年，兴仁县移驻抚顺城，并设抚顺县，"三十四年五月，……移兴仁县知县驻抚顺，改名抚顺县"[3]。"三十三年改今名，移治抚顺城，划兴京西北地入之，仍隶府。"[4]

截至宣统元年三月营口直隶厅的设立，奉锦二府县级及其以上政区的调整结束，清代奉锦二府的政区格局基本奠定。综合来看，奉锦二府的政区调整形式多样，时间集中，由多种因素促成，东北开禁、人口增长为地方治理带来的挑战是决定性因素。清末县级及其以上政区的调整，也表现了行政层级划一、地方治理细化的过程，与奉天整体行政地位的下降与省制正式推行的大背景密切相关。

三、边界变动及其模式

行政区划作为一个要素完整、联系紧密的体系，政区调整必然带来一系列连锁反应，包括边界和境域盈缩的变化。总结起来，县级政区的变动情况可分为九种情形：分县、并县、同类变更、升级、改隶、迁治、更名、新设、裁撤。分县后自然会增置新县，并县也必然以裁撤旧县为前提，因此"分县"与"新设"、"并县"与"裁撤"的过程往往是共同出现的。以上九种情形，分县、并县、新设、裁撤、同类变更、升级、改隶都可能造成边界的调整与变动。政区边界变动进而会对政区幅员（形状）、治所区位产生直接影响，甚至改变政区结构体系的整体面貌。

上述的"分县"与"新设"两种情形，是导致奉锦二府县界变动的主要原因。光

---

① 详参中国第一历史档案馆藏，《录副奏折·外务部总理王大臣奕劻等奏为议复吉林将军达桂等奏拟援案添设滨江关同知巡检等事》，光绪三十二年十二月初十日，档号03-5471，件号03-5471-072，缩微号413-2716；《宣统政纪》卷12，宣统元年四月癸巳，《清实录》第60册，第243页。

② 中国第一历史档案馆藏，《录副奏折·盛京将军赵尔巽奏为奉省添设厅县治所专官并派员试办请饬部先行立案事》，光绪三十二年七月初四日，档号03-5463，件号03-5463-088，缩微号413-0734；中国第一历史档案馆藏，《录副奏折·盛京将军赵尔巽奏为续查奉省应添设厅县分防各治派员试办请饬部立案事》，光绪三十二年十月二十三日，档号03-5468，件号03-5468-139，缩微号413-2113。

③ 《奉天通志》卷124《职官三·清》，金毓黻主编，翟文选、臧式毅主修，白永贞、袁金铠等纂《奉天通志》，据1934年沈阳刊本影印，辽海出版社，2002年。

④ 吴廷燮：《奉天郡邑志》，徐世昌编《东三省政略》卷6《民政·奉天省附件》，吉林文史出版社，1989年，第980页。

绪末期，奉锦二府新设的若干县级政区主要从承德、辽阳州、海城、开原、铁岭、锦县、广宁、宁远州析置，就新设政区的空间划分模式而言，主要是"县内分家"①，广泛地推行于政区调整的实际运作过程中。奉天府绥中、兴仁、辽中、本溪、抚顺五县，锦州府锦西厅、盘山厅二厅，加之法库直隶厅、营口直隶厅两个府级政区，都是"分县"与"新设"的结果，进而导致了新设政区与母县间的边界划定与变动②。

例如绥中，是将宁远州六股河以西的地域整块切出，十分清晰。"锦州府宁远州……拟于适中之中后所地方添设一县，名曰绥中县。设知县一员，原设之巡检留管典史事。以六股河为界，河以西之地划归县治。"③"锦州府宁远州，西接山海关，北界热河，南滨海，其地绵亘二百余里，拟于适中之中后所地方添设一县，名曰绥中县……以六股河为界，河以西之地划归县治。"④

再如盘山厅，"分广宁县地及盘蛇驿牧厂地设治双台子。三十三年七月归锦州府管辖"⑤。对比《奉天全省府厅州县舆图》与《奉天省全图》的广宁县图幅，广宁大约拦腰截出一半地域予盘山厅，与盘山厅界基本无山水阻隔，自西向东界址点主要有羊圈子、赵窝棚、六家屯、新立屯、吴屯、崔窝棚、高山子等，皆为村庄或集镇。再如锦西厅，乃分锦县西部地域而置，"东至头台子一百五里广宁县界，西至汤河子二十五里锦西厅界，……西南至连山八十里锦西厅界"⑥。查《奉天省全图》锦县、锦西厅图幅，汤河子、连山皆为重要界址点。查《奉天全省府厅州县舆图》锦县图，县西北境近新台门与宁远州为界，分出锦西厅前的锦县与宁远州的边界走向，与后来锦西厅与宁远州的边界基本一致。

再如营口直隶厅，"分海城西南三乡，及盖平北境一乡置直隶厅"⑦。"是月（三月）二十七日，徐世昌奏营口改为直隶厅，……拟析海、盖附营口之地划归厅治，海界自大石桥迤西北，以达于盘山厅之大洼车站。盖界亦自大石桥迤西以达于淤泥河口。海城归厅治者三系，盖城归厅治者一系，重在商埠，地无取太多。"⑧查《奉天省全图》营

① 此种说法参考华林甫、成崇德关于中国历代分省模式的探讨而来，参见华林甫、成崇德：《中国历代分省模式探讨》，《中国人民大学学报》2006年第4期，第150页。

② "母县"即新设府县政区之行政地域所来源的县。参考谭其骧：《浙江省历代行政区域——兼论浙江各地区的开发过程》，《长水集》（上），人民出版社，1987年，第398页。

③ 中国第一历史档案馆藏，《关于地方区划调正设官之议复奏折》《盛京将军请建治设官折》，光绪二十八年六月。

④ 中国第一历史档案馆藏，《盛京将军增祺、玉恒呈酌拟奉省应行建治添官节略单》，光绪二十八年五月十九日，档号03-5094，件号03-5094-027，缩微号388-0529。

⑤ 吴廷燮：《奉天郡邑志》，徐世昌编《东三省政略》卷6《民政·奉天省附件》，第995页。

⑥ ［清］田征葵纂修：《奉天锦州府锦县乡土志》，宣统二年抄本，页18。

⑦ 《宣统政纪》卷11，宣统元年三月乙亥，《清实录》第60册，第235页。

⑧ 吴廷燮：《奉天郡邑志》，徐世昌编《东三省政略》卷6《民政·奉天省附件》，第1007页。

口直隶厅图,营口厅以大石桥、岳堡、党堡、李堡、陈堡、连三屯、北营子、小林子、哈巴台、大洼一线,与海城为界;大石桥以西至海,隔淤泥河与盖平为界。总的来说,奉锦二府析置新政区而造成的边界变动,大多是处理与母县的边界划定问题,多数母县与周边各县的原有边界保持稳定不变。

而本溪、辽中二县分别从辽阳州东西两侧划出,光绪三十二年后,辽阳州"东至朝鲜岭九十里迤南至老鹳岭与本溪界,计由岭东至田师傅沟共拨出地延袤百余里,西至太子河西大骆驼背、长林子等处以西之浑河九十里,西北至小北河东之浑河及太子河六十里与辽中界,计由河西至枯榆泡、转心湖共拨出地纵百里横二三十里以至五六十里,南北及西南三界仍旧然"[1]。此外,"(辽中)计由辽、新划出之地三分之二,由承、海、镇划出之地三分之一"[2]。而本溪县"光绪三十二年分辽阳州、兴京、凤凰地设县治本溪湖,名曰本溪县"[3]。可见此二县地域源于"县内分家",同时分周边县域的若干土地一并治之,边界调整牵涉了辽阳州、承德、海城、新民府镇安、兴京府、凤凰直隶厅等多个府、县两级政区。这些府县位于奉天府的核心地域,据《奉天省全图》相关图幅,调整后的辽阳州、辽中、本溪与周边各府县的主要界址点,如表3所示。

表3 清末辽阳州、辽中、本溪政区边界主要界址点

邻县	县级政区主要界址点		
	辽中	辽阳州	本溪
新民府	双岗子、新窝棚、曹窝棚、说理街、德兴堡子、尖子山、靠山屯、车家堡、沙河铺		
承德	青苔泡、小新民屯	后屯、青堆子、西羊角湾、古树子、大堡	侯屯、达子堡
辽阳州	王秀台、长滩、烟台子、七台子、小林子、杏坨、老贝河、花房子、左窝棚		新开岭、摩天岭、西偏岭、大青沟、王高玉岭、朝鲜岭
海城	狼洞子、二道渡、唐林子	礼备沟、邱堡、冯屯、太平沟、果园、鸡王屯、安山站、新堡、高力堡、穆堡、黄坨子、蚂蜂泡	

① [清]洪汝冲修,[清]白永贞编:《辽阳乡土志》,光绪三十四年铅印本,页49b,50a。

② 徐维淮修,李植嘉纂:《辽中县志》卷一《疆域·沿革》,民国十九年铅印本,页3b。

③ 吴廷燮:《奉天郡邑志》,徐世昌编《东三省政略》卷6《民政·奉天省附件》,第988页。

邻县	县级政区主要界址点		
	辽中	辽阳州	本溪
镇安	南台、新发屯、双井子、杨冈子、腰路子、三家子、铁丝房、二道房、孙窝棚、双冈子		
本溪		詹堡、开门山、下瓦子峪、二道河、小高岭、甜水站、二道沟、兰花岭、水沟	
凤凰直隶厅		马堡、西章木岭、阿金沟、胡家岭、翁堡、五间房、粉城墙	小蓝马岭、赛马集、大洼岭、狮子沟、于家岭
岫岩州		香草沟	
辽中		翟家、往户林	
抚顺			边牛录堡子、皇木厂、张其寨、达背沟、芝麻岭
兴京府			西麻户、羊草峪、二道河子
怀仁			碱厂、东营防、湖里

表3中的界址点皆可找到确切的今地位置，村庄聚落多为"窝棚""堡""屯""台子"等通名，颇具东北特色，这种较为直白的命名方式也体现了晚清以后东北地区多同姓移民家族聚居、开发较晚的地域特征。辽阳州西与辽中县以太子河、浑河为界，东与本溪县多以山岭为界，遵循"山川形便"原则。宣统三年辽阳州、辽中、本溪三个县级政区边界的具体情形，如图1所示。

此外，还有一例是因"并县"与"裁撤"导致的县界调整，即光绪末年裁撤兴仁县，其地域并入承德县与新设的抚顺县。不过综合来看，奉锦二府县级政区的边界变动主要是源于政区析置，将其置于长时段演化规律中考察，这种边界调整主要集中于光绪末期的几年内，其速率是"突变"的。《清史地图集·奉天图》以宣统三年为标准年代，基于边界静态实况，可一览有清一代奉锦二府政区边界的空间格局。

《清史地图集·奉天图》对县界的考订过程，始终遵循孤证不立的原则。依据清代地方志、舆图史料的记载（民国史料只可作辅证），先通过各类文献确定重要界址点，并考证确定今地具体位置，然后通过双边定点连线，复原清末边界走向。从学理上而言，选取的双边界址点的数量越多，距离越近，中间地带越窄，县界的走向就越

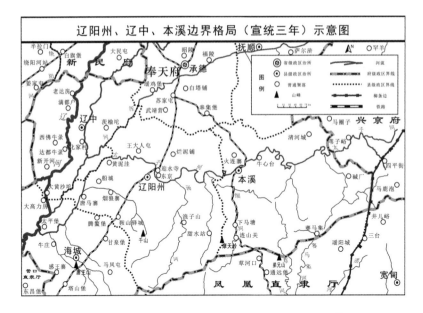

图1　辽阳州、辽中、本溪边界格局（宣统三年）示意图[①]

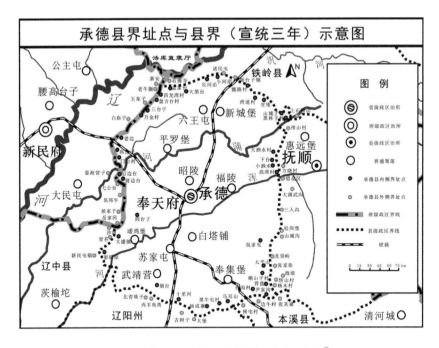

图2　承德县界址点与县界（宣统三年）示意图[②]

① 据《清史地图集·奉天图》改绘。
② 据《清史地图集·奉天图》改绘。

精细[①]。例如附郭省城的承德县，清末其周边多次析置、裁并政区的过程都对其边界形态产生了影响。我们查找奉天边界上属于本县县境的界址点 36 个，并查找边界外侧周边 6 个府县境内的界址点 35 个，并一一落实了今地位置，较细致地复原了清末承德县的边界形态与幅员形状，详见图 2 所示。

四、边界的五类地理形态

清代奉锦二府县级政区划界的地理形态，充分体现了区域地貌特征对政区划分与空间结构的主导作用。按边界段上的地物类型分类，边界大致呈现出以下五类地理形态（依对应县界段的数量多寡排序）：

第一，以普通聚落点为界（村庄、集镇等）。这种情况在地势平坦、村镇较为密集的奉锦二府普遍存在，尤其是辽河冲积平原、沿海平坦地带的县级政区，多以普通聚落点为界。其中承德、锦县、盘山厅的四周边界（海岸线除外）基本全部以普通聚落点为界，边界两侧的界址点皆为普通村庄。

第二，以山峰、山岭、山系为界。

第三，以江、河、湖、溪等水系分界。山、川作为天然分界标志，是奉锦二府各级政区划界的重要因素，后文将详述。

第四，以柳条边为界。清末奉锦二府的地域全部位于柳条边以南，柳条边不仅作为两侧县级政区的县界，还是高层政区的省界、统县政区的府界。锦州府绥中、宁远州、锦西厅、义州、广宁的北部地域皆以柳条边为限，与直隶朝阳府交界；奉天府开原则北隔柳条边，与昌图府、吉林伊通直隶州、海龙府交界。有别于自然山川，柳条边可谓先于县制扩展、政区设立而形成的"人文因素"，也成为了清代划定政区边界的特色地理标志。

第五，以海岛、洋面为界。主要是辽东半岛上的金州厅东北与庄河直隶厅界、西北与复州界，涉及岛屿的归属与划分问题。"庄河厅……其疆域，东北凤凰，北与西北、东北皆岫岩，西复州，南大海，西南金州厅……南、西接碧流河，南至海沿并洋

---

① 中国历史地理信息系统（CHGIS）对历史县级政区边界的复原工作，其成果不是纸本，网络提供宣统三年（1911）全国县级以上政区的地图下载。其中就奉锦二府地域而言，CHGIS 第六版（V6）1911 年的地图存在若干段县界采用今界的绘法，例如承德东与抚顺界、铁岭北与开原界、海城南与盖平界等，有误。虽然时间断限距今仅100多年，但根据清末舆图史料与《清史地图集》考证结果，上述县界古今有变，不宜照搬。

面各岛，划归管辖……石城岛巡检，三十三年十月设在厅南海中。"[1] 据《奉天省全图》
庄河直隶厅图，南部海域石城岛属庄河无疑。而据金州厅图，厅东境止于碧流河，洋
面最东端的岛屿止于海洋岛[2]；厅西北境止于今普兰店湾，"快马张"为海岸线附近的
重要界址点，《奉天全省府厅州县舆图》金州厅图亦然。由此可以确定金州厅分别与
庄河直隶厅、复州洋面界线的大致走向。需要说明的是，传统社会，"对于官方而言，
对海岛的分划拨转在巡查缉私等方面所显示的海防军事意义，要超过基于刑名、钱粮
的行政管辖意义"[3]。沿海州县对近海岛屿归属的划分意识逐渐明晰，但其中很多岛屿
是无固定居民的荒岛，清代对海洋地理的有限认识使洋面界线难以具备陆地边界的精
确意义。

若将宣统三年奉锦二府的政区边界作为一个完整的系统观测，两府18个县级政
区加上营口直隶厅边界的地理形态，大多包含了上述多种类型，如表4所示。

表4　宣统三年奉天府、锦州府、营口直隶厅的边界类型[4]

政区（邻区数量）	边界类型				
	以普通聚落点为界	以山为界	以河为界	以柳条边为界	以洋面为界
承德（6）	北与铁岭界，东与抚顺界，东南与本溪界，南与辽阳州界，西与辽中、新民府界				
海城（7）	东与辽阳州界，东南与岫岩州界，南与盖平界，西与营口直隶厅、盘山厅界，西北与镇安、辽中界		北与辽阳州界		
辽阳州（6）	北与承德界，西南与岫岩州界	东与本溪界，东南与凤凰直隶厅界	西南与海城界，西与辽中界		

①　吴廷燮：《奉天郡邑志》，徐世昌编《东三省政略》卷6《民政·奉天省附件》，第1022—1023页。
②　［清］刘恩荣译，［清］梁文锦述《海图》："海洋岛，四周多石，崖高三百三十尺，自高峰斜陂至南面
　　为破碎陡石，崖西北为象登港，北面有家地纳岛，高三百五十尺，家地纳岛东北有桥洞石高五十尺，岛间
　　水深二十五拓。"（光绪年间复印本，页18a。）
③　施剑：《清代浙江省政区边界研究》，中国人民大学博士学位论文，2014年，第54页。
④　表中各界线段的类型以主要地理形态为标准，不排除零星分布的其他类型界址点，边界叙述自正北开始，
　　依顺时针方向为序。主要依据为中国国家图书馆藏，宣统《奉天省全图》，以及清末民初各府州县地方
　　志、乡土志、《奉天郡邑志》等。

政区（邻区数量）	边界类型				
	以普通聚落点为界	以山为界	以河为界	以柳条边为界	以洋面为界
开原（8）	西南与铁岭界，西与法库直隶厅界	南与兴京府界		北与昌图府、伊通直隶州、西丰界，东与海龙府、柳河界	
铁岭（5）	东北与开原界，西南与承德界，西与法库直隶厅界	东南与兴京府界，南与抚顺界			
盖平（5）		北与海城界，东与岫岩州界，东南与庄河直隶厅界，南与复州界	西北与营口直隶厅界		
复州（3）	南与金州厅界	北与盖平界	东与庄河直隶厅界		西南与金州厅界
金州厅（2）	北与复州界		东北与庄河直隶厅界		东与庄河直隶厅界，西北与复州界
辽中（5）	北与新民府界，东北与承德界，南与海城界，西与镇安界		东与辽阳州界		
本溪（6）	北与抚顺界，西北与承德界	东北与兴京府界，南与凤凰直隶厅界，西与辽阳州界		东与怀仁界	
抚顺（4）	东与兴京府界，南与本溪界，西与承德界	北与铁岭界，东北与兴京府界			
锦县（5）	北与义州界，东北与广宁界，东与盘山厅界，西南与宁远州界，西与锦西厅界				
广宁（5）	东南、南与盘山厅界，西南与锦县界	西与义州界	东北与镇安界	北与阜新界	

政区（邻区数量）	边界类型				
	以普通聚落点为界	以山为界	以河为界	以柳条边为界	以洋面为界
宁远州（3）	北与锦西厅界		西与绥中界	西北与建昌界	
义州（5）	南与锦县界	东与广宁界	西南与锦西厅界	北与阜新界，西与朝阳府界	
绥中（3）	西与临榆界		东与宁远州界	西北与建昌界	
锦西厅（5）	东与锦县界，南与宁远州界		北与义州界	西与朝阳府、建昌界	
盘山厅（5）	北与广宁、镇安界，东与镇安、海城界，南与营口直隶厅界，西北与锦县界				
营口直隶厅（3）	北、东与海城界，西北与盘山厅界		南与盖平界		

就邻区（县级以上）数量而言，开原有 8 个邻区，数量最多；金州厅仅有 2 个邻区，数量最少，这不失为一个观察各县级政区地缘关系复杂程度的视角。就边界类型的多少而言，复州、广宁、义州的边界地理形态有 4 种，辽阳州、开原、金州厅、本溪、宁远州、绥中、锦西厅 7 个政区边界的地理形态也有 3 种，可见政区的边界系统是一个地理形态综合体，影响边界划定的因素是多方面的。

五、边界划定的原则

边界类型的格局与政区自然地貌的多样性直接相关，除了平原地带一般以普通聚落点作为划界标志外，"山川形便"是最主要的划定原则，也成为了边界形态最突出的地理特征。

奉天省山地、丘陵、平原交错，锦州府多低山丘陵，奉天府的辽河沿岸地势平坦，而开原—抚顺—本溪—盖平一线以东以南地带为山地丘陵区。光绪三十一年商务印书馆编绘的《大清帝国全图》[①]，第三幅为"盛京省图"，山岭走势的标注醒目，并绘出了府级政区界线。虽然有的边界未完全闭合，示意性较强，仍能看出府县边界与山岭走势的关联度。尤其是多山多丘陵的锦州府与奉天府东南地域，以山岭、山系为界表现的更为显著，开原、抚顺、本溪、盖平四县皆有多处界线段是以山岭为界。同样，河流水系也是划分边界的重要天然标志，例如：海城与辽阳州以鞍山河为界，辽阳州与辽中以太子河、浑河为界，复州与庄河直隶厅以碧流河为界，营口直隶厅与盖平以淤泥河为界，绥中与宁远州以六股河为界，义州与锦西厅以小凌河为界，等等。像广宁县，分出盘山厅后，"地势纵横一百六十余里，医巫间崎其右，羊肠河界其左，前接铁路，后近边门"[②]，"山川形便"尽显无疑。清代各州县地方志、乡土志关于疆域"四至"、"八到"、主要山镇、水道的记载详细而确凿，并与《奉天省全图》的山峰界址点与河流边界线基本契合。

在总体规整的边界格局下，奉锦二府的政区边界亦存有少许犬牙之地。考察纯粹的县级政区边界（不与府界、省界嵌套的县界），各县间并无明显的插花错壤之例，但新设县级政区而划界调整时，即使无自然地貌干扰，亦有曲折划界、牵制互补之考量，使边界并不平滑。例如辽中，"至有清崛起，建设盛京，始置州县，本境则分属于新民、辽阳、承德（今改沈阳县）、海城，新民各府州县，光绪三十二年始设，今治辽中县焉。当时计由辽、新划出之地三分之二，由承、海、镇（镇安今改黑山）划出之地三分之一，犬牙相错，补短截长牵缀成之"[③]。

而统县政区层面，兴京府亲辖地西北角有一块地域嵌入奉天府铁岭、抚顺二县。据《奉天省全图》铁岭县、抚顺县图，兴京府嵌入奉天府这条府界，沿线以山岭地貌为主，可谓因"山川形便"而形成的交错之势。铁岭一侧，自东向西依次有门坎哨、沔洋、白旗寨、当铺屯、二道沟、段木冲、青石岭等界址点；抚顺北侧则以关门山、房身、张木匠沟等界址点与兴京府为界，以上界址点的今地名称、位置均未变。此外据光绪《复县全图》[④]，复州东与庄河直隶厅界线段，界河碧流河东岸有一犬牙之地为复州所辖，也突破了"山川形便"的划界原则。《奉天省全图》复州图也标出了这块不大的犬牙之地，碧流河东岸有于屯、泡子崖、官屯、松树咀、腰岭几处聚落点为复州所辖。仅列出疆域"四至""八到"的文字史料难以看出此处跨河辖地的空间形态，"夹河山，城东一百八十里，在岳塔乡界内，西距毕里河里许"[⑤]，可见这块犬牙之地属

① 商务印书馆编：《大清帝国全图》，商务印书馆，光绪三十四年（1908）第三版。
② ［清］萧雨春编：《广宁县乡土志》，光绪三十三年抄本，页29a。
③ 徐维淮修，李植嘉纂：《辽中县志》卷一《疆域·沿革》，民国十九年铅印本，页3b。
④ 《舆图并原序》："右复县舆图一帧，系清光绪三十四年前州牧樊公宝青，属邑人张君悦龄所手绘。"（程廷恒修，张素纂：《复县志略》，民国九年石印本，页1a。）
⑤ 程廷恒修，张素纂：《复县志略·山水略》，民国九年石印本，页1b。

复州岳塔乡。据《复县志略·自治表》，岳塔乡成立于宣统二年（1910）八月，并延续至民国[1]。

综上所述，周振鹤研究行政区划划界时所归纳的"山川形便、犬牙相入"两大原则[2]，在清代奉锦二府政区分界情形中都有一定的体现，但极端的犬牙之地则并不显著。相较而言，"山川形便"原则在清末边界划定时得以更广泛的使用，不仅高层政区，基层政区的"行政边界"与山岭、流域所在的"地理边界"之间也发生了较佳的耦合关系，奉锦二府各级政区的边界很好地体现出了中国传统政区划界的基本原则与典型特征。

通过边界考证、复原的工作基础，在相对稳定的边界框架下探讨关于行政区划的幅员大小与管辖幅度的合理区间，是政区研究的热点，也是难点，更是可以以古察今的颇具现实意义的课题。综观清末奉锦二府下的 18 个县级政区与营口直隶厅，新设政区的母县（承德、辽阳州、海城、开原、铁岭、锦县、广宁、宁远州等）县域面积都很大，析置新县后，各县级政区的幅员便介于一个较为均匀、合理的范围，可见边界要素在行政空间切割与分配过程中所起的重要作用。

边界复原后还可进一步探究构成政区的另一要素——治所的区位特征与合理性。治所作为行政中心，理论上其地理位置与县域几何中心的偏离值越小，其管理幅度就越平均，行政效力就越集中。然而自然地理基础的差异（如地形、地貌的扭曲等）、交通运输效应等方面因素的限制往往使这种结构发生一定程度的畸变，中心地的实际位置会或多或少地偏离其几何中心[3]。清代奉锦二府县级政区的治所区位有一个突出特征，即几乎全部与河流相切，临河而居，并且很少有极端偏离几何中心的治所，其偏离方位与距离也基本符合山川地势的扭曲幅度和范围。可见时至清末，中央与地方政府对行政空间的划分已经具有很强的针对性和比较成熟的运作模式，因此学界普遍肯定清代对中国疆域版图与行政区划体系的奠定之功。

奉天省地貌以平原、低山丘陵为主，地势平坦开阔，地形干扰因素相对有限。今天的辽宁省，沈阳、大连是两个集聚效应最突出的城市，总体而言，全省人口分布、经济发展较为均衡。由于地理信息数据准确且丰富，不妨以今天辽宁省为例做一试验，以辽宁省地理区划"四至"点经纬度坐标（东经 118°53′—125°46′，北纬 38°43′—43°26′）为限，随机选取大量经纬坐标点，通过 Python 调用 ArcGIS 地理数据，排除散落于省域外的坐标点，保证省域内随机均匀选取的坐标点样本达到 10 000 个。政区空间结构作为不规则图形，理想的几何中心点应是距离区域内各地的

---

[1]　程廷恒修，张素纂：《复县志略·自治表》，民国九年石印本，页3b。

[2]　周振鹤：《建构中国历史政治地理学的设想》，《历史地理》第十五辑，上海人民出版社，1999年。

[3]　张大卫：《克里斯塔勒与中心地理论》，《人文地理》1989年第4期。

距离总和最小的坐标点。根据运算结果，辽宁省域的几何中心经纬度为 122.45° E，41.05° N，位于鞍山海城市西四镇附近。海城设于顺治十年，是清代奉天设县之始，单从地理区位考量，对全省的辐射效应最为均匀，而实际省会沈阳位于海城北偏东方向 122 千米处，介于一个较合理的偏离区间内。

在边界确凿、幅员清晰的政区结构内，如果地理信息数据准确完整且各类干扰因素可控，上述方法可适用于各级政区。当然，找到理想的几何中心与实际治所的偏离度后，并不能简单将其作为评价行政中心区位合理性的依据，尤其是对政区源流可追溯至 2000 多年前的中国而言，边界、行政中心的形成很大程度受历史因素影响。在充分评估自然地貌、人口分布、交通路线、经济发展、历史积淀等多方面条件的基础上，这项数据可对评价行政中心区位的合理性及其调整提供有益参考。

目前学界对中国政区划界理念的阐释，仍主要基于"山川形便、犬牙相入"两大原则，多是围绕高层政区、统县政区边界大势的探讨，这两大原则对基层政区边界划定的解释力还较为有限。当今行政区划边界的划定与调整，对行政中心区位的考量十分重要。其实就历史政区而言，也不乏因某地距离行政中心距离过远，产生治安不利、行政效率低下等问题而改隶或调整边界的情形，这种边界调整实质上缩小了政区几何中心与实际治所的偏离度。因此，量化评估治所的地理区位，为我们探索政区边界的变动过程提供了一种有效路径。

六、余论

中国传统政区的历史演变，至清代趋于定型，在考订复原边界的基础上，反观有清一代的政区调整和边界变动，可全面客观地评价边界要素的历史继承性，更好地理解政区空间结构的变与不变。传统社会末期的奉天，省制的落实与县制的扩展是政区发展的两大主线。政区结构体系在纵向上，已经形成了省下"府（直隶厅、直隶州）—县（散厅、散州）"的格局，县下也已萌芽了乡、社、里等多种形式的行政组织；横向上，构成政区的边界、幅员（形状）、治所、名称等诸要素也已相当完备并紧密关联、相互作用。事实上，各级政区边界长度的厘定、具体走向的确定、重要地理界点的选定及其变动，都根源于特定的历史背景、社会制度与人群的观念意识，可谓一种叠加于自然地理空间上的"人文力量"[1]。"边界"可视为一种行政权力分配的空间表达，这种分配既源于中央集权的高层设计，也来自于地方基层治理的权利诉求。

---

① 施剑：《清代浙江省政区边界研究》，第99页。

这使本来依托于自然地形单元的边界框架，表现出一定的复杂性。

最后需要说明的是，我们选定标准年代，是为了便于展现某一重要时间节点的边界静态格局。但边界划定是一个较为复杂的动态过程，从地方官员提议，到督抚审批并向朝廷奏请，再到朝廷议准、最终厘定，往往要经历多道程序，甚至出现反复。地方社会上，局部出现的大小土地纠纷以及边界争议，也会为具体的边界管理带来不少变数。在准确复原并充分理解行政区划的基础上，进一步把握各级行政组织通过边界管理推进地方社会治理的进程，将为系统性的地方行政制度研究注入新鲜活力。

（中国人民大学清史研究所）

《清史地图集·湖北图》飞地绘制探微*

陈　冰

一、引言

史料中常用插花地、瓯脱、华离、错壤等词汇来表达边界的错综复杂状况。既有成果多引用清代胡林翼对边界插花状态的三种划分①，但交界地带的边界形态并没有法定的概念加以界定，因时代、地域的不同，称呼与指代内容并不一致。

传统语境中的插花地大多包含飞地这种情况，而清末尤其是民国时期在各省推行的整理"插花（地）飞地"，则是飞地现象从传统到近代的概念转型期。学界现有研究中，常将政区边界的插花地现象作为研究对象，这其中就包括飞地现象，笔者将这类研究成果概括为"插花地－飞地"研究。

本文中的"飞地"，指的是属于某一行政区管辖但不与政区治所所在区域（即"本部"）毗连的区域。本文只研究省界内跨县界、与本部隔绝的飞地，其他与本部相连的嵌入等情况，包括跨江河对岸的属地不在研究范围之内，跨省界飞地将另著文探讨。

早在民国时期，因整理插花飞地在多省推行，飞地现象已引起社会关注②。近年来，插花地－飞地的相关研究成果层出不穷。从研究时段来看，明清时期最多，民国

*　本文原刊于《清史研究》2020年第5期，系中央高校基本科研业务费专项资金资助2020年中山大学青年教师培育项目"清代以来政区变动与水环境关系研究"（项目编号：20wkpy32）阶段性成果。

①　即华离之地、瓯脱之地、犬牙之地。参见胡林翼：《论贵州境插花情形启》，《胡文忠公遗集》卷52《书牍》，光绪元年重刻版，第7b—14b页。杨斌据此绘成示意图，但对瓯脱之地的理解值得商榷。参见杨斌：《历史时期插花地的基本概念讨论》，《西南大学学报》（社会科学版）2013年第5期。

②　唐陶华：《贵州之插花地及其成因》，《人与地》1941年第2期。史念海：《战国时代的"插花地"》，《史学杂志》1945年创刊号。

次之，元代以前较少，也有学者关照现实，研究中华人民共和国成立以来，甚至改革开放后的插花地－飞地。从研究地域来看，研究西南川黔地区，尤其是贵州插花地的成果最多，其他还包括河南、江苏、陕西等省份[①]。从研究尺度来看，郭声波提出"飞地行政区"概念，即飞地区域本身就是县级及其以上政区的情况[②]。但多数学者都是研究县级政区的插花飞地，飞地区域达到乡镇以上的尚属少数。

对清代湖北飞地的研究，尤其是历史地图绘制的成果较少见。冯桂明对清末宜昌府东湖县的 3 块飞地进行了研究和历史地图绘制[③]。在此基础上，蓝勇主编的《长江三峡历史地图集》有所修正，对清末东湖县的 4 块飞地进行了明确标示[④]。《清史地图集·湖北图》是第一种系统研究清末湖北飞地的成果[⑤]。

二、飞地的选取

《清史地图集·湖北图》绘制了 16 块飞地，选取过程着重考量了如下三个问题：

1. 为什么要画飞地？清代的飞地在全国普遍存在，上文已举贵州、四川、河南、江苏、陕西等省份的研究成果。清末湖北的飞地也为数不少，之所以绘制上图，是基于三个方面考虑的，一是实际的行政管理中确有飞地的存在，这是事实基础；二是当时的地方志、舆图有明确的记载和标示，这是文献基础；三是尚无历史地图系统而全

---

① 代表性成果参见傅辉：《插花地对土地数据的影响及处理方法》，《中国社会经济史研究》2004年第2期；冯贤亮：《明清中国地方政府的疆界管理——以苏南、浙西地域社会的讨论为中心》，《历史地理》第二十一辑，上海人民出版社，2006年，第92—108页；吴滔：《"插花地"的命运：以章练塘镇为中心的考察》，《史林》2010年第3期；马琦、韩昭庆、孙涛：《明清贵州插花地研究》，《复旦学报》（社会科学版）2010年第6期；徐建平：《行政区域整理过程中的边界与插花地——以民国时期潼关划界为例》，《历史地理》第二十四辑，上海人民出版社，2010年，第89—110页；杨斌：《民国时期川黔交界地区插花地清理拨正研究》，《地理研究》2011年第10期；樊英杰：《制度抑或利益：插花飞地治理的另一个视角——以民国荣县县界纠纷案为例》，《法律史评论》第8卷，法律出版社，2015年，第148—164页；孙景超：《民国时期河南插花地整理活动研究》，《兰州学刊》2017年第12期。

② 郭声波：《飞地行政区的历史回顾与现实实践的探讨》，《江汉论坛》2006年第1期。许之标：《中国古代飞地行政区研究》，暨南大学硕士学位论文，2008年，第4页。

③ 冯桂明：《晚清长江三峡地区内宜昌府各县界线复原研究》，西南大学硕士学位论文，2012年，第71、76页。

④ 蓝勇主编：《长江三峡历史地图集》，星球地图出版社，2015年，第38页。

⑤ 《清史地图集·湖北图》由复旦大学杨煜达教授领衔，包括笔者在内的中国人民大学清史研究所历史地理学专业研究生5人编制了《编稿表·辅编》，笔者负责湖北图的具体绘制。飞地现象由笔者研究并独立制图。

面地展示清末湖北飞地，已有历史地图的缺载或误载，需要弥补、更正，这是学术
基础。

2.画什么尺度的飞地？《清史地图集·湖北图》绘制的是跨县界飞地（跨府级政
区界线的飞地，本质是跨县级政区飞地的层级升格，跨省界的飞地牵扯两省资料，另
著文探讨）。清末湖北的跨政区飞地均为县级政区所辖区域，没有飞地行政区，即飞
地区域本身没有达到县级政区；而《清史地图集·湖北图》绘出的政区界线等级最低
为县级，乡镇或村屯在本县之内的飞地不作标示。按照这个原则，所有跨县界的飞
地，无论面积大小都应上图。但毕竟图幅能展示的内容和信息是有限的，因此便需要
进行遴选。

3.为什么是这16块飞地？清末湖北的跨县界飞地数量很多，相关记载较为丰富。
但绘制全国尺度历史地图集中一省的历史地图，仅靠零散的资料证据是不够的，最好
找到一份当时人认可的、相对系统的资料，并可以利用这份资料进行古今地名考证、
历史地图复原。

例如，同治《宜都县志》绘有16幅宜都县辖各铺（县下基层社会组织的一种）
图，其中7个铺绘有邻县飞地，如表1所示。

表1　同治《宜都县志》县辖各铺图中的跨县界飞地[①]

所在铺名	图上标示	归属邻县
横碛中铺	长乐地、塘汛	长乐县
兴善铺	东湖云池、塘汛、白杨坡，东湖屯田（两处）	东湖县
善溪铺	东湖田（两处）	东湖县
安福铺	当阳屯田	当阳县
雅石铺	枝江屯田、枝江两邑千子垱（与青泥浦毗连）	枝江县
青泥铺	松滋田（两处）、松滋县屯田、松滋两邑千子垱（与雅石铺毗连）	松滋县
	枝江田（两处）、枝江县青龙山	枝江县
青庄铺	枝江屯田	枝江县

以"铺"为单位绘制的地图，具有较高的精度和可信度。以此为据，宜都县内
应有枝江县飞地6块，松滋县飞地4块，东湖县飞地4块，长乐县飞地1块，当阳县
飞地1块。但这16块飞地中，除了"云池""白杨坡""青龙山""千子垱"，以及两处
"塘汛"外，再未标出飞地内其他地名，查诸邻县地方志，又因体例不一，并未绘出
县辖区域详图，除塘汛外，地名难以查到。

① 同治《宜都县志》，《中国地方志集成·湖北府县志辑》第53册，江苏古籍出版社，2013年，第320—
336页。

除具有特殊意义的地点外，一般来看，地域面积越小，相关资料越少，考证和复原的难度越大。因此，上述《宜都县志》所载作为飞地存在的证据是足够的，但若想将考证复原的结果落实到历史地图上则很难实现。与此类似，虽然偶有清代资料，或文字，或舆图记载了飞地的存在，但若想系统利用、考证复原，仅靠零星的史料是无法做到的。

清末湖北飞地多在山区，开发尚未成熟，属于人向山争地的阶段，尚未达到难以调和的人与人争地的程度。政区边界虽已在官方地图上明确划出，但实际上，山区的政区边界地带聚落尚少。直到1934年公布《湖北省各县插花地飞地处理办法》，湖北省才开始大规模地系统处理飞地问题[1]。因此，如何利用清末资料进行系统的飞地考证，就成为研制飞地地图的工作基础。

《清史地图集·湖北图》对县界的复原，主要参考以光绪《湖北舆地图》为源头的邹氏湖北地图谱系。清政府为第五次重修会典，要求各省重新测绘舆图。两广总督张之洞组织了地图测绘团队，实际工作延请邹代钧为总纂[2]。光绪《湖北舆地图》采用西方测绘技术，是清代最后一次湖北全省统一测绘制图。因其出于官方，政区界线天然地具有合法性。其后，邹代钧创办的舆地学会于1908年出版《湖北全省分图》；1913年，邹氏家族的亚新地学社出版《湖北讲授地图》，1930年再出版《湖北分县详图》。光绪年间的舆图测绘，直接影响了其后数十年湖北地图的出版。以上四种湖北地图，其谱系均源自邹代钧总纂的光绪《湖北舆地图》，笔者将其概称为邹氏湖北地图谱系。

《清史地图集·湖北图》绘制16块跨县界飞地，正是源于这四个时间断面的湖北地图均绘有该16块飞地这一事实。光绪《湖北舆地图》中每个县级单位都单独成图，政区界线表达清楚，共绘制了县级以上政区的飞地管辖区16块。《清史地图集》之所以绘制与《湖北舆地图》相同的飞地，一方面是绘制飞地须有相应时代的地图作参照，而《湖北舆地图》是官方实测的最接近历史地图标准年代的地图集，政区边界的绘制具有合法性；另一方面，《湖北舆地图》也是清末最佳的湖北全省实测地图，地理信息记录丰富，与传统舆图的示意性相比，科学性更强。其后，《湖北全省分图》《湖北讲授地图》《湖北分县详图》均绘出县界，将这16块飞地标示出来。这四种地图年份有别，前后相继，标示地物有所改造，综合判断，应能各自反映当时的地理状况。

同时期的其他湖北地图是否也这样标示飞地呢？据笔者目之所及，一种情况是

---

① 《鄂省府公布各县插花地处理办法》，《地政月刊》1934年第9期。

② 《湖广总督张之洞等为请湖北测绘舆图展限事奏折》，光绪十七年十二月二十六日，引自谢小华《光绪朝各省绘呈〈会典·舆图〉史料》，《历史档案》2003年第2期。

标注部分飞地，如光绪《钦定大清会典图》湖北各府图，标出了竹溪县在竹山县的飞地、长乐县在宜都县的飞地、当阳县南入江陵与枝江二县间的飞地、钟祥县西跨荆门直隶州亲辖地的飞地，但其余小块飞地并没有标出。另一种情况是不标注任何飞地，如《大清帝国全图》湖北图等。但不标注飞地，飞地地区的政区界线就要画错，使地图失准，典型的如《大清帝国全图》的荆门直隶州界线。

飞地现象是编绘湖北图不能回避的问题，邹氏湖北地图谱系中官方实测的《湖北舆地图》为实现对清末湖北飞地的系统研究，提供了可靠的史料基础。

三、飞地分布及其消失时间

（一）飞地分布

为方便论述并直观展示飞地所在位置和区域形态，笔者将这 16 块飞地排序命名：南部的第 1—10 号飞地（见图 1），中部的第 11—15 号飞地（见图 2），北部的第 16 号飞地（见图 4）。

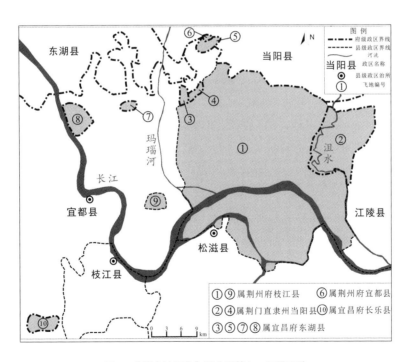

图1 《清史地图集》湖北图第1—10号飞地

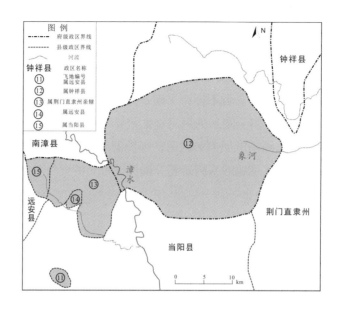

图2 《清史地图集》湖北图第11—15号飞地

16块飞地可按不同的划分原则进行多尺度分类。

按集聚程度，可分为单一飞地与飞地群。单一飞地，指某块飞地不与其他飞地界邻的情况。飞地群，指按照不同的划分原则，将两块及以上的飞地视为一个飞地群体。狭义飞地群，是单一飞地的反面，即两块及以上飞地相连，这个区域由几块飞地组成，可称之为飞地区域。一旦若干块飞地间有地域的分离，但又有一定的相同属性，可以称之为广义飞地群。广义飞地群按照不同的划分原则可以有不同的组合。例如，若干块同属于某一行政区管辖的飞地，就可视为管理权属相同的管辖权飞地群；政区交界区域内的多块飞地，可以视为地理空间上的边界区飞地群；某一河流上下游，不相连但同属该流域的多个飞地，也可视为流域内飞地群。飞地群可能只是相连飞地构成的一片飞地区域，也可能由多个单一飞地构成，最复杂的情况是由多块单一飞地、飞地区域共同组成。

按边界形态，需考虑界邻政区的数量差异。单界邻飞地，即这块飞地处在相邻州县完全包围中。双界邻飞地，即飞地边界有两个政区，飞地的管理就需要有管辖权的州县，同时与两个州县进行交涉。多界邻飞地，即飞地的边界界邻三个以上州县，属于错综复杂的多政区行政区域交错地带，飞地的管理更为复杂，一旦有事，就需要包括有管辖权的州县在内的四个以上州县协商处理，清代奏折中常见的，"鞭长莫及"，难以"臂指相使"，多指这种情况。多界邻飞地往往不是单独出现的，有多界邻飞地出现，其周边大概率会有飞地群的出现。

需要注意的是，单一飞地不等同于单界邻飞地，单一飞地可能是单界邻飞地、双界邻飞地，甚至是多界邻飞地。且单一飞地按不同的划分原则，可能被划在不同类别的飞地群内。清末湖北跨县界飞地的多尺度分类实例，如表2所示。

表2 清末湖北跨县界飞地的多尺度分类

飞地分类			清末湖北实例
单一飞地			7，8，9，10，11，16号
飞地群	狭义飞地群（飞地区域）		1-4号；5-6号；12-15号
	广义飞地群	管辖权飞地群	3，5，7，8号（东湖县）；1，9号（枝江县）；2，14，15号（当阳县）；11，14号（远安县）
		边界区飞地群	3，5-8号（东湖-宜都）；12，13号（当阳-荆门）
		流域内飞地群	1，8号（长江沿岸）
单界邻飞地			7，8，9，10，11，16号
双界邻飞地			2，5，6，14号
多界邻飞地			1，3，4，12，13，15号
跨府级政区飞地			2，3，4，5，6，7，8，10，12号
跨县级政区飞地			1，9，11，13，14，15，16号

（二）各块飞地的消失时间

由于《湖北舆地图》中的16块跨县界飞地反映的是光绪朝后期的实测情况，但《清史地图集·湖北图》是以宣统三年（1911）为标准年代的，为证明宣统三年时这16块飞地仍然存在，只依靠邹氏的后三种清末民国时期湖北地图作为依据是不够的。如果能找到这些飞地后来消失的资料，将其消失时间确定在民国以后则可论证出宣统三年这些飞地仍然存在的事实。

1.1934年湖北省公布《湖北省各县插花地飞地处理办法》后，湖北全省开始全面清理飞地问题，这是湖北飞地集中消失的阶段。

首先是2号飞地。1935年2月20日行政院批复，当阳县鱼儿总、江陵县黄家店互换管辖准予备案[1]。具体交换地域为，"当阳县属之鱼儿总（鱼儿乡）完全飞插于江陵县境内，江陵县属之黄家店、界溪庙、双忠祠、孙家场等处突入于当阳县境内，治理不便，特将其互换管辖"[2]。互换管辖商议过程，可见当事人时任双忠祠乡联保主任

---

① 《当阳江陵两县整理插花地一案奉准备案——咨湖北省政府》，《内政公报》1935年第10期。

② 《行政·内政·民政：行政区划之整理——省市县界域之整理》，《政治成绩统计》1935年第2期。

李梓楠的回忆文章①。其结果是，鱼儿总（冲）所在的 2 号飞地归属江陵县，江陵县让出西北部界当阳县的一块区域。其后，新县制颁行后的《江陵县乡镇区域略图》《枝江县图》《当阳县新乡镇划分略图》均显示 2 号飞地已不复存在②。

然后是 11—15 号飞地。如图 2 所示，这片位于荆门、钟祥、当阳、远安、南漳等 5 个州县之间的飞地群，除 11 号飞地单独在当阳县外，其余 4 块飞地相连、交错于 5 地之间。鉴于清末以来此地错综复杂的政区边界状态，湖北省政府终于 1936 年提出整理插花地段、重划界址的方案，并于当年 7 月 4 日得行政院批准备案③。相关 5 县（按：1913 年颁布"划一令"，改州为县）随即开展了树立界标、绘制地图等相关工作④。大约在这一时期，11—15 号飞地的问题得以解决。其后的《湖北省钟祥县实行新县制改划乡镇区域略图》和《当阳县新乡镇划分略图》均显示 11—15 号飞地已不复存在⑤。

1930 年《湖北分县详图》中，10 号飞地仍在图上标示。因飞地内的王家畈是中共在五峰苏区的重要联络站，因此党史、军史的相关佐证材料很多⑥，足以证明 20 世纪 30 年代初期，王家畈仍属五峰县（按：清末长乐县，1914 年更改重复县名，改为五峰县）在宜都县的飞地。实行新县制后，1940 年 5 月绘制的《宜都县全图》中，王家畈已经为宜都县管辖。由此推断，10 号飞地的消失是在 1934 年湖北省公布《湖北省各县插花地飞地处理办法》之后、1940 年之前。

同理，1930 年《湖北分县详图》中，4—8 号 5 块飞地尚有标示。到了新县制推行后的《宜都县全图》《当阳县新乡镇划分略图》《枝江县图》中，均未体现这几块飞

① 李梓楠：《万城、马山划归江陵的经过》，载中国人民政治协商会议江陵县委员会文史资料研究委员会编《江陵文史资料》（第二辑），1986 年，第 16—22 页。

② 《江陵县乡镇区域略图》《枝江县图》《当阳县新乡镇划分略图》，三幅地图来源于台北"中研院"人社中心地理资讯科学研究专题中心的地图数位典藏整合查询系统。下文几幅来自地图数位典藏整合查询系统的地图，均来源于以下网址，笔者最后查询时间 2020 年 6 月 6 日，网址为 http://map.rchss.sinica.edu.tw/cgi-bin/gs32/gsweb.cgi/login?o=dwebmge&cache=1585557563709

③ 《前准咨报整理荆门钟祥当阳南漳远安五县界域情形一案奉准备案——咨湖北省政府》，《内政公报》1936 年第 7 期。

④ 《准咨以前准本府咨报整理荆钟当远漳五县立界情形一案已呈准备案请查照并希转饬其余各县积极整理插花地段呈报咨部核办等因仰转饬所辖各县知照并督饬树立界标将一切移交接管手续办竣报》，《湖北省政府公报》1936 年第 223 期。

⑤ 《湖北省钟祥县实行新县制改划乡镇区域略图》，来源于台北"中研院"人社中心地理资讯科学研究专题中心的地图数位典藏整合查询系统。

⑥ 如中共宜昌地委党史资料征集编研委员会办公室编：《中共宜昌地区党史专题汇编（1921—1949）》，1985 年，第 289 页。宜都市党史地方志办公室编：《中国共产党宜都历史第 1 卷：1919.5—1949.10》，中共党史出版社，2009 年，第 186 页。该文献注释称王家畈于 1949 年 7 月划归宜都县，似有误。五峰土家族自治县老区建设促进会、五峰土家族自治县史志办公室编：《五峰革命斗争史料汇编》，2010 年，第 49 页。

地，大约也是消失在 1934 年湖北省公布《湖北省各县插花地飞地处理办法》之后、新县制推行之前，即 20 世纪 30 年代后期。

除这 16 块飞地外，还进行其他飞地的整顿，如 1933 年，潜江县境内的江陵、荆门两县飞地，均划归潜江管辖①。1936 年 4 月 21 日，枝江、松滋两县调整县界、整理飞地准予备案②。1936 年，恩施、建始两县互换插花飞地③。

2. 第 1，9 号飞地，在中华人民共和国成立后才得以解决。1955 年撤销枝江县，并入宜都县④；1962 年，以合并于宜都县的原枝江县部分行政区域（即 1 号飞地）和宜都县的部分行政区域（即宜都县江北地域）恢复枝江县⑤。直到此时，才将枝江县的江北飞地作为新的枝江县的本部，设治马家店，而把江南的原枝江县本部让与宜都县，同时，宜都县将江北地域拨给枝江县。宜都、枝江至此完成了江南江北的大区域互换，原 1，9 号飞地自然消失。

3. 1941 年 7 月的《湖北省竹溪县图——实行新县制划并乡镇略图》及大约同时期的《竹山县新县制区县镇图》均将 16 号飞地绘出，此时隶属竹溪县换香乡⑥。即新县制推行后，16 号飞地仍在，属竹溪县换香乡，但 1950 年武昌亚新地学社印行的《湖北省明细地图》中，未出现此块飞地。新县制推行后的《枝江县图》中，西北界宜都、当阳县处，显示宜昌县仍有一块飞地，似为清末 3 号飞地。但同时期宜都、当阳两县地图没有标示。推测 16 号、3 号两块飞地，最晚在 1949 年中华人民共和国成立后的政区调整中得到解决。各飞地消失时间如表 3 所示。

表 3　清末湖北 16 块跨县界飞地的消失时间

消失时间	飞地编号	依据材料
1936 年 2 月 20 日	2 号	《当阳江陵两县整理插花地一案奉准备案》《行政区划之整理——省市县界域之整理》《万城、马山划归江陵的经过》《江陵县乡镇区域略图》《枝江县图》《当阳县新乡镇划分略图》

---

① 《令潜江县县政府》，《湖北民政公报》第 1 卷第 8 期，1933 年 5 月 20 日。

② 《前准咨请将松滋枝江两县共管之洋溪镇划归枝江县管辖并将枝江县属廖家沟等处划归松滋县管辖一案奉准备案——咨湖北省政府》，《内政公报》第 9 卷第 4 期，1936 年 4 月。

③ 《恩施建始两县互换插花飞地一案经本府常会议决通过咨请查核转呈备案并希见复》，《湖北省政府公报》第 207 期，1936 年 6 月 8 日。

④ 《国务院关于同意撤销洪山、胜利、枝江、荆江四县给湖北省人民政府的批复》，《中华人民共和国国务院公报》1955 年第 8 号，1955 年 6 月 10 日。

⑤ 《国务院关于恢复湖北省枝江县的决定》，《中华人民共和国国务院公报》1962 年第 10 号，1962 年 10 月 30 日。

⑥ 《湖北省竹溪县图——实行新县制划并乡镇略图》《竹山县新县制区县镇图》，来源于台北"中研院"人社中心地理资讯科学研究专题中心的地图数位典藏整合查询系统。

续表

消失时间	飞地编号	依据材料
1936年7月4日	11—15号	《前准咨报整理荆门钟祥当阳南漳远安五县界域情形一案奉准备案》《准咨以前准本府咨报整理荆钟当远漳五县立界情形一案已呈准备案请查照并希转饬其余各县积极整理插花地段呈报咨部核办等因仰转饬所辖各县知照并督饬树立界标将一切移交接管手续办竣报》《湖北省钟祥县实行新县制改划乡镇区域略图》《当阳县新乡镇划分略图》
20世纪30年代后期	4—8号	《宜都县全图》《当阳县新乡镇划分略图》
	10号	《湖北分县详图》《宜都县全图》
1949年以后	16号	《湖北省竹溪县图——实行新县制划并乡镇略图》《竹山县新县制区县镇图》
	3号	《枝江县图》
1955年	1，9号	《国务院关于恢复湖北省枝江县的决定》

综上所述，清末民初，这16块跨县界飞地确实存在且为时人所重视。陆续消失的时间，大约在民国后期、中华人民共和国建立之初。《清史地图集·湖北图》跨县界飞地的绘制，有着充分的事实依据和史料基础。

四、飞地考证与地图绘制

《清史地图集·湖北图》的县界绘法，笔者曾以汉阳府汉川县为例进行专门探讨①。总体来看，历史地图中县界绘制的基本步骤是：确定一个绘制地图的标准年代；进行前期积累，包括档案文献资料、舆图史料；编制《编稿表》，为古地名寻找今地；全省《编稿表》正编、辅编所需的清末地名的今地所在，作为地理信息数据，分级分类汇总，向专业出版社提出定制底图需求，最终得到一份比例尺为1：770 000的湖北省今地图；继而在标准底图上进行地图绘制，最后出版社进行技术处理、出版润色。

其工作的基础是《编稿表》的编制，即怎样为更多的古地名找到今地，尽量找出更多界线绘制的参照地物。基础打好了，界线内外地物考证扎实，界线绘制自然是顺理成章。对跨县界飞地的考证和绘图，本质上是对特殊形态县界的绘制，工作步骤是一致的。

---

① 陈冰：《〈清史地图集·湖北〉图幅中的县界绘制及水域的政区界线研究》，华林甫主编《新时代、新技术、新思维——2018年中国历史地理学术研讨会论文集》，齐鲁书社，2020年，第491—513页。

（一）第1—6号飞地

第1—4号飞地相连为一个区域，5，6号两块相连飞地与该飞地群相近，考证时需要互相参照，因此一并研究。1号飞地是枝江县包含百里洲在内的长江北岸的大块管辖区，比枝江县城所在的长江以南、松滋宜都间的本部地域面积还大，为清末湖北面积最大的飞地，约900平方公里。中华人民共和国成立后，调整宜都、枝江两县辖区后，新枝江县的县城就在1号飞地内长江岸边的马家店。2号飞地为清末湖北面积第三大的飞地，仅次于12号飞地。其中，2—6号5块飞地是跨府级政区飞地。1—6号飞地内外可查到今地的清末地名超过100个，篇幅所限，本文仅对古今地名对应情况及地图绘制过程进行展示，如表4、图3所示。地名考证的史料依据及考证流程，将在下文以第16号飞地为例展示。

表4　第1—6号飞地内外可查今地的清末地名

飞地编号	地名界线段	清末地名今地所在
1号	界线内	冯家村—冯家冲、松树山—松山村、清水垱、石子岭市—石子岭、夏家店—夏家湾、刘家冲—尤家大冲、彭家湾、王家棚—王家院子、草埠街—老草埠、郑家台—郑家湾、太平垸—太平湖村、陶家湖、江口市—江口村、董家村—董家湾、李家村—李家岗村、赵家坡、李家楼—李家楼子、萧家村—肖家桥村、宋家台—宋家潭、杨林总—杨林湖村、新场、王家店、流店塘—留莲尾、胡家渡—胡家场、曾家营、郑家庄—郑家口村、许家楼—许家湾、冯口市塘—冯口村、溆洋洲—斯洋洲、新垸—新洲子、南河垸—南河头、杨家场、羊角洲千总—羊子庙村、坝洲、马家店、董市塘—董市镇、福星院—福星村、周家台、郑岭—郑家岭、黄金山—黄金村、白鹤垱—白鹤凼、王家冲、三界场、桃树店子—桃店村、白鹤寺—白雀寺村
	界线外，在当阳县	紫荆寺—紫金寺、刘家巷—刘家巷子、半月崖—半月镇、汪家店—汪家院子、徐家冈—徐家岗、罗家坡、清台寺—青台
	界线外，在江陵县	万城堤—万城村、刘家湾—刘家湖、梅槐桥市—梅槐生产大队、吴家台、张家场—老张家场、石套子、鸭子口塘—鸭子口村
	界线外，在松滋县	孟家垸—孟家院子、采穴铺—采穴垸村、高家套、黄家铺—黄家铺子、朱家铺—朱家埠村、松滋县城—老城镇、白龙山—白龙埂村、红溪铺—红溪口、七里冲、马峪溪—马峪河村
	界线外，在宜都县	姚家港、木渣湖—木楂湖、巴山潭—巴家潭、法涌寺、王家山—王家畈、泰山铺—泰山村、观音硗塘—观音一队、曹家村—曹家湖、伍家畈、赵家湾—赵家冲、彭家湾—彭家院村、彭家山—彭家院子

飞地编号	地名界线段		清末地名今地所在
2号	界线内		唐家墩—唐家西垱、傅家坡、保障院—保障生产大队、万城场—万城闸
	界线外，在江陵县		唐家口—唐家湾、张家口、镇头山—镇头山社区、风火塚庙—风火冢、枣林冈—枣林村、秦家湾—覃家榨、胡家湾—胡家垱、陈家台—西陈家山、马山—马山镇、谢家台
3号	界线内		杨家套、毛家冲
4号	界线内		贾市—贾咀子
3，4号	界线外，在宜都县		胡家畈、艾家村—艾家畈、祁家冲、夏家畈—夏家冲、陈家畈—陈家大山、横溪河、九龙山—九龙观、秦家塝塘—秦家塝村
5号	界线内		塔湾—观垱村、张林—张家老屋
6号	界线内		龙兴寺—同兴村、赵家冲
5，6号	界线外，在	当阳县	黑土坡市—黑土坡村、白虎包、涂家脑—涂家垱、陈家庙—陈家院子、冯家冲、东岳庙
		宜都县	刘家脑—刘家湾、徐家堰—徐家湾
		东湖县	界碑口—碑店子、张家堰—张家大堰、大和场—太和场村

说明："清末地名今地所在"一栏中，清末地名与今地名相同的，只标一个地名，如第一行的"清水垱"；不同的，前为清末地名，后为今地名，如第一行的"冯家村—冯家冲"。下文表示方式同此。

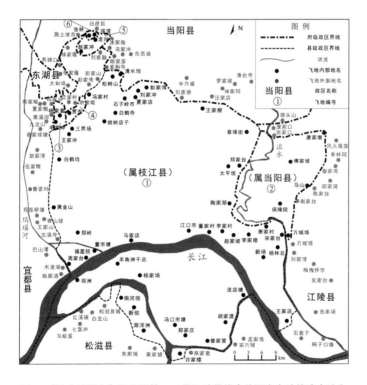

图3 《清史地图集》湖北图第1—6号飞地界线内外可查今地的清末地名

（二）不与其他飞地相连的单块飞地

各飞地的考证流程基本相同，本文以第 16 号飞地为例详细介绍。

1. 第 16 号飞地是竹溪县在竹山县的飞地，飞地区域明确

飞地内部有古地名"安河塘""龙王沟"。在史料记载中，安河塘是自陕西洵阳县（今旬阳县）入湖北的第一站，早期也有塘汛驻地的记载。如，雍正《陕西通志》载，"七里关营，至湖广竹溪县安河塘铺三十里"①。《三省边防备览》载，"竹溪县……北三十里麻河塘，三十里五家坡，三十里安河塘，三十里七里关，交陕西洵阳县界，山坡小路，舆马尚可行走"②；"七里关，洵阳所管……西至竹溪安河塘三十里。安河，设有竹溪营把总分汛"③。同治《竹山县志》载，"花岩河，源出金华洞，迳竹溪安河塘，入尖山河"④。同治《竹溪县志》载，"疆域中有犬牙相错为界者，如东路之羊角寨，东南路之官渡河，北路之安河塘，俱由竹山错入竹溪界内"⑤。

龙王沟在史料记载中多为塘汛⑥。如，嘉庆《湖北通志》载，"驻防竹溪县右营左哨三司把总分防陆塘三处，椒林岗塘兵十一名，龙王沟塘兵三十名，独松山塘兵十三名"⑦。《三省边防备览》载，"镇标右营，旧系竹溪营游击。嘉庆六年改属镇标右营，驻竹溪县……把总六员……一驻龙王沟"⑧。同治《竹溪县志》载，"北路……龙王沟塘，距城九十里，官一员兵三十名"⑨。

除文字史料外，舆图史料也对安河塘、龙王沟多有标示。除上文提到的 4 种清末民国湖北地图外，《三省边防备览》、嘉庆《竹山县志》、同治《竹山县志》、同治《竹溪县志》等古籍所绘舆图中，也有相应标注。且上文已经提到，直到 1941 年推行新县制调整乡镇，安河塘、龙王沟仍属竹溪县换香乡的飞地，时人对这一飞地的认知比较清楚。

史料记载明确，下一步就是如何将这块飞地尽可能准确地画出来。要想画好地图，首先要做出扎实准确的《编稿表》，将古地名尽量多地找到今地所在。这正是

---

① 雍正《陕西通志》卷36《驿传》，第53b页。

② 严如熤：《三省边防备览》卷3《道路考》，第10b页。

③ 严如熤：《三省边防备览》卷6《险要上》，第6a页。

④ 同治《竹山县志》卷5《山川》，第12b页。

⑤ 同治《竹溪县志》卷2《疆域》，第18a页。

⑥ 江培燕认为，龙王沟"今地名消失，大致位置在今县城西北龙坝镇附近"。（江培燕：《清代湖北汛塘分布研究》，复旦大学硕士学位论文，2014年，第76页。）江文没有注意到舆图史料中龙王沟地处跨县界飞地。

⑦ 嘉庆《湖北通志》卷32《政典·塘汛》，第17b页。

⑧ 严如熤：《三省边防备览》卷10《军制》，第14b页。

⑨ 同治《竹溪县志》卷2《塘汛》，第27页。

《清史地图集》学术顾问邹逸麟先生要求的，做好《编稿表》，让别人拿到《编稿表》也能画出一样的地图来。《编稿表》分为正编和辅编，正编是以后地图上展示的地名，辅编是为确定边界走向找出的诸多参照物地名。

以 16 号飞地为例，《编稿表》制作步骤大致如下：

（1）录入清末地物名称。依据文字史料和舆图史料，将 16 号飞地内外的清末地物名称，自西北角，按顺时针顺序，填入《编稿表》第二列中。

（2）为清末地物名称找到今地所在。16 号飞地内部 2 个地名均能找到今地，外部的 8 个地名可以找到 6 处今地。

将清末地名及其对应今地所在找好后，可先在古地图上作草图，标出可以作为确定边界走向的参照物地点。16 号飞地《编稿表》如表 5 所示，为使读者有直观的认识，笔者将 16 号飞地在光绪《湖北舆地图》中的绘法展现于图 4 中^①。

表 5 《清史地图集·湖北图》第 16 号飞地《编稿表》

序号	清末地名	今地所在	史料来源	界线段	备注
1	安河塘	竹山县竹坪乡北之安河塘村	①②③④⑤⑧	内部	邻界陕西
2	龙王沟汛	竹山县竹坪乡北之龙王沟	①②④⑤⑨	内部	
3	万兴寨汛	竹山县大庙乡西北之万兴村	①②③⑤⑥⑩	外部北段	邻界陕西
4	大庙塘	竹山县大庙乡所在地	①②③	外部北段	
5	金华岩	不详	未找到今地，不列史料	外部北段	
6	徐家坪塘	竹山县得胜镇西北之徐家坪村	①②③⑤	外部东段	
7	得胜铺汛	竹山县得胜镇所在地	①②③⑥⑦	外部东段	
8	猪耳寨	不详	未找到今地，不列史料	外部南段	
9	大垭子	竹山县秦古镇西北之大垭子	①②③④	南段交界	界点
10	沈家营汛	竹山县竹坪乡西北之沈家营村	①②③⑥⑦	外部南段	

说明：限于篇幅，"史料来源"栏的具体史料内容以代码表示。①《湖北舆地图》，②《湖北全省分图》，③同治《竹山县志》，④同治《竹溪县志》，⑤《三省边防备览》，⑥同治《郧阳府志》，⑦《剿平三省邪匪方略》，⑧雍正《陕西通志》，⑨嘉庆《湖北通志》，⑩嘉庆重修《大清一统志》。

2. 第 7—11 号飞地

7 号飞地是宜昌府东湖县在荆州府宜都县的 4 块飞地之一，也是唯一一块内部地名没找到今地的飞地。内部清末地名"车家屋"所在区域目前建有火山口、板门溪两个水库，因营建水库，周边聚落变化很大。所幸外部周边地名足以为这块飞地定位。

---

① 此图以《湖北舆地图》竹山县图为底图，作示意性改绘。在即将出版的《清史地图集》中，湖北图的比例尺是 1∶1600000，1 号飞地内外只有"安河塘""万兴寨""得胜铺""沈家营"四个清末地名。

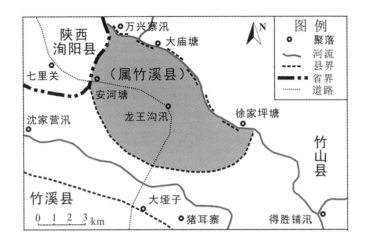

图4　第16号飞地在《湖北舆地图》中的标示（改绘）

清末飞地外部地名找到今地的有14个，清末地名对应今地名分别为长湖头河—长湖头、五龙冈—五龙＋龙岗、栀子溪—之之溪、史家冲—施家冲村、青龙觜—青龙咀、三藏寺—三藏寺村、灵芝山—灵芝山村、凉水坪—凉水井、李家坪—李家湾、腰店—幺店子、板门溪、周家湾、兰家店—兰家冲村、黄龙寺—黄龙寺村①。

　　8号飞地也是东湖县在宜都县的一块飞地。它的特殊之处在于，该地域今天是宜昌市猇亭区的中心城区，今猇亭区城区就是在清末东湖县飞地的基础上发展起来的。飞地内部有清末地物"狮子山""白羊坡""云池场"，因中心城区的古今变化太大，云池场所在约在今云池街道办以西的区域。飞地外部的清末地物，南侧有与内部地物易混淆的"狮子山""云池塘"，分别对应今天的狮子坪、云池村；西侧长江并无太大变化，其余外部清末地名对应今地，分别为古老背塘—古老背街道、兴善铺—兴善寺路、六演冲—六眼冲、石板冲、桃子冲、分水岭、长寿山。

　　9号飞地是枝江县在宜都县的一块飞地。飞地内部有清末地名4个，考证出今地的有3个，对应今地名分别为大包脑—大包垴、石宝山、黄家脑—黄家冲。飞地周边可作参照物的清末地名，找出今地的有12个，对应关系分别为向家湾、梅子溪、青龙档—青龙桥村、高石碑—高石岗村、桐树冈—桐树岗、巴山谭、土地岭、林家湾市—林家渡、熊家棚、毛家场、笱子沟—笋子沟＋简子沟＋苟子沟、蔡家溪。

　　10号飞地是宜昌府长乐县在荆州府宜都县的飞地。内部清末地名有"王家畈""石板保""撞钟锤"，今地为王家畈镇政府所在地，并有遗留地名王家畈镇石板河路。外部的清末地名找到今地的有15处，即朱家坪、横垸子—横冲、丁家坡、罐子

---

① "五龙冈—五龙＋龙岗"的意思是，清末地名"五龙冈"，今地名中，该地有五龙、龙岗两个地名，应为古地名的分化，是衍生出来的小地名群的一种。下文表达方式同此。

口—罐子窑、杨树坪、土地坳、团峰—团峰观、风鼓洞、大风口、仙女洞、白火石—火石岭、十三尖、白马潭—白马溪、三溪口、凤凰池。

11号飞地是远安县在当阳县的一块飞地。内部的清末地名对应今地分别为周家冈—周家冲、石马槽场—石马村、虾子垭—瞎子岗。飞地外部邻界的当阳县清末地名中，能找到今地的9处，古今地名对应分别为瓦厂—瓦仓、马甲岩—马家寨+岩上、水田湾、剥刀岭、武安山、腊树园、曹家冲、琵琶洲、两河口—两河村。

（三）第12—15号飞地

第12—15号飞地相连为一个区域，在进行古今地名考证时需放在一起研究。15号飞地内部2个清末地名均能对应今地，即呼儿山—呼儿寨、傅家河。14号飞地内部3个地名，有2个可以找到对应的今地，即诚意沟—陈义沟、金华庵。13，15号飞地西南端的2个三县界点均能找到对应的今地，即紫金观、关口垭，这2个三县界点的确定，使得飞地界线交界点的准确度大增。

在确定12，13号两块飞地界线时，飞地内部的清末地物本就不多，找到今地的也很少，其中，南界当阳县、东界荆门直隶州的界线外地名较充分，界线走向基本清楚；但两块飞地都出现了与南漳县界线内外地物较少的情况，这与当地开发尚不充分有关。且有的今地地名与清末地图中地名相对位置有所偏离，考虑到清末地图的测绘准确度毕竟有限，加之已逾百年，地名有所变迁亦属正常。因此，13号飞地的北界、12号飞地的西界的界线准确度一般，具体走向仅具示意性。第12—15号飞地内外可查今地的清末地名情况，如表6、图5所示。

表6　第12—15号飞地内外可查今地的清末地名

飞地编号	地名界线段	清末地名今地所在
12号	界线内	钟家湾、永盛集、阴龙观山—阴龙观、蛤蟆山—蛤蟆寨、何家坪—大何家沟、赵家巷—赵家畈、胡家桥—胡畈村、陈家集—陈家湾
12号	界线外，在荆门直隶州	子陵铺—子陵铺镇、圣境山、大垭、枣树店—枣店村、九里冈—九里岗、石桥驿司—石桥驿镇、彭家岭—彭家巷子、赖家集、陈家觜—陈家坡、盐池庙集—盐池社区、何家垱—河垱村、彭家岭—彭家冲、狮子口塘—狮子口、白杨坪—白洋村、仙居铺塘—仙居乡、猫儿岩—猫子岩、杨家台、潮水洞
	界线外，在南漳县	太平街集—太坪村、陆坪、下泉、东巩市—东巩镇
13号	界线内	黄家河—黄家咀
14号	界线内	诚意沟—陈义沟、金华庵

飞地编号	地名界线段	清末地名今地所在
13，14号	界线外，在当阳县	关口垭、百果园—白果园、黄陂寺—黄柏寺村、燕儿窝、老观窝—老鹳窝、灌冲河—老关冲、雷打石—雷打岩、牯牛包、界垭—界门口、丁家冈—丁家岗、仰天脑—观天早、龙田湾—龙口湾、宝石滩、邓家湾、马家河—马河镇、两河口—双河村
15号	界线内	傅家河、呼儿山—呼儿寨
	界线外，在远安县	九里冈—九里岗、紫云观

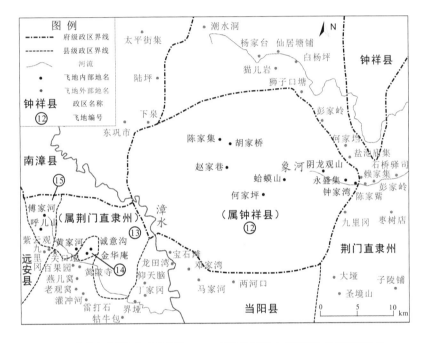

图5　《清史地图集》湖北图第12—15号飞地界线内外可查今地的清末地名

　　3，5，7，8号飞地隶属于宜昌府东湖县管辖，《长江三峡历史地图集》已刊出相关研究成果，笔者对这4块飞地的考证结果与《长江三峡历史地图集》的画法基本相同①。从这个角度来看，绘制历史地图的确是科学范畴的研究工作，因为可以复制，经得起检验。

①　蓝勇主编的《长江三峡历史地图集》，主要由西南大学历史地理研究所师生通过文献与实地考察相结合的方式绘制完成。其中冯桂明2012年硕士学位论文《晚清长江三峡地区内宜昌府各县界线复原研究》对东湖县的界线复原，只标出3，5，8号3块飞地，且5号飞地绘制范围过小，文中得出的清末东湖县与枝江县不相邻的结论有误，1，3号飞地相邻。2015年《长江三峡历史地图集》出版时，东湖县的4块飞地均已上图，并与《湖北舆地图》绘法基本一致。

《清史地图集》项目主持人华林甫教授反复提醒，没有完全精准的地图，保证排除硬伤错误后，在合理误差范围内，尽量将飞地绘制得更为准确、接近事实。与县界相比，飞地的地域较小，相关资料记载较少，复原难度很大；寻找乡镇以下区域的飞地，完美案例不易获得，就研究来说，相对位置已经比较明确的情况下，具体走向的曲折程度大体确定即可。出版的《清史地图集·湖北图》中按面积大小仅有1，12，2，16号4块飞地内部能够标出地名，其余飞地因面积较小、图幅所限，只能标以代号，尽量多标出界外地名。

（四）考证清末地名中常见的几类问题

在进行清末地名考证、寻找今地的过程中，古今地名的对应可能出现几种情况，谨将以下8条初步的考证心得举隅于此，请教于方家。

1.古今地名音近形变

例如，14号飞地内的"诚意沟"，今地名为"陈义沟"；13号飞地外的"老观窝"，今地名为"老鹳窝"，"百果园"今地名为"白果园"，"灌冲河"今地名为"老关冲"；11号飞地内的"虾子垭"，今地名为"瞎子岗"；11号飞地外的"瓦厂"，今地名为"瓦仓"；枝江宜都当阳三县交界的"紫荆寺"，今地名为"紫金寺"；1号飞地外的"萧家村""萧家店"，今地名有"肖家桥"；10号飞地外的"横坑子"，今地名为"横冲"。

地名音近形变，体现了"名从主人"的地名命名原则。百年来，地名读音未变，表明当地居民对地名的称呼不变，字形有变，恰恰反映了不同时期，地方政府统计地名资料登记时，用字有别。而虾子垭—瞎子岗的变化，一种可能是清末地名便是瞎子岗或瞎子垭，因用词不雅驯，所以，编绘地图时进行了地名雅化；另一种可能是，清末地名确为虾子垭，在后来的地名传承过程中地名俗化。

2.古今地名形近音不同

例如，12号、13号飞地交界以南的"龙田湾"，今地名为"龙口湾"；1号飞地内的"白鹤寺"，今地名为"白雀寺村"；9号飞地外的"筲子沟"，今其附近已衍生出"简子沟""筲子沟"等多个地名。

这种情况看起来是史料文本本身的变化，但发生变化的原因并非一致，有的是因为古今官方登记地名资料时，信息来源不同、笔误等情况，也有可能是古今确实发生了这样的地名变迁。即有可能古今地名均非当地人的叫法，也有可能某一个时间点的写法是对的，还有可能古今写法均正确。但从文献到文献的研究并不能解决这个问题，还需要结合史料，再到实地进行考察。

3.衍生地名群

在查找古地名今地时，相对位置附近与古地名相近的今地有时不止一处，这种由古地名衍生出来的小地名群的存在，更能证实古地名在此范围内。

如9号飞地外有古地名"笋子沟"，"笋"是"笋"的另一种写法，但在此地，却出现"笋子沟""笋子沟""筍子沟"三个形近的地名群。12号飞地内有古地名"象河山""象河"，今地则有"象河村""象河坪""象河水库"等。11号飞地外有古地名"马甲岩"，今地相邻有"马家寨""岩上"。2号飞地有边界地名"唐家坡"，今其附近就有"唐家西塆""唐家东塆"；外部地名有"草埠街"，今地名为"老草埠"，因其附近后来形成了草埠湖镇，是以加"老"字进行区分。

4. 简写与扩写

地名简写的情况，如12号飞地有外部地名"马家河"，今地名"马河镇"。11号飞地有内部地名"石马槽场"，今地名为"石马村"。10号飞地有外部地名"白火石"，今地名为"火石岭"。

与简写相比，扩写的情况要少一些。如2号飞地有外部地名"李家楼"，今地名为"李家楼子"。10号飞地有外部地名"团峰"，今地名为"团峰观"。

5. 改换通名

能找到今地的清末地名与今地名的差异，最常见的是小地名通名的更换。地名由专名和通名组成，比如，上一段的"石马槽场"，"石马槽"是地名专名，"场"是通名。改换通名的例子很多，如16号飞地的"大庙塘"，今名"大庙乡"；万兴寨，今名"万兴村"；得胜铺，今名"得胜镇"；等等。

6. 异地同名

8号飞地，内外均有"狮子山"，今狮子坪为外部南侧的狮子山，内部狮子山因城区建设地名消失；内外均有"云池"，内部为"云池场"，外部南侧为"云池塘"，今云池社区、云池村为外部南侧的"云池塘"今地，内部地名今地，约为云池街道办所在地。

7. 下垫面变化导致的地名遗失及其遗留

历史地理研究需注意区分下垫面对研究的影响。清末湖北飞地的下垫面变化主要有两类，一类是河道变迁、水库兴建、围湖垦田这类水域下垫面变化；另一类是城市化改变的自然地貌带来的地名变更。

水域下垫面变化。如，12号飞地南缘因修筑漳河水库，水位上涨，山地聚落常沿河谷分布，部分清末聚落地名消失。又如，2号飞地内部形成今天的菱角湖[①]，清末地名消失很多，加之周边农场围垦，古今地名变化剧烈。

---

① 光绪《荆州万城堤志》卷3《建置·大堤》，第1a页，"今保障垸上有灵溪湖，讹为菱芰湖，又讹为菱角湖、宁国湖"。《湖北舆地图》此地还只绘河道，并无大湖，此飞地以北、镇头山以南标有地名"菱角湖"。

城市化导致下垫面变化。如，8 号飞地清末地名"云池场"，北部为"古老背""虎牙山"。这块飞地是目前宜昌市猇亭区的核心城区，猇亭区辖三个街道，即为云池、古老背、虎牙街道。因城市化迅猛发展，当地的地形地貌与百年前的清末相比改变很多，因此出现地名遗失情况。又如，10 号飞地内的"石板保"现在发展为王家畈镇，城镇化之下，"石板保"聚落地名消失，留下了"石板河路"这样的地名遗留。

8. 山川依违

山川形便和犬牙相入是中国古代行政区域划界的两大原则①。飞地是打破一般划界原则的特例，是犬牙相入的极端表现。在古地名考证中，常会遇到政区间以山川为界的情况，政区界线的考证相对更有把握，是为边界与山川相依。偶尔还会出现边界与山川走势交错的情况，是为边界与山川相违。如上文提到的，1 号飞地的南端是长江两岸、百里洲；2 号飞地西侧以河流作为边界走向参照物；12—15 号 4 块飞地虽都在漳水水系，但飞地间的界线并不与山川相依；12 号飞地的东界与当地地形有关，西部山地区域为钟祥县飞地，东侧界外平地为地处交通要道、聚落辐辏的荆门直隶州亲辖地，这与山川有关，但不以其为界。

余 论

飞地现象古代即已存在，直到今天仍有延续，反复，新出现。如 2020 年 4 月湖北省自然资源厅监制、湖北省地图院编制，地图审图号为"鄂 S（2020）003 号"的一批湖北省标准地图就标出了一些当今湖北跨政区的飞地②。

《清史地图集·湖北图》跨县界飞地的绘制，学术贡献有三个方面：一是在历史地图中复原了清末湖北的飞地系统，积累了历史地图绘制经验，有助于推动历史地图编绘这一科研的进展；二是得出湖北政区边界研究最新成果，为区域史研究提出基础数据，并因此引出新的学术议题；三是推动多个领域的历史研究工作，如插花地－飞地研究、农民起义军事史研究、城市化进程研究。

例如农民起义军事史领域。义和团起源地冠县梨园屯是山东在直隶的"飞地"③。华林甫通过对德藏清末直隶山东舆图的研究，第一次用地图语言直观地将义和团运动

---

① 周振鹤：《犬牙相入还是山川形便？——历史上行政区域划界的两大原则》（上、下），《中国方域——行政区划与地名》1995 年第 5，6 期。

② 地图审图号为"鄂 S（2020）003 号"的地图，共有 36 幅。可通过湖北省自然资源厅标准地图服务查询（http://zrzyt.hubei.gov.cn/bsfw/bmcxfw/bzdtfw/），笔者最后查询时间为 2020 年 6 月 18 日。

③ 路遥：《冠县梨园屯教案与义和拳运动》，《历史研究》1986 年第 5 期。

起源地梨园屯地处直隶山东交界地带的飞地内这一情况进行揭示①。孔迎川通过对中国台北藏清代山东整理插花地地图的研究，将清代王伦起义的爆发地党家店确定为阳谷、寿张二县交界地带的飞地内②。与此类似，嘉庆年间白莲教起义首义地，一般被描述为枝江、宜都交界地带。通过清末湖北跨县界飞地的研究可知，枝江、宜都交界地带插花地众多，官府管理不便，这应是起义爆发于此的重要原因。至于具体情况如何，还需学界进一步探索。

又如清末以来城镇化进程领域。中华人民共和国成立后，经历了枝江、宜都江南江北互换辖区的过程，今天的枝江市政府所在地，正是清末1号飞地中的长江北岸马家店。原宜都县境内的8号飞地，由清末的云池塘汛发展为今天宜昌市猇亭区的主城区，衍生出云池街道、古老背街道、虎牙街道，以上两处为飞地发展为县、市的情况。发展为乡镇的，如宜都县境内的10号飞地；由清末的塘汛发展为现在的王家畈镇；12号飞地，现为荆门市东宝区的栗溪镇；2号飞地东界上的马山市，发展为今天的马山镇。为什么有的飞地最终发展为城镇，是否与其飞地身份有关，这是需要解决的新问题。

本文对清末湖北飞地的考证，虽然对大部分飞地的地名和界线考证清楚，但也有个别飞地的界线只是求得大概，尚有遗憾之处。这其中，没能足够的实地考察是原因之一。飞地的存在，大多与政区治所、本部有连接的通道，这在古地图中已有反映。飞地与本部的道路连接、飞地界线走向的山川依违、小地名的古今变化，还需深入历史现场实地访查。

（中山大学马克思主义学院）

---

① 华林甫：《清朝政区边界复原与清史地理再现——国家社科基金重大项目〈清史地图集〉的编绘实践》，《清史研究》2020年第5期。

② 孔迎川：《清代王伦起义后山东部分插花地的调整——以台北"故宫博物院"藏〈山东各属孤悬村庄图〉为视角》，《农业考古》2020年第1期。

历史地图编绘中有关河流的
若干问题思考
——以清代广东地图编绘为例[*]

王 荣 许意如 王 聪

历史地图的编绘中要以一个时间点作为绘图的标准年份，即在该时间点地物是存在的，注记是当时正在使用的，标示范围是符合当时人们观念和认知的。历史地图的各要素中，河流具有地域广、流程长、水系复杂等特点。因时代认识水平局限性和地理环境的复杂性，各历史时期人们对于河流源头、河流流向、河流名称等认识存在多样性，与现代存在很大差异，因此历史地图的河流编绘需要进行系统考证和研究。

广东北依南岭，南临南海，是中国大陆南部海陆兼备的省份。全省集水面积在100平方千米以上的干支流河道640条，其中直接入海河流92条。经广东入海河流中，6条源于广东，44条发源于邻省，先流经邻省后，再流回广东境内。东江、北江、西江和韩江流域面积最大，是广东省的四大主要河流。清代广东的地域还包括今海南省和广西的钦州、防城港一带，亦是河流密集的区域，选取清代广东作为河流编绘的研究区域具有典型性。从历史进程来看，清代广东在全国特别是近代史上具有重要的地位，而宣统三年（1911）是有清一代疆域、政区的最后状态的时间节点，选取这一年能体现清代最后对于河流的认识状况。

以宣统三年为标准年份，对历史地图编绘中有关河流编绘常见又必须解决的问题进行总结和梳理，以清代和民国初年的地理总志、地方志、舆地图、政书和今人文献等主要记载河流信息的文献为依据，以具体研究为实例，从河流注记问题、时间层面问题、空间层面问题以及文献和考证过程等方面进行分析，以期对历史地图中的河流编绘有所启示。

---

* 原刊于《汕头大学学报》（人文社会科学版）2021年第11期。

一、注记范围问题：河流起止与注记范围确定依据

在历史地图编绘中，河流注记为河流的文字说明，在图上标示的位置要求准确，处于当时人们观念中的河流起点和终点之间。在实际编绘中，河流注记的起点情况是较为复杂的，有的是以源头为起点，有的从支流交汇之处开始，或是从某个地物开始，与现代的河流概念并非完全一致，对河流终点的认识亦存在与今不同之处。以下通过实例分析因河流起止观念不同而确定注记范围的常见问题。

（一）确定关键地物：不同河源观念下的河流注记标绘的参照点

珠江三角洲河网纵横，对于河流源头的认识，有不同的观点，对珠江源头的认识就是其中比较典型的代表。清代有关珠江的上源主要有两种认识：一是认为珠江以西江和北江为上源。光绪《广州府志》载："牂牁江，一名珠江，即西、北二江下流也。……受灵洲之水，合郁水之流，自石门东南汇于白鹅潭，过郡城下，东趋虎头门而达于海。"[①] 又据《清国史·地理志》载："牂牁江一名豚水，又名珠江，源于西、北二江，合流于城南，东南入海。"[②] 二是认为珠江发源于花县境内。宣统《南海县志》详细记载了其流向：

> 珠江，发源于花县城之东北盘古洞，为黄洞水。……又东南行五里，西有通北江之花埭口，东有小水口注之。又东行五里，分东南二口。东口东行三十里，北有三小水注之。至乌涌与南口汇，南口东南行十里，东有通鳌洲鸭墩之水口，西有通北江之水口。……又东南行十里入东莞县境，东会东江之两口，西有茭塘水口。又东南行七十里至大虎西，有通北江各沙田之三水口，又有由小虎出焦门之水口，东有通东江九江曲海分流诸小河及通东莞之六水口。又东南行二十里出虎门入海。此省河之源流也。[③]

文中所载珠江发源于花县，名"黄洞水"，过省城，出虎门。在南流过程中广纳支流，其中包括来自西江、北江和东江的汊流。

如上所述，关于珠江的源头有两种认识，广义的珠江涵盖了西江、北江、黄洞水

① 瑞麟、戴肇辰修，史澄等纂：光绪《广州府志》，成文出版社，1966年，第243页。
② 清国史馆编：《清国史》第3册，中华书局，1993年，第349页。
③ 张凤喈修，桂玷纂：宣统《南海县志》，《中国地方志集成·广东府县志辑》第30册，上海书店出版社，2003年，第141页。

等河流。河流源头与注记范围并不完全一致，特别是流程很长的河流，如西江、北江和黄洞水皆可视为珠江之上源，但在绘图标注记时，并不适合将整个西江、北江或黄洞水纳入"珠江"的标注范围。西江和北江都有自身的区域范围和名称，而"珠江"亦是如此。珠江的终点比较明确，即虎头门入海口，而起点的标绘则需确定一个地物，以确定"珠江"二字的上图范围。又据文献载："白鹅潭，在珠江上流二里，水大而深。"① 则可确定"珠江"注记起点一般指以白鹅潭附近，后东南流出虎头门入海即为"珠江"标绘的范围。

（二）寻找共同交集：河流起止观念分歧下的一致性

历史地图编绘中，同一河流的起止范围有不同的观念，是当时认识水平的客观反映，如何把注记标在准确的范围内需要进行具体分析，"北江"的标绘即是比较典型的例子。文献对北江的走向有详细的记载："北江西南流一百二十五里，迳弹子矶。又迳观音岩，又过浈阳峡，又过大庙峡，至广州清远县界。……又南迳龙津堡，又迳沙头堡，又南迳顺德龙江堡，会大澎河，南下入于海。"② 关于北江之起点，有如下三种观点：

其一认为浈水即北江。"浈水，自曲江县西南流入县东北大塈村，翁源县石角水自东北来注之。又西南流经弹子矶，牛渡水自东北来注之。……北江又西南流经县城南，大滑石水自西南来注之。"③ 文中虽未明确指出浈水即为北江，而文献前面部分描述的是浈水的走向，汇翁江之后名称换为北江，且以"又"衔接，认为浈水与北江为上下承接关系。有记载更为确切："浈水，即北江，自曲江县南流入县东北大塈村。"④ 以此观点而言，北江发源于南雄直隶州，以浈水为正源，则北江起点可达到南雄直隶州。

其二认为浈水、武水相汇之后为北江。"浈，自始兴县西流入县东北总铺汛，又西经水村，又西经火峒迳，屈西南经大壩墟，又西南经梨水江汛，梨水江自东来注之。……屈西南经县城东南，武水自西北来会。……二水既会，是为北江。"⑤ 则曲江县城以南为北江。

其三是指浈水、武水、湟水合并之后称为北江。"北江为浈、武、湟三水合流。浈水源出大庾岭，过乌迳，至南雄州治，西南流一百五十里，迳韶州府治东北，与武

① 瑞麟、戴肇辰修，史澄等纂：光绪《广州府志》，第239页。
② 瑞麟、戴肇辰修，史澄等纂：光绪《广州府志》，第235页。
③ 毛鸣宾、郭嵩焘等修，桂文灿纂：同治《广东图说》，成文出版社，1967年，第202页。
④ 廖廷臣纂：宣统《广东舆地图说》，成文出版社，1967年，第148页。
⑤ 廖廷臣纂：宣统《广东舆地图说》，第132页。

水合。……武水，源出湖南郴州宜章县广莽山，迳桂阳临武县，至韶州乐昌县西，又名三泷水。东经县治南，又八十里迳韶州府治西南，与浈水合。湟水，源出郴州南黄岑山，……又迳雷丰乡，出黄家陂三峡，东达韶州英德县界，与浈水合，北江之名自此箸矣。"① 则大致相当于英德县黄土坑以下为北江。

综上所述，至光绪年间关于北江的起点并未形成统一的认识，从绘图的角度而言，以第三种观念绘图最为准确，即"北江"注记标注上限为英德县黄土坑。

（三）分清主次关系：干流与汊流的标注形式

西江、北江、东江流入珠江三角洲之后分散为众多汊流，形成八门入海之格局，河网密布，名称繁多，干流与汊流的名称亦值得关注。东江从江西省流入，流经惠州府和广州府，经过东莞县和番禺县西流汇入珠江，是为东江的终点。东江流经东莞和番禺县形成了众多的汊流，文献记载东江汇入珠江的地点有多种说法，分析其状况是"东江"注记标绘的前提。其一，东江与珠江相汇后，有的文献载为波罗江。如："东江，即古浪水，一名龙江，在番禺县东南八十里，自惠州府博罗县西流，经东莞增城二县界，入番禺县，至县东南之南江头，与西北二江合，是为波罗江。"② 又《清国史·地理志》载："东江，……自东莞、增城二县流入县界，与西、北二江合，是为波罗江，南海神庙在江上。"③ 其二，认为与东江交汇后的河段称之为狮子洋。"东江，自增城县西南流入县东南冈水汛，……又西南与珠江会于狮子洋。"④

东江是流入波罗江还是狮子洋，需先考察波罗江和狮子洋的地理范围。先看狮子洋的范围："狮子洋，在城西北一百里中沥，与番禺分界。彭《志》：按《广东新语》，自虎头入为滥口，次曰大滥，又次曰二滥，至滥尾则为波罗之江。《番禺县志》：大缆、二缆口皆东江口，属东莞。滥、缆音同。今则自大虎山北至二滥尾皆名狮子洋，与番禺分界地也。"⑤ 光绪《广东舆地全图》东莞县图标有"二缆口""狮子洋"，二缆口位于今东莞市麻涌镇西贝沙一带，则二缆口至大虎山为狮子洋，这个范围是确切的。波罗江是指南海神庙之前的珠江河段："又分流经西朗，凡十余里，谓之蚬江，俗呼白蚬壳江，汇于府东南八十里南海神庙前，志所称扶胥之口、黄木之湾也。一名扶胥镇。海隅出日，水中见之，是为波罗江，合诸水入于南海。"⑥ 光绪《广州府志》的记载更为明确："波罗江，唐韩愈碑'扶胥之口，黄木之湾'即此，在南海神庙

① 瑞麟、戴肇辰修，史澄等纂：光绪《广州府志》，第234页。

② 穆彰阿：《嘉庆重修一统志》，《续修四库全书》第622册，上海古籍出版社，2002年，第427页。

③ 清国史馆编：《清国史》第3册，第349页。

④ 张人骏：《广东舆地全图》，广州石经堂承印，光绪二十三年（1897），第5页。

⑤ 叶觉迈修，陈伯陶纂：宣统《东莞县志》，成文出版社，1967年，第238页。

⑥ 顾祖禹：《读史方舆纪要》第9册，贺次君、施和金点校，中华书局，2005年，第4599页。

前。"^① 又,《番禺县志》载:"白鹅潭,……又东中有铜鼓沙,沙北水东流迳东湾,又东迳波罗庙为波罗江。"^② 则波罗江为珠江波罗庙至狮子洋的河段。

再看东江下游河流状况,进入广州府之后,东江干流主要为东莞县与增城县、番禺县的界河,而汊流主要位于东莞县境内:

> 东江,自博罗县西流入县东北境。潼湖水溢出,自西南来注之。又西绕沙洲,屈西北,博罗神湖水自北来注之。屈西南,沥林水自东南入焉。又西南,经低地汛,西北别出两支,夹小埔汛复合。……又西流东南别出为清水滘水。又西经中堂司,西南别出为私盐滘水,又西经华阳,南流别出为麻涌水。屈西南经南洲,东南别出为芦村水,又西南流入海。^③

东江别出的很多河流亦流入狮子洋,如凤涌水。有的汊流甚至抵达狮子洋以南的海域,如到涌水,"首受东江,……又东南,经缺口司署分流,夹威远炮台入海。又东南经竹洲分流,夹广济墟入海"^④,从这个意义上而言,东江流入狮子洋也是合理的。

东江还有一支流向鹿步司:"又西流至东莞县东北之江口,……东江又西受北一小水折西南流经番禺东境之鹿步司。"^⑤ 又光绪《广东舆地全图》番禺县图载:"东江,自增城县西南流入县东南冈水汛,南冈水自北来注之。又西南经鹿步西,别出为鹿步滘水。又西南与珠江会于狮子洋。"^⑥ 鹿步司即位于南海神庙处,即一条支流流入波罗江,虽不是东江的干流,但说交汇于波罗江也是有一些道理的。

从上可知,东江从惠州府进入广州府之后,除了干流与珠江相汇之外,又有诸多汊流流入波罗江和狮子洋,因此河流注记的标注上,干流以"东江"标注,汊流则以其名称标注。

二、时间前后问题:标准年份河流名称的考证思想

清代广东地图研究和编绘遵循孤证不立的原则,在以宣统三年为标准年份的地图

---

① 瑞麟、戴肇辰修,史澄等纂:光绪《广州府志》,第243页。
② 李福泰修,史澄等纂:同治《番禺县志》,成文出版社,1967年,第37页。
③ 张人骏:《广东舆地全图》,第7页。
④ 张人骏:《广东舆地全图》,第7页。
⑤ 瑞麟、戴肇辰修,史澄等纂:光绪《广州府志》,第238页。
⑥ 张人骏:《广东舆地全图》,第5页。

研究和编绘中，宣统之前的文献也是重要的参考资料，在记载准确的前提下，选取时间与标准年份的相近的名称，以更接近人们的观念。文献选取上则近宣统三年文献为上，光绪时期的文献次之，以时间往前而以此类推。从长时间看，河流存在单名称和多名称的现象，单名称即在各个时期都用同一名称，则不存在因时而异的问题。多名称现象即不同时间存在多个名称，则需具体分析，除时间相近外，还需考虑文献的种类、数量等因素。具体如下：

（一）前后名称相异，宜取近标准年份名称

此类河流在清代不同时期存在几个不同的名称，且前后名称不一致，宜选取近宣统三年主体文献记载的名称。这种现象在广东非常普遍，以下选几例进行说明。

新江、新兴江与新江水。新兴江是流经新兴县、东安县、高要县的河流，从河流名称上看，有"新江"[1]"新兴江"和"新江水"，前两者在文献中比较常见，"新江"的记载相对要多一些。关于"新兴江"名称的记载，光绪《广东舆地全图》高要县图和新兴县图都绘有"新兴江"，《大清帝国全图》广东省图中亦载"新兴江"。"新江水"则见于宣统《高要县志》[2]。从文献记载来看，早期有"新江"的名称，近宣统年间有"新江水"和"新兴江"，而以"新兴江"数量居多，且有舆图记载，故取"新兴江"之名，这与谭其骧先生主编《中国历史地图集》嘉庆二十五年所取"新江"有异。

牛冈水与牛冈渡水。恩平县牛冈渡水，亦有记载为牛冈水，《嘉庆重修一统志》载："牛冈水，在县北六十里，源出天露山。"[3] 又"牛冈水，在县北六十里，源出天露山，东南流至牛冈渡"[4]，至光绪年间则多以"牛冈渡水"见于文献，光绪《广东舆地全图》恩平县图："岑洞水，一名恩平江。……屈而东，牛冈渡水自西北来注之。"并标有"牛冈渡水"。民国《恩平县志》载："牛冈渡水，县北五十里，源出天露、云岫等山。"[5] 综上，近光绪、民国年间称为牛冈渡水，则取"牛冈渡水"上图。

月城水与城月水。遂溪县城月水，《嘉庆重修一统志》载："又月城水，源亦出螺冈，东流合武乐水，由库竹港入海。"[6]《清国史·地理志》亦是如此[7]。道光至光绪年间文献记载为"城月水"，道光《遂溪县志》、光绪《遂溪县志》和光绪《广东舆地图

① 穆彰阿：《嘉庆重修一统志》，《续修四库全书》第622册，第588页。
② 马呈图纂辑：宣统《高要县志》，成文出版社，1967年，第146页。
③ 穆彰阿：《嘉庆重修一统志》，《续修四库全书》第622册，第590页。
④ 屠英等修，江潘等纂：道光《肇庆府志》，《续修四库全书》第713册，第617页。
⑤ 余丕承等修，桂坫等纂：民国《恩平县志》，成文出版社，1974年，第141页。
⑥ 穆彰阿：《嘉庆重修一统志》，《续修四库全书》第622册，第674页。
⑦ 清国史馆编：《清国史》第3册，第362页。

说》便是如此记载，光绪《广东舆地全图》遂溪县图亦作"城月水"，则取"城月水"之名。

（二）一河多名，取各时段共有名称

一河多名的现象在广东广泛存在，如曲江县东江，又名始兴水和湘江[①]。且此类河流在不同时期存在多个名称，而有一个名称为各个时期所共有的，则取共有之名称。

合浦县廉江。廉江又名西门江，《嘉庆重修一统志》[②]与道光《廉州府志》俱载为"廉江"，光绪《广东舆地图说》则载"西门江"和"廉江"，光绪《广东舆地全图》合浦县图载"西门江"。各名称中，"廉江"在各个时期都存在，择"廉江"上图。

恩平县恩平江。《嘉庆重修一统志》载恩平江，又名南门河、蚬冈水[③]，道光《肇庆府志》记载与此同[④]。同治《广东图说》则载岑洞水，亦名恩平江[⑤]。光绪《广东舆地全图》恩平县记载与同治《广东图说》同。民国《恩平县志》[⑥]则与《嘉庆重修一统志》同。各文献记载走向相同，有多个名称，而"恩平江"是各个时期所共有的，故在恩平县境内取"恩平江"之名。

"同湖"与"潼湖"。《嘉庆重修一统志》载："同湖，在归善县西六十里。"[⑦]道光《广东通志》引用《大清一统志》，引文与《嘉庆重修一统志》同[⑧]。光绪《惠州府志》载："龙江，今谓之东江……又西流二十里，同湖之水入焉。"[⑨]可见，嘉庆至光绪间，"同湖"是主要的名称。又，光绪《广东舆地全图》归善县图载"潼湖"。从文献数量来看，以记载"同湖"为主体，同处光绪时期，有"同湖"与"潼湖"并称，故从"同湖"。

① 穆彰阿：《嘉庆重修一统志》，《续修四库全书》第622册，第476页。

② 穆彰阿：《嘉庆重修一统志》，《续修四库全书》第622册，第655页。

③ 穆彰阿：《嘉庆重修一统志》，《续修四库全书》第622册，第588页。

④ 屠英等修，江潘等纂：道光《肇庆府志》，《续修四库全书》第713册，第616页。

⑤ 毛鸣宾、郭嵩焘等修，桂文灿纂：同治《广东图说》，第408页。

⑥ 余丕承等修，桂坫等纂：民国《恩平县志》，第138页。

⑦ 穆彰阿：《嘉庆重修一统志》，《续修四库全书》第622册，第509页。

⑧ 阮元修，陈昌齐等纂：道光《广东通志》，《续修四库全书》第671册，第369页。

⑨ 刘湘年、张联桂修，邓抡斌、陈新铨纂：光绪《惠州府志》，《中国地方志集成·广东府县志辑》第15册，第90页。

三、空间观念问题：河流名称的统一观念与分段意识

广东有跨省、跨府、跨县和县域范围内的河流，有的形成了统一的名称，有的则在不同河段有区域性的名称，还有同一河流在不同的政区范围内名称不一样。在清代广东地图编绘中，标注名称时须具体分析同一河流在不同区域的名称。

（一）河流名称统一观念

广东一些跨县、跨府甚至是跨省的河流在不同地域有不同的名称，但从大的区域来看有统一的名称，则宜以一个名称进行命名。如西江在广东境内流经肇庆府、广州府，主要称之为"西江"，文献多以此记载，在不同河段也有一些区域性的称呼。如《嘉庆重修一统志》所载："西江，即郁水也。……在封川县曰锦水，在德庆州曰大江，在高要县曰端溪，异源而同源者也。"[①] 在德庆州亦称之为"锦水"[②]，鹤山段西江则称为古劳河[③]。至香山县又称之为古镇海[④]。从上可知，西江在不同区域有诸多名称，多为一些区域性的称呼，从绘图角度，宜将各区域公认的地名作为注记，可保持河流的连续性，又在区域有较高的识别度，故对西江干流以"西江"注记上图。广东较大的河流如北江、东江亦如此。

（二）河流的分段意识

与统一名称的观念相对应，部分河流在名称上或是以政区为界，或是以上下游为界，表现出明显的分段观念，则在地图上以分段的形式进行标绘。

开江与贺江。西江从广西梧州府流入肇庆府封川县后，第一条比较大的支流为贺江。贺江从广西怀集县入开建县，从封川县入西江。在开建县称之为"开江"或"封溪水"。嘉庆年间，称为"封溪水"，《嘉庆重修一统志》载："封溪水，一名开江，自广西平乐府贺县流入，经开建县西。"[⑤] 道光之后多载"开江"，道光《肇庆府志》载："开江，在县西五十步，源出广西富川县，南流经贺县。又二百里入开建。"[⑥] 同治《广东图说》、光绪《广东舆地图说》、《清国史·地理志》都载为"开江"，光绪《广东舆

---

① 穆彰阿：《嘉庆重修一统志》，《续修四库全书》第622册，第587页。

② 清国史馆编：《清国史》第3册，第359页。

③ 清国史馆编：《清国史》第3册，第621页。

④ 廖廷臣纂：宣统《广东舆地图说》，第95页。

⑤ 穆彰阿：《嘉庆重修一统志》，《续修四库全书》第622册，第591页。

⑥ 屠英等修，江潘等纂：道光《肇庆府志》，《续修四库全书》第713册，第629页。

地全图》开建县图标有"开江"。

在封川县则称之为"封溪""贺江""临贺水"或"开江",几个名称中以"贺江"为主流。道光《广东通志》载"贺江"①,道光《肇庆府志》则载"贺江"和"封溪"②。同治《广东图说》载:"贺江,自开建县东南流入县西北乾河汛。"③详细记载了其流向,从开建县东南流入,流经江口汛汇入西江。《清国史·地理志》在"贺江"之下记载了几个名称:"贺江,一名临贺水,亦名开江,又名封溪水。"④光绪《广东舆地全图》封川县图中亦标记为"贺江"。

从上可知,此为从广西贺县流出,经过开建县、封川县,至江口汛汇入西江之河流,在开建县内多称为"开江",过封川县则多称为"贺江"。值得注意的是,如果根据上述河流一地多名取各时段共有之名称的思路,此处应当取"开江"或"封溪水"之名,但此处多数文献为分开的两个名称,且在同一文献中也有分开记载的,如《清国史·地理志》、同治《广东图说》、光绪《广东舆地图说》、光绪《广东舆地全图》等。虽为同一河流,但是在当时人们的观念里,有着明显的分段意识,因此在名称上,开建县内取"开江"之名,而在封川境内则标注"贺江",与当时人们的观念相一致。

南渡江与白石河。南渡江为琼州府主要的河流,但在其上游也有明显分段观念。同治《广东图说》载:"澄迈县建江东北流入县西南石鼓岭为白石河,又东北流经梁阵图,……又屈西北流经黎村塘为南渡江。"⑤光绪《广东舆地全图》琼山县图绘有"白石河""南渡江"。由上可知,白石河即为南渡江由澄迈县入境至县东南黎村塘段,以下称南渡江。则在绘图中以黎村塘为界,上为白石河,下为南渡江。

四、河流考证过程问题:文献记载有出入情况下的河流考证

在复原宣统三年河流流向和名称的过程中,为尽量保证准确性,需要参考不同时期的文献,由于文献记载或会存在差异,即使同一时期的文献记载或也不尽相同,因此需要通过一定的方法考证,以尽量复原原貌。

① 阮元修,陈昌齐等纂:道光《广东通志》,《续修四库全书》第671册,第440页。
② 屠英等修,江潘等纂:道光《肇庆府志》,《续修四库全书》第713册,第628页。
③ 毛鸣宾、郭嵩焘等修,桂文灿纂:同治《广东图说》,第434页。
④ 清国史馆编:《清国史》第3册,第359页。
⑤ 毛鸣宾、郭嵩焘等修,桂文灿纂:同治《广东图说》,第547页。

（一）根据河流沿途地物确定河流走向

随着时间变化，有些河流名称完全发生了变化，名称上没有关联性，可通过河流走向判断是否为同一条河流，以确定名称，如高州府茂名县的双柘水和东岸水。光绪《广东舆地图说》载："双柘水，源出信宜县西南，流入县东北水渡闸，又西南经军营村，屈东南经良德墟。屈而西经宜峒村，屈西南经东岸村，又西南经大井墟入浮山水。"[①] 光绪《广东舆地全图》茂名县图载"双柘水"。检光绪《茂名县志》和光绪《高州府志》无双柘水之记载，但与"东岸水"的流经线路较接近。光绪《茂名县志》载："东岸水，源县北白藤岭，受黄塘水，至小雅、大喉渡，会信宜古丁水，又受军墟水，绕良德之东折而南流，流经东岸墟二十里至大井之东入窦江。"[②] 光绪《茂名县志》茂名县境全图中载有"东岸水"，过东岸墟至大井墟入窦江，今流经东岸镇及大井镇有东岸河，考虑古今一致原则，宜取"东岸水"上图。

（二）借助现今文献和舆地图资料进行综合分析

长宁县锡场水。关于锡场水的流向，先看主要文献的记载，道光《广东通志》载："锡场水，发源于横石岭，经流新塘角，至埠头入新丰水。"[③] 光绪《惠州府志》记载与道光《广东通志》同。《清国史·地理志》载："锡场水，发源横石岭。……俱流入新丰水。"以上文献记载了锡场水的源头和流经地点。光绪《广东舆地图说》对锡场水走向的方位进行了描述："锡场水，源出县东南铁炉耳山，东南流经锡场墟汛，又东南入新丰水。"[④] 而在光绪《广东舆地全图》长宁县图标有"锡场水"，标明了流经地点和方向，如图1。从光绪《广东舆地全图》中锡场水流经的地名来看，过大陂、石角、锡场墟，东南流入新丰水。检《广东省地图集》（广东省地图出版社，2003年，8开）经石角、大陂的河流为东南—西北流向，经新丰县马头镇流入新丰江，并未与流经东源县锡场镇（锡场墟）之河流相连，光绪《广东舆地全图》所绘或有误，即流经东源县锡场镇之东南向河流为锡场水。

韩江北溪。关于北溪的文献记载有两种走向，一是光绪《广东舆地图说》所载："自揭阳县东北流入县西南鲎门汛，又迤东经玉滘汛，枫洋水自东北来注之。屈东南经鹤陇西南，别出为桃李陇水。屈东北经乌洋山，屈东南经登云都，西南别出为浮洋水，屈东北入西溪。"[⑤] 二是光绪《海阳乡土志》的记载："迳州左自涧溪塔北畔，东流

① 廖廷臣纂：宣统《广东舆地图说》，第286页。
② 郑业崇等修，杨颐纂：光绪《茂名县志》，成文出版社，1967年，第39页。
③ 阮元修，陈昌齐等纂：道光《广东通志》，《续修四库全书》第671册，第375页。
④ 廖廷臣纂：宣统《广东舆地图说》，第166页。
⑤ 廖廷臣纂：宣统《广东舆地图说》，第197页。

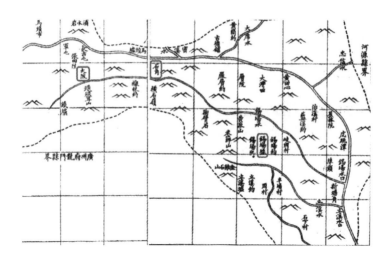

图1 光绪《广东舆地全图》长宁县图（局部）

十里至磷溪乡，九郎山水合白云坊水自西北来注之。又东流七里，秋溪水自西北来注之。又东南流八里至苏寨前，前埔水自东北来注之。又东流八里至庵脚，小溪水自东北来注之。又东流二里，至长打出饶平县界，东南流十里至澄海县界之东泷，会东溪出各港入海。"①光绪《海阳县志·县署总图》中标有"北溪"，位于韩江东侧。《潮州市地名志》中载有"韩江北溪"："西北起于潮州市湘桥区涸溪，流经潮安县的磷溪、官塘、铁铺和澄海市的东里，于义合围北人海。"②与光绪《海阳乡土志》中记载走向一致。后三种文献的记载，与光绪《广东舆地图说》中"北溪"的记载有异，但后三种文献有文字和舆图，古今相符，故从之。

感恩县感恩水与南龙江。《嘉庆重修一统志》载："南龙江，在感恩县。……旧志：源自小黎母山，西流至城西北五里曰感恩水，又名县门港，西入于海。"③光绪《广东舆地图说》载："感恩水，源出县东北楼峒黎岐，西南流经黎岭，屈西北经王峒黎岐，古镇州峒水自东北来注之。又西北经白穴皮黎村，分二派，北派西北流为南龙江，又西北经黎岭，黎岭水自东北来注之。又西北经可贡皮黎村，小岭水自西北来注之。屈西南经补粤村，屈东北经北黎汛，屈西南经北黎旧汛，又西南经竹根村为北黎港，又西南入海。"光绪《广东舆地全图》感恩县图载"南龙江"。《嘉庆重修一统志》与光绪《广东舆地图说》所载感恩水与南龙江的概念混淆。光绪《广东舆地图说》所载感恩水与南龙江为相连的河流，南龙江为感恩水北派。光绪《广东舆地全图》感恩县图中"南龙江"，从北黎村、竹根村处入海，即今北黎河。《嘉庆重修一统志》所载"南

①　翁辉东、黄人雄纂：光绪《海阳乡土志》第3章，光绪三十四年（1908）抄本。

②　潮州市地名委员会编：《潮州市地名志》，广东省地图出版社，2000年，第224页。

③　穆彰阿：《嘉庆重修一统志》，《续修四库全书》第622册，第706页。

龙江"与"感恩水"为同一条河流，从感恩县城东北侧入海，即今感恩河。检《海南省地图集》（星球地图出版社，2009 年，16 开）、《海南省地图集》（广东省地图出版社，2008 年，16 开），北黎河与感恩河为两条独立的河流，并未连在一起。根据走向，推断南龙河即今北黎河，感恩水即感恩河。

五、结语

河流作为历史地图中的重要元素，其编绘需要进行翔实的考证，遵循孤证不立之原则，尽可能搜集文献资料，在此基础上进行综合分析。同时，对作为现状地物的河流在不同区域的名称也要进行具体分析。河流编绘需要注意以下几个方面：一是河流的起止点要确切。某一起点可能是河流的源头，可能是河流交汇点，可能是某一个地物，河流的止点亦如此。这是河流注记所放置的范围，在这个范围内可根据图幅大小和美观进行适当放置，但不能超出这个范围。二是河流名称要确保标准年份的准确性。河流在不同时期有很多不同的名称，距离标准年份越近的名称越接近其真实名称。三是河流名称在空间上有区域性，一条河流以一个名称标注还是进行分段标注，需要从文献与实际相结合进行分析。四是在河流名称复原中文献有很多矛盾的地方，这需要考虑时间和区域的特点，并结合现代文献和现状进行综合考证。

（王荣、许意如，桂林理工大学旅游与风景园林学院；王聪，湖北商贸学院管理学院）

《中国历史地图集》清末广西省界探析*

郭 红

近年笔者有幸参加华林甫教授主持的国家社科基金重大项目"清史地图集"的编绘工作，承担了绘制宣统三年（1911）广西地图的任务，其中省界是一个必须呈现的地理信息。《中国历史地图集》（以下简称谭图）第八册所绘嘉庆二十五年（1820）广西地图是目前了解广西在清中后期地理变迁的基础资料，从嘉庆至宣统末90余年间广西省界并无大的变动，因此谭图对笔者确定宣统三年省界具有重要的参考意义。在借助清末、民国及中华人民共和国成立以后各类地图、地方史志、档案等资料对广西省界进行详细考订时，与谭图对照，发现了其中几处可以讨论。

清代广西与广东、湖南、贵州、云南接界，其中云桂、贵桂界的一些省界虽也有插花地等问题，但部分区段受制于作为界河的红水江上游南盘江及巴盘河（今曹渡河），整体与今天省界差异较小，变化较大的是湘桂、粤桂省界。借助光绪年间广西、湖南、广东各省的舆图，不难发现虽然清末广西的省界在大部分地区已经有了较明确的划分，但是由于八十里大南山、越城岭、都庞岭、萌渚岭、云开大山、六万大山等诸多山地及大量插花地的存在，民族人口交错分布，地处偏远等原因，部分区域省界的绘制并不清晰，所以在资料不确之段，各图中都会出现语焉不详的情况。民国以来，尤其是20世纪50年代广西省界存在着多次调整，少数区域的省界在2000年后才得以确定，因此笔者在绘制宣统三年的省界时除参考谭图、清末史料之外，还须借用民国以后的史料进行逆推，并据此对谭图广西省界提出修改建议。

---

* 原刊于《地图研究》第2辑，中国地图出版社，2022年12月。

一、谭图广西省界辨误

（一）广西南宁府与广东廉州府八尺江段

谭图中此段那陈（今广西南宁市良庆区那陈镇）西北以八尺江为广东、广西两省界，以南则过那陈后折向东，过三官堡北。谭图无县界，此段除了是省界及廉州府与南宁府的府界外，也应是广东廉州府钦州（光绪十四年十二月升为直隶州）、灵山县与广西南宁府宣化县界。谭图中那陈属钦州，三官堡与那晓属宣化县（图1）。

光绪《广西舆地全图》[①] 中此段自那连塘墟（今南宁市邕宁区那莲）至乌兰（今南宁市良庆区乌兰）以八尺江为界，自乌兰以南，省界则离开八尺江主支，偏东南行，过那了（今邕宁区那了）、那团（今良庆区那团）、料香（今良庆区料香）、那铺（今良庆区那铺），至大塘墟（清末三官巡检司驻地，今南宁市良庆区大塘镇）附近折向东行（图2、图3）。与谭图此段桂粤两省界相比，光绪《广西舆地全图》乌兰以南已离开八尺江，而谭图在那陈才离开，由于两图省界与八尺江关系不一，导致大塘墟以北差异较大。查同治《广西全省地舆图说》宣化县图，虽省界绘制比较粗略，但亦在八尺江东，光绪《广西舆地全图》与其同。

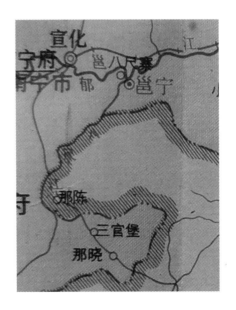

图1　《中国历史地图集》第八册广西图那陈一带部分省界

---

① 清末《广西舆地全图》光绪二十一年出版，二十四年、三十一年、三十三年重印，本文依据光绪二十四年本，为便于行文，简称"光绪《广西舆地全图》"。

 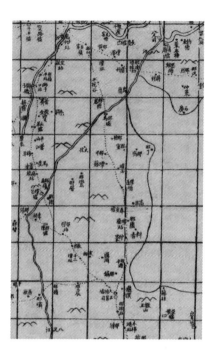

图2 光绪《广西舆地全图·南宁府》（局部） 图3 光绪《广西舆地全图·宣化县》（局部）

1931年参谋本部陆地测量总局《那陈墟》图[1] 与1938年武汉亚新地学社《广西省明细地图》、1945年广西省政府统计室《广西省全图》中的此段省界与光绪《广西舆地全图·宣化县》相同，在今那陈镇以北向东远离八尺江，更靠近今南宁市良庆区与邕宁区区界南段（图4）。1933年《中华民国分省地图册·广东省》中此段省界虽因对南部的插花地归属认识不同而稍显扭曲，但是在北段、中段与八尺江的相对位置与走向和前几幅图相同（图5）。

光绪《广东舆地全图》中详细标出了八尺江以东、大塘墟以北属于钦州的聚落（图6），在光绪《广西舆地全图》中这些聚落除那陈墟外均未标出。这一带在明代到民国时期插花地众多，1935年广西《邕宁一览》（清代为宣化县，民国元年废，民国二年改南宁县，三年改邕宁县）载"查三官区那陈乡境内，有广东钦县之那邦、庐仙、六竿、那赐、那坛、六吉、巴来、蕾福、六眼、那蓬、良四、那王、那东、咘农、那蕾、思庐、大湾等十七村……距离钦城约三百里，而那陈乡内十七村，龙深飞入邕宁腹地，钦县鞭长莫及"[2]。因此，八尺江以东、那陈一带在清代是钦州插入宣化县之地，两省光绪年间地图均各只标了属于自己的聚落，《广东舆地全图》在《钦州总图》中清晰绘出了此块钦州西北境与钦州主体间存在着为南宁府宣化县阻断的情况（图7）。

① 台湾"中研院"近代史研究所档案馆藏。可参考：http://archives.sinica.edu.tw/。

② 邕宁县政府编：《邕宁一览·地理》，1935年，第4页。

图4　1945年广西省政府统计室制　　　　图5　1933年《中华民国分省
《广西省全图》（局部）　　　　　　地图册·广东省》（局部）

图6　光绪《广东舆地全图·钦州北图》（局部）

　　广东省陆地测量局1936年所绘这一带《那陈墟》《板城墟》《百济墟》等图反映了民国时期广西邕宁县与广东钦县因插花地而形成的复杂省界，亦即清末的省界形势。《那陈墟》图中所绘广东那陈墟西以八尺江与广西邕宁县界，东以大元上坡（今良庆区上坡）至灵王岭（今良庆区灵王岭）与广西邕宁县界。谭图在判断省界时即以那陈插花地的西界为标准。笔者认为以东界为标准应更符合历史实际。

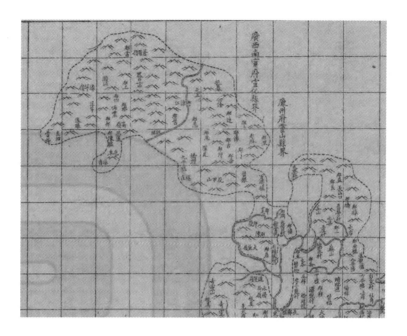

图7 光绪《广东舆地全图·钦州总图》（局部）

图8 宣统三年那陈一带省界示意图（乌兰以南至大塘墟以北插花地）

（━━·━·━ 宣统界；━━ ━━ 谭图界；△钦州、灵山县部分聚落；○宣化县部分聚落①）

---

① 聚落参考光绪《广东舆地全图》钦州总图、钦州北图和光绪《广西舆地全图》宣化县图。

1991 年出版的邕宁县《那陈乡志》①详细记载了"邕宁县那陈乡"与"钦县那陈乡"一带在清末至 20 世纪 50 年代的插花地演变。既然那陈、南荣一带为广东插入广西的插花地，笔者认为宣统三年此段省界应依光绪《广西舆地全图》及前所列 1931 年参谋本部陆地测量总局广西《那陈墟》图、1933 年所制《中华民国分省地图册·广东省》、1936 年亚新地学社《广西明细地图》、1940 年军事委员会军令部第四厅《那马墟》图，绘制于那陈、南荣以东。

此段宣统三年省界绘制的关键是对那陈一带插花地性质的认识。清末广东钦州、廉州府灵山县与广西南宁府宣化县交界处（即今南宁市良庆区、邕宁区与钦州市交界处八尺江以东的那陈、大塘、南晓、百济、新棠诸镇）存在着比较严重的插花现象（图 8），可谓你中有我，我中有你，行政管理不便，成为匪患之地②。1906 年钦州官员就曾奏请将那陈划入广西，以调整省界："查得钦将那陈墟及附近思庐等十七村及九平墟九村等处四面皆宣境环绕，自应划归宣界，即那陈、蔡蕾等六村及绷塘一墟亦与宣地错杂，亦应划归宣化，俾全段无所间杂，于设防图治均有裨益。但求形势整齐，便于管辖。"但又要求"再三查勘"，务必使"两省官民意见相同"才可实施③，1908 年广东方面又提出将钦州所属那陈划入宣化县④，但都并未实现。到了 20 世纪 40 年代，虽然广西省政府大力消除省内插花地，却少有涉及省界附近的插花地调整，倒是广东方面积极筹划那陈调整。1935 年，广东省政府建议调整那陈⑤，也有插花地改为两省共管的提议⑥，但也未实现，直到 1948 年当地百姓仍然不同意⑦。20 世纪 50 年代开始，广西与省界有关的大块插花地开始被陆续整理。1951 年 1 月，那陈与南荣一带飞地被划入广西邕宁⑧；5 月，广东钦廉专区划归广西代管，随即 6 月包括南荣在内的一大块插花地被设为大塘区，又划入钦县；9 月，灵山县伸入南宁的

① 那陈乡志编委会：《那陈乡志》，1991 年。

② 《钦廉匪耗》记"会匪""退踞那陈村老巢"，《申报》1903 年 8 月 7 日第 10883 期，第 2 版。

③ 《各省新闻：钦州牧请拨划那陈一带归广西省》，《山东官报》1906 年第 95 期，第 5 页。

④ 《钦州那陈划归西省管辖》："钦州那陈地方拟划归西省管辖议，曾由粤督电商西抚，饬行左江道查勘，议覆在案。现经该道拟定那陈一带地方划入宣化管辖，即以盐捕同知改驻那陈，而以三官司巡检改驻那钟，其同知专司缉捕并兼理民词，俾便图治等情，详覆省宪。日内当可据情奏咨矣。"（《申报》1908 年 9 月 9 日第 12790 期，第 10 版。）

⑤ 《令知钦邕两县争管那陈墟一案解决办法》，《广东省政府公报》第 304 期 1935 年 8 月 20 日省政府训令，第 26—28 页。

⑥ 邕宁县政府编：《邕宁一览·地理》，第 4 页。

⑦ 《钦县那陈乡改隶邕宁乡民仍反对》："前经内政部派员勘定划如邕宁县管治，并迭经省政府饬令钦县县府遵案移交，惟那陈乡乡民以该乡向隶钦县，历史悠久，仍坚决反对改隶邕宁……"（《粤参通讯》1948 年第 4—5 期，第 11 页。）

⑧ 钦州市地方志编纂委员会：《钦州市志·建置政区志》第二章《行政区划》第二节《解放后行政区划》，广西人民出版社，2000 年，第 9 页。广西地情网：http://lib.gxdfz.org.cn/view-c37-9.html，20190322。

那楼、新江及其以南地划归邕宁县；1955 年 7 月，因钦州重归广东，大塘一带又划归广西邕宁县①。至此，今钦州市与南宁市良庆区南陈镇、邕宁区百济乡一带的边界初步确定。

1951 年 11 月出版的《两广明细新地图》广西钦廉专区部分，将专区与邕宁等县的界线划于"那陈"西（图 9），但此那陈与前文所言那陈并非同一聚落，因为图中那陈标在"太安"（今广西南宁市良庆区太安村）东侧，应在今南宁市邕宁区桥头村南（1931 年参谋本部陆地测量总局广西《那陈墟》图在太安东、桥头南也绘有另一个"那陈墟"）。

但是民国时期亦有少部分地图以八尺江为界，如 1940 年上海亚光地学社印行的《粤桂分县详图》。

图9　1951年武汉亚新地图学社《两广明细新地图》（局部）

（二）广西博白县西北与广东合浦县省界

清代广西郁林直隶州博白县与广东廉州府合浦县县界即两省省界的一段，也是郁林直隶州与廉州府的界线。据走向可以推断，谭图中博白县西北与广东合浦县省界与今广西博白县与浦北县（1952 年从合浦县分立浦北县）界大体一致，应是忽略了清代

---

① 邓敏杰：《广西历史地理通考·广西历代行政区划大事纪略》，广西民族出版社，1994年，第45，46，53页。

博白县西北伸入浦北县境的官垌一域（图10）。

今官垌镇现属浦北县，南与博白县永安镇为邻，但是清代及民国时期，其地大部分属博白县。1993年《博白县志》记载："从清末至民国时期，博白县行政区划虽有多次变更，但境域一直不变。解放后，广西省于1953年调整行政区划，把博白县……官垌区的历山、龙池、江口、大岸、文峰、平石、官垌、文旺、坑旺、垌口、芳木等11个乡全部划给浦北县。经这次行政区划调整，博白县境域比以前减少。"①

图10 《中国历史地图集》第八册广西博白与合浦部分省界

方志所言西北官垌区的隶属变化即指今浦北县境内官垌镇一带在清代与民国隶属博白县，是省界上向北突出的一块。《广西历史地理通考》则记"1953年8月，博白县析出历山、垌口、官垌等地，划归浦北县管辖"②，1994年《浦北县志》所记与之同③。道光《博白县志》记安定堡下辖乡村有奎峰书室，该书室遗址位于今官垌镇文峰学校，说明清代博白县确实管辖了官垌一带。光绪《广西舆地全图》《广东舆地全图》中此处省界都绘制得比较粗略，未表现出博白县官垌一带向北突出的情况，相关聚落也标之甚少（图11、图12）。光绪年间的绘图影响了部分民国地图，1936年亚新地学社《广西明细地图》即在博白西北标出了永安（今博白县永安镇）、九云岭（今博白县九云颈），无其他官垌一带的地名。

---

① 博白县志编纂委员会：《博白县志》卷一《建置政区》第一章《建置》第一节《位置境域》，广西人民出版社，1993年，第8页。广西地情网：http://lib.gxdfz.org.cn/view-c12-8.html，20190321。

② 邓敏杰：《广西历史地理通考·广西历代行政区划大事纪略》，第51页。

③ 《浦北县志》第一篇《建置 政区》第二章《行政区划》第三节《解放后》，广西人民出版社，1994年，第14页。广西地情网：http://lib.gxdfz.org.cn/view-c88-14.html，20190324。

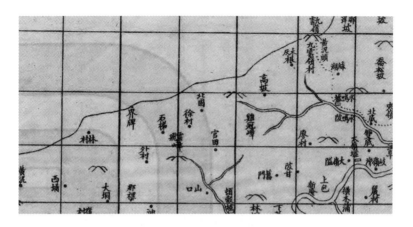

图11 光绪《广西舆地全图·博白县》（局部）

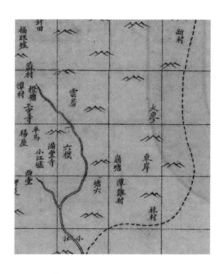

图12 光绪《广东舆地全图·合浦北图》（局部）

查 1931 年参谋本部陆地测量总局所绘《兴业县》①《小江墟》②，1935 年军事委员会军令部陆地测量总局《寨墟》《福旺墟》图，及 1940 年上海亚光地学社《粤桂分县详图》、1945 年广西省政府统计室制《广西省全图》、1951 年武汉亚新地图学社《两广明细新地图》，都绘制出了博白县界在官垌一带向北突出的情况（图 13）。从这些图中可以看出，1993 年《博白县志》所记官垌镇 11 村庄之地在民国时期属博白，与博白永安相连，但其东的六硍与平睦当时属广东合浦县，与官垌呈犬牙之势。笔者据上述资料绘制出了宣统三年这一带省界示意图（图 14）。

① 台湾"中研院"近代史研究所档案馆藏。

② 台湾"中研院"近代史研究所档案馆藏。

图13　1951年武汉亚新地图学社《两广明细新地图》（局部）

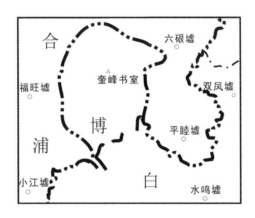

图14　宣统三年博白西北省界示意图

（ ━━▪━▪━ 宣统界；━━　━━ 谭图界；△奎峰书室；○聚落）

（三）广西全州与湖南零陵县、道州交界段省界

此段省界所涉之地在今广西全州县东山瑶族乡境。谭图此段与今省界相同，为向东突出地块。清代及民国省界也向东突出，但比今界靠西。

今全州县东山瑶族乡在清末为湖南零陵县、道州（1913年改为道县）与广西全州（1912年改全县）交界地。1998年《全州县志》记1951年"湖南省道县所属的白岭乡，零陵县所属的豹子岭、辽冲、黄腊洞、上窗、皎盐岩、早禾冲，以及何家洞乡所辖的灵牌山、耗草坪、长垒、长冲等地划归全县。灌阳县的古木、斜水、雷公岩划归全县，属东山瑶族自治区管辖"①，《广西历史地理通考》所记时间与县志不同，其载

---

① 《全州县志》第一章第二节《建置沿革》，广西人民出版社，1998年，第9页。广西地情网：http://lib.gxdfz.org.cn/view-c45-9.html，20190320。

1952 年 12 月"湖南省道县第四区的白岭、分水、六字界、坝头、石枧枰、官充坪等
地，划归广西全县管辖；湖南零陵县湾夫乡、豹子岭和周家共 233 户瑶族，划归广西
全县管辖"[①]，1953 年 5 月"湖南道县析出白岭乡，正式划归广西省全县东山瑶族自治
区管辖。湖南省零陵县析出豹子岭、疗冲、黄腊洞、上窗等地区，湾子乡的 3 个分会
和皎盐岩、早和冲、下次桥、何家洞乡的第五分会和灵牌山、耗草坪、长垒、长冲、
老堂等地区，划归广西省全县东山瑶族自治区管辖"[②]，此段省界的调整确实从 1951
年就开始了，当年零陵县何家洞乡的部分瑶户已经开始划入全县，其余在 1952 年、
1953 年陆续划入。这些新划入的地方构成了今东山瑶族乡的东部。因此，清代广西在
全州东山一带省界要比今省界靠西。

　　光绪《广西舆地全图·全州》中全州治东南标出"文家庄"（今全州县文甲庄
村）、"田美"（今田美村），其外即为省界（图 15）。光绪《湖南全省舆地图说》零陵
县图中西南角标出有九狮岭（今全州东山乡东九狮岭，与湖南接界）、黄腊洞（今全
州东山乡黄腊洞）。正是因为当时东山一带是两省交界的偏远瑶地，因此两省光绪年
间地图中所标地物都较少，省界也非常顺直（图 16）。光绪年间诸湖南舆图在此处的
地名及省界对民国时期地图影响巨大，也使得这个错误一直延续（图 17—图 19）。

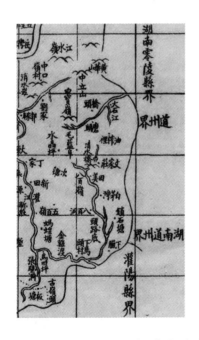

图15　光绪《广西舆地全图·全州》（局部）　　　图16　光绪《湖南全省舆地图说》部分省界

---

① 邓敏杰：《广西历史地理通考·广西历代行政区划大事纪略》，第48—49页。

② 邓敏杰：《广西历史地理通考·广西历代行政区划大事纪略》，第50页。

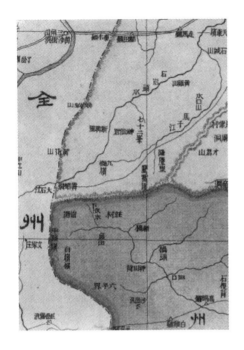

图17 1908年《湖南省全图》部分省界　　图18 光绪《湖南全省舆地图表·零陵县图》（局部）

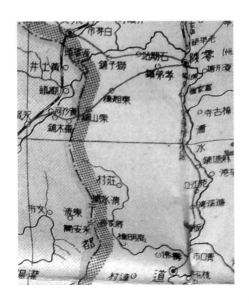

图19 1951年武汉亚新地图学社《两广明细新地图》（局部）

今结合1938年军事委员会军令部第四厅所绘湖南《马子江》地图，推测清代省界走向应如图20所示：

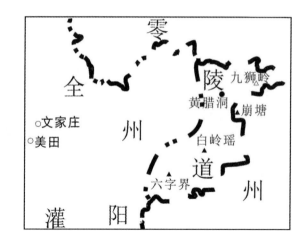

图20　宣统三年全州东南省界示意图

（━··━　宣统界；━　━　谭图界；○全州聚落；●零陵聚落；▲道州聚落；△零陵九狮岭）

（四）广西怀远县古泥镇东北与湖南绥宁县省界

　　此段指今通道侗族自治县黄土乡、坪坦乡一带湘桂两省的省界。谭图所绘省界与今同，作为聚落的双江（今湖南通道县政府驻地）离其南的湘桂省界尚远。谭图此段省界有误，清代及民国的省界更靠北，紧邻双江（图21）。

　　同治《广西全省地舆图说》怀远县图中怀远县北部与绥宁县接界，在怀远境内标有黄土塘（今通道县黄土乡政府所在地）、都天（今通道县都天）、横岭塘（今通道县坪坦乡北的横岭村）等地。除了这几个地名外，光绪《广西舆地全图·怀远县》在当时县境还标有坪坦（今通道县坪坦乡）、半坡寨（今通道县坪坦乡西北的半坡村）等地名（图22），因此黄土塘及其以南在清末应属广西。1914年怀远县改名为三江县，民国《三江县志》也记县界"北至横岭乡黄土村，接湖南省绥宁县双江界"[1]。1936年亚新地学社《广西明细地图》中在三江县境标有黄土、横岭两聚落，1944年参谋本部陆地测量总局《长安堡》图中黄土塘及其南都天、横岭都标在三江县境内，1945年广西省政府统计室制《广西省全图》亦将"黄土"标于三江县境。

---

① 　民国《三江县志》卷一《舆地·疆域》，第1b页，《中国方志丛书》，成文出版社，1975年。

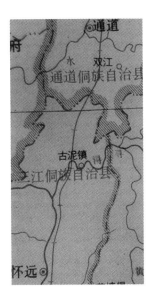

图21 《中国历史地图集》第八册广西怀远县（局部）

图22 光绪《广西舆地全图·怀远县》（局部）

图23 1951年武汉亚新地图学社《两广明细新地图》三江县（局部）

图24 宣统三年广东怀远县与湖南通道县间部分省界示意图

（——·—— 宣统界；— — 谭图界；○聚落）

1951 年武汉亚新地图学社《两广明细新地图》中在湖南通道县南标有"双江"，紧邻省界，而在三江县境内标有聚落"横岭"（图 23），也说明当时双江以南黄土村等地属三江县。《广西历史地理通考》记："1953 年 6 月，三江侗族自治区析出黄土、长坡、坪坦、岭南等乡，划归湖南省通道县管辖。"[①] 其具体时间应是 1953 年 5 月 27 日中央人民政府批准将高步、横岭，1953 年 6 月中南行政委员会批复将三江侗族自治区析出黄土、长坡、坪坦、岭南等乡划入湖南省通道县，形成此段今省界。结合以上资料，推测宣统三年广西怀远县与湖南通道县间的省界如图 24 所示。

（五）广西怀远县与贵州从江县大年河段省界

今大年河在广西融水苗族自治县西北折向北流，在平卯村西北纳平卯河，过大年乡，北流入三江县，汇入柳江。此处今贵州从江与融水省界在大年河主支以西，即今从江县西山镇、斗里乡以东，融水县大年乡、良寨乡以西。在谭图中，此段清嘉庆二十五年省界与今省界相同（图 25）。但清代至 1953 年间，此段省界并非与今界相同。

光绪《广西舆地全图·怀远县》中大年河与福禄江（今柳江）交汇处以南一段（今融水苗族自治县大年乡一带）以大年河为省界，向南（过今平卯河口）则省界在广哨（今融水县广校屯）至良霜寨（今融水县良双）西，但在平卯河与大年河主支之间，大年河主支自广哨西北才由贵州永从县进入怀远县境。清末省界与今广西融水县和贵州从江县界不同，当时省界更靠东。

图25　《中国历史地图集》第八册广西怀远县（局部）

---

① 邓敏杰：《广西历史地理通考·广西历代行政区划大事纪略》，第50页。

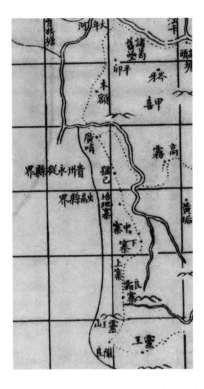

图26　光绪《广西舆地全图·怀远县》（局部）

　　民国时期怀远县改三江县，民国《三江县志》记县界"西南至平卯乡广雄村，接贵州从江县"①，民国广雄村即今广雄村（与广校屯相邻），在平卯西南，二村均在大年河主支以东；又记"平卯河，即大年河之右上源，出县西平卯乡洪水村诸山冲，合成小河，西流，出平卯，西入贵州从江县南境，西流，与左源汇合，称大年河"②，其所称"左源"即今大年河主支，也说明民国时三江与从江县县界（即省界）在大年河主支与平卯河汇合处东不远。1935年参谋本部陆地测量总局所绘贵州省《古宜》图中将大年（今融水县大年村）、雅腊（今融水县牙腊）、林姑寨（今融水县林姑屯）、高汉寨（今融水县高汉上寨）、归思寨（今融水县归思）等均绘入贵州永从县，而这些村庄今俱属广西融水县。将大年河主支与平卯河及省界绘制最为清晰的当属1945年军事委员会军令部第四厅所绘《良寨》图，其中良寨属贵州永从（今良寨乡属融水县），永从县与三江县间的省界则绘在良寨以东的大年河主支与平卯河之间。此段界线与宣统时期应趋一致（如图27所示）。

①　民国《三江县志》卷一《舆地·疆域》，第1b页。
②　民国《三江县志》卷一《地理·山川下》，第16a页。

图27　宣统三年怀远大年河段省界示意图

（■—·■—宣统界；■——■谭图界；○聚落）

《广西历史地理通考》："1953年5月27日……贵州省从江县析出大年、安里两个大乡，正式划归广西省大苗山苗族自治区管辖。"[①]自此，省界西移至大年河主支以西，形成今界。

（六）广西宣化县南那桑墟与广东钦州省界

光绪《广西舆地全图·宣化县》绘"那桑墟"于县南与钦州交界处，即今钦州市钦北区大寺镇北的那桑村。依此图，清末这一带的省界要比今天的钦州市钦北区与南宁市良庆区的界线更靠南，今那桑村及其以北有部分地域当时属宣化县。谭图在这一带因钦廉今天属广西，所以省界没有古今对照，但是依据其图中所绘省界与渔洪江（在光绪《广东舆地全图》中标为大寺江，即今茅岭江支流大寺江，过今钦州市钦北区大寺镇）的相对位置，应是依据20世纪50年代以后调整的县界，未将那桑一带绘入宣化县。

查1936年广东省陆地测量局所绘《大寺墟》图，这一段省界与清末相同，自长墩岭（今名长登岭）往南过那桑村南，向东南经望海岭折向北，至崇眼附近与今界相同。光绪《广东舆地全图·钦州北图》所绘即是此界，同治《广西全省地舆图说》宣化县图亦在县南界标出了望海岭与那枣桑墟（应即为那桑墟）。1951年武汉亚新地图学社《两广明细新地图》中在省界北标有那间（图28），即今钦北区大寺镇北的南间，也说明当时仍是沿用清末民国界（见图29）。

① 邓敏杰：《广西历史地理通考·广西历代行政区划大事纪略》，第50页。

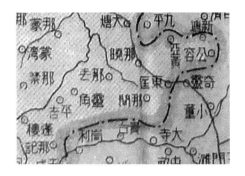

图28　1951年武汉亚新地图学社《两广明细新地图》（局部）

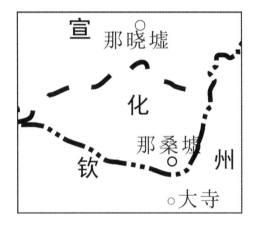

图29　宣统三年宣化县与钦州间那桑段省界示意图

（—··—宣统界；— —谭图界；○聚落）

二、广西省界不清的原因

从元代湖广行省的广西两江道宣慰司、广西行省至明代的广西布政司和清代的广西省，逐步奠定了近代广西的省界。在清末民国，虽然广西因改土归流、插花地调整等因素使得省以下政区的边界变化较大，但是省界却无大的变迁，直到20世纪50年代初广西省界才开始有了较大的调整，主要表现为钦廉之地在粤桂间的摇摆，怀集县划归广东，设置大苗山苗族自治区时贵州广西大年河段，湖南道州、零陵部分村庄划归全县东山瑶族自治区，三江侗族自治区与湖南通道县横岭一带的调整，湖南城步县的平定塘乡、蕨基坪划归广西龙胜各族自治区等几处所引起的省界变化。这些调整都有历史渊源，其主因还是要向清代甚至更早时期追溯。

在这些调整中，怀集县比较特殊，该县深入广东境，在明清时期大部分时间却是梧州府的飞地，民国时期其隶属又屡有变化，却仍隶广西。但是在管理、地形与交通地理上，该县如划归广东更为便宜，对此民国初年当地人感慨："怀集地界八州县而广东居其七，独西北一隅重山复岭，孤悬于贺县信都，如赘疣然……本省鞭长莫及，邻省统辖无关。"①1952 年怀集县正式划归广东。在谭图广西图中，怀集县是除钦廉之地外最醒目的古今省界不一致之处。

清代两广省界呈犬牙之势的比较大地块还有前文所考广西郁林州博白县西北伸入广东廉州府合浦县境的一片，在谭图上未绘出。这一带在清代不为外界所关注，主因是地处偏远，又位于两条山脉（今六万山脉与勾头嶂）之间，东、北、西三面俱为广东合浦县界，仅南部与博白主体相通。

桂林府全州在明清时期本身即是湖南与广西之间的犬牙之地，在谭图上，全州东南部向东突出的一小块引人注目，即今桂林市全州县东山瑶族乡、都庞岭北段。谭图中这一块清代嘉庆年间的省界与今省界一致，但经前文考证，其东部是 20 世纪 50 年代从湖南零陵、道县划入的，因此清代其向东并不如今天如此之突出。这一带山区界于两省、三个县级政区之间，交通不便，清代人口主要是瑶族，地方行政管理的触角尚未深入，因此湖南、广西两省的清末地图都未标出。

谭图未标出的另一小块犬牙之地为清末怀远县东北伸入绥宁县黄土塘一带，今天这一处的省界更近于自然地理上通道县境向北流的坪坦河与广西三江县境向南流的林溪江两个流域的分界，而在清末广西怀远县则占有了坪坦河上流。20 世纪 50 年代这一带从三江县划归湖南。

清代广西插花地众多，对其的调整是民国广西行政区划中统县与县级政区边界变迁的主要表现方面之一，但是就省界而言，虽有涉及的议论，但却未实施。20 世纪 50 年代初又是广西插花地调整的一个高峰，其中钦县与邕宁县那陈段的变化最为繁复。谭图中南宁府宣化县南部的八尺江段、那陈西侧的省界便与清代这一带粤桂两省的"插花飞地村落颇多"②有关。绘图者在广西图中省界东侧标出那楼，在广东图中则标出那陈、九平墟，显然是考虑到清代那陈、九平墟一带有较多村庄属于钦州的事实，因此误把这一块较大飞地作为与廉州府主体相连的一部分，把省界定在了八尺江。前文所提及的光绪《广东舆地全图》钦州总图中所绘那陈一带也明显有插花地特征，东与广东灵山县及钦州主体间有宣化县一狭长地带隔开，南有大塘墟、那晓墟、

① 民国《怀集县志》卷一《舆地志·怀集县全图说》，第22页，《中国方志丛书》，成文出版社，1975年。
② 邕宁县政府编：《邕宁一览·地理》，第4页。

那桑墟等与钦州主体隔开。有意思的是，在由于插花地造成纠纷不断的情况下，1932年两广省政府计划将那陈一带插花地改为邕宁县与钦县共管，当地在提出异议时还引用了光绪《广西舆地全图》，指出"前清光绪二十一年编印广西省舆图、宣化县县图区域上，均载有那陈墟。又道光年间编修之《南宁府志》'墟场'门类亦载有那陈墟"①，认为这一带本就应归邕宁管辖。因此笔者认为谭图应以那陈一带的东侧为省界更符合史实。

明代当地文献就提及"钦州疆域至广西宣化县界虽两百四十里，然宣化之地与钦州互相交错，自州经西末百里为宣化地者，永乐三乡之地广西宣化大较得三之一要，二百四十里非尽钦州地也"②，这一带明清尤其是清末省界的复杂性表现除插花地之外，犬牙之势也很明显，清代那陈一带往东有一块灵山县向北深入南宁府宣化县、永淳县间的一块（今南宁市邕宁区百济、那楼、新江三镇一带），其东南则宣化县亦有伸入灵山县的地块（今钦州市钦北区新棠镇以西），南部则有宣化县伸入钦州的那桑一片，于是就造成了在地图上确定这一带省界之不易。灵山县向北犬牙入南宁府的这块幅员比较大，谭图基本绘出，后两块由于地域较小，在谭图上表现不明确。虽然民国时期广西、广东两省都想调整，却终未能实现。20世纪50年代这一带政区疆界变化复杂，更增加了人们在追溯清代省界时的困难。

在清代中后期的广西省界中，比较大块的插花地还有庆远府南丹土州位于贵州荔波县的更岜（今荔波县翁昂乡更岜）、拉累（今荔波县翁昂乡拉内村）、巴罗（今荔波县翁昂乡北的巴乐村）一带，光绪《广西舆地全图》南丹土州图中在这一带标出了9个聚落。1944年，国民政府曾试图进行调整，"为内政部派员会同广西、贵州两省政府人员勘定桂属南丹与黔属荔波省界纠纷，将广西南丹县属瓯脱于贵州荔波县之翁昂乡划归荔波管辖，并以打狗河为界，将两县互插地段交换，核无不合，拟予照准"③，但应并未实施。据《广西历史地理通考》，1950年翁昂乡一带才划归荔波县④。

少数民族聚居也是清代广西省界与今省界不同的原因，此以怀远县大年河段苗族、全州东山瑶族居地的省界最为突出，这两段省界古今的不同在谭图上未标出。这两段今省界的形成均与20世纪50年代初在广西少数民族聚居区域所设的"自治区"有关。1952年年底至1953年初在今融水县北设置大苗山苗族自治区，是为县级政区，属广西，使广西与贵州省界由大年河主支与平卯河之间改为主支西，以大年河主支西侧的山脉为界。此后无论这一带政区如何变动，省界未发生大的变化。20世纪

---

① 邕宁县修志委员会编：《邕宁县志·交通二》，1937年，第52页。

② 嘉靖《钦州志》卷一《疆域》，第9a页，《天一阁明代方志选刊》，上海古籍书店，1982年。

③ 《国民政府公报》渝文字第四九三号（三十三年四月八日）。

④ 邓敏杰：《广西历史地理通考·广西历代行政区划大事纪略》，第45页。

50 年代初在全县设置东山瑶族自治区时，其东面及东南一些地域从湖南零陵县、道县划入。

清末广西桂林府北部龙胜、兴安、全州与湖南宝庆府城步、新宁间（今湖南新宁县、城步苗族自治县与广西全州县、资源县、龙胜各族自治县）相邻的局部地区的省界时有争议，民国以来争纷不断，间有械斗，是这一带山峦崎岖、地处偏远、界线不明所决定的。民国时期广西与湖南也曾寻求解决省界的方法，但并未达成一致[①]，部分地区省界至晚近才得以明确。

三、余论

在绘制清末广西省界时，方志不能提供较多的信息，地图是最好的参考。尽管广西与相邻省份从同治年间开始测绘制图时已经比较重视省界，如现存于国家图书馆的有同治、光绪《湖南广西合图》和光绪《广西全省与湖南联界图》，但较简略。从光绪年间为修会典各省绘制的地图可看出，当时虽清廷有详细规定，但就省界绘制而言，相邻省份并无商议，各自为政，而且各省在绘制内部政区图时，地图上地理要素的选取标准也有差别。《广西舆地全图》对中部土司及西北庆远府的插花地绘出较多，有关省界则只绘出了前文提及的南丹土州东北插入贵州荔波的一块，对更大地域的广东钦州插入广西宣化县那陈墟一带则未标出。在一些省界处理上，由于地处偏远，存在两省图都比较粗略的情况，全州东山、博白县官垌一带都是典型。

笔者绘制宣统三年广西图所参考的地图资料，以光绪《广西舆地全图》为基础。光绪《广西舆地全图》是现今容易找到又比较详实的清末广西测绘地图，虽然早在同治年间巡抚苏凤文组织绘制了《广西全省地舆图说》，但是光绪图在质量上远超同治图，且 19 世纪末广西政区亦有变动，因此光绪图的参考意义更大。就本文所关注的省界而言，虽嘉庆至清末变动不大，但光绪图更为详细。

光绪《广西舆地全图》在凡例中有记"邻省毗连疆界，处处俱经周履。凡犬牙相错之形均由实测、实量而得，如邻省之图亦皆如法测量，不至凿枘"，其细处的河流与聚落的确可以为判断清代省界提供有效的信息，除前文所考述外，博白县西南龙潭墟、横州六加墟、全州八十里山以北盐井塘、全州梅溪口北等古今不一致处都有相关的聚落、河流信息，但是由于"粤西之山，丛杂叠起，高背皆迷，加以荒僻瘴疠，人

---

① 可参考1996年《城步苗族自治县志》第五章《山林权属》第二节《纠纷处理》和2009年《湖南省志》第四卷《民政志》第二篇《行政区划》第二章《边界处理》第一节《湘桂边界》。

迹难通", 加之其"详于水而略于山"① 的原则, 导致部分偏远山地省界并未做到精细化, 且省界处的聚落常有标识错位的现象, 很难作为确定局部界线走向的依据, 因此还必须参考其他地图, 尤其是民国以军事目的所绘制的地图。民国时期民用的广西行政图多数在局部省界上亦不够精细, 部分仍沿袭了光绪时的界线。

受制于清末及民国时期广西少数区段省界不清和长期存在争议的情况, 部分省界还需进一步考证。

（上海大学历史系教授）

---

① 光绪《广西舆地全图·凡例》, 光绪二十四年本。

清末五种舆图与"清史地图集"陕西图之编绘*

乔 欣

历史的演进不能超脱于地理空间之外，对历史的面貌进行客观复原与解释，不能仅靠文字描述。此时，对地理空间名称及要素加以直观展示的地图成为一种重要手段。对于地图的重要性，侯仁之认为："地图是地理学的第二语言。地图的绘制不仅是人类地理知识形象的反映，同时又是开拓地理视野以及利用自然和改造自然的必要手段。"[①] 史念海也指出："地图学与地理学是一对孪生的学科，因为地图是表达已有地理知识最为简明的手段。"[②]

现存古地图反映其编绘时人们的地理认知状况，是先进知识分子对空间环境的表达。因此，舆图[③] 并不仅仅是地图学或测绘学史研究的对象，而且同文字资料一样，可作为历史研究的重要史料[④]，甚至有着文字不可比拟的功用。舆图中包含的地理要素信息与空间位置格局，有助于我们推进某一时间断面内历史地理学的"复原"工作。

对地图的使用与研究包含两个层面，即对现有地图的收集和绘制新地图。历史地图的研制并非对古地图的修改摹绘，它应在对古地图进行地理信息的考辨与分析基础

---

* 原载《江汉论坛》2019年第1期。

① 侯仁之：《中华古地图珍品选集·序》，哈尔滨地图出版社，1998年，第4页。

② 史念海：《历史城市地理与历史区域地理的可喜收获——读〈北京历史地图集〉》，《中国历史地理论丛》1989年第1辑，第151页。

③ 关于"地图"、"舆地图"和"舆图"三词的使用及关系，可参考卢祥亮《试论"地图"、"舆地图"和"舆图"三词的起源与流变》，载周长山、林强主编《历史·环境与边疆——2010年中国历史地理国际学术研讨会文集》，广西师范大学出版社，2012年，第83—88页。

④ 李孝聪：《古地图与历史地理研究》，载徐少华主编、晏昌贵副主编《荆楚历史地理与长江中游开发——2008年中国历史地理国际学术研讨会论文集》，湖北人民出版社，2009年，第474页；华林甫：《英国国家档案馆庋藏近代中文舆图》，上海社会科学院出版社，2009年，第22页。

上，对其地物形态与地理要素进行取舍与采撷[①]，从而科学地复原历史时段内地理环境，而且从中可以窥见地图研制者对图幅内容与研究成果的展示。

"清史地图集"计划编绘70幅历史地图，包括五大部分，宣统三年陕西省图为其第二部分27幅分省图之一[②]，次序为33。绘制陕西省图（以下称"陕西草图"），是为清代疆域与政区的最终状态，可资利用的地图史料包括清末民初出版的数种全国性与区域性的舆图，本文通过对光绪《大清会典图》、光绪《陕西全省舆地图》、光绪《大清帝国全图》、光绪末舆地学会之《陕西图》、宣统《陕西全省造林区域图说》等五种舆图加以分析，并阐释地图的应用与陕西草图绘制之间的联系。《中国历史地图集》[③]在历史研究中具有通用性，故本文会兼及对其中清时期陕西图的分析。

一、编绘理路与几种舆图的评介

《陕西省志》第39卷为《测绘志》，其中第三十二章"清代地图"[④]，以北京图书馆（今中国国家图书馆）所藏舆图为基础，详细介绍了清代陕西地图的种类、内容及印刷方式，包括舆地图、省城府州县图、全国图中的陕西图、会典图、地方志图、胜迹图、专题图等，有极高的研究价值。本文所列大多已入其中，唯北京大学藏舆地学会《陕西图》未列。

光绪《陕西全省舆地图》[⑤]为分县地图集，从光绪十六年（1890）至二十年（1894），经过校核、缩编、绘图、纂说等环节，完成于光绪二十五年（1899），由时任陕西巡抚魏光焘主持编修，县级政区图前有各府州图及图说，图说内容包括府州历史沿革、方位四至、里距、山水与关隘，县级舆图则有沿革、疆域、天度、山镇、水

---

① 鲍宁、赵寰熹：《侯仁之先生绘制及使用北京地图研究》，《中国历史地理论丛》2014年第3辑，第56页。

② 华林甫、赵旭腾：《且为两浙分畛域——〈宣统三年浙江省图〉之编绘》，载杨念群编《澹澹清川：戴逸先生九秩华诞纪念文集》，中国人民大学出版社，2016年，第566页。

③ 本文所引之《中国历史地图集》除特别说明外，以1992年三联书店（香港）有限公司出版的繁体字版为准，此版为简体字本出齐之后，经全面审阅之修订版本，故谭其骧先生在弁言中指出"这个本子能使读者正确了解历史地名的原名"，可认为最终版本。

④ 陕西省地方志编纂委员会编：《陕西省志·测绘志》，西安地图出版社，1992年，第311—322页。又见刘家信、刘东春：《古图考证发现——古图地理研究专集》，西安地图出版社，2017年，第219—236页。

⑤ ［清］魏光焘编：《陕西全省舆地图》，清光绪二十五年石印，成文出版社，1969年。

道、乡镇、职官等表目①，地理信息内容丰富，图文并茂。检视全书，共绘有陕西全省舆地总图、黄河套、西安府全图、咸宁县、长安县等陕西全部府、州、厅、县图共118幅②。民国《续修陕西通志稿》中有《陕西省府厅州县总分图》③，与上述舆图具有极高的相似度，因已属民国史料，未可直接引用，故附记于此。

清末全国性的测绘地图工作是光绪十二年（1886）为编制"会典舆图"开始的，各省都进行了实测地图并报送会典馆，在此基础上形成了《钦定大清会典图》④。其中，陕西图幅位于卷205—208（以下称"会典图"），共四卷，有"陕西省全图"中、北二幅及各府、州图共12幅，省图包含府州界，府州图包含县界，皆作虚线，未做进一步区别，图后则各有一篇图说。

舆地学会《陕西图》（以下称"舆地学会图"），长宽尺寸为470mm×345mm，近八开。图示比例尺为1∶200万，绘制于光绪二十九年（1903），北京大学图书馆有藏，题为"大清分省暗射图"丛编，典藏号为：X/981.2/7478a。地名注记较为密集，图中绘制省界、府州界，山脉以晕渲法表示。

民间编制的地图集还有《大清帝国全图》，一部八开本的全国分省地图集，由上海商务印书馆于光绪三十一年（1905）六月十五日出版发行，曾多次再版。共有25幅地图，包括卷首之全国总图，后为一省一幅或两省合一幅的分省图，图中摹绘了省、府州界线，同时包括省城、府城、直隶州、厅、州、县、铁路、电线等地物。该图"是中国早期引进西方测绘技术及采用铜版彩色精印技术后的产物，也是中国较早公开发行的彩印版本的地图"⑤。陕西省图为第16幅，第35—36页，图示比例尺为1∶225万，与上图有一定同源性。

《陕西造林区域图说》为清末陕西造林专题地图集，宣统元年（1909）调查，次年七月绘图，由掌管农林事宜的陕西劝业道绘制，最为接近绘图标准年份。共有县级

① 光绪年间各省编制的省地图集，可参见《中国测绘史》第二卷（明代—民国），测绘出版社，1995年，第140—141页附表。
② 据中国第一历史档案馆编《光绪朝各省绘呈〈会典·舆图〉史料》，《历史档案》2003年第2期，第46页。而据《陕西巡抚鹿传霖为报陕西舆图测绘告成事奏折》所载，有省图一、府图七、直隶州图五、散州图五、县图七十有三、厅图八，共99幅图，与此统计有差异。
③ 民国《续修陕西通志稿》，收入《西北稀见方志文献》第六卷，兰州古籍书店，1990年。
④ 赵荣、杨正泰：《中国地理学史（清代）》，商务印书馆，1998年，第138页。
⑤ 卢良志：《中国地图发展史》，星球地图出版社，2012年，第170页。

政区图 42 幅①，比例尺在 1:20 万至 1:25 万之间，图上绘制境界、主要聚落地名，包含山脉等符号，其总说中指出："此图系按照陕西全省舆图参以军用新测险要图斟酌仿绘，以求真确。"经比照，各县级政区轮廓与"会典图"陕西部分及《陕西全省舆地图》的曲折十分接近，犬牙相入处皆能吻合，可证其有一定同源性。其主题为林业，绘有天然森林、人工造林的分布范围，图旁有简要文字说明，提纲挈领。"这是陕西现存最早的专题地图集。"②，其图说提出了各县级政区人工造林"最早的示意性规划意见"，"但未付诸实施"③。北京大学图书馆有藏，北京图书馆（今中国国家图书馆）所编《舆图要录》④ 则未见著录。该图集重点突出，绘制精细，地理信息丰富，对清末地图的编绘有重要参考价值⑤。

相较而言，光绪《陕西全省舆地图》作为其中地理信息最为丰富的地图集，是陕西草图绘制的基础之一，因此，本文着重于其他几种舆图与此图的特殊性比较。

二、整体框架与边界

地图包含某区域较多的地理信息，仔细研读有助于弥补文献资料之不足，"在空间上保留了地理对象位置、距离、相邻关系、空间密度等信息，同时在空间整体性、直观性等表述方面具有文字所没有的功能"⑥。其"对政区界线研究的主要作用在于县

① 本文所据为国家清史编纂委员会图录组编印：《清史图录数据库图片集》42，"北京大学图书馆（古籍部）藏清史图片之六（舆图）"，内部资料，2007年3月印行，第263—305页。42幅县级图分别为：西安府孝义厅、宁陕厅、临潼、鄠县、蓝田、渭南，商州镇安、山阳、商南，同州府大荔、韩城县、华州、邠州、三水，凤翔府凤翔、麟游、陇州，汉中府留坝、襄城、城固、洋县、西乡、宁羌州、勉县，兴安府安康、砖坪厅、汉阴厅、平利、洵阳、白河、紫阳、石泉，延安府肤施、安塞、甘泉、延长、定边、靖边，鄜州中部、宜君，绥德州吴堡，榆林府府谷，占当时全省91个县的46%，"总说"凡例提到，"向无森林者姑且从阙"。

② 陕西省地方志编纂委员会编：《陕西省志·测绘志》第三十二章第七节"专题图"，第321页。刘家信、刘东春：《古图考证发现——古图地理研究专集》，第234页。

③ 陕西省地方志编纂委员会编：《陕西省志·林业志》，中国林业出版社，1996年，第156页。

④ 北京图书馆（今国家图书馆）善本特藏部舆图组编：《舆图要录——北京图书馆藏6827种中外文古旧地图目录》，北京图书馆出版社，1997年。

⑤ 参见拙作：《清末〈陕西全省造林区域图说〉刍论》，《农业考古》2018年第4期。

⑥ 满志敏：《从图像到信息：历史舆图内容的空间定位问题》，收入复旦大学历史地理研究中心主编《谭其骧先生百年诞辰纪念文集》，上海人民出版社，2012年，第275页。

界点的选取和县界走向控制"①，本部分通过不同层级来探讨舆图对历史地图编绘的参考价值。

1. 省界部分

今陕西省域大略形成于清康熙初年的陕甘分治，之后并无大尺度上的变化②。迨至晚清，光绪《陕西全省舆地图》卷首之"陕西全省总图说"描述陕西四至为："大抵陕西北界长城，蒙番杂处，西连陇右，回部繁衍，西南蜀楚相望，深林密菁。"臧励龢编纂的《陕西乡土地理教科书》出版于光绪三十四年十二月，第三课"位置境界"指出：陕西"东以黄河界山西，以潼关界河南，南以巴山之脉界四川，西以陇坻界甘肃，北以长城界内蒙古，东南以武关通湖北"。《清史稿·地理志》作："东界河南阌乡，西界甘肃清水，南界四川太平，北界边墙。"③以上文献大致描述了陕西与周边省份的界限，但要绘制历史地图，需要参考接近标准年份的古地图以完成矢量化工作。本部分通过对清末以来陕西省域有变迁处加以申论，力图揭示古地图对于境域绘制的作用。

一般来说，对省界的复原，离不开历史溯源法，即对当前区域界线④的形成加以考辨，进行逆推，从而得出历史时期边界的形态。关于中华民国时期的陕西省域，《中国行政区划通史·中华民国卷》依据申报馆《中国分省新图》不同版本的差别，认为："东部、南部界线基本与今相近。西部界线亦与今相近，但西南角宁强县西界与今不同，今界已西移动。北部，法律界线仍以长城一线为界，事实界线已与今界相近。"⑤相较而言，《中国行政区划通史·清代卷》描述陕西省域为"东界山西、河南，南接湖北、四川，西邻甘肃，北为内蒙古伊克昭盟"⑥，则稍显简略。

西界：陕甘边界。对于延安府定边、靖边、保安三县与甘肃的省界，主要涉及北洛河及其支流附近的聚落考订。《中国历史地图集》（清时期）"陕西"图将保安县金

① 王荣：《试论舆图在清代广东地图编绘中的应用》，载华林甫、陆文宝主编《清史地理研究》（第二集），上海古籍出版社，2016年，第122页。

② 朱士光：《陕西省域形成历程及其条件论析》，原刊《长安大学学报》（社会科学版）2013年第1期，收入氏著《历史地理学的传承与开拓》，中国社会科学出版社，2018年，第383页。

③ 赵尔巽等撰：《清史稿》卷六十三《志三十八·地理十·陕西》，中华书局，1976年，第2092页。

④ 当前各省的具体勘界情况，可参考民政部全国勘界工作办公室编《中华人民共和国省级行政区划界线勘界协议书汇编》，内部资料，2002年印行。

⑤ 周振鹤主编，傅林祥、郑宝恒著：《中国行政区划通史·中华民国卷》（第二版），复旦大学出版社，2017年，第396页。

⑥ 周振鹤主编，傅林祥、林涓、任玉雪、王卫东著：《中国行政区划通史·清代卷》（第二版），复旦大学出版社，2017年，第361页。

汤寨（陕西草图考订作"金汤镇"）在内的1960平方公里划入甘肃[1]，"清时期全图（二）"标准年份为光绪三十四年（1908），亦将洛河流域部分划入甘肃，此前许鹏在《〈中国历史地图集〉第八册（清时期）陕西省修订意见》[2]一文中辨之已明，而本文所示数种舆图又可新添重要佐证。"舆地学会图"对洛河右岸支流绘入不多，仅有定边县掌儿沟（图中未注名称）、保安县要子川与瓦子川。《大清帝国全图》与此略同，但于水道之南标绘山脉，更清晰地反映出界线与自然地貌的关系。"会典图"延安府图部分在上述区域绘有白豹川、吴堡川两条支流，基本可以据此编绘。但为求准确，陕西草图参考光绪末修、宣统元年刻本《甘肃新通志》[3]安化舆图对界点加以考订，使此段界线更为准确。

省界往南为子午岭山区，省界沿山脊线延伸[4]。凤翔府陇州西北有马鹿镇、长宁驿等聚落，1953年4月，"撤销马鹿区建置，将其管辖的长宁驿、田家磨、马鹿3个乡划归甘肃省张家川回族自治县管辖"[5]，此处有一条通关河流入渭河，现作今河流绘入陕西草图。

往南，陇州、宝鸡县以渭河主航道中心线与甘肃省秦州为界。继之，汉中府凤县及略阳县北部多以山脊线与甘肃省两当、徽县为界[6]，光绪《陕西全省舆地图》凤县图西界附近聚落甚少，而略阳县则聚落地名丰富，可资详细考订。略阳县石门河、乐素河处于陇南山地，《陕西全省舆地图》图中标注有多处"阶州飞地"，据《略阳县志》记载："1956年12月，经国务院批准，将郭镇区大南峪乡及木瓜院乡的贺家沟村、大草坝村等2处，共计629户，2815人，耕地15011.32亩，划归甘肃省云台区；在划出大南峪乡等地的同时，将甘肃省云台区窑坪乡的上、下庆阳，包括谭家庄、罗义沟、中山梁、董家梁、马家坝、蒲家湾、陈家梁等地，以及郑家湾乡的史家河村，共计324户，1438人，耕地3485亩，划入郭镇区。"[7]进行了土地互换，据此及上图，可较为精细地编绘出略阳县区域省界，《中国历史地图集》（清时期）"陕西"图于此处

① 其面积数字据薛平拴《陕西历史人口地理》（人民出版社，2001年）一书中测算。受谭图影响，作者在书中两次指出，清代陕西省与今省境有若干不同之处："甘肃省庆阳府北部辖境伸至今陕西吴旗、志丹县境约1960平方公里"（第177页）；第六章"人口地理分布"指出，"今志丹、吴旗二县境约1960平方公里，清时属甘肃庆阳府"（第442页）。

② 许鹏：《〈中国历史地图集〉第八册（清时期）陕西省修订意见》，载华林甫主编《清代地理志书研究》，中国人民大学出版社，2014年，第31—32页。

③ 昇允、安维峻：宣统《甘肃新通志》，《中国西北文献丛书·西北稀见方志文献》本，兰州古籍书店，1990年。

④ 民政部全国勘界工作办公室编：《中华人民共和国省级行政区划界线勘界协议书汇编》，第780—781页。

⑤ 陇县地方志编纂委员会编：《陇县志》，陕西人民出版社，1993年，第26页。

⑥ 民政部全国勘界工作办公室编：《中华人民共和国省级行政区划界线勘界协议书汇编》，第777页。

⑦ 略阳县志编纂委员会编：《略阳县志》，陕西人民出版社，1992年，第33页。

也可明显看出省界变迁。

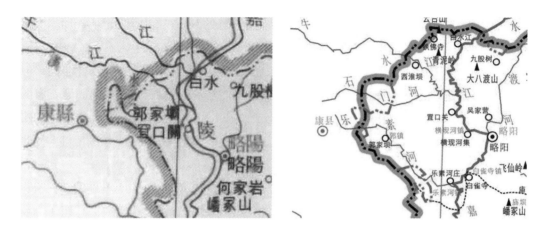

图1 《中国历史地图集》与陕西草图略阳县区域对比

北界：陕蒙边界。此为毛乌素沙地南缘与黄土高原的连接地带。从清代前中期以来，陕西北部各县级政区的北界实际上突破了边墙（即长城）这一传统界线①。清末诸地图之中，"舆地学会图"于延安府边墙以北标明为省界，有宁条梁镇、四十里铺、薛家坳、石坡口塘、河湾梁、大梁峁等6处聚落，押都河、红柳河、月牙河、黑河4处水文地名。《大清帝国全图》于边墙处并未标明为省界，标示地名略同。

图2 "舆地学会图"靖边县边墙部分

---

① 详见王晗《"界"的动与静：清至民国时期蒙陕边界的形成过程研究》，《历史地理》第25辑，第149—163页；《清代汉籍文献所见蒙陕边界舆图解析》，《苏州大学学报》（哲学社会科学版）2017年第3期，第182页。

《陕西全省舆地图》在总图之后有黄河套图，其"陕西全省总图说"中指出大略以长城为界、"蒙番杂处"的状况。在《陕西全省舆地图》县级图登载的 72 处聚落地名中，靖边县边墙外有包括宁条梁镇在内的 49 处，远多于其他各县。王晗研究认为，"宁条梁镇位于红柳河与草路的交会处，是西起宁夏府、东至归化城的交通枢纽"，该图对靖边边外聚落进行适度编绘，是基于"宁条梁镇的特殊地理条件和相应行政管理机构的设置"[①]。"会典图"延安府图则绘有 18 处。故此，陕西草图编绘即依照以上诸图并参以光绪《靖边县志稿》之"边外总图"，将宁条梁镇周边绘入陕西北界之内。实际上，宁条梁此时已比较繁盛，"夙称繁富，客商辐辏，民人数十万，为延绥边外第一大汛特"[②]，《中国历史地图集》（清时期）将其标注于"内蒙古六盟 套西二旗 察哈尔"图内[③]。与此相关，无定河河道绘制"主要参照了康熙《皇舆全览图》与乾隆《内府舆图》等资料及相关文字说明进行编绘"[④]，上游注入佟哈拉克湖，而陕西草图则依照清末地图作连续河流。

东界：晋陕边界段。黄河中游的峡谷地带，河床的下切作用明显，并无改道可能[⑤]，只有韩城以下，称为"小北干流"的河段，河道摆动幅度较大。关于此间河道变迁的考订，主要参考辛德勇《河洛渭汇流关系变迁概述》[⑥]，王元林《清代黄河小北干流河道变迁》[⑦] 及其著作《泾洛流域自然环境变迁研究》[⑧]，胡英泽《河道变动与界的表达——以清代至民国的山陕滩案为中心》[⑨] 及《流动的土地：明清以来黄河小北干流区域社会研究》[⑩] 等研究成果。对此间晋陕省界的考订复原，则依靠光绪《陕西全省舆地图》及《山西疆域沿革图谱》[⑪] 中的蒲州府永济县图。

① 王晗：《清代汉籍文献所见蒙陕边界舆图解析》，《苏州大学学报》（哲学社会科学版）2017年第3期，第184页。
② 《续修陕西通志稿》卷七十二《名宦九·李梦兰》。
③ 谭其骧主编：《中国历史地图集》（第八册），香港三联书店，1992年，第57—58页。
④ 安介生：《从古今图籍看历史时期无定河（红柳河）之河道变迁——兼论古今河道编绘原则》，载《统万城建城一千六百年国际学术研讨会文集》，陕西师范大学出版社，2015年，第19页。
⑤ 此间黄河之形态及流向，可参考史念海《历史时期黄河在中游的侧蚀》，收入氏著《黄土高原历史地理研究》，黄河水利出版社，2001年，第31—94页。
⑥ 辛德勇：《河洛渭汇流关系变迁概述》，《人文杂志》1985年第5期，收入氏著《古代交通与地理文献研究》，中华书局，1996年，第223—229页。
⑦ 王元林：《清代黄河小北干流河道变迁》，《中国历史地理论丛》1997年第2辑。
⑧ 王元林：《泾洛流域自然环境变迁研究》，中华书局，2005年。
⑨ 胡英泽：《河道变动与界的表达——以清代至民国的山陕滩案为中心》，载《中国社会历史评论》第七卷，天津古籍出版社，2006年。
⑩ 胡英泽：《流动的土地：明清以来黄河小北干流区域社会研究》，北京大学出版社，2012年。
⑪ 《山西疆域沿革图谱》，收入王自强主编《清代地图集汇编》系列第三编，题作《山西省疆域沿革图谱》，全国图书馆文献缩微复制中心，2006年。

陕豫边界段。主要变化为潼关与河南阌乡之界，地图主要依靠《陕西全省舆地图》第 214 页，如需细化，则参考《行政区域整理过程中的边界与插花地——以民国时期潼关划界为例》[①]一文。往南，清末仅有商州直隶州雒南、商南二县与河南交界，其边界可据《陕西全省舆地图》考订，多沿山脊分水线划界[②]，且临界点较少，故变迁不大。

陕鄂边界段。涉及商州直隶州商南、山阳、镇安三县及兴安府洵阳、白河、平利三县，"沿线多为崇山峻岭，海拔 1000—2000 米以上的中高山地区"[③]。依靠《陕西全省舆地图》与《湖北舆地图》相关图幅加以比对，差异很小，故变迁有限，难以在省级图中体现。

南界：川陕边界。陕西一侧由汉中、兴安二府组成，四川则包括保宁府、太平厅及夔州府一隅。大致而言，大巴山是四川省与陕西省的界山，地貌上从巴山山地向低山丘陵盆地过渡[④]。《大清帝国全图》标明其界点包括：兴安府有营盘山、界岭、光头山、大界岭、南天门，汉中府则包括卢家坪、佛头山、仙台山等寥寥几处。"舆地学会图"与之略同，参考价值有限。此段省界，主要通过光绪《陕西全省舆地图》汉中府、兴安府相关图幅边界上的界点，与《陕西省地图集》及《中华人民共和国省级行政区域界线勘界协议书汇编》的相关区域进行比对，最终加以确定。清末以来，川陕省界最大的变化在于米仓山主脊南侧碑坝一带的改属，"1954 年 12 月 29 日，四川省通江县的碑坝区（辖广家、西河、碑坝、坝溪、前进、福成、马元、白玉 8 乡）划归本县"[⑤]，因此，清至民国，此地属四川省，《中国历史地图集》第八册"陕西"[⑥]绘制有误（第七册"陕西"图绘制正确，附记于此），《中国行政区划通史·清代卷》图 16"清末陕西省政区图"、图 19"清末四川省政区图"边界走向绘制也不甚确切[⑦]。

① 徐建平：《行政区域整理过程中的边界与插花地——以民国时期潼关划界为例》，《历史地理》第二十四辑，上海人民出版社，2010 年，第 89—110 页。

② 民政部全国勘界工作办公室编：《中华人民共和国省级行政区划界线勘界协议书汇编》，第 541—542 页。

③ 同上，第 575 页。

④ 曹明明、邱海军主编：《陕西地理》，北京师范大学出版社，2018 年，第 31 页。

⑤ 南郑县地方志编纂委员会编：《南郑县志》，中国人民公安大学出版社，1990 年，第 18，51 页。

⑥ 谭其骧主编：《中国历史地图集》（第八册），第 26—27 页。按：这样的绘法从 1974 年中华地图学社内部本沿袭而来，其作为专题历史地图的底图，影响到之后其他地图集的编绘，如张海鹏编著《中国近代史稿地图集》（地图出版社，1984 年）第 10、11、21、25、34、38、42、48、50、63、65、68、77、78、80、85、94、100、102、104、114、120、126、127、128、130、132、133 页等，由此可见一斑。

⑦ 周振鹤主编，傅林祥、林涓、任玉雪、王卫东著：《中国行政区划通史·清代卷》（第二版），第 358，429 页。

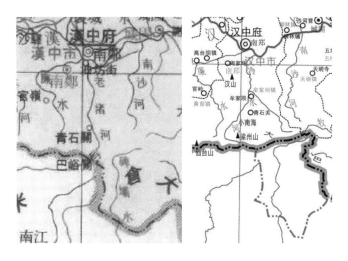

图3 《中国历史地图集》与陕西草图南郑县区域对比

2. 府、厅、州、县边界部分

相较《中国历史地图集》清时期图，"清史地图集"力图绘制县级政区边界，这虽是一项费事费力的基础工作，但却是学术意义上的进步。从学理上看，清末府、厅、州、县边界既无法简单与嘉庆二十五年对应，也与今日的边界有巨大差别，要实现考证基础之上的界线复原，需要依据清末政书、方志及详尽准确的舆图，并广泛参考现有研究成果。从当代编绘的历史地图来看，中国台湾《新清史地理志图集》[1]、新编《陕西省志》第二卷《行政建置志》及其作者吴镇烽先前所编之《陕西地理沿革》所附清代图[2]、《中国行政区划通史·清代卷》"清末陕西省政区图"[3]，对本图的绘制都有一定的参考价值。陕西省文物局2016年编《陕西历史地图集》[4]中有清代政区图，但其标准年份为1820年，且政区界线多为摹绘《中国历史地图集》而成，故参考价值有限。当然，复旦大学历史地理研究中心与哈佛大学合作的"中国历史地理信息系统"（CHGIS）[5]作为历史地图研究进入数字化时代的标志，充分吸收《中国历史地图集》的考订成果，利用测绘数据对其中地名定位与界线考订进行了修订，也是我们在编绘时要参考利用的研究成果。

基于边界的复原多数可采用结点连线法，由于清末县级舆图中地物数量大幅增

① 王恢编：《新清史地理志图集》，中国台湾"国史馆"印行，1993年。

② 陕西省地方志编纂委员会编：《陕西省志》，三秦出版社，1992年；吴镇烽：《陕西地理沿革》，陕西人民出版社，1981年，第488—499页图十七"清代"。

③ 周振鹤主编，傅林祥、林涓、任玉雪、王卫东著：《中国行政区划通史·清代卷》（第二版），第358页。

④ 陕西省文物局编：《陕西历史地图集》，内部发行，2016年。赵荣、侯甬坚主编之同名地图集2018年6月由西安地图出版社出版。

⑤ http://yugong.fudan.edu.cn/views/chgis_index.php［2018-06-06］。

加，从中可供选择的边界地名较多，准确性也很高。"在参照晚清（尤其是光绪、宣统年间）舆图的基础上，结合各种文献的记载，加之小地名本身所具有的稳定性和历史继承性，可以相对准确地认定其为宣统三年存在的节点。"[1] 因此，陕西图的编制，采用以《陕西全省舆地图》为主，辅之以"会典图"，部分区域参考《陕西全省造林区域图说》的方法。实际编绘中也参考了新修的陕西地方志，其文字介绍也是边界复原不可多得的史料文献。

图4　《中国历史地图集》与《大清帝国全图》米脂县区域对比

府界与主要自然地理界线相吻合，山地区多与山脉走向相关，平原区则多与河流相关。从编绘实践来看，关中、陕南府县界线在清末大多已奠定，陕北地区今界则受到陕甘宁边区政区的影响巨大[2]。县级政区界线是府州级界线的基础，从边界的微观层

① 华林甫、赵旭腾：《且为两浙分畛域——〈宣统三年浙江省图〉之编绘》，载杨念群编《澹澹清川：戴逸先生九秩华诞纪念文集》，第580页。

② 李顺民、赵阿利：《陕甘宁边区行政区划变迁》，陕西人民出版社，1994年。

面来看，界线附近的自然地物如山峰、河流，或关隘及市镇，对于界线的准确考订具有重要意义。因此，笔者从具体的考订开始，逐步完成了陕西草图的边界复原。其中一些边界的变迁主要有：

秦岭山区，清后期所置宁陕厅、孝义厅、佛坪厅、留坝厅，从民国起厅制取消，其界线均有大幅度变化。关中平原诸县之边界稳定性较强，如咸阳、高陵、富平等，经边界附近聚落比对，与今日几乎相同。而关中与陕北高原过渡地带，县界变化则很大，比如耀州、同官、宜君、韩城、洛川等处[①]。相比以上诸县，绥德州米脂县与榆林府怀远县（今榆林市横山区），具有错出复入耦合关系，其实质为无定河、大理河与小理河附近聚落的归属问题，绘制难度较大。《中国历史地图集》第八册"陕西"此处绘制较为简略，陕西草图绘制则依照《陕西全省舆地图》作界点考订，辅之以"会典图"、"舆地学会图"及《大清帝国全图》，绘制精度较前者有所提高。

三、地理要素选取与著录

框架厘定，具体地物内容的填充更为重要，对于陕西草图的地物著录，要与新修《清史·地理志》[②]陕西省部分所记实现对应。相较于文字史料，舆图不仅直观明确，而且能标示出不同地理要素的区位信息，因此对绘图颇有助力。

已故历史地理学家陈桥驿曾在《关于〈浙江省历史地图集〉的编绘》一文中强调"言必有据"原则的重要性，对于地物名称，要求出自"权威文献"，而非"引车卖浆者的作品"[③]。这启示我们，在遇到地物名称不同时，应采用文献权威性强及出处较多者，如档案、实录、会典、一统志等官方资料，方志次之。一般来说，志书涵盖的范围越小，记载的地物越多，信息越详细，但从大尺度看，其重要性越低。而不可忽视的是，随着近代化程度的提高，地名有标准化的趋向，但在传统社会，名从主人，不少地名都有俗称或异名，借用 CHGIS 提出的"地名生存期"概念，这些名称或许生存时间更长，使用更为广泛。最终，在官方与民间的互动过程中，现今所示的地名最

---

① 此处诸县界考证为陕西草图编绘的基础性工作，另有专文，恕不展开论述。

② 邹逸麟教授主持：《清史·地理志》，未刊稿，陕西省部分由许鹏撰写，笔者参加了三审的修订工作。

③ 陈桥驿：《关于〈浙江省历史地图集〉的编绘》，《杭州师范学院学报》（社会科学版）2007年第2期，收入《山水契阔——陈桥驿先生学行录》，浙江大学出版社，2016年，第100页。

终形成①。

实际上，由于历史条件的制约，清末舆图绘制方法有别，官方与民间所绘地图也有一定的差异。在利用舆图过程中，需要甄别其中的偏差及错误之处，充分考证，而不能迷信舆图资料。另外，编绘地图中，今地名的著录，要详细地考证出舆图中地名的确切今地，有些可以通过地名的沿革演变来判断，另外一些地物，"在文献中无法查找到沿革，但是可以通过舆图找到其相邻地物的今地，然后通过相对位置判断今天所在的位置"②。

对于地理要素表达中，按地物类型，可分为点状、线状、面状地名，其中点状地名无疑是历史地图的组成基础。从绘制理路来看，结点成线，而闭合的曲线可以构成一块平面，本部分从三种类型地物看清末舆图对陕西草图编绘的重要作用。

1. 集镇的选取与通名标注（点状地物）

有清一代，大型聚落称镇者，并无统一标准，且设置比较灵活，"其基本条件是商业比较繁荣，人口比较集中"③。因此在前述新修《清史·地理志》时"编纂要求"提到"写镇名，不写有几镇"④，将镇作为县级以下商业聚落地名。实际上，清末新政时，民政部曾规定："凡府厅州县治城厢地方为城，其余市镇、村庄、屯集等各地方，人口满五万以上者为镇，人口不满五万者为乡。"⑤将人口作为市镇之判定标准。

具体到陕西，刘景纯曾提出"地名镇"与"市镇"的差异，并认为地志中关于市镇的记述并不平衡，其概念与内涵在方志中也不一致⑥，故此不同志书集镇著录的差异可以大致蠡测。实际操作中，应综合文献史料对市镇的位置、交通、人口加以比较，从而减少编绘者的主观性。

① 罗桂林、王敏：《地图空间与地名政治——清刊本〈福建省会城市全图〉研究》，《中国历史地理论丛》2017年第1辑，第103页。

② 王荣：《试论舆图在清代广东地图编绘中的应用》，载华林甫、陆文宝主编《清史地理研究》（第二集），第122页。

③ 邹逸麟：《清代集镇名实初探》，《清史研究》2010年第2期，收入氏著《椿庐史地论稿续编》，上海人民出版社，2014年，第277页。

④ 华林甫：《新修〈清史·地理志〉的学术理论与编纂实践》，《清史研究》2008年第3期，载《清代政区地理初探》，北京联合出版公司，2015年，第58页。

⑤ 《城镇乡地方自治章程》第二节《城镇乡区域》第二条，《宪政编查馆奏核城镇乡地方自治章程并另拟选举章程折》，光绪三十四年十二月二十七日，载《清末筹备立宪档案史料》（下），中华书局，1979年，第728页。

⑥ 刘景纯：《从地志资料看清代黄土高原地区市镇及其相关的几个问题》，《中国历史地理论丛》2004年第4辑，详见氏著《清代黄土高原地区城镇地理研究》，中华书局，2005年，第41—47页。

表 1　诸舆图通名"镇"著录情况

府州名	《陕西全省舆地图》	"会典图"	"舆地学会图"	《大清帝国全图》
西安府	韦曲、三兆、杜曲、王曲、引驾回、鸣犊、魏家寨、草店、新筑、黄良、子午、鱼化、郭杜、三桥、斗门、（孝义厅11镇，略）、营盘街	无	下街镇、关山镇、金山镇	下街镇、关山镇、金山镇
同州府	沙苑、潘驿、羌白、船舍、方舍，（潼关厅无），白市、新市、赵渡、韦林、安仁、两女、双泉、坊镇、东王、黑池、露井、甘井、百良，（白水14镇，略），八仙、芝川、营铁、薛峰、西庄、峪村，（华州10镇，略），三河口、岳庙、焦家、敷水，（蒲城16镇，略），（澄城13镇，略）	坊镇、焦镇	坊镇、焦镇	坊镇、焦镇
凤翔府	横水、彪角、虢王、柳林、陈村、蔡家铺、高店、枣林、罗局、益店、青化、龙尾、底店、虢县、阳平、贾村、马营、枣林、绛帐、午井、崇正、召公、天度、常兴、槐芽、横渠、金渠、齐家、庙湾、招贤、两亭、麻夫、良舍、花花、天堂、崔木、黄里、草碧、高崖、上店，（陇州10镇，略）	无	无	无
汉中府	（南郑县无），（佛坪厅无），（定远厅24镇，略），（留坝厅无），（褒城10镇，略），（城固县无），（洋县无），（西乡县无），（略阳45镇，略），（宁羌州19镇，略），（凤县23镇，略），元山	子午镇	都督镇、子午镇	无
兴安府	（安康县无），（砖坪厅无），中河，（平利县无），蜀河、双河口、神河口、乾溪铺、仁河口、麻坪河、两河关，（白河县无），（紫阳县无），（石泉13镇，略）	无	无	无
延安府	拐峁、三十里铺、高桥、将台、龙安、城峁堡、店家城、清泉、临真、刘左埠、傅村、旦八里、双庙、金汤、徐家台、五里铺、十里铺、二十里铺、三十里铺、瓦窑堡、吴家铺、景家寨、圪塔、集义、英王、龙泉、云岩、秋林、龙王、汾州、北赤、安沟、神头、交口、拐峁塘、蒿岔峪铺、永年、砖井堡、安边堡、柳树涧、盐场堡、吴起、宁塞堡、镇罗堡、镇静堡、宁条梁、龙州堡、范老关	临真镇	双庙镇、将台镇、高桥镇、临镇、汾川（误作"州"）镇、盘龙镇、宁条梁镇	双庙镇、将台镇、高桥镇、临镇、汾川镇、盘龙镇、宁条梁镇

府州名	《陕西全省舆地图》	"会典图"	"舆地学会图"	《大清帝国全图》
榆林府	常乐堡、双山堡、建安堡、花隆、归德堡、鱼河堡、镇川堡、碛滩、马镇、（神木县无）、（怀远县无）、通秦、乌龙、店头、螅蜊	马镇	花隆镇、店头镇、马镇	花隆镇、店头镇、马镇
商州直隶州	（商州22镇，略）、（镇安17镇，略）、（雒南17镇，略）、（山阳22镇，略）、（商南14镇，略）	无	无	无
乾州直隶州	（乾州15镇，略）、贞元、东扶风、永安、游凤、魏公、大庄、普济、雪固、杨陵、常宁、监军、仪井、店头	无	无	无
邠州直隶州	高村、龙马、太峪、拜家河、史店、白吉、永乐、张洪、土桥、太峪、职田、庙底、方里、通润、冉店、亭口、窑店	无	无	无
鄜州直隶州	交道、牛武、黄甫、直罗、屯磨、（洛川20镇，略）、田家庄、土桥子、大贤村、王家角、隆坊、双柳树、保安、土畛子、孟家、姚蒿店、卢保、雷原、五里、偏桥、哭泉、七里、玉华、马阑	无	厢西镇	厢（误作"庙"）西镇、五里镇
绥德直隶州	新店儿、义合、刘家川、田庄、（米脂县无）、川口、界首、菅田、贺家湾、折家坪、石嘴驿、裴家湾、宋家川、川口、辛家沟	无	界首镇、川口镇	界首镇、川口镇

由上表可见，《陕西全省舆地图》所著录的镇最为丰富，但部分区域数量较多，存在取舍问题。另外，其他三种舆图存在通名脱落现象，这当然也同地图空间有限，须惜字如金有关。与之不同的是，堡、铺等今视为通名的聚落并没有省略而径用全称，这也是一个比较鲜明的著录特点。

在地名取舍过程中，诸舆图著录相同的集镇要尽量上图，而前述《陕西全省造林区域图说》可以起到一定筛选作用。由于其所载地物数量较平均，多载重要聚落，且为清末陕西劝业道官员完成，无疑更有权威性[1]。此项工作，更多体现在从草图到成图的转化过程之中，取舍得当，可以最大程度减少历史信息的损失。

从编绘目的来看，集镇等聚落具有较强的历史承继性，对其资料的整理"需要系统化，并力求完整"[2]。将大小聚落地名绘入历史地图，不仅可以弥补舆图中小地名的

---

① 详见拙作：《清末〈陕西全省造林区域图说〉刍论》，《农业考古》2018年第4期。

② 韩光辉：《〈北京历史地图集〉的编制理论与实践》，《北京大学学报》（哲学社会科学版）1993年第4期，此据氏著《历史地理学丛稿》，商务印书馆，2006年，第315页。

不足，也将最大限度上与当今地名对接，便于读者进行相关研究与参考。

2. 河流水道（线状地物）

从河流的流向及流路情况来看，文字叙述中多包含流程等计量，作用有限，而河流作为线状地物，其路径中经过若干点状地名可资参照，也可通过与其他地名的相对位置加以判断。河流流经地名，实际上反映出聚落兴起与河流的密切联系。在实际绘制中，多与今日之河流路径加以对照。

嘉庆年间孙彤（冯翼）所撰《关中水道记》①，仿《水经注》体例，以河流水系为纲，将陕西省河流按流域分为四卷，第一卷为黄河及其支流，即黄河与独流入黄河的几条河流，包括屈野川水、圁水、诸次水、生水、帝原水、走马水、辱水、区水、黑水、蒲水、畅谷水、湨水、徐水、郃水、灌水；第二卷为泾水及洛水流域，包括华池水、濠水、白水、芮水、罗川水、汃水、梁渠川、七里川、甘水；第三卷为渭河水系，包括汧水、斜水、雍水、漆水、杜水、涝水、丰水、镐水、潏水、霸水、浐水、沮水、冶谷水、浊谷水、禹水；第四卷为陕南以汉水为主的水系，包括西汉水、故道水、浊水、北谷水，东汉水、沮水、褒水、洋水、月川水、闾谷水、旬水、甲水，独流出省境的洛水、武里水、丹水、清池水及楚水。相比于传统地理志书将河流分述于各县级政区之下，此种叙述方式无疑具有更强的完整性。

上文河流通名多为"水"，作某水或某某水。迨至清末，书面语与口语充分互动，反映在舆图上就是通名"水""河""川"等混用，并无定制。到民国，地质调查与新式绘图法实行，一些"俗名"开始成为通用名称。实际上，今名往往是古名的演化，如洛河支流白水，今为"白水河"，汉水支流湑水，今作"湑水河"，为通名专名化。因此，陕西草图绘制中，由于不同历史文献记载中的要素缺失，往往作具体河流具体河段的考辨，难以保证地图上的地物具备系统性与序列性。诸如此类，列举如下，不备载。

葭芦川，"舆地学会图"、《大清帝国全图》作"葭河"，不取。

无定河上游红柳河，前述已辨。

延水，今作"延河"，诸史料均作"延水"，无异议。其西侧支流杏子河，"舆地学会图"、《大清帝国全图》上下游一致，而《陕西全省舆地图》《大清会典图》下游作"西川水"，且有文字对应，故取后者。

今北洛河，诸图多作"洛水"，《大清会典图》延安府、同州府图作"洛河"，而中游鄜州图作"洛水"，并无定称，故草图结合文献作"洛水"。鄜州西侧支流华池水，今作"葫芦河"，但诸图皆认为葫芦河为西南支流，故取名"华池水"。

渭水，《大清会典图》中凤翔府、同州府作"渭河"，西安府作"渭水"，"舆地学

---

① ［清］孙彤：《关中水道记》，中华书局，1985年。

会图"、《大清帝国全图》均无标注，草图综合考订仍作"渭水"。其支流中，南侧秦岭北坡之河流多有谷、峪之辨，见下文。北岸沮水，下游富平县称"石川河"；《大清会典图》文字作"石州河"，图中无；"舆地学会图"、《大清帝国全图》均有石川河之称。古今对照，今富平县河段称为"石川河"。

今南洛河，《大清会典图》作"雒水"，《陕西全省舆地图》、"舆地学会图"、《大清帝国全图》作"洛水"，故取后者。

今丹江，《陕西全省舆地图》《大清会典图》作"丹河"，又称"丹江"，"舆地学会图"、《大清帝国全图》不载，故取《清史稿》等文字史料所称"丹水"。

今汉江流域，汉中府北岸支流多称某水，且多为单名，今名则加一"河"字，如湑水、酉水、文水等，南岸则称某河；至兴安府则南北岸支流均称某河，几乎无例外。

河流名称方面，许多跨县河流在上下游河段有不同名称，这点多结合文字史料加以考订。舆图史料在此的作用是，如果舆图已出现今名，则古今一致，不再作古今对照，因为历史地图集以古为主，今名只是对照。同时，从河流的干支情况可以反映出绘制者的地理认知。

陕西草图补缀了若干《中国历史地图集》第八册中所谓"现代河流"，如红柳河、石堡河（《陕西省地图集》作"石堡川"）、猴儿川、涧谷水、陵水、姜水、太白河、汤谷水、田谷水、清油河、社川河、月河、长安河、大道河、洞河、洋河、黄沙河、安河、小峪河、东沟河等。由于考证过程及掌握史料有限等原因，谭图第八册中河流干流多包含若干标示为今河流的支流，事实上，这些河流应为历史时期长期存在而非现代形成[1]。历史地图集以反映标准年份时期的地理要素为主，因此，通过完善资料，可以将其中部分今河流之流路与名称加以考证，这也是对谭图在此环节上的学术进步。需要指出，在编绘过程中，并非对底图上今河流的线路摹绘，而是通过详细爬梳其流路、经过的聚落点，考辨支流汇入等，通过考实而加以上图，从而保证其科学性，其中不乏实地考察的必要性[2]。

另，《大清会典图》省图中绘制有电线，因属示意图性质，故陕西草图难以呈现。

3. 地名选取与区域特色的体现（面状地物）

谷、峪之辨。清人毛凤枝曾撰《南山谷口考》[3]，谷口今俗称为峪，"峪，山谷"。

---

① 此情况可参见陈桥驿《评〈北京历史地图集〉》一文中所述的相关内容，刊于《历史研究》1989年第5期。

② 笔者曾于2016年10月前往陕西安康市与汉中市部分区县进行考察，比对大比例尺地图集，对若干河流的流路加以核实。

③ ［清］毛凤枝著，李之勤校注：《南山谷口考校注》，三秦出版社，2006年。

《尔雅·释水》："注溪曰谷。或从山。"《说文解字》卷十一下："泉出通川为谷。"① 即泉水流出来的通道叫"谷"。顾炎武《天下郡国利病书》卷十二《北直》十一碣石丛谈："边方营寨称谷称庄，……然谷有两音，南人呼'穀'，切以'古禄'，北人呼'育'，切以'余六'……其土人加山为'峪'，而音义无异焉。"② 因此，水与通道相辅相成，这些区域从地貌上看，均为"山麓洪积冲积扇裙区"，大多沿秦岭北坡形成山前冲积扇③，故为面状地物。

除了秦岭北麓，陕西还有数处地物有"谷""峪"之辨。如乾州有泔峪河，淳化有冶峪河，耀州"舆地学会图"作"清谷河"。山阳县有桐谷水，"舆地学会图"作"桐峪水"。澄城县有大峪河，凤县有小峪河等。不同的是，《大清会典图》多用"某谷水"，而相同河流，《陕西全省舆地图》皆用"某峪水"，"舆地学会图"、《大清帝国全图》则无定例。可见，峪为反映河流真实名称的"俗名"，而谷则为书面语言，且出自权威文献，如《大清会典图》与《清史稿》等，故陕西草图在秦岭北坡河流中多用"某谷水"，而其余河流则对史料加以考辨而定。

关于黄土台原的标注。陕北黄土高原上分布有原、梁、峁等地貌。在富县以北很少有原，其地形"今天称作梁峁更恰当"；富县以南则是"黄土高原原面最广的区域"④。"舆地学会图"、《大清帝国全图》中只有宝鸡县南之和尚原，肤施县东有任东原（光绪《陕西全省舆地图》作"任家原"）。作为全国图中的陕西图，难以体现出黄土高原特色。而其图面标注，以《陕西全省舆地图》最多，但其图例中设定特殊符号，划定范围，因其边界难以精准确定，故陕西草图无法实现，采用与《西安历史地图集》⑤ 相同的汉字地名标注，用汉字大小与间距表示其大致范围。

洛河下游与渭河交汇处有一处特殊的沙丘地貌区——沙苑，其形成与变迁与黄渭洛变迁有一定联系⑥，地势低凹，其中有湖泽湿地，有些小泽已干涸或被沙埋没⑦，清后期，此地"沙随风流徙，不可耕植"⑧。"舆地学会图"清晰标示出其范围，陕西草图采用与黄土台原同样的方法，用汉字地名标识。

湖泊等面状注记。陕西湖泊等水体较少，清代也寥寥可数。"舆地学会图"中蒲

① ［汉］许慎撰，［宋］徐铉校定：《说文解字》，中华书局，2013年，第240页。
② ［清］顾炎武撰，黄坤等校点：《天下郡国利病书》（一），上海古籍出版社，2012年，第323页。
③ 聂树人编著：《陕西自然地理》，陕西人民出版社，1981年，第54页。
④ 王元林：《历史时期黄土高原腹地原面的变迁》，原载《中国历史地理论丛》2001年增刊，收入王颋主编《历史地理论集》，暨南大学出版社，2002年，第167页。
⑤ 史念海主编：《西安历史地图集》，西安地图出版社，1996年。
⑥ 王元林：《沙苑的历史变迁》，原载《人文杂志》2001年第4期，收入王颋主编《历史地理论集》，第172—184页。
⑦ 聂树人编著：《陕西自然地理》，第55页。
⑧ 咸丰《同州府志》卷二十《古迹志》。

城县南有两湖泊,名为"溮泊滩",陕西草图加以添绘。定边为陕西省面积较大的县级政区,其西北与宁夏交界处有若干盐池,2012 年笔者曾前往考察,对其分布及与长城的位置关系有了初步印象。《大清会典图》中无面状标记,仅有烂泥池、莲花池、娃娃池等地名,《大清帝国全图》、"舆地学会图"无标注,但光绪《陕西全省舆地图》定边县图中则对此精确标注,有盐场池、烂泥池、莲花池、娃娃池等四处。陕西草图绘制时结合今地图加以酌情编绘。

4. 地物承载量

如果说编绘地图最基础的工作是定位,包括点、线、面,在图幅设计上更高一级则须"定质、定量(负荷量)"[1]。既要考虑不同类型区域的匀质分布,也需要考虑同一政区内地理要素的分布,在平原地带聚落多一些,在山区则需要填充河流与山峰。

绘图软件方面,《山西省历史地图集》可能采用 CorelDRAW[2],蓝勇主编之《长江三峡历史地图集》通过"mapinfo 作基本数据处理后用 CorelDRAW 作修改润色的简易方法"[3]。本地图集也以 CorelDRAW 为基本绘图软件。

实际上,从地图草图(基础图)的绘制到纸质地图集的出版,还需要地图测绘部门进行制图加工。由于开本篇幅的限制[4],陕西草图《编稿表》中地物难以全部呈现于最终成图之上,于是地物重要性分等过程中,这几种地图也有重要借鉴作用。先期完成的《浙江省图》曾总结其取舍原则为:"第一,所有河流都可以上图,而境内名川需要加注记,一些县内的小河流只要绘制其符号,不需要加注记。第二,聚落方面,有衙署驻扎(县治、通判、县丞等驻地)和清史上有意义的聚落必须上图,在有冲突时优先考虑,其余聚落尽量上图。第三,山岭、山脉方面,清史上有意义的山岭、山脉需要上图,境内名山须上图,界山可上图,其余县境内诸小山视图幅情况而定。"[5] 此原则对陕西草图的绘制也有很大的参考价值。

要基本做到《大清会典图》地物在考证清楚之后基本都上图,最为丰富的地名数据库在 CorelDRAW 软件的不同图层之中。实际上,许多小地名都是县级政区之下,但这类地名往往承载着丰富的历史信息:有的可能是战略要地,有的可能是之后大城市的最初起源,而有的具有一定的清史意义。因此,要慎重取舍,详加考量,真正使

① 黄盛璋:《编制历史地图的一些理论与方法初探》,原载《地理集刊》1963年第7号,此据氏著《历史地理论集》,人民出版社,1982年,第573页。

② 据王尚义、孟万忠、刘敏、翟大彤编《CorelDRAW在地图与规划制图中的应用教程》一书与《山西省历史地图集》地图编绘人员比对。

③ 蓝勇:《中国历史地图集编绘的历史轨迹和理论思考》,《史学史研究》2013年第2期,第60页。

④ 本地图集省级图设定为八开,跨两页,为《中国历史地图集》的两倍。

⑤ 华林甫、赵旭腾:《且为两浙分畛域——〈宣统三年浙江省图〉之编绘》,载杨念群编《澹澹清川:戴逸先生九秩华诞纪念文集》,第597页。

所绘地图经得起检验。

四、绘图启示

由上可见，清末几种舆图对于编绘历史地图集有着不可替代的作用，今人在编绘与研究历史地图过程中，可以根据舆图状况与编绘需要加以充分参考与借鉴。当然，需要充分发掘其中的史料价值，通过与文本的进一步比勘，从而更大程度地提高绘制地图的科学性与准确性。实际上，这一时期官修的大量地方志书中也包含若干地图，虽绘制一般较为粗疏，但多数可作为补充或者绘制时的佐证加以利用。

对于编绘地图这项基础工作来说，谨严与扎实显得尤其重要。主持编绘《长江三峡历史地图集》的蓝勇教授曾指出："从某种程度讲，历史地图的编绘比我们一般撰写学术论文要更讲求科学信度，因为学术论文可以有更多自己的思想，可以见仁见智，但历史地图往往被世人看作工具书、规范蓝本，会在现实中引以为据。所以，我们在地图上的任何一个标记、定位一定要慎之又慎。"[1] 因此，地图绘制的目的以及绘图者的学识都会影响地图的准确性[2]。在绘制地图过程中，需要有翔实可征的地图释文或编稿表与地图集相同步，作为地图集科学性与准确性的保证，此为另一种形式上的"左图右史"。

"清史地图集"的编绘，是历史地理学界对断代地图编绘进行的一次有益探索。对于其学术意义，主持人华林甫教授认为："清代地理格局的形成、发展和变化不仅仅是清朝本身的问题，亦是中华民族在两千多年的传统政治体制和小农经济基础格局下为求生存、发展而形成的各种地理要素的最终沉积。今后，读者通过'清史地图集'，将进一步了解统一的多民族国家的缔造与发展过程，既能一睹康乾盛世的辽阔版图，亦可了解晚清边疆丧失领土的状况。"[3] 笔者期盼，在项目参与人员的辛勤耕耘之下，"清史地图集"能够早日出版[4]，以此惠及学林，服务大众，推进清史研究及相关领域的深入发展。

---

① 蓝勇：《中国历史地图集编绘的历史轨迹和理论思考》，《史学史研究》2013年第2期，第61页。

② 任玉雪、李荣倩：《清代奉天、吉林地区边界绘制过程中的问题讨论》，载华林甫、陆文宝主编《清史地理研究》（第二集），第133页。

③ 华林甫、赵旭腾：《且为两浙分畛域——〈宣统三年浙江省图〉之编绘》，载杨念群编《澹澹清川：戴逸先生九秩华诞纪念文集》，第599页。

④ 该项目2018年4月28日已经全国哲学社会科学规划办公室审核结项。

我们也注意到，虽然目前专题及区域性的历史地图编绘工作有了较快的发展，在社会上的应用也更加广泛，但总体上来看，历史地图编绘的理论性研究仍然比较缺乏[1]。本文仅作抛砖引玉，希望地图研究与编绘人员在实践基础之上，更多参与理论研究，完善其科学性，提高可操作性，从而更好促进学科的发展进步。

（太原师范学院历史地理与环境变迁研究所）

---

[1]　潘晟：《十年来中国的历史地图研究》，《中国历史地理论丛》2011年第3辑，第36页；华林甫：《清末以来中国历史地图编绘成就及其发展趋势》，载华林甫、陆文宝主编《清史地理研究》（第二集），第31页。

德国胶澳租借地的海域地名、知识来源及其历史地图绘制*

丁 超

引 言

在中国近现代史上，胶澳（亦即胶州湾，时常又与青岛混称）上演了德国强租、日德战争、日本侵占等内容丰富的历史"戏剧"。德国视之为在东亚谋求利益的战略支点，并试图在此建设所谓的"模范殖民地"，输入了域外的殖民统治制度、城市规划与建设、土地政策及各种要素。牵一发而动全身，在列强环伺的国际局势下，胶澳也成为德国与俄、日、英等国角力的"舞台"。正因为此，围绕胶澳产生了大批的档案、[①] 旅行记、调查报告和舆图、[②] 照片等历史文献。基于相对丰富的史料基础和鲜明的问题意识，胶澳成为政治史、城市史、国际关系史、社会文化史研究的热点。不仅国内学界对胶澳多有瞩目，国外学界（尤其是德国）也产生了大批的研究成果。

正如禹贡学会前辈所言："历史好比演剧，地理就是舞台；如果找不到舞台，哪里看得到戏剧！"而传统史学研究更是将地理视为登堂入室的"四把钥匙"之一。基于这种朴素的学术理念，我们有必要关注境域广狭、河道变迁、海岸线盈缩、山川地

---

* 原刊于《清史研究》2019年第2期。

① 代表性的档案整理成果：青岛市博物馆等编《德国侵占胶州湾史料选编（1897—1898）》（山东人民出版社，1987年）、黄福庆主编《胶澳专档（光绪二十三年—民国元年）》（台湾"中央研究院"近代史研究所，1991年）、青岛市档案局编《帝国主义与胶海关》（档案出版社，1986年）、《胶澳商埠档案史料选编》（青岛出版社，2014年）和《胶州湾事件档案史料汇编》（青岛出版社，2015年）等。

② 参见青岛市档案馆编《青岛地图通鉴》（山东省地图出版社，2002年）。该书编者指出"地名对译，是破费周折的事情，在德国督署对青岛地名写法作出统一规定之前，部分早期德文地图中的地名，其译音是在德国测绘人员很感陌生的情况下生硬对译的，不免出现误差"（第4页）。

望等基本地理问题。实际上，正是由于基本地理知识的缺失，国内的相关研究颇多可商之处，诸多域外著述在译介成中文时也产生了不少本可以避免的误译。堪称经典的八卷本《中国历史地图集》在《清季列强侵占地区图（部分）》中绘出了两幅胶澳租借地图，①但在界线走向和地物定点上不无可商之处。新近出版的《山东省历史地图集》在政区卷专设两幅胶澳租借地及中立区附图，在基本沿用了既有画法，承袭了已有不足的同时，捎带产生了新的讹误。②更为重要的是，在地名拼写和翻译中要遵循"名从主人"和"约定俗成"的基本原则。一旦某一（或某些）"约定俗成"的地名是由于外来侵略势力的到来而强加于人，带有殖民主义色彩，那么"名从主人"的地名拼写原则无疑具有压倒性。正如不得使用"加藤岛""墨特生岛"等外来地名，不得采用 Tsingtao 和 Chingtao 等旧式拼音一样，对德国、日本侵略势力染指过的胶澳租借地海域地名进行正本清源的考索，还事关民族尊严和国家主权，不得不审慎对待。

本研究在既有研究的基础上，利用档案、地方史志及中外舆图资料，力求绘出相对精确的胶澳租借地地图。当然，这一研究的前提就是基础性的地物名称考源和地点定位。由于陆上地物的可进入性远超过海上地物，且胶澳租借地的陆上界线经过了中德双方联合实地勘界，故本研究主要集中于海上地物的名称考源、地点确定和界线划分问题。

一、胶澳租借地海域划界

德国攫取在华权益的图谋酝酿已久，在放弃大鹏湾、舟山、厦门之后，终于把胶澳当成实现其侵略野心的突破口。光绪二十三年（1897），德国以曹州教案为由，派兵强占胶澳及周边胶州、即墨等地。次年二月十四日（1898 年 3 月 6 日），中德签订《胶澳租界条约》，德国据此租借胶州湾 99 年，并攫取修筑胶济铁路及开采沿线矿产等特权。

---

① 谭其骧主编：《中国历史地图集》第八册《清时期》，中国地图出版社，1987年，第64—65页。该图标绘了来自外语的"加帝庙岛""笛罗山"等地名，有悖于"名从主人"的地名学原则。此外，对关键地物位置的考证有失精准。当然，该图最大的问题在于并未绘出胶澳租借地的海域界线。

② 山东省历史地图集编纂委员会编：《山东省历史地图集（远古至清）·政区》，山东省地图出版社，2014年，第249页。该图将"齐伯山"误作"齐泊山"，将"竹岔岛"误作"竹盆岛"，又将今地长门岩标绘于不同位置。此外，在中立区界限、古海岸线上与史实出入较大。

（一）德军侵占胶澳的地域范围

光绪二十三年十月二十日（1897 年 11 月 14 日），德国皇家海军远东舰队（The German East Asia Cruiser Squadron）司令棣利斯（Ernst Otto von Diederichs，1843—1918）以"管驾东方海面德国兵船水师提督"的名义向占领地中国官民发布告示。11 月 30 日，英国驻华公使窦纳乐（C. M. MacDonald，1852—1915）致电英国首相索尔兹伯里（R. A. T. Gascoyne-Cecil，1830—1903），告知"我从可靠方面获悉，德国人在胶州湾已经张贴了一份中文公告，声称胶州湾周围的一个特定地区，包括胶州城在内，将根据德国法律进行治理"①。此处所谓的"特定地区"，就是棣利斯告示中所称"胶州湾一地并海岸左近群岛等处"。

上述区域是德国企图谋划胶澳租借地的"蓝图"。时任东海关道李希杰等人将德国的告示抄录给北洋大臣王文韶，据此可知德军驻守的具体范围：

> 计开西边直线，自海岸起由东山至离胶州湾水涨时，水面十八里之处，从此往北大坡屯儿税卡绗线，后至胶州河、大沽河二河汇流之处，往东至海岸及崂山湾中央之处。东边一线自北边至崂山湾中央之处，往南至加帝庙岛岸以及炸连岛等处。南边一线自炸连岛至笛罗山岛之南首，从此至海岸西边二处相连之处。②

棣利斯发布的告示是印刷件，其原件及抄录件数量不止一份。在中国台湾"中央研究院"近代史研究所馆藏中，除《总署收北洋大臣王文韶函》（1897 年 12 月 2 日）外，《总署收前山东巡抚李秉衡电》（1897 年 12 月 10 日）也抄录了棣利斯的告示。此外《申报》（1897 年 11 月 2 日）、《国闻报》（1897 年 12 月 6 日）③等报纸及乡邦文献对德国告示也有抄录，其内容大同小异。据此可知，在次年《胶澳租界条约》签订之前，在中德交涉中已经使用"加帝庙岛""炸连岛""笛罗山岛"海域地名。

上述棣利斯告示，在日本人田原天南（又名田原祯次郎，1862—1923）《胶州湾》一书中被称为《告占领地中国官民》，上引告示的内容相应地被译为日文"南方自朝连岛起，至水灵山岛的南端并至该处起至连接西线的海岸线"④。显然，日本人认为

---

①　吴乃华等译：《英国议会文件有关德国占领胶州湾资料选译》，载刘善章、周荃主编《中德关系史文丛》，青岛出版社，1991年，第273页。

②　《总署收北洋大臣王文韶函》（光绪二十三年十一月初九日，1897年12月2日），载青岛市档案馆编《胶州湾事件档案史料汇编》下册第一部分《胶澳专档》，青岛出版社，2015年，第32页。

③　青岛市博物馆等编：《德国侵占胶州湾史料选编（1897—1898）》，第442页。

④　［日］田原天南：《胶州湾》，满洲日日新闻社，1914年，第70页。

"炸连岛"就是"朝连岛","笛罗山岛"就是"水灵山岛"。德日文献对海域地名拼写的差异，也揭开了本研究的序幕。

（二）胶澳租借地海域范围

光绪二十四年二月十四日（1898 年 3 月 6 日），《胶澳租界条约》签订，德国正式结束在胶澳及其附近地区的战争状态。据 1901 年 12 月 31 日《胶海关十年报告（一八九二至一九○一年报告）》载：

> 直到一八九八年三月六日，德军才结束军事占领状态。中德两国政府签订一项条约，规定将原属即墨县管辖的白沙河以南的部分崂山区，土地约五百四十平方公里，租与德国政府使用九十九年。德国政府以港湾的名称来命名这块租借地，叫做德国胶州，并以青岛为其主要港口。同时亦是其政府所在地。①

此处的"政府"亦即德国胶澳总督府，不过这段史料对胶澳租借地四至的表述语焉不详。

关于胶澳总督府（胶澳租界地）的具体海陆范围，《胶澳租界条约》第一端"胶澳租界"第三款将租借地范围分地段罗列如下：

> 一、胶澳之口北面所有连旱地之岛，其东北以一线，自阴岛东北角起，至劳山湾为限。二、胶澳之口南面所有连旱地之岛，其西南以一线，自离齐伯山岛西南偏南之湾西南首起，往笛罗山岛为限。三、齐伯山、阴岛两处。四、胶澳之内全海面，至现在潮平之地。五、胶澳之前防护海面所用群岛，如笛罗山、炸连等屿。至德国租地及胶澳周遍一百中国里界址，将来两国派员查照地情，详细定明。②

上述海陆地域内的地物，前四项或为"连旱地之岛"，或为胶州湾内的海域或岛屿，其古今地名与方位不难考察。但是，第五项所列胶州湾外的群岛，其名称和方位则一时难以确指。更何况，上引条约本文只是提出了胶澳租借地划界的原则性问题。更为详细的勘界立碑，则有赖于随后签订的《胶澳租地合同》、《胶澳边界合同》和《胶澳

---

① 青岛市档案馆编：《帝国主义与胶海关》，第48页。

② 《总署奏与德使议定专条三端遵旨画押折（附胶澳租界条约）》，载王彦威、王亮辑编，李育民等点校整理《清季外交史料》第5册，湖南师范大学出版社，2015年，第2548页。

潮平合同》等。

光绪二十四年七月初六（1898 年 8 月 22 日），中方勘界人员彭虞孙、李希杰与德方签订《胶澳租地合同》两款，分别划定"入胶澳向北德国租界地界"和"入胶澳向南德国租界地址"。八月二十一日（10 月 6 日），中德双方勘界官员签订《胶澳边界合同》《胶澳潮平合同》，确定了胶澳租借地的四至范围和界石位置。其中，《胶澳潮平合同》第三款载：

> 胶澳前一百二十一经度（即伦敦观象台数），至北半球纬度三十六度十分
> 距三十五度四十分中间，笛罗山、炸连岛、加帝庙岛及群岛均系德国租地。[①]

此合同第三款涉及"胶澳之前防护海面"的海上划界问题。根据经纬度，似乎不难划定胶澳租借地的海域界线。显然，文中提及的笛罗山、炸连岛、加帝庙岛三个岛屿是确定胶澳租借地海域范围和边界走向的标志性地物。

1914 年"一战"爆发，日本借对德宣战之机占领胶澳租借地。正如日本第二海军舰队司令加藤定吉（Kato Sadakichi，1861—1927）所言：

> 1914 年 8 月 27 日，我宣布对德国租借的胶州全境沿海海岸实施海上封锁。该项任务将由我统率的舰队完成，介乎东经 120.1 度、北纬 35.54 度以及东经 120.36 度、北纬 36.7 度之内的广大海域，乃至与此相邻的所有区域，都是我们的封锁范畴。[②]

与中德《胶澳潮平合同》第三款相比较，加之经纬度的比对，可见日军"一战"期间在青岛的封锁区域大体与德国胶澳租借地的地域范围保持一致（当然，经纬度数据存在测量上的误差，下同）。

1915 年初，日本提出"二十一条"，妄图接手德国在山东的全部特权。1922 年 11 月，北洋政府决定收回胶澳并开辟商埠，设置青岛特别市。据《胶澳商埠章程及自治令》规定，胶澳商埠区的范围南北自北纬 35°53′30″ 起，到 36°16′30″ 止，东西自东经 120°8′30″ 起，至 120°35′30″ 止。这一四至范围也与德占、日据时期的胶澳地

---

① 中国台北"故宫博物院"藏有"外交部"《胶澳潮平合同》签署本。相关典藏信息参见陈维新《"国立故宫博物院"所藏〈中德胶澳条约〉及相关舆图说明：兼论胶州湾租借交涉》（《"国立"政治大学历史学报》第43期，2005年5月）一文。

② ［德］瓦尔德马·福勒屯（Waldemar Vollerthun）著，刘姝、秦俊峰译：《青岛战时手记》，福建教育出版社，2016年，第107页。原书题为 *Der Kampf um Tsingtau：Eine Episode Aus Dem Weltkrieg 1914–18 Nach Tagebuchblättern*（Leipzig: S. Hirzel，1920）。

区范围基本保持一致。

另据民国《胶澳志》记载可知，"胶澳商埠区之陆地面积并所属二十五岛屿，合计共五百五十一平方公里又七五三"①。这 25 处岛屿，按照是否位于胶州湾内分为两大类。在胶州湾内有大鲍岛、阴岛、毛岛、黄岛、小岛（在黄岛西方）、小岛（在黄岛西南方）等 6 岛，在胶州湾外有青岛、麦岛、赤岛、竹岔岛、槟榔岛、莲岛（共三小岛）、大福岛、小福岛（在大福岛西北方）、鲍鱼岛、石岛、大公岛、小岛（在大公岛西方）、戛堤庙（即家门岛，乃八仙墩北方之三小岛）、小公岛、唐岛、水灵山岛、小岛（在水灵山北方）、小岛（在水灵山东南方）、搭连岛等 19 岛。上述岛屿，在《山东省海岛志》、今方志及地图上大都能明确定位。

但是，《胶澳潮平合同》所载"笛罗山、炸连岛、加帝庙岛及群岛"等地名则既不见于民国《胶澳志·方舆志》记载，今方志及地图也弃之不用。因此，确定这三个岛屿的名称和方位对于了解胶澳租借地的海域范围显得尤为关键。

二、源与流：胶澳租借地海岛地名的语源与变异

与陆地勘界不同，海域划界因无人居住，通达性较差，会更多涉及到一岛多名、多岛一名、无名岛屿的问题。笛罗山、炸连岛、加帝庙岛及其群岛在性质上属于"胶澳之前防护海面所用群岛"，地处胶澳之外，远离陆地，当时多为无居民岛屿。时人对上述三岛及其附属岛屿的地名渊源和具体地望已经语焉不详，多舛误之处，今人更是无从确知。

（一）"中名德译"与"德名中译"

上述困境，从中德《汉洋文合璧潮平合同》的书写格式可以得到体现。对于确知的地名，该合同中随德语译名之后在行内注明汉语地名，譬如"徐哥庄""盐滩""于家河"之类。这类地名对译方式，暂可称为"中名德译"，既有的传统中文地名产生在前，新译的德语地名出现在后。而笛罗山、炸连岛、加帝庙岛三个海岛地名的汉语，则标注于德语译名"Tolosan""Tscha lien taw""Tschia-timiaw-taw"之上，当为合同文本拟定后追加。这类地名对译方式，可视为签约双方在不确定这三个海岛地名准确拼写方式情况下的"德名中译"，亦即将德语地名按照发音转写成汉语地名。

至于这些德语地名的汉语意义，时人并不知晓，只能采取音译的权宜之计。倘若

---

① 民国《胶澳志》卷二《方舆志二·面积》，民国十七年（1928）铅印本。

时人熟稔这三个岛屿地名的来历及地理状况，似不必独出心裁采取另一种书写格式。从地名学的常识判断，三岛地名的命名显然不是遵循传统汉语地名的基本规则，可能是外来语地名的汉语译写。

本研究认为，笛罗山、炸连岛、加帝庙岛三岛地名的组合"亮相"，并不是在胶州湾事件之后，也不是首见于《胶澳租界条约》及其相关合同文本。三岛地名的源头也不局限于德名地名。岛屿仍在，地名却佶屈聱牙，语意乖张。如何接续三岛的历史脉络，就成为今人必须解决的问题。

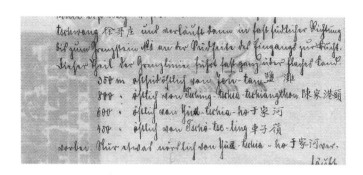

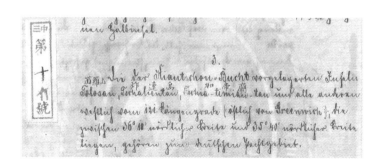

图1　台北"故宫博物院"藏《汉洋文合璧潮平合同》中的地名标注样式

（二）笛罗山岛地名源流

笛罗山岛，因岛上有笛罗山而得名。笛罗山之名，见于《胶澳租界条约》及《胶澳租地合同》《胶澳潮平合同》，其重要性不言而喻。《汉洋文合璧潮平合同》德文"Tolosan"一词之上标注汉语地名"笛罗山"。"Tolosan"一词从音译的角度看，译为"托洛""多罗""提劳""陶罗"等同音或音近的汉字也无不可。

1. 来自英语的"多罗山"

依据如下资料，可断定"笛罗山（岛）"是中国传统地名经由外文辗转翻译而成。在日本海军省水路部依据英国《中国海航行指南》（*The China Sea Directory*）翻译而成的《支那海水路誌》中，英文地名"To-lo-san island"译成"陡羅山島"，并未标注片假名。① 陡罗山岛显系多罗山的又一译写形式。金约翰（John William King，生卒年不详）② 编辑，傅兰雅（John Fryer，1839—1928）口译，并由江南制造局翻译馆依据英国海图翻译而来的《海道图说》一书中，有对"多罗山"的如下记载：

> 灵山，西名罗盘架子山。……灵山与琅琊岛间有大沙澳，惟与曹家嘴近岸处尚未探明深浅。……圆岛：距黄岛东南角二里，距多罗山东北偏北十三里，内有数小岛。③

灵山为中国传统地名，明代就设有灵山卫，清前期的方志也明确记载灵山岛，这也就排除了"灵山（岛）"是外来地名的可能。英国海图不明就里，将"灵山"之意译成"罗盘架子山"，又将海中的"水灵山"意译为"多罗山"。与《海道图说》配套使用的《大清一统海道总图》也标注"灵山"和"多罗"山。英国大英博物馆所藏的该图④ 在"胶州澳"标绘"灵山，一名多罗"，确切说应是"水灵山，一名多罗山岛"。该图又将"崂（劳）山"音译为"罗山"，这也就增加了"灵山（多罗山）"与"崂山（罗山）"混淆的概率。

图2 《大清一统海道总图》中的胶州澳及其周边（局部）

---

① ［日］日本海军省水路部编译：《支那海水路志》第一卷第二编《扬子江口至直隶海峡及黄海北岸》，日本海军省水路部，明治二十三年（1890），第173页。

② 金约翰（John William King）曾与里德（John William Reed）合编 *The China Sea Directory* 第1卷，1867年由英国海军部航道局（Great Britain Hydrographic Department）出版。金约翰还著有 *The China Pilot*（1861年第3版，1864年第4版）。

③ ［美］金约翰辑，［英］傅兰雅口译，王德均笔述：《海道图说》卷七《扬子江口至山东直隶水道》，清光绪年间江南制造局翻译馆刻本。

④ 大英博物馆（British Library）藏《大清一统海道总图》，墨色石印本，左上方钤英国博物馆（British Museum）1878年12月21日收藏印。

与此《海岛图说》基本同期，陈寿彭在《新译中国江海险要图说》中提到灵山和笛罗山二地。据该书载：

> （尖顶峰）一作罗经架子山，在滨海岸上。……尖顶峰中国呼为灵山Ling shan。……提劳山 To Lo Shan，一作罗山，乃一岛。南北长二迷当半，在琅琊岛东北偏东十五迷当。上多冈峦，南向特高耸崛起一千七百尺，崎嶔突兀。斜坡直向于北角。离角则有一小低岛。①

此处的"提劳山"是 To Lo Shan 的音译，亦即"多罗山"。将之译为"罗山"，用音译的角度看脱漏了音节，而且容易与"崂山（罗山）"混为一谈。

根据中外古旧舆图及地理方位、经纬度判断，笛罗山当为今灵山岛（又名水灵山岛）。灵山岛为我国第三高岛，主岛周边还有牙岛子岛、洋礁岛等子岛。②民国《胶澳志》对水灵山岛的地理状况记载颇详：

> 水灵山岛，在北纬三十五度四十四分半至四十七分之间，东经一百二十度十分左右，为胶澳区之极南辖境，地当薛家岛之正南，北距海岸约十三海里，高出海面五百余公尺。《灵山卫志》云：在卫城正南海中，方广四十余里，嵌露刻秀，俨如画屏，屹立于巨浸之上，草色山光，翠然夺目，林木茂密，不生毒虫，未雨而云，先日而曙，若有灵焉，故名。③

水灵山岛得名之缘由由此涣然冰释。

2."陶罗山"与"驼篓岛"

英国是近代列强侵略中国的"先驱"，也是在中国沿海最早测绘海图的国家。不过，英国海军对中国海域缺少足够的了解，遂将陆上的"灵山"命名为"罗盘（经）架子山"，将海中的"水灵山岛（Schuiling schan）"命名为"多罗山（Tolosan Island）"。此后，德国人沿袭英语译法，拼写成 Tolosan；日本人将该地名音译成"陡罗山岛"。至于中国人，或仍用传统旧名，或用西文译名，又有不明就里者，误为两个地名。

值得注意的是，美国国会图书馆藏《直隶山东两省地舆全图》(清咸丰五年至同

---

① 英国海军海图官局编辑，陈寿彭译：《新译中国江海险要图说》卷十九《由扬子江滨海至北直隶海峡》，广东广雅书局印本，光绪三十三年（1907）。

② 山东省科学技术委员会编：《山东省海岛志》，山东科学技术出版社，1995年，第172—179页。

③ 民国《胶澳志》卷二《方舆志四·岛屿》，民国十七年（1928）铅印本。

治九年前后）在灵山岛以南，隔王淮口、夹仓口等地标注海岛"陶罗山"。考虑到中国传统舆图精确性欠佳，这个"陶罗山"也有可能就是基于英国海图"Tolosan"而翻译。当然，更大的可能性在于巧合。夹仓口是位于今山东日照东港区涛雒镇附近的海口，故"陶罗山"之名或取自"涛雒（涛洛）"。

另外，青岛市崂山区沙子口街道近海有驼篓岛（位于北纬 36°04′43″，东经 120°35′02″）与"Tolosan"发音相近。至于陶罗山、驼篓岛与多罗山（Tolosan Island）三者之间是否存在内在联系，尚待进一步排除或验证。

图3　《直隶山东两省地舆全图》中的胶州湾海域①

（三）加帝庙岛地名源流

中德条约及合同中的加帝庙岛（Tschia-timiaw-taw），在中文语境下其意义不可解释。因此岛地名来自外文译写，故在各类文献中又有"加帝铙岛""卡剔尼牙岛""夏堤庙""关帝庙岛"等发音、写法不一的记载。在地名流变过程中讹误颇多，现辨正如下。

---

① 林天人编撰：《皇舆搜览——美国国会图书馆所藏明清舆图》，台湾"中央研究院"数位文化中心，2013年，第108—109页。

1."加帝庙岛"相关地名

其一，加帝庙岛又作"加帝铙岛"。据光绪年间陈寿彭《新译中国江海险要图说》载：

> 加帝铙岛 Ka ti miau island 离罗山澳之鸭头角，东偏北十二迷当，远与亚德庆士角，所距亦同，乃一小岛，高二百四十三尺。又有一较小之岛，高约一百尺，在加帝铙南偏西三缆，二者相距之间，深十二拓。[①]

此处"罗山澳之鸭头角"即位于今青岛崂山区崂山湾（澳）东南角的"亚岛角"（德文作 Kap Yatau），"亚德庆士角"通常译为"墨特生岛"（德文作 Mo tö schöng tau）。

其二，又作"卡剔尼牙岛"，显系外文地名的音译。金约翰辑《海道图说》在表述"牛山澳"时捎带提及：

> 牛山澳：距澳岛头东偏北十里有卡剔尼牙岛，为数岛最外者。数岛以内，澳岛头以北有大浅澳，其与额金司头之间为澳口，阔十六里，长十里。[②]

上引文中的"澳岛头"亦即今崂山区东南端的"亚岛角"。《大清一统海道总图》在此地标绘"亚岛角"，隔崂山湾与地处东北方的"额金司角"（德文作 E.Chin Szu chiao）相望。据上可知，"卡剔尼牙岛"当位于"亚岛角"东北方十里处，与《新译中国江海险要图说》所称加帝铙岛在方位和里距上均相近，故与中德条约及合同中的"加帝庙岛"应为一地。

其三，加帝庙岛又称"戞堤（提）庙岛"。据民国《胶澳志》载："戞堤庙，即家门岛，乃八仙墩北方之三小岛。"[③] 八仙墩位于崂山东南角突出的海岬，与亚德角同处一地。至于"家门岛"的来历，暂无从考索。另据民国《胶澳志》详载：

> 戞提庙群岛，在青岛市东五十余公里，地当八仙墩之东北方，小岛四五环拱成群，旧隶即墨，为胶澳区极东之属岛。[④]

---

① 英国海军海图官局编辑，陈寿彭译：《新译中国江海险要图说》卷十九《由扬子江滨海至北直隶海峡》，广东广雅书局印本，光绪三十三年（1907）。

② ［美］金约翰辑，［英］傅兰雅口译，王德均笔述：《海道图说》卷七《扬子江口至山东直隶水道》，清光绪年间江南制造局翻译馆刻本。

③ 民国《胶澳志》卷二《方舆志二·面积》，民国十七年（1928）铅印本。

④ 民国《胶澳志》卷二《方舆志四·岛屿》，民国十七年（1928）铅印本。

此外，"戛堤庙"与加帝庙岛发音相近，二者或应是基于传统地名"家门岛"（或为"车门岛"）而形成的外文地名之汉译。在中德条约及合同中，加帝庙岛是标识胶澳租借地东北端的标志性地物。民国时期又把戛堤（提）庙群岛视为"胶澳区极东之属岛"。如此看来，加帝庙岛与戛堤庙岛、卡剔尼牙岛当为一地。

其四，关帝庙岛。旧人与今人对上述地名的流变也语焉不详，多有讹误。光绪二十三年十一月初九（1897年12月2日），《申报》刊印烟台人采访所得棣利斯告示全文。文中称：

> 东边一线，自北边至劳湾中央之处，往南自关帝庙岛岸以及炸连等处南
> 边一线，自炸连岛至笛罗山岛之南首，北至海岸西边二处相连之处。以上等
> 处，该归德国驻守。①

在中文语境中"关帝庙岛"比"加帝庙岛"更容易被接受，故后人在整理《国闻报》第四十二号所载棣利斯告示作"东边一线自北边由劳山湾中央往南至加〔关〕帝庙岛案"，②显然把"加帝庙岛"视为"关帝庙岛"之误。不过，也有文献整理成果坚持《国闻报》中"加帝庙岛"的本来写法，③这种做法无疑是稳妥的。捎带提交，有的地图（集）将"加帝庙岛"简化为"庙岛"，此举更增加了对该海岛地名本意的理解。

综上可见，加帝庙岛外文拼写的发音大同小异。前引日本海军省水路部《支那海水路誌》将英文地名"Ka-tih niau island"用片假名译成"カチニヤ岛"（其音为 ka chi ni ya），并称该岛位于劳山湾外，亚岛（Ya-tau）岬东偏北十二里。④日本人当时没有找到加帝庙岛的汉字写法，只能采取音译。这种无奈之际，一直延续到20世纪80年代。青岛市博物馆等单位在摘编翻译日本人田原天南《胶州湾》一书时，又转手译介了棣利斯的《告占领地中国官民》告示。据该书载，德军驻守地"东方自劳山湾中央的北线起，至南方的卡琴半奥岛及朝连岛一线"。⑤此处的"卡琴半奥岛"当为"卡琴米奥岛"的音译，"半"则为"米"之笔误。

---

① 《德员告示》，《申报》1897年12月2日（光绪二十三年十一月初九），第1—2版。
② 《山东教案二十一志》（《国闻报》光绪二十三年十一月十三日，1897年12月6日），载青岛市博物馆等编《德国侵占胶州湾史料选编（1897—1898）》，第443页。
③ 路遥主编：《义和团运动文献资料汇编（中文卷）》上册，山东大学出版社，2012年，第28页。
④ 日本海军省水路部编译：《支那海水路志》第一卷第二编《扬子江口至直隶海峡及黄海北岸》，第200页。
⑤ 青岛市博物馆等编：《德国侵占胶州湾史料选编（1897—1898）》，第391页。

2. "格啼岛" 与 "古迹岛"

当然，来源外文的"加帝庙岛"系列地名并非源头所在。《大清一统海道总图》在亚岛角东北、额金司角南，亦即崂山湾最外一侧标注"格啼岛"（"格啼"二字对应Ka ti）。该图虽由英国海图翻译而成，但从语音判断，格啼岛的原型则应为中国传统地名"古迹岛"或"谷积岛"。

古迹岛（谷积岛）见于即墨旧志及各类古文献。嘉靖《山东通志》卷六《山川下·莱州府》："福岛，在即墨县南五十里，其相望又有香岛、塔沙岛、谷积岛、车牛岛，俱在县南海中。"[1] 据康熙《纂修即墨县志》载："香花岛、塔沙岛、谷积岛、车牛岛、阴岛，俱在县南海中。"[2] 另据同治《即墨县志》载："谷积岛，县东南百二十里，上多耐冬。"[3] 据上可知，谷积岛（古迹岛）当在即墨县南（或东南）。另据明末黄宗昌《崂山志》载："浮山：倚危峰，面大海，登其巅，古迹岛，其对处者。"[4] 今人周至元《崂山志》载："古迹岛：在浮山正南海中。传其上有耐冬。"[5] 浮山位于今青岛崂山区，为崂山山脉西南端高峰。如若黄宗昌、周至元所说不误，则古迹岛当位于今崂山区正南海中，或为今大公岛、小公岛。

与谷积岛（古迹岛）相关的另一处地名为古迹洋（古积洋）。据乾隆《莱州府志》卷五《兵防·海口内外洋界址》载：

> 胶州正南为柴湖荡，西南为桃林口，为古镇口，为龙湾口，与诸城县分界。内洋东南为唐岛口，为灵山岛，岛之南为外洋，为竹岔岛，为古积洋，俱外洋。……正南为墨岛，内洋。为大古积岛，为小古积岛，俱外洋。东南为赤岛，为福岛，为泽化岛，俱内洋。为苍岛，为劳公岛，为车门岛，为千里岛，为车古岛，为女子岛，为狮子岛，为大管岛，俱外洋。为小管岛，内洋。为穆岛，外洋。正东为女岛，为田横岛，为律岛，俱内洋。[6]

该段文字又见于同治《即墨县志》卷四《武备志·营汛》。[7] 据此可知古积洋及大、小古积岛处于外洋。另据美国国会图书馆藏《皇舆全览分省图·山东舆图》载，胶州湾

① 嘉靖《山东通志》卷六《山川下·莱州府》，《四库全书存目丛书》影印山东省图书馆藏明嘉靖刻本。
② 康熙《纂修即墨县志》卷一《地理·山川》，国家图书馆分馆编《清代孤本方志选》影印本。
③ 同治《即墨县志》卷一《方舆志·岛屿》，《中国地方志集成·山东府县志辑》影印同治十二年刻本。
④ 孙克诚编著：《黄宗昌〈崂山志〉注释》卷三《名胜·浮山》，中国海洋大学出版社，2010年，第57页。
⑤ 周至元：《崂山志》卷一《方舆志·岛屿》，齐鲁书社，1993年，第7页。
⑥ 乾隆《莱州府志》卷五《兵防·口内外洋界址》，《中国地方志集成·山东府县志辑》影印乾隆五年刻本。
⑦ 同治《即墨县志》卷四《武备志·营汛》，《中国地方志集成·山东府县志辑》影印同治十二年刻本。

外有"古积洋"。

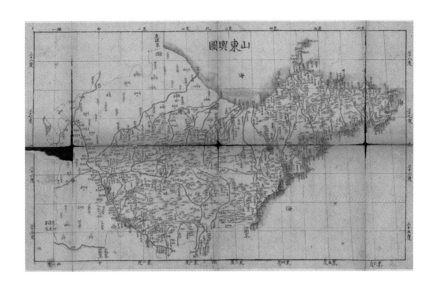

图4　康熙《皇舆全览分省图·山东舆图》和同治《山东全图》中的胶州湾海域①

---

① 林天人编撰：《皇舆搜览——美国国会图书馆所藏明清舆图》，第108—109页。

此外，古迹岛又见于神怪传说中。蒲松龄《聊斋志异》的《海公子》篇载：

> 东海古迹岛，有五色耐冬花，四时不凋。而岛中古无居人，人亦罕到之。……旋见一大蛇，自丛树中出，粗于巨筒。[1]

《聊斋志异》是情节离奇的神怪小说，但也有研究者采信以上引文关于古迹岛的记载，认为该岛就是今青岛即墨鳌山卫附近的长门岩：

> 真正读懂《聊斋》中的一些典故并非易事，有关地名、人名的注释也须仔细考证。蒲松龄下笔审慎，小说中所涉及地名、人名多非臆造。如卷一《海公子》中"古迹岛"，即处于今黄海中的长门岩，今属山东省即墨市鳌山卫镇，笔者所见诸注本皆未注出。[2]

与《海公子》故事类型相近的是"崔道人"。据明末黄宗昌《崂山志》载：

> 崔道人：修真黄石宫，避人，与其徒结茅古迹岛，自耕食。岛在山南海中百余里，常为蟒穴。[3]

此处古迹岛与崂山相距百余里，与其他文献所载相比，里距过大。又有观点认为"今长门岩岛在清代之前称'古迹岛'或'谷积岛'，岛上遍生耐冬，长门岩岛在大管岛东南 16 千米，距崂山头 22.5 千米处。"[4]

长门岩位于崂山头东偏北，大公岛和小公岛位于崂山头西偏南，二者间直线距离多达 40 余公里。上述二说因何大相径庭，疑为大公岛、小公岛与大管岛、小管岛这两组地名字形、字音相近致误。另外，《直隶山东两省地舆全图》则在相关海域标注大、小古迹岛及大、小龟岛和大、小关岛三组发音、字形相近的地名。由此看来，格啼岛、古迹岛与其他地名音形相近岛屿的关系，难以一时断定。

然而，德文舆图已将加帝庙岛标绘于崂山头以东，《大清一统海道总图》也在此处标注"格啼岛"。光绪《山东通志·舆图志》也将"积谷岛"（显系"谷积岛"之误）

---

① ［清］蒲松龄著，张友鹤辑校：《聊斋志异（会校会注会评本）》上册，上海古籍出版社，1986年，第172页。

② 赵伯陶：《〈聊斋志异〉注释问题举隅》，载《义理与考据》，北京时代华文书局，2016年，第297页。

③ 孙克诚编著：《黄宗昌〈崂山志〉注释》卷五《仙释·崔道人》，中国海洋大学出版社，2010年，第143页。

④ 孙克诚编著：《黄宗昌〈崂山志〉注释》卷三《名胜·浮山》，第58页。

标绘于崂山头以东，大管岛以南。综合上述文献，古迹岛（谷积岛，及其衍生地名加帝庙岛、格啼岛）的位置当在今天所谓的"长门岩"岛。

图5　光绪《山东通志·舆图志》中的胶州湾及其周边[1]

3. 来历不明的"长门岩"

新修方志认为位于今崂山区王哥庄社区东南 29.5 公里处的长门岩，也就是清代之前的古迹岛、谷积岛，该岛又名车门岛、长门岛。[2] 长门岩之名普遍见于今方志、地图。据《山东省海岛志》载，长门岩由长门岩北岛（嘉宝岛，群岛主岛）、七星岩岛（长门岩北岛的东南端）、长门岩南岛等岛屿构成。[3]

岩是较为冷僻的海岛地名通名之一，大都是石质岛屿，较有名的有山东长门岩、千里岩，台湾七星岩，等等。可是，另外一个问题由此呈现：加帝庙岛何时因何故改称长门岩？新修《即墨县志》称该岛"因南北两岛拱卫航道之侧，中间宽敞如行车之门而得名。岛上的花岗岩所含云母成分较大，到处散发着宝石般的晶莹光泽，故又称嘉宝岛"。[4] 新修《崂山区志》也持相同看法。关于长门岩的得名，当地人士认为："西汉大文豪司马相如的《长门》一赋，情文并茂，后人附庸风雅，便将车门岛改名为长

① 光绪《山东通志》卷一上《舆图志第一·胶州》，商务印书馆影印山东通志刊印局铅印本。

② 青岛市崂山区志编纂委员会编：《崂山区志》，方志出版社，2008年，第112页。

③ 山东省科学技术委员会编：《山东省海岛志》，第148页。

④ 即墨县县志编纂委员会编：《即墨县志》，新华出版社，1991年，第690页。

门岛。因岛体不大，又称长门岩。"① 上述诸说没有史料佐证，未尝不是"附庸风雅"，本文不敢采信。

遗憾的是，检诸古文献迄今未见"长门岩"的记载，而标注该地名的文献和舆图都产生于晚近以来。虽无确凿证据，但有理由怀疑该岛地名是对车门岛、石门岛等地理位置相近岛屿名称的杂糅。例如，康熙《皇舆全览分省图·山东舆图》在崂山头今"长门岩"处就标注了"石门岛"和"车公岛"。

此外，鉴于长门岩所在的青岛地区均被日本侵占的经历，这不由得让人联想该地名与日本侵略的关联。日本的"長門国"（ながとのくに，Nagato no Kuni）为古代的令制国之一。在日本海军中，有"長門型戦艦"（Nagato-class battleship）。此外，日本也有用"长门"命名的岛屿。在山口县（県）有长门市，广岛湾（広島湾 Hiroshima-wan）内的"倉橋"（Kurahashi-jima）在古文献中又称"長門島"（Nagato-jima）。

日本借"一战"之机占据青岛之后，在此地侵夺渔业资源，"自青岛战役以后，日人西来，从事水产者颇多。民国五年，考其业渔者，已达五百余人"。② 日本越界侵渔的范围包括：

> 日本在青岛附近之渔场，初限灵山岛、大公岛、小公岛、塔连岛一带近海小区域内，迨后逐年扩大。至民国六年，又发见嘉鲫之一大渔场。民国八年，经日官厅之补助奖励，陆添大型渔船七只，遂大加发展。而鲨鱼延绳渔船，亦同时出渔于山东高角之海面。于是海州至山东省之海权，任其操纵矣。③

由此可知，青岛海域是日本渔民掠夺我国渔业资源的重要场所，这其中就包括灵山岛、搭（塔）连岛。

具体说来，日本渔民"鲨延绳钓"的分布范围为"渔场始则极近海岸，不外大公岛、水灵山、沙子口、腰岛岬、劳山湾、专门岩一带，渐次远徙。盛渔期以千里岛近海为最好，渔期将终，渔群逾远，往往至石岛以南十浬，及塔连岛东南七十浬"。④ 而"马鲛流网"则"渔场春季在水灵山、大小公岛、腰岛岬一带渐次南移，秋季以塔连

---

① 即墨县县志办公室、即墨县文化局合编：《即墨风物（一）》，非正式出版物，1995年，第55页。

② 张武编：《最近之青岛》，桐城张宅（北京宣武门内油坊胡同），1919年，第23页。

③ 《海州渔业技术传习所为报送青岛渔业调查报告书呈稿（1922年4月7日）》，载中国第二历史档案馆编《中华民国史档案资料汇编》第3辑《北洋政府时期农商（一）》，江苏古籍出版社，1991年，第695页。

④ 同上，第698页。

岛、长门岩附近为良多渔场"。[①] 上述产生于 1922 年的文献，可以为我们解释"长门岩"作为海岛地名的缘起，它有可能源自在此捕捞的日本渔民。而且，"日人出渔于青岛者，以广岛县为第一，爱媛、大分、鸟取、山口诸县次之"。[②] 而日本山口县又有长门市。如果这种巧合不是本文的"牵强附会"，那么，地名虽小，事关民族尊严，长门岩岛的地名来源值得进一步探讨。

（四）炸连岛地名源流

炸连岛，又名乍莲岛、乍连岛、栅联岛、褡连岛、搭（塔）连岛、朝（潮）连岛等，地处胶澳租借地东南边界最远处。从地名字形、发音判断，上述地名显然出自同一语源。

1. 从"褡裢岛"到"潮连岛"

炸连岛（Tscha lien taw）之名，见于中德《胶澳租界条约》《潮平合同》等外交文件。此外，汉译金约翰《海道图说》对搭连山有如下记载：

> 距澳岛头东南偏南又南三分十七里，距罗山东偏北三十四里，有搭连山，长二里，形势甚低，其间有小山，高二百五十尺至三百尺。其角为稍高陡岸，纬度约距赤道北三十四度五十四分，经度偏东三度二十三分（原图偏东一百一十九度五十一分）。[③]

引文中的搭连山亦即炸连岛的异写。虽然在文献及舆图中也有将"崂（劳）山"写作"罗山"的记载，但从里距和方位判断，此处的"罗山"当为"笛罗山"之讹。所谓"澳岛头"，当指《大清一统海道总图》所载的"亚岛角"，亦即今崂山区东南角滨海的崂山头所在。

陈寿彭《新译中国江海险要图说》又载"栅联岛""塔连岛"，亦即炸连岛的异写。据该图说载：

> 栅联岛 Tcha Lin tau，一作塔连山，在赤道北纬线三十五度五十三分又四分之一，经线由英京起算，偏东一百二十度五十三分。最近于鸭头 yatau

① 同上，第699页。

② 同上，第696—697页。

③ ［英］金约翰辑，［英］傅兰雅口译，王德均笔述：《海道图说》卷七《扬子江口至山东直隶水道》，清光绪年间江南制造局翻译馆刻本。

角，东南南又东四分之一，十六迷当半。此岛由东北与西南，长一迷当。[①] 甚
窄。有一平顶小山，高一百八十二尺。其东尽处有一粗石。[②]

上述两种汉译海图对炸连岛的经纬度记载不尽一致，但从其方位、里距判断，当为一
岛。加之民国《胶澳志》所载：

> 搭连岛，亦称乍连岛，在崂山南海面二十海里，为胶澳区东南界最远之属
> 岛，高出海面七十余公尺，上建灯塔，旧隶即墨。地当东经一百二十度五十二
> 分十秒之左右，北纬三十五度五十三四分之间，实为胶澳区之极东辖境。[③]

此处经纬度与《新译中国江海险要图说》所载十分接近，更能起到佐证。

从舆图资料看，在德文《胶州占领区概览图》[④] 标注了 "Tscha lien tau"，音译即
"炸连岛"。在《大清一统海道总图》标绘了 "朝连岛"，地处胶州湾东南。民国《胶
澳志》所载《胶澳商埠区域图》及《青岛市自治区域全图》（1933 年）、《青岛特别市
区域图》（约 1912 年）则标注 "乍莲岛"。

图6　《胶州占领区概览图》

---

① 迷当，为mile的音译，即英里。1英里折合约1.6千米（公里）。

② 英国海军海图官局编辑，陈寿彭译：《新译中国江海险要图说》卷十九《由扬子江滨海至北直隶海峡》，
　广东广雅书局印本，光绪三十三年（1907）。

③ 民国《胶澳志》卷二《方舆志四·岛屿》，民国十七年铅印本。

④ *Das deutsche Kiautschou-Gebiet und seine Bevoölkerung, Kiatschou.* Berlin，1899.英国大英图书馆
　藏，比例尺1：200000。

此外，日本海军省水路部在将《中国海航行指南》(*The China Sea Directory*) 翻译而成《支那海水路誌》一书时，将英文地名"Tcha Lien tau"译成"塔連島"，并标注片假名"テヤリソタウ"（其音为 te ya ri n ta u）。[①] 但在该书地名索引中则将"塔連島"写作"搭連島"。日本《胶州湾征独地图》（大阪朝日新闻社调查部编纂，1914 年）则直接标注"朝连岛"。

基于上述古旧文献和舆图，很难辨别有关炸连岛的一系列地名孰为正名，孰为别名。关于潮连岛的得名，《山东省海岛志》认为："太平角与西山头两岛低潮时与潮连岛相连，涨潮时则与潮连岛隔开，故统为'潮连岛'。又因其狭长的岛体两端各有一小岛，形同钱褡子，所以也称为'褡连岛'。还因其岛形狭长，颇似沧海中的巨舟，又名'沧舟岛'。"[②] 在新修方志和地图中，潮连岛被视为正式名称，褡连岛、沧舟岛、窄连岛等则被视为别名或曾用名。考其今地，当为山东省青岛市崂山区沙子口街道沙子口社区东南 39 公里处之潮连岛。该岛主岛为潮连岛，另有太平角岛、西山头岛等附属岛屿。

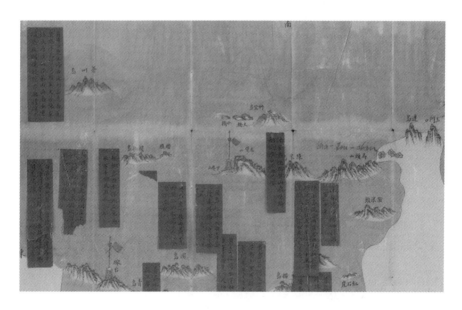

图7 《胶州海口图说》（局部）

2. "沧州岛"与"千里岛"

前述关于炸连岛之所以得名的真正原因，暂且留待他人破解。不过，将沧舟岛视

---

① ［日］日本海军省水路部编译：《支那海水路志》第一卷第二编《扬子江口至直隶海峡及黄海北岸》，第174，201页。

② 山东省科学技术委员会主编：《山东省海岛志》，第161页。

为炸连岛（潮连岛）的别名值得商榷。

　　沧州岛，又作沧洲岛、苍州岛、沧舟岛等。德藏《胶州海口图说》（Kart. E.1229）在胶州湾东南标注"苍州岛"，附近贴红标签称："自淮口赴上海，由沧州岛迤南，至黑水洋、毛竹沙、蒋家大沙、陈家沙、五乃沙、板沙、茶山，西南至重明。并无间道、捷径，亦无暗礁。"[1] 同一份舆图中的沧州岛，其写法音形相近而并不一致。

　　上述贴红标签记载了从淮口（淮子口，即位于薛家岛、团岛之间的胶州湾入海水道）出发开往上海的航路，由此推断，沧州岛当位于胶州湾外偏东、偏南方向。倘若该推断不谬，则欧洲战纪社编《青岛》所附《胶州湾图》标绘的沧州岛方位和里距或许是准确的。

　　此外，《直隶山东两省地舆全图》在胶州湾海域标绘"苍岛"，地处"车古岛"附近，与 欧洲战纪社编《青岛》所附《胶州湾图》大致相同。然《直隶山东两省地舆全图》在苍岛东南方甚远处标绘"千里岛"，此岛有可能就是沧州岛。

图8　民国三年《胶州湾图》[2]

---

① 该图藏于德国柏林普鲁士文化遗产图书馆，详见华林甫等著《德国普鲁士文化遗产图书馆藏晚清直隶山东县级舆图整理与研究》下篇《晚清山东省县境舆图整理与研究》（齐鲁书社，2015年，第305页）。该研究认为该图与"展现州县全境的舆图不同，只绘有胶州湾，并且跨有胶州、即墨地域。或许，这与1897年德国占领胶州湾事件有关，详情待考"。从绘图手法和风格上判断，这是一幅中国传统手绘舆图，可排除西方地图学的影响。

② 欧洲战纪社编：《青岛》，中华书局，1914年，卷首。

然而，又有文献记载沧州岛地处崂山头以东。据明代陈沂《崂山记》称："海中诸岛，东有大管、小管、车门、沧洲。南有鲍鱼、老公、车屋、大古、小古、浮岛，皆登陟所见者。"① 今人周至元《崂山志》卷一《方舆志·岛屿》载："乍莲岛，在太清宫南海中，上有德人所置灯塔。"又载："沧州岛，在崂山头东。"② 上述两处文献均认为沧洲（州）岛地处崂山头以东，而不是南方。另据《民国山东通志》载："沧洲岛又名千里岛，在崂山东方海洋中，是一座大山岛，由崂山乘风船往返需五六小时。"③千里岛（今名千里岩，又名千里山），今属山东烟台海阳市，地处北纬 36°15′57″，东经 121°23′09″。千里岛与崂山头东西相对，距离约 60 公里，被视为崂山湾的前哨。

千里岛的轮廓呈两端大中间小的哑铃形状。潮连岛的形状则为细长条状，两端各有一小岛。所以，千里岛、潮连岛从外形上看均可能被称为褡裢岛。是不是因为外形相近则造成地名命名"一名两地"的现象，笔者不敢妄下断言，只是提出一种可能性。如果千里岛与沧州岛本为一地，则它在外文文献中的名称应为"测量士岛"（Surveyor Island）。

三、德国胶澳地理知识的来源

德国大规模的侵华行为晚于英、法、俄、日等国，所以其在中国的地理考察和测绘活动也相应较晚。

（一）德国的胶澳地理及其知识来源

德国人在华的地理（地质）考察活动，以李希霍芬（Ferdinand von Richthofen，1833—1905）最为著名。他在《山东及其门户胶州》④ 一书中积极鼓动德国政府侵占胶州湾，攫取在山东的路矿权益。在 1885 年出版的《中国地图集》中，李希霍芬在胶州湾（Kiau-Tshou-Bai）外清晰地标注出 "To-lo-shan" "Tshu-lien-tau" "Ka-ti-miau"（亦即笛罗山、炸连岛、加帝庙）。

---

① 同治《即墨县志》卷十《艺文·文类》，《中国地方志集成·山东府县志辑》影印同治十二年刻本。

② 周至元：《崂山志》卷一《方舆志·岛屿》，第7页。

③ 《民国山东通志》编辑委员会编：《民国山东通志》第五册卷三十一《抗战志》，山东文献杂志社，2002年，第2984页。

④ Richthofen,Ferdinand Paul Wilhelm von,*Schantung und Seine Eingangspforte Kiautschou*,Berlin:Dietrich Reimer（Ernst Vohsen）,1898.

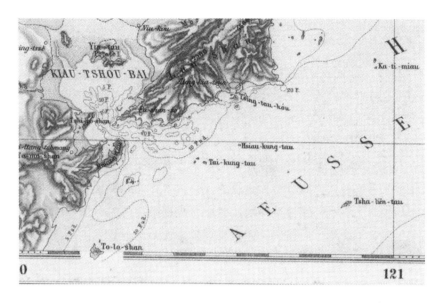

图9　李希霍芬《中国地图集·东部山东》局部（1885年，1∶75万）[1]

　　李希霍芬在华游历虽广，但也没有亲自踏上胶州湾外进行实地考察。1897年5月5日，德国驻北京公使海靖（Friedrich Heyking，1850—1915）在致首相何伦洛熙的公文中指出：

> 　　所谓胶州湾及其富饶腹地的一切优点，至今还只是建筑在一个尚未经批评证实的传说之上。这个传说大部分是于30年前由李希霍芬先生所散布，但他本人却从没有到过该处。唯据福兰西斯顾问从现存的地图及各种报告中的材料上所看到的，他认为胶州湾可能具有好军港的一切基本条件。[2]

据此可知，李希霍芬地图集对上述岛屿的标绘，更多是依据已有的地图或文字资料，没有经过实地的地质地理考察和测绘。

　　在寻找"屯煤泊船之所"的过程中，德国对胶澳地理情况的了解存在由浅入深的过程。以东亚海军舰队司令梯尔皮茨（Alfred von Tirpitz，1849—1930。又译作铁毕子、提梯尔皮茨）为例，他在1896年8月与海靖的交谈中提到："去年视察胶州湾时之所以得到不利的结论，是由于观察得不够充分，且表示于短期内还将亲自视察该海

---

① Richthofen,Ferdinand Paul Wilhelm von.,*Atlas von China*（*Orographische und geologische Karten*），Berlin:Dietrich Reimer,1885,p.3.

② 《驻北京公使海靖男爵上帝国首相何伦洛熙公爵公文（甲69号）》，载青岛市档案馆编《胶州湾事件档案史料汇编》下册第二部分《涉及胶州湾事件的德国档案》，青岛出版社，2015年，第144—145页。

湾，以作更精确的研究。"① 于是，梯尔皮茨在该月又赴胶澳考察，为在此经营军事基地做准备。

1897 年 2 月，德国又派港口工程师乔治·弗朗鸠斯（Georg Franzius，1842—1914。亦即上引文中的"福兰西斯顾问"）前往中国沿海考察，并对胶州湾进行勘查。正如弗朗鸠斯所言：

> 令人遗憾的是，李希霍芬男爵并没有亲自对胶州湾作过考察。因此，为了从技术上考察胶州湾是否适宜建设港口，以及是否能够从那里修建一条通往内陆的铁路，当时的东亚巡洋舰队司令、现任帝国海军部国务秘书提尔皮茨海军上将亲自视察了胶州湾，此后又要求派遣一名港口建筑工程师进行实地勘察。最终，此项任命由我获得。②

至此，德国在胶州湾开始更为细致的实地考察和测绘。光绪二十三年四月十三日（1897 年 5 月 13 日），北洋大臣王文韶在电文中称：

> 前日德国兵轮两艘，一名康莫冷，一名开士，先后至胶州澳停泊，在南北两岸水陆各口并胶州口运粮河，绘图毕，余十一、十二两日先后开行出口。③

当年 11 月 18 日，王文韶又致电总理衙门称：

> 今辰有德兵三四十人由沧口北至女姑山，查看地势，节节画图。又有德轮一只开赴营岛，上岸阅视，仍登轮在澳内游弋。④

可见，德国在胶州湾的测绘进行了相当长的时间。

---

① 《驻北京公使海靖男爵上帝国首相何伦洛熙公爵公文（102 号）》，载青岛市档案馆编《胶州湾事件档案史料汇编》下册第二部分《涉及胶州湾事件的德国档案》，青岛出版社，2015 年，第 132—133 页。

② ［德］乔治·弗朗鸠斯著，刘姝、秦俊峰译：《1897：德国东亚考察报告》，福建教育出版社，2016 年，第 16—17 页。该书德文原版题为《胶澳：德国在山东的攫取》（Kiautschou:Deutschlands Erwerbung in Ostasien,Berlin:Schall & Grund,1898）。

③ 《为德兵轮在胶州澳停泊现绘图已毕开行事》，未递电信档，光绪二十三年四月十三日，中国第一历史档案馆藏（档号：2-07-12-023-0203）。

④ 《总署收北洋大臣王文韶电》（光绪二十三年十月二十四日，1897 年 11 月 18 日），载青岛市档案馆编《胶州湾事件档案史料汇编》下册第一部分《胶澳专档》，青岛出版社，2015 年，第 7 页。

当然，弗朗鸠斯的专长是港口、水利，而建筑工程测绘与普通地图测绘在精度、地域范围等技术细节上有不少差异。他在考察报告中插入的山东、胶州湾地图同样也利用了已有地图资料。与李希霍芬《中国地图集》相比，弗朗鸠斯考察报告中的山东地图绘出了胶州湾外三岛的大致轮廓，但仅有"To-lo-shan"这一个文字注记。

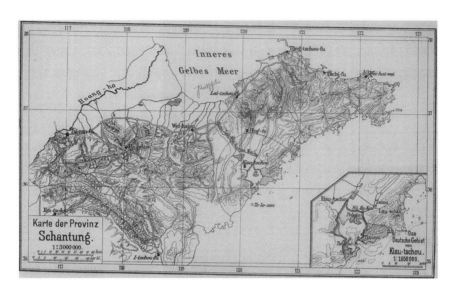

图10　弗朗鸠斯《胶澳：德国在东亚的攫取》所附山东地图（1898年，1∶300万）[①]

德国在胶澳进行地理考察和测绘的不足之处也是显而易见的。1898 年 1 月 31 日，英国驻华公使窦纳乐致函首相索尔兹伯里，在信函所附"德国东方舰队总司令海军上将狄特立克斯的公告"中，关于占领区的边界仍注明"在任何可以得到的地图上，均未能提供地形情况，没有说明占领区的确切范围"。[②]2 月 5 日，英国驻德公使拉塞尔斯（Lascelles）致电索尔兹伯里，附上了"本月 3 日《德国殖民报》的摘要，还有一份胶州港的地图。在地图上分别标出了德国租借地范围及中国保持有限主权的领土的范围"。[③]2 月 8 日，德国外交大臣布洛夫向国会宣读了来自北京的电文，并补充了发表在 1 月 5 日的《帝国公报》（Deutscher Reichsanzeiger）中有关割让胶州湾一事的声明。他对胶州湾租借地有如下表述：

　　　　该地区在山东南部位于胶州湾入口处的两侧，下面还要对此作更准确的

①　Franzius,Georg:Kiautschou:Deutschlands Erwerbung in Ostasien,Berlin:Schall & Grund,1898,p.93.

②　吴乃华等译：《英国议会文件有关德国占领胶州湾资料选译》，载刘善章、周荃主编《中德关系史文丛》，第292页。

③　同上，第296页。

描述。……根据英国 1863 年所绘关于胶州湾的海图，德国政府租借地的范围如下：……①

这段引文说明德国划定租借地所依据的地图资料的重要来源是 1863 年的英国海图。

直到 1898 年 3 月 23 日，德国海军测量分队才开始对胶州湾地理位置进行精确的天文测量，并对海湾前的岛屿进行基线测量、三角测量和地形测量。其测量的精度也从普通地图的 1∶75 万提高到 1∶1.25 万和 1∶1000。即便如此，在 1898 年 10 月 10 日完成胶澳租借地边界划定时，仍然面临地图资料不足的问题。据《胶澳发展备忘录》记载：

> 由于缺乏现成的地图资料，所以不能列出位于胶州湾前的全部海岛和名称。因此只能按经纬度确定一个区域，包括在此区域之内的岛屿都属总督府管辖。这些岛屿位于格林威治东经 121° 以西，介于北纬 35°40′ 至 36°10′ 之间。②

由此不难想见，李希霍芬地图集中的海岛地名更是依据当时的现有地图加以标注，这是中外地图集编绘采用的惯常做法。

在 1898 年出版的德语《胶州湾及其周边》地图上，胶澳租借地海域范围边界上标注出 "To lo shan" "Chao Lien tao" "Ka tin miau" 三个海岛。虽然地名拼写不尽一致，但显然与李希霍芬地图集上所标绘的是同一地物。在这幅由德国尤斯图斯·佩特斯（Justus Perthes）出版公司印制的地图中，图名下注明该图是 "根据一幅日语的山东地图和英语的海图" 绘制而成。此外，德国学者托尔斯藤·华纳（Torsten Warner）在研究青岛城市规划与建设时指出，女儿礁 "英文名称出自 1863 年的一幅英国海图，作为唯一幅海图资料，无论是佛朗裘斯还是后来的测量分遣队都曾使用过"。③ 此处的 "佛朗裘斯" 亦即前文提及的乔治·弗朗鸠斯，而所谓的 "测量分遣队" 亦即 1898 年 3 月到胶州湾进行测绘的德国海军测量分队。

---

① 同上，第298页。

② 青岛市档案馆编：《青岛开埠十七年——〈胶澳发展备忘录〉全译》，中国档案出版社，2007年，第15—16页。

③ ［德］托尔斯藤·华纳著，青岛市档案馆编译：《近代青岛的城市规划与建设》，东南大学出版社，2011年，第96页脚注。

图11 德国《胶州湾及其周边》地图（1898年，1：75万）[①]

由上可知，探讨胶澳海域地名流变的关键之一，在于从英国地图所载相关地名来龙去脉的探讨。英国是最早在中国沿海进行地图测绘的西方国家。已有研究表明："从现存英版航海图的布局可以看到，大约于1840—1850年间测绘了珠江口至长江口的航海图，大约于1850—1860年间测绘了胶州湾至鸭绿江口的航海图。"[②]英国海图为中国及德日等国对胶州湾及其附近地区的地理认知提供了重要信息来源，其中前文屡次提及的1863年所绘英国海图（British Admiralty Chart）显得尤为重要。

囿于本人学识，暂未看到这幅英国海军部（British Admiralty）绘于1863年的英国海图。然据陈寿彭《新译中国江海险要图说》卷一所载英国海军海图官局《原叙》可知，在"历届测量家姓氏官职年份表"中有"华特"（Ward R. N.）一人，官职为"总兵"；另有一人名为"蒲乐克"（Bullock），官职为"守备"。二人均曾于1857年到中国沿海测绘。还有一人名为"仕连利"（Stanley），官职为"船主"，曾于1866

① Petermann,A.,Die Kiau-Tschou Bucht und Umgebung.（Nach einer japanischen Karte von Schantung und der englischen Seekarte），Gotha;Justus Perthes,1898.

② 汪家君：《近代历史海图研究》，测绘出版社，1992年，第29页。

年到中国沿海测绘。① 在 1876 年出版的英国海图《中国东北海岸——山东半岛胶州湾至庙岛海峡》中，注明了该图的调查者为 "Commander J. Ward，R.N." 和 "E. Wilds，Master，R.N."，另有协助者 "Lieutenant C. Bullock" 和 "G. Stanley，Master，R. N." 等。Ward，Bullock，Stanley 三名见于上述图文，如无意外，所指当为同一人物。因为英国海图是历年测绘且逐年修订出版的，所以由 1876 年英国海图可以窥见德国人所据 1863 年英国地图的端倪。英国海图中标识的 "Tolosan""Tcha Lien tau""Ka tih miau" 三岛，也就是后来中德条约及合同所及 "笛罗山"（Tolosan）、"炸连岛"（Tscha lien taw）、"加帝庙岛"（Tschia-timiaw-taw）的源头所在。

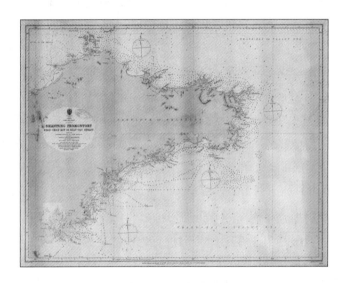

图12　英国海图《中国东北海岸——山东半岛胶州湾至庙岛海峡》②

　　德国在强租胶州湾时利用英国海图自然在情理之中，沿用或改写英国海图中现成的胶澳地名就不足为奇。可是，英国海图中中国地名的汉译，在清末已成为棘手问题。江南制造局翻译馆刻印《海道图说》的凡例称：

　　　　沿海全图系西船驶行时所记，有本于中图者，有访诸各方土人者，余皆随意命名，取诸识别有意可译者从其俗名，如人名、船名。无义可译者，仍

① 英国海军海图官局编辑，陈寿彭译：《新译中国江海险要图说》卷首《译例》，广东广雅书局印本，光绪三十三年（1907年）。

② Commander J. Ward, R.N. and E. Wilds, Master, R.N. *China North East Coast–Shantung Promontory Kyau–Chau Bay to Miau–Tau Strait*, London: the British Admiralty, 1876（1884）.

叶西音为名。①

《海道图说》译介英国海图中的中国地名，采用了因循中国本土地名、调查访问、意译、音译等手段。相比较而言，采用英语进行的音译和意译则增加了地名考辨的难度。

陈寿彭在《新译中国江海险要图说》的翻译体例中提到更为详尽的四项凡例，其具体内容为：

> 原书所称地名之目有四例：一曰译音，系循该地土语之音，转入西文之切音。诸多牵强，在彼固谓名从主人之义，而我再为转译，良难反本归原。二曰象形，凡岛屿、山头有似西国诸物之形者，随意指之，其间亦有吾国本系此称者，今混以为一，无以区别。三曰连类，如某澳之山，某滩之角，某地之头，皆以其地之名名之。四曰因名，盖因其人曾探至此地，或系有事于此，或系失险于此，即以其人其船之名强名于斯地。今为译本，不得不悉照原书所称。有义者有义，无义者译音，无所更改，惟于每条名目下即将西字原文标附之，以资征实。②

例如，"灵山"被意译为"罗盘架子山"，"水灵山"则被意译为"多罗山"和意译为"Schuiling schan"。

（二）滞后的清廷胶澳地理考察

对清廷而言，对海上权益的忽视是其"软肋"所在。早在光绪十二年二月初八日（1886年3月13日），出使德国大臣许景澄在奏折中提到"西国兵船测量中国海岸，无处不达，每艳称胶州一湾为屯船第一善埠"。基于未雨绸缪的考虑，许景澄"谨据外洋成印详图，摘译要节，咨送总理各国事务衙门转送海军衙门以备查核"。③所谓"外洋成印详图"无疑出自西方国家，如此才有"摘译要节"一说。但是，许景澄奏折连同后来陕西道监察御史朱一新的条陈，都没有引起直隶总督李鸿章的足够重视。六月十五日（1886年7月16日），李鸿章在答复朱一新条陈时提到：

---

① ［美］金约翰辑，［英］傅兰雅口译，王德均笔述：《海道图说》凡例，清光绪年间江南制造局翻译馆刻本。

② 英国海军海图官局编辑，陈寿彭译：《新译中国江海险要图说》卷首《译例》，广东广雅书局印本，光绪三十三年（1907）。

③ 《出使德国大臣许景澄折（光绪十二年二月初八日，1886年3月13日）》，载青岛市博物馆等编《德国侵占胶州湾史料选编（1897—1898）》，第31—32页。

查该御史所陈胶州设重镇一条，与许奏相同，前函已详晰剖论，勿庸再赘。……彼不过欲先固胶州，故为抑扬失当之论。殊不知胶距天津一千三百余里，实属鞭长莫及，且胶澳僻在登、莱背后，距黑水洋至成山头行船正道尚三百余里，敌船可扬舲直北，不必旁趋。①

上述意见被李鸿章视为"书生逞臆妄谈无足怪也"，故北洋海军的战略中心仍在旅顺、威海卫、烟台。

光绪十七年（1891）四月，李鸿章、张曜（帮办海军，山东巡抚）等人查勘各海口台坞工程，校阅海军。此时，清廷虽已意识到胶澳是"深水船澳，停驻之处"。据其行程可知：

二十九日开赴胶州，次日由黑水洋抵澳，详阅形势。轮船进口系向西行，青岛在北，陈家岛在南，相距六里。既进口，转向北行，坦岛在东，黄岛在西，相距七里。澳内周围百余里，可泊大队兵舰。口门系属湾形，从东至北，环山蔽海，形胜天成，实为旅顺、威海以南一大要隘。②

除了增派驻军、修建炮台的打算之外，当时也有"摹绘胶州澳图注明水尺、礁沙、岛口名目"的建议。③ 这里所说的"摹绘"更大意义上是指对已有地图的"临摹描绘"，从后来的实际情况看，清朝并没有对胶澳进行全面细致的海上实地勘界和地质地理考察。

此后，俄国军舰曾在胶澳"停泊守冻"，德国也提出"胶州澳恳请借让"。事已至此，清政府才把胶澳的经营纳入正式议事日程。据总理衙门恭亲王奕䜣等人在光绪二十三年正月十二日（1897年2月13日）的奏折可知：

惟船坞、炮台一切工程，必须先期经理，方臻妥协。已由臣衙门电商王文韶、李秉衡妥为筹办，相应饬下北洋大臣王文韶、山东巡抚李秉衡速派大

① 《直隶总督李鸿章议复朱一新折》（光绪十二年六月十五日，1886年7月16日），载青岛市档案局、中国第一历史档案馆编《胶州湾事件档案史料汇编》上册第一部分《清政府在胶州湾设防》，青岛出版社，2015年，第3页。

② 《奏为会同校阅海军并查勘大连威海口台坞工程事》，朱批奏折，光绪十七年五月初五日，中国第一历史档案馆藏（档号：04-01-1-980-071）。

③ 《琅威理布置胶澳说帖》（光绪十二年六月，1886年7月），载青岛市档案局、中国第一历史档案馆编《胶州湾事件档案史料汇编》上册第一部分《清政府在胶州湾设防》，青岛出版社，2015年，第7页。

员前往胶州查明该处海口情形，应如何妥为布置之处，绘具图说，咨明臣衙
门核办。①

此时德国侵占胶澳的野心昭然若揭，清政府还处于"先期经理"船坞、炮台以及"绘
具图说"初期阶段。胶州湾事件发生后，总理衙门向山东巡抚索要胶澳地图以备勘界
时参考。光绪二十四年正月十三日（1898年2月3日），李秉衡在答复中称：

> 一昨承准大咨暨钞折胶图，敬聆种切。钦奉钧谕并寄示另照洋图展画
> 一纸，大致与前图无异，而地名较详，俟奉准会勘日期，当饬登莱道查照办
> 理。②

山东巡抚呈上的胶澳地图是依据"洋图展画"而成，地图内容大同小异，这也排除了
重新实地测绘胶澳地图的可能。所以，该图虽然"地名较详"，但其价值不宜高估。
更有甚者，胶州知州罗志伸"又派人代德人赴青岛绘画各险隘地界细图"。③

四、胶澳租借地海域定界

胶澳租借地范围的确定，经历了照图定界、实地勘界两个阶段。但是，由于条约
内容简略，有语意含糊不清之处。

（一）照图定界

中德双方在北京举行的胶澳租界地谈判中，实际上采取了"照图定界"的方式。
不去实地踏勘，而是舍本逐末地"看图说话"，清廷之无能可见一斑。光绪二十三年

---

① 《总理各国事务衙门恭亲王奕訢等折》（光绪二十三年正月十二日，1887年2月13日），载青岛市档案
　局、中国第一历史档案馆编《胶州湾事件档案史料汇编》上册第一部分《清政府在胶州湾设防》，青岛出
　版社，2015年，第16页。
② 《总署收前任山东巡抚李秉衡文》（光绪二十四年正月十三日，1898年2月3日），载青岛市档案局、中
　国第一历史档案馆编《胶州湾事件档案史料汇编》下册第一部分《胶澳专档》，青岛出版社，2015年，第
　69页。
③ 《总署收章高元致李中堂电》（光绪二十三年十一月初七日，1897年11月30日），载青岛市档案局、中
　国第一历史档案馆编《胶州湾事件档案史料汇编》下册第一部分《胶澳专档》，青岛出版社，2015年，第
　30页。

十二月初九（1898年1月1日），翁同龢、张荫恒二人到德国使馆与海靖会面。在晤谈中：

> 海靖手执地图，将胶澳让出之地划出，坚索澳口两岸，直至阴岛地方。臣等坚持不允，辩论至二时之久，几于舌敝唇焦。臣等告以：宁让齐白山，不让陈家岛，德若依我，我与德另立密约，彼此守口一切炮台炮位，均可定雇德厂克虏伯代造，此已十分通融。而海靖仍称：奉到外部训条，断不能改。且照提督原占之地让出甚多，又系租给德国，不损中国自主之权，已还中国面子，万难再让，语甚决绝。[1]

其实，单就地图资料的准备而言，德方比清廷更为充分。同日，海靖在致总理衙门的照会中称：

> 查第二款，贵王大臣言明，核与初九日本大臣交阅地图行微有参差。因该地图并未画胶澳之前群岛，如笛罗山、炸连等屿，缘此图甚小，不甚详细。本大臣交给翁中堂、张大臣，不过给与大略查明，并非印造此图定地、定界之意也。并十二月初六日之文，特意开列德国所租各段之地，胶澳之前防护海面所用群岛，如笛罗山、炸连等屿，均在该段之内。[2]

1月15日，总理衙门在回复海靖照会时称：

> 第二款地图微有参差，前交之图不过大略，并非即照此图定界一节。查原送约稿，既有胶澳周遍一百里之说，无论地图详略，自当照约定界。笛罗山、炸连屿本衙门并不争执，应俟两国派员详立界址。惟此租界系中国地面，应照中国里计算，合并声明。[3]

在总理衙门看来，陆上边界显然比海域边界重要，至于海域范围则不计较。在德方提

---

① 《军机大臣翁同龢等往德使馆晤谈节略》（光绪二十三年十二月初九日），载青岛市档案馆编《胶州湾事件档案史料汇编》上册，青岛出版社，2011年，第60页。原件藏中国第一历史档案馆。

② 《总署收德国公使海靖照会》（光绪二十三年十二月十九日，1898年1月11日），载青岛市档案局、中国第一历史档案馆编《胶州湾事件档案史料汇编》第一部分《胶澳专档》，青岛出版社，2015年，第53页。

③ 《总署复德使海靖照会》（光绪二十三年十二月二十三日，1898年1月15日），载青岛市档案局、中国第一历史档案馆编《胶州湾事件档案史料汇编》第二部分《巨野教案及中德交涉》，青岛出版社，2015年，第71页。

供的地图有误差，且没有绘出胶州湾外诸群岛的情况下，清廷就表态对此"并不争执"，此举实属下策。

实际上，中德双方采取了先签订条约后实地勘界的做法。在实地勘界中，因对条约文本的理解不一，产生分歧，实属必然。1898 年 7 月 11 日，英国方面的窦纳乐致信索尔兹伯里，送上从中文摘译的《中德胶澳租借条约》。据其译文可知：

> 兹将所租各段之地，开列于后：（因中文本所列地名与外国地图之地名不符，所以难以对照。不过柏林已正式宣布了该租借地各段界线。）具体界址，将来两国派员查照地情详细定明。①

中德双方在地名的一致性上尚未取得共识，而德方已宣布界限。处于弱势的清廷在实地勘界中难免处于被动。

（二）实地勘界

早在光绪二十三年十二月初六（1897 年 12 月 29 日），德国公使海靖在给总理衙门的照会中提及："胶澳之前防护海面所用群岛，如笛罗山、炸连等屿至德国租地界址，嗣后两国派员查照地情，详细定明。"② 条约签订后，中德联合勘界正式实施。

光绪二十四年三月初三日（1898 年 3 月 24 日），总理衙门答复德方照会，拟派东海关道李希杰、山东候补道彭虞孙二人主持胶澳租借地勘界。参加勘界的中方人员还并"派测算绘图之武备学堂副教习守备张祖佑，千总沈琦，水师学生蓝道生、李梦松"及翻译治格、前诸城县知县王曾俊等人。德方人员由巡抚罗绅达（Carl Rosendahl, 1852—1917）带领，包括游击罗所、都司代莫林、都司法勒根汉等人。

至于胶澳租借地的陆上和胶州湾内海面的勘界，中德双方分歧不大，不仅划定界线走向，还立有界碑。台北"故宫博物院"所藏石印本《照译德文租地合同》详细列出 25 块界石的位置、走向甚至经纬度。中德双方产生分歧且时人不满之处，主要在于《潮平合同》的相关内容。中德《胶澳租界条约》第一端第一款称清朝"允许离胶澳海面潮平周遍一百内，系中国里"内"无论何时过调"德国官兵、整顿水道等。最终，中德双方勘界官员采取了"约略指画，不立界石"的方法。据《照译德文边界合同》（光绪二十四年八月二十一日，1898 年 10 月 6 日）可知："中德两国官员和衷商

---

① 吴乃华等译：《英国议会文件有关德国占领胶州湾资料选译》，载刘善章、周荃主编《中德关系史文丛》，第319页。

② 《总署收德国公使海靖照会》（光绪二十三年十二月初六日，1897年12月29日），载青岛市档案局、中国第一历史档案馆编《胶州湾事件档案史料汇编》第一部分《胶澳专档》，青岛出版社，2015年，第46页。

确，无用设立界石，然此项合同应缮两份，各执一纸。"

当然，后人对此次勘界颇多微词。民国《胶澳志》所载《德人租借始末》称：

> 可知笛罗山、炸连屿亦属最后额外之要求，而租约第三款第五项所称胶澳之前防护海面所用群岛，如笛罗山、炸连等屿一语，尤属含糊，漫无限制。德使之强横狡诈，总理衙门之颠顶懦弱概可想见。其后我国派道员李希杰、彭虞孙充划界委员，与德国所派之胶抚罗绅达、少佐代莫林及法勒根汉三员，于旬日之间将两项界址忽忽划定，更属惟命是听，草草了事，以致塔埠头地方，德人亦谓系在潮平之内，实则塔埠头地方当日既有镇市，万无于潮平线内建屋设肆之理。我国委员，事前不作准备，当时又不加考察，是皆外交失败之前车也。[1]

在今人看来，"虽曰双方共同划界，其实中方委员们只不过是在德方画的分界图上签个字而已，并未曾亲临现场进行实地勘察，这就给中国人民留下了祸根"。[2]

从今天发现的史料看，时人对清廷在胶澳租借地勘界中的作为颇多苛责。只不过"祸根"在巨野教案、胶州湾事件等一系列丧权辱国行径中已经埋下，纵然在勘界之中寸土必争，也难以力挽狂澜。

五、胶澳租借地历史地图重绘

今人绘制胶澳租借地的历史地图，其基本依据是中德《胶澳租界条约》及其相关合同。《照译德文租地合同》所载 25 块界石的位置大致可考，惟界石实物大多散失，仅见于老旧照片。

当然，绘制该图，最直接的材料当属中德双方勘界人员签字画押的地图。但是，有研究者认为："清廷与德国签订《中德胶澳条约》时，应有德国租界胶州湾的正式地图，但此图并未放在条约内，已不复见。北洋政府时期所摹绘的《胶澳租界图》，应是参考《中德胶澳条约》，以及后来两国派员实地勘察所划定租地界址及周遍百里

---

① 民国《胶澳志》卷一《沿革志二·德人租借始末》，民国十七年铅印本。

② 崔士杰：《德日侵占青岛及我国接收青岛概况》，载山东省政协文史资料委员会编《山东文史集粹》（修订本），中国文史出版社，1998年，第5页。

界线后所签的合同，或参考德国所绘制之地图等相关资料而绘成的地图。"据中方勘界官员彭虞孙、李希杰致总理衙门函称："所有奉饬会勘胶澳租界边界，一律办竣，缘由理合绘具图说，并原记载及抄记载禀呈堂宪察核，实为公便。"勘界时绘制相关地图，应在情理之中，只不过该类地图今已无考，只能从其他地图中寻找佐证。例如，民国《胶澳志》所附《胶澳商埠区域图》绘出"胶澳区域界线"就大致相当于中德勘界后确认的胶澳租借地陆上界线。该图虽绘出水灵山岛、乍莲岛，但又或因尺幅局限漏绘加帝庙岛，也没有绘出胶澳租借地的海上界线。与民国《胶澳商埠区域图》相比，其他古旧舆图的地名密度、准确度及界线的精准程度更逊一等。

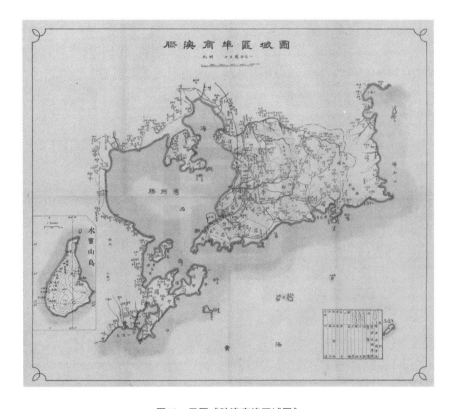

图13　民国《胶澳商埠区域图》

就外文舆图来说，德国地图出版商尤斯图斯·佩尔特斯印制的《胶州湾及

① 陈维新：《"国立故宫博物院"所藏〈中德胶澳条约〉及相关舆图说明：兼论胶州湾租借交涉》，《"国立"政治大学历史学报》2005年5月第43期，第86页。

② 《总署收会勘胶澳委员彭虞孙、李希杰函》（光绪二十四年九月初十日，1898年10月24日），载青岛市档案局、中国第一历史档案馆《胶州湾事件档案史料汇编》下册第一部分《胶澳专档》，青岛出版社，2015，第102页。

其周边》地图展示了胶澳租借地的界线和地名，图上用红色色块标识德国租借地（Deutsches Pachtgebiet），用橘黄色虚线渲染出周边界线（Umgrenzung der）。该图应绘于中德会勘界线之前，故胶澳租借地的界线绘制并不准确。而且，该图将胶澳租借地周边界线（也就是后世所说的“中立区”界线）与笛罗山、炸连岛、加帝庙三岛连缀起来，实际上混淆了租借地界线与中立区界线的性质。

在当代历史地图中，谭其骧主编的《中国历史地图集》堪称权威。该书第八册在《清季列强侵占地区图（部分）》绘出一大一小两幅胶澳租借地图。[1] 大图绘出胶澳租借地的陆上界线，小图还绘出中立线。至于租借地的海域界线则付诸阙如。

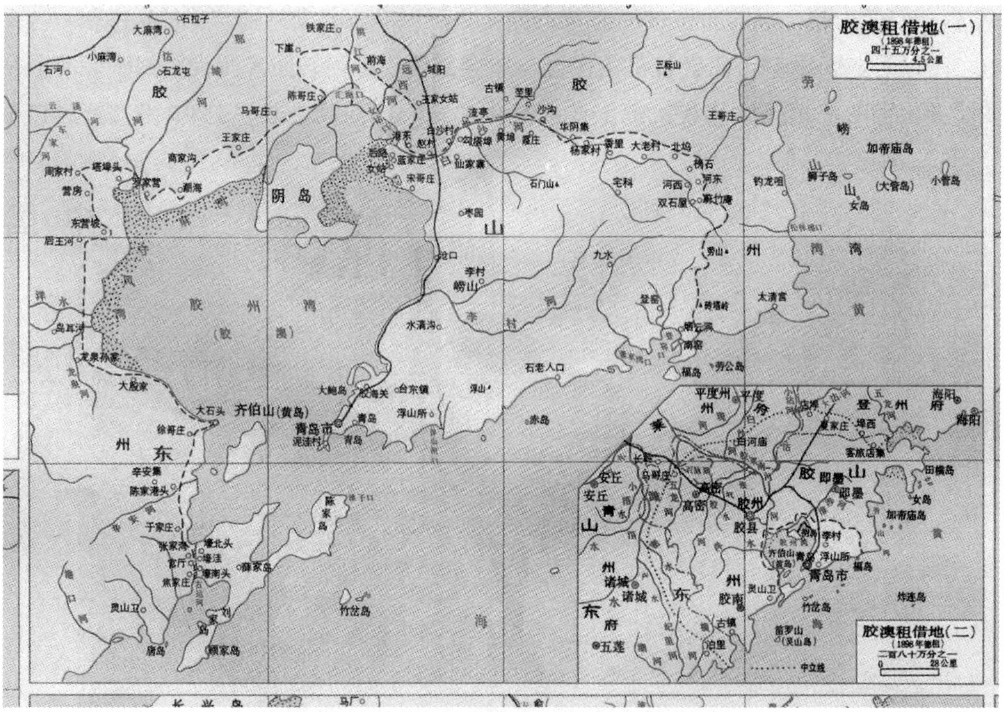

图14　《中国历史地图集》中的胶澳租借地图

经过本文研究，可对此图的界线和地名进行如下修正：

其一，胶澳租借地的陆上界线依据租地合同内容，将25块界石一一标绘于地图上。租借地的海域界线则依据中德《胶澳租界条约》《胶澳潮平合同》等外交文件及相关舆图绘出。以笛罗山、炸连、加帝庙三岛为地标，参考经纬度，绘出租借地的海域范围。

① 谭其骧主编：《中国历史地图集》第八册《清时期》，第64—65页。

其二，该图标注"笛罗山"（灵山岛）、"炸连岛"、"加帝庙岛"三个重要的海岛地名。按照国家规定："对有损我国领土主权的地名应当更改。对从外国海图翻译过来的、含义不好的地名，一般也不采用，以消除外来影响。"[①] 本研究认为，"笛罗山"（灵山岛）、"炸连岛"、"加帝庙岛"三岛的直接来源是英国、德国等外国海图（地图），虽然部分地名可追溯其确切的本土传统地名渊源，但这些地名的"外来影响"不容否认。所以，在历史地图中应以"（水）灵山岛""褚裢岛""古迹岛"等本土地名为准。

其三，订正了加帝庙岛的位置和名称。依据中德双方签订条约和合同的文字表示，并以中外古旧舆图相佐证，加帝庙岛的今地当为所谓"长门岩"。清季列强侵占地区图中的胶澳租借地图将加帝庙岛标绘于大管岛、小管岛之处。大管岛在长门岩西北方约15公里处，二者都位于崂山头附近海域，里距相差不是很大，这或许是造成古地名加帝庙岛与今地名长门岩、大（小）管岛相混淆的原因所在。

在严肃的地理学家看来，"为了肃清我国地图上的污点，这就需要我们把历史的材料和现在的实地调查相结合，来恢复或者发现我们固有的地名"。[②] 胶澳租借地经历德租、日占的屈辱历程，其地名变迁的复杂性不容小觑。德租时期，产生了伊尔蒂斯山、俾斯麦山、瓦德西高地、威廉皇帝海岸等德语新造地名。日占期间，也对地名进行了系统化改造。例如，将德租时期的俾斯麦路（今太平路）改称舞鹤町，将青岛改称加藤岛，将伊尔蒂斯山（今太平山）改称旭山。[③] 仅就本文涉及的笛罗山、炸连、加帝庙三岛而言，正本清源的文献考索和实地踏勘还需要进一步深化。

有观点认为："殖民的文化在这个城市留下了痕迹，不同民族的文化在这美丽的城市当中，部分也被接受，成为当地的特殊文化。"[④] 但是，地名是携带历史性、地域性、民族性的特殊文化要素，在保留中国传统地名的同时，也要注意剔除带有殖民侵略背景的外来地名，不能全盘承袭古旧地名。历史地图虽与普通地图有所区别，但也应遵循相关规定。

---

① 《中国地名委员会关于沿海岛礁地名普查和标准化工作中几个问题的处理意见》（83 中地字第11号），载中国地名研究所编《地名工作文件汇编》，中国社会出版社，2013年，第129页。

② 林超：《珠穆朗玛的发现与名称》，载《林超地理学论文集》，北京大学出版社，1993年，第63页。

③ 详情参见《青岛街市新旧名称对照表》，载班鹏志《接收青岛纪念写真》，商务印书馆，1924年，第241—246页。

④ 方子毓：《清末民初中德关系研究——以青岛胶州湾为例》，《中正历史学刊》2006年第8期，第146—147页。

余　论

德国、日本及英国、沙俄等侵略势力从海上而来，在觊觎胶澳时必然重视对沿海岛礁、水深、气候、灯塔等地理事物的考察和测绘。而清廷仍旧保持立足陆地的防守型战略，仍然保持重"内洋"而轻"外洋"的惯性思维。这一理念导致清廷沿海岛礁测绘事业的迟滞和落后，从而不得不依赖外文地图解决不时之需，也就随之产生用外文地名转移中国本土地名的弊端，造成固有地名历史传承的断裂和讹误。这一点，必须引起学术界和地名管理部门的重视。

经由本研究可知如下两点：其一，海域地名研究的复杂性。中国海岸线绵长，岛礁众多。除了钓鱼岛、南海诸岛成为研究热点之外，绝大部分岛屿的历史地名研究还受到史料不足和实地调查欠缺的制约。其二，在海域地名研究中，传统的沿革地理考证还是最基本的方法。当然，除了遵循地名学"音形意位类"的基本原则外，还必须尽可能地利用外文语言工具，扩充对外文舆图和史料的搜罗范围。

（中国人民大学清史研究所）

浙江三北平原成陆过程初探*

薛亚玲　华林甫

　　浙江全省在历史时期的海岸线变化，最大的地段在原余姚、慈溪、镇海三县的北部，[①] 即今天称为"三北平原"的地方。三北平原位于浙江省北部，向北呈弧形突出于杭州湾中，属于宁绍平原的一部分，归宁波市管辖。三北平原主体位于今慈溪市境内，另有少部分在今余姚市北部和宁波市的镇海区北部一角。2017 年 10 月，中国城市经济学会中小城市发展委员会发布了"2017 年度全国综合实力百强县市、百强区、千强镇前 100 名榜单"，慈溪市、余姚市、宁波市镇海区均榜上有名，[③] 三北平原已经成为浙江省乃至全国的重要经济发展区域，因此探究其历史时期的成陆过程和规律，有助于认识今天三北平原的环境，为其未来发展提供参考意见。

　　三北平原是北宋以来逐渐形成的，海岸线向北推进，海塘一次次往北修筑，人与自然交织互动，共同演绎了三北平原形成的历史篇章。以洋浦和淞浦为分界，洋浦以西部分属于原余姚县，洋浦以东至淞浦属于原慈溪县，淞浦以东至伏龙山属于原镇海县。

　　关于中国东部沿海地区平原向海域推进的研究，历史地理学界有一些成果，最为著名的便是谭其骧院士主编的《中国历史地图集》[④] 和《中国自然地理·历史自然地

＊　本文原刊于《浙江学刊》2018年第2期。第一作者在查找资料和实地考察时，得到了慈溪市党史办王清毅、岑华潮和慈溪市地名办陈璐三位同志的大力帮助，谨致谢忱！

① 本文所述原余姚县、慈溪县、镇海县，指1954年10月行政区划调整之前三县境域。

③ 参见《2017年中国中小城市科学发展指数研究成果发布》，《人民日报》2017年10月9日，第八版。

④ 谭其骧主编：《中国历史地图集》（清时期）第八册，地图出版社，1987年，第16—17，31—32页。

理》；① 具体到浙江省，陈桥驿、② 吴维棠③ 等先生的论著曾涉及过；④ 但具体到三北平原，上述成果均未展开。学术界已有关于三北平原的成果，不是着眼于移民，⑤ 就是着眼于局部海塘，⑥ 或着眼于海塘修筑对慈溪当地社会经济结构变迁的影响，⑦ 虽然有零星文章曾涉及三北平原的成陆过程和原因，⑧ 但系统性梳理和规律性探讨的研究成果目前未见。⑨

观察三北平原的演进历史，可以分成三个阶段，每个阶段的推进速度不一，内有深刻的环境变迁背景。本文旨在揭示三北平原成陆过程及其规律，进而探讨其成因，这不但有助于认识今天三北平原的由来与发展，更可为其未来发展提供参考意见。

① 谭其骧主编：《中国自然地理·历史自然地理》，科学出版社，1982年，第238—242页。

② 陈桥驿等：《浙江地理简志》，浙江人民出版社，1985年，第54页。

③ 吴维棠：《七千年来姚江平原的演变》，《地理科学》第3卷，1983年第3期，第269—275页。

④ 相关研究成果还有郑肇经：《中国水利史》，商务印书馆，1939年；汪胡桢：《钱塘江海塘沿革史略》，《建设》第1卷第4期，1947年；朱偰：《江浙海塘建筑史》，学习生活出版社，1955年；谷依：《清朝前期对浙江海塘的修筑》，《史学月刊》1958年第10期；杨章宏：《历史时期宁绍地区的土地开发及利用》，《历史地理》（第三辑），上海人民出版社，1983年；郑肇经、查一民：《江浙潮灾与海塘结构技术的演变》，《农业考古》1984年第2期；赵希涛：《中国海岸演变研究》，福建科技出版社，1984年；查一民：《钱塘江海塘的始建问题》，《河海大学学报》（自然科学版）1986年第3期；马湘泳：《江浙海塘与太湖地区经济发展》，《中国农史》1987年第3期；张华：《论明清时期浙西海塘的修筑》，收在洪焕椿、罗仑主编《长江三角洲地区社会经济史研究》，南京大学出版社，1989年；陶存焕、戴泽蘅：《明清时期钱塘江海塘》，《水利规划》1997年第3期；叶建华：《论清代浙江水资源的开发利用与海塘江坝的修建工程》，《浙江学刊》1998年第6期；陶存焕、周潮生：《明清钱塘江海塘》，中国水利水电出版社，2001年；章猛进主编：《决胜千里——浙江省建设千里海塘纪实》，人民日报出版社，2001年；王大学：《明清"江南海塘"的建设与环境》，上海人民出版社，2008年；和卫国：《治水政治：清代国家与钱塘江海塘工程研究》，中国社会科学出版社，2015年；等等。

⑤ 田戈：《明清时期今慈溪市域的海塘、聚落和移民》，复旦大学硕士论文，2012年，第18—74页。

⑥ 陈君静、刘丹：《镇海后海塘的修筑及其影响》，《宁波大学学报》（人文科学版）2010年第5期，第71—74，108页。

⑦ 刘丹：《杭州湾南岸宁绍海塘研究——以清代为考察中心》，宁波大学硕士论文，2010年，第16—75页；王丁国：《建国后慈溪海涂围垦研究》，宁波大学硕士论文，2009，第17—67页。

⑧ 范无伤、沈自奋：《大塘南北话沧桑——关于三北平原成陆过程的初步探索》《三北平原的成因分析与筑塘演变》，载王清毅主编《慈溪海堤集》，方志出版社，2004年，第230—255页（以下简称"王清毅主编《慈溪海堤集》"）。

⑨ 相关学术史回顾，详见本文第二作者华林甫所著《中国历史地理学·综述》第五章第二节，山东教育出版社，2009年，第160—169页。

一、成陆过程

海塘是三北平原海岸线变迁和陆地向北推进发展的历史见证。在该平原的形成过程中，历代劳动人民不畏艰辛，自南至北修筑了多条海塘。其中原余姚北部主要海塘有 14 条，原慈溪北部和镇海北部主要海塘分别有 11 条、8 条，全长超过 1000 公里。如此众多的海塘，层层排列到现在的海涂，围涂面积超过 1000 平方公里，[①] 成为一处颇具特色的景观。

这片平原从南到北可分三部分，大古塘以南部分，属湖积 – 海积平原；大古塘以北至利济塘为第二部分，属海积平原；利济塘以北为第三部分，也属于海积平原。除了大古塘和利济塘贯通原余姚、慈溪、镇海三县之外，其余各个海塘分段筑成，海塘的围筑过程总体上可以分以下三个阶段，也是三北平原形成的三个阶段。

第一阶段：从第四纪海侵后期（距今约 6000 年左右）至公元 11 世纪，为海岸线缓慢向北自然推进时期。

地质时期，这里曾经有过一段沧海桑田的变迁历史。距今 15000 年前，东海岸线在今水深约 140~160 米处，岸线位置在今舟山群岛以东；距今 12000 年前，气候转暖，海平面上升约 130 米，岸线退却；距今 6000 年前，第四纪海侵达到高潮，海平面比今略高 2~4 米，[②] 海面淹没了近海平原，江南地区海水进入杭州湾，[③] 其时海平面位于丘陵、低山脚下，今鄞奉平原、三江平原由于尚无泥沙淤积，还是一片浅海，慈溪南境诸山均孤悬在海中，今慈溪南部及与余姚交界处的伏龙山、大蓬山、五磊山、栲栳山、蹋脑岗、陈山等皆为海中孤岛，当时由海侵造成的海蚀崖、海蚀台至今历历可睹；距今 5000 年，海平面逐渐退却，上述山麓地带裸露为带状沼泽地。距今 2500 年开始，随着海退及泥沙沉积，海岸线向北推移，人类开始在沿山一带生活，如在今横河镇、匡堰镇、掌起镇、龙山镇考古发现的商周古墓群均在山顶即可说明。

由于海侵退却，陆源沙与海域沙堆积，本阶段之初逐渐形成了姚江平原。随着杭州湾南岸沙嘴的增大，海岸线不断向北推进，后来停留在大古塘一线。

大古塘是历史上贯通原余姚、慈溪、镇海三县的第一条捍海大堤，横贯今余姚、慈溪、镇海三区市境（西部个别地段延伸到上虞区），有莲花塘、后海塘、谢令塘、

---

① 据本文作者估算。

② 慈溪市地方志编纂委员会编：《慈溪县志》，浙江人民出版社，1992 年，第 166 页（以下简称"新修《慈溪县志》"）。

③ 王靖泰、汪品先：《中国东部晚更新世以来海面升降与气候变化的关系》，《地理学报》第 35 卷第 4 期，1980 年，第 299—312 页。

上塘、老塘、官塘、下塘等俗名与别名。①

因钱塘江入海口在明代以前一直是南大门，江流直逼大古塘下，因而海岸时涨时坍。在北宋余姚县令谢景初筑大古塘之前15年，海溢，溺民害稼；5年后复大水。大灾后，海涂有时北却，有时内移，并不十分稳定。据研究，为了防御海潮，在大古塘之前已建有海塘。②北宋庆历七年（1047），谢景初在原余姚县筑造海堤，长两万八千尺，穿过八乡，延绵一百四十里；庆元二年（1096），余姚县令施宿继续修筑自云柯、过梅林，至上林海堤，后有牛秘丞者又以石为堤加固。③宋时的大古塘还不是一个整体，"宋时分东、西部，自云柯以东者号东部塘，始筑于谢景初，其云柯以西者号西部塘"。④

原慈溪、镇海两县北部的大古塘以南地区，宋时设有鸣鹤、龙头两大盐场，⑤可见彼时业已为濒海之所。⑥设盐场须在盐业生产兴旺之地，盐业生产由创始到发达须有一个长期的过程，故大古塘海岸线在北宋之初业已形成。今观海卫镇"至宋始濒海，置向头、鸣鹤两水军寨"，⑦鸣鹤寨故地在今慈溪市观海卫镇西南的鸣鹤古镇，向头寨故地在今慈溪市掌起镇与灵湖之间的龙山镇杨高村（高巷村）⑧一带。故宋时三北平原的海岸线约在今大古塘一线。

这一时期成陆的平原内部还形成了上林湖、白洋湖、沈窑湖（今称窑湖）、灵绪湖（今称灵湖）、烛溪湖、牟山湖、杜湖等一大批潟湖，属冰后期海侵形成的潟湖平原。

在这个阶段中，海岸线由慈溪南界诸山向北缓慢推进到大古塘一带，平均推进距

① 各海塘的别名、俗名来源于历代方志、地方文献。

② 阙维民主编：《史地新论——浙江大学（国际）历史地理学术研讨会论文集》，浙江大学出版社，2002年，第515页；方东主编：《三北围垦文化史稿》，中共党史出版社，2010年，第31—62页；方煜东（笔名方东）：《三北移民文化研究》，宁波出版社，2012年，第27—30，289页。

③ ［宋］施宿等：《嘉泰会稽志》卷十，收录在《宋元方志丛刊》第7册，中华书局，1990年，第6903页。

④ ［清］李卫等：雍正《敕修浙江通志》卷六十三，清乾隆元年（1736）（以下简称《敕修浙江通志》）；［明］张元忭：万历《绍兴府志》卷十七，万历十五年刊本（以下简称"万历《绍兴府志》"）。

⑤ ［宋］李焘：《续资治通鉴长编》卷二百三十，中华书局，1979年；［宋］王象之：《舆地纪胜》卷十一，中华书局，2003年；［宋］方万里、罗濬：《宝庆四明志》卷二十一，收录在《宋元方志丛刊》第5册；［宋］梅应发、刘锡：《开庆四明续志》卷十二，收录在《宋元方志丛刊》第6册；［元］袁桷：《延祐四明志》卷二十，收录在《宋元方志丛刊》第6册；等等。

⑥ 也见于［南宋］黄震撰《黄氏日钞》卷八十"公移·晓谕亭户安业"；［清］俞樾：光绪《镇海县志》卷八，光绪五年刻本（以下简称"光绪《镇海县志》"）；［清］杨泰亨：光绪《慈溪县志》卷十与卷十二，清光绪五年刊本（以下简称"光绪《慈溪县志》"）；《明征君真五公传》，《师桥沈氏宗谱》卷之三；等等。

⑦ ［清］穆彰阿等：《嘉庆重修一统志》卷二百九十二，上海古籍出版社，2007年；许鸿磐：《方舆考证》卷七十五，济宁潘复华鉴阁，民国七年至二十二年（1918—1933）。

⑧ 本文括号中村名为2011年慈溪市调整（主要是合并）村级行政区划之前名称。

离约为 5500 余米，历时近 5000 年，年平均推进速度仅为 1 米多，[①] 形成的平原面积约有 144 平方公里。[②]

第二阶段：宋朝至清朝乾隆初年，为海岸线自然淤积、向北稳步推进时期。

这一时期修筑的海塘主要有大古塘（一塘）、新塘（省塘、横新塘）、周塘、潮塘、二新潮塘（二塘、坎塘）、榆柳塘（三塘）、利济塘（四塘、泥牛塘、利济新塘、帑塘）等七条主要海塘，其中大古塘和利济塘贯通原余姚、慈溪、镇海三县境内，其余各塘均分段筑造。另外，在原余姚县境内周塘与潮塘之间有一段较短的海塘，称夜塘或界塘等。[③]

宋代大古塘为土塘，屡受风潮袭击，屡坍屡建，南宋淳熙四年（1177），"大风雨驾海涛，败堤二千五百六十余丈"。[④]13 世纪时，杭州湾潮流动力发生显著变化，南岸潮流一度增强，曾出现海涂内坍现象，百年之中内坍八公里以上。元至正元年（1341）叶恒再次修筑大古塘，以石为堤，将分段的土塘连为一体，土塘的坍塌始告结束。元至正二年（1342），陈旅在《余姚海塘记》中详细记载了叶恒修筑大古塘的情况，"盖海堨自宝庆内移，大德以来复益冲溃。……与风涛抗而卒不胜，盖四十年矣。及元至元之四年四月方成堤，六月复大坏。绍兴路总管府檄委州判叶君恒治之。……堤高下，视海地浅深。深则高丈余，浅则余七尺。长则为尺二万一千二百十又一也。其中旧石塘之危且缺者，亦皆治完之。至正元年二月癸亥成是役也。"[⑤]关于叶恒修筑大古塘，历代典籍中也有记载，大古塘"至宝庆及元大德以来复溃决，海堨内移，八乡之地悉渐于海；至正元年，州判叶恒乃作石堤二万一千二百十一尺，下广九十尺，上半之高十有五尺，故土堤及石堤缺败者尽易以石。盖沿海堨之南，自慈溪西抵上虞，袤一百四十里，初名莲花塘，今俗呼为后海塘云"。[⑥]从北宋庆历七年至元至正元年，历时 300 年，西至上虞、东抵慈溪的大古塘终于筑成。大古塘的真正稳固，使海岸线得以稳步向北推移。

元朝末年大古塘毁坏，从明朝洪武年间开始修葺、加固，光绪《慈溪县志》卷十记载：大古塘"县北四十里，明宏治间建，东至镇海龙头场，西至余姚沥海所，

---

① 据本文作者估算。

② 新修《慈溪县志》，第167页。

③ ［清］周炳麟：光绪《余姚县志》卷八，清光绪二十五年（1899）刊本（以下简称"光绪《余姚县志》"）。

④ ［元］脱脱等撰：《宋史·五行志》，中华书局，1959年，第1332页；光绪《余姚县志》卷七。

⑤ ［元］陈旅：《余姚海塘记》，收在明朝人叶翼的《余姚海堤集》（清抄本）中，载王清毅主编《慈溪海堤集》，第157—158页。

⑥ 万历《绍兴府志》卷十七；《敕修浙江通志》卷六十三；［清］方观承：《两浙海塘通志》卷三，浙江古籍出版社，2012年。

亘百数十里，其在观海卫城西南者曰上塘，东起浪港山，西至洋浦入余姚界"。① 至此大古塘向东延伸到了原镇海县的龙头场村。从明朝洪武年间开始，历经成化、正德、隆庆，以及清朝康熙、雍正、乾隆、道光等朝，400 年间大古塘都在不断地修葺，加固。②

大古塘全长 140 余里。③ 在原余姚县境内称余姚段，长 100 多里，是大古塘的主体；在原慈溪县境内称观城段，长 30 多里；在原镇海县内称龙山段，长十多里。余姚段东起今慈溪市观海卫镇洋浦，沿 329 国道北侧向西，经桥头镇、匡堰镇、白沙路街道、浒山街道、掠过余姚市低塘街道历山村，从慈溪市周巷镇周西社区马家路村进入余姚市朗霞街道界内，过东干村北、朗霞街道、泗门镇北、临山镇湖堤村北，再向西过临山镇、黄家埠镇，从黄家埠镇韩夏村进入绍兴市上虞区界内。观城段东起今慈溪市龙山镇淞浦，向西经掌起镇叶家村，折入 329 国道北侧，经观海卫镇塘下村北、泽山北、卫山，西至洋浦。龙山段东起今慈溪市龙山镇龙头场村，向西经田央村、施公山村、海甸戎家村、王家路村，西至淞浦。④

大古塘虽然屡次塌坏，屡次修筑，而海岸线只涨未缩。具体情况，请参见图 1。

新塘系明永乐初筑。那时，"海塘（指大古塘）渐固，潮浸却，沙堋日坟起，可艺。永乐初，始于旧海塘之北筑塘，以遮斥地，曰新塘，以别于旧塘云"。⑤ 新塘在大古塘北，"自大古、利济外有曰新塘者，在大古塘北，东至新浦，西至东山头，与三塘合"。⑥ 新塘在原余姚县境内分东西两段，东段称横新塘，东起今慈溪市洋浦，西至逍林镇新园横新塘村；西段在周巷称省塘，东起今慈溪市宗汉街道新塘村（校场山西侧），向西经宗汉街道弄口庵村、周巷镇云城村（昌字地）、海莫村，入余姚市朗霞街道。新塘在原慈溪县境内东起今慈溪市淞浦，经掌起镇，至观海卫镇上横街村。在原

---

① 光绪《慈溪县志》卷十二的记载相同。"宏治"原为"弘治"，清人为避乾隆帝名讳改。

② 万历《绍兴府志》卷十七、光绪《镇海县志》卷八、光绪《慈溪县志》卷十等。

③ 本文所述海塘长度均指东西向的横塘。

④ 本文所述各海塘走向、所经之地均据如下方志：民国《余姚六仓志》卷二中的"余姚六仓总图"（国家图书馆古籍馆提供的高清电子版）；新修《慈溪县志》，第173—178页；余姚市水利志编纂委员会编、水利电力出版社1993年出版的《余姚市水利志》（以下简称"《余姚市水利志》1993年"）；另外，还有作者的实地考察。乡镇地名则以中华人民共和国民政部编《中华人民共和国乡镇行政区划简册2013》、浙江人民出版社2015年出版的慈溪市地方志编纂委员会编《慈溪市志》（以下简称"《慈溪市志》"）、浙江人民出版社2015年出版的余姚市地方志编纂委员会编《余姚市志》、中国地图出版社2008年1月出版的浙江省第一测绘院编制八开本《浙江省地图集》，以及作者实地考察为准。下同。

⑤ 光绪《余姚县志》卷八；万历《绍兴府志》卷十七。

⑥ 光绪《慈溪县志》卷十。

镇海县境内以伏龙山为界分东西两段，西段称老塘，明洪武年间初筑，清乾隆十七年
（1752）筑成，[①] 东起今慈溪市伏龙山西侧，经龙山镇龙头场村、田央村，至淞浦上老
塘村（目前已被拆迁）止。

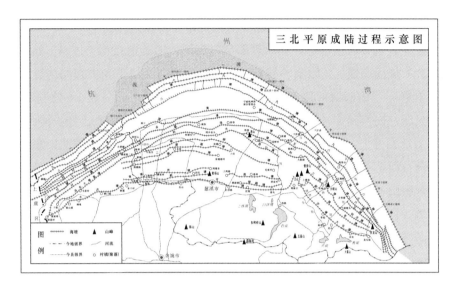

图1 三北平原成陆过程示意图[②]

周塘是以地方长官姓氏命名的。明弘治二年（1489）绍兴府推官周进隆为了解
决军民争地，于新塘之下筑塘界之塘，因其周姓而取名。[③] 周塘在原余姚县境内，分
东西两段，东段东起今慈溪市观海卫镇洋浦，向西过桥头镇洪家村、三管小学、逍
林镇，至白沙路街道上周塘村止；西段称界塘，[④] 东起今慈溪市宗汉街道周塘东村，
向西经宗汉街道周塘西村、百两村（百两桥）、新界村（池头庵），穿过周巷镇天潭
村、云城村、镇东新村（周塘）、城中村（义让路），至城中村（傅家）止。

新御潮塘简称潮塘，在原余姚县境内，明朝成化七年（1471）筑，"已而沙埧益
起，海水北却十里许，其中俱可耕牧，因此水利金事胡复于海口筑塘以御潮，曰新御
潮塘，自是斥地之利岁登"。[⑤] 该塘东起今慈溪市古塘街道东潮塘村，向西经西潮塘村、

---

① 洪锡范、盛鸿焘主修：民国《镇海县志》卷五，上海蔚文印刷局，民国二十年（1931）。

② 参考了新修《慈溪县志》第183页的"慈溪历代海塘图"；《慈溪市志》第306页"慈溪市成陆围涂示意
图"；慈溪市地方志编纂委员会、西安地图出版社2013年出版的《新编慈溪市图志1988—2008》第30
页的"慈溪市成陆围涂示意图"；"慈溪县历代境域变迁地图"（系第二作者华林甫1989年所绘）；民国
《余姚六仓志》卷二"余姚六仓总图"等。感谢人民大学博士生赵逸才绘图。

③ 光绪《余姚县志》卷八；万历《绍兴府志》卷十七。

④ 杨积芳：民国《余姚六仓志》卷二"余姚六仓总图"，民国九年（1920）。

⑤ 光绪《余姚县志》卷八；万历《绍兴府志》卷十七。

福源村，宗汉街道潮塘村（张家）、高王村，穿过长河镇街，至周巷镇驿亭村、西褚巷村、新潮村（石板弄），至西缪路村入余姚市小曹娥镇界。

二新潮塘夹于潮塘与榆柳塘之间，简称二塘，别名坎塘，在原余姚县境内，大约筑于明末，[①] 东起今慈溪市宗汉街道坎东村（六灶），向西经坎墩镇街、长河镇二塘新村、周巷镇东溜场村，由新潮村（新塘）入余姚市小曹娥镇界。

三塘在原余姚县曰榆柳塘，在原慈溪县曰三塘，清雍正二年（1724）始筑，乾隆二年（1737）加固完成。[②] 原余姚县境内"榆柳塘迤西自梁下仓方东路为界，东至慈溪分界之洋浦"，[③] 榆柳塘东起今慈溪市洋浦（毛三斗村之毛家村北 1.6 公里处），经道林镇，沿三塘江向西延伸，过坎墩街道坎东村（央水塘、三姓塘），经长河镇三塘村，至建塘乡牛角尖村止。原慈溪县境内，"（榆柳塘）曰三塘者，在新塘北，东至忌山尾与利济塘合，西至祝家浦"。[④] 三塘东起今慈溪市观海卫镇长岐山村，经三塘头村，至龙舌浦（营房山）止。

利济塘（四塘、利济新塘、泥牛塘、帑塘），是除大古塘外另一条贯通原余姚、慈溪、镇海三县的海塘。原余姚县境内，"雍正十二年于榆柳塘外民灶按丁捐筑利济塘，乾隆十二年以工代振请帑银一万四千余两添筑梁下仓冯东干墩直塘"，"自西梁下仓方东路增筑，至东洋浦，与慈溪分界"。[⑤] 利济塘东起今慈溪市洋浦利济塘船闸，沿四塘横江向西，经新浦镇高桥村、胜山镇胜西村，继续沿四塘横江向西，过坎墩镇绍兴舍头村、长河镇沧南村（四塘头）、垫桥路村，向西经周巷镇劳家埭村、周家路村、牛角尖村，至板桥村进入余姚市；在余姚市境内称冯东干墩直塘，过泗门镇马家村北，至临山镇干墩止。[⑥] 自胜山镇胜西、胜山，过道林镇至洋浦，还有一段利济塘支塘，称胜山塘。原慈溪县境内，"利济塘一名利济新塘，俗称泥牛塘，县北六十里，国朝乾隆十六年以工代振请帑建筑，故亦曰帑塘"，[⑦] 东自今慈溪市龙山镇淞浦村，向西经观海卫镇利济塘村，折北至大岐山西侧，再沿四塘横河向西，由营房山北、附海镇大阴洞村、花木村（三节）、东海村（韩家路），至洋浦与利济塘姚北段相接。原镇海县境内利济塘，系雍正十三年筑造，乾隆十七年加固，[⑧] 东起伏龙山西麓龙山镇龙西村，经地舍村，至新塘头村。

① 光绪《余姚县志》卷八。
② 光绪《余姚县志》卷八；《余姚六仓志》卷五。
③ 光绪《余姚县志》卷八。
④ 光绪《慈溪县志》卷十。
⑤ 光绪《余姚县志》卷八。
⑥ 民国《余姚六仓志》卷二"余姚六仓总图"。
⑦ 光绪《慈溪县志》卷十。
⑧ 民国《镇海县志》卷五；光绪《镇海县志》卷八。

上述七条海塘，见证了三北平原向北稳步淤涨的进程。从大古塘向北至利济塘，平均距离 10 里多，大约海岸线每年向北推进 7 米多，围筑面积 330 平方公里。①

第三阶段：清朝乾隆中期至 21 世纪初，是海岸线向北较快推进的时期。

如果说第二阶段为自然淤积的稳步推进时期，那么第三阶段则加入了人工促淤措施，淤涨速度较快，庵东沙嘴更加突出，因此为岸线较快向北推进的时期。

随着钱塘江入海江道的向北弯曲，杭州湾南岸沙嘴向北偏转，四灶浦入海口之西的今慈溪西部淤泥越来越多，形成庵东沙嘴向海中突出，而四灶浦入海口之东的今慈溪东部来沙减少，淤积速度减慢，遂形成整个慈溪海岸呈弧形向北突出于杭州湾中。因此，这一时期建造了许多海塘。

这一时期筑造的海塘主要有晏海塘（五塘）、永清塘（六塘）、澄清塘（七塘、胜利塘、解放塘）、八塘、九塘、十塘、十一塘（庵东沙嘴沿海部分地段还筑造了十二塘），依然是分段筑成，各塘均不统一。另外，在原余姚县西北部还有几条圩塘，至少在民国九年（1920）之前就已筑成，从陆地向海岸排列依次为：老圩塘（晏海塘延伸线）、二圩塘、三圩塘（永清塘延长线）、四圩塘（澄清塘延长线）、五圩塘、六圩塘。②

晏海塘排序为五塘。原余姚县内的晏海塘，又称五塘，清嘉庆时筑，"东起洋浦，西至干墩"，③ 晏海塘东起今慈溪市新浦镇洋龙村，经新浦镇街、胜山镇北、新浦镇五塘南村，沿五塘横江向西延伸，经坎墩镇五塘新村（五塘），长河镇沧田村（老新街）、大牌头村，周巷镇定海村、周丁村、三江口村，入余姚市小曹娥镇界，在余姚市界内称老圩塘，穿过泗门镇、临山镇，至黄家埠镇黄家埠村止。④ 原慈溪县内晏海塘亦称五塘，"曰五塘者，在利济塘下，东至淹浦，西至下宝山"，⑤ 东起今慈溪市观海卫镇大岐山北五洞闸村，往西跨高背浦、徐家浦、蛟门浦，过附海镇海晏庙北，至蒋家丁洋浦边止。原镇海县境内的晏海塘亦称五塘，东起伏龙山，沿五塘横河西延，经龙山镇太平闸村，至淞浦止。

永清塘或靖海塘，排序为六塘。原余姚县境内的永清塘，为嘉庆二十年分段兴筑，至民国八年始告竣，⑥ "东起洋浦、西至历山全灶止"，⑦ 东起今慈溪市新浦镇洋浦，沿六塘横江往西延伸，经新浦镇陈家舍村、崇寿镇相公殿村、六塘（六塘亭）村，过

①　据本文作者估算。

②　民国《余姚六仓志》卷二 "余姚六仓总图"。

③　民国《余姚六仓志》卷五；光绪《余姚县志》卷八。

④　民国《余姚六仓志》卷二 "余姚六仓总图"。

⑤　光绪《慈溪县志》卷十。

⑥　万历《新修余姚县志》卷四，明万历年间刊本；万历《余姚六仓志》卷五。

⑦　光绪《余姚县志》卷八。

庵东镇、长河镇高兴街、周巷镇小安街，至协同心村入余姚市小曹娥镇界；在余姚市
曰三圩塘，穿过泗门镇、临山镇、黄家埠镇，至绍兴市上虞区界。[①]原慈溪县境内永
清塘称六塘，分东、西两段：东段东起今慈溪市龙山镇淞浦，经掌起镇古窑浦车站、
观海卫镇五洞闸村、六塘头村，至高背浦止；西段自方家浦起，跨徐家浦、蛟门浦、
郑家浦，至洋浦止。原镇海县境内永清塘亦称六塘，东起伏龙山西麓，经龙山镇小施
山村，至太平闸村北、淞浦边止。

澄清塘排序为七塘，也叫胜利塘、解放塘。原余姚县境内的澄清塘于光绪末年和
民国六年分段筑造，1946年增筑后全线贯通，因该塘筑成于抗日战争胜利后，因此又
称胜利塘。1949年大风潮将海塘多处冲垮，1950年人民政府组织群众加固修复，故
又称解放塘。[②]其东起新浦镇下洋浦村，经新闸村，沿七塘公路向西延伸，经庵东镇
马潭路村、浦东村，过庵东镇北，经西二、西三车站，至泥墩潭村入余姚市小曹娥镇
界。澄清塘在今余姚市称四圩塘，经泗门镇、临山镇、黄家埠镇，入上虞区。澄清塘
在原慈溪县境内称七塘，建于光绪末年，[③]东起淞浦闸，经观海卫镇高背山村、附海镇
郑家浦村南，西至洋浦。澄清塘在原镇海县境内亦称七塘，建于民国十年，[④]东起伏龙
山西麓，西至淞浦闸止。

八塘无别名。原余姚县境内的八塘，分东、中、西三段：东段东起洋浦，西至
新浦八塘闸东，民国时期筑造，解放后加固；中段从新浦八塘闸东向西至泥墩潭
村，再延长至今余姚市，1955年至1965年筑造；[⑤]西段东起今余姚市小曹娥镇，
向西至黄家埠镇横塘村，1952年筑造。[⑥]原慈溪县境内的八塘于宣统元年（1909）
开始筑造，民国时期继续增筑，解放后全面加固，[⑦]东起淞浦闸，经观海卫镇高背
山东侧、附海镇郑家浦村北，西至洋浦。原镇海县境内的八塘，建于1937—1938
年间，东起伏龙山西麓山下闸，西至淞浦闸，是龙山地区的主要沿海堤塘，即包
底塘。[⑧]

九塘也无其他名称。今慈溪市境内的九塘，从淹浦向西至建塘江九塘闸西，与
余姚市泗门水库外海塘相连，为20世纪60年代末至1987年分段筑成。[⑨]今余姚

① 民国《余姚六仓志》卷二"余姚六仓总图"。
② 新修《慈溪县志》，第21，176页。余姚市水利志编纂委员会编：《余姚市水利志》，中国水利水电出版
社，2011年，第104页（以下简称"《余姚市水利志》2011年"）。
③ 新修《慈溪县志》，第176，177页。
④ 新修《慈溪县志》，第177，178页。
⑤ 新修《慈溪县志》，第178页。
⑥ 《余姚市水利志》1993年，第104页。
⑦ 新修《慈溪县志》，第177页。
⑧ 新修《慈溪县志》，第178页。
⑨ 新修《慈溪县志》，第178页。

市境内的九塘，自小曹娥镇西三闸向西，至上虞区界，自1960年至1969年分段筑造。[1]

十塘仍无具体名称。今余姚市境内十塘，东起慈溪市庵东农场，向西至黄家埠镇横塘村，1969年至1976年分段筑成。[2]今慈溪市境内最早的十塘于1973年建于浒山海涂水库，1993年至1997年在新浦镇围建四灶浦水库十塘和半掘浦围垦区十塘，1998年围垦龙山地区，2003年至2006年围垦淡水泓两侧。[3]

十一塘离海岸很近。今余姚市境内的十一塘，东起泗门镇，向西至上虞区，1978年至1984年筑造。[4]今慈溪市境内的十一塘，从2004年开始已完成东起郑家浦直堤，西至杭州湾跨海大桥的围筑工程。

1988年以后，筑塘、围涂均以工程的形式，广泛采用泥浆泵机械化施工，效率大大提高。截至2011年，慈溪市先后完成了半掘浦东侧围涂、水云浦排涝工程、伏龙山围涂、西一海塘外移工程围涂、四灶浦海涂水库、淞浦西侧排涝围涂、半掘浦围涂、四灶浦排涝工程、徐家浦排涝工程、龙山围涂、西部垃圾场围涂、淡水泓围涂、四灶浦西侧围涂、徐家浦两侧围涂、陆中湾两侧围涂等，新筑海塘长128.99公里，共围涂219平方公里，[5]海岸线向北平均推进3.6公里。[6]2001年之前余姚市境内的海塘基本为土塘，因此海岸线欠稳固；从2001年底至2016年，余姚市先后实施了四期围涂工程，分别位于余姚岸线中东段岸滩，余姚岸线的中、东段，余姚岸段，余姚岸段的中、西段，[7]形成直线海堤20公里，岸线向北平均推进4.5公里，新围垦土地75平方公里。[8]

21世纪初以来，杭州湾挟沙水流被庵东弧形沙嘴挑向杭州湾深水部位后，慈溪东部海岸的沉沙日益减少，且由于泥沙颗粒粗细和落淤先后的差异，便形成沿海滩地西部和中部高而宽、东部低而狭的特点，故解放以来至20世纪80年代，西部和中部均建九塘，快的如浒山海涂水库1973年建十塘，而东部伏龙山至淹浦只建有八塘，尚未形成九塘。目前庵东沙嘴部分地区已建十二塘，而东部伏龙山至洋浦只建有十塘，其中原因当然与原姚北地区海岸始终比原慈北、镇北地区淤涨速度快有关。

① 《余姚市水利志》1993年，第104页。

② 《余姚市水利志》1993年，第104页。

③ 方东主编：《三北围垦文化史稿》，中共党史出版社，2010年，第139，147页。

④ 《余姚市水利志》1993年，第106页。

⑤ 《慈溪市志》，第305页。

⑥ 据本文作者估算。

⑦ 《余姚市水利志》2011年，第185—188页。

⑧ 《余姚市水利志》2011年，第185页。

本阶段海岸线共外涨约 10700 米，其中从乾隆中期至 20 世纪 80 年代末期平均外涨约 6900 米，从 20 世纪 80 年代末期至 2011 年平均外涨约 3800 米，平均每年外涨约 43.7 米。[①] 这一阶段三北平原共增加面积 553.42 平方公里，其中从乾隆中期至解放初期增加了 120.32 平方公里，[②] 从解放初期至 20 世纪 80 年代末增加了 139.1 平方公里[③]，从 20 世纪 80 年代末期至 2011 年增加了 294 平方公里。

二、成陆规律

从上述三个阶段的发展来看，三北平原的成陆过程呈加速度发展的态势。第一阶段从距今 6000 年前的远古开始，至北宋庆历七年（1047）大古塘开筑，历时近 5000 年，海岸线仅向外伸涨了 5.5 公里，平均 900 年才向北推进 1 公里；第二阶段从大古塘始筑至乾隆十七年（1752）利济塘全面筑成，历时 705 年，海岸线平均向外延伸 5.15 公里，约 137 年向北推进 1 公里；第三阶段始于乾隆十八年（1753），截至 2011 年筑十一塘，历时 258 年，平均海岸线向外延伸 10.7 公里，约 24.1 年向北推进 1 公里。这种加速度发展的态势从图 2 可以清楚地看出。

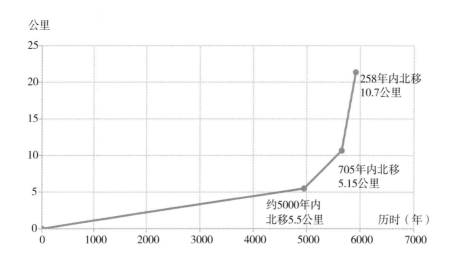

图2　三北平原海岸线向北推进的速度

---

① 据本文作者估算。

② 据本文作者估算。

③ 浙江水利志编纂委员会编：《浙江水利志》，中华书局，1998年，第628页。

三北平原成陆是最近 1000 年以来的事，并且这个成陆过程还将持续进行下去。海塘一条条向北筑，卤地日益向北移，旧盐场日久自成良田，海涂不断北却，陆地便按上述规律嬗递演变，新塘筑则塘南成一片沃土，潮塘筑则此塘与新塘之间又成一片膏腴之地，历史连续剧就这样不断地上演，故万历《新修余姚县志》记载："今塘南田者，遇旱即夜穴塘引海沟水灌之；……稍不足，则于并山颇高处为湖渠备旱如新海湖及海湖，并取诸海地，修御潮塘，令高完于浦口，多张水门，春雨水溢，决使入海；秋冬筑之，以障潮汐。如此则塘北之地渐为沃壤，亩可万计，亩收一钟。"[1]

　　总之，时至 2011 年，三北平原总面积约 1027.42 平方公里[2]，依照成陆先后从南到北分三部分：自大古塘以南至沿山北麓的近山湖积 – 海积平原，面积有 144 平方公里，[3] 占三北平原约 14%；大古塘以北至利济塘（四塘），海积平原面积约为 330 平方公里，占三北平原的 32.1%；四塘以北至沿海一线海塘（十塘或十一塘），滨海海积平原面积约 553.42 平方公里，占三北平原的 53.9%。[4] 在一条条海塘的修筑过程中，形成了秀美富饶的三北平原。

三、成因与结论

　　三北平原成陆过程的加速度发展，与钱塘江入海口的变迁息息相关。

　　钱塘江入海口，自古以来有三处：河庄山之北为北大门，阔 30 余里；河庄山与赭山之间为中小门，阔约 8 里；赭山之南至龛山为南大门，阔约 30 余里。南宋以前，钱塘江入海口一直在南大门，《越绝书》卷八有"杭坞者勾践杭也"之语，杭坞即今杭州市萧山区杭坞山，江道走南大门无疑。南北朝时代，《水经·江水注》云"江水又东迳赭山南"，则知江道仍稳定在南大门。南宋初年，江道仍走南大门入海。[5] 钱塘江入海口在南大门时，激流直冲慈溪北部海岸，水流湍急，泥沙不易沉积，因此第一阶段内三北平原淤涨缓慢。从南宋到清代乾隆初期，钱塘江入海口时有变迁，北大门原是一片平原沃野，自嘉定十二年（1219）海水侵入后，[6] 北大门时常与南大门同

① 万历《新修余姚县志》卷一。光绪《余姚县志》卷八也有同样的记载。

② 其中慈溪市为主体，有776.42平方公里，系本文作者根据《慈溪市志》第259页推算得来。

③ 新修《慈溪县志》，第167页。

④ 据本文作者估算。

⑤ 陈桥驿等：《浙江地理简志》，第330页。

⑥ 《宋史·河渠志》卷七。

为钱塘江入海口，甚至万历三年（1575）北大门"遂骤决而成大江"，[①] 这是北大门有史以来第一次为钱塘江主流所通过，但江道在当时并不稳定，南大门亦未全淤。清兵据杭州，南明设防江南，防线在七条沙、西兴、瓜沥、小门一线，[②] 说明江道主流自万历三年一度进入北大门以后，又返回到南大门和中小门。康熙初，江道以中小门为主，直至康熙末年。南宋、元、明、清初钱塘江入海口时南时北的变迁，对三北平原成陆过程的加速起着支配作用，故第二阶段成陆速度大于第一阶段。自乾隆二十四年（1759）江流改道北大门而且从此相对稳定后，形成了今日钱塘江出口的基本流路。这样，钱塘江入海激流流向东偏北，杭州湾北岸受到强力冲刷，从海盐、乍浦到王盘山、金山卫一线，东晋以前曾是一片沃野平原，[③] 后因受钱塘江入海口的变迁及杭州湾海水动力的变化而逐渐受到冲蚀，海岸逐渐北坍，如今王盘山岛北距海岸已达20公里，足见北岸退缩之甚。北坍南涨，在钱塘江潮流冲刷北岸的同时，南岸迅速淤涨，形成庵东沙嘴向北突出于杭州湾中。第三阶段淤涨速度较快，与钱塘江入海口稳定在北大门是紧紧相连的。清朝原海宁州的南沙，因钱塘江改道，被隔在了江的南岸，以至于在嘉庆十六年（1811）经朝廷许可划给了萧山县。[④] 钱塘江入海口变迁的同时又影响了涨潮的流向和强度，这对三北平原的成陆也起着不可低估的作用。

另据陈桥驿先生研究，自康熙以来，由于人口猛增，随着玉米和番薯的传入，浙江大量人口拥入山区，不断垦殖，破坏了山林植被，造成钱塘江流域水土大量流失，山林垦殖引发水土流失，[⑤] 加上乾隆前期钱塘江改道北行，上游中游流失的大量泥沙沉积在杭州湾南岸，对于三北平原的成陆功不可没。

至于地球自转所产生的科氏力（科里奥利力，Coriolis force）对于三北平原形成的影响，因属于全球尺度的宏观问题，在此从略。

由南向北横亘的一条条海塘，是千百年来三北平原人民勤劳勇敢开发土地的见证，为人类发展历程提供了顺应自然、改造自然、利用自然的宝贵经验。人类只有在顺应自然的前提下才能改造自然，利用自然，自然资源不可无节制地开发利用。钱塘江从北大门进入杭州湾，再汇入东海，中间有两个收窄口，一个是钱塘江喇叭口，蔚为壮观的钱江潮是海水回流时水道突然收窄形成的，水道收窄的原因是沿江两岸不断围涂造田；另一个在庵东沙嘴突出地带，目前杭州湾两岸最短距离已经不足36公

① ［清］程鸣九：《三江闸务全书》上卷，介眉堂刊本。

② ［清］黄宗羲：《行朝录》卷三，收录在《黄宗羲全集》第二册，浙江古籍出版社，2012年。

③ ［宋］常棠：《澉水志》上（卷五），收录在《宋元方志丛刊》第5册。

④ 浙江巡抚蒋攸铦：《奏为勘明海宁州属南沙地方今昔情形不同应行改隶萧山县管辖事》（中国第一历史档案馆录副奏折），嘉庆十六年九月十六日；《清仁宗实录》卷二百四十九，嘉庆十六年十月己酉。

⑤ 陈桥驿：《历史上浙江省的山地垦殖与山林破坏》，《中国社会科学》1983年第4期，第207—217页。

里，^①是三北平原不断向杭州湾突出造成的结果，而杭州湾湾口最宽处却有将近 100 公里，因此南北两岸的距离不应该再继续人为地被缩短。时至 21 世纪初，三北平原特别是慈溪市海岸线外侧仍有大量可利用的滩涂，2004 年的数据显示，慈溪市海岸线至 5 米深基准面滩涂资源有 630.9 平方公里，2003 年修订编制的《慈溪市滩涂围垦总体规划》将筑塘围涂工程分为三期，即近期围垦项目（2003—2010）、中期围垦项目（2011—2020）、远期围垦项目（2021—2050）。^②我们认为，无论是从钱塘江和杭州湾的长期安流、三北平原的地质构造，还是两岸社会生产生活的安全考虑，三北平原的筑塘围涂工程能不能再继续向杭州湾伸展，应该权衡利弊，谨慎从事。

（薛亚玲，中国社会科学院生态文明研究所；华林甫，中国人民大学清史研究所）

---

①　以杭州湾大桥的长度为准。

②　《慈溪市志》，第300，304页。

插花地对行政区划的影响及其改革[*]

孙景超

一、引言

在行政区划中，明确而又封闭的行政区域界线是构成行政区的核心要素之一。[1]一般而言，行政区域的界线要求整齐划一，使之尽可能与自然地理单元、经济区的边界相一致，以便实现行政管理的稳定、便捷，促进区域经济体系更加合理化。作为行政区划中的特殊现象，插花地突破了行政区划中的"属地"管辖原则，穿插于高层政区、统县政区、县级政区及县级以下等各级行政区域，使得行政边界相互错杂，呈现出"华离""犬牙交错""瓯脱""嵌入"等形态。

插花地是特殊现象，但却不是罕见现象。跨越古今，插花地都有广泛存在，其表现形式也极尽奇特："所谓插花地者，更极奇突怪异之能事。甲县之地，突飞至乙县，而与甲县绝不相连，真所谓无翼而飞者也。此种飞地，其面积有大至数百里者，有仅为一村者，乃有小至仅为一井者。"[2]

在某些特定时期及某些特殊地区，插花地曾经达到非常严重的程度，1936年统计数据显示："当年勘定市县界域或整理各县所属飞插地段的，计有江苏省5县，安徽5县，湖南2县，福建5县，河北12县，浙江31县，湖北12县，河南32县。"[3]这是就全国概况而言，具体到地方，实际情况要严重得多，省级政区如河南省，"全省一百十一县中，有插花地者七十三县，面积共约三千方市里，近四千村，约四百块，

---

* 原刊于《开发研究》2016年第2期。

① 浦善新等：《中国行政区划概论》，知识出版社，1995年，第11页。

② 李敬斋：《整理中国土地及行政区之我见》，《中央周报》1934年第336期，第230—232页。

③ 白贵一：《20世纪30年代南京国民政府县自治研究》，知识产权出版社，2009年，第118页。

人口在三十万左右"。此外，还有"陕西、湖北、安徽、河北飞入河南之地，约七十块"。[①] 县级政区如河北平原上的威县，其境内有"山东临清县插花 16 村，山东冠县插花 26 村，（河北）丘县插花 21 村，南宫县插花 15 村，曲周县插花 37 村，鸡泽县插花 1 村"。[②] 数量繁多、形态各异之外，插花地的面积也相差悬殊，大的如青海省海西蒙古族藏族自治州格尔木市所属唐古拉山镇，插入玉树藏族自治州，面积达 4.75 万平方千米；小的如河南省插入湖北省的石槽沟村，仅 0.8 平方千米。广泛存在的插花地，是对行政区划封闭界线的突破，必然对行政区划与管理产生重要影响，进而影响到区域的社会稳定与经济发展。本文即以插花地为研究对象，总结其演变趋势，讨论插花地对行政区划的影响及其改革。

二、插花地的概念与形式

在概念上，"插花地"一词，通常与"飞地""嵌地""扣地""错壤""华离之地""瓯脱""畸零""遥领"等称呼纠缠不清，学界在讨论与使用时亦有不同意见。从称谓上来看，"飞地"作为术语使用得较为广泛，也能与通行的政治地理学相关概念（enclave，exclave）[③] 对接，因此有许多学者将二者直接等同使用。但"插花地"作为中国传统称谓，其内涵更加丰富，包含的类型也更加多样，需要对其形式与内涵予以明确辨析。

清代胡林翼总结了插花地的具体表现形式："所谓插花地者，其情形约略有三种：如府厅州县治所在此，而所辖壤土乃隔越他界，或百里而遥，或数百里之外，即古所谓华离之地也。又如二壤本属一邑，中间为他境参错，仅有一线相连，世亦谓之插花，即古所谓犬牙之地也。又如一线之地插入他境，既断而复续，已续而又绝，绵绵延延至百十里之遥，世亦谓之插花，即古所谓瓯脱之地也。"[④] 其所谓"华离之地"，基本上可以对应现代的"飞地"概念，"犬牙之地""瓯脱之地"则是插花地的不同表现形式。

① 式之：《整理河南插花地之过去与将来》，《河南政治月刊》1934年第4卷第8期。

② 威县地方志编纂委员会：《威县志》，方志出版社，1998年，第47页。

③ ［英］梅休（Mayhem）：《牛津地理学词典》，上海外语教育出版社，2001年，第151，163页。

④ 胡林翼：《论贵州境插花情形启》，载沈卓然、朱普村编《胡林翼全集》（中），大东书局，1936年，第5—8页。

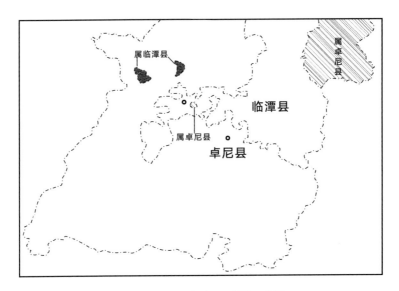

图1　甘肃临潭县与卓尼县插花示意图

民国时期为了勘定省市县边界，曾对插花地进行系统整理，为解决地方政府的疑问，内政部曾专门出台文件，认定《省市县勘界条例》所指"插花地"包含"插花地""飞地""嵌地"三种形态，"系历来习惯上一种名称"，并予以明确解释：

插花地："属于甲县之地，并不因天然界线，而伸入于乙县境内，致使两县间界域成为穿插不整形状，其伸入之地段因形势狭长，致三面均与乙县辖境毗连。此种地段，如在两部分以上，即构成所谓犬牙交错之地。"

飞地："属于甲县管辖之地而在乙县境内，其四面均属乙县境界，独该地属于甲县。"

嵌地："与插花地略同，其区别处则插花地形势狭长，嵌地则整段或零段嵌入他县境内，即形势过于曲折，或畸零不整之地。又嵌地多因江河流域变迁构成，例如甲县境域完全在河之南岸，乃有属地在河之北岸者，其三面均为乙县管辖。"[①]

从内容上来看，民国时期内政部的规定，实际界定了插花地的三种形态，所采用的"插花地""飞地""嵌地"等称呼，与胡林翼所言名称虽有差异，但内容大致类同。显然，插花地作为此类区域的统称，拥有比飞地更为丰富的形式与内涵。近年来相关的研究成果也体现出这一认识，郭声波在研究飞地政区时曾总结到："飞地行政区是在特殊时期、特殊地方、因特殊原因而设置的特殊行政区。"[②] 这一概念已经超越了对传统飞地的理解，可与插花地的相关形态互通；杨斌在认真讨论并分析关于插花地的各类称谓后认为，插花地是"特定时期、特定历史条件下、特定区域内的各个政区

① 内政部：《咨复为解释插花地等三项性质分别请查照——咨湖南省政府》，《内政公报》1936年第12期。

② 郭声波：《飞地行政区的历史回顾与现实实践的探讨》，《江汉论坛》2006年第1期。

（或行政区划）在形成、发展和变迁过程中归属明确但经界不正之地的总称"，包括"飞地和犬牙之地两种基本类型"。从插花地的复杂情形来看，其所包含的内容、表现的形式都要更加多样①，故本文采用"插花地"来称呼此类特殊行政区域。

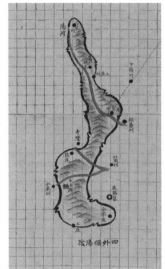

图2　清代安阳县与周边诸县插花地情形

资料来源：美国国会图书馆藏，《安阳县全境舆图》。

三、插花地的类型及其发展

插花地出现的时间很早，在春秋战国时期，由于层级分封制的存在，各国互相征伐，以及民族的频繁迁徙，土地与政区的归属关系复杂，插花地就已经成为普遍现象。②自此之后，插花地作为行政区划中的特殊现象，以复杂的原因、多样的形式存在于历代行政区划之中，并在某些时期、某些地区极为突出，造成了较为严重的社会影响。从时代变迁的角度，插花地可分为传统与现代两大类型：

① 对于插花地的概念讨论，可参考杨斌：《历史时期插花地的基本概念讨论》，《西南大学学报》（社会科学版）2013年第5期；张祥刚：《插花地研究综述》，《.科教创新》2013年第20期。

② 史念海：《战国时期的"插花地"》，载《河山集》（第7集），陕西师范大学出版社，1999年，第504—519页。

（一）传统插花地

民族型插花地：中国自古即是多民族国家，早在夏商周三代时期，民族迁徙就十分频繁，中原华夏族与周边"四夷"不断地出现插花现象。商的先祖与东夷关系密切，周的先祖则杂处西戎，西周分封的吴、燕、楚、秦、齐等边地诸侯杂处于蛮夷之间；春秋时，伊洛之戎、陆浑戎等已经深入到华夏族居住的周王畿地区，战国时白狄所建立的中山国错杂于华夏族的燕、赵等国之间，是少数民族插花于汉族地区；历代中原王朝在新疆、贵州、云南等地的卫所屯田，是汉族插花于少数民族地区；清代迁移东北的锡伯等少数民族到新疆伊犁地区戍守边疆，形成今察布查尔锡伯族自治县，是少数民族之间的互相插花。

军事型插花地：军事型插花地，多以军事征伐占领为形成插花原因。战国时期，魏文侯派乐羊等人越赵国伐灭中山，隔赵国而占有其地；秦越三晋（韩赵魏）伐齐，取得陶邑等地，先为穰侯魏冉封地，后设为东郡，亦是此类。唐代中后期为了保证边境的军需供应，也曾有一些节度使遥领部分内地州县，以便征收赋税。[1] 明代普遍推行卫所屯田，直属兵部及各都司，在内地形成军屯与民田两套体系的插花。清代四川省境内的瞻对土司（今甘孜州新龙县），其叛乱先为西藏兵力所平定，遂成为西藏在四川境内的插花地。

移民型插花地：自汉代开始，历代政府先后在新疆、贵州、云南等边疆地区实施移民屯田，尤其是明代的卫所屯田，除卫所士兵外，往往还携带家眷，形成屯堡等移民插花地。清代入主中原后，为加强对地方的控制，实施八旗驻防，在广州、杭州、西安、荆州、成都等大城市设立满城，专供八旗兵及其家眷居住，由驻防将军管辖，不属地方。南北朝时期的侨州郡县，是最奇特、规模最大的移民型插花地。《隋书·食货志》载："晋自中原丧乱，元帝寓居江左，百姓之自拔（北）南奔者，并谓之侨人。皆取旧壤之名，侨立郡县，往往散居。"东晋南朝政权为了安置为数众多的北来侨民，在南方地区大量设立侨州郡县，插入于原有州县境内。与此同时，侨人原居地的政区设置大都依然存在，只是处于北方异族政权的统治之下，从而形成奇特的侨州郡县制度；由于战争不断，各政权的控制区域变动频繁，侨州郡县的变化较大，其设置也不限于南方，在北方、河西走廊等地也有存在。[2] 根据相关研究统计，东晋南朝侨州郡县数量占到全部行政区划的 30% 左右。[3]

---

[1] 《新唐书》卷64《方镇年表》："大历五年（770），泾原节度使马璘诉地贫军廪不给，遥领郑、颍二州。"

[2] 按：在以往认识中，未见将侨州郡县视为插花地政区的观点。本文在此大胆提出二者的相通之处，以供商榷。

[3] 胡阿祥：《六朝疆域与政区研究》，学苑出版社，2005年，第243页。

表1　东晋南朝侨州郡县数量与比重

年　代	侨州数：州数（％）	侨郡数：郡数（％）	侨县数：县数（％）
晋义熙十四年（418）	9：23（39%）	93：252（37%）	321：1236（26%）
宋大明八年（464）	7：21（33%）	97：251（39%）	386：1283（30%）
齐建武四年（497）	10：22（45%）	106：373（28%）	413：1444（29%）

资料来源：胡阿祥《六朝疆域与政区研究》，学苑出版社，2005年，第243页。

　　经济型插花地：经济型插花地分布最多，是最普遍的插花地类型。在东部农耕区，多数插花地由屯田、垦荒、土地买卖、赋役摊派等方式形成，并依照"赋归某县管辖，即归某县管辖"的赋役关系而确立。如清代河南省汝州（民国改临汝县，今为汝州市）在其政区境外有十四屯里，共辖卫地202处，其中大营卫24处，距汝州近；洪家营卫57处，距鲁山近；洪寺营卫2处，距郏县近；胡家庄卫109处，距宝丰近；南大营卫10处，距叶县近。[1] 其地原为明代卫所屯田，清代改军屯为民田后，旧有隶属关系相沿不改，从而形成插花。插花地比较严重的河北平原南部地区，其成因也较特殊，如鸡泽县有如下记载："（王梦蛟）任职保定提督，钦赐御史巡按直隶各府，深知老家鸡泽人少地薄，多年来历任知县不愿在鸡泽做官。他回鸡泽视察后，对广平知府说：鸡泽人少地薄，知县难做，应从广平府管辖的九县中每县划拨一个较大的村庄，属鸡泽管辖，名曰鸡泽屯，钱粮归鸡泽征收。民谣曰：广府一府辖九县，县县有个鸡泽屯，只收钱粮不管案，都是御史老爷办。"[2] 此论虽为传说，但核诸方志，鸡泽县确实在周边诸县领有相当数量的插花地，[3] 揭示了该地区插花地的起始原因是平均赋役。在西北游牧地区，因游牧生活中"冬营地""夏营地"的迁徙，也往往会形成不同民族、不同部落之间游牧地的插花。

　　政治型插花地：政治型插花地多由分封制为发端。如战国时韩赵魏三家分晋，三国领土均来自其在晋国所得的封邑，导致其疆土互相交错，上党地区为三家所分，归属尤为复杂。汉代直属中央的郡县与分封的王国、侯国之间，疆土错杂，主要是由汉武帝及以后统治者为加强中央集权推行"推恩"以实现"强干弱枝"的政治目的而形成。辽代契丹贵族所属的投下军州与五京道所属州县相插花，亦属此类，但还仅限于其所统治的北疆。迨元代一统，在华北地区先后实施的汉人世侯制、蒙古贵族的投下州县等制度，与中央政府的省—路—府（州）—县各级政区交织在一起，使得华北平原地区的插花地现象极为严重。清代为加强对地方的控制，在诸多重要城市设立八旗

① 杨延欣：《平顶山民俗文化》，人民日报出版社，2005年，第204页。

② 河北省鸡泽县地方志编纂委员：《鸡泽县志》，方志出版社，2002年，第758页。

③ 乾隆《鸡泽县志》卷2《疆域》，成文出版社，1969年，第27—32页。

驻防，形成由驻防将军直辖的"满城"，亦属此类。

（二）现代插花地

近现代以来，尤其是中华人民共和国成立后，插花地得到了较大力度的改正，但一些传统类型的插花地仍然存在，如边疆地区的生产建设兵团，正是传统军事移民屯田的延续，直到今天，新疆生产建设兵团仍在诸多领域被作为省级政区看待。随着社会政治、经济的发展，一些新的插花地又相继出现，主要表现如下：

民族自治型插花地：中华人民共和国成立后，实施民族区域自治政策，先后成立了内蒙古自治区、宁夏回族自治区、广西壮族自治区、新疆维吾尔自治区、西藏自治区等五大民族自治区。因各民族"大杂居、小聚居"的特点，各级各类民族自治行政区之间往往会形成民族插花地。前述青海省格尔木市所属唐古拉山镇，插入玉树藏族自治州，面积达4.75万平方千米，是中国面积最大的插花地政区。甘肃肃北蒙古族自治县所属马鬃山镇，面积2.6万平方千米，与该县其他辖区中间隔着玉门市、瓜州县。甘肃肃南裕固族自治县，因民族成分复杂（裕固族、蒙古族、藏族），县境土地分为四块，其中明花乡插花于高台县西部，皇城镇插花在山丹县东部，大泉沟乡插花在民乐县中南部。在东部汉族地区，也广泛存在着民族自治县（区）、乡（镇）、村等各级行政单位，其中尤以回族聚居地为多。

工矿区插花地：因煤炭、石油、有色金属等矿产资源在现代经济产业中的重要作用，部分矿区往往由上级政区直接管辖，插花于下级政区之间。河北省承德市所属鹰手营子区，石家庄市所属井陉矿区，邯郸市所属峰峰矿区，江苏省徐州市所属贾汪区，安徽淮北市所属段营镇，均因煤矿而形成插花地；内蒙古包头市白云鄂博矿区，因稀土矿而插花于达尔罕茂明安联合旗；安徽铜陵市铜山镇因铜矿资源插花于池州市贵池区境内；新疆克拉玛依市的独山子区，河南省洛阳市的吉利区，因石油资源与石化工业形成插花于他境；郑州市所属上街区，作为重要的铝工业基地，插花入荥阳市境内。

城市新型插花地：随着工业化和城镇化的加速推进，城乡二元结构也随之发生调整与变化。在一些高速发展的城市，城市建成区不断扩大，城乡分隔界限日益模糊，行政区和经济区交叉重叠，导致了行政区划中新的插花地出现。在城市外延发展中，出于城市基础设施建设如机场与港口的需要，出现了一些插花地，如北京首都机场地区，地理位置位于顺义区境内，但隶属于朝阳区管辖；西安所属咸阳机场，位于咸阳市渭城区底张镇境内；郑州新郑机场，位于新郑市境内（现为郑州航空港经济综合试验区）。上海的洋山深水港，行政权归属浙江省嵊泗县，经营管理权则归属上海市。在城市内部，尤其是城乡结合部地区，也存在类似的情况。自20世纪60年代开始，武汉市武昌区、青山区的城市建成区不断扩大并伸入洪山区境内，形成了"城市土地利用至哪里，就管理至哪里"的交叉地带，武昌、青山、洪山三区之间的插花地达 249 块之多。深圳市因二线关管理线与原有各区行政区划界线不完全一致、填海造陆等原因，至 2003 年在城市所属的 6 个区之间形成 23 块插花地，总面积 44.84 平方千米，登记在册人口 114614 人。[①] 在城镇化快速推进的同时，这种新形态的插花地在诸多城市中出现。

此外，还有一些特殊类型的插花地。

20 世纪 50—70 年代的计划经济时期，因国家的计划安排及"大炼钢铁""上山下乡"等运动，形成了一些插花地：北京市有插入黑龙江甘南县的双河农场，插入天津宁河县的清河农场；上海市在江苏大丰、安徽宣城、黄山等地市共有 7 块插花地，面积达到 360.7 平方千米；天津市在河北武安境内插花有"天津铁厂"。

河北省廊坊市所属大厂、香河、三河三个县级行政区，由于北京、天津城市的不断扩大，邻近诸县被纳入管辖，使得该区与廊坊市其他区域隔离开来。为解决河南、山东两省间金堤河排水问题，1964 年国务院以区划调剂的方法，将河南省东明县划归山东省，撤销山东省寿张县，将范县金堤以北五个区划归莘县，寿、范两县金堤河南部地区归并成范县，划归河南省。同时将范县县城留在山东，县城附近的金村、张扶村划归范县，原范县城关（樱桃园镇）仍归山东，形成了范县县城在省外的罕见情况。[②] 澳门大学 2009 年新建的横琴校区，位于珠海市所属的横琴岛，经全国人大常委会授权，由澳门特别行政区政府以租赁方式取得新校区的土地使用权，其区域与横琴岛其他区域隔开，由澳门特别行政区政府依照澳门特别行政区法律实施管辖，期限至 2049 年。[③] 近年来新疆生产建设兵团推行"师市合一"，陆续设立阿拉尔、图木舒克、北屯、铁门关、双河、可克达拉、昆玉诸市，辖区均与原兵团屯垦地保持一致，形成大量的插花地。这几例情况都比较特殊，大致仍可归为政治型插花地。

四、对插花地的认识与调整

对于行政区划中的插花地现象成因与影响，历代多有认知与评论。放眼全国，纵观历史，插花地的形成在不同时期、不同区域仍然存在着不同的特点。如史念海先生

---

① 秦志勇、方海波：《没人管的"插花地"各自"回家"》，《人民政协报》2003年12月10日。

② 濮阳市地方史志办公室编：《濮阳年鉴2005》，黄河水利出版社，2005年，第333页。

③ 《全国人大常委会关于授权澳门特别行政区对设在横琴岛的澳门大学新校区实施管辖的决定》，《人民日报》2009年6月28日第4版。

认为，战国时期插花地形成的原因在于用兵、贿赂和强国权臣的采邑。[①] 清代胡林翼对贵州的插花地现象总结道："贵州所以多插花者，其故又有三：贵州之郡县，一因乎明之卫所，一因于元明之土司，一因剿抚蛮苗所得之土田。"道出了贵州地区插花地形成的三重原因，即卫所屯田军转民、土司改土归流与军事战争所得。与之相应的，不同类型的插花地各自存在相应的弊端："明之卫所，本以屯田为实壤，而屯田亦有星散四出之地。国初诸公，徒取其城治相近者，即并为一邑，未暇一一清厘，所以州县地多插花，其弊一也。土司之壤，或承自唐宋，或创于元明，历世既久，彼此侵夺，本非画一之规。及其献土也，则举其所有而归之于州县，不暇一一为之分析，所以州县又多插花，其弊二也。征讨之法，或用雕剿，则平一姓而兼平数姓之人；招降之利，必联族类，则降一寨而兼降数寨之人。当其创制州县，辄以一时所获田土归之一邑，所以插花愈多，其弊三也。"[②] 其言可谓一语中的，后来学者在研究西南地区的插花地时，所得结论多与之相符。[③] 但在中国的其他地区，情况与此或同或异。如傅辉认为，明代军民屯垦、藩王赡地的存在、清代卫所"民化"不彻底与寄庄、花户的流行，是河南插花地演化存在的根本原因。[④] 吴滔的研究则显示，太湖地区的插花地与围湖垦田、政区调整密切相关。[⑤] 谢景连提出，插花地人群的生存策略、民族文化传统、地方社会建构，乃至自然地理条件及生态结构等，都是插花地形成与延续的重要因素。[⑥] 这些研究成果显示了插花地现象成因与演化的多样性。

插花地现象的发展方向与解决之道，也会随着时代的变化而有所不同。在传统中央集权制国家中，插花地的存在确实造成行政管理、赋役征收等方面的困难，传统学者多对其持否定态度。历代均将插花地视为难治，民国时期曹仲植在论及河南插花地时直言："淅川、邓县、阌乡、沁阳等县所有插花地寄庄户，顽强抗纳，直如化外之民，催征困难。"[⑦] 与其同时的式之，全面分析了河南省因插花地所引发的诸多行政管理问题："在插花地之人民，可以种鸦片，贩毒品，卖私盐，为强盗，莫之能问也。因其所属之县之官吏，形隔势禁，不能治之也。而其所在之县之官吏，又无权无责以治之也。其在地方政府，对于插花地段，以疆界不清，抽收税捐，每易发生争执，一

---

① 史念海：《战国时期的"插花地"》，载《河山集》（第7集），第504—519页。

② 胡林翼：《论贵州境插花情形启》，载沈卓然、朱普村编《胡林翼全集》（中），第5—8页。

③ 唐陶华：《贵州之插花地及其成因》，《人与地》1941年1–24期合刊；马琦等：《明清贵州插花地研究》，《复旦学报》（社会科学版）2010年第6期。

④ 傅辉：《河南插花地个案研究（1368—1935）》，《历史地理》第19辑，上海人民出版社，2003年，第39—47页；傅辉：《插花地对土地数据的影响及处理方法》，《中国社会经济史研究》2004年第2期。

⑤ 吴滔：《插花地的命运：以章练塘镇为中心的考察》，《史林》2010年第3期。

⑥ 谢景连：《插花地成因与延续的历史人类学思考：以贵州省地湖乡为个案初探》，《北方民族大学学报》（哲学社会科学版）2014年第5期。

⑦ 曹仲植：《河南省地方财政》，文威印刷所，1941年，第3页。

遇命盗案件，又以管辖难明，互相推诿，以致穷乡僻壤，则数县不管，繁市巨镇，则数县共管。人民之保护不周，负担各异，一遇纠纷，中央既无一定标准，可资依据，双方地方政府及人民团体往往互引证据，博稽志乘，议论纷纭，莫衷一是，邻疆几同敌国，寸土不肯让人。卒因年代遥远，沧桑屡变，图籍虽在，地域难详，以致悬案多年，每引起械斗惨剧。"① 这一分析道出了插花地在税收、管理、治安等诸方面的影响。

在传统时代，这一问题尚未完全彰显。随着中国社会的近代化，行政区划与管理也日臻完善，整理插花地问题在清末、民国时期被提上日程，成为社会关注的热点问题。著名地理学家胡焕庸认为："旧日省界，犬牙相错之处甚多，凡插花地之类，自当一律免除。"② 学界如此，政界亦然，插花地普遍分布的河南省政府即认为："插花地内人民，凡作奸犯科，种种弊害，所在县分，既无权过问，隶属县分，又视为瓯脱，人民形同化外，政令扞格不行，成为国家行政上一种重大障碍，实有整理之必要。"③ 从历史事实来看，插花地确实存在着此类问题，晚清义和团运动的起源地山东冠县梨园屯，实为冠县在直隶（今河北省）威县的插花地；民国时期全国各地的"匪患"问题，其根源也与各地的插花地关系密切。

基于以上社会认识，民国时期，先后公布了一系列与插花地有关的法案，如民国十九年《省市县勘界条例》，民国二十年《县行政区域整理办法大纲》。河南、陕西、湖北、湖南、甘肃等省亦有地方性的《插花地处理办法》，④ 按属地管理原则对插花地进行了较大规模的整理，取得了一定的成果。如河南省 1935 年统计数据显示："截至本年七月止，会报正式交接者，已达一千六百余村，实超过全省插花村庄之半数。"⑤ 其他各省亦相继办理，取得相当成绩。唯因情况复杂，加之抗日战争迫近，后续工作未能彻底完成。

中华人民共和国成立后，一度有观点认为："插花地和飞地是土地私有制的产物。在社会主义社会，土地转为公有后，通过合理规划和调整，插花地和飞地会逐步消失。"⑥ 这一论点不无道理，传统社会中土地私有制导致的产权碎片化确实是插花地产生与持续的重要原因，这在东部平原地区表现得尤为突出；在经历农业合作化与社会主义改造后，插花地现象的确有了大幅度减少。但现实同样也证明，插花地除了与土地所有制存在密切关系外，还受到其他多重因素的影响。传统型插花地并未由于时代

① 式之：《整理河南插花地之过去与将来》，《河南政治月刊》1934年第4卷第8期。
② 胡焕庸：《缩小省区草案》，载张文范主编《中国省制》，中国大百科全书出版社，1995年，第603—604页。
③ 河南省政府秘书处：《五年来河南政治总报告（民国二十四年）》，文海出版社，1972年，第13页。
④ 张研等主编：《民国史料丛刊》第439册"经济财政"，大象出版社，2009年，第169页。
⑤ 河南省民政厅：《河南省政府民政厅最近工作概况》，《河南政治月刊》1935年第5卷第9期。
⑥ 中华书局辞海编辑所：《辞海》（试行本）第3分册"经济"，中华书局，1961年，第161页。

的变化而被彻底消除，而且随着社会形势的变化，尤其是随着工业化与城镇化的快速发展，又不断涌现出新型的插花地。

五、余论

从行政区划的视角来看，插花地无疑是特殊现象，是对一般性行政区划封闭界线的突破。历代论者多认为其弊大于利，孜孜于"厘正疆界"，力图实现行政区划边界的整齐划一，却始终未能根绝插花地现象。揆诸社会发展的视角，插花地的出现与发展几乎与行政区划的发展相伴随，插花地问题之所以长期存在并难以解决，说明其背后蕴含着多重的原因与复杂的利益关系，需要从历史与现实中去寻求解决之道。总结来看，可得到如下认识：

（一）犬牙交错原则的应用与发展

作为中央控制地方的重要手段，中国古代在行政区划中一直存在着"山川形便"与"犬牙交错"两大原则。插花地的出现与发展，可视为"犬牙交错"原则具体实施的极端后果。在历代的行政区划中，山川形便与犬牙交错两条原则往往是同时并用。但周振鹤先生的研究发现："越到后来，犬牙交错的原则越占上风，反映了中央对地方的控制愈来愈紧，中央集权程度愈来愈加强的客观事实。"[1] 这一论断揭示了插花地出现并长期存在的深刻政治原因。从政治、军事等角度出发，依照"犬牙交错"原则划分的行政区界线，往往背离了自然地理单元的界线，这一原则发展到一定程度，必然导致行政区划界线的非常规形状，最终形成"飞地""华离""瓯脱""扣地""嵌地""畸零"等插花地形态。自秦代以来，中国就形成了长期稳定的中央集权管理体制，犬牙交错原则也在行政区划中不断地应用与发展，在分析讨论插花地问题时，必须对这一整体背景具备清晰认识。

（二）"属人"管理原则的影响

"属人"管理原则亦是形成插花地问题的核心要素之一。在历代整理插花地的过程中，官员与学者们曾敏锐地指出，解决这一问题除了程序与规模上的困难外，其症结在于："沿县界之村庄，有地属本县，而居民籍隶邻县者；有民隶本县，而地属邻

---

① 周振鹤：《体国经野之道——中国行政区划沿革》，上海书店出版社，2009年，第59页。

县者。属地属人，争持不决。虽政府明令采取属地主义，而各县仍借此为争议之资。如淮阳、太康间之插花地，会勘时，淮阳取属地主义，太康取属人主义。"① 其中提到的"属地"与"属人"，正是行政区划管理中的两项基本原则。近代以来，解决插花地的一般性准则皆为"凡各县之插花地，一律划归所在县管辖"，显然是取属地原则。若完全依照属地原则，土地及附着于其上的人口、不动产等皆依地而断，形成的行政区划必然是整齐划一的，也就不会有插花地诸种形态存在的空间；插花地现象之所以自古及今从未彻底消失，与"属人管理原则"有着不可分割的关系。在西部民族地区，这一原则最早见汉代设立的"属国都尉"管理体制，后世西部地区的行政区界线，很多是依各民族、部落所属的游牧地而定，由于游牧民族季节性迁徙的特点，极易形成互相插花的情形。② 东部农耕地区，历史上的屯田、卫所、藩王封地、驻防等情况，亦是为了照顾部分特殊群体的特殊利益，也往往是形成插花地的根源。

（三）其他因素的影响

整理插花地的实践过程也说明，整理插花地并非仅仅是行政区划界线的调整，还关系到税收、劳役、治安、教育等诸多问题，相关各方因各自情形与利益不同表现出的态度自然迥异。相关利益方的利益诉求突出体现在各地方长官的身上，"或明系犬牙交错之地，希图增加税收，而要求他县移交；或明系孤悬于他县境内之插花地，而故谓与本县辖境毗连，不肯交割；或借口经济困难，妄呈意见。"③ 对于处在各县交界，或距离自己较近的插花地，邻近县份出于增加土地、人口与税收的考虑，自然是乐于接收，有时甚至会出现多县竞相接收而产生争执的场景。④ 插花入他县较多者，由于将失去一部分土地、人口与税收，从自身利益计，必然要求相应补偿；若不能满足，自然不愿移交。如临汝、淮阳等县，"插入他县者竟达四百余村，……面积占全县十分之三四，田赋占三分之一，一旦失去大部份土地，钱粮损失，无从抵补，于是请求互换，借以取偿。"⑤ 存在利益纠葛的此类地区，正是传统插花地的"热点"与"难点"。

目光再转向现实，当前插花地发展的新趋势也仍然显示出相关影响要素的相互影

① 式之：《整理河南插花地之过去与将来（续）》，《河南政治月刊》1934年第4卷第9期。

② 这一现象在今天仍然有相当影响，如全国草地资源调查时，草原牧业地区有些县按历史放牧界线认定自己的草地权属边界，而不按地图标识的行政区划边界调查，将周边接壤县的草地划归己有，引发了相应的争端。

③ 式之：《整理河南插花地之过去与将来》，《河南政治月刊》1934年第4卷第8期。

④ 最极端的情况如民国时期河南省唐河县所属之涧岭店镇，并非插花地，相邻之泌阳县长张作舟借整理插花地之机，派员武装查勘，胁迫交割，险些酿成两县之间的重大冲突。

⑤ 式之：《整理河南插花地之过去与将来（续）》，《河南政治月刊》1934年第4卷第9期。

响与碰撞。部分政治型插花地仍然是中国特殊政治体制的反映（如澳门大学横琴岛校区与"一国两制"）；新型城市插花地现象，其根本原因即在于行政管理的职责不清，"属地"与"属人"原则模糊，导致或管理多头，或管理缺位，容易出现"三不管"地带。近年来与插花地关系密切的"飞地经济"兴起，曾被认为是打破固化的行政区划、促进经济跨区域发展的利器。但同样因"属地""属人"原则的影响，在 GDP 核算、资金与土地投入、税收与利益分配等问题上不易撇清，也会造成一定的困扰。

综合政治、经济、民族、军事等多重要素考虑，插花地的形成往往不是单独成因，而是多重因素叠加的结果；部分插花地非但不是自然形成，甚至是为了某些特殊目的"有意而为之"，其解决之道也会更加复杂。正因于此，某些插花地的改革曾经出现过剧烈的地方反应，改革过程也有所反复。纵观历史，考诸现实，插花地的形成与存在大多存在着复杂的原因，部分插花地的存在也具有一定的现实合理性，对于插花地实施"一刀切"式的归并属地，并非最佳管理手段。若不能彻底厘清插花地背后所承载的复杂关系，由于各种原因而形成的行政区划插花现象仍将在部分地区长期存在。对于插花地在行政区划中的存在，应当认真分析其形成原因以形成正确认识，综合考量各类影响要素，予以妥善处理。

（中国社会科学院古代史研究所）

清代新疆冰岭道建置考*

王科杰

清代新疆冰岭道作为连接伊犁与阿克苏的要道，久为学界所关注。金峰、陈戈、殷晴、潘志平、刘文鹏诸学者的研究中对此道均有涉及，然而，这些文章往往将冰岭道纳入广阔的时空中予以考察，关注篇幅有限[①]。首次以专文形式对冰岭道进行探讨的是杨尘[②]，但由于汉文史料的缺乏，该文对冰岭道建置初期的情形语焉不详。其后，王启明在杨文的基础上，对史料缺载的环节进行了大胆推测[③]，然考诸史事，其中亦不乏可商之处。缘此，本文拟在前人研究的基础上，充分利用满汉文史料，对冰岭道建置初期的情形加以探讨。

一、两阶段说质疑

关于清代新疆冰岭道建置初期的汉文记载寥若晨星，最为重要也常为学者所引用的有且仅有两条，一为乾隆二十五年（1760）三月参赞大臣舒赫德所上奏折：

> 臣于二月十九日自叶尔羌起程，三十日抵阿克苏，查询应设台站处所，由阿克苏至穆苏尔岭请设六台，岭上无水，酌为步站，过岭至海努克，台站

* 原刊于《中国历史地理论丛》2020年第2辑。

① 金峰：《清代新疆西路台站》（二），《新疆大学学报》（哲学社会科学版）1980年第2期，第 93—102 页；陈戈：《新疆古代交通路线综述》，《新疆文物》1990年第3期，第55—92页；殷晴：《古代新疆的南北交通及经济文化交流》，《新疆文物》1990年第4期，第111—128页；潘志平：《清代新疆的交通和邮传》，《中国边疆史地研究》1996年第2期，第32—41页；刘文鹏：《论清代新疆台站体系的兴衰》，《西域研究》2001年第4期，第29—38页。

② 杨尘：《夏塔古道史迹纵探》，《伊犁师范学院学报》（社会科学版）2000年第4期，第70—75页。

③ 王启明：《清代新疆冰岭道研究》，《中国历史地理论丛》2013年第1辑，第 64—80页。

人数酌量增添，为三大台，俱派察哈尔总管敏珠尔、原任副都统扬桑阿办
理，至官兵需用马匹，惟乌什尚可酌派，现在乌什之伯克萨里等愿为承办。①

一为《新疆识略》所载：

乾隆二十八年参赞大臣伊勒图奏言，伊犁至沙图阿满七处新设军台，
（臣）亲身照看兵丁户口、牲畜过伊犁河，按次住牧，其伊犁旧军台全行撤
回。②

杨尘《夏塔古道史迹纵探》③一文据上述史料认为，冰岭道的建置主要经历了两个
阶段：

第一阶段即乾隆二十五年舒赫德于阿克苏至噶克察哈尔海设置六台，又于穆苏尔
岭以北设置三大台。第二阶段为乾隆二十八年（1763）伊勒图由沙图口至惠远城共设
七军台。并认为此七军台即《新疆识略》④所载冰岭道北段诸台：巴图蒙柯台、海弩克
台、索果尔台、博尔台、特克斯台、霍诺海台、沙图阿满台。

细揆作者之意，似暗指舒赫德奏中阿克苏至穆苏尔岭六台即后来《新疆识略》⑤所
载冰岭道南段诸台。然而，一方面《新疆识略》所载有札木台、阿尔巴特台、和约伙
罗克台、图巴喇特台、瑚斯图托海台、塔木哈塔什台、噶克察哈尔海台共七台，与奏
中数目不符；另一方面，又由于缺乏史料，证据不足，故未指出六军台之名。对于穆
苏尔岭以北所谓三大台，作者更因史料不足而未作解释，亦未指出同为冰岭道北段的
三大台与后文七台之间有何关联。

王启明《清代新疆冰岭道研究》⑥一文则在杨文的基础上更进一步，对史料缺载的
环节进行了大胆的推测。王文认为：1. 舒赫德奏中的冰岭道南段六台即《新疆识略》
所载阿尔巴特台、和约伙罗克台、图巴喇特台、瑚斯图托海台、塔木哈塔什台、噶克
察哈尔海台⑦，而札木台虽属冰岭道的一站，但因其还担负着东西向繁重的交通任务，
所以不应包含在六台之内。2. 伊勒图所奏七处新设军台应包含后来的巴图蒙柯台、海

① 《平定准噶尔方略》，《景印文渊阁四库全书》续编卷1，乾隆二十五年三月庚午，台湾"商务印书馆"，
1986年。
② ［清］松筠等：《钦定新疆识略》卷4《军台》，文海出版社，1965年，第714—715页。
③ 杨尘：《夏塔古道史迹纵探》，第70—71页。
④ ［清］松筠等：《钦定新疆识略》卷4《军台》，第711—714页。
⑤ ［清］松筠等：《钦定新疆识略》卷3《军台》，第549—551页。
⑥ 王启明：《清代新疆冰岭道研究》，第64—71页。
⑦ 王文遗漏图巴喇特台。

弩克台、博尔台、霍诺海台、特克斯台和沙图阿满台六处，第七处尚不清楚。3.伊勒
图奏中所谓"旧军台"指前准噶尔时期遗留下来的军台。4.舒赫德奏中的"三大台"
当为海弩克台、博尔台和特克斯台，因《新疆识略》[①]中载这三台所设满营笔帖式分别
兼管着索果尔台、霍诺海台和沙图阿满台。

笔者认为，若从逻辑上来看，王文所论甚雄辩，不仅解决了伊勒图奏中新旧军台
的问题，更较好地阐述了冰岭道北段三大台与后文七台之间的关系。然若返诸史实，
便发现其中颇多可商之处：首先，舒赫德奏中之所以将三台称为"大台"，是因为各
台人数的增加，而非《新疆识略》所谓兼管它台。其次，若将"三大台"认定为海弩
克台、博尔台和特克斯台，则此三台于乾隆二十五年即已设立，不应又出现于乾隆
二十八年"新设七台"之中。再次，将伊勒图奏中"旧军台"指为"前准噶尔时期所
留"证据不足。

实际上，在前述伊勒图奏中还有一段话涉及"旧军台"，我认为是非常重要的，
却长期以来为学者所忽视：

> 再特克斯河水势深涧阔，新住兵丁不谙过渡，查旧军台有威呼一个，善
> 于威呼之索伦兵一人。可再添造威呼一个，留索伦兵一人，教习两月后，熟
> 习过渡，即将索伦兵二人撤回。得旨允行。[②]

文中谓"旧军台有威呼一个，善于威呼之索伦兵一人"。"威呼"实即满文"weihu"，
意为独木舟。则旧军台既驻有索伦兵，且有供其操纵之独木舟，似不应为"前准噶尔
时期所留"。据此，不妨大胆推测，乾隆二十八年伊勒图奏中所撤之"旧军台"实即
清军先前所设之军台。若果真如此，则在前人公认的乾隆二十五年冰岭道建置第一阶
段及乾隆二十八年第二阶段之间当有另一阶段存在。然而，由于汉文史料的匮乏，也
只能考证至此。

二、三阶段说新证

近年来，满文史料的大量刊布，尤其是《清代新疆满文档案汇编》的出版，令我
们得以借助前人未曾利用的满文档案对这一问题进行重新考证。经考证后得出，冰岭

---

① ［清］松筠等：《钦定新疆识略》卷4《军台》，第711—714页。
② ［清］松筠等：《钦定新疆识略》卷4《军台》，第715页。

道的建置确实经历了三个阶段，而非前人所述两阶段。而各阶段间台站数目及人员配置的不同，不仅反映了台站功能的变化，更体现了清廷对新疆统治政策的转变，现详细论证于下。

第一阶段：安设冰岭道南段六台及北段三大台。

据前文知，参赞大臣舒赫德虽筹办伊犁一应屯田事务，但具体安台设站的，实为察哈尔总管敏珠尔及原任副都统扬桑阿。笔者找到了二人向舒赫德汇报安设台站具体过程的满文原折，现翻译如下：

> 我二人遵尚书之命，三月初九日从阿克苏动身，直到伊犁共设九台。自阿克苏旧台札木台到新设腾伙罗台（tenghoro）① 一百一十里，因中间戈壁乏草，故于水草好之腾伙罗地方设台。从腾伙罗台到和约伙罗克台四十里，路好水草亦好。和约伙罗克台至图巴喇特台八十里，路好，水草好。图巴喇特台至瑚斯图托海台八十里，此间虽有少许石岗，驼马尚可照常行走，水草甚好。于瑚斯图托海台附近河津骑马渡穆素尔河，河水仅及马腹，若水大时，则不可于此渡过。顺河水东行四五里，又觅得一渡口，因河床较高，水浅，足资渡过。瑚斯图托海台至穆苏尔达坂山阳塔木哈塔什台八十里。有两路：若穆苏尔河水小，则向下游河滩行走，于穆苏尔河支流弯行处骑马渡过，路好无山，若逢穆苏尔河水大时，则此路不可行走；经东边山路盘旋而行亦有一路，俱为石砾，越一石山，驼马可照常行走。因塔木哈塔什台地方马匹牧场缺乏，驼只食料常有，故将塔木哈塔什台之驼十二只，编为三班，在原台仅常存留四只，以备往来递送事务。余驼俱取至瑚斯图托海台，于草盛处牧放，乘便轮班递送事务，所有马匹亦送至瑚斯图托海台地方牧放。塔木哈塔什台至噶克察哈尔海台八十里，越穆苏尔达坂，向达坂上行四十里，俱为冰山，翻越后，巨石碎砾丛生，马驼行走虽甚滑，亦可缓行通过。行二十里后，长近二里，俱冰山，无碎石。因攀登甚滑，俱砍斫为冰阶，马驼爬升而过。此处常驻回人十名，每日凿冰修整。越过此处，又向上行二十里，一路冰石丛生，直至山顶鄂博处，向东山阴方向，于终年不化之雪上行走。又翻越石阶，倏然天阴降雪，此处向下四十里，直到噶克察哈尔海台树木渐多，水草甚好。从噶克察哈尔海台至特克斯河台一百六十里，其间若增设台站，距噶克察哈尔海台八十余里山谷内，地方甚为宽广，水草俱佳，若设台站，足敷供给。又因若特克斯河水小时，可正常骑马渡过，若水由高处流下

---

① 本文翻译中遇台站名及人名，若于史籍中未查到其汉译名，则采取音译，并附满文转写于后，后引满文资料亦为拉丁文转写。

时，则不可。遵照尚书指示，使砍伐制成两舟，往来摆渡。水草俱佳，地方亦甚宽广。从特克斯河台至色勒图布拉克（sertu bulak）台一百五十里。水草俱佳。将台设于一小而坚固之山坡之阳，台站之前俱长有干草。此间若增设一台，当设于距特克斯台七十里处。从色勒图布拉克台至察布查尔达坂之口台一百三十里，水草甚好，地方宽广，台站亦略高，将此险要占据设置。其间若增设台站，距色勒图布拉克台七十余里有一旧塔，彼处水草甚好，可设一台。又我等所设九台中，因仅塔木哈他什台无较大之树，建筑石垒之外，其余台站纷纷伐树建造，使以柳树巩固堡垒。从察布查尔台至伊犁海弩克一百二十里。其间若增设台站，距察布查尔台七十余里之伊犁山南麓水草俱佳，紧邻伊犁河，扼东来大路，若安设一台，甚为有益。[①]

上述档案中，记述了敏珠尔、扬桑阿二人于乾隆二十五年三月初九日起在冰岭道南北段安台设站的详细过程。举凡台站名称数目、周遭地势、道里远近无所不包。由此亦可知：1. 札木台之所以未计入新设六台之中，只因其为旧有军台，并非如王启明所说"因其还担负着东西向繁重的交通任务，所以不应包含在六台之内"[②]。2. 冰岭道南段所设六台为腾伙罗台、和约伙罗克台、图巴喇特台、瑚斯图托海台、塔木哈塔什台、噶克察哈尔海台，与王、杨二文所述均不相同。3. 此时期所设冰岭道北段三大台为特克斯河台、色勒图布拉克台、察布查尔台，并非王文推测之海弩克台、博尔台、特克斯台。

然而，各台驻扎兵丁及驼马配置我们知之甚少。尤其令人困惑的是，为什么冰岭道南段新设六台，而在北段仅设三台。关于这些问题，笔者于舒赫德乾隆二十五年五月二十五日请求在北段增设四台的奏折中找到了答案：

baicaci, ne ilan amba giyamun de, giyamun tome manju cooha juwata. solon cahar cooha tofohoto.hoise juwata, uheri susaita niyalma sindaha bihe. giyamun sindaha ci ududu biya oho bime. musei amba cooha babade mahacin be suweleme yabure de ba na inu bolgo oho. giyamun be hanci ibkabume sindaha manggi. ishunde ele tuwašatara de ja ofi.giyamun tome susaita cooha tebure be baiburak ū ...emu giyamun de manju gabsihiyan be duite, solon i cooha be ninggute, cahar i cooha be juwata, niowanggiyan turun i cooha be juwata, uheri

① 《阿克苏办事大臣舒赫德奏自阿克苏至伊犁设立台站折》，《清代新疆满文档案汇编》第45册，乾隆二十五年五月初五日，广西师范大学出版社，2012年，第258—263页。

② 王启明：《清代新疆冰岭道研究》，第66页。

gūsita obuki.

> 查得今三大台每台满洲兵十人，索伦、察哈尔兵十五人，回人十人，共五十人。台站安设数月，大兵缉拿玛哈沁，地方清净。将台站靠近安设之后，互相更易照看，每台无需驻五十兵丁……一台请驻满洲前锋军四名，索伦兵六名，察哈尔兵十名，绿旗兵十名，共三十名。[①]

据此可知：1. 三大台每台五十人，之所以少设台站而多驻兵丁，实因惧怕玛哈沁（玛哈沁，又作"吗哈沁"，原为蒙语，意为肉食者，引申为生番[②]。后清朝出征准噶尔，"玛哈沁"一词又为清朝官员所引用，满语写作"mahacin"，用以指代厄鲁特流民，并赋予了劫匪、强盗等新的含义）骚扰。故在大兵缉拿玛哈沁，地方清净后，才提议增设四台，并将台站靠近安设，每台驻兵三十名。2. 三大台中驻有索伦兵，且据前文特克斯台有小舟用于摆渡，则联系《新疆识略》中所载特克斯"旧军台"的特点，可以认为，乾隆二十八年伊勒图所撤伊犁"旧军台"并非准噶尔时期所留，而是清军所设。

综合以上史料，整理如表 1，名为"冰岭道建置第一阶段台站表"。

表 1　冰岭道建置第一阶段台站表

军台	里程	驻兵	其他
腾伙罗台		不详	与札木台之间为戈壁，此处水草好
和约伙罗克台	40里	不详	路好，水草好
图巴喇特台	80里	不详	路好，水草好
瑚斯图托海台	80里	不详	中间有少许石头山岗，水草甚好
塔木哈塔什台	80里	不详	马匹所食草类缺乏，驼只食用草类甚多，有驼12只
噶克察哈尔海台	80里	不详	树木渐多，水草甚好
特克斯河台	160里	50人	制成两舟，往来摆渡，此处水草俱佳，地方宽广
色勒图布拉克台	150里	50人	台站设于小而坚固之山坡之阳
察布查尔台	130里	50人	水草甚好，地方宽广，台站位置较高

第二阶段：于冰岭道北段增设四台。

上文已述及，清廷因越过穆苏尔岭后地方宽广，惧怕玛哈沁骚扰，故采取少设

---

① 《阿克苏办事大臣舒赫德奏穆苏尔岭等处增设驿站折》，《清代新疆满文档案汇编》第45册，乾隆二十五年五月二十五日，第371—373页。

② 内蒙古大学蒙古学研究院蒙古语文研究所：《蒙汉词典》（增订本），内蒙古大学出版社，1999年，第821页。

台站多驻兵丁的办法，以集中兵力保护台站安全。然而此举却并非长久之计，概而言之，有三大弊端：1. 所设台站较少，传递信息效率不高；2. 台站之间相隔过远，马匹往来容易倒毙；3. 台站驻兵过多，虚糜粮饷。深谙筑台设站之道的敏珠尔、扬桑阿诸人自然明了其中利害，故于向舒赫德汇报时，曾多次提及增设驿站之事，并将应设台站处所于报告中指明①。至乾隆二十五年八月，在反复确认沿途并无玛哈沁骚扰的情况下，清廷终于着手于冰岭道北段增设四台，而具体承办的仍然是敏珠尔、扬桑阿二人。笔者再次找到了二人向舒赫德所作安设台站的汇报，现翻译如下：

> jakūn biyai ice ilan de hafan cooha hoise bek sebe gaifi ili hainuk ci jurafi.ninju ba yabufi alimtu sere bade isinjifi ongko muke i sain be tuwame. manju, solon, cahar niowanggiyan turun i cooha be uheri gūsin niyalma tebufi. morin orin juwe, temen nadan bufi giyamun i baita be cahar i araha funde bošokū toktoho be dalafi kadalabume. silin dacungga kū waran i gabsihiyan sitai be aisilabume emu giyamun nonggime sindaha. serung bulak giyamun de isinjifi ba oyonggo ofi. hebei amban agūi i afabuha songkoi manju, solon, cahar, niowanggiyan turun i cooha be dehi sunja niyalma obufi. morin gūsin emu temen uyun buhe. an i da hafan de kadalabuha.sertu bulak de isinjifi manju solon cahar niowanggiyan turun i cooha be gūsin niyalma obufi.morin orin ilan temen nadan buhe. an i da hafan de kadalabuha. honohoi bade isinjifi.ongko muke i sain be tuwame.manju solon cahar niowanggiyan turun i cooha be gūsin niyalma obufi morin orin ilan.temen ninggun bufi. silin dacungga kūwaran i kubuhe šanyan i gabsihiyan deju jakan funde bošokū sindaha ofi. giyamun i baita be funde bošokū deju be dalafi kadalabume cahar i araha funde bošokū naiman be aisilabume. emu giyamun nonggime sindaha. tekes giyamun de isinjifi ba oyonggo ofi. hebei amban agūi i afabuha songkoi manju solon cahar niowanggiyan turun i cooha be dehi sunja niyalma obufi.morin gūsin ilan temen jak ū n buhe. an i da hafan de kadalabuha. šatu angga de isinjufi.ongko muke i sain.ba akdun be tuwame.manju solon cahar niowanggiyan turun i cooha be gūsin niyalma obufi morin orin ilan temen ninggun bufi.giyamun i baita be cahar i araha funde bošokū sirab be dalafi kadalabume.silin dacungga kūwaran i gabsihiyan tungcun be aisilabume emu giyamun nonggime sindahaci tulgiyen.

（乾隆二十五年）八月初三日带领官兵回人伯克等自伊犁海弩克启程，

---

① 《阿克苏办事大臣舒赫德奏自阿克苏至伊犁设立台站折》，《清代新疆满文档案汇编》第45册，乾隆二十五年五月初五日，第258—263页。

行走六十里至阿里木图（alimtu）地方，视水草丰美，令满洲、索伦、察哈尔、绿旗兵共三十人驻扎，给马二十二匹，驼七只，增设一台，站务由委骁骑校托克托和（toktoho）主管，健锐营前锋西泰（sitai）协理。继至塞伦布拉克（serung bulak）台，因地方紧要，遵参赞大臣阿桂之命，驻满洲、索伦、察哈尔、绿旗兵四十五人，马三十一匹，驼九只，仍由原官管辖。又至色勒图布拉克，驻满洲、索伦、察哈尔、绿旗兵三十人，马二十三匹，驼七只，仍由原官管辖。续至霍诺海地方，视水草甚好，令满洲、索伦、察哈尔、绿旗兵三十人驻扎，给马二十三匹，驼六只，增设一台。因台站由健锐营镶白旗前锋，新任骁骑校德柱（deju）设立，即以其主管台务，察哈尔委骁骑校奈曼（naiman）协理。前至特克斯台，因地方紧要，遵参赞大臣阿桂之命，驻满洲、索伦、察哈尔、绿旗兵四十五人，给马三十三匹，驼八只，仍由原官管辖。到沙图口，水草好，视险要处驻满洲、索伦、察哈尔、绿旗兵三十人，给马二十三匹，驼六只，增设一台，站务交委骁骑校锡喇布（sirab）主管，健锐营前锋佟春（tungcun）协理。[①]

则知冰岭道于第二阶段所增四台为阿里木图台、塞伦布拉克台、霍诺海台、沙图口台，其中塞伦布拉克台应为两阶段之间增设，具体建置时间待考。综合以上史料，整理为"冰岭道建置第二阶段台站表（北段）"（见表2）。

表2 冰岭道建置第二阶段台站表（北段）

军台	驻兵	马	驼	台务
察布查尔台	不详	不详	不详	不详
阿里木图台（新增）	30人	22匹	7只	委骁骑校托克托和主管，健锐营前锋西泰协理
塞伦布拉克台（新增）	45人	31匹	9只	原官管辖
色勒图布拉克台	30人	23匹	7只	原官管辖
霍诺海台（新增）	30人	23匹	6只	新任骁骑校德柱主管，察哈尔委骁骑校奈曼协理
特克斯台	45人	33匹	8只	原官管辖
沙图口台（新增）	30人	23匹	6只	委骁骑校锡喇布主管，健锐营前锋佟春协理

---

① 《阿克苏办事大臣舒赫德奏在伊犁特克斯等处增设驿站折》，《清代新疆满文档案汇编》第47册，乾隆二十五年九月初十日，第296—302页。

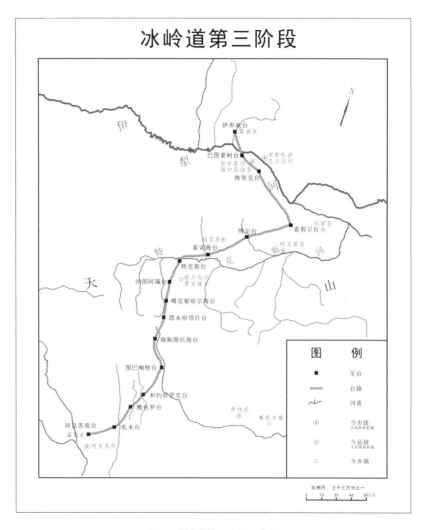

图1 冰岭道第三阶段示意图

底图来源：《中华人民共和国全国行政区划地图》，中国地图出版社，2016年。

第三阶段：于冰岭道北段新设七台。

由前文知，伊勒图于乾隆二十八年将第二阶段所设七台全行撤回，并新设军台七处。据《新疆识略》，此七台即为后来的冰岭道北段诸台，分别为：巴图蒙柯台、海努克台、索果尔台、博尔台、霍诺海台、特克斯台、沙图阿满台[1]（见图1）。然而，当时裁撤旧军台及新设七台之原因则尚不清楚。

欲解答以上问题，只能寄希望于找到伊勒图之满文原折。笔者在诸多满文档案中爬疏整理，终于找到其原文：

---

① ［清］松筠等：《钦定新疆识略》卷4《军台》，第711—714页。

jakan ahasi i baci ili ci Šatu angga de isibume.nadan giyamun de sindara boigon suwaliyara emu tanggū sunja boigon cahar cooha be aha iletu gaifi lamun funggala akdungga be gamame.giyamun sindaci acara ba i ongko muke be yargiyalame tuwame.jugūn i ildun i bujan šuwa be suweleme.elhei nukteme ilhi aname sindaki. ice giyamun be sindame jabduha manggi.fe giyamun be jai amasi gociki seme. wesimbuhe bihe. aha iletu ninggun biyai ice duin ci ice jakūn de isibume.cahar coohai boigon anggala.morin ulha be.beye tuwame sain i ili bira doobufi.elhei nukteme ninggun biyai orin de isibume.sindaci acara nadan giyamun be.gemu sain ongko muke be tuwame.ilhi aname yooni tebuhe.ere jugūn ildun i bujan šuwa de.gurgušeme mutere urse be unggifi.kimcime suweleme tuwanabuci.ice fe songko gemu akū.umesi bolgo.ede giyamun giyamun i cooha ursei morin temen. fusembure honin be.saikan gūnin tebume adulara den bade tafafi karame tuwara. erin akū songko faitara jergi babe.araha bithesi ci coohai urse de isitala.gemu akūmbume neileme ulhibume tacibuhaci tulgiyen. tuwaci cahar se ejen i kesi de fusembure ulha baha bime. sain nuktere bade tebuhe de.gemu urgunjeme teisu teisu enteheme banjire doro be bodombi.jai tekes birai muke šumin.ice tebuhe cahar se weihu selbime bahanarakū ofi.solon i coohai dorgici.weihu de sain ningge be juwe sonjome bibufi.cahar sebe hacihiyame weihu selbire be tacibume.emu juwe biya oho manggi.selbime bahanara be tuwame.juwe solon i cooha be uthai amasi gociki. jai fe giyamun de bisire weihu damu emke bi .ere ildun de fulu emke araci sain ofi. aha iletu gaifi gamaha solon cooha be.emke werifi tutabuha juwe solon coohai sasa encu emu weihu arakini seme afabuhaci tulgiyen. ineku biyai orin juwe de Šatu angga ci heteme ili de isitala.sindaha fe giyamun be gocifi.nadan biyai ice de ili de amasi isinjihabi.uttu ofi.ice sindaha nadan giyamun i gebu.ba i ton be encu getuken afaha arafi suwaliyame tuwame wesimbuhe.erei jalin gingguleme donjibume wesimbuhe.

近日奴才等从伊犁到沙图口，伊勒图带领蓝翎侍卫阿克东阿（akdungga），将向七台安置之一百零五户察哈尔官兵与家眷一并率领，查看应设台站处所之水草，将路旁树林搜查，请按次徐行迁移设置。将新台安设妥当之后，请将旧军台撤回之处奏了。奴才伊勒图从六月初四日至初八日，将察哈尔户口、马匹牲只亲身仔细看视渡过伊犁河，慢慢地迁移直至六月二十日。将应设七台水草俱行看视良好，少前全行驻扎。乘便于此路树林，将能够打牲之人派遣，令谨慎搜索查看，新旧痕迹全无，甚是清净。将此等台站兵丁众人马匹驼只孳生羊只好生安顿牧放，于高处攀登瞭看，不时追踪痕迹，从委属笔帖式到兵士，俱悉心开导晓谕外。查视察哈尔等蒙恩领得孳生牲只，在上佳游牧处所驻扎，俱欣喜，纷纷将永久生活之道筹划。又特克斯河水深，因新驻察哈尔等不擅操舟，从索伦兵中选留擅操舟者二人，加紧教导察哈尔等操舟之法，一二月后，视通晓操舟，请将两索伦兵立即撤回。又旧军台仅有一舟，乘便多造更善。奴才伊勒图将带来索伦兵，留一人，两索伦兵共同将另一舟制成，如此交代外。本月二十二日从沙图口撤回至伊犁，将旧军台撤回。七月初一日已至伊犁，**因此，将新设七军台之名及里数另缮清单，恭呈御览，为此奏闻**。①

以上满文奏折与《新疆识略》中所载汉文奏折大意相近，且没有找到详载新设军台名称及里数的附单。然而，经过仔细对比及思考，可以发现，上文中加粗部分为《新疆识略》中汉文奏折所删节，而这些部分却恰恰可能是极为重要的。

细读文中加粗部分，不难发现，与一般驻台官兵不同的是，此次驻扎新设七军台的官兵为携眷而来，即携带马匹羊只，寻求"永久生活之道"者。则先前仅为传递公文，完成公务而设的旧军台必定不能满足新驻官兵的需求。伊勒图亦于另一奏文中向乾隆明白解释道：

ere giyamun de tebure cahar cooha gemu hehe juse beyei hethe ulha.alban i fusembure honin bisire niyalma.urunakū ongko sain nukteme teci ojoro ba be sonjome jorifi tebuci.ceni banjire were de teni tusa ombi.

在此台站驻扎之察哈尔兵俱妇孺牲只，有公有孳生羊只之人，必需迁至牧草肥美之处方可，若将驻守之地遴选指示，方于彼等生计教化有益。②

由此，即知清廷之所以不惜代价裁撤旧军台，安设新军台，实为解决携带家眷羊只前来驻守的察哈尔官兵之生计问题。

---

① 《伊犁将军明瑞等奏筹办伊犁至沙图口新设驿站并安置察哈尔驻防官兵事宜折》，《清代新疆满文档案汇编》第63册，乾隆二十八年七月十二日，第352—354页。
② 《伊犁将军明瑞等奏请在伊犁至沙图口沿途增设驿站折》，《清代新疆满文档案汇编》第63册，乾隆二十八年六月初五日，第1—2页。

三、结语

在上述考察中，证实了冰岭道建置初期并非仅有两阶段，而是有着层次分明的三个阶段。在第一阶段，清廷主要从军事角度考虑，在南段选择水草较好、易守难攻的形胜之处安台设站，在地形较为开阔的北段，则采取少设台站、多驻兵丁的办法保证台路的安全。随着战争威胁的消除，在第二阶段，清廷立即疏散了三大台的人员，增设四台以提高台站效率，将北段台站的设置趋向常态。至第三阶段，随着察哈尔官兵的携眷到来，台站的军事职能已大大让位于经济职能，竟至将北段前设军台全行撤除，重新择地安设。以上冰岭道建置初期所体现出的战时台站向常设台站的转变，不仅反映了台站职能的变化，更体现了清廷对新疆统治思想的变迁。

而清廷在南疆底定不久，喘息未定之时，即不惜耗费巨大人力物力，横越天山重险安台设站，建置冰岭道以沟通南北，并在三年之内频繁调试，重视异常，究其原因，实与伊犁驻防的初建息息相关。长期以来，不少学者认为，伊犁驻防得以建成其主要支持来源于内地各省及新疆各地军屯。其重要论据即所谓"伊犁通乌鲁木齐道在乾隆二十五六年间便已建成"[1]，若如此，则伊犁驻防初建时期，内地各省及新疆各地军屯的人力物力确可源源不断送往伊犁。然而翻检档案，可知伊犁通乌鲁木齐道于乾隆二十七年七月方才建成[2]，大大滞后于冰岭道的建设。这也就说明，在清代伊犁驻防初建时期，即自乾隆二十五年二月阿桂赴伊犁屯田起至二十七年十月伊犁将军设立止，伊犁地区与外界沟通的官方台路仅有冰岭道一条，因而伊犁驻防初期所需经济支持也只能主要从南疆经冰岭道而来。据笔者统计，伊犁驻防初建时期：首先，前后迁移满汉兵丁 3500 名至伊犁，其中 3000 名由南疆经冰岭道而来，占总数的 85.71%，兵丁补给粮饷也主要来自南疆[3]。其次，伊犁地区 1324 户回人也均由南疆经冰岭道迁来，其补给则由南疆各城捐助。再次，南疆各城共解送伊犁绢 291 匹，布

---

① 赵云田：《清代新疆的军府建置》，《中国社会科学院研究生院学报》1992年第2期，第74—75页。

② 《乌鲁木齐办事大臣旌理等奏报自乌鲁木齐至伊犁增设驿站折》，《清代新疆满文档案汇编》第57册，乾隆二十七年七月二十一日，第314—317页。《乌鲁木齐帮办大臣永德奏请变更乌鲁木齐至伊犁间所设驿站里程折（附驿站里程单1件）》，《清代新疆满文档案汇编》第58册，乾隆二十七年九月二十四日，第247—249页。

③ 《喀什噶尔参赞大臣舒赫德奏玛纳斯、晶河等地设屯及辟展、喀喇沙尔等处驻兵事宜折》，《清代新疆满文档案汇编》第50册，乾隆二十六年二月十九日，第323—328页。

17132匹，均以台车装载，经冰岭道运来^①。综上可见，冰岭道在伊犁驻防初建期间曾在粮饷接济及信息传递等方面发挥过不可替代的作用，对于新疆驻防体系的建设有着重要意义。

（中国人民大学清史研究所）

---

① 《叶尔羌办事大臣新柱等奏将叶尔羌余剩布匹送往伊犁折》，《清代新疆满文档案汇编》第55册，乾隆二十七年四月初一日，第426—427页。《叶尔羌办事大臣新柱等奏叶尔羌回子额纳余剩粮石折交布匹送往伊犁以备与哈萨克贸易折》，《清代新疆满文档案汇编》第56册，乾隆二十七年闰五月十二日，第399—400页。《平定准噶尔方略》，《景印文渊阁四库全书》续编卷17，乾隆二十七年闰五月壬午。《叶尔羌办事大臣新柱等奏查报叶尔羌送往伊犁之布匹绳子数目折》，《清代新疆满文档案汇编》第58册，乾隆二十七年十月初二日，第334—335页。

《中国历史地图集》清代云南图顺宁、永昌府界及滚蕖、南甸土司治所新考四则*

沈卡祥

一、府级界线订正

在从事《清史地图集》云南图和清代西南地区土司地理考释研究过程中，笔者注意到西南边疆地区长期存在的"土司陪嫁地"不仅会导致各土司领地的盈缩，同时对统辖相关土司各级政区的幅员、界线，甚至国界变迁也有重要影响。[①] 其中，明清时期耿马宣抚司与木邦宣慰司、景东土府与勐缅长官司两片"陪嫁地"的存在，对永昌、顺宁及景东府级界线的形成有着重要影响。笔者研究发现《中国历史地图集·清时期》[②] 云南图永昌、顺宁南部府界及顺宁府与景东直隶厅界线应作调整。

（一）顺宁、永昌府界

查阅《中国历史地图集·清时期》云南图，嘉庆二十五年（1820）永昌府南端跨南汀河，领有镇康土州、孟定土府及喳哩江（怒江）以东的麻栗坝（果敢）全境。侯杨方主编的《清朝地图集》亦从谭图。[③] 但这一地区府级界线画法值得商榷。

---

  * 原刊于《历史地理研究》2022年第1期。

① 方国瑜、尤中先生在西南边疆史地研究过程中，已注意到陪嫁地对中越国界勘划的影响。参见方国瑜：《中国西南历史地理考释》，中华书局，1987年，第1306—1307页；尤中：《中国西南边疆变迁史》，云南教育出版社，1987年，第169—175页。

② 谭其骧主编：《中国历史地图集·清时期》（第8册），中国地图出版社，1996年重印版，第48—49页。

③ 侯杨方主编：《清朝地图集》，星球地图出版社，2018年，第180—182页。

自明至清，永昌、顺宁二府府界发生了显著变迁，而其变迁与耿马宣抚司、孟定土府和镇康土州三土司隶属更迭及辖境盈缩有关。建文三年（1401），明廷设孟定府，以刀浑立为土知府。① 永乐七年（1409），"设镇康州，隶云南布政司"②。万历十三年（1585），析孟定土府地置耿马安抚司，隶孟定土府。③ 清顺治年间，镇康、孟定、耿马三司同隶永昌府。④ 乾隆二十九年（1764），耿马宣抚司改隶顺宁府后⑤，永、顺二府南部府界发生了改移。此后，三司隶属情况未有变化。因此，乾隆二十九年以后，清代顺宁、永昌二府南部之府界，即为耿马宣抚司与镇康土州和孟定土府界线，而永、顺二府府界的厘析亦可通过三土司界线的考订来实现。

《明史·地理志》载，耿马土司之辖境"西有三尖山，南有喳哩江，与孟定分界"⑥。三尖山位于今耿马县城东端，而怒江位于县境西侧，故《明志》记载当误，应是"东有三尖山，西有喳哩江，与孟定分界"。天启《滇志》亦载耿马宣抚司地"东至威远，南至孟琏，西至木邦，北至镇康"⑦。这说明，明代耿马宣抚司辖境西端已达怒江东岸且与木邦宣慰司毗连。乾隆二十九年，耿马宣抚司改隶顺宁府后，顺宁始"地处极边，界连外域"⑧。因此，明末以降长时期内，镇康土州、耿马宣抚司和孟定土府自北向南，分领怒江以东"麻栗坝"的上、中、下三段。⑨ 由于耿马土司居中，位于镇康、孟定二司之间，故对三司连接界线具体走向的考察，可通过耿马宣抚司辖区、界线的复原来实现。

以上可知，万历十三年，明廷析孟定土府地置耿马安抚司至明亡数十年间，耿马土司从孟定土府东部向西急剧扩张到了怒江沿岸，究其原因与土司间联姻转赠陪嫁地有关。长期以来，耿马土司所属轩岗、轩莱、军弄、峨德等地，因位于南汀河以西被耿马称为"河外四圈地"⑩。该区域初为镇康、孟定二司领地，明嘉靖时为木邦宣慰司侵据。嘉靖七年（1528），木邦宣慰使罕烈与云南缅甸、陇川等处纷争⑪，并攻入孟定

① 《明太宗实录》卷十五，洪武三十五年十二月丙辰，台湾"中研院"历史语言研究所校勘本，第271页。

② 《明太宗实录》卷九四，永乐七年七月戊子，第1248页。

③ 《明神宗实录》卷一百五十七，万历十三年正月庚辰，第2892—2893页。

④ 《清史稿》卷七十四《地理二十一》，中华书局，1976年，第2331—2334页。

⑤ 《清高宗实录》卷七百七，乾隆二十九年三月辛未，中华书局，1985年影印版，第896页。

⑥ 《明史》卷四十六《地理志七》，中华书局，1974年，第1194页。

⑦ 刘文征撰：天启《滇志》卷六《耿马宣抚司》，《续修四库全书》（第682册），上海古籍出版社，2002年影印版，第481a页。

⑧ 《清高宗实录》卷七百二十五，乾隆二十九年十二月丙午，第1091页。

⑨ 《清高宗实录》卷七百二十五，乾隆二十九年十二月丙午，第1091页。

⑩ "圈"为傣族土司内部的一类政区。

⑪ 《明世宗实录》卷九十三，嘉靖七年十月戊辰，第2165—2166页。

土府，"据地夺印，令土舍罕庆守之，名为耿马，地之所入，悉归木邦"[1]。事后，明廷虽重设孟定土府，但其部分领地实际上仍为木邦宣慰司及其耿马土舍所控制。耿马土司设立后，木邦与其联姻，遂将四圈之地赠入。傣文史籍《耿马土司史》载，1614年耿马土司护印罕闷金娶木邦土司之女西娥里为妻。木邦将四圈之地转赠耿马。[2]《耿马罕氏土司世系简谱》亦载，西娥里"从木邦出嫁时，陪嫁来部分地方归耿马土司管辖"[3]。光绪八年（1882），云贵总督刘长佑曾奏称耿马"四圈地系罕氏祖业，所得木邦陪奁"[4]。由此说明，耿马河外四圈地确为明末木邦陪嫁之地。

转赠陪嫁地虽是土司之间私相授受的地方行为，但在社会传统面前，清政府承认了这一既成事实。乾隆二十九年，云贵总督刘藻即奏称"木邦又与耿马各土司毗连"[5]，同年，耿马土司罕国楷令土目"罕朝玑在外域交界之滚弄江（即怒江）口把守巡防"[6]，说明此时耿马土司领地西达"滚弄江口"。嘉庆《大清一统志》[7]亦载耿马司辖境"西至旧木邦宣抚（慰）司界一百二十里"[8]。由此说明，此时耿马宣抚司辖地包含

① 《明史》卷三百十三《云南土司一》，第8082页。

② （清）《耿马土司史》（同治傣文手抄本），杨铸编著《耿马历史资料汇集》，内部资料，1998年，第101页。

③ 国家民委"民族问题五种丛书"云南省编辑组编：《临沧地区傣族社会历史调查》，云南人民出版社，1986年，第114页。

④ 云贵总督刘长佑：《奏报办理安插耿马土族告竣在事出力官绅请奖》，光绪八年七月一日，台北"故宫博物院"藏军机处档折件，文献编号：124090。

⑤ 《清高宗实录》卷七百二十五，乾隆二十九年十二月丙午，第1091页。

⑥ 调任湖广总督吴达善、云贵总督刘藻：《奏报安插土目以靖边界折》，乾隆二十九年八月二十五日，台北"故宫博物院"藏宫中档乾隆朝奏折，文献编号：403018565。

⑦ 清代部分史志和舆图显示河外四圈地为孟定土府所辖，或存在前后记述矛盾的现象。如嘉庆《大清一统志》既有耿马宣抚司"西至旧木邦宣慰司界一百二十里"、镇康土州"南至耿马宣抚司界六十里"和《永昌府图》永昌府南端与顺宁府连接等证明耿马土司与永昌府辖镇康土州毗连，并"隔断"永昌府属孟定土府的记载，也有孟定土府"东至顺宁府云州界"和"北至镇康土州界"，辖地越过耿马宣抚司向东直达云州的记述。类此，晚清孟定土司谱牒载孟定土司辖地东到"云州勐添地方篾笆桥交界400里"，《耿马土司地方史志》也载耿马西至"木邦交界200里，东北至万年桩与云州交界200里"。以上文献记载互有抵牾的原因有二。其一，修史者未能完全更新地情信息。如上文所述，河外四圈地本为木邦侵占的孟定领地，后由木邦转赠耿马。对此，嘉庆《大清一统志》在"耿马宣抚司"和"镇康土州"条中有正确记述。而"孟定土府"条记述错误的原因是耿马土司为明廷析孟定土府地所设，有明一代其亦隶属于孟定府，"孟定土府"条错误沿用了明代孟定府辖境及隶属情况。此后，光绪《云南全省舆图》因循《一统志》的记述，未将耿马河外四圈地划入顺宁府，直到宣统二年《云南全省舆图》绘制时才得以更正。其二，耿马土司关于辖区的记载基于其实际管控而言，而孟定土府除记述实际辖地外，还重申了其历史上被明廷拆分、木邦及耿马邻司侵占之故土。见嘉庆《大清一统志》，《续修四库全书》（第623册），第537b，601b，602a页；尹绍亭、唐立主编：《中国云南耿马傣文古籍编目》，云南民族出版社，2005年，第9，595页；《国家图书馆藏珍稀清代地图集汇编·云南全省舆图》（第三卷），西安地图出版社，2014年，第787—788页。

⑧ 嘉庆《大清一统志》卷四八三《顺宁府》，《续修四库全书》（第623册），第537b页。

南汀河以西四圈之地，并直达怒江东岸，而清廷已认识到并承认了这一现状与事实。

　　现镇康县治南伞镇紧靠今中缅国界，国界外即为旧木邦土司辖地。"南伞"为傣语地名，其"南"（婻）为贵族"小姐"之意，"伞"是"送"的意思[①]，合起来即是"随小姐带来的土地"。结合傣文文献、地名志等资料如图1所示，明末以来，耿马土司辖境西北部已达轩岗、轩莱和南伞一带。[②] 参照宣统二年（1910）《云南全省舆图》[③] 和民国《镇康地志》[④] 等舆图资料可知，自乾隆二十九年耿马宣抚司改隶顺宁府以来，永昌、顺宁二府南部府界北段即为耿马与镇康二土司界，其西起怒江，向东达南伞西北端，再折向东南至南汀河北岸之军赛，沿大雪山南麓均劳、勐止（即今永德县勐旨）一线，最终在勐底西侧达云县与镇康交界处。

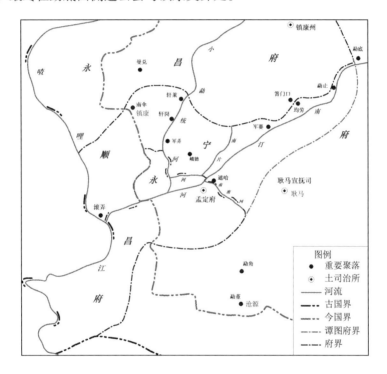

图1　嘉庆二十五年（1820）永昌府与顺宁府南部府界

资料来源：根据谭其骧主编《中国历史地图集·清时期》（第8册）"云南"图（中国地图出版社，1996年重印版，第48—49页）改绘。

---

① 　镇康县人民政府：《镇康县地名志》，1986年，第61页。

② 　《镇康县地名志》，第5，70页。

③ 　［清］云南防团兵备处绘：《云南全省舆图》，宣统二年秋云南防团兵备处绘印，天津中东石印局石印。须指出的是，该图以小勐统河为永昌、顺宁二府府界的同时，又将耿马司界延续到南伞（即勐英）一带，二者存在矛盾。实际情况是，顺宁府应包括南伞附近地区。

④ 　［民国］云南学会：《云南地志·镇康》，第4页。

耿马宣抚司领地向西拓展到怒江东岸的同时，因其插花割断孟定与永昌府的地域联系，导致孟定土府成为永昌府属"飞地"，而耿马与孟定之间的界线也成为顺宁、永昌二府南部南段府界。清光绪年间耿马土司承袭亲供册载，其辖地"西至南滚河界一百二十里"[①]。可知，此时耿马、孟定二司南段以"南滚河"为界。据方国瑜先生实地调查，孟定与耿马原以孟定坝东端的"四方井"外山梁为界，清季被耿马侵占，以孟定坝中南公河（南滚河）为界，孟定土府割坝子之半属耿马。[②] 傣文史籍《孟定土司源流》载：嘉庆十七年（1812）孟定与耿马发生械斗，耿马夺走孟定"东楞"（孟定上坝）从枯老坝的"组楞"（四方井）一直到南拱（罕洪）大片土地。[③]《耿马土司历史》载，在土司罕朝瑗时，曾修筑驿道至南滚河边。[④] 罕朝瑗在任时间为乾隆三十六年（1771）至嘉庆八年（1803）[⑤]，这说明最迟于嘉庆初年，耿马与孟定二司便以南滚河为界。参照宣统二年《云南全省舆图》[⑥]等地图可知，嘉庆二十五年，耿马与孟定土司界，即顺宁、永昌二府南部南段府界，应自南汀河与怒江交界处，向东沿南汀河再顺今中缅国界，在今耿马县南宋里附近折向东南，沿小勐统河向东南延伸，再经南片河向东，在遮哈北过南汀河，经南滚河折向东南之耿马大山，最后向西南沿耿马大山山脊直达怒江东岸。

综上所述，乾隆二十九年以来，永昌府南界并非如谭图所示跨南汀河及领有今镇康县南部大片地区。研究认为，该地实为顺宁府辖属的耿马宣抚司河外四圈地。正因如此，耿马土司辖地从中隔断了永昌府与孟定土府的直接联系，并致使永昌、顺宁二府南部府界又分为南、北两段。

（二）顺宁府与景东直隶厅界线

嘉庆《大清一统志》载，缅宁厅"东至戛里江二百里"[⑦]。"戛里江"即戛里段澜沧江之称。《中国历史地图集·清时期》云南图顺宁府与景东直隶厅也以澜沧江为界，但该画法有待商榷。景东明代为府，"康熙四年（1665），置流官，设掌印同知。乾隆

① 《耿马宣抚司土职罕华基亲供宗图清册》，光绪十四年六月，耿马县档案馆藏，全宗号148，目录号1，案卷号14。
② 方国瑜：《中国西南历史地理考释》，第874页。
③ 杨铸译：《孟定土司源流》，尹绍亭、唐立主编《中国云南耿马傣文古籍编目》，云南民族出版社，2005年，第594页。
④ （清）《耿马土司史》，杨铸编著《耿马历史资料汇集》，第54页。
⑤ 署理云贵总督彰宝：《为题请罕朝瑗承袭云南耿马宣抚土司事》，乾隆三十六年十一月二十四日，中国第一历史档案馆藏，档号：02-01-006-002248-0011。
⑥ 云南防团兵备处绘：《云南全省舆图》。
⑦ 嘉庆《大清一统志》卷四八三《顺宁府》，《续修四库全书》（第623册），第537b页。

三十五年（1770），改直隶厅"①。宣德五年（1430），明廷在今临沧市一带"置云南孟缅长官司"②，景东府隔澜沧江与勐缅司分界。乾隆十一年（1746）十月，勐缅长官司土舍争袭，夷民肯请归流，清廷遂"将猛缅土司裁汰"③。十二年，置缅宁厅，设流官，隶属顺宁府。④由此，明代勐缅长官司与景东土府界就成为顺宁府与景东直隶厅之间的府级界线。

宣统二年《云南全省舆图》⑤等地图资料显示，景东与顺宁并未完全依照"山川形便"的原则以澜沧江为界，顺宁府跨澜沧江辖有"四脚马"一地。而这一府级界线的形成与明末清初景东土府和勐缅长官司联姻转赠嫁妆地有关。四脚马地区一直流传，约在400多年前景东土府陶氏将"秧陶"姑娘嫁给勐缅土司俸家。秧陶"要一块晌午包"（陪嫁地），景东土司把四脚马这块面积为306平方千米⑥三边插花的三角地划给了勐缅。⑦至此以后，"四百多年来，它一直属于临沧管辖，但平村（即四脚马）人民一代代传说平村的外婆家是景东"⑧。

明清时期，西南地区土司间联姻、赠送陪嫁地的情况较为普遍，但陪嫁地通常只发生在相邻土司之间。勐缅邻封土司中，只有景东土知府为陶氏。⑨根据平村孤悬澜沧江以东，当地传说外婆家在景东，且宣德五年此地"置云南孟缅长官司"和清乾隆十一年改土归流，以及400多年来临沧一直管治四脚马等情况可知，今临沧平村乡即为明末清初景东土府转赠勐缅长官司的陪嫁地。

也就是说，如图2所示：明末清初的勐缅长官司，及清乾隆十二年以来继承其领地的缅宁厅跨澜沧江遥领今平村乡一地。⑩因此，清嘉庆二十五年云南顺宁

① 《清史稿》卷七十四《地理二十一》，第2336页。

② 《明宣宗实录》卷六十七，宣德五年六月乙亥，第1575页。古文献中，"孟缅"又作"猛缅"。中华人民共和国成立后，均改称"勐缅"。

③ 云贵总督张允随：《为云南猛缅地方改设流官题请顺宁府右甸通判移驻猛缅添驻杂职等事》，乾隆十一年十月十五日，中国第一历史档案馆藏，档号：02-01-006-000778-0010。

④ 《清史稿》卷七十四《地理二十一》，第2334页。

⑤ 云南防团兵备处绘：《云南全省舆图》。

⑥ 临沧县人民政府：《临沧县地名志》，1984年，第108页。

⑦ 相传，秧陶在送嫁途中自杀身亡，但勐缅土司对四脚马陪嫁地的所有权未变更。从西南地区的地方"习惯法"来看，陪嫁地产生后，其所有权归夫家所有，夫家可自由出卖，女儿死了也不退还。中国科学院民族研究所四川少数民族社会历史调查组编：《凉山彝族自治州普雄县瓦吉木乡社会调查报告》（初稿），内部资料，1962年，第74—75页。

⑧ 潘其昌：《陪嫁姑娘的胭脂地——平村》，临沧县委员会文教委员会编《临沧县文史资料》（第3辑），内部资料，1995年，第209页。

⑨ ［清］毛奇龄著，杨东甫、杨骥校注：《蛮司合志》，广西人民出版社，2015年，第132页。

⑩ 乾隆十一年改土归流后，缅宁厅既然继承了勐缅长官司领地，说明其已以官方的名义承认了因土司陪嫁地而改变的府级界线。

府与景东直隶厅府级界线并未全部以澜沧江为界，二者南部界线自缅宁厅圈内东部跨澜沧江，向东过勐乐河，在勐乐东南部转向西北经界牌，最终抵达澜沧江并向北延伸。

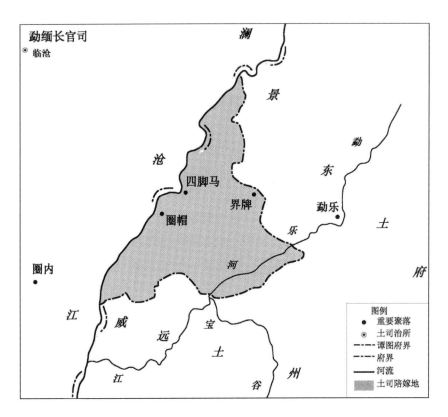

图2　明后期景东土府陪嫁勐缅土司四脚马地

资料来源：据谭其骧主编《中国历史地图集·清时期》（第8册）"云南"图与云南省测绘局《云南省地图集》"景谷县"图（1982年版，第93页）。

二、土司治所、驻地订正

（一）蒗蕖土舍驻地

蒗蕖土知州位于滇西北滇川交界，清顺治六年（1649），土知州因兵燹遗失号纸，清廷降土知州为"土舍"管理地方。此后，土舍阿为柱有功"于道光十九年（1839）

六月间，由各地方夷民叩恳援照旧例，详请具颁给号纸、印信祇领任事供职"①，恢复了土知州职衔。《中国历史地图集》所示明代滇蒗土州②及清代滇蒗土舍驻地③，均位于今宁蒗县政府所在地大兴镇，龚荫亦持此观点。④

爬梳各类史料，笔者未见滇蒗土州曾设治于今大兴镇的记述。参考清末宣统二年《云南全省舆图》⑤和民国《永北县全图》⑥等地图资料，滇蒗土署在跑马坪至大村街之间交通要道上，今新营盘乡东风村正好处在二者之间。现宁蒗县东风村遗存土司衙署房舍三间（100°54′54″ E，27°10′54″ N，H 2598m）。而且，1950年以前，东风村因为土司衙门所在地，而得名"衙门村"。通过晚清舆图、地名称谓及实地调查情况可以确定，晚清滇蒗土司治地仍当在今东风村。对于衙门村滇蒗土司衙署修建的时间，《中国文物地图集》认定其修建于清嘉庆十九年（1814）。⑦从滇蒗土司衙署遗址遗存状况来看，其修建于嘉庆十九年的时间有一定可信度，但滇蒗土州于衙门村立署的时间应当更早。

明清以来，滇川藏交界地带受藏文化影响的土司多实行政教合一的统治制度，如木里安抚使轮驻木里、康坞、瓦尔寨三大寺，三大寺即土司衙署。⑧滇蒗土州和与之毗邻的永宁土知府，亦按传统土司长子世袭土司职务，掌握行政权，次子世袭喇嘛寺堪布职，分掌宗教大权⑨，而堪布驻扎的喇嘛寺通常也设在土司衙署附近。

清代衙门村建有萨迦寺，该寺为滇蒗境内宗教活动的中心。关于衙门村萨迦寺修建的年代有两种观点：一种观点认为其修建于清代⑩；一种观点认为萨迦寺由活佛职嘉

① 云贵总督刘长佑：《题为核明阿国宝年已及岁夷众悦服请准承袭云南永北直隶厅滇蒗土知州事》，光绪四年四月十五日，中国第一历史档案馆藏，档号：02-01-03-11892-005。

② 谭其骧主编：《中国历史地图集·元明时期》（第7册），中国地图出版社，1996年重印版，第78—79页。

③ 清顺治六年至道光十九年间，滇蒗土司以"土舍"任事，管理地方，同时，滇蒗州也变为了"滇蒗废州"。因此，这一时期内，土舍虽仍管地方，但"滇蒗废州"已不属国家经制政区，故从原土知州"治所"改称土舍"驻地"。嘉庆《大清一统志》卷四九七《永北直隶厅》，《续修四库全书》（第623册），第714a页。

④ 龚荫：《中国土司制度史》，四川人民出版社，2012年，第571页。

⑤ 云南防团兵备处绘：《云南全省舆图》。

⑥ 龙云、卢汉修、周锺岳纂，李春龙、牛鸿斌点校：民国《新纂云南通志》卷九《现行设治区域图·永北县全图》，云南人民出版社，2007年，第171页。

⑦ 云南省文化厅编：《中国文物地图集·云南分册》，云南科技出版社，1999年，第281页。

⑧ 木里藏族自治县委员会文史组：《木里文史》（第1—10辑），1987年，第45—84页。

⑨ 国家民委"民族问题五种丛书"云南省编辑组编：《宁蒗彝族自治县永宁纳西族社会及其母系制调查》（宁蒗县纳西族家庭婚姻调查之二），云南人民出版社，1988年，第26页。

⑩ 云南省宁蒗彝族自治县志编纂委员会：《宁蒗彝族自治县志》，云南民族出版社，1993年，第208页。

那布主持，始建于 13 世纪。^①鉴于藏传佛教萨迦派传入该地的时间早于明末清初才兴起于滇川藏交界地区的黄教，萨迦寺修建的时间应早于明末清初。也就是说，明代蒗蕖土州设立后，直至 20 世纪 50 年代民主改革，衙门村一直作为蒗蕖土司的驻地。至于谭图和龚荫将明、清蒗蕖土司治所（驻地）定位于今宁蒗县治大兴镇，应与民国政府民国六年（1917）于白蕖坝大八村（今大兴镇）设宁蒗县佐，及 1950 年之后宁蒗县政府驻扎于此，后人将今县治误作古土州（舍）驻地有关。^②

（二）南甸宣抚司治所

《中国历史地图集·清时期》云南图显示，南甸宣抚司衙署位于今梁河县政府所在地遮岛，但实际情况并非如此。明初，南甸土知州"司治故为府州地，在半个山下"^③，即为今梁河县曩宋乡大地村。该村有衙门遗址，现残存石条、柱础、石狮子等^④，又名"老官城"。正统九年（1444），南甸土知州升为南甸宣抚司后^⑤，土司刀乐硬南迁司署于团山（又称"蛮干"或"上城"），即今南甸九保街小团坡、建立衙门。^⑥

清乾隆四十年（1775），为控御边境土司和防范缅军，清廷在南甸"设都司守备各一员，千总二员，把总四员，外委六员带兵一千名分驻防守。该处屯兵数多兼之民夷杂处"，移腾越州判"住在同城"处理民事。^⑦是时，"营规废弛，将骄兵横，夺取民财，调戏妇女，歧视少数民族。都司管应龙，本司城人，不能制，司署至不能举火者累日。乃共议迁司署于永安新城"^⑧。乾隆《腾越州志》亦载："宣抚世居蛮干，在司东，今移永安，在司西，……乾隆中，移驻防兵及州判于司，思氏请于官，撤其故署堂归永安。"^⑨今梁河县即有"新城"村，因南甸宣抚司署迁设于此而得名。^⑩咸丰元年（1851），南甸宣抚司河东地区"出妖人"，率众围攻永安，司署被焚，土舍刀继

① 宁蒗彝族自治县地方志编纂委员会、宁蒗彝族自治县人民政府研究室：《宁蒗大事记》，云南民族出版社，2016年，第43页。

② 宁蒗彝族自治县委员会文史资料委员会：《宁蒗文史资料选辑》（第一辑），内部资料，1991年，第4页。

③ 屠述濂纂修：乾隆《腾越州志》卷十《边防》，凤凰出版社，2009年，第134页。

④ 梁河县人民政府：《梁河县地名志》，内部资料，1994年，第38页。

⑤ 《明英宗实录》卷一百十七，正统九年六月癸未，第2360页。

⑥ 《南甸司刀龚氏世袭宗谱》，德宏州志编委会办公室编《德宏史志资料》（第一集），内部资料，1985年，第202页。

⑦ 署理云贵总督图思德：《奏请将腾越州判移驻南甸以资弹压事》，乾隆四十年闰十月十六日，中国第一历史档案馆藏，档号：03-0350-032。

⑧ 《南甸司刀龚氏世袭宗谱》，《德宏史志资料》（第一集），第209页。

⑨ 屠述濂纂修：乾隆《腾越州志》卷十《边防》，第134页。

⑩ 梁河县人民政府：《梁河县地名志》，第68页。

绪[①]暂移司署于罗卜丝庄蛮东。后来刀氏"率司署全体回治田心，草创司署以居，号曰遮岛（即下城）"[②]。此后，南甸宣抚司衙署一直设置于遮岛，即今梁河县县城。南甸土司历史上司治团山（九保）、永安新城和遮岛三地之间呈三角形[③]，而乾隆四十年至咸丰元年这76年间，宣抚司设衙于新城村，而非谭图所示今梁河县政府驻地遮岛。

结　论

明末清初，土司陪嫁地的产生，导致耿马宣抚司、勐缅长官司和景东土府等土司辖地变化的同时，也致使相关各府、直隶厅之府级界线随之变动。研究认为，《中国历史地图集·清时期》云南图永昌府与顺宁府南部府界，以及顺宁府与景东直隶厅府级界线需作调整。

《中国历史地图集·清时期》云南图中蒗蕖土司和南甸土司治所（驻地）均须修正。具体而言，明清至民国时期，蒗蕖土司衙署应位于今宁蒗县新营盘乡东风村（衙门村），而不是县政府所在地大兴镇；明清以来，南甸土司数易治所，其中，乾隆四十年至咸丰元年间，南甸土司设衙于新城村，而非谭图所示今梁河县政府驻地遮岛。

（云南大学民族学与社会学学院）

---

① 咸丰二年，南甸土司刀鸿绪病故后，堂弟刀继绪护理代办。云贵总督吴文镕：《为题请刀鸿绪之妻盖氏抚孤刀继绪护理代办管理云南永昌府腾越厅属南甸宣府司事务事》，咸丰二年三月十八日，中国第一历史档案馆藏，档号：02-01-006-005088-0050。

② 《南甸司刀龚氏世袭宗谱》，《德宏史志资料》（第一集），第210页。

③ 尤中：《南甸土司辖境及其驻地的变迁》，《民族学报》1981年第1期。

第二部分　清代古地图与地理志书研究

试论"地图"、"舆地图"和"舆图"三词的起源与流变[*]

卢祥亮

地图在中国出现很早,并在中国历史的发展中发挥过重要重用。但是,很多地图都未能保存下来。其原因大概有以下三点:1. 制图是专门之学,中国古代掌握绘图技艺者并不多,印制地图亦需要专门工艺。在印刷术发明之前,地图制作耗时费工,一般是官方才有能力投资制图,且传播效率极低。即便是在印刷术发明之后很长时期内,地图在社会上普及程度也很低。2. 地图与军政有极大关系,官府一般都是藏之秘阁,不轻易示人,以巩固自身统治,一直到清代都是如此,以至于各目录学典籍中少有关于地图的记载。3. 大量地图在改朝换代的战火中被毁,如今,宋以前的传世地图已是稀见。由于留存于今的地图太少,所以中国的地图发展史中,许多朝代十分简略,甚至阙如,憾于无实物地图可资研究。

在中国地图发展史中,对于"地图"名称演变的研究少有人关注,本文拟对中国古代地图命名最主要的三个词汇"地图""舆地图""舆图"的起源和流变进行考察,梳理其发展流变脉络,试窥其要。

一、"地图"一词的起源

"地图""舆地图""舆图"三词中,最先产生的是"地图"一词。先秦典籍中包含地图意义的称谓很多,常见的有"图""图法""图籍""图书"等,如《吕氏春秋》第

———————————

 * 本文得到安徽大学淮河流域环境与经济社会发展研究中心项目资助(项目号:HHYJZX2016ZD012)。原刊于周长山等主编《历史·环境与边疆——2010年中国历史地理国际学术研讨会论文集》,广西师范大学出版社,2012。

十六卷《先识览》："夏太史令终古出其图法，执而泣之。……殷内史向挚见纣之愈乱迷惑也，于是载其图法，出亡之周。……晋太史屠黍见晋之乱也，见晋公之骄而无德义也，以其图法归周。"① 毕竟"图""图法""图籍""图书"范畴较广，并非专指地图。那以"地图"为正式称谓究竟源于何时？

《管子》一书是较早使用"地图"一词的著作。如《管子·七法》："故兵也者，审于地图，谋于日官，量蓄积，齐勇士，遍知天下，审御机数，兵主之事也。"② 更重要的是，《管子》中有专门的《地图》篇，这是研究地图史的学者不容忽视的。《地图》篇开篇记载："凡兵主者，必先审知地图。辕辕之险，濫车之水，名山、通谷、经川、陵陆、丘阜之所在，苴草、林木、蒲苇之所茂，道里之远近，城郭之大小，名邑、废邑、困殖之地，必尽知之。地形之出入相错者，尽藏之。然后可以行军袭邑，举错知先后，不失地利，此地图之常也。"③ 这段文字阐述了地图的重要军事意义，同时，我们也可以看出，此时的地图可以表现的内容已经十分丰富，山水、地形、草木、道里、城邑等，而且极有可能符号与图注并存。

再举数例。《战国策》卷十九《赵策二·苏秦从燕之赵始合纵》："臣窃以天下之地图案之。诸侯之地五倍于秦，料诸侯之卒，十倍于秦。"④《周礼·地官·丱人》："丱人，掌金玉锡石之地，而为之厉禁以守之。若以时取之，则物其地图而授之，巡其禁令。"⑤ 又据《史记》卷八十六《刺客列传》记载，在秦国兵临燕国的危机之际，荆轲向燕太子丹献策，"诚得樊将军首与燕督亢之地图，奉献秦王，秦王必说见臣，臣乃得有以报"⑥。

《管子》、《战国策》和《周礼》的作者与成书时间目前尚无定论，一般认为是在战国中晚期至西汉成书。这些记载中出现的"地图"并非凭空创造的，"地图"一词至迟到战国应该已经产生。⑦

秦国统一全国，建立大一统中央王朝，将自各国收集的图书大量运往咸阳，为适应新的管理需要，应该也另行编绘了一些地图，当时咸阳的图书数量当会比较可观。据《汉书》卷三十九《萧何传》载："沛公至咸阳，……何独先入，收秦丞相御史律令图书藏之。沛公具知天下厄塞、户口多少、强弱处、民所疾苦者，以何得秦图书

① ［战国］吕不韦辑，张双棣等译注：《吕氏春秋》，吉林文史出版社，1987年，第491—492页。
② 赵守正：《管子注译》，广西人民出版社，1982年，第54页。
③ 赵守正：《管子注译》，第269页。
④ ［西汉］刘向辑录：《战国策》，上海古籍出版社，1985年，第639页。
⑤ 林尹注译：《周礼今注今译》，书目文献出版社，1985年，第174页。
⑥ 《史记》，中华书局，1959年，第2532页。
⑦ 王庸先生也推测地图在春秋战国时期得到逐步推广使用。参见王庸：《中国历史上地图与军政之关系》，载《中国地理图籍丛考》，商务印书馆，1947年，第137页。

也。"① 刘邦因萧何之举而获得了逐鹿天下的宝贵财富，可见秦朝依靠图籍建立起了十分完备的行政管理体系，而这些资源又为汉朝所承继。

《汉书》卷二十八《地理志》提到过"秦地图"，如琅琊郡长广下注"奚养泽在西，秦地图曰剧清池，幽州薮。有盐官"；代郡班氏下注"秦地图书班氏"。② 此"秦地图"当成书于秦统一后，而且有图说，应当就在萧何所收藏的咸阳图书中。班固著《汉书》时还能见到"秦地图"，并以之作为参考。

二、"舆地图"一词的出现与流变

西汉灭秦后，应该也会如秦初那样编绘一批新地图，以适应新的统治形势。而且，随着汉朝疆域的扩展和与周边少数民族的频繁交往，汉人的地理知识不断增加，地图的绘制已达到了很高水平，出现了各种类型和用途的地图。此时，新的地图名称——"舆地图"，开始出现在汉代文献中。

《史记》卷六十《三王世家》："臣请令史官择吉日，具礼仪，上御史奏舆地图，他皆如前故事。"《索隐》："谓地为'舆'者，天地有覆载之德，故谓天为'盖'，谓地为'舆'，故地图称'舆地图'。疑自古有此名，非始汉也。"③

又《史记》卷一百一十八《淮南王传》："王日夜与伍被、左吴等案舆地图，部署兵所从入。"《集解》苏林曰："舆犹尽载之意。"《索隐》按：志林云"舆地图汉家所画，非出远也"。④

据《史记索隐》和《史记集解》的解释，"舆"本为负载之意，汉代人以地图上可表示山川、道路、职贡等诸多因素，以"舆"加于"地图"前，称"舆地图"，成为汉代对地图的正式称谓。《史记索隐》也提出疑问，怀疑自古即有"舆地图"之名，但目前并无资料佐证，故本文仍认定"舆地图"一词出现于西汉初。

舆地图不仅在军事行动和施政中起着重要作用，在汉代礼制中占有一席之地，裂土分疆分封诸王时需上舆地图。有记载可证：

《汉书》卷五十三《江都易王传》："具天下之舆地及军阵图。"⑤

《后汉书》卷一下《光武帝纪下》："初，巴蜀既平，大司马吴汉上书请封皇

① 《汉书》，中华书局，1962年，第2006页。
② 《汉书》，第1586，1622页。
③ 《史记》，第2110页。
④ 《史记》，第3085页。
⑤ 《汉书》，第2417页。

子，不许，重奏连岁。三月，乃诏群臣议。大司空融、固始侯通、胶东侯复、高密侯禹、太常登等奏议曰：'……臣请大司空上舆地图，太常择吉日，具礼仪。'制曰：'可。'"①

《后汉书》卷二十四《马援列传》："前披舆地图，见天下郡国百有六所，奈何欲以区区二邦以当诸夏百有四乎？"②

《后汉书》卷五十《孝明八王列传》："明年，案舆地图，令诸国户口皆等，租入岁各八千万。"③

汉代的地方政府必须向中央奏进舆地图，而且后来还形成了制度，这在一定程度上促进了地图的发展。

不过，"地图"一词也照样被使用着，二者并行不悖，如：

《汉书》卷六十四《严助传》："以地图察其山川要塞，相去不过寸数，而间独数百千里，阻险林丛弗能尽著。"④

《后汉书》卷八十九《南匈奴列传》："单于畏汉乘其敝，乃遣使诣渔阳求和亲。于是遣中郎将李茂报命。而比密遣汉人郭衡奉匈奴地图，二十三年，诣西河太守求内附。"⑤

可见，"舆地图"与"地图"之间并无相互取代关系，"舆地图"只是更加官方化的词语了。

不过，自东汉末至隋朝统一，中国大部分时间陷于分裂状态，极大阻碍了地图的编制和发展。至西晋时，汉以前的地图就已经散佚殆尽了。据《晋书》卷三十五《裴秀传》中《禹贡地域图·序》所载："今秘书既无古之地图，又无萧何所得，惟有汉氏舆地及括地诸杂图。"⑥西晋时，司空裴秀与门客京相璠曾修《晋舆地图》。又据《通志》卷一百四十七《李义徽传》载，李义徽曾为清河王编《舆地图》，此后，相当长的时间内，未闻再有《舆地图》的编修。南北朝至隋唐，"图经""图记""图志"这类包含有地图的地理志书的编纂却逐渐兴盛起来。

① 《后汉书》，中华书局，1965年，第64—65页。

② 《后汉书》，第833页。

③ 《后汉书》，第1667页。

④ 《汉书》，第2778页。

⑤ 《后汉书》，第2942页。

⑥ 《晋书》，中华书局，1974年，第1039页。

三、"舆图"的出现与"舆地图"的复兴

"舆地图"一词在流传使用过程中出现了简化形式——"舆图"。究其原因，概以"舆"即"地"，故可略去"地"，简称"舆图"。不过，据目前所查阅的资料，"舆图"一词最早见于《庾子山集》卷七《齐王进白兔表》："臣闻舆图欲远，则玉虎晨鸣。"[①]庾子山即庾信，已是南北朝后期之人，应当还有更早的关于"舆图"的记载。唐代徐坚等所编《初学记》卷八《州郡部》中多次征引《（后魏）舆图风土记》一书文字，据朱祖延研究，与《水经注》《太平御览》《太平寰宇记》《路史》等书征引的《（后魏）舆地图风土记》《魏土地记》《（后魏）风土记》当为一书。[②] 该书隋唐史志未著录，亡佚已久，作者未详，而后人注引此书时出现多种名称，不能确认《（后魏）舆图风土记》是否为其原始书名（原名《（后魏）舆地图风土记》可能性更大），故尚不能据此将"舆图"一词出现时间继续前推。

此后，"舆地图"和"舆图"两个称谓沉寂了很久。在此期间，地图命名一般称"图""地图"等。至两宋时期，因印刷术发达起来，地图的印制和使用比之前代更为普遍，推动了地图编绘的发展。"舆地图"和"舆图"也重新被世人用作地图名称。如《宋史》卷三三二《孙路传》："（司马）光亟召问，（孙）路挟舆地图示光曰……"[③]如《蔡襄全集》卷十二《制诰·程相公父制》："均被按舆图之美号，占书社之上游。"[④]《建炎以来系年要录》卷一百二十五"绍兴九年正月丙戌"："以金人来和，大赦天下，赦文曰：'乃上穹开悔祸之期，而大金报许和之约，割河南之境土归我舆图，戢宇内之干戈用全民命。'"[⑤]南宋时，王象之曾作《舆地纪胜》和《舆地图》，《舆地图》逐路为卷，尤详于四川各州。南宋另有一幅咸淳初年所刻《舆地图》，仅存一宋拓本藏日本京都东福寺塔头栗棘庵，是一幅小型亚洲地图。而地图发展史上更为有名的是元代朱思本所编《舆地图》，此图已佚失，但明人罗洪先对此图进行增编，推陈出新，作《广舆图》。《舆地图》和《广舆图》对明清的地图绘制产生了深远影响，明清地图的命名也因此深受二图影响。

元代以后，"舆地图"和"舆图"两个名称一直受到人们的青睐，在给地图命名时，多数与这两个名称相关，正史艺文志或经籍志，以及《四库全书》《古今图书集成》等书中能见到许多以"舆地图"和"舆图"为名的图，或稍有变化，如"舆地图

① 　[北周]庾信撰，[清]倪璠注：《庾子山集注》，许逸民校点，中华书局，1980年，第526页。
② 　朱祖延：《朱祖延集》，崇文书局，2011年，第85页。
③ 　《宋史》，中华书局，1977年，第10687页。
④ 　[宋]蔡襄：《蔡襄全集》，陈庆元等校注，福建人民出版社，1999年，第322页。
⑤ 　[宋]李心传：《建炎以来系年要录》，胡坤点校，中华书局，2013年，第2359页。

说""地舆图说""皇舆图""坤舆图""一统舆图"等。如《明史》卷九十七《艺文志》：
"项笃寿《考定舆地图》十卷…… 赵秉忠《江西舆地图说》一卷；王世懋《饶南九三郡舆地图说》一卷。"①

四、"舆地图""舆图"二词的隐退

明末清初外国传教士来华，带来了西方地图学的新成就，对中国部分士大夫的世界观造成了冲击。但是，其影响很有限。比如利玛窦的世界地图，只有其中一版被命名为《世界地图》，其他诸版名称均与"舆地图"和"舆图"相关，这与耶稣会采取的"耶儒合一"的传教策略有关，迎合中国士大夫的喜好，用他们能接受的方式来传播西学。明末清初的西学东渐对地图命名的影响并不深刻。

到了清末民初，随着内忧外患的加深，国人主动加强了对西方先进技艺和思想的学习。西方地图以其精准、美观、实用等优势迅速扩大影响。

根据北京图书馆（今国家图书馆）善本特藏部舆图组所编《舆图要录——北京图书馆藏6827种中外文古旧地图目录》②，可以对馆藏的晚清、北洋政府和南京国民政府统治时期的地图作一比较。本文选取《舆图要录》的世界地图和中国地图（不含分省区地图）分别进行统计，将晚清至南京国民政府时期出版地图名称按"舆图"、"舆地图"和"地图"分成三类，其数量对比如下：

表1　世界地图中三种图名分布表

	光绪、宣统朝	北洋政府	南京国民政府
舆图	5	1	5
舆地图	14	1	1
地图	13	13	64

---

① 《明史》，中华书局，1974年，第2405，2411页。

② 北京图书馆（今国家图书馆）善本特藏部舆图组编：《舆图要录——北京图书馆藏6827种中外文古旧地图目录》，北京图书馆出版社，1997年。

表2　中国地图中三种图名分布表

	光绪、宣统朝	北洋政府	南京国民政府
舆图	1	8	4
舆地图	2	0	0
地图	4	11	42

根据表1和表2可以看出，在光绪、宣统二朝，"舆图""舆地图"数量仍占据优势；而到了北洋政府时期，二者地位已经逆转；到了南京国民政府时期，"舆图""舆地图"已经被"地图"击败，仅占很小的比重。为何短短十几年时间会有这么大的变化？以下试做简要分析。

晚清虽然国势衰弱，但中国许多士大夫仍然保持着中华文化的优越感。对中国传统地图编绘印制方法怀有深厚感情的士大夫和地图编印者仍坚持以"舆地图"或"舆图"来命名自己的作品。光绪十二年（1886）《大清会典》编修，"舆地图"是其中一项重要内容，要求各省绘出省、府、州、县地图报送会典馆。各省一般设立专门机构专管此事，称"舆图局"，最终呈交会典馆的成果也以"舆地图"命名，如《陕西全省舆地图》《福建全省舆地图》，会典馆在此基础上编绘成《大清会典舆图》。

而受洋人（有商人、教会等）资助的地图印制则更多采用"地图"为译名，对西学新思想抱有浓厚兴趣的青年知识分子也更乐于使用"地图"。由"Map""Atlas""Chart"翻译来的"地图""地图集""海图"等好像从此被赋予了一种新的内涵，它们代表着西方先进的地图编绘印制技术，代表着革新的地图理念。

由此便逐步打破了"舆地图"和"舆图"占据绝大部分市场的局面，开始了三种名称混用的局面。

北洋政府统治期间，中央和地方的实权仍被脱胎于晚清、带有旧式思想的军阀和官僚所掌控，他们对传统文化有着天然的情感，所修方志和编印地图仍然采用"舆地图"和"舆图"之名。辛亥革命后，以参谋本部陆军测量总局为主导进行了一次全国性大比例实测活动，所编印的地图仍以"舆地图"和"舆图"为名。

随着近代测绘技术的发展，中国建立起一批制图社，以上海、武汉和北京为中心，上海以其自由宽松的环境，涌现出大量制图社和印刷所。较有名的有武昌亚新地学社、上海东方舆地学社、上海世界舆地学社、北京同伦学社等。新式的制图社虽不少仍以"舆地学社"命名，但随着近代印刷术和造纸技术的发展，他们已倾向于使用"地图"之名，以昭显自己的新气象。这一时期的新式"地图"以其蓬勃的朝气和活力冲击着"舆地图"和"舆图"，也革新着民众的思想理念。这一阶段，地图命名受到东洋因素与西洋因素的双重影响，其中，东洋因素所起的作用不可忽视。

南京国民政府确立统治地位后，一扫旧军阀统治时期的陈腐之气，大力倡导革新。随着时局的革新和各种新地图的编印发行，"地图"的称谓也得以深入人心，"舆地图"和"舆图"则正式退居二线。南京出版发行的《地图周刊》可谓地图学和测绘学逐步走向专业化的一个航标。抗日战争期间，在大西南后方出现了一批新的地图社，如桂林的时事地图出版社。当时，各种救亡地图和形势图大量编印，地图的军事功能加强，军用地图多以"地图"为名，这对民用地图也产生了很大影响。

中华人民共和国成立后，社会主义建设强调大众的文化，"舆地图"和"舆图"之称已罕见使用，渐渐湮没，退出了历史舞台，而"地图"一词则在新时代绽放光彩，历久弥新。

（安徽大学历史学院）

德国柏林庋藏晚清华北舆图的价值*

华林甫

在德国柏林的菩提树下街，普鲁士文化遗产图书馆（Staatsbibliothek zu Berlin Preußischer Kulturbesitz）收藏了 160 幅晚清直隶、山东两省的县级舆地图。

一、寻访

获知德国柏林收藏晚清华北的舆图，还是十多年前的事。周振鹤先生在其《柏林读书小记》中写道："清末山东省西部各县的地图，共有五十四幅。这些地图都是手绘彩图或墨图，反映了该县的乡村都图的分布情况，许多县还详细画出黄河及其分支或运河的走向，有的图上甚至有拳厂（即义和团组织）的标记。因此这些地图对于研究山东西部以及黄河下游的历史地理现象以及近代史很有裨益。"[1]（《中华读书报》1998 年 11 月 11 日。）这份介绍，是笔者最早了解德藏华北舆图的信息来源[2]。

十余年来，笔者经多次查访，获读原图，并将其扫描而归。

经笔者清点，这批舆图总共有 160 幅，全部是单幅图。直隶省舆图有 99 幅，涉及 91 州县，其中原有图名的 77 幅、没有图名或图名佚失了的 22 幅，主要分装在四个盒子里，但缺了编号 Kart.E.1951/11–18 的舆图；山东省舆图有 61 幅，涉及 56 州县[4]，其中原有图名的 52 幅、没有图名或图名佚失了的 9 幅，大部分是折叠了放在那

---

*　本文原刊于《历史地理》集刊第32辑（2015年12月）。

① 　收入周振鹤《中人白话》，华东师范大学出版社，2001年，第96—98页。

② 　差相同时，读李孝聪先生《欧洲收藏部分中文古地图叙录》（国际文化出版公司，1996年），其前言第45页也提到："德国：……近百幅是清朝同治、光绪年间绘制的山东、直隶两省各府、州、县政区或河道水系地舆图，几乎覆盖了两省的整个地区。"

④ 　仅有Kart. E.1598《山东抚标登荣水师两营管辖洋面岛屿图》一幅，无法归入任何州县。

图1　直隶舆图

图2　山东舆图

个长方形盒子里，摊平了放在纸夹内的有 8 幅 [①]，散件 6 幅 [②]，然则以编号顺序而论既缺失了两幅而又衍出了两幅 [③]。这其中，单县黄河舆图和邯郸、新城、武邑、深泽、柏乡、肥城、禹城、阳信、泰安、汶上 10 县舆图为印制，其余 149 幅舆图为手绘。直隶舆图所表示的政区，有 14 州、77 县，作为直隶州的定州、赵州、冀州、易州、遵化州 5 州都只画本州亲辖地 [④] 而不及辖县，曾经的直隶州晋州亦复如此，安、霸、沧、景、蓟、滦、祁、昌平 8 州则是散州，即使 Kart.E.1951/11–39 名称显示的是"宣化郡城"，实际内容也是宣化县。山东舆图所表示的政区，有 6 州、50 县，其中济宁、临清两直隶州主要绘出了亲辖地，滨州、德州、胶州、东平州则为散州。故而所有直隶、山东舆图表示的地域都是县级政区，这些舆图都是县级舆图。

接触这批舆图，必然考虑到它的来源。这些舆图属于晚清官方的版本，怎么会辗转流入德国的呢？在该图书馆协助下，知其于 1924 年从皇家普鲁士移交而来，再向上追溯，只知道是皇家普鲁士土地调查部 1911 年之前旧藏，故这批舆图的保管权属于 Preußischer Kulturbesitz。至于 1911 年之前如何，其流落德国的详细过程蒙着一层面纱，至今还是谜案，有待于揭开。

还有，德国著名地理学家李希霍芬（Ferdinand von Richthofen，1833—1905）年轻

---

① 它们是：高密、博山、潍县、博兴、济阳、寿光、昌邑、聊城。

② 它们是：临清、临邑、益都、德州、胶州、登荣水师。

③ 所缺二幅，目录是空号，分别为：Kart.E.1594/120、Kart.E.1594/153；但是，Kart.E.1229《胶州海口图说》、Kart.E.1598《山东抚标登荣水师两营管辖洋面岛屿图》二幅舆图又不在Kart.E.1594编号系统之内，颇不可解。可能的原因是，该两幅舆图之原编号业已遗失。

④ "亲辖地"一词，见《世宗宪皇帝朱批谕旨》卷125之10、《清朝通典》卷83、《学政全书》卷60、《嘉庆重修一统志》卷500（中华书局，1986年影印本，第32册，第25317页）、王先谦《东华录》康熙十三年、邹汉勋《敩艺斋文存》卷4等。

时在中国考察了四年①，足迹遍布东起浙江舟山群岛、西至四川雅安、南达香港、北抵奉天的 15 个省②，随身携带着地图。1869 年 3 月 28 日日记，写道："今天我们继续前进到了山东的地界。眼前的景色突然发生了变化。从地图上看，边界应该在饮马庄以南，但是我们看到了一根刻着字儿的柱子，上面写着这里是边界，但这个地方却在饮马庄北边 8 里。我们正好赶上这里五天一次大集，这和前人的描述是多么不同啊！"4月 25 日日记："根据地图，从莱州府开始我又有机会到山中进行考察了。"在 1872 年 3 月 5 日致父母的信中，写道："我将艰难地做出决定，不再继续向缅甸和仰光走了，尽管从那里出发很快就能回到你们身边；而是在出了大理府后再次转向东走，经云南府和贵阳府到长江边上的重庆府，然后从那里回上海。我假如选择第一种走法去缅甸和仰光，那么我的日记、地图和我搜集的东西就得交于不确定的命运之手。"在 1872 年 6 月 24 日致父母的信中，写道："我有足够多的石头，还有满满一箱日记、地图等。"李希霍芬这些随身携带的地图，有多少带回了德国，又有多少入藏了普鲁士文化遗产图书馆，均不得而知。

同样重要的是，天主教圣言会传教士安治泰、福若瑟、薛田资等在山东各地有计划地传教，德国于 1897 年占领胶州湾前后，1899 年 9 月至 1904 年 6 月主导修筑胶济铁路工程期间，甚至八国联军中德军侵华的时候，也均应当收集、甚至抢劫了不少山东舆图。这些舆地图，是否也入藏了这家图书馆？待考。

二、学术价值

若干年前，笔者曾提出"舆图也是史料"的新概念③。当时，主要是以英档庋藏清军镇压早期太平天国地图为例，予以论证④。现在，这批舆地图同样也证明并加强了敝人观点。今略举数例，稍加说明。

1. 关于义和团的起源地点

义和团起源于山东冠县义和拳，一般认为起始于梨园屯教案。关于义和团的地

---

① ［德］李希霍芬：《李希霍芬中国旅行日记》，李岩、王彦会译，商务印书馆，2016 年。按：李希霍芬于 1868 年 9 月至 1872 年 10 月在中国考察。

② 一般认为，李希霍芬曾到过中国 13 个省，说见王守中著《德国侵略山东史》第 37 页等（人民出版社，1988 年）。其实，李希霍芬在 1872 年 2 月 26 日给父母的信里写道："这已经是我到过的第 15 个省了——总共有 18 个省——，但不是最差的。四川——念 Sse tschwan 更准确些……"

③ 华林甫撰：《英国国家档案馆庋藏近代中文舆图》，上海社会科学院出版社，2009 年，第 22 页。

④ 华林甫：《英藏清军镇压早期太平天国地图考释》，载《历史研究》2003 年第 2 期。

域起源，路遥、程歊、林华国、周锡瑞、狄德满等学者都有细致入微的分析。路遥主编《义和拳运动起源探索》的第一章就是"特殊的飞地——冠县十八村"，第三章为"梨园屯教案"[1]。程歊论文专门解读了梨园屯事件的实地调查资料[2]。在林华国先生所著《义和团史事考》中，第一章专列一节来探讨义和团起源的地点，题目是"义和团'起于山东''延及直隶'说质疑"[3]。美籍学者周锡瑞《义和团运动的起源》的中译本，第六章题目为"冠县梨园屯：'义和拳'的兴起"[4]。德籍学者狄德满《华北的暴力和恐慌：义和团运动前夕基督教传播和社会冲突》中译本，第八章是"梨园屯教案与义和拳的起源"[5]。这些论著，都肯定梨园屯教案为义和团运动的源头。

不妨先来了解一下德国柏林所藏的这批舆图，内有威县图和冠县图。Kart. E. 1951/11–83系威县舆图（图3），形状类似针灸铜人侧影，左上角"邵固堡"往右处有两个格子是空白，第一次见到时引起了笔者的好奇；经查证，原来是属于山东冠县的飞地，但图上什么也未标。

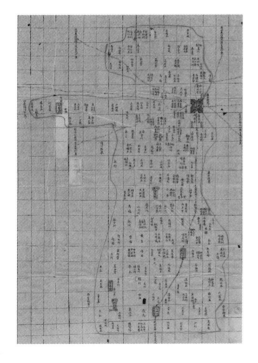 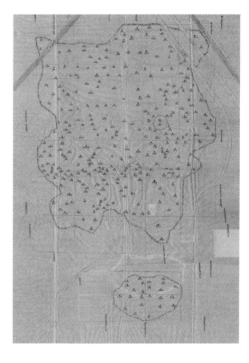

图3　威县舆图　　　　　　图4　冠县舆图

① 路遥主编：《义和拳运动起源探索》，山东大学出版社，1990年。

② 程歊：《社区精英群的联合和行动——对梨园屯一段口述史料的解说》，载《历史研究》2001年第1期。

③ 林华国：《义和团史事考》，北京大学出版社，1993年，第17—22页。

④ ［美］周锡瑞：《义和团运动的起源》，江苏人民出版社，1998年，第154—191页。

⑤ ［德］狄德满：《华北的暴力和恐慌：义和团运动前夕基督教传播和社会冲突》，江苏人民出版社，2011年，第311页。

对照 Kart. E. 1594/126 佚名之冠县舆图（图4）可知，这块冠县飞地上的集镇村庄，从东向西有：祝家屯、梨园屯、田象村、孟管庄、宋家屯、中兴集、常家庄、小王渠村、王世公、梁家庄、后店村、鸭窝村、红桃园、赵村、西河口、陈固、小庄、孙家庄、小里固村、小葛寨、大葛寨、固献村、蒋家庄、陈家村，正好是 24 个村庄名称。冠县主体地域在卫河之南，这片卫河以北、深入直隶威县境内的飞地被称为"冠县十八村"，实有 24 个村子，故知戴玄之先生认为十八魁代表了十八个村团的说法[①]是不确切的，因为实际不止 18 村。图上属于山东冠县、实际深处直隶威县境内的梨园屯，离冠县本土有 100 多里地，正是著名的"梨园屯教案"发生地。如果以梨园屯教案为义和团起始事件，则义和团实际起源于直隶境内的山东飞地，所以不能说义和团仅起源于山东，比较客观的说法是起源于山东、直隶交界地带。

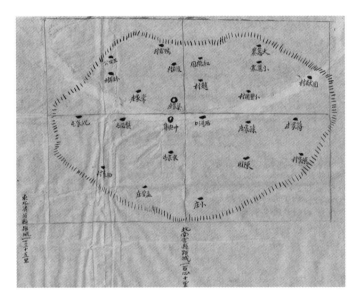

图5　冠县飞地（Kart. E. 1594/126）

关于冠县飞地（图5）的 24 村名称，在路遥、周锡瑞[②]、佐藤公彦[③]、狄德满[④]等著作中都附有地图，详略不一地绘出了这块飞地的情况。笔者所见，最为详细的地图有两份，一见于路遥著作，一见于狄德满著作。路遥先生对山东、直隶义和团遗迹做了

①　戴玄之：《义和团研究》，北京大学出版社，2010年，第13页。

②　［美］周锡瑞：《义和团运动的起源》，第396页，图5。1994年的版本，缺了示意地图。

③　［日］佐藤公彦：《义和团运动的起源及其运动》，宋军等译，中国社会科学出版社，2007年。第247页为图3"梨园屯教案相关地图"。

④　［德］狄德满：《华北的暴力和恐慌：义和团运动前夕基督教传播和社会冲突》，第311页，地图11"十八村飞地及义和团原发性核心区域"。

长期的大量富有价值的实地调查，关于冠县飞地村子的名单见其主编的《义和团运动起源探索》第 6 页、路遥与程歗合著的《义和团运动史研究》第 360 页，冠县飞地地图见《义和团运动起源探索》第 7 页。对照这两部路遥先生的著作，关于村庄名称的记载略有出入，例如《义和团运动史研究》列名的东赵村、南梁庄、葛家寨、西孙家庄、孟官庄、田家庄、后店，在《义和团运动起源探索》图上分别标为赵村、梁庄、葛寨、孙家庄、孟官村、田村、后庄。如果以《义和团运动起源探索》第 7 页"山东冠县十八村"地图与 Kart. E. 1594/126 佚名之冠县舆图比较，则颇有出入，例如冠县舆图上的祝家屯、小王渠村，在《义和团运动起源探索》所绘地图上则作朱家屯、小王曲；冠县舆图上葛寨有大、小两村而小庄仅有一处，《义和团运动起源探索》地图则小庄分东、西两村而葛寨仅有一处；冠县舆图有宋家屯而无杏园屯，而《义和团运动起源探索》地图则反之，只有杏园屯而不见宋家屯。以笔者愚见，当以德藏晚清冠县舆图为准。

在狄德满《华北的暴力和恐慌》第 311 页的地图上，标出村庄 27 处，则超出了"二十四村"的传统说法，肯定有问题。究其致误原因，是衍出了"赵庄""祝庄"二村名，小庄又被分作大、小两村，故比冠县舆图多出了三个村；对照冠县舆图，"后店"误为"右店"，"蒋家庄"误为"姜家庄"，"孟管庄"作"孟官庄"，不知是狄氏原稿之误、手民误植，还是翻译有误。

梨园屯教案涉及多位人物、多处地点，赵三多长期居住和姚文起移居的沙柳寨，就标在 Kart. E. 1951/11–83 威县舆图上，离冠县飞地的那块空白处相当近；张洛焦学习白莲教符咒的固献村，1898 年拳民运动时的红桃园、小里固，以及乡绅集中的梁庄、鸭窝村等，在 Kart. E. 1594/126 冠县舆图上均有标明。至于这块飞地的中心，冠县舆图标为"中兴集"，今名则为"干集"。

义和团的起始地点，得此两幅舆图而更加明晰。其实，如果细致挖掘，这批舆图中也许还会有义和团史料。例如在 Kart. E. 1594/123 两幅馆陶县舆图上就有"拳厂"的标识，Kart. E. 1594/133《汶上县地势舆图》印有"拳家铺"。《馆陶县管辖卫河河道全图说》在县治以北、卫河东岸标的"拳厂"，贴有红签，内容是："拳厂迤北起，至干集止，于光绪二十二年添修小民埝一道，现在节节均有残缺，其间村庄多与临清交界，所有临清管辖之处均未修整。"《馆陶县四至八到图说》有一条折断了的红签，连在一起的文字是："卫河，西岸地高堤厚，东岸低洼卑薄，水势湍急，因自张沙镇迤南起，至拳厂迤北止，修筑民埝一道，计长七十里。"晚清馆陶县治所在今山东冠县北部的北馆陶镇，拳厂在今山东临清市西南烟店镇的拳厂村。若此处拳厂为义和拳之前身，则提供了义和团源头研究的新史料。目前，学术界研究义和团已开始关注德国、德文史料，但还没来得及注意到德藏或者海内外收藏的舆图史料。

2. 研究华北平原地理状况的瑰宝

黄河、海河水系横贯整个华北大平原，清代的变迁十分剧烈。

黄河在南宋初年夺淮入海，总体上从今河南开封、江苏徐州、淮安向东南流去，在今江苏北部注入今黄海；清咸丰五年，黄河在河南兰仪县铜瓦厢决口，袭夺大清河河道，转向东北流去，经直隶大名府、山东曹州府、兖州府、泰安府境，迳济南府治北，于武定府利津县注入渤海。

这批舆图中，表示铜瓦厢改道之前、之后的舆图都很丰富。Kart. E. 1594/143 为《曹县城舆图》，在南部与商邱、虞城两县的边界标示了"干黄河"，并标有防洪的"临河堤""太行堤"。在 Kart. E. 1594/102《单县黄河地舆图》、Kart. E.1594/144 的《单县舆图》上，县境南部的黄河河道很醒目，均注明"干黄河绵长六十二里"，干黄河以北有大行堤、二堤、临河三堤。这是铜瓦厢改道之前的黄河故道。

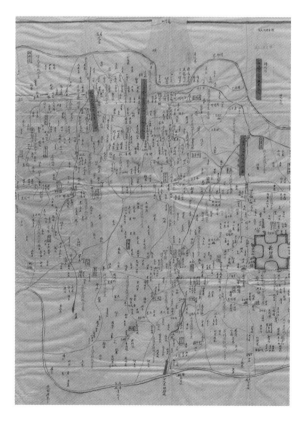

图6　长垣县舆图（局部）

---

① 例如，路遥主编国家清史工程文献整理项目《义和团运动文献资料汇编》（山东大学出版社，2012年），五册内有一册是"德译文卷"。

铜瓦厢改道之后，黄河从兰仪县流向的下一个县，是直隶大名府的长垣县。Kart. E. 1951/11–36 系《长垣县全境舆图》，县境明显被黄河切成两半，黄河河道标以鲜明的黄色，河道中央的红签写明："此系咸丰五年决口，自盘埂里土山堌入境，下至于林里卓寨出境。"（图6）

黄河从直隶流入山东后，具体流经了濮州、寿张、东平、东阿、平阴、长清、历城、济阳、齐东、青城、蒲台、滨州、利津等十多个州县。今天，可以幸运地看到东平、东阿、长清、齐东、蒲台、滨州、利津七幅州县舆图，均绘出了黄河。Kart. E. 1594/132 为《东平州阖境山川道里村庄全图》，右下部绘出了长长的黄河，标出"临黄大堤""御黄大堤"，并在十里铺闸标示了与运河交汇的状态。在 Kart. E. 1594/129《东阿县城河堤埝图》上，所标"黄河"为主体，斜贯全境。在 Kart. E. 1594/125《长清县呈送舆图》上，所标"大清河"实际是黄河，因为着色为黄色，绘出了从平阴到历城的流经。齐东县的 Kart. E. 1594/112《呈阅卑县全境地舆图》，注明"大清河即今黄河"，标注"新冲河身"，并有值得注意的14个红签中的两个，一是介绍黄河流经、一是说明县治的。前者云："大清河即今黄河，西自苗家庄接济阳界起，东至史家庄入青城界止，迂回七十余里，南岸靠河缕堤冲没无形。"后者记载："齐东旧城正当黄河大溜，屡经黄水冲塌殆尽，于光绪十九年迁于本境东南乡九户镇建城。"（图7）Kart. E. 1594/113《蒲台县舆图》，县治之北标注的黄河贯穿了北部县界的全部；而与蒲台相邻的滨州舆图（Kart. E. 1594/109《滨州呈送阖境村庄地舆全图》）上，黄河仍被称为"大清河"，红签说明："大清河一道，上自惠民县界老君堂入起，下至米家集出境利津县界止，州境所辖计长六十里。"Kart. E. 1594/104《武定府利津县呈送阖县村庄距城里数四至八道河海地舆图》上的大清河即黄河，流经更加详细，并在入海处有分岔现象，海洋绘作海波纹。

著名的胶济铁路是德国于1899年9月至1904年6月间筑成的，《高密县地舆全图》（Kart.E.1594/146）以红线斜贯全境，《长山县境全图》（Kart.E.1594/149）于东南部清晰地标绘了它（图8），《章邱县舆图》（Kart. E. 1594/121）标出了县境铁路沿线走向，而最详细的则数潍县舆图了。在 Kart. E. 1594/154《潍县境内铁路城郭山川电线地舆图说》上，不但以黑色粗线标绘了铁路，还标明了五座车站。在《青州府安邱县造送卑县城垣疆域村庄图》（Kart.E.1594/155）上，铁路即使只经过县境东北一角，也标出了铁路、站房、铁桥，并写明铁路由昌邑地入境、出境后入潍县地的实情。安邱的这座铁桥，虽只是胶济铁路初建时的351座桥梁之一，不过250米的长度排行第二（最长的是470米的淄河铁路桥）。

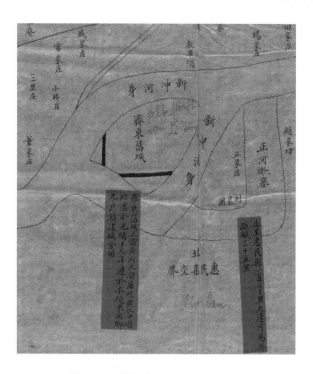

图7 齐东旧城（Kart. E. 1594/112）

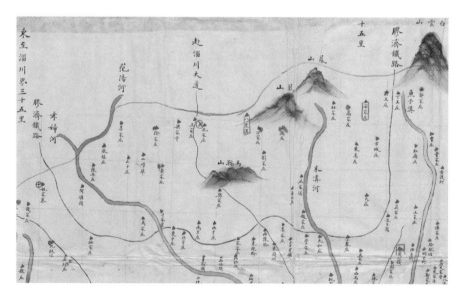

图8 胶济铁路（长山县，Kart.E.1594/149）

海河水系流淌在河北平原中部，有很多湖泊，清代最为著名的是东淀和西淀。西淀以白洋淀为主，今存；东淀以三角淀为主，已淤废。在东西淀分界节点的西侧为赵北口，文献记载有著名的十二连桥[①]。以前只见文字史料，这次终于见到了 Kart. E. 1951/11–10《任邱县地舆四址全图》上的舆图标示，细数桥梁，确为 12 座。因河流携带泥沙、河流改道等原因，清代以来赵北口的水道早已束狭，十二连桥也了无踪影。

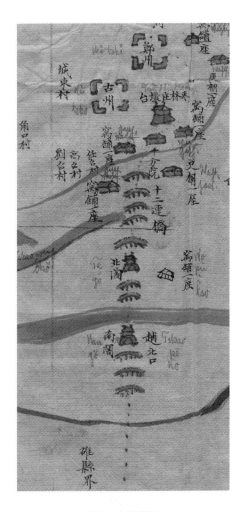

图9　十二连桥

---

① 先是，建有八桥，后增筑十二桥。雍正《畿辅通志》卷四十五《河渠》："赵北口居西淀之中，旧有石桥八座，白洋诸淀之水皆由桥下东流，实西淀之咽喉也。"《嘉庆重修一统志》卷13"保定府"［山川］：西淀"北自雄县来者曰白沟河，西自安州来者曰依城河，西北自安肃来者曰瀑河，南自高阳来者曰猪龙河，而赵北口居其中，建设桥座，诸水由此东流，实西淀之咽喉也"。《清国史·地理志》卷三"保定府雄"县："西淀在县南，跨安州、高阳、任邱三州县境，东迄任邱柴禾淀，西北迄安州烧车淀，东西广百二十里，南北袤二三十里……四角河在县南，自安州东迄赵北口曰大清河。赵北口，唐之唐兴口，赵之赵堡口也，其地介西淀之中，自北至南有十二连桥，大清河出第五桥下，东流。"

河北平原的县级政区面积，以全国平均值而言，过于狭小。全国 500 平方公里以下的小县有 46 个，河北占 25 个。全国面积最小的 10 个县，河北省占 6 个：第三小县大厂、第四小县高邑、第五小县柏乡，第七小县深泽、第八小县容城、第九小县广平。这批舆图当中，高邑、柏乡、深泽、容城四县的舆图赫然在目。县虽小而政府机构齐全，与大县一样四大班子俱全，官民比例很高。所以，研究县小的由来与发展，也是当今地方政府改革的重要内容。

3. 县界研究的史料

笔者目前正在主持国家社科基金重大项目"清史地图集"，拟比谭其骧院士主编的《中国历史地图集》第八册只绘出清代府界更向前推进一步，努力绘出清末县界或县级政区界线。清宣统三年县级政区有 1792 个，其中这批舆图涉及 100 多个县，大部分都有县界，成了研制《清史地图集》的绝佳史料，相当程度上提供了对本课题的支撑。此处，可举山东、直隶的六县舆图为例。

Kart.E.1594/142 为山东的《金乡县地舆全图》，用封闭式的墨线表示县界，墨线外围施以褪了色的淡黄色，非常醒目。从右上部的鸡黍集寨（今鸡黍镇。在本地图中，"寨"字均写作"砦"）起，向左、往下、向右、再往上左转一圈（逆时针方向），边界内侧有 16 个地名：石佛、赵楼寨、鲍楼寨、赵口、谢集寨、李堂寨、湆于桥、鲁庄桥、高河桥、孙桁、白垞、鱼山寨、葛山、羊山、刘沙窝寨、孟铺寨，对应于今天地图则为：石佛集、赵家楼、鲍楼、赵口、谢集、李堂、淳集、鲁庄集、高河乡、孙桁、白垞、鱼山集、葛山、羊山镇、刘沙窝、孟铺。图上县界外侧，孟铺寨南偏西有单县白浮罳，即今成武县白浮图镇；胡集寨之北的济宁州芦楼，即今嘉祥县前芦楼村、后芦楼村；高河桥东北的鱼台县相里集，则在今鱼台县清河镇相北村、相西村附近。由此可以判断，清金乡县的境域与今天相比几乎没有变化。

Kart.E.1594/146 为山东《高密县地舆全图》，所绘封闭式曲线为县界，与今天微有出入。绘出了乡与乡的界线，则较少见。图上的聚落点，多数能在今大比例尺的山东地图上找到，但有的已不属于高密，如图的右下方与安邱交界的北张洛、刘家屯、杜家庄、贾戈庄、尚家庄、后梁台（"梁"今作"凉"）等今属潍坊市坊子区，景芝镇、菜园、东西王官町（今东王官町、西王官町）、北河西、前后胡埠（今大湖埠、小湖埠）、逢家庄今属安丘市，左上部洋河以东的多数聚落今已改属胶州市。

Kart. E. 1951/11–27 为图名佚失之直隶省吴桥县舆图，对于运河画得弯弯曲曲，并且运河之东绘有一条南北虚线，处于虚线与运河之间画出的安陵、连镇，即今河北吴桥县安陵镇和东光县连镇；图上所标"山东德州，第九屯西起"，说明从运河第九屯起清时属于德州（第九屯即今县城桑园镇西北部的大第九村、小第九村），可见今吴桥县治桑园镇以南的境域（含桑园镇本身）发生过改属，那是 1954 年的事了，而此处的县界变动也意味着省界的变动。

Kart. E. 1951/11–35 为《邯郸县村庄数目全图》，虽没有画出县界符号，但从四十九边界地名的古今位置逐一对照来看，清直隶省邯郸县县境范围几乎没有变化，包括了今河北邯郸市城区和邯郸县的境域；唯一有出入之处是图上的"界河店"，画在此图上说明可能属于本县，但今属永年县。

Kart. E. 1951/11–36《长垣县全境舆图》上用深蓝在外、红色在内的双股线条，勾画出封闭的县界，并标出相邻诸县。据笔者初步考察，此图展示清末直隶省之长垣县地域范围不仅包括了黄河以西的今长垣县主体，还包括了今山东东明县南部、定陶县西部北部、菏泽市牡丹区西南角与东南角；不过，今河南省长垣县东北部的丁栾、佘家、赵堤一线以西以北清时还属于滑县，赵堤以东属于东明县，东南角的东西沙窝则当时属于兰仪县。

Kart. E. 1951/11–37 系《东明县全境舆图》，没有标出县界，但明显地标注了县境之内的村庄，所以县界是可以复原的。据笔者以小地名考证，晚清直隶东明县县境在包括了今山东东明主体的同时，也拥有今县境以外的菏泽市牡丹区西南部、濮阳市南部、长垣县东北部，但今县境南部在晚清时属于长垣县地域。

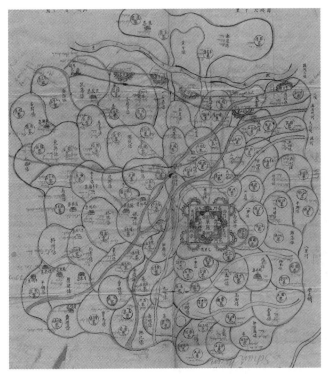

图10　单县的"保"

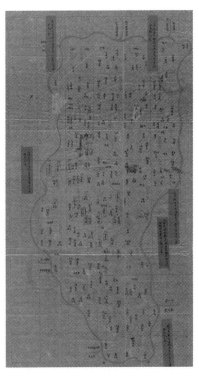

图11　束鹿县的"疃"

如此助益于县界研究之例，不胜枚举。更有甚者，关于清代县域内部如何区划、如何治理，学术界有一种观点，认为"皇权不下县"，事实证明是站不住脚的①。这批县级舆图中，很多绘出了县以下的区划及其界线，实为研究这一主题的微观材料，有待于发掘，如山东高密与蒲台两县的"乡"，临清直隶州的"里"，莘县的"乡"与"里"划分，乐陵县的"约"，益都县的"乡"与"约"，禹城县的"都"，曲阜县的"社"，乐安、单县、巨野三县的"保"，定陶、城武两县的"村"，茌平县的乡屯，直隶盐山县的"铺"，长垣县的"里"，束鹿县的"疃"等。县以下区划的研究，不为学界关注，今后大有拓展的余地。

三、古地图实物对于地图学史研究的意义

古地图研究，既是自然科学史研究的组成部分，也是历史研究的史料，不同专业背景的学者各取所需，本来并无不妥，若能兼采则更佳。如果有艺术爱好者要欣赏色彩斑斓、美轮美奂的中国传统古地图，甚至拟加工成工艺品，这也应该是受欢迎的。

但是长期以来，古地图研究由地理学界一统天下，他们的视角是看古地图有无科学价值，标准是采用了哪种投影原理、比例尺如何、精准程度、是否遵循地图学要素而绘制等。这些研究当然很有必要，为此学术界受益良多，但仅止于此是远远不够的；历史学界期望，能从历史场景来研究古地图，或许更为贴近历史的真实。这批舆图显而易见的一大特征，便是实用，当时人们绘制它们并无严格的比例尺可言，更缺乏投影理论指导，仅有的计里画方有时连方格也不能整齐划一，却实际发挥了作用，图上无论用汉字、还是德文做的大量标记即为明证。

计里画方是中国传统舆图的一大特色②，从无到有、从简单到细密是一种进步技术，延续近1000年，所以留存了许多计里画方的舆图实物。就这批德藏舆图而言，直隶省99幅舆图中有定兴、新城、霸州、任邱、静海、沧州、正定、藁城、晋州、栾城、赵州、束鹿、武邑、吴桥、宁津、新河、冀州、枣强、长垣、东明、万全、宣化、怀来、遵化、玉田、满城、定州、河间、望都、南皮、临城、唐山、巨鹿、威县、迁安、昌黎、滦州37州县的39幅舆图是画方的（因为定兴、赵州各有两幅），几乎占了直隶舆图数的40%；有的还写明了每方的里数，如霸州与枣强舆图标明"每方五里"，静海县舆图"每方格五里"，新城与武邑两县舆图"图内每方五里"，佚名

① 胡恒：《清代佐杂的新动向与乡村治理的实际——质疑"皇权不下县"》，载杨念群主编《新史学》第五卷"清史研究的新境"，中华书局，2011年。
② 姜道章：《论传统中国地图学的特征》，载《自然科学史研究》1998年第3期。

威县舆图"图底每方五里",玉田县舆图"每方五里、斜七里",遵化、滦州、昌黎三州县舆图"每方十里",束鹿县舆图"图内每方十里",任邱县舆图"每方二十五里"等。这批德藏舆图的 61 幅山东舆图中,有利津、滨州、临邑、蒲台、乐安、茌平、冠县、莘县、东平州、滋阳、曲阜、嘉祥、巨野、定陶、城武、金乡、长山、淄川、博山、高密、益都、潍县、安邱、德州 24 州县的 24 幅舆图是画方的,占山东舆图数的 39.3%;有的还写明了每方的里数,如莘县舆图"按五里一方",益都、长山两县舆图"每方五里",潍县、高密两县"每方十里",乐安县舆图"每格横直皆十里为方",金乡县舆图"每格见方计十里",嘉祥县舆图"照十里开为一方",等等。何况,舆图因当时使用、长途运输等缘故,贴签脱落、遗失是常见的,纸张破损、彩字褪色在在有之,故标明计里画方的舆图其实应该比上述统计的数量更多。有人认为清代舆图使用计里画方的并不多,怀疑它的广泛性[①],这恐怕是不符合实际的。

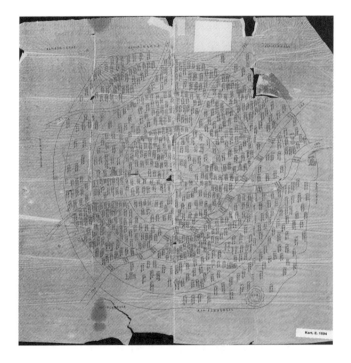

图12　德平县舆图

其实,中国传统舆图还有自己的创意。如 Kart. E. 1594/106 佚名德平县[②]舆图,以县城为中心从里到外画了四圈同心圆,十分引人注目。它每一圈代表之里距为 10 里,

---

① 成一农:《中国地图学史的解构》,载彭卫主编《历史学评论》第一卷,社会科学文献出版社,2013 年,第 147—199 页。该说法见第 170 页。

② 晚清德平县,属山东济南府,治所在今临邑县东北德平镇,1956 年被废。

凡在离县城 10 里左右的范围都在第一圈内，第二圈距城最近 10 里、最远 24 里，第三圈在距城 20 里至 35 里之间，最外围的是第四圈。

这批晚清的县级舆图，在地图学史上有何种价值，恐怕还将讨论下去。

四、大胆的设想

中国近代史上，德国侵略山东，大家都耳熟能详，轰轰烈烈的"五四"运动与此有关。笔者提出的疑问是：近代史上德国有无侵略直隶省的企图？有无侵略直隶省的筹划？

这家柏林的国家图书馆，收藏了大量直隶省其他舆地图和与直隶相关的地图，例如 Kart. E. 864/2 为 1893 年德国汉堡印制的中国北部偏东区域地图，绘出了直隶北部、内蒙古南部各个政区界线；Kart. E. 950 为河间府天主堂印制的地图；Kart. E. 1457 为光绪三十一年（1905）保定府附近舆图；Kart. E. 1930 为德文的直隶传教区域图；Kart. E. 1947 为《直隶图》；Kart. E. 1950/ 32 为《直隶关外全图》；Kart. E. 1951/20 为 1900 年 8 月德文、汉字合璧绘制的 Wege–Aufnahmen in Petschili（内容属于直隶中部地图）等，着实丰富。

令人惊奇的是，德国陆军参谋处于光绪三十三年（1907）以德语、汉字双语彩色印制了直隶山东舆图 62 幅，每幅 50.5×56 cm，其中直隶 27 幅、山东 29 幅（另有邻区的河南三幅、山西两幅、江苏一幅），覆盖了赤城县以南的直隶、山东两省所有地域，不仅图幅数量相当可观，而且印制精湛，地名细密，如图 13，14，15，16。

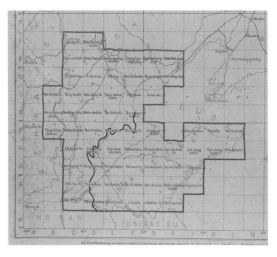

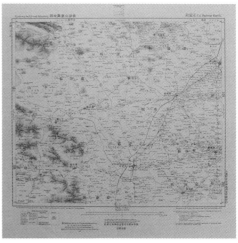

图13　德国印制《直隶山东舆地图》（目录）　　图14　德国印制《直隶山东舆地图》（正定府）
（注：图中粗线框及框内深色曲线均系笔者所画。）

图15　德国印制《直隶山东舆地图》（北京）

图16　德国印制《直隶山东舆地图》（胶州湾）

　　德国为什么收藏了如此之多的中外文直隶舆图？为什么要印制直隶舆图？是否有侵略直隶的图谋？

　　这个问题，笔者只是大胆地提出假设，留待学术界进一步讨论。

（中国人民大学清史研究所）

清末《陕西全省造林区域图说》刍论[*]

乔 欣

一、引言

鸦片战争以后，尤其是自19世纪末起，民族处在生死存亡关头，国人思富强之道，唯有向西方学习，"师夷长技以治国"，故留学外国、翻译著作蔚然成风，社会孕育着从传统向近代化的巨大转变。西学东渐，民智已开，国人"开眼看世界"，先进的科学技术与思想文化进入，不少有识之士主张振兴实业，近代林业学也在这一时期开始诞生。

从国家层面来看，戊戌变法失败之后，光绪二十七年（1901）开始实行"清末新政"，试图通过成立新式机构加强农林等实业管理，以求挽救危局。光绪三十二年（1906），清政府设立农工商部，下设农务司，林业由农务司掌管。农务司的职权范围包含原户部的农田、桑蚕、垦牧、水产、丝茶、树艺，以及隶属户部的"各省水利、河工、海塘、堤防、疏浚"[①]等农事相关事宜。农工商部主张各省应"调查固有天产之林木，规画适宜造林区域，戮力林业之建设"[②]，又拟定振兴林业办法，派员出国考察并"分饬各省，将适于造林之区，及固有之森林，调查报告"[③]。地方上，1907年开始，各省设劝业道，掌管农林及工商事宜，下设六科，其中之农务科掌农田、屯垦、森林、渔业、树艺、蚕桑及农会、农事试验场等事项，所辖府厅州县也分设劝业员。在此背景下，《陕西全省造林区域图说》这类森林经营方案应运而生。

《陕西全省造林区域图说》（以下简称《图说》）是一部很有特色的清末造林专题

---

[*] 原刊于《农业考古》2018年第4期。

[①] 故宫博物院明清档案部编：《清末筹备立宪档案史料》（上），中华书局，1979年，第480页。

[②] 焦国模：《中国林业史》，台北渤海堂文化公司，1999年，第257页。

[③] 杜亚泉：《辛亥前十年中国政治通览》，中华书局，2012年，第153页。

地图集，于宣统元年（1909）开始调查，次年七月由陕西劝业道绘图，共包含县级政区图42幅。图上不仅绘制了境界及主要聚落地名，包含山脉、土原、水系等符号，因其主题为林业，还绘有天然森林、人工造林的分布范围，图旁有简要文字说明，提纲挈领。从地图测绘史来看，此图是"陕西现存最早的专题地图集，……现藏陕西省图书馆"①。北京大学图书馆（古籍部）也有收藏②，国家图书馆所编《舆图要录》则未见著录。

内容上，其图幅说明详尽地记载了各县级政区原有森林的位置、范围与开发利用状况，指出需要封禁育林及补植的地域，提出各县级政区人工"造林最早的的示意性规划意见"③，包括造林区域及所宜树种。此图集基于清末周密的调查成果，故其结论与造林规划无疑具有很强的可行性，可与1932年《陕西实业考察》相参照。王长富曾在《中国林业经济史》一书中专辟一节，对《图说》的文字部分加以介绍与分析④，惜其文对地图关注有限，且文字部分如地名著录与林木物产种类讹误不少，故未能全面总结其要旨。《陕西省志·林业志》认为《图说》是"陕西林业上的首举"⑤，焦国模在《中国林业史》中数次引用，指出《图说》"在实用上，颇有价值"⑥。樊宝敏在其《中国林业思想与政策史（1644—2008年）》一书中也曾对此进行简要介绍，认为其"是陕西省（也许是中国）最早的造林规划图说，对当时陕西各地的植树造林工作起了指导作用"⑦。因笔者在《清史地图集》陕西省图绘制中多相参考利用，故拟在此基础上对该《图说》的地图与文字加以初步阐释，并对其价值进行探求。不当之处，敬请指正。

二、《图说》地图内容考释

（一）《图说》绘制者及图幅范围

关于《图说》的作者，首页题为"宣统佚名绘舆图陕西造林区域图说之府县造林

---

① 陕西省地方志编纂委员会编：《陕西省志·测绘志》，西安地图出版社，1992年，第321页。

② 北京大学图书馆藏《图说》典藏号为Y/3076.8/89，著录信息为"绘本，精装，1册，50×37cm"。

③ 陕西省地方志编纂委员会编：《陕西省志·林业志》，中国林业出版社，1996年，第156页。

④ 王长富：《中国林业经济史》，东北林业大学出版社，1990年，第172—190页。

⑤ 陕西省地方志编纂委员会编：《陕西省志·林业志》，第5页。

⑥ 焦国模：《中国林业史》，第258页。

⑦ 樊宝敏：《中国林业思想与政策史（1644—2008年）》，科学出版社，2009年，第85页。

区域图说"，其凡例中也指出"此图说系按照各属原报图说重行汇造，以免参差"。可知此图为陕西劝业道所属职员各县调查的产物，非出自一人之手，因此各县分图说中常出现某些生硬的名词，如天然林业、天产林、天然林、天然固有之林、天产森林、固有林、固有森林、人造森林、人造林、人工培植等，上下文并未统一，就不难理解了。

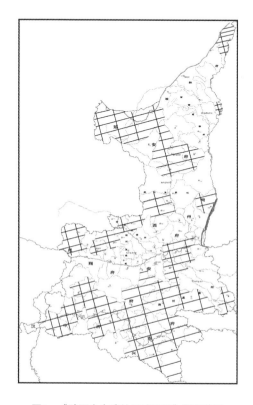

图1 《陕西全省造林区域图说》覆盖范围

资料来源：底图采自《清史地图集》"陕西"图。

检视全书，《图说》所涉舆图采用"计里画方"方式编绘，方位皆以北为上，其凡例指出，"图中比例概以每方十里计算，各属所辖之面积广袤不一，故方格有大小之殊"，测得其比例尺为1∶20万—25万。42幅舆图分别为：西安府孝义厅（今柞水县）、宁陕厅、临潼、鄠县（今西安市鄠邑区）、蓝田、渭南，商州镇安、山阳、商南，同州府大荔、韩城县、华州，邠州（今彬州市）、三水（今旬邑县），凤翔府凤翔、麟游、陇州（今陇县），汉中府留坝、褒城、城固、洋县、西乡、宁羌州（今宁强县）、沔县（今勉县），兴安府安康、砖坪厅（今岚皋县）、汉阴厅、平利、洵阳（今旬阳市）、白河、紫阳、石泉，延安府肤施（今延安市宝塔区）、安塞、甘泉、延长、定边、靖边，鄜州中部（今黄陵县）、宜君，绥德州吴堡，榆林府府谷，覆盖当时全省 91 个县级政区 ① 的 46%。其"总说"凡例提到"向无森林者姑且从阙",此为大略而言:其中,汉中府、兴安府多有图;关中平原内府、州森林很少,多无图;陕北多童山,但图幅覆盖比例反而较高。盩厔县(今周至县)、佛坪厅、略阳县、凤县、商州、雒南县(今洛南县)等原本有大片天然森林的地区无图,从侧面反映出清末秦巴山区森林资源消失殆尽的现状 ②。

其凡例中指出,"图中所用符号系按照民政部调查地理所颁之式",联系本文第二段曾提及农工商部分饬各省调查报告之事,可以猜想,当时其他省份应该也有类似地图集出现,惜尚未查得。

(二)图文关系及其史料价值举隅

图中标示出山脉、水系、村镇及天然林与人工林的分布,凡例指出"此图系按照陕西全省舆图参以军用新测险要图斟酌仿绘,以求真确",可见该《图说》为清末广泛使用之县级舆图基础上的摹绘。《图说》中多次描述县境轮廓,可见其在底图之上的符号标注,如镇安县"居省之东南,形势凸凹,如枝叶下垂",麟游县"地势长方形,居省西隅偏北,广八十里,纵七十五里",安康"疆域纵线长、横线短,河流山脉交贯其间",等等。

经比照,各县级政区轮廓与光绪《大清会典图》陕西部分及光绪《陕西全省舆地图》等晚清实测地图的曲折十分接近,犬牙相入之处皆能吻合,可证其有一定同源性。唯其山脉用"毛虫式"符号描绘,与民国《续修陕西通志稿》所附舆图有更高的相似性,反映出晚清地图编绘技术向现代的转变。与上述舆图不同,《图说》之各县分图还将交通线路显著地标绘(图例符号中有"大路""小路"的注记),其史料价值不可忽视。

地图是表达地理空间信息最有效的手段,反映当时人们的地理认知。所以,舆图并不仅仅是地图学或测绘学史研究的史料,而且与文字资料一样,可作为研究的重要史料 ③。而晚近时期的地理状况与现代有着密切关系,《清史地图集》各省分图之标准年份即设定为清宣统三年(1911)。绘制地图在于复原标准年份内相关地理要素空间分布状况,要遵循文字及舆图史料基础上的互证,对自然及人文地理要素加以考证与提炼。清末方志所附舆图,因非同一时期绘制,地名信息不能形成同一序列,故不如

① 傅林祥、林涓、任玉雪、王卫东:《中国行政区划通史·清代卷》(第二版),复旦大学出版社,2017年,第365页。

② 参见田培栋《明清时代陕西社会经济史》第四章"清代秦巴山区'老林'的乱伐滥砍及其严重后果",首都师范大学出版社,2000年,第344—365页。关于今日陕西全省森林之地理分布,可参考《陕西省志·林业志》第一章之第二节"地理分布",第28—32页。

③ 华林甫编著:《英国国家档案馆庋藏近代中文舆图》,上海社会科学院出版社,2009年,第22页。

此类省级层面的地图集完整。且《图说》完成时间为宣统二年（1910），与《清史地图集》之标准年份最为接近。

笔者在编绘清末陕西地图时，对一些面积较大、长宽比不均、不能容纳于一幅图中的区域颇觉不便，如西安府之孝义厅、宁陕厅，延安府之定边、靖边和安塞三县。因《陕西全省舆地图》为石印[①]，两幅同一区域的舆图并不能完整拼接对应，导致对县境轮廓认识不清，而《图说》于此均有完整详尽的区域图，其中的河流与山脉均清晰可见，可资参照。

《图说》的文字与地图存在地名对应关系。其中提到的现有天产及人造森林的分布，图中均可查到，大多可依据聚落与山川的相对位置及地名的演变关系考证出今地，这无疑具有很大的价值。但文字中并未将造林区域名称一一说明，如凤翔县提到"兹就天产林及拟造林处所，标识于图，以备查考"，洵阳县明确提到"谨将造林之处标识于图，以便识别"，故文字与舆图同样不可或缺，舆图更显珍贵。试举一例：鄜州直隶州所辖宜君县面积广大，其文字指出"宜邑隶省之北方，与甘肃正宁连界，广一百三十里，纵八十里，气候寒冷，地广人稀，向不讲求林业。东乡之段家村，南乡之背阴圪，西乡之梁岐峪、建庄、芦苇村、烧锅台、五沟口，北乡之严庄等八处皆有天产之森林，松木居最多数，杨柳次之。统其自生自长为民间樵苏之用，现正晓谕农民善为培植，再行推广，十年之后，斧斤以时，而材木不可胜用矣"。其中提到的八处有天然森林的区域，地图中均清楚标绘，并可见其与马栏川、姚渠川、慈乌水等河流之位置关系。笔者绘制此区域地图时，所据该页《陕西全省舆地图》漫漶不清，导致上图地物十分有限，故而《图说》所示聚落地名可作为史料参以其他文字史料酌情补充编绘，其价值可见一斑。

有些县文字说明中虽言明未确定造林区域，但其舆图中仍有聚落、山川等地理要素，可供绘图参考，如吴堡县等处。又如在研究历史时期森林变迁时，因为调查研究的缺乏，仅仅依靠地方志书中语焉不详的零星记载，很难准确绘制森林资源的空间分布[②]。这一点上，《图说》为我们提供了特定时间断限、特定范围内具有科学性的舆图资料，自然值得重视。

从编绘目的来看，《图说》建立在充分调查基础之上，其图面标记醒目且具有较高科学性，其中标注的某些区域名称又非其他方志及舆图所有，故而丰富了晚清地图的地理要素。如笔者曾注意到有：鄠县大甲沟、楸木沟、春木沟，蓝田县万灯寺、弥陀河（今米汤河）、瓦务庄、宽沟、核桃沟，山阳县湖坪老林、瓦耳沟、南宽坪、熊家碥，商南县官坡山、韩家山，华州之窟湾等。尤其《图说》所示造林区域多为空旷

---

① 本文所据《陕西全省舆地图》为台北成文出版社1969年影印魏光焘编《陕西全省舆地图》三卷本。

② 蓝勇：《中国历史地图集编绘的历史轨迹和理论思考》，《史学史研究》2013年第2期。

之地，以往舆图可能所涉无多，从地图绘制来说，山区聚落地名稀少，为保证地理要素在图中匀质分布，可酌情增加区域名加以补充。故该图集所示地名殊为可贵，对今后编绘更精细的专题地图也有很大的参考价值。又如光绪《陕西全省舆地图》有若干地名密集之区域，绘图时取舍不易，《图说》标绘显著之山川、重要的村镇，对笔者绘图时同样有一定的借鉴意义，此点可举汉中府及兴安府诸厅、县为例。

可见，《图说》中所绘舆图重点突出，绘制精细，地理信息丰富，对清末地图的编绘有一定参考价值。但在实际应用中不可忽视其局限性，需要多种史料互证，才能确保无误，真正复原当时的地理原貌。

三、图幅说明的文本价值初探

《图说》的舆图部分略述如上，所附文字说明包含了更多信息，与舆图互为表里，符合从《三辅黄图》《历代地理指掌图》以来古代地图集文图并重的传统。经统计，图幅说明共 8500 余字，其中卷首的"总说"部分有提纲挈领之作用，但前述王长富著作中并未提及。本部分试稍作阐释，以凸显其价值所在。

"总说"首先概括了植树造林的功用，包含生态、社会与经济等综合效益，"造林者，以人工辟地利之文明进步也。林地面积之大小，国民程度之优劣，支配之童山濯濯，材木不丰，非徒无以捍土沙、洁空气，兴便人民之利用，而雨水缺乏且致有碍于三农之事"。接着对陕西植被的历史变迁加以描述，"西北多亢旱，此生计上之大惧也，《管子》曰：一年之计树谷，十年之计树木，此富给之资也。然则今日欲致民生富庶，森林之事顾可缓哉？陕西据黄河上游，昔称沃野千里，天府之国，山漆隰栗，兴利枣求桑固散见于诗篇，太史公亦称：燕秦千树栗，蜀汉千树橘，其人皆与千户侯等。可见当日山林泽薮，蒽郁多材，而今则迥非昔比矣"，可知当年之盛，与如今迥异。

其重点为概括陕西林木分布的三种类型，认为陕南有丰富的林业资源，"全省天产固有之林，南山若兴（安府）、汉（中府）、商（州）各属，向以山多田狭，恃树林为恒产，桐、漆、茶、栗、木耳各种每年产额颇旺，由汉江运销南省，为民间岁入一大宗，此天产林足以生利者，当推南山为最"。而关中则以果树经济林为主："若西（安府）、同（州府）、凤（翔府）、邠（州）、乾（州）各属平原，辟作田畤，素不讲求林业，惟果树尚堪称述，渭南之桃、兴平之柿、临潼之石榴、邠州之黎枣，均通俗著名者，此天产林仅沾果品之利，范围亦狭小矣。"陕北则是另外的面貌："北山若延（安府）、榆（林府）、鄜（州）、绥（德州）各属，山荒土瘠，沙石交错，民风习惯重畜牧而不重森林，虽有天产之松、杉、柳、柏等树，惟日供斧斤削伐，作薪炭之资料而已。"

"总说"最后部分则包含林业思想、划定造林区域的意义与路径，认为"人群之繁衍，与林木之供求，实有相当比例"，天然林木"既日肆戕伐，不加保卫，人造林又无继起，经营之普通之用量日增，大势所趋，必至筑道、造舟、制器，动辄资材于异域，此造林所由，亟宜筹画也"。"然造林不可不先定区域，区域不可不先事调查，此乃入手一定之办法"，路径上看，"幸此时民智初开，官绅倡率，因势利导，尚非无萌动之机，或就荒地，或就山坡，或临河岸沙土之区，量其土性所宜，布置而分画之，各属赍呈图说，尚能得造林之大概焉。近各属设立实业学堂，森林一科日加研究，不数年学说发明，将所谓供用林、保安林必有渐行推广，蔚然改观者，林业前途跂而望之已"。如能完全按此执行，林业前途大有可为，可惜时局的发展使这份造林计划仅仅停留在纸面。

从《图说》叙述结构来说，多数县首先介绍该县的地图形状、地理位置及山川等自然条件，之后依次叙述天然林分布及适宜造林范围，也有开门见山者，其中文字多系统反映晚清当地自然条件与人文风俗状况。此文字可与同治年间卢坤所著《秦疆志略》、民国《续修陕西通志稿》前后对照。

现对其图幅说明之文本加以申论，阐释其要旨：

（一）政策上"因势利导"，注重政府引导与调动民众积极性

《图说》文字说明中多处提到，天产林遭遇砍伐烧荒，辟为农田、牧场，呈现出童山濯濯的面目。而林业为利收效缓慢，需日积月累，故有"十年树木，效虽迟，而利甚巨"之称（洵阳县）。林业多有公益之成分，若国家及地方政府不行倡导之举，单凭居民自行为之，则此事业很难有成效。因此，造林之政策，应包含政府引导与乡民自觉，提倡护林与育林并举。

因各地对待林业生产的态度有差距，有些久已开始林业经营，《图说》明确提到有：宁陕厅"知林业之利"，渭南县民众"奉官提倡，渐知研究林业"，镇安县"讲求植物之学，亦镇邑财产之所辟也"，邠州民众"已获果品之利益，故不难推广种植"，西乡县"近亦渐兴林业"，砖坪厅"至若林业，近始渐有讲求者"，府谷县"本境涧壑幽深，又于游牧不便，故山民近年颇亦讲林业"，等等。也有提到对林业认识较落后的地区，如三水县"山涧回环，向未讲求林业"，褒城县"向不讲求林业"，森林虽大，但只砍伐而不加以培育，前途可虑。而陕北之肤施县"地近北边，人稀土旷，所有森林自兵燹后，皆翦伐殆尽。近因居民不谙植物之学，故仍未复旧观"，靖边县"居民不满六千户，地多沙砾，气候寒冷，故向不讲求林业"，宜君县"气候寒冷，地广人稀，向不讲求林业"，地广人稀及气候的原因使林业发展受到了限制。

在具体举措上，多处提到劝导乡绅，动员普通民众，如韩城、紫阳、石泉、延长、府谷县等。针对滥砍乱伐之风，除"课谕农民时加培养，禁止盗伐"（鄠县）及"晓谕农民善为培植，再行推广"（宜君县）之外，还重视地方乡绅的关键作用，如府谷县"已谕地方绅耆保护，兼以补种杨、榆等树，庶足收将来森林之利益"。对于选择推广之树种，首先要满足当地农民经济利益之需，考量投入与回报，继而循序渐进，农民才有发展林业的动力与信心，如陇州提到的几种树种"必能以无多之劳费，而受最大之效果也"。同时注意到晚清开始的多种经营方式，公营与私营相结合，如宁陕厅"由绅士郑宝三等招集股分，划分地段，陆续造林"等。

对于民间植树的目的，焦国模总结为"或种枣植栗以佐食，或种桑养蚕以制衣，或种松杉，以供建筑，或种榆柳，以保水土，至相度土宜，种植适宜树种，以供炊爨以防风沙，更为常事"。因此，《图说》多次提及，建设林业必须依靠民众，民众植树经验是在农事活动中积累而成，可行性高，故许多措施是根据群众经验而定，这在传统社会是难能可贵的。

尊重自然规律，能根据不同的土壤条件以及民众对林业认识采取粗放式或集约式造林。陕北一带多地广人稀，林木稀少，缺乏集中连片发展林业的条件。因此，对荒山绿化，提出移民的政策，通过增加人口，在条件适宜之处推广种植，然后根据条件再图发展。如延安府甘泉县"大东梁山宽五里，长六七十里，土质松润，荒芜最多，若能招垦外来客民，推广种植，而林业不难发达"。

（二）认识上的进步性与前瞻性

树木具有调节气候、保持水土、涵养水源、防风固沙等综合效益，《图说》均能关注并将其作为林业振兴的基础与动力。在人地关系上，已有比较明确的环境保护观念，认为林业发展对环境改善有积极影响。陕北等生态脆弱的地区，植树造林有防风固沙之作用，如定边、靖边二县均处毛乌素沙地前沿，定边"东北一片沙漠，西南多是童山"，立地条件很差，林业如"能认真兴办，不及十年，自有葱茏之美利。非但可以蔽风沙、足材木，且可免亢旱之虞"。清时期，士大夫对树木在水土保持方面的功效已有大致了解，而柳树被认为易活、易长，根脉可固土，枝叶可以塞堤、挡水，对于保护土壤十分有效。而在干旱地区，杨树"根毛最多，入土最深，所含水分较他木为多，故能耐风、耐寒、耐旱"。

土壤条件对树种选择有重要作用，而树叶、树皮能为土壤增加养分，平原绿化改善土性，如大荔县提到"多植林木，匪特改良土性，亦能有益于卫生"。树木有改善空气，调节气候之功效，临潼县提到"土性干燥，邑号通衢，标识道路，最宜乔木，汲引空气，尤赖丛林"；渭南县已知研究林业，"若使近水浓阴，上通养气，载涂乔木，借荫赐人，其为利益不特可资建筑"。渭南、沔县图说提出研究设保安林的理由，这个思想也是先进的，提到"防水旱、御风沙、有益卫生"，包括的范围既广也很全面。在中国正式提出保安林，是在民国四年（1915）第一部《森林法》的第二章，其内容实际也未超出上述的范围，在林业科学刚刚萌芽的当时，能提出为世界各国所重视的保安林的问题，实在是具有一定先进观念。

《图说》能充分认识到林业的经济价值、景观价值。提倡经济林，借以繁荣山区经济，对林业振兴的景观也有具体描述，如石泉县之林业前景："计以十年，既可以开辟利源，亦足以点缀风景，石泉生民之福，乌可量欤？"又如行道树、护岸林的营造在临潼、华州、留坝、西乡、肤施等处有所提及，颇有新意。

对于山多田少的秦巴山区，林业是当地民众重要的经济收入来源。《图说》多能详加分别浅山区与深山，对于深山的天然森林，提倡因地制宜，保护与开发利用并举。留坝厅"天然林业，只以山谷险阻，搬运难艰，尚未享其厚利"，宁羌州"东南一带林深箐密……率多天产森林。间有野豕盘踞，居民颇惮之，且人行之路皆系羊肠鸟道，材木虽富，不便转运，只供土人之樵采。扩充振兴当缓缓图之，以期后效也"。故此，用材林的开发，受到运输条件的影响较大，须循序渐进，才能收效。

重视造林后的养护管理，对成活率与成林率加以关注。如商南县提到"光绪二十九年（1903）经前藏令购桐秧种植，成活一万二千株。南乡韩家山长十六七里，近经该绅民栽种漆树，成活十七万一千株，此皆人造森林已著成效者"，定边县"前任县令劝谕乡民种植杨、柳、榆、椿各项杂木四万有奇，至去夏已成活过半，此为最近之明效果"。这无疑需要细致调查后才会有这样的认识，可惜未能联系病虫害防治等因素。

该图说从细节层面反映出清末陕西的近代化进程，如安康县县城有"农林试验场栽活桑秧"，可谓进行初步的林业科学试验。《图说》尊重此实践活动，希望把其研究成果加以试种推广。应多设种苗场以从事推广造林，查农事试验场等新生事物产生于光绪二十八年（1902），有直隶、山东、福建、京师、奉天、广西等地施行[①]，虽规模很小，但具有很大的影响力，大规模的育苗活动则到民国时期才广泛展开。

《图说》多次论及林业教育与培育专业人才的重要性，有的提出设实业学堂，设森林一科，这是很难得的。查清末提倡设官兴学制之事在光绪二十九年，而山阳县为陕南林木所出之地，其记载提到"近十数年，颇亦讲求林业"，具有远见卓识和深远的意义。沔县"拟设实业学堂，内增森林一科，研究乎供用保安林之理由，相度地宜，再行试办"。延长县"绝少成材之木，亦无承办林业之人"，成为限制林业发展的首要障碍。可见，培养专业技术人员，普及林业科学知识，造林事业的发展才会有更大希望，其效益才能实现永续利用。

---

①　樊宝敏：《中国林业思想与政策史（1644—2008年）》，第78页。

（三）区域划分"因地制宜"，多种经营，丰富造林形式

《图说》包含区域划分的观念，并建立在周密详细的调查资料基础上。这与今天所提倡的区域性林业有相似之处，说明这个观点是很有先进性的。但要把握灵活性，三水县明确提到"因地制宜"，即在人多地少已无空旷之地可供造林时，则不强调集中连片，可实行四旁植树，或加强抚育采伐迹地代替之。

总体上，天然林过度消耗，到清末所存已极少，人工林占比例较大。县级层面的造林区域实际上体现了小流域的植树造林，如麟游县提到"附近并无居民，土性肥沃，水能灌注，不致有枯槁之虞"，陇州"若再求宜林之处，惟有新街镇、县功镇一带，地方宽润，土沃多沙，又复近水，可资灌溉"。集中连片是造林区域划分的核心，而零星分散是原有林业的特点，均皆如此，包括经济林与用材林，给合理经营造成困难。因此，划分时强调集中连片，根据立地条件决定栽植的树种，是很科学的。

因地制宜，还包括丰富植树造林形式。根据立地条件的不同，既有在原有林木基础上增植次生林，也有如"总说"中提到的"或就荒地，或就山坡，或临河岸沙土之区"。多次提到"量其土性所宜"，充分考虑所植树种对土地条件的要求，如前述陶模劝谕中阐明："凡各属绅耆民，讲求树艺，有力者，种佳果美材；无力者，种寻常易生之树。凡硗确地，宜松、柏；潮碱地，宜椿、杞、白杨；山坡地，宜榆、槐、枣、杏之类。各就土性，辨其所宜。"[1]从实践来看，其条件可归纳为：1.经济效果好，回收迅速；2.满足当地所需；3.土性相宜。其参考价值，田培栋在《明清时代陕西社会经济史》中也对清末之后陕北的荒山绿化加以展望，认为"山坡多，可以完全利用，大规模造林，宜栽培松、柏、槐、柳、椿、楸、榆、桐、杨、青岗、椴木等木材"[2]，其言与《图说》有异曲同工之妙。

《图说》区分了防护林，用材林如榆、柳、松、槐，经济林如枣、栗、梨及薪炭林，也有"总说"中提及的各地特色农产品，详见表1：

表1 《图说》各县提及的树种

府州	树种
西安府	孝义厅（桑、栗、桐、漆、松、柏、杨、枸）；临潼（松、柏、榆、柳、楸、桐，桃、李、柿、杏、黄梅、梨、枣、石榴）；渭南（桃、枣、杏、梨、榴，檀、椐、柘、松、柏、桐、漆、桑、梓、槐、榆、青杨、乌柏）
商州	镇安（松、楸、竹、柏、杉、桐、桑、柘、漆）；商南（漆、桐、槐、栎、桃、李、桑、栗、竹、麻）

① 焦国模：《中国林业史》，第221页。

② 田培栋：《明清时代陕西社会经济史》，第88页。

府州	树种
同州府	大荔（枣、梨、桃、杏、榆、柳）；韩城（松、柏、桑）；华州（杏、柿，竹、松、柏）
邠州	邠州（枣、梨、杨、柳、桐、柏、榆、椿）
凤翔府	凤翔（梨、柿、桃、李、梅、杏，槐、榆、椿、檺、桐、柳）；陇州（枣、梨、桃、柿、葡萄、核桃，白杨、椿、槐、柳、青冈、白杨、橡树、榆、柳）
汉中府	洋县（杨、柳、柏、榆，青冈、橡、栗、漆、桐、梨、柿）；西乡（柳、桑、花栗、松、杉、桐、漆、青冈、柘、槲）
兴安府	安康（桦、栗、漆、棓、桐）；砖坪厅（花栗、松、柏）；汉阴厅（橡、漆、桐、桑、松、柏）；平利（桐、漆、茶、栗）；洵阳（桐、漆、乌桕、花栗）；白河（构、桐、漆、栗）；紫阳（桑、柘、漆、桐、杉、柏、耳、栗、紫竹、斑竹）；石泉（竹、茶、漆、桐、桑、构、乌梅、青冈）
延安府	肤施（槐、柳、榆、柏）；安塞（桃、枣、杏、柳、槐、杨、桑）；甘泉（榆、柏、槐、柳）；延长（柏，杨、柳、梨、枣、槐、榆）；定边（杨、柳、榆、椿）；靖边（杨）
鄜州	宜君（松、杨、柳）
绥德州	吴堡（枣、桑，榆、柳）
榆林府	府谷（杨、柳、槐、榆）

可见，各地自然条件不同导致林业状况的差异。《图说》关注林产品的生产流通，发展综合经营，推广林业副产品。做到这点的多为陕南各县，因群众身受其益，易于推广，加以引导提倡，可以发展林业。林产品之竹、生漆、木耳、茶叶、桐油、橡壳、槲皮为大宗货物，尤其西乡县内容详尽，"东乡东沙坡一带，花栗树砍倒搭架能产木耳，私渡河松、杉等树能作木料，五里坝桐、漆等树能产桐、漆油，古元铺青冈树能烧木炭，三高川柘树、槲皮能造黑白纸，均系历来人造林而能收种植之利者。其余菩提河茶树、白蜡树、簸箕河新种橘柑、桑树，虽未成林，尤为最近推广之办法"，林业经济发展活跃。同样中药材的种植生产也值得重视，如砖坪厅"山民向以种植药材为主，取其便于销售"。桑竹之利不可忽略，汉阴厅"近来蚕业一项风气渐开，颇有知树桑之利者，加以劝谕，当不难蔚然成林也"。城固、洋县、西乡、汉阴则以香菇、木耳等真菌类为出产大宗，可资推广以繁荣山区经济发展。

对于森林资源的研究，多数取之于地方志的文献，其中多定性描述，定量的数据往往阙略。《图说》中一些县域调查充分，将其时树木株数加以统计，为后人留下一笔宝贵的植被资料。具体可见表2：

表 2 《图说》提及植树株数

府州名称	县级政区名	种植株数
西安府	临潼县	骊山在邑城南偏，相距仅数武，依山辟馆，环以茂树，计共两三万株
商州直隶州	镇安县	西南一隅自文家庙至米粮寺、七里峡、余师铺，沿途松、楸约计三千余株；（竹园）自沙沟门至桑树坪、老户沟、柴家坪、纸房沟口，桑阴满道，约计万余株
	山阳县	县西造耳树林之瓦耳沟、县南造桐树林之南宽坪、西南造漆树林之熊家碥，凡三区域，每一区域皆六七万株
	商南县	北乡官坡山长七里，光绪二十九年经前臧令购桐秧种植，成活一万二千株。南乡韩家山长十六七里，近经该绅民栽种漆树，成活十七万一千株
兴安府	白河县	县城内绣屏山已植桑五万株
延安府	定边县	前任县令劝谕乡民种植杨、柳、榆、椿各项杂木四万有奇，至去夏已成活过半

对于造林区域的划定，《图说》秉持认真负责、实事求是的态度，避免作出"凭空揣测"（沔县）、"虚悬臆断"（安康县）而"强为分划"（延长县）。一些厅县因自然条件复杂，调查未完成，因此并未划定，如山阳县、沔县、华州。而韩城县因未试验造林之法，且无群众植树之经验，故暂缓作出造林区域划定。延长县"无承办林业之人"，因此对于造林事业，根据其土性条件，选择适宜树种有一定困难，"一时布置尚难就绪"，故未能作出造林区划。城固县则因"境内地狭人稠，将来造林区域尚难预为划定"，体现出求实之风。

《图说》注意到兵乱及灾荒对林业的发展造成的巨大影响，特别是陕北"同治六年遭回乱大屠杀，光绪元年至三年大荒，继从疫疠，……天灾人祸，连续不断，以致人口日稀，而地多荒弃耳"[1]。肤施县提到"地近北边，人稀土旷，所有森林自兵燹后，皆罄伐殆尽。近因居民不谙植物之学，故仍未复旧观"，相邻之安塞县"自回乱后，人户逃亡，加以荒旱频仍，至今男妇仅七千余丁口，已荒之田满目榛莽，无人垦种"。

四、余论

总体看，《图说》将适宜造林区域由零散扩展成片，划分若干区域，作系统规划，标绘于舆图，措施上提倡综合经营，具有很强的科学性与可操作性，每幅图说的内容

---

① 陕西实业考察团编：《陕西实业考察》，文海出版社，2009年，第68页。

各有千秋，多有可资借鉴与研究之处。《图说》作为有鲜明时代特点的林业文献，反映了清末新政时期对林业发展的思考，之后虽因时局发展，该计划未能实行，却为后世留下了一笔宝贵的财富。其可借鉴之处在于深入调查，尊重规律，因地制宜，调动群众积极性，制定科学规划，美化环境，实现林业资源的永续利用。

当然，作为传统社会的时代产物，此计划不可避免有一定局限性，如《图说》完全依照政区规划宜林区域，缺乏更高层级、相邻区域的照应，造成一些连绵的山脉地区缺乏统一完善的造林规划。如陕北地区最大的林区黄龙山一带，据《陕西实业考察》记载："韩城、洛川、宜川、甘泉四县之间，多为梁山山脉，东西二百余里，南北可百五十里，千岩万壑，层峦耸翠，向以森林带著称……如此广大之天然林区，能给以充分之保护，并与以相当之整理，十百年后森林之盛，可想见也。"[1] 可见黄龙山区的森林规模之大，而《图说》只在韩城县有所提及，且其周边之洛川、宜川、澄城、鄜州，均无图说可资参照。

同样，囿于历史条件，该计划的构想与实践起点较低，系统性不够，缺乏农、林、牧、副、渔综合发展的理念。这当然与彼时林业仍从属农业之中，尚未独立发展有关，同时也反映了时人对林业的认知程度。而且在造林计划中，多为结合土性条件与树种的选择，未能联系养殖业等综合考量，缺乏针叶、阔叶林，或乔木、灌木之分等分类思想。

值得关注的是，缺乏"以煤代木"的林业思想，一定程度上对其科学性有所限制。虽然提到孝义厅"居民燃料向用石煤，此天然固有之林，鲜伤斤斧"，渭南县"山民燃料取给石炭，故数十年来，除器用外，鲜被斧戕"，但毕竟未提及推广之措施。史念海先生曾专门论及以木柴作燃料对于森林的破坏，认为"凡是要在缺乏薪炭地方推广造林，首先应该解决当地居民日常作饭取暖所需薪炭的供应问题。这个问题不解决，辛勤造林，只是为当地居民开辟一条就地打柴的捷径而已。所谓绿化，难免是徒托空言的"[2]。诚如斯言，可见将林木作为薪炭燃料消耗之巨。且其采伐方式中多"斧斤以时"等传统社会固有观念，虽然只是"入手之办法"，毕竟缺乏采伐限额、分类采伐、封山育林等现代思想。

对干旱缺水、沙化及荒漠化地区，没能提出水利工程的影响。同样因未能考虑季节因素，寒冷地区的植树造林只能采取粗放式。实际上，古代对农事的月令与时序极为重视，明代徐光启之《农政全书》即对各月树木栽培等细节加以阐述，清中叶也有鄂尔泰所辑之《授时通考》这样可称"古代农学百科全书"的文献，而成书于清末之《图说》并未谈及于此。如能充分考虑，可变农闲为造林好时节，起到更好效果。

① 陕西实业考察团编：《陕西实业考察》，第86页。
② 史念海：《河山集》（二集），生活·读书·新知三联书店，1981年，第305页。

俗语云"前人栽树，后人乘凉"，过去在实践中我们也有过正、反两方面的经验与教训。当前，国家树立了"美丽中国"的目标，全力推进生态环境建设，再造秀美山川，广泛开展国土绿化行动，以古鉴今，从地图史及林业史视野来看，此森林规划与经营方案仍然可以弥补传统文献记载的不足，对今后林业发展与政策制定也具有一定启示意义。因学力及对文献研读有限，本文仅为抛砖引玉，希望今后该史料的价值能被更广泛、更充分地挖掘利用，以推动相关领域的深入研究。

　　　　　　　　　　　　　　　　　（太原师范学院历史地理与环境变迁研究所）

清光绪前中期新疆普通地图的绘制脉络及其相关问题研究[*]

刘传飞

有清一代，新疆地区在我国一直占据着非常重要的地位。到了清末，西域新疆又成为中国边疆危机最严重的地区之一。结合目前新疆的现状，中央政府在清末如何底定新疆、经略新疆，便成为我们今日清史研究的一个重要课题。以往学者在进行相关研究时大多只利用了档案、地方志、政书、文集等文字材料，对舆地图史料关注和利用甚少。近年来，学者们开始关注海内外有关清代各类地图的整理、研究和出版，形成了研究清史的新材料、新方法和新视角[1]。如何借助各类古地图推进清代边疆问题研究已成为当前学者关注的研究方向之一。但是，目前关于清代光绪前中期新疆地区普通地图[2]绘制的过程，特别是这部分舆图与目前存世的清末新疆地理志书之间的相互关系，学界研究甚少[4]。故而笔者在此不揣鄙陋，以新疆维吾尔自治区档案馆、台北"故宫"、台湾"中研院"史语所、中国第一历史档案馆所藏清代档案为主，结合国图

---

* 本文原发表于《中国历史地理论丛》2016年第2期。

① 如陈维新：《同、光年间中俄伊犁边界交涉探讨——以中俄订定之条约及界图为例》，台北《"故宫"学术季刊》2009年第27卷第1期，第179—225页；承志：《尼布楚条约界碑图的幻影——满文〈黑龙江流域图〉研究》，台北《"故宫"学术季刊》2011年第29卷第1期，第147—236页。

② 所谓"普通地图"，即"综合全面反映区域自然要素和社会经济现象一般特征的地图。包括地形、水系、土质、植被、居民地、交通网、境界线等内容……可作为编制各种专题地图的基础"（《中国大百科全书》[第二版]第17册，中国大百科全书出版社，2009年，第436页）。与"普通地图"相对的概念是"专题地图"，即"突出而深入地表示一种或几种要素和现象，即集中表示一个主题内容的地图"（《中国大百科全书》[第二版]，第2页）。晚清时期大量出现的中俄边界地图因为属于专题地图的范畴，故而并未包含于本文的研究范围中。

④ 目前，关于清末新疆普通地图，高健在其南京师范大学2014年博士论文《新疆方志文献研究》第263—265页中，除对清末新疆乡土志舆图发掘了新材料，对其内容要素进行了比较细致的研究外，对清代新疆方志中现存所附地图只进行宏观梳理的工作，对本文所涉及的光绪前中期的两次舆图绘制活动并未丝毫涉及。

其他只是在邓衍林《中国边疆图籍录》（商务印书馆，1958年），李仲光主编《塔克拉玛干沙漠研究文

（转下页）

等所藏相应稿抄本文献，对此试做梳理，以来求教于方家。

一、清代前中期新疆地区普通地图的绘制概况

乾隆二十四年（1759），清军平定大、小和卓叛乱后，正式统一西域新疆。伴随着自康熙以来长达70余年的清准战争，中央政府势力逐步深入西域新疆。反映在舆图方面，便是自康熙年间的《皇舆全览图》开始，经雍正"十排舆图"到乾隆"十三排舆图"，西域新疆的地理情况在舆图中标注得越来越详细、清晰。从这时起，关于西域新疆的汉、满语地图开始大量出现。其中，最著名的当属《钦定皇舆西域图志》中所附一组利用何国宗等人实测成果完成的舆图。本组舆图共33幅，分布在本书卷一至卷三中。其中，在本书卷一"图考一"中共有"皇舆全图""西域全图""安西南路图""安西北路图一""安西北路图二""天山北路图一""天山北路图二""天山北路图三""天山南路图一""天山南路图二""天山南路图三""天山南路图四""天山南路图五""天山南路图六"14幅舆图，卷二"图考二"共有"西域山脉图""西域水道图""左右哈萨克部图""东西布鲁特部图""霍罕、安集延、玛尔噶朗、那木干、塔什罕部图""拔达克山、博洛尔、布哈尔诸部图""爱乌罕、痕都斯坦、巴勒提诸部图"7幅舆图，卷三"图考三"共有"历代西域图·前汉""后汉""三国""晋""北魏""周""隋""唐""五代""宋""元""明"12幅舆图。[①] 由于这组舆图基本上按照当时的行政区划包括了新疆的全部区域，所以可以说是清代西域新疆地区普通地图集、乃至历史地图集的雏形。其后，在《西域水道记》《西陲总统事略》《新疆识略》、嘉庆《大清一统志》等书中，均带有类似《西域图志》这样一组数量不等的舆图。同时，值得一提的是，清朝中叶还出现有《新疆地舆总图》[②]《新疆全图》[③]《西域舆图》[④]

（接上页）

献目录索引》（科学出版社，1993年），岳峰、周玲华编《丝绸之路研究文献书目索引》（新疆人民出版社、香港文化教育出版社，1994年），北京图书馆善本特藏部舆图组编《舆图要录——北京图书馆藏6827种中外文古旧地图目录》（北京图书馆出版社，1997年）等目录书中列出，对于各舆地图的绘制原因、过程及其相互关系并未涉及。

① 《钦定皇舆西域图志》卷1—卷3，乾隆武英殿刻本。

② 台北"国立"中央图书馆藏。此图在世界数字图书馆网站提供免费全文下载，下载地址http://www.wdl.org/zh/item/11385/#q=%E6%96%B0%E7%96%86&item_type=book&qla=zh，2014年6月8日检索。

③ 李孝聪在《美国国会图书馆藏中文古地图绪录》（文物出版社，2004年）第37页中曾著录此图集。目前，美国国会图书馆在其官方网站提供此套地图的全部影像，并能自由下载。其网址是http://www.loc.gov/item/2002626723/，2014年6月8日检索。

④ 国家图书馆藏。国家图书馆古籍馆曾将之内部影印出版。此舆图集共包括17幅舆图，其中总图1幅，分图16幅，每图后皆附简要图说。

《新疆图说》①等只配有少量图说文字、全部由舆图组成、更接近于今日地图集样式的普通地图集以及《新疆全图》②《伊犁至喀什噶尔新建城图》③等众多新疆地区的单幅普通地图。

　　道光、咸丰年间之后，受内忧外患的影响，总理各国事务衙门于同治二年十二月二十日"奏为详考各省边界图籍，请旨饬下各将军大臣、督抚详绘图并贴说造册以备稽核"，恭亲王奕䜣在此奏折中，建议"请旨饬下各省将军大臣督抚转饬各府州县地方官，亲自履勘，加意访求，将各该省沿边及腹里并中外接壤之区绘一总图，再分各府州县，各绘细图分别于总汇为一侧。务将边界内外之山川、形势、城镇、村落、方向、道里、远近、险易一一查明载入。其居人住牧等、□台卡□汛驻扎要处、官兵数目亦必逐处援查，详注册内。此册内不能备载，即于图内逐细详加贴说，务须明白周详"④。此议得到皇帝批准⑤。受此政令影响，广西等省相继绘出本省舆图⑥。但此时的新疆正因当地穆斯林起事及俄国威逼割地划界处于内外交困之中，故而在现有的文献中，并未找到新疆进行绘制地图的记载。直到同治十二年（1873）十月，随着内乱的渐渐平息，朝廷以"镇迪以东俱总督统辖之地"，命令陕甘总督左宗棠"著即详细查明绘图呈览"。左宗棠收到谕旨后，"遵即查明地势，绘具新疆图说"，但是由于"边陲军务尚殷，绘工装饰诸不合式，且地非亲历，难期确凿，亦未能仿照分率、开方诸法躬亲摹写，未便进呈。谨撮大略，绘具图、说咨送军机处，存备御览"⑦。由此可见，左宗棠此次绘制的新疆地图，不仅未经大量实地调查，且也仅仅包括镇迪道（大致今乌鲁木齐以东）区域。光绪五年（1879）十月初三，在营制更改等情况下，为了避免以往"估拨各营兵粮、脚粮往往舛错"的情况，甘肃布政使司曾札文下属各府、厅"迅将该处四至、路途里数详细绘具图说。径赉本司衙门"⑧。由此札文，隶属甘肃布

① 陈维新文字撰稿：《失落的疆域——清季西北边界变迁条约舆图特展》，台北"故宫博物院"，2010年，第69—81页。

② 孙靖国：《舆图指要——中国科学院图书馆藏中国古地图叙录》，中国地图出版社，2012年，第48—51页。

③ 冯明珠、林天人主编：《笔画千里：院藏古舆图特展》，台北"故宫博物院"，2008年，第64—65页。

④ 奕䜣："奏请饬各将军大臣督抚详绘各省边界细图由"，同治二年十二月二十日，台北"故宫博物院"藏，军机处录副奏折093510。统一编号：故机094141。

⑤ 苏省舆图局：《苏松常镇太五里方舆图》"奏折·跋"，同治七年刻本。

⑥ 有《广西全省地舆图说》（同治六年桂林唐九如堂刻本）等。

⑦ 左宗棠："奏为遵绘具镇迪以东辖地总图说咨送军机处存备御览"（折片），同治十二年十二月十日，台北"故宫博物院"藏军机处档折件。文献编号：113162。统一编号：故机113856。

⑧ "新疆布政使就更改营制及将四至八到程图里数绘绘图具报事札吐鲁番厅文"，光绪五年十月初三日，中国边疆史地研究中心、新疆维吾尔自治区档案局编《清代新疆档案选辑》第三十七册《兵科》，广西师范大学出版社，2012年，第342页。此档案标题中的"新疆布政使"记录错误，本档案清晰标明为"钦命头品顶戴甘肃等处承宣布政使司布政使"。

政司的镇迪道当亦遵令绘制了本区的舆图。不过，新疆的大部分地区依旧没有包含进去。新疆地区真正开始大规模系统性进行普通地图的绘制工作，已经到其准备建省的阶段了。

二、光绪八年至十五年，张起宇的舆图绘制活动

限于史料的缺乏和极其零散，学界此前并未发掘出张起宇于光绪八年（1882）至十五年（1889）的舆图测绘活动。得益于新疆维吾尔自治区档案馆馆藏清代档案于近年的大规模整理与出版，笔者得以从原始档案中钩沉出此次新疆建省时的全疆性舆图绘制活动。也正因为此次张起宇舆图绘制活动的凸现，使笔者对《新疆志》《新疆四道志》这两部结构迥异于其他地理志书的新疆地方志有了更深的认识和理解。

（一）张起宇的测绘过程

光绪四年（1878），左宗棠收复新疆。其后，关于新疆地区的行政管理体制，朝廷上下一直没有定议。最终，朝廷于光绪八年（1882）七月同意了在刘锦棠、谭钟麟关于先行在南疆地区设立阿克苏道、喀什噶尔道，以及温宿等四直隶州、库车等五直隶厅、拜城等四县的提议。[①] 刘锦棠随即将测绘南疆八城舆图的工作提上议事日程，并开始派员实施：

> 钦差大臣督办新疆军务、通政司正堂、二等男、法福灵阿巴图鲁刘为札饬事。案据知府衔分省补用直隶州知州张起宇禀称：遵檄规画南疆八城舆图。拟从喀什噶尔开办。并拟制造象限仪器以便随地窥测经纬躔度；添用书识以便帮同书画、推算等情。到辕。
>
> 据此，除批据本古为所晰，乱后沧桑更复各城堡移建易处。乾隆舆图、经纬表二此特自难据以为准。查辰朔、职方相为倚附。故圣朝舆地各以距京师道里远近为主，得其道里，然后经纬躔度可得而推、辰朔时刻分秒可得而测也。新疆舆图自乾隆四十七年重加厘定，喀什噶尔河源当极星四十度八分、中星偏西四十三度二分。惟去今已近百年，岁差累积，非参酌新历校准，则中星易位、经纬躔度互相参差自难据以测地。姑按《新疆道里表》计之，喀什噶尔距京师一万二千七百八十里，此外各城暨附郭城堡塘站均有道

---

① 《清德宗实录》卷149 "光绪八年七月丁未"，《清实录》第54册，中华书局，1985年，第112页。

里可考。形势虽异，而遗址尚存，不难得其大概。

该直牧现将制造象限仪器，借以随地窥测极星之高下、求南北之纬分，具见用心精细适中题肯深为嘉尚。务使躔度、道里亮相淹贯，自然开方计里不至大差。候此颁朔授时，即可据以为准。仰即悉心规画，经纬攸分，然反不云此劳费也。

……此札。

光绪八年十月廿六日。①

由此档案可知，1. 张起宇具体承担了此次测绘地图的任务。张起宇大致生于道光八年（1828），卒于光绪十六年（1890），湖南长沙县人。由文童于同治四年（1865）投效湘军，历保三品衔分省归军功候补班补用知府。光绪十一年（1885），留于新疆差遣。十三年（1887），补英吉沙尔同知。十四年（1888），委署吐鲁番同知，九月二十八日到任。十五年十二月十九日交卸吐鲁番同知篆务。十六年（1890）四月初七日在乌鲁木齐病故。②此点，在新疆巡抚饶应祺于光绪二十二年（1896）六月二十日上奏"光绪七年至十五年底防军善后报销历经户部分别驳查各款清单"文稿中，亦得到了证实："一、（光绪）十三年分第七册开支。……本案册造办理……勘绘新疆舆图委员知府张起宇，十年销案系属知州……与各上案官阶不符，究于何时升擢亦未声叙，均应行令分晰声明，以昭核实等语。查……张起宇……系新疆六载边防案内续得升阶。"③。

2. 此次绘制南疆地图所用的方法及其原理。在此次的绘制地图的行动中，张起宇使用专门的天文仪器——象限仪，以来测出各地"极星之高下、南北之纬分"，即经纬度数。然后根据经纬度数与道路里程、时间的相互关系进行推算，最终通过"计里开方"的形式绘出地图。我们也由此得以一窥时人测绘地图的具体方法。

此后不久，伴随光绪十年（1884）新疆建省，哈密等地划归新疆，新疆全境正式融合为一个整体。在此种情况下，接到中央命令后，刘锦棠先是在光绪十一年（1885）正月十八日札饬北疆各政区自行将本辖区"该管地方四至八到、道里远近、山川险夷、城郭、大小界址、何处毗连及驿站多寡、沿途军台存废一并详细查明，绘

① "督办新疆军务通政司刘锦棠就张起宇规画南疆八城舆图添书识事札吐鲁番厅文"，光绪八年十月二十六日，《清代新疆档案选辑》第九册《户科》，第59页。

② 魏光焘："奏为英吉沙尔同知张起宇病故出缺请旨拣补事"，光绪十六年六月初一日，中国第一历史档案馆藏，军机处录副奏折03-5267-012。此奏折中详细叙述了张起宇的履历，其中提及张起宇卒时62岁，故据此推算出他大概出生于道光八年。

③ 饶应祺：《新疆巡抚饶应祺稿本文献集成》第21册，李德龙主编，学苑出版社，2009年，第178页。

图贴说，妥速申覆"外①，张起宇又受命绘制北疆地区地图：

> 钦命二品顶戴、署理甘肃镇迪道粮务兵备道、分省遇缺尽先题奏道英为札饬事。案奉爵部院刘札开照得南八城疆域，前经札委张直牧启宇亲历各城测量经纬度数，详加厘定，绘图呈验。旋准总理各国事务衙门缄开测绘事宜五条，又准户部咨开经理疆域等六条，均经先后钞行。该直牧遵照办理各在案。
>
> 查南路业经办理完竣，其北路镇迪道各属，暨伊犁、塔尔巴哈台并哈密等属尚未接照星躔度数，计里开方仍难联络一气，了如指掌。应饬该直牧亲往各属游历，就近取阅各地方文武衙门舆图、卷宗，将各该处山川形势、道里远近及城郭、河渠、村庄、军台塘汛，并中外交界卡伦，参酌现颁台历，测准星度，逐一厘订，绘成总图，详细贴说，回销赍核。
>
> ……奉此合行札饬，为此札仰该厅即便遵照毋违。此札。
>
> 光绪十一年二月十二日。②

据此，我们可以发现，张起宇在绘制北疆地图时，除继续沿用在南疆时候测量经纬度的办法外，还广泛参阅了当地衙门所藏舆图、文书等资料。并且，我们明确得知张起宇不仅要绘制地图，同时还要撰写图说。同时，在所绘地图中，需要表现的内容包括了"山川形势、道里远近及城郭、河渠、村庄、军台塘汛，并中外交界卡伦"等诸多地理要素。

根据档案记载，光绪十五年（1889）三月，刘锦棠还命令将张起宇所绘地图、图说分发各地方官核对一遍："本爵部院前饬该守（即张起宇——笔者注）查勘各城疆域，业经同行在案。兹该守绘具图、说前来，应即饬发各属，将所辖地名称谓、山川形势、道里远近及城郭、河渠、村庄、驿站、卡伦、并中外交界地段逐一查对。如与舆图载相符，应另摹一分存案，仍将原图赍缴；如有舛错，应另摹更正，附原图赍呈核办。"③ 由此可见，此套舆地图集至迟至光绪十五年三月时已经绘制完毕。

---

① "镇迪道就饬查考各地山川城郭道路驿站军台等项事札吐鲁番厅文"，光绪十一年正月十八日，《清代新疆档案选辑》第五十四册《刑科》，第321页。

② "镇迪道就张直牧绘测北路山川形道地图事札吐鲁番厅文"，光绪十一年二月十二日，《清代新疆档案选辑》第七十九册《工科》，第2页。

③ "镇迪道就查对所辖地名称谓山川驿站等事札吐鲁番文"，光绪十五年三月十五日，《清代新疆档案选辑》第八十册《工科》，第242页。

（二）国图所藏稿本《新疆志》当为张起宇所测绘南疆舆图的图说

　　张起宇此次测绘的地图，由于资料的缺乏，其具体样式以及是否还流传至今，目前已经不得而知。不过，在检索资料的过程中，笔者发现国家图书馆藏《新疆志》极有可能是张起宇在光绪十年（1884）绘制完南疆部分舆图后所撰写的图说。

　　在《中国古籍总目·史部》中，国图所藏本《新疆志》编号为"史81563370"，被认定为"清光绪三十二年抄本"[①]。此本封面题为"疆志"，共上下两册，目前国图本《新疆志》已经影印出版[②]。

　　之所以认为其与张起宇此次南疆地区的舆图测绘活动有关，主要原因如下：

　　首先，在志文结构上，《新疆志》是由南疆图说、喀什噶尔全境图说、英吉沙尔城图说、叶尔羌城图说、和田城图说、玛喇巴什城图说、乌什城图说、阿克苏城图说、拜城县全境图说、库车全境图说、喀喇沙尔城图说等11个"图说"构成。由此，《新疆志》肯定是与某一套舆地图集相配合而存在的。

　　其次，在成书时间上，《新疆志》成书日期当在光绪十年至十一年（1884—1885）之间，与张起宇完成此次南疆地区的舆图绘制活动一致。其一，在本书中出现有明确时间记载的最晚事件是"光绪十年，龙署丞申请于东西大道及通伊犁各山径新设稽查等卡"[③]。故而本书当成书于光绪十年后。其二，志文同样提及："（阿克苏城郭）现新建在旧城南二十五里。俟工竣补注"[④]，由于阿克苏城郭"（光绪）十年……始于城东南三十里择地创建新城。十一年乃将镇道以次各官移驻新城"[⑤]，即阿克苏新城在光绪十一年或稍早些即竣工；且本志中，南疆地区只有"军台"条目，而无"驿站"，但是光绪十年五月二十八日，刘锦棠即上奏"新疆南路军台一律安设驿站酌拟经费章程折"[⑥]，申请将军台改置为驿站。中央批准此议的命令至迟至光绪十一年二月二十六日即已经传入新疆[⑦]，故而，本书应该至迟在光绪十一年二月完成。由上述所引档案"镇迪道就张直牧绘测北路山川形道地图事札吐鲁番厅文"可知，在光绪十一年二月之前，张起宇正好刚刚绘制完成南疆舆图。

　　再次，在志文具体内容上。其一，《新疆志·南疆图说》所反映的舆图格式为："舆图绘以方格每格定为一度，每度计二百里。旁注度数，有极星高下订南北纬度

---

① 中国古籍总目编纂委员会编：《中国古籍总目·史部》第7册，上海古籍出版社，2009年，第4770页。

② 佚名：《新疆志》，国家图书馆分馆编《清代边疆史料抄稿本汇编》第21册，线装书局，2003年，第1—295页。在本册第125页，有"北京图书馆藏"长方形印章。

③ 《新疆志》，《清代边疆史料抄稿本汇编》第21册，第290页。

④ 《新疆志》，《清代边疆史料抄稿本汇编》第21册，第193页。

⑤ 马大正、黄国政、苏凤兰整理：《新疆乡土志稿》，新疆人民出版社，2010年，第258页。

⑥ 《刘襄勤公奏稿》卷7，《近代中国史料丛刊》，文海出版社，1968年，第883页。

⑦ "新疆驿站经费请参酌部议量为变通折"，《刘襄勤公奏稿》卷7，《近代中国史料丛刊》，第1047页。

也；有偏西度数明距京师中线及东西经度也。"① 说明本图标识有经纬度；而且本志中对于各政区在"疆域"条目下，皆列有整个辖区的经纬度范围，如叶尔羌城"纬度自三十五度至三十九度，经度自三十六度二十五分至四十一度四十分"②、玛喇巴什城"纬度自三十八度三十分至三十九度一十分，经度自三十六度二十三分至四十度一十四分"③ 等。这种记载方式与清代前中期载有经纬度值的《西域图志》《新疆识略》均不同，《西域图志》等书所记经纬度皆是城池等"点"的经纬度，如"镇西府治，北极高四十三度三十九分，距京师偏西二十三度"④、"辟展城，其地当极星四十二度八分，中星偏西二十五度"⑤，而非整个辖区"面"的经纬度。故而本书所载经纬度值当非因袭前人，而是重新测绘的结果。而测量经纬度正是张起宇此次测绘的重点。其二，《新疆志》各图说的基本结构是：疆域、城郭、山名、河源水道、卡伦、军台道路等。其中，在"疆域"条目中，又包括辖境四至、南北距离，经纬度数，所辖村庄等，图说所包含条目内容与前述刘锦棠命令张起宇绘制舆图所包括的"山川形势、道里远近及城郭、河渠、村庄、军台塘汛，并中外交界卡伦"的条目内容亦属一致。同时，本志还大量引用《新疆识略》等历史文献，与刘锦棠所要求"就近取阅各地方文武衙门舆图、卷宗"亦相符合。

（三）《新疆四道志》可能即是张起宇所撰新疆舆图图说的最终定本

《新疆四道志》被称为"新疆建省后的第一部通志"⑥。关于《新疆四道志》的作者及成书过程，由于史料极其缺乏，目前学界一直没有定论⑦。笔者推测此志的成书与张起宇光绪年间的舆地图测绘活动有直接的关系，有可能即是张起宇所撰新疆舆图图说的最终定本。

首先，《新疆四道志》名为志书，其实是由"图说"构成。其由镇迪道属迪化县图说、昌吉县图说、阜康县图说、奇台县图说、绥来县图说、镇西厅图说、吐鲁番厅图说、哈密厅图说，阿克苏道属温宿州图说、拜城县图说、乌什厅图说、库车厅图说、喀喇沙尔厅图说，伊塔道属绥定县图说、宁远县图说、库尔喀拉乌苏厅图说、精

① 《新疆志》，《清代边疆史料抄稿本汇编》第21册，第2页。

② 《新疆志》，《清代边疆史料抄稿本汇编》第21册，第91页。

③ 《新疆志》，《清代边疆史料抄稿本汇编》第21册，第158—159页。

④ 《钦定皇舆西域图志》第500册，台湾"商务印书馆"影印文渊阁四库全书版，1986年，第202页。

⑤ 松筠：《钦定新疆识略》，文海出版社，1965年，第175页。

⑥ 高健：《新疆方志文献研究》，南京师范大学博士论文，2014年，第136页。

⑦ 吴丰培曾认为该书作者是王树楠。李德龙在仔细辨析吴丰培的说法后，认为："根据目前的研究，《新疆四道志》的作者仍佚名，其确认尚有待新材料的发现。"见李德龙校注：《〈新疆四道志〉校注》"清稿本《新疆四道志》考（代序）"，中央民族大学出版社，2014年，第9页。

河厅图说、塔尔巴哈台厅图说，喀什噶尔道属疏勒州图说、疏附县图说、英吉沙尔厅图说、莎车州图说、叶城县图说、和田州图说、于田县图说、玛喇巴什厅图说，共26个图说构成。故而，《新疆四道志》实际上同《新疆志》一样是与某套舆地图集配合而成书的。

其次，《新疆四道志》的纂修时间与张起宇测绘完成的时间大体吻合。李德龙根据本书内所出现时间点及相应政区设置时间推测本书成书于光绪十六年至二十四年（1890—1898）。[①] 如前所述，张起宇所撰舆图、图说在光绪十五年（1889）三月曾被刘锦棠分发各属重新校订，《新疆四道志》开始动手进行修撰的时间正好在张起宇绘制完成之后。同时，值得注意的是，《新疆四道志》对于帕米尔地区的情形基本并未着笔，考虑到当时帕米尔局势的危急，海英、李源鈵于光绪十七年（1891）即开始受命勘察帕米尔地区，经过两个阶段的实地考察，直至光绪十九年（1893）最终结束。而《新疆四道志》中紧邻帕米尔地区的"疏附县图说"等图说内容甚少，于此二人的帕米尔地区地理考察报告并未吸收进来，可见，本志可能在光绪十九年，甚至光绪十七年之前即已经完成。

再次，《新疆四道志》的南疆部分极有可能即是以《新疆志》为蓝本稍加修订而来。《新疆四道志》北疆部分的基本结构是：疆域、山川、卡伦、驿站、厂务、城郭等项，南疆部分与之相比缺少"厂务"一项，正好与前述《新疆志》内除拜城、乌什、喀喇沙尔之外的8个图说不仅在结构构成，而且在各条目叙述的先后顺序上亦基本一致。同时，除因在二志在成书间隔的时间段内，新疆政区体系发生了较大规模的改变而导致政区名称不一、军台改置为相应驿站外，二者关于疆域、山川、卡伦等的记载在具体内容及文字上有极其明显的先后承袭关系。如在拜城县图说"疆域"中，《新疆志》记为："拜城县东至和色尔台属可齐克滚伯斯达坂，距城二百二十里，与库车连界。西至铜厂山口，距城二百八十里，与阿克苏连界……"[②] 而《新疆四道志》记为："拜城县城东至和色尔台属可齐克滚伯斯达坂，距城二百一十里，与库车托和奈驿连界。西至铜厂山口，距城二百三十里，与温宿州哈拉玉尔滚驿连界……"[③] 由于《新疆志》编纂时间在前，因此，《新疆四道志》的南疆部分极有可能即是在《新疆

---

① 李德龙校注：《〈新疆四道志〉校注》"清稿本《新疆四道志》考（代序）"，第5—6页。高健以为本志应截止于光绪二十三年，因为"与光绪二十三年之前新疆建置情况相符"（高健：《新疆方志文献研究》，第127页）。其实与李德龙观点一致，皆是按照焉耆府于光绪二十四年由喀喇沙尔厅改置，而本志依旧保留喀喇沙尔厅名字而得出此判断。

② 《新疆志》，《清代边疆史料抄稿本汇编》第21册，第204页。

③ 《新疆四道志》，《中国西北文献丛书》第一辑"西北稀见方志文献"第60卷，兰州古籍书店，1990年，第419页。关于铜厂山口距县城距离不一，可能是笔误所致。国图所藏《新疆志》抄本在"英吉沙尔城图说"所记疆域范围的经纬度值时即发生了漏简，遗漏了相关数值。

志》的基础上稍加修改而来。

另外，关于《新疆四道志》北疆部分内容的来源亦当与张起宇自光绪十一年测绘北疆的活动有关。前述刘锦棠曾在光绪十一年正月十八日命令北疆各政区自行绘具本辖区舆图、图说后，吐鲁番厅等相继按照要求造册前来。根据前述光绪十一年二月十二日的札文，张起宇必然参考了这批材料，从而最终形成了整个新疆的舆地图和图说。如，在吐鲁番在光绪十一年十二月二十七日的"吐鲁番厅造赍十二驿站书夫马匹月支银两数目路程里数之清册"中，明确上报"托克逊驿至苏巴什驿九十里……苏巴什驿至阿哈尔布拉克驿八十里……阿哈尔布拉克驿至桑树园子驿六十里……桑树园子驿至库木什阿哈玛驿七十里"，在《新疆四道志》"吐鲁番厅图说·驿站"的记载与之相符。而此四驿直到光绪十一年六月二十一日方才从喀喇沙尔厅移交至吐鲁番厅[①]，因此在《新疆志》中，此四站尚记载在"喀喇沙尔城图说·军台道里"中。[②]张起宇当是在自己实地勘察的同时，参考这些各政区自行绘制的舆图、图说后，最终完成了本次全疆性的绘制舆图、图说的任务。

三、光绪十六年至十七年，光绪《大清会典图》 新疆部分的绘图活动

（一）新疆省赍送会典馆光绪《大清会典图》新疆部分的绘制过程

光绪十二年（1886），会典馆开馆，开始续修《大清会典》。至光绪十五年（1889），会典馆上奏，建议绘制舆图。由于"现在各部院册籍未齐，图亦不全，无可据以入绘"，所以建议"应先拟就开方图式，敬请饬颁各省将军、督抚，遴派留心地理、精于测绘之官绅士子，限期一年，每省绘一省图及所属各府直隶州厅分图、州县分图，解送到馆"[③]。不久，会典馆将画图、图说格式等咨送各地。光绪十六年（1890）四月十九日，会典馆定《绘图章程》[④]，其后，向理藩院等征集资料。理藩院随后行文

① "吐鲁番厅造赍十二驿站书夫马匹月支银两数目路程里数之清册"，光绪十一年十二月二十七日，《清代新疆档案选辑》第五十五册《刑科》，第156页。
② 《新疆志》，《清代边疆史料抄稿本汇编》第21册，第287—288页。
③ "札北藩司等筹议开办舆图局"附"画图章程"，光绪十六年七月初十日，载苑书义、孙华锋、李秉新编《张之洞全集》第4册卷98，河北人民出版社，1998年，第2689—2699页。
④ 额勒和布等："奏为公同商酌详定画图章程事"，光绪十六年四月十九日，中国第一历史档案馆藏，军机处录副奏折03-7173-002。

新疆巡抚："前准本院则例馆付，准会典馆文称，查例中所有地名，旧图无考，应于开办之初合图上地名、支河汉港，按省分边地开成详册，行文各省督抚及各将军、都统、办事大臣等访查明确绘图，将此次新增地方随时补入图册等因前来。相应咨行新疆巡抚，限文到迅速将所属新设道厅州县地图、南北路各回城查明大小地名及支河汉港，分晰详细绘画全图送院，以便转送会典馆。事关办理会典，勿迟延可也。"①光绪十七年（1891）四月，会典馆颁布续颁章程五条并附表格一纸。②同年七月二十六日，护理甘肃新疆巡抚魏光焘奏请展限延期完成。其奏折原文为：

> 头品顶戴护理甘肃新疆巡抚开缺新疆布政使臣魏光焘跪奏，为创办新疆省府厅州县总、分各舆图、图说尚未蒇事，请展缓期限，恭折仰祈圣鉴事。
>
> 窃光绪十五年十一月二十五日准会典馆咨称：现办《会典》舆图，将图式、附图说式刊刻颁发，遵照奏定期限，于一年内测绘省图、府直隶厅州图、厅州县图各一分，附以图说，解送到馆。等因。当经行司转饬各属遵办，并派员开局总纂在案。
>
> 查新疆幅员辽阔，郡县初开，画界分疆、周勘测绘均属创办，备极繁难。且沿边数千里与俄国及各外部毗连，旧界、新界卡伦、鄂博等类尤关紧要，悉应载入图中，详著为说。参稽考订，动须岁时，开办以来，竭力督催，一年之限，早经届满。现虽大致脱稿，尚须逐细详核，届计数月以内，仍难一律办齐。
>
> 合无仰恳天恩，俯准自本年十一月起，再行展限半年解送，以期详晰核校，俾臻妥善。据布政使饶应祺详请具奏前来。谨恭折具陈，伏乞皇上圣鉴训示。谨奏。
>
> 朱批：著照所请。该衙门知道。③

由此奏折我们可以得知：1. 新疆于光绪十五年十一月二十五日收到会典馆绘制舆图咨文。2. 收到咨文后，新疆省随即设局编纂。3. 此番绘制地图主要难点在初置郡县后的"画界分疆、周勘测绘"以及国界、卡伦、边界鄂博等。4. 至光绪十六年七月，舆图已经"大致脱稿"，但尚未成熟。5. 具体负责舆图绘制的为新疆布政使饶应祺。

此后，限于史料缺乏，关于新疆省绘制大清会典图到底有没有最终完成及其完成

---

①　"镇迪道就省内各厅州县详绘其地图事札吐鲁番厅文"，光绪十七年二月三十日，《清代新疆档案选辑》第四十一册《兵科》，第421页。

②　王一帆：《清末地理大测绘——以光绪〈会典舆图〉为中心的研究》，复旦大学博士毕业论文，2011年，第88页。

③　谢小华编选：《光绪朝各省绘呈〈会典·舆图〉史料》，《历史档案》2003年第2期，第38页。

后的最后形式，学界研究一直没有涉及。笔者有幸在台北"中研院"史语所馆藏清内阁大库档案中发现一份新疆巡抚陶模于光绪十九年（1893）正月二十二日向会典馆的咨文，使这一问题最终得以解决，咨文内容是：

> 头品顶戴兵部侍郎衔兼都察院右副都御史巡抚甘肃新疆等处地方陶为咨送事。
>
> 光绪十九年正月十二日准贵馆咨开：本馆前知照各省开办地图，奏准定限一年之期。现逾限已久，尚未咨送到馆，势难久待。相应咨催贵抚查照。先将省图、府图咨送到馆以便覆办。州县各图亦宜赶办，陆续咨送，毋再迟误可也。等因到本部院。准此。查新疆通省总散舆图前经委员设局遵照钦定章程分别办理，已于十七年冬一律绘具齐全。适因喀什噶尔道属西南边界与俄龃龉，是以未即递呈。兹准贵馆咨催，应将各图先行汇送，一俟界务定夺，另行补绘送贵馆，请烦查照施行。须至咨者。
>
> 计咨送新疆全省府厅州县舆图一分计三十四页，新疆省图说一分计二本。右咨会典馆。
>
> 光绪十九年正月二十二日。①

此件咨文说明至光绪十七年冬，新疆已经基本按会典馆要求绘制完成相应舆图。但因为中俄帕米尔争端，喀什噶尔西南边界未定，故未将所绘舆图及时咨送会典馆。至光绪十九年正月二十二日，新疆向会典馆咨送了本省绘制的地图及相应图说。随后，会典馆绘图处将之改绘，最终以"新疆省全图、迪化府图、伊犁府图、镇西厅图、库尔喀喇乌苏厅图、精河厅图、塔城厅图、哈密厅图、吐鲁番厅图、喀喇沙尔厅图、库车厅图、乌什厅图、玛喇巴什厅图、英吉沙尔厅图、温宿州图、疏勒州图、莎车州图、和田州图"等形式呈现于光绪《大清会典图》卷217—226②。至此，光绪《大清会典图》新疆部分的绘图活动宣告结束。

---

① 陶模："新疆巡抚为咨送事"，光绪十九年正月二十二日，"中研院"史语所藏，内阁大库档案138132-001。

② 《舆地图目录清单》，清内府朱丝栏写本，台北"故宫"图书文献处藏，转引自王一帆《清末地理大测绘——以光绪〈会典舆图〉为中心的研究》，第187页。在此件档案中，明确言及："迪化府图新增……据新图增，各府厅州据增同。伊犁府图新增。据新图增其西北外界，据旧图、内府图补。"

（二）国图稿本《新疆省舆地图说》当即新疆省咨会典馆舆地图的"图说"部分

国家图书馆藏有稿本《新疆省舆地图说》两册，目前已经影印出版①，其共分上下两册。上册包括新疆省全图说、迪化府图说、迪化县图说、奇台县图说、阜康县图说、昌吉县图说、绥来县图说、伊犁府图说、绥定县图说、宁远县图说、镇西厅图说、库尔喀喇乌苏厅图说、精河厅图说、塔城厅图说、哈密厅图说、吐鲁番厅图说；下册包括喀喇沙尔厅图说、库车厅图说、乌什厅图说、玛喇巴什厅图说、英吉沙尔厅图说、温宿直隶州图说、拜城县图说、疏勒直隶州图说、疏附县图说、莎车直隶州图说、叶城县图说、和田直隶州图说、于田县图说、罗布淖尔图说，附新疆省沿边界牌卡伦字音异同考。

根据各种资料综合判断，笔者以为国图稿本《新疆省舆地图说》当即新疆省咨会典馆舆地图的"图说"部分。

首先，国图所藏稿本《新疆省舆地图说》当来自于内阁大库藏书。此书曾是国立北平图书馆所藏之珍本②，鉴于清内阁、翰林院藏书皆移往了国立北平图书馆前身的京师图书馆③，而在清末内阁大库藏书中，确有"新疆省舆地图说"一书④，故而国图所藏此稿本极有可能即是大内旧藏。新疆巡抚陶模在咨呈会典馆时，明确云"新疆省图说一分计二本"⑤，正与内阁大库所藏册数相同。在内容上，会典馆亦云新疆所送材料"图尚详备，说亦明晰，尚可据以绘办"⑥，而《新疆省舆地图说》本身质量亦确实颇佳。国家图书馆在影印本稿本时，认为此书是"民国间抄本"⑦的观点应该有误。因为

① 《新疆省舆地图说》，《清代边疆史料抄稿本汇编》第20册，第1—180页。此稿本同时在国家图书馆中有全文影像可供自由阅览，网址是http://mylib.nlc.gov.cn/web/guest/search/shuzifangzhi/medaDataDisplay?metaData.id=829653&metaData.lId=834134&ldLib=40283415347ed8bd0134833ed5d60004，2014年6月1日检索。

② 在上卷目录页，有"国立北平图书馆珍藏"长方形印。另外在邓衍林编《中国边疆图籍录》第189页亦曾如此著录，按此书"凡例"："凡国立北平图书馆所藏之珍本，均以星号标志之。"

③ "奏筹建京师图书馆折"附"奏请饬内阁翰林院所藏书籍移送图书馆储藏片"，《北京图书馆史资料汇编1909—1949》，书目文献出版社，1992年，第6页。

④ 在内阁大库实录库中，第一六三号"大木柜　一个"中，第20号为"新省舆地图说上卷一本"，第83号为"新疆省舆地图说一本"。此两本当即是《新疆省舆地图说》的上下两册。清室善后委员会编：《故宫物品点查报告》第10册第六编"点查实录大库等处情形"，线装书局，2004年影印本，第252，254页。值得注意的是，此木柜中所藏基本皆是各省舆图（以"册"为单位）及相应图说（以"本"为单位）。

⑤ 陶模："新疆巡抚为咨送事"，"中研院"史语所藏，内阁大库档案138132-001。

⑥ 《舆地图目录清单》，清内府朱丝栏写本，台北"故宫"图书文献处藏，转引自王一帆《清末地理大测绘——以光绪〈会典舆图〉为中心的研究》，第187页。

⑦ 《新疆省舆地图说》，《清代边疆史料抄稿本汇编》第20册"提要"页。

查阅国家图书馆"数字方志"中此稿本的高清影像可知，"新疆省全国说"言及新疆西南界、"疏附县图说"言及其西南界、"莎车州图说"言及其西南界、"叶城县图说"言及其南界时，均贴签注明"待查复填注"[1]。若是民国间抄本的话，只需直接抄录注明即可，远没有贴签的必要；同时，府级政区在言及本政区距京师里距时，"京"字抬一格书写，此点也能侧面证明此本当非民国时抄本。

其次，就内容上，光绪《大清会典图》卷217—226新疆部分各图图说与《新疆省舆地图说》结构及文字极为相似。其一，二者关于府级政区的排序完全一致，而此种政区排序方式与清末新疆其他地理志书的排序均不相同。其二，《新疆省舆地图说》与光绪《大清会典图》中每幅图说在介绍本政区距省治、京师的文字完全一致；且二者都在介绍本区湖泊、河流。虽然文字不尽相同，但主要意思一致[2]。其三，在《新疆省舆地图说》中，"新疆省全图说"在言及新疆西南界、"疏附县图说"言及其西南界、"莎车州图说"言及其西南界、"叶城县图说"言及其南界时，均贴签注明"待查复填注"[3]；疏附县、莎车州与叶城均位于新疆西南方向，且紧邻帕米尔地区，此正与在咨送地图及图说时，新疆巡抚陶模明确说明喀什噶尔西南边界未定的言辞一致。

再次，《新疆省舆地图说》成书时间亦与绘制大清会典图的时间大致相符。《新疆省舆地图说》中对于行政建置记载到光绪十四年（1888年）。同时，本书中提及巴尔鲁克山借地问题："巴尔鲁克山地方近年附俄哈萨克在此游牧。按分界约章第四条，载巴尔鲁克山为大清国地，即令该哈萨克迁居俄国属地，亦属碍难。今换此约日，予限十年，该哈萨克仍在巴尔鲁克山内游牧。一俟限满，如两国官员不另行商办，则即将该哈萨克迁回俄属地方。"巴尔鲁克山在塔城西南，在光绪九年（1883）《塔尔巴哈台西南界约》中，借与俄国十年[4]。光绪十九年（1893），中国依据《中俄收回巴尔鲁克山文约》收回了巴尔鲁克山[5]。故而，本书当成书于光绪十四年至十九年（1883—1893）之间。此恰与新疆绘制大清会典图时间相符。

① 《新疆省舆地图说》，《清代边疆史料抄稿本汇编》第20册，第15，141，150，153页。

② 在各省提交后，会典馆绘图处曾对提交的图说大规模予以添改修补，见绘图处"画图处为赶办图说进呈本事"，光绪二十四年正月初九日，"中研院"史语所藏，内阁大库档案165548-001。其文中提及："本处现在赶办图说进呈，常有添改修补之处，并恭缮目录、长方书签，须有妥员在馆常川住宿，专司其事。"且在其他省份的研究中，中国人民大学胡恒已经证实《大清会典图》中台湾部分的描述"虽与《台湾地舆总图》的"说略"不同，但和它的图幅若合符契……（故而，会典图图说台湾部分）就是按照《台湾地舆总图》的母本——即上交至会典馆的台湾部分舆图书写的"（详见：2014年中国江南水乡文化博物馆、《清史地图集》合办"历史地图专题研讨会"论文集，第155页）。

③ 《新疆省舆地图说》，《清代边疆史料抄稿本汇编》第20册，第15，141，150，153页。

④ 《中俄边界条约集》，商务印书馆，内部资料，1973年，第79页。

⑤ 《中俄边界条约集》，第99页。

（三）《旧刊新疆舆图》可能即是会典馆所藏会典舆图新疆部分经修改后的坊间刊本

台湾成文出版社于 1968 年曾经影印出版一本《旧刊新疆舆图》。成文出版社在影印本封面注有"据清·不著纂修人名氏，清光绪三十二年铅印本影印"字样。此图集共包括 29 幅舆地图。各图顺序、图名及比例尺如表 1 所示：

表 1　《旧刊新疆舆图》各图顺序、图名及比例尺

序号	图名	比例尺	序号	图名	比例尺	序号	图名	比例尺
1	迪化府图	每方二十五里	11	绥定县图	每方二十五里	21	拜城县图	每方二十五里
2	迪化县图	每方二十五里	12	宁远县图	每方二十五里	22	库车厅图	每方二十五里
3	昌吉县图	每方二十五里	13	库尔喀拉乌苏图	每方二十五里	23	乌什厅图	每方二十五里
4	绥来县图	每方二十五里	14	精河厅图	每方二十五里	24	疏勒直隶州图	每方五十里
5	阜康县图	每方二十五里	15	塔城厅图	每方二十五里	25	疏勒州图	每方二十五里
6	奇台县图	每方二十五里	16	阿尔泰山	每方二十五里	26	疏附县图	每方二十五里
7	吐鲁番图	每方二十五里	17	科布多南部图	每方五十里	27	坎巨提图	每方二十五里
8	镇西厅图	每方二十五里	18	俄属沙漫图	每方二十五里	28	和田直隶州图	每方五十里
9	哈密厅图	每方二十五里	19	俄属宰桑图	每方二十五里	29	和田州图	每方二十五里
10	伊犁府图	每方五十里	20	温宿直隶州图	每方五十里			

目前学界对于此种地图集的绘制过程、资料来源乃至版本情况未有研究。在《舆图要录——北京图书馆藏 6827 种中外文古旧地图目录》等图书目录中也未见此时期有相类似的地图集名称著录。就笔者目前掌握的材料来看，此地图集很大可能是会典馆所藏会典舆图新疆部分经修改后的坊间刊本。笔者尝试论证如下：

首先，《旧刊新疆舆图》是坊间刊本。其一，本图集第一幅图"迪化府图"即产生一明显错误：图上明确标明本图"每方二十五里"（见图 1），其中，迪化县南北方向占 11 个方格，即长 275 里；而在本图集"迪化县图"中，亦标明"每方二十五里"，而迪化一县南北方向却占去 16 个方格，即长 400 里。在地图集的开篇第一幅图中即出现如此低级的错误，这在官方正式出版的地图集中是很罕见的。其二，在具体内容上，关于昌吉县部分的洛克伦河与头屯河水系相互关系，《大清会典图·迪化府图》显示有一条较大的东北 – 西南向河道（即三屯河）将二者联系起来，而《旧刊新疆舆图》的《迪化府图》将之表示为两条独立的河流，遗漏了本区十分重要的三屯河。其三,《旧刊新疆舆图》各府图虽与《大清会典图》基本轮廓一致,但其精细程度远逊于会典图。由此三点,我们大致可以判断出《旧刊新疆舆图》并非由官方正式出版的地图集。

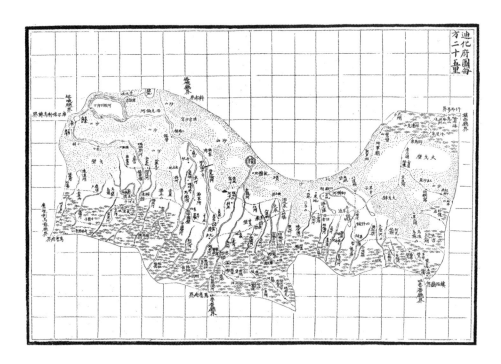

图1 《旧刊新疆舆图》"迪化府图"

资料来源:《旧刊新疆舆图》,台湾成文出版社,1968年影印本,第1页。

其次,《旧刊新疆舆图》大部分图幅当是以新疆省所赍会典馆的那34页舆图为原本修改摹绘而来。《旧刊新疆舆图》虽然刊印于光绪三十二年(1906),但在本图所反映的时间段上,由于在"库车厅图"中已经标出"焉耆府界""新平县界"字样,说明此时焉耆府、新平县①已经成立,则说明本图集反映了光绪二十五年(1899)三月

---

① 傅林祥在《中国行政区划通史·清代卷》(复旦大学出版社,2013年,第419页)中认为新平县设置于光绪二十四年。其所依据资料,一为《清德宗实录》卷436"光绪二十四年十二月壬寅"。此条记载原文是:"甘肃新疆巡抚饶应祺奏:新疆罗布淖尔屯垦安插就绪。拟请建治设官,以资镇抚。下部议。(早事)。"可见此条记载只能证明其此时"下部议"而已,并非已经决定设县。二为《焉耆府仍办蒙部交涉事件及改留照磨巡检片》,《新疆图志》卷105《奏议志十五》。经核查,此片实际位于《新疆图志》卷104《奏议志十四》,而非卷105《奏议志十五》。该文明确提及"窃臣前奏新疆罗布淖尔屯田安插就绪,谨拟建治设官,以资弹压一折,经史部等会同议覆。所请升喀喇沙尔厅同知为焉耆府知府,添设知县、县丞、典史及游击、守备、千把总文武各缺均已照准"。从此奏议中,我们可以得知:1.新平县在部议中获准设置。2.新平县设置与焉耆府设置是同时被批准的。《清德宗实录》卷441"光绪二十五年三月甲子":"添设新疆焉耆府等缺。从甘肃新疆巡抚饶应祺请也。"可知,焉耆府在光绪二十五年设置,那么新平县亦于此时设置也。

之后情况；而"和田直隶州图"中有"玛喇巴什厅界"字样，阜康县境内尚包括济木萨，吐鲁番图包括辟展，说明此时玛喇巴什厅尚未改置为巴楚州，孚远县、鄯善县尚未于光绪二十八年（1902）八月设置。故而，本图所反映的时间段在光绪二十五年三月至光绪二十八年八月之间。在此地图集出版之前，除前述张起宇测绘及绘制光绪《大清会典图》的活动外，新疆地区在清末并无其他大规模组织绘制地图的行为。而《旧刊新疆舆图》是包括 13 个府级政区、9 个县级政区舆地图的较大地图集，图上地名、地理事物繁多，且在绘制格式、图例、比例尺方面整齐划一，故而其当是以一次政府组织的系统绘制地图的成果为原型而绘成。会典馆明确规定："图内开方，省图每方百里；府直隶州图，每方五十里；厅州县图，每方十里。疆界裹广不芥，方数不必拘定格式。大小必须遵照搬出图式，以期画一。"[①] 在《旧刊新疆舆图》中，府级政区图基本是"每方五十里"，与会典要求相符；但在县级政区图，却为"每方二十五里"，与会典图"厅州县图，每方十里。疆界裹广不芥，方数不必拘定格式。大小必须遵照搬出图式，以期画一"的要求并不一致。不过"每方二十五里"可能是由于新疆面积实在太过广袤而政区偏少，在县级政区图中每方十里则图上方格太多，从而影响图面的无奈画法，且会典馆在最终的《舆地图目录清单》中言及新疆所赍送舆图"新疆新图……方格亦不如法"[②]，当即指此县级政区方格未能"每方十里"。所以本图当是以新疆所赍会典馆的那 34 页舆图为原本。

再次，《旧刊新疆舆图》内容不全，比照前述《新疆省舆地图说》，《新疆省舆地图说》由于与目录上"温宿直隶州图说、疏勒直隶州图说、莎车直隶州图说、和田直隶州图说"不同，在具体的单个图说上，为"温宿州图说、疏勒州图说、莎车州图说、和田州图说"；且图说虽然在讲述本政区建置上标明是直隶州，但是在山、水等地理事物的记叙范围亦只是其亲辖地，而非整个直隶州状况。而会典馆的绘图章程中明确提及"先办州县；次府，直隶厅、州；次省图；再合校总图"[③]，《新疆省舆地图说》把温宿直隶州、疏勒直隶州、莎车直隶州、和田直隶州与其亲辖地的图说混在一起了，所以总共只 30 个图说，而非与舆图 34 页相配套的 34 个图说。而在舆图图幅中，按照会典馆的要求，此四直隶州当与其亲辖地相分离，各为一幅地图。照此看来，《旧刊新疆舆图》尚缺少新疆省全图、焉耆府图、新平县图、玛喇巴什厅图、英吉沙尔厅图、温宿州图、莎车直隶州图、莎车州图、叶城县图、于田县图，计 10 幅

① "札北藩司等筹议开办舆图局"附"画图章程"，光绪十六年七月初十日，《张之洞全集》第4册卷98，第2691页。

② 《舆地图目录清单》，清内府朱丝栏写本，台北"故宫"图书文献处藏，转引自王一帆《清末地理大测绘——以光绪〈会典舆图〉为中心的研究》，第187页。

③ "札北藩司等筹议开办舆图局"附"画图章程"，光绪十六年七月初十日，《张之洞全集》第4册卷98，第2696页。

图；而多出阿尔泰山图、科布多南部图、俄属沙漫图、俄属宰桑图、坎巨提图共 5 幅图。合之《旧刊新疆舆图》原有之 29 幅图，与陶模所咨送会典馆的 34 幅图数目正好相符。而之所以多出阿尔泰山图、科布多南部图、俄属沙漫图、俄属宰桑图、坎巨提图 5 幅图，当是与光绪十八年洪钧地图卖国案发，会典馆在绘制地图时，由此对于边界问题异常小心，制定"各省外界事关交涉，尤不可轻于更动，今以旧图为准，虽注有新界，概不绘入"①的新标准有关。在会典馆《舆地图目录清单》中，明确提及新疆"新疆省全图……临边俱用新界，亦与奏章不合，据旧图、《内府图》补""伊犁府图……据新图增其西北外界，据旧图、《内府图》补""塔城厅图……据新图增其西北外界，据旧图、《内府图》补"等，而上述俄属沙漫图、俄属宰桑图由于其表示范围皆是中俄签订《勘分西北界约记》等一系列界约后，中国割让俄国的领土；此时中英又正在交涉关于坎巨提宗主权问题，所以此三幅图的产生当即由此机缘，会典馆增绘的结果。关于阿尔泰山图、科布多南部图增出的原因当与其时科布多、塔尔巴哈台借地案有关。由此，我们既一方面证实《旧刊新疆舆图》的确源于会典馆所藏会典舆图新疆部分；另一方面也能侧面论证出《新疆省舆地图说》恰是新疆省咨会典馆舆地图的"图说"部分。

那么为何《旧刊新疆舆图》与会典馆最终成图相比会缺少 10 幅图呢？同时，为什么国内有关大清会典图的研究成果在列举国内多个省份利用绘制光绪会典图所成舆地图出版了本省舆地图集时，皆未提及亦曾出版有新疆省舆地图集？②

此中答案也许就出于新疆巡抚在提交会典馆时舆图的形态。如前所述，在内阁大库实录库第一六三号"大木柜"中，除存放《新疆省舆地图说》外，尚存放"3 广东舆地图说 二函""4 吉林舆地图 一册""8 湖北图表 七本""12 浙省舆图 六本"等全国20 个省级政区的舆图集、图说等；结合本木柜中尚存放大量"1 大清会典事例清文副本 二十三函""5 黑龙江省应入会典事例 二本""7 会典馆卯簿 二十二本""30 理藩院造送会典稿件 十本""89 钦定会典图 十二本"等文件③，笔者大胆猜测此木柜可能即是清宫集中存放会典馆绘图处藏各省赍送来的舆图之所。在此大木柜中，其他省份舆图皆因以册为单位而得以单独编号而利于保存和整理，而新疆巡抚陶模是按"页"而非装订成"册"赍送新疆舆图，故陶模赍送的 34 页新疆舆图及会典馆增绘的舆图可能就

---

① 光绪《清会典图》"凡例"，中华书局影印光绪二十五年石印本，1991 年，第 9 页。

② 如《中国测绘史》编辑委员会编：《中国测绘史》第二卷"明代—民国"，测绘出版社，1995 年，第140—141 页。

③ 清室善后委员会编：《故宫物品点查报告》第 10 册第六编"点查实录大库等处情形"，线装书局，2004 年影印本，第 251—255 页。其中所藏的舆图集、图说分属的 18 个省级政区按顺序排列分别是：广东、吉林、湖北、直隶、浙江、云南、四川、贵州、福建、新疆、江西、湖南、台湾、河南、江苏、黑龙江、广西、安徽。其中有的省级政区图、说皆有，甚至有多种者；大部分只有图而没有说；只有新疆有说无图。

放在了本木柜"2 各种舆图四匣"中。不过在散页的状态下并不利于新疆舆图的集中保存。所以，随着时间的流逝，新疆省舆图开始流散，待《旧刊新疆舆图》开始编绘时，或许已经找不到那 10 幅舆图了①。目前，在国家图书馆尚存有"哈密厅图""伊犁府图""库尔喀喇乌苏图"三幅光绪年间静电复印本舆图（原图藏于大连图书馆）②，此三幅图皆以"幅"为单位，计里画方，每方五十里，且大小一致，皆为 22×32 厘米左右。根据绘制时间和"每方五十里"的比例及大小一致，可见属于统一绘制的情况来看，其极有可能即是新疆省赍送会典馆的原图。

另外，光绪十七年（1891）初，国史馆因续修地理志的需要，也曾咨新疆巡抚，而后饬令府厅州县将"各府厅州县之治所，疆域之四至，距府、距省、距京之远近、官司之领属，以至各府厅州之天度，各厅州县之山隘、水道、城池、村镇、边防、学校、营制、驿传、户口、田赋、物产"等详细造册外，"另绘通省总图、各府厅州及州县分图"③一并咨送国史馆。可惜因为资料实在缺乏，目前已经无法得知国史馆舆地图绘制的具体情况。不过由于与会典馆舆地图绘制时间一致，且图幅结构与会典图亦大致一致，因此也存在新疆将此与会典图造办合并处理的可能。此后，大规模的新疆普通地图的绘制活动便已经进入 20 世纪，到了清末"新政"之后的乡土志稿编纂时期④。

总之，通过对档案、政书及其他传世文字文献、舆地图的梳理，特别是清代新疆地方档案的发掘，我们重新"发现"了张起宇从光绪八年至十五年（1882—1889）的新疆测绘活动；通过对"中研院"史语所、台北"故宫"等所藏档案的发掘，使我们清楚了从光绪十六年至十九年（1890—1893）新疆省赍送会典馆舆地图的始末。这两次舆图绘制皆是因为面临重大的现实需要而进行的系统性的全省性绘制地图的行动。以这两次绘制地图的行动为发端，新疆省以这些舆图的图说汇总成了《新疆志》《新疆四道志》《新疆省舆地图说》等新疆建省后最初的一批地理志书，开始了建省后的地方志编纂工程。

由此，梳理清楚 19 世纪后期新疆的地图测绘活动不仅具有地图学史的价值，而

---

① 当然，另一种可能是：此图在光绪三十二年刊印时确实全秩，但成文出版社所据以影印的底本却是残本。

② 北京图书馆善本特藏部舆图组编：《舆图要录——北京图书馆藏6827种中外文古旧地图目录》，第240，241，242页。根据笔者实地访问该馆古籍部，得知大连图书馆目前尚未就所藏舆图系统整理编目，故而《大连图书馆藏古籍书目》"史部·舆图类"（张本义主编，广西师范大学出版社，2009年，第5册，第426—428页）及其官方网站，并未检索到相应舆图的记载。

③ "镇迪道就造册绘图及查明有无志书事札吐鲁番厅文"，光绪十七年五月十七日，《清代新疆档案选辑》第八十一册《工科》，第283页。

④ "镇迪道就转饬个厅州县编撰乡土志寄往编书局参考并交当地学堂学习事札吐鲁番厅文"，光绪三十一年六月条，《清代新疆档案选辑》第三十三册《礼科》，第15页。

且对于以此为基础而梳理复原建省后新疆地理志书的发展脉络及其相互关系亦有重大的意义。文献是进行历史研究的基础，对历史文献进行精确定位，以及梳理清楚文献形成之间的网络关系对我们更好地认知这批文献，以及利用这批文献推动清末新疆历史地理、区域史的研习具有积极的影响。

（中国社会科学院中国边疆研究所）

清代王伦起义后山东部分插花地的调整
——以台北"故宫博物院"藏《山东各属孤悬村庄图》为视角*

孔迎川

插花地是"特定历史条件下、特定区域内的各个政区（或行政区划）在形成、发展和变迁过程中归属明确但经界不正之地的总称，包括飞地和犬牙之地两种基本类型"。[1] 目前，学界对明清及民国插花地的研究成果已蔚为可观，[2] 但对山东插花地，现有研究主要集中于晚清时期的，特别是与义和团运动相关的"冠县十八村"等鲁西北与直隶交界地方，而对此前山东插花地状况关注较少。台北"故宫"藏《山东各属孤悬村庄图》[3]，为乾隆五十五年（1790）山东巡抚觉罗长麟奏请山东"各属孤悬村庄请就近改拨俾资管辖稽察"[4] 一事，随折所呈地图。该图开篇即列出乾隆三十九年（1774）王伦起义的起源地、王伦本人所居村落——阳谷与寿张之间的党家店。这是王伦起义后，清朝以行政区划方式加强对山东地方控制的一次实践。

一、关于《山东各属孤悬村庄图》

台北"故宫博物院"藏《山东各属孤悬村庄图》（以下称《孤悬村庄图》），为纸

---

* 原刊于《农业考古》2020年第1期。

① 杨斌：《历史时期插花地的基本概念讨论》，《西南大学学报》（社会科学版）2013年第5期。

② 关于历史时期插花地的研究，可参见杨斌：《插花地研究：以明清以来贵州与四川、重庆交界地区为例》，中国社会科学出版社，2015年；张祥刚：《插花地研究综述》，《科教创新》2013年第10期；谢景连：《中国"插花地"问题研究现状述评》，《怀化学院学报》2018年第10期。

③ 本图见林天人主编：《河岳海疆——院藏古舆图特展》，台北"故宫博物院"，2012年，第44—45页。

④ 台北"故宫博物院"藏军机处档折件，山东巡抚觉罗长麟乾隆五十五年三月二日奏折录副，文献编号：043018。

本长图一幅，纵横 21×109 厘米，经折装，水平方向自右向左展开，上南下北，左东右西。全图开端与末尾处贴有黄绫，最右侧黄绫上书"山东各属孤悬村庄图"。全图又以县为名，分十五幅图绘制，每县占一叶，各分县图右上角贴黄色签条，示明为"某某县图"。全图为设色彩绘，详载十五县土地重划情形，示意性地绘出各分图主县（即右上角黄签之"某某县"）县界，以及改划地方相关山川、湖泊、城池、运河、海洋等内容。绘者以放大、夸张的绘法，示出需改划村庄的名称及位置，并贴签条（分红、黄、蓝三色）详述某村庄划归某县治原因，如图 1 为分图幅中的《寿张县图》。

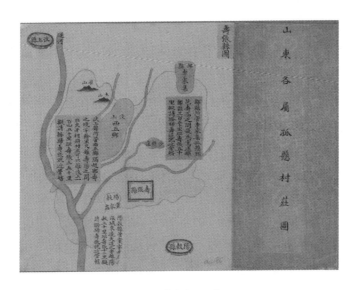

图1 《寿张县图》

笔者整理《孤悬村庄图》全图所绘信息，按原图分县列表如下（表 1）。

表 1 《山东各属孤悬村庄图》信息表

序号	分幅图名	行政区域	聚落（村庄）	签条内容	山丘、河湖水域
1	寿张县图	寿张县、阳谷县、汶上县	邹县李家集，阳谷党家店，汶上西五乡	①邹县所管李家集，孤悬郓、范、寿、阳之间，最为窎远，离邹县三百五十里，距寿张五十里。拟请拨归寿张就近管辖。②阳谷县管辖党家店□寿张城东边大道之旁，离阳谷三十里，距寿张十二里，拟请拨归寿张就近管辖。③汶上县所管西五乡，隔越郓、寿之境二十余里，夹杂寿、阳之间，非犬牙相错村庄可比，离汶上一百四五十里，距寿张三五十里，拟请拨归寿张就近管辖	土山、梁山，沙岭洼、运河

序号	分幅图名	行政区域	聚落（村庄）	签条内容	山丘、河湖水域
2	峄县图	峄县、兰山县	兰山马兰屯	兰山县所管马兰屯，孤悬峄县境内，离兰山一百八十里，距峄县四十里，拟请拨归峄县就近管辖	微山湖、运河
3	海丰县图	直隶庆云县、直隶盐山县、直隶沧州、海丰县	直隶盐山田家庄、高家庄、直隶沧州谭家庄、乐陵崔家庄、刘家庄	①直隶盐山县所管田、高二庄，孤悬东省海丰县境内，离盐山二百余里，距海丰县八十余里，拟请拨归海丰县就近管辖。②直隶沧州所管辖谭家庄，孤悬东省海丰县境内，离沧州二百五十里，距海丰县七十五里，拟请拨归海丰县就近管辖。③乐陵县所管崔、刘二庄，孤悬海丰县境内，离乐陵一百四十里，距海丰县七十里，拟请拨归海丰县就近管辖	海
4	济阳县图	济阳县、商河县	商河张庙庄	商河县所管张庙庄，孤悬济阳县境内，离商河五十里，距济阳四十里，拟请拨归济阳就近管辖	大洋河、大清河
5	新城县图	高苑县、新城县	高苑马庄	高苑县所管马庄，孤悬新城县境内，离高苑县八十里，距新城县四十里，请拨新城就近管辖	花山、铁山、梧河、寿妇河、小清河、郑潢河、朱龙河、锦秋湖、乌河、预备河
6	滕县图	滕县、峄县	峄县前坡村	峄县所管前坡村，孤悬滕县境内，离峄县六十四里，距滕县五十六里，拟请拨归滕县就近管辖	微山湖、珠海闸、桥头闸、独山湖
7	商河县图	商河县、惠民县	惠民吕家庄、朴刘庄、狗皮李庄、李庄、左家庄、刘家庄、朱家庄	惠民县所管吕家庄等七庄，孤悬商河县境内，离惠民县四五十里至七八十里不等，距商河二三十里至四五十里不等，拟请拨归商河就近管辖	
8	惠民县图	惠民县、青城县	青城宝家庄	青城县所管宝家庄，孤悬惠民县境内，离青城七十里，距惠民三十五里，拟请拨归惠民县就近管辖	

序号	分幅图名	行政区域	聚落（村庄）	签条内容	山丘、河湖水域
9	郓城县图	郓城县、嘉祥县、汶上县	嘉祥杂姓屯、五里井、汶上官路口、胡家庄、李家庄、薛家庄、黄家庄、李家庄、魏家庄、山家集	①嘉祥县所管杂姓屯、五里井二庄，孤悬巨、郓、濮三处交界中，隔他境紧靠郓城，离嘉祥一百余里，距郓城五十里，拟请拨归郓城就近管辖。②汶上县所管官路口等七庄，孤悬郓城县境内，离汶上一百八九十里，距郓城五六十里，拟请拨归郓城就近管辖。③汶上县所管山家集，孤悬郓城县边境，离汶上一百五十里，距郓城六十里，请拨归郓城就近管辖	廪邱坡，赵王河、济河
10	定陶县图	定陶县、菏泽县	菏泽焦家庄	菏泽县所管焦家庄孤悬定陶县境内，离菏泽四十里，距定陶县仅八里，拟请拨归定陶就近管辖	
11	菏泽县图	曹州府菏泽县、巨野县、嘉祥县、济宁州	济宁萧家庄	济宁州所管萧家庄，孤悬菏泽境内，离济宁一百七十里，距菏泽六十里，拟请拨归菏泽就近管辖。	
12	费县图	费县、兰山县	兰山仲沟屯、秦家屯、代家屯、朱柳屯、王大夫屯、汤家屯、邵家屯	兰山县所管仲沟屯等七庄，孤悬费县境内，离兰山五六十里至一百余里不等，距费县四五十里至六七十里不等，拟请拨归费县管辖	
13	诸城县图	诸城县、高密县、胶州	高密杨家屯	高密所管杨家屯，孤悬胶、诸之间，离高密一百三十里，距胶州一百五十里，距诸城六十里，拟请拨归诸城就近管辖	
14	平度州图	平度州、即墨县	即墨即墨旺	即墨县所管即墨旺庄，孤悬平度州境内，离即墨一百三十七里，距平度州仅三里，拟请拨归平度就近管辖	女姑山、崂山，海
15	文登县图	文登县、荣成县	荣成窑南坡村	荣城县所管窑南坡村，孤悬文登县境内，离荣成一百三十里，距文登六十里，拟请拨归文登就近管辖	文山、马山、桃花山、牛心山，海

由表 1 可见，图幅中所涉，有直隶庆云、盐山两县及沧州、山东省寿张、阳谷等24 县，胶州、平度二散州及济宁直隶州，"孤悬村庄"共 42 处，贴签共 21 则。各州县分图中所绘村庄，多者如《郓城县图》中涉及 10 处，少者如《滕县图》《文登县图》等仅 1 处。各孤悬村庄原属地中，较多者有兰山（8 处）、汶上（8 处）、惠民（7 处）。各村落距原属县治，远者二三百里，近者亦有五六十里。

二、山东插花地问题及王伦起义起源地再考

山东不少插花地在明朝时即已存在。顾炎武曾论："自古以来画疆分邑，必相比附，天下皆然。乃今则州县所属乡村，有去治三四百里者，有城门之外为邻属者，则幅员不可不更也……清河（属广平）、威县之间，有冠县（属东昌）地；郓城（属兖州）、范县（属东昌）之间，有邹县（属兖州）地；青州之益都等县俱有高苑地。"[1] 顾氏论及山东插花地者三，其中后两处在此次"孤悬村庄"的调整中得到部分拨正，即"孤悬郓、范、寿、阳之间"的邹县李家集，以及"孤悬新城县境内"的高苑县所管马庄，详见图1及图2。

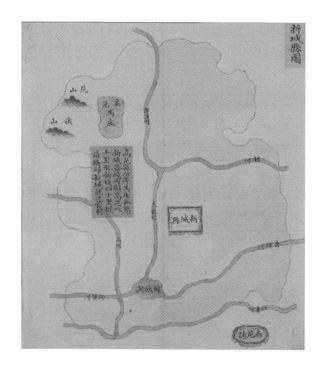

图2 《新城县图》

顾亭林亦曾言及插花地成因："卫所之屯，有在三四百里之外，与民地相错，浸久而迷其版籍，则军民不可不清也。水滨之地消长不常……则事变不可不通也。"[2] 当下研究中，北方插花地的形成，主要归因于明代藩王庄田与卫所屯田，以及军民错

---

① 顾炎武著，黄汝成集释：《日知录集释》，上海古籍出版社，2006年，第588页。

② 顾炎武著，黄汝成集释：《日知录集释》，第588页。

处、相互租买形成的"寄庄田"[1]，清代山东插花地亦多缘此而成。如孤悬峄县的马兰屯，即"军地，属沂州卫，民地，属峄县"[2]；远离乐陵的崔家庄、刘家庄，亦为"寄籍海丰"[3]。此次调整的插花地，不乏以"屯""庄"为名者，虽大多未有史料记载，很可能亦是沿袭了原屯田、庄田之名。

山东插花地问题由来已久，何以在乾隆五十五年时由山东巡抚集中提出？且觉罗长麟的此一提议获准极为顺利。[4] 笔者认为，这与王伦起义直接相关。

王伦起义是乾隆三十九年爆发于鲁西北地区的一次农民起义，起义时间虽未到一个月，但因波及阳谷、寿张、临清等运河要冲，给清廷造成极大震动。这次起义常被视为"揭开了清代中叶农民大起义的序幕"[5]。关于其领导者王伦的籍贯及本次起义的起源地，学界一直存在着模糊或错误的论断。当下，学界主流观点多将王伦归为寿张县人，[6] 如韩书瑞（Susan Naquin）就曾写道："王伦就住在寿张县的一个小村庄，该村位于大运河畔张秋镇以西9公里处。在明朝年间（16世纪初），王伦的远祖与一户姓党的人家（王伦所在的村庄就叫党家店）从山西南部搬迁而来。九代以后，两支王家远亲仍在党家店生活。"[7] 甚至《清通典》中亦有"寿张逆犯王伦"[8] 之称；山东巡抚杨景素奏言"臣等当即选派妥员，分赴王伦居住之寿张县党家店"[9]。可见，即便清朝大员，亦不乏将王伦所居之党家店归于寿张县者。

《清实录》载："党家店系王伦所居，张四孤庄为王经隆所居，二十八夜，从此两村起事。"[10] 结合前文，王伦居于党家店，并于此起事，应为较公认之观点。问题的关键，在于党家店的归属。由图1可见，《孤悬村庄图》开篇即绘出党家店之地理形势，并贴签条言："阳谷县管辖党家店□寿张城东边大道之旁，离阳谷三十里，距寿张十二里，拟请拨归寿张就近管辖。"五十七年（1792），时任山东巡抚的觉罗吉庆在

① 孙景超：《民国时期河南插花地整理活动研究》，《兰州学刊》2017年第12期；徐建平：《行政区域整理过程中的边界与插花地：以民国时期潼关划界为例》，《历史地理》第24辑，2010年，第92页。

② 陆陇其：《三鱼堂日记》卷3，同治九年浙江书局刻本，第3页。

③ 乾隆《乐陵县志》卷3《祥异》，乾隆二十七年刻本，第80页。

④ 乾隆五十五年三月初二进奏，皇帝朱批"此奏是，着军机大臣速议准行"，三月初四和珅等即议覆该奏"缘由合理……尊奉施行"。见台北"故宫博物院"藏军机处档折件，山东巡抚觉罗长麟乾隆五十五年三月二日奏折录副；三月四日，和珅议覆折，文献编号：044084。

⑤ 戴逸：《简明清史》，中国人民大学出版社，2018年，第424页。

⑥ 左步青：《乾隆镇压王伦起义后的防民措施》，《故宫博物院院刊》1983年底2期；王帅：《乾隆盛世民变研究——以王伦起义为例》，《黑河学刊》2013年第2期。

⑦ ［美］韩书瑞（Susan Naquin）：《山东叛乱：1774年王伦起义》，刘平、唐燕超译，江苏人民出版社，2008年，第47页。

⑧ 《清通典》卷86《刑·杂议》，《清朝通典》，商务印书馆，1935年，第2671页。

⑨ 《钦定剿捕临清逆匪纪略》（后文称《临清纪略》）卷16，文海出版社，1975年，第986页。

⑩ 《清高宗实录》卷967，乾隆三十九年九月戊寅。

上奏"查明逆匪王伦祖上坟墓具已刨毁事"时，曾对党家庄（即党家店）形势及其归属又有论述，觉罗吉庆称：

> 臣前奉谕旨，令即亲赴勘验逆匪王伦祖父已刨坟墓是否确实……臣即简骑径抵寿张……密加访问。当日王伦住居及祖坟所在之党家庄，居民咸能指目其处，臣即令引至该庄。庄内现有王伦族姓共五户，据居民指出，王伦住屋基址一处，验明实系拆毁……并查处庄民王森……等，讯系王伦远支族人……据王森等同称，我们自始祖传自王伦，已有九辈，曾听见父祖们传说，原籍山西洪洞县，同党姓迁居到此，世代久远……始祖生有二子，一住路南，一住路北，近村人都知同庄有南北分派，王伦是北支，我们是南支……臣查王伦既有祖坟、房产及同宗族属……即为山东土著，似无疑义……再查党家庄本系阳谷县管辖，与寿张毗连交错，于五十五年前抚臣长麟清查孤悬村庄案内，始行归并寿张县管辖，原办逆匪籍贯称系寿张县之处实属错误。①

可见，党家店（庄）在乾隆五十五年改划孤悬村庄后，方属寿张，此前应属阳谷。结合《孤悬村庄图》及觉罗吉庆的奏折可知，乾隆三十九年时，王伦应为阳谷县人，此次起义亦爆发于阳谷县管辖的党家店（庄）。

起义在党家店等地爆发后，王伦及其信众首先攻入寿张县城，"围住文武衙门，抢劫仓库，占据城池"②，随后与张四孤庄南下的王经隆所率信众汇合，在九月初攻克了阳谷县城，同样占领衙门，释放监狱囚徒。此后动荡扩大，波及临清等地。③ 起义之初，王伦率领其信众采取先破寿张后攻阳谷的策略，固然是因寿张县抓捕了清水教、白莲教教徒，王伦欲将之释放。但结合《孤悬村庄图》及相关奏折，我们可进一步理解，何以王伦先寿张后阳谷的进攻策略如此奏效。其一，党家店邻近寿张县治东北，远离其归属之阳谷县，王伦于此纠结人众起事，本不属寿张县直接管辖，而阳谷县一时间鞭长难及，此即觉罗长麟所言孤悬村庄"遇有凶匪盗贼等事，不惟报案、差缉往返需时，此等匪徒一经避入邻庄，本县差役即不得越境拘拿"④ 之困。其二，党家店位于"寿张城东边大道之旁"，显然王伦等人前往寿张城极为便捷。

另外，部分地方文献对王伦籍贯有另一种记载，认为王伦系"寿张县后王庄

① 中国第一历史档案馆藏，山东巡抚觉罗吉庆乾隆五十七年六月二十一日奏折，档号：04-01-01-0452-020。

② 《临清纪略》卷1，第8页。

③ ［美］韩书瑞：《山东叛乱：1774年王伦起义》，第81—87页。

④ 台北"故宫博物院"藏军机处档折件，山东巡抚觉罗长麟乾隆五十五年三月二日奏折录副。

人"①。今阳谷县十五里园镇后王村，尚有1957年所立"王伦故里"碑。此种说法，笔者未从清代文献中得到证实。检阅所得，此说较早出现于《东昌文萃》："王伦，系清代乾隆年间寿张城东北十里后王庄人……父早被地主豪绅陷害而死……随母迁居外祖母家党店村。"②据前文王伦族人王森等称，显然王伦父祖应世居党家店，且清朝针对王伦家乡的行动、调查与记载，皆围绕党家店，王伦"随母迁居外祖母家党店村"一说未知何来。即便假设王伦为后王庄生人，而长于党家店，光绪《阳谷县志》卷2"东一都二十六庄"有"后王庄"之载，而未见后王庄归寿张县之方志记载。且今后王村即在党店村东北，直线距离仅200余米。由图1可见，王伦起义时，党家店在寿张东北界线之外，其东北紧邻之后王庄更无属寿张之理。无论如何，王伦确为"阳谷县人"（笔者认为，王伦就是党家店人），起事之地为阳谷党家店更无疑义。

三、《孤悬村庄图》与王伦起义后的山东治理

通观《孤悬村庄图》各县分图，其排列顺序似并无规律可循。以寿张县为首图，笔者认为，一是该图中有王伦故乡党家店，二则"寿张县境内有邹县之李家集，距邹县三百五十里，距寿张县五十里"③，李家集是全图中离原属县最远的村庄，更有说服力。笔者参照《孤悬村庄图》中各村庄之间，村庄与县城、县界的相对位置，借助山东省1980年后出版的各地方志、年鉴，④得到图中28处村庄的今地（见表2）。⑤

表2 《孤悬村庄图》中部分村庄今地表

清地名	今地	清地名	今地	清地名	今地
李家集	郓城县李集镇	马庄	淄博市张店区北马庄村	秦家屯	费县秦家屯村
党家店	阳谷县党店村	吕家庄	商河县吕家村	代家屯	费县代家屯村
马兰屯	枣庄市台儿庄区马兰屯镇	狗皮李庄	商河县狗皮李村	朱柳屯	兰陵县朱柳屯村

① 濮阳市地方史志编纂委员会编：《濮阳市志》卷6，中州古籍出版社，2005年，第2527页。
② 聊城地区行政公署文化局编印：《东昌文萃》，1980年，第68页。"王伦故里"碑亦载于此。
③ 台北"故宫博物院"藏军机处档折件，山东巡抚觉罗长麟乾隆五十五年三月二日奏折录副。
④ 山东省情网已经公布，见http://lib.sdsqw.cn/ftr/ftr.htm。
⑤ 除汶上西五乡、峄县前坡村、青城宝家庄、汶上山家集、菏泽焦家庄、济宁萧家庄、嘉祥杂姓屯、嘉祥五里井8地以外，其他村庄皆有附近村庄呈现图上，故不影响布局，且焦家庄紧邻定陶县，故42处村庄，地理位置难以体现的村庄仅有7处。并且，《孤悬村庄图》中所涉各县级治所皆可确定位置。

清地名	今地	清地名	今地	清地名	今地
田家庄	无棣县田家庄子村	李庄	商河县李胡头村	王大夫屯	费县王大夫庄村
高家庄	无棣县高家庄子村	朱家庄	商河县朱家村	汤家屯	费县汤家屯村
谭家庄	无棣县谭庄子村	官路口	郓城县官路口村	邵家屯	费县邵家屯村
崔家庄	无棣县崔家庄村	胡家庄	郓城县胡庄村	杨家屯	诸城市杨家屯村
刘家庄	无棣县刘庄子村	薛家庄	郓城县薛里庄	即墨旺	平度市即墨旺村
张庙庄	济南市济阳区张庙村	黄家庄	郓城县黄家楼	窑南坡村	威海市窑南坡村
仲沟屯	费县仲口屯村				

　　由表1及表2可见，除窑南坡、即墨旺、杨家屯三个村庄之分布靠东之外，其余村庄分布较为集中，故笔者在"CHGIS"（中国历史地理信息系统）数据库所提供的1820年数据基础上，复原了《孤悬村庄图》中除东部三村庄之外的25处村庄位置，制图如下（图3、图4）。

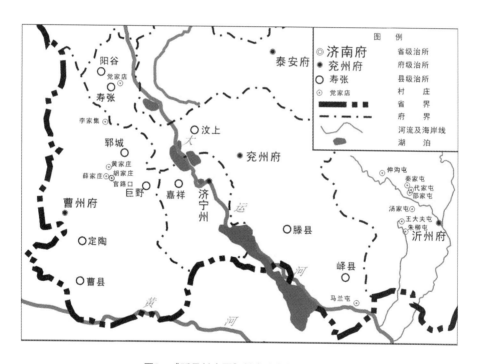

图3　《孤悬村庄图》村庄分布复原（一）

图4 《孤悬村庄图》所绘村落分布复原（二）

由图可见，这次插花地调整，除东部三村庄外，涉及村落主要分布在山东的两个地区：第一，西部、西南的运河及运河附近地区；第二，北部从海丰至商河、济阳，由沿海的直鲁交界地区，沿大清河（今黄河山东段）、徒骇河及其支流向内。笔者认为，山东孤悬村庄改划的提出，与所涉村庄的分布格局及当时山东省的形势有关。

首先，王伦起义的过程中，沿途村民不断加入，使对山东村庄的控制进入君臣视野。三十九年九月初十，东抚徐绩奏言："寿张、阳谷、堂邑、临清一带，各处村庄皆有逆党，数日内聚众二千余。"[1] 起义势力的粮饷供应，乾隆帝即曾言："贼匪向各村庄需索米豆，立时供给。"赴东省平乱的大学士舒赫德亦言："逆匪酿乱……实非饥寒驱迫……贼人所过村庄，皆有盖藏供其搜索。"[2] 清军又曾在小邓家庄等地与起义军交战，因而乾隆帝亦困惑："柳林庄、小邓家庄、张四孤庄，相距之路几何，系何州县所属，坐落何方，距所治若干里？俱未俱详晰声叙，殊难明晓。着姚立德、徐绩即速查明。"[3] 又如邹县距本县三百、"插入巨野县界"的李家庄，即被视为"藏奸之薮"，康熙十一年（1672）"奉文调拨各营兵二十名驻扎本庄地方"[4]，两年后又撤。可见，这

---

① 《临清纪略》卷2，第81页。

② 《临清纪略》卷4，第224页。

③ 《清高宗实录》卷966，乾隆三十九年九月乙丑。

④ 康熙《邹县志》卷3《防御志》，康熙五十四年刊本，第33页。

些孤悬村庄在此前便为地方难治之区。

其次，鲁西运河沿线是漕粮北运的咽喉之地，乱民易于沿运河流窜，北至直隶，南抵江苏。三十九年九月二十二日，直隶总督周元理付札舒赫德，言起义军在临清"犯河西营盘"①，威胁直隶。二十六日，临清初靖，皇帝就催促"所有未过临清之粮船，应及早催促南下……毋误今冬明春兑漕开帮期限"②。《孤悬村庄图》中，寿张、峄县、嘉祥、汶上、济宁等地紧邻运河，微山湖、独山湖、运河亦出现于相关图幅。由于鲁西、鲁南多为平原、河湖交错，郓城、阳谷、峄县、兰山一带也很容易威胁运河。

再之，乾隆四十七年（1782），山东爆发了巡抚国泰、布政使于易简贪腐案。随后查出山东通省亏空约银两百万两。皇帝震怒，赐令国泰、于易简自尽。并派遣明兴、觉罗长麟等官员查补山东省地方亏空，整顿山东吏治。③觉罗长麟所奏"至征纳钱粮，零星小户，往返盘费转致浮于正额，以致地方匪徒乘机包揽"之言，即欲重划孤悬村庄，清理地方赋税。山东东北近海且与直隶交界地方，多有盐场，则"盐山县之田家庄、高家庄多系灶户，其灶课钱粮向由天津运使征纳。今既将此二庄改归山东省管辖，应征灶课亦请改归山东运使征解，以归简易"④，厘清此处插花地亦为紧要。乾隆五十六年（1791），各孤悬村庄之地亩、税额已厘定清晰，改划完成。

另外，此次孤悬村庄整理，是山东经王伦起义及国泰贪腐、亏空案后，觉罗长麟于山东巡抚任上加强地方管控的举措之一。其他措施，如五十四年（1789）二月，长麟进"请改丞卒繁简员缺并移设县丞"折，言事有三：一因武定府同知"驻扎利津县海口牡蛎嘴地方，管理海洋船只，且所属之海丰、沾化、滨州、蒲台等州县，均系接壤海滨，窃匪盗贼、私盐私贩最易混迹"，故请将之由"简缺"改为"要缺"；二因禹城县与历城、齐河、长清等县"犬牙相错，路当孔道，事务殷繁"，请将淄川县丞改归禹城县，驻于禹城城外；三因曹县刘家口"距县八十里，界连豫省"，请将菏泽县丞移驻，改曹县县丞。当年底，又因山东"驻防各汛地方，有距本管副参等营远至三四百里"等，请将此类营汛十余处，改拨附近营分管辖，⑤如此等等。可见，长麟主政时，对山东各处州县区划、驻防等大小事务多有通盘考虑，孤悬村庄改划之议亦合情理。

①　《临清纪略》卷6，第321页。

②　《清高宗实录》卷967，乾隆三十九年九月丙子。

③　参见许静：《论国泰案前后清廷对山东地方政策的调整》，《故宫博物院院刊》2008年第5期。

④　台北"故宫博物院"藏军机处档折件，山东巡抚觉罗长麟乾隆五十五年三月二日奏折录副。

⑤　台北"故宫博物院"藏军机处档折件，山东巡抚觉罗长麟乾隆五十四年十一月十日奏折录副，文献编号：042355。

四、结语

飞地和犬牙之地是插花地的两种基本类型。这种"经界不正之地",加大了政府的控制难度与管理成本,导致政府控制力相对薄弱。[①] 晚晴大员胡林翼谓插花地之弊:"民之输将也,不于其近而于其远……劳费可矜;士之应试,其弊亦然。命案借远地而迟延,盗案因交界而推诿,姑无论矣,即寻常词讼,牵连他属者十之四五。辗转关移,百无一是。"[②]

《孤悬村庄图》所反映的此次山东插花地调整采取的原则统一为"就近管辖"。由表1可见,每处贴签皆书相关村庄距原属与拟属州县里程,并言应"就近管辖",觉罗长麟所进奏折,开篇亦称"奏为查明各属孤悬村庄请就近改拨",言"州各官办理地方事务、查拿匪类、征纳钱粮,全在所属村庄形势联络,疆域清厘,耳目能周,稽察始易"[③]。此次村庄改拨进行顺利,除因朝廷重视外,觉罗长麟作为山东巡抚,对省内地理形势调查明晰,上奏图文互相映证,详述所存问题与对策,亦关紧要。《孤悬村庄图》并未严格依照"制图六体"等传统地图规范绘制,而是突出主题,形象描绘了各孤悬村庄的地理形势,是我们研究清代山东插花地状况的重要材料。

该图在内容上与王伦起义直接相关,据此,可知王伦应为阳谷人,而非前人所论的寿张人。党家店插花地的地理位置,使得王伦及信众在起义之初得以纵横于寿张与阳谷之间。起义过后,清廷以调整村落区划等方式加强了对山东"孤悬村庄"相关州县交界地方的控制。另一方面,《孤悬村庄图》所反映的此次调整,并未对山东全部插花地进行厘清。清末义和团运动,正是爆发于冠县在直隶的插花地——"冠县十八村"之一的梨园屯。[④]

(中国社会科学院中国边疆研究所)

---

① 鲁西奇、林昌文:《飞地:孤悬在外的领土》,《地图》2009年第4期。

② 胡林翼:《胡林翼集》(二),岳麓书社,1999年,第9页。

③ 台北"故宫博物院"藏军机处档折件,山东巡抚觉罗长麟乾隆五十五年三月二日奏折录副,文献编号:043018。

④ 参见路遥主编:《义和拳运动的起源》,山东大学出版社,1990年,第5页;华林甫:《义和团起源的地图解读》,《地图》2016年第4期。

乾隆续修《大清一统志》研究三题*

王大文

　　《大清一统志》是清代官修地理总志，纂修过程历经康、雍、乾、嘉、道五朝，成书三部。一般认为，续修《大清一统志》成书于乾隆四十九年（1784），共五百卷。[①]另外，续修《大清一统志》编修者亦鲜有研究。根据所见档案文献，本文拟对乾隆时期续修《大清一统志》的成书时间、志书卷数和编修人员等三个问题进行探究，以就教于方家。

一、成书时间考

　　乾隆二十九年（1764），在河南道监察御史曹学闵奏疏的推动下，清廷开始续修《大清一统志》。长期以来，利用续修《大清一统志》的学者大多认为续修本成书于乾隆四十九年（1784），以讹传讹。在爬梳续修《大清一统志》成书前最后几年的纂修细节之后，笔者认为，它的实际成书时间是乾隆五十年（1785）年底。尽管两种说法的《大清一统志》版本时间仅差一年，但也会影响我们对《大清一统志》具体内容认识的完整性和准确性。下面剖析《大清一统志》成书前最后几年的纂修细节，以作论证。

*　原刊于《中国地方志》2015年第6期，此次略有修改。

① 谭其骧主编：《辞海》（地理分册·历史地理），上海辞书出版社，1978年。杨正泰：《中国历史地理要籍介绍》，四川人民出版社，1987年。《中国方志大辞典》编辑委员会编：《中国方志大辞典》，浙江人民出版社，1988年。谭其骧主编：《中国历史大辞典·历史地理卷》，上海辞书出版社，1996年。张艳玲《三部〈大清一统志〉的比较研究》（2003年），中华文史网：http://www.historychina.net/magazinefree/html/10/114/content/97.shtml，检索于2012年4月6日。牛润珍、张慧：《〈大清一统志〉纂修考述》，《清史研究》2008年第1期。等等。以上论著均认为该志书成于乾隆四十九年。除张艳玲外，其余诸位认为该志书有五百卷。

《大清一统志》的续修工作由方略馆承担。乾隆帝不仅是拥有"十全武功"的帝王，也是一位"稽古右文"的君主。乾隆朝兴起开馆修书的高潮，方略馆续修《大清一统志》即是潮流中的一朵浪花。除了《大清一统志》外，方略馆在这一时期还编修《平定准噶尔方略》《清朝开国方略》《兰州纪略》等多部典籍，这是续修《大清一统志》编纂进度缓慢的因素之一。直到乾隆四十二年（1777），军机大臣奏陈当时正在编修书籍尚有 16 种未成书，《大清一统志》亦名列其中，应派专员负责督催修书工作，最终钦派袁守侗、和珅督办《大清一统志》纂修事宜。① 乾隆四十三年（1778），军机大臣奏请《大清一统志》因"卷帙较多，请展限赶办"，乾隆帝下旨："各处应进之书，止须按卯分进，转不必立定期限。如届期迟误，即奏明参处"。② 乾隆帝仍然希望《一统志》能按时编成。乾隆四十七年（1782）二月十七日，和珅等奏：《大清一统志》自乾隆二十九（1764）开馆以来，共陆续进呈十五省二百八十余卷。此时尚有江苏、安徽、江西、浙江四省及外藩部分未完成，编修吴省兰任总纂官，预计在乾隆四十九年（1784）可以全部成书，便可写入《四库全书》。③ 乾隆四十七年（1782）六月二十六日，军机大臣奏报各馆纂修拟定各书完竣日期时指出："《大清一统志》，已进过二百九十七卷，未进约六十卷，计期于四十八年十二月完竣。"④ 乾隆四十八年（1783）二月初二日，军机大臣奏报各馆纂办书籍情形：《大清一统志》，节次轮进，并未逾限，原限四十八年十二月内完竣。自上年十月后进过七卷，连前共进过三百十卷，未进四十四卷。⑤ 两份奏折间隔 7 个月的时间，方略馆臣仅进呈《大清一统志》十三卷，其纂修进度可见一斑。

　　续修《大清一统志》并未按照原定日期于乾隆四十八年十二月内完成。乾隆四十九年闰三月初二日，在《军机大臣奏查方略馆等处应进各书尚无延迟等事片》中提及"查方略馆等处应进各书，如《一统志》《盛京通志》《职官表》及译书房翻译各书，现俱随本报按卯进呈，尚无延迟"⑥。此处说没有延迟，实际是在此之前申请宽限时间之后的措辞。乾隆四十九年七月二十日，军机大臣又奏："《大清一统志》《职官表》……俱于原定卷数之外，有增纂之卷，是以亦未办竣……《大清一统志》原限四十八年十二月完竣，原定三百六十卷。现在直隶等十八省已于上年冬季进完，惟外藩一门添纂六十余卷，新疆诸部屡经查核，尚有应行改正添纂之卷。又，江浙等省志

① 《清实录》乾隆四十二年三月乙未，中华书局，1986年。版本下同。

② 《清实录》乾隆四十三年三月壬戌。

③ 中国第一历史档案馆编：《纂修四库全书档案》下册，上海古籍出版社，1997年，第1465—1467页。版本下同。

④ 《纂修四库全书档案》下册，第1586页。

⑤ 《纂修四库全书档案》下册，第1707—1708页。

⑥ 《纂修四库全书档案》下册，第1769页。

内恭遇皇上六巡江浙，俱有应添事宜，尚未办竣。已进三百六十八卷，未进尚有六十卷……以上四部系曾请展限及有增纂之卷。"①可见，续修《大清一统志》确因卷数过多且增纂内容而延期。乾隆四十九年七月六日，军机处当月委署主事巴图行文理藩院："本处现在奉旨赶办《一统志》，所有外藩等处封爵，及地方四至有无更改增添之处，业于六月二十四日片交贵处，速即查覆，以便纂入进呈。至今已几半月，未见查覆，合行催取，即照前片内开各条分晰造册，于二日内送本处，毋得刻迟。"②乾隆五十年二月十七日，军机大臣指出该部地理总志仅进呈三百六十八卷，仍有六十卷未进呈，计划于三月内（按，即乾隆五十年五月）完成全书。③乾隆五十年六月初八日，和珅与曹文埴为《大清一统志》纂修官奏请议叙："臣等奉旨续修《大清一统志》，现在全部告成……可否仰恳皇上天恩，照本馆《盛京通志》书成之例，将在馆总纂、满汉提调、收掌、纂修、校对、誊录、译汉官、供事等赏给议叙，以示鼓励。"④

再仔细梳理上述续修《大清一统志》的成书过程可知：

1. 前引乾隆五十年二月十七日奏折中已明确说明计划于五十年五月内完成全书。

2. 乾隆五十年六月初八日，和珅等奏请议叙折中报告《大清一统志》已"全部告成"，在同一奏折中又说"臣等仍督率各该员赶办，划一完竣，即行停止公费。其誊录、供事等，统俟划一完竣后，再行咨部铨选"⑤，这表明虽已经奏请议叙，但《一统志》的编修工作依旧在进行。此时奏请议叙的人员仅是那些已经完成纂修任务的部分编修人员，未完成工作的人员则继续在馆工作。如该书卷七的"（明）庄烈帝思陵"条下注释：乾隆五十年，皇上亲诣明陵祭奠，特降谕旨修葺诸陵……⑥该书卷三百二十八的"何忠壮公祠"条目注释：本朝乾隆五十年建。⑦另据《李朝实录》（又名《朝鲜王朝实录》）正祖九年四月十九日记载：谢恩使书状官李鼎运汇报清国见闻，其中谈及《四库全书》等典籍的编纂情况，"《大清一统志》《通鉴辑览》，更令校正云"⑧。正祖九年即乾隆五十年，这表明续修《大清一统志》此时仍处于编纂进程中。

3. 事实上，乾隆五十年十二月二十日，又因《大清一统志》告成而议叙舒濂、关槐等九人。⑨《清高宗实录》亦载"续修《大清一统志》并《辽金元三史国语解》告成，

① 《纂修四库全书档案》下册，第1787—1788页。

② 内阁大库档案，登录号：294765-003，台北"中研院"历史语言研究所藏。

③ 《纂修四库全书档案》下册，第1862—1864页。

④ 录副奏折，档号：03-1155-038，缩微号：082-1733，国家清史编纂委员会数据库。

⑤ 录副奏折，档号：03-1155-038，缩微号：082-1733，国家清史编纂委员会数据库。

⑥ 见《景印文渊阁四库全书》第474册，台湾"商务印书馆"，1984年，第156页。版本下同。

⑦ 见《景印文渊阁四库全书》第481册，第581页。

⑧ 详见조선왕조실록：원본 보기（history.go.kr），搜索于2022年12月5日。

⑨ 中国第一历史档案馆编：《乾隆帝起居注》第35册，广西师范大学出版社，2002年。

承办纂修等官，议叙有差"，记录时间是乾隆五十年十二月乙未。① 可见，续修《大清一统志》乾隆四十九年成书一说是不能成立的。续修《大清一统志》成书于乾隆五十年，但是其中过程也有些曲折。这里需要强调的是，续修《大清一统志》每个统部并不是均于乾隆五十年年底修成。如上文所说，外藩部分同直隶等十八省的完成时间并不相同，江浙等部分在初次修成后又有增添内容。方略馆在将《大清一统志》抄写收入文渊阁《四库全书》中时仍在继续增纂一些内容。一是，该志书卷十八"崇因寺"条下记载：（乾隆）五十一年，皇上西巡，临幸，御制碑记。② 二是，《大清一统志》卷四百二十四的最末页记有缅甸与清朝交往史事：

> （乾隆）五十三年，孟陨遣其头目业渺瑞洞、细哈觉控等，款关纳贡，悔罪输忱。总督富纲以闻。许之。……上于避暑山庄宣见缅使，宴赉甚渥，特敕嘉奖，并颁赐佛像、如意、朝珠、银币诸物。至京师，令缅使谒阙，随班行礼，毕。遣令归国。③

再核对《清实录》，乾隆五十三年（1788）六月至九月间，缅甸曾派使臣进贡清朝。④ 乾隆五十三年是文渊阁本《大清一统志》增修史事的最晚时间断限。笔者查阅文津阁本《大清一统志》相应卷内的条目下亦有与文渊阁本相同的记载。⑤

续修《大清一统志》乾隆四十九年说来源于何处？ 嘉庆十六年（1811），国史馆总裁大学士庆桂等认为续修《大清一统志》于乾隆四十九年纂定。⑥《嘉庆重修一统志》是此说的滥觞，道光帝御制序文和该志凡例第一条均指续修《大清一统志》成书于乾隆四十九年。⑦ 续修《大清一统志》、《四库全书总目》与《四库全书简明目录》均未提及续修《大清一统志》的成书时间。国史馆馆臣可能是根据续修志凡例中两处"以乾隆四十九年为断"而妄下论断，却没有认真查阅乾隆朝的相关修书档案。民国年间，陶湘

① 中国台湾学者王会均先生据此条《清实录》内容亦主续修《大清一统志》成书于乾隆五十年，惜未作具体论证。详见《大清〈一统志·琼州府〉研究》（上、下），《台湾"中央图书馆"台湾分馆馆刊》第3卷第2，3期（1996年12月、1997年3月）；《海南方志研究》卷二，文史哲出版社，2012年。

② 见《景印文渊阁四库全书》第474册，第368页。

③ 见《景印文渊阁四库全书》第483册，第744页。

④ 详见《清实录》第25册，第576—722页。

⑤ 详见《文津阁四库全书》第162册的第66，159页及第164册的第590，1089页，商务印书馆，2005年。

⑥ 全国图书馆文献缩微复制中心编：《清国史馆奏稿》第2册，2004年内部出版，第1011页。

⑦ 《嘉庆重修一统志》卷首，上海书店，1984年。该版是重新影印1934年商务印书馆影印清史馆藏进呈写本而成。

先生在其论著中亦认为续修《大清一统志》成书于乾隆四十九年①，可见旧说影响之深。

二、志书卷数再辨

余嘉锡先生曾言："目录之学为读书引导之资，凡承学之士，皆不可不涉其藩篱。"②可见目录学对于学术研究的重要性。文渊阁、文津阁本续修《大清一统志》正文卷数皆为四百二十四卷，另有目录两卷。但是，翻阅光绪十三年（1887）后的《申报》可多次见到"《大清一统志》五百卷"的售书广告词。晚清以来流传甚广的目录学名著《书目答问》及其补正、补校诸书均记续修《大清一统志》五百卷。③另外，晚清亦有五百卷本续修《大清一统志》面世④，该书五百卷的版本在国内外诸多图书馆多有收藏。因此，无论从书籍目录的研究，还是从研究续修《大清一统志》本身来说，考辨该志的总卷数都是必要的。

续修《大清一统志》五百卷之说源头是《四库全书总目》。《四库全书总目》卷六十八《史部地理类一》记载：《大清一统志》五百卷，乾隆二十九年奉敕撰。⑤此后邵懿辰《四库全书简明目录》和莫友芝《邵亭知见传本书目》亦沿袭五百卷说。⑥除五百卷说外，还有四百三十卷、四百二十八卷两种说法。由吴省兰代拟、和珅进呈的《大清一统志表》提及"二十六门之总类，剖决丹文。四百卅卷之全书，搜罗玉字"⑦。乾隆五十四年（1789）正月，纪昀等在校写《大清一统志》提要时已明确指出该书为四百二十四卷⑧，吴省兰如何得出四百三十卷之数，则不得而知。《四库全书简明目录》卷七《史部地理类》记：《大清一统志》四百二十八卷⑨，此说或据乾隆四十九年七月二十日军机大臣奏折而来："《大清一统志》原限四十八年十二月完竣，原定三百六十

① 陶湘：《故宫殿本书库现存目》，见煮雨山房辑《故宫藏书目录汇编》上册，线装书局，2004年，第305页。《汇编》版本来源：1933年5月故宫博物院排印本。

② 余嘉锡：《目录学发微》，商务印书馆，2011年，第21页。

③ 最新校补本为来新夏、韦力、李国庆汇补：《书目答问汇补》，中华书局，2011年。该版亦未注意五百卷说之讹。

④ 有光绪二十三年杭州竹简斋石印本、光绪二十八年上海宝善斋石印本等版本。

⑤ 《景印文渊阁四库全书总目·史部》，台湾"商务印书馆"，1983年，第456页。

⑥ 分别见邵懿辰撰，邵章续录：《增订四库简明目录标注》第283页（中华书局，1959年）和李万健、邓咏秋编：《清代私家藏书目录题跋丛刊》第4册，国家图书馆出版社，2010年，第666页。

⑦ 《景印文渊阁四库全书》第474册，第11页。

⑧ 《景印文渊阁四库全书》第474册，第44页。

⑨ 《景印文渊阁四库全书简明目录》，第115页。

卷……已进三百六十八卷，未进尚有六十卷。"①关于光绪年间所印五百卷本《大清一统志》，傅增湘先生在民国年间已将此问题说得明白，今引用于此作为论据："又如《大清一统志》，《四库》著录为五百卷。顾举世未见其书，以君考之，则阁写、殿刊二本咸为四百二十四卷，其书于乾隆五十五年刊成，即第二次修本也。今宫中虽有三次修成之五百六十卷本，而事在道光季年，不应乾隆修《四库》书预知其数而登之。然后知确为馆臣之误载。而近时坊本妄析外蒙古诸部，强增卷第，以符五百卷之数，其无知妄作为尤足哂也。昔人谓百闻不如一见，设非躬涉库储，又焉能持其说以关人人之口耶？"②按，《四库》指《四库全书总目》。傅先生之论也是一种警示：不可全信目录之书，研究具体学问须躬行力践。两个书局之所以印出五百卷本《大清一统志》，一个重要原因即是他们受目录书（《四库全书总目》等）讹说的误导。"《大清一统志》一书，谨案《钦定四库提要》所载，刊行两次，初次刊行者三百四十二卷，至乾隆廿九年奉敕纂修者五百卷"③，这是杭州竹简斋刊登在《申报》的售书广告。那么光绪年间五百卷本具体如何拆分呢？石印本将"新旧藩蒙古统部"、"西域新疆统部"和"朝贡诸国"三大部分所收录的部落、国家、地区内容拆开，如《景印文渊阁四库全书本》将科尔沁、郭尔罗斯、杜尔伯特、扎赖特、土默特、扎鲁特6个部落皆列在卷四百五下④，而石印的五百卷本《大清一统志》则写成卷四百五之一科尔沁、卷四百五之二郭尔罗斯，直至卷四百五之六扎鲁特⑤，西域新疆统部和朝贡诸国也是按此方法处理，据统计，石印本将三大部分共析分为九十七卷。傅增湘、陶湘两位先生关于《大清一统志》卷数的研究，未能引起后来研究或利用《大清一统志》学者的重视，很大程度上是由于官修《四库全书总目》和五百卷本《大清一统志》的存在及影响，故而笔者不揣浅陋，再次考辨续修《大清一统志》的实际卷数。

三、编修人员辑录

三部《大清一统志》中的初修志与重修志皆附有纂修、校对等编修人员名录，唯

① 《纂修四库全书档案》下册，第1787—1788页。
② 详见陶湘：《故宫殿本书库现存目》，见煮雨山房辑《故宫藏书目录汇编》上册，第95—97页。
③ 《申报》1897年11月15日第五版。
④ 《大清一统志》目录下，《景印文渊阁四库全书》第474册，第41页。
⑤ 《大清一统志》目录，第11页，光绪二十八年上海宝善斋石印本。

独续修志未记录编修者信息①，《四库全书》中所收版本仅列和珅一人，这不利于我们清晰认识续修志的成书过程。续修《大清一统志》的纂修档案主要集中于中国第一历史档案馆藏方略馆卷宗内，该卷宗目前尚未对外开放，因而难以得见续修《大清一统志》编纂者群体的全貌。笔者在爬梳史料过程中发现已经整理出版的部分清代档案、传记和清人文集记有《大清一统志》一些编纂者的信息，汇编为表格，以飨同好。

表1 续修《大清一统志》编修者表②

序号	姓名	籍贯	馆中职责与在馆时间
1	吴省兰	江苏南汇人	总纂（四十四年—？）
2	申甫	江苏江都人	总纂，副都御史（四十二年四月—？）
3	姚梁	浙江庆元人	纂修官，宗人府主事（四十二年四月—？）
4	许祖京	浙江德清人	纂修官，内阁侍读（四十二年四月—？）
5	陆瑗	江苏阳湖人	纂修官，内阁中书（四十二年四月—？）
6	叶葵	浙江仁和人	纂修官，内阁中书（四十二年四月—？）
7	施光辂	浙江钱塘人	纂修官，内阁中书（四十二年四月—？）
8	关槐	浙江仁和人	纂修官，内阁中书（四十二年四月—？）
9	陈初哲	江苏吴县人	纂修官，翰林院修撰（四十二年四月—？）
10	宋铣	江苏吴县人	纂修官，翰林院编修（四十二年四月—？）
11	黄良栋	顺天大兴人	纂修官，翰林院编修（四十二年四月—？）
12	吴寿昌	浙江山阴人	纂修官，翰林院编修（四十二年四月—？）
13	秦泉	江苏无锡人	纂修官，翰林院编修（四十二年四月—？）
14	蔡履元	浙江石门人	纂修官，御史兼户部郎中（四十二年四月—？）
15	王嵩柱	直隶宝坻人	纂修官，刑部郎中（四十二年四月—？）
16	史梦琦	江苏阳湖人	纂修官，兵部员外郎（四十二年四月—？）
17	唐乐宇	四川绵州人	纂修官，户部主事（四十二年四月—？）
18	陈本忠	直隶昌平人	纂修官，户部主事（四十二年四月—？）
19	程世淳	安徽歙县人	纂修官，户部主事（四十二年四月—？）

---

① 按，道光二十九年薛子瑜活字印本《大清一统志》（初修）、四部丛刊续编本《大清一统志》（重修）皆附有纂修者名单。故宫博物院藏乾隆九年殿本《大清一统志》（初修）亦有纂修者名录，而文渊阁与文津阁《四库》本、乾隆五十五年殿版《大清一统志》（续修）皆未附编修者名录。

② 材料来源：《纂修四库全书档案》下册，第1465—1467页；《乾隆朝上谕档》第8册，档案出版社，1998年，第615—616页；《三十三种清代人物传记资料汇编》第18册，齐鲁书社，2009年，第5889页、第5927—5929页；中国第一历史档案馆藏，录副奏折，档号：03-1155-041，缩微号：082-1744。武亿撰：《余少云哀词》，见《授堂文钞》卷5，《清代诗文集汇编》第410册，第177—178页；《勉行堂诗集》卷17；《颐彩堂诗钞》卷8；《嘉庆道光两朝上谕档》第15册，广西师范大学出版社，2000年，第610—611页；吴省钦编，吴敬枢续编：《吴白华自订年谱》，见《北京图书馆藏珍本年谱丛刊》第106册，北京图书馆出版社，1999年，第278页。表中问号表示在馆或离馆具体时间待考。

续表

序号	姓名	籍贯	馆中职责与在馆时间
20	汪如藻	浙江秀水人	纂修官，翰林院编修（四十七年二月—？）
21	戴衢亨	江西大庾人	纂修官，翰林院修撰（四十七年二月—？）
22	严长明	江苏江宁人	纂修官，内阁中书（？）
23	沈叔埏	浙江秀水人	分校官，内阁中书（？）
24	马廷模	——	大理寺笔帖式，在馆十余年
25	那沛	——	太常寺笔帖式，在馆十余年
26	钱大昕	江苏嘉定人	纂修官（三十六年前后）
27	程晋芳	江苏江都人	纂修官（三十年、三十一年前后）
28	赵文哲	江苏上海人	纂修官，总校官（？）
29	谈宗岳	——	供事（？）
30	吴省钦	江苏南汇人	纂修官（三十年—？）
31	余鹏翀	安徽安庆人	协修（四十二年前后）

《乾隆帝起居注》乾隆五十年十二月二十日记载：因续修《大清一统志》告成，奉谕旨将舒濂、博兴、刘谨之、汪日章、吴熊光、吴敬舆、关槐、吴寿昌、冯集梧等9人照例议叙。另据档案记载，乾隆四十二年（1777）三月至四十四年（1779）六月间，曾派袁守侗、和珅、钱汝诚、王杰和曹文埴负责《一统志》的管理或阅看事务。[①] 结合表中所列，关槐和吴寿昌属于重复记载，仅计算一次，目前可知共有43人先后参与了续修《大清一统志》的编修工作。从上述档案文献中，我们可知纂修官等人员在馆时间可能超过五六年，如纂修官关槐与吴寿昌（乾隆四十二年四月入馆，五十年十二月仍在馆），马廷模和那沛均在馆任职十余年。刑部、兵部等衙门的职官也可充当修书馆纂修。

总的来说，乾隆续修《大清一统志》最终成书于乾隆五十年年底，共四百二十四卷（另有目录两卷），是由吴省兰、申甫等众多纂修人员共同编成的一部全国性地理总志。

附记：感谢江苏高校哲学社会科学研究基金项目（2018SJA1149）的资助。故宫博物院朱赛虹研究员、中国人民大学黄爱平教授、华林甫教授和中国地方志工作办公室王丹林博士为笔者写作此文提供了宝贵的帮助，谨致谢忱！

（扬州大学社会发展学院）

---

① 《乾隆朝上谕档》第8册，第606，934页，第9册，第692，717页。

李慈铭批校《乾隆府厅州县图志》考略*

赵逸才

清人洪亮吉有感于"大一统之书，内三馆所绘秘图，则流传匪易，鸿编则家有为难"①，因此撰著《乾隆府厅州县图志》50卷，便携观览。此书初经乾隆五十三年（1788）刊刻，但未及一半，因斧资难继而中断，后在友人于宗林协助下于嘉庆七年（1802）刊梓，今流传版本有嘉庆七年《洪北江集》本、光绪五年（1879）授经堂刊《洪北江遗集》本及光绪二十三年（1897）新化陈氏三昧书室本。中国国家图书馆（以下简称国图）存有嘉庆七年刻本多种，分别著录为部二、部四、部六②等，部二、部六存在多处眉批及校改，其中部六中的眉批均是增加州县四至，而且多是抄撮（乾隆）《一统志》以补录，乏善可陈。但部二中的朱、墨两色眉批、校语，涉及原文的讹误、脱漏等，颇具文献参考价值。

一、眉批作者及其藏书流散

《乾隆府厅州县图志》部二序前、目录页及各卷首钤有印章多枚，其中序前钤"国立北平图书馆藏"及"会稽李氏困学楼藏书印"，目录页有"李爱伯读书记"印，各卷首或钤"慈铭藏印"，或镌"越缦堂印""爱伯手校"等印章。除"国立北平图书馆藏"印外，皆为清代藏书家李慈铭的印章，且书中眉批多处出现"慈铭案"等，可知此本为李慈铭旧藏，后归入北平图书馆。

李慈铭为同光时期著名学者，学问淹博，多有学士名流以书相赠，其自称"藏书粗足五千卷"，足见箧笥充盈。李氏收藏虽非宋元旧椠，但几乎每书都有批注或题

---

* 原刊于《历史档案》2019年第2期。

① 《乾隆府厅州县图志·序》，编号：地88/852/部二。

② 国家图书馆基本古籍馆著录编号：地88/852/部二、部四、部六。

识，多为后人所重。关于李慈铭藏书的流散[1]，民国学人黄华撰《越缦堂藏书让渡记》[2]论之甚详。李慈铭生前曾告诫子孙"勿分析，勿覆瓿，勿商贾手"[3]，然其殁后，遂不克终守。李慈铭藏书曾有过三次动议出售，最终售与北平图书馆：第一次在民国八年（1919），浙江省图书馆欲购求李氏藏书，且已议妥垂成，后省议会作梗，图书馆购藏之议作罢。第二次的交易对象为日本人。晚清民国时，日本人屡在江南购求古籍，光绪三十三年（1907）静嘉堂文库以10万元购得陆心源毕生所藏，文人士子闻讯，皆称"足为寒心"。李氏藏书亦曾有流落异国的惊险，越中市侩胡某见李慈铭族人有售书意，"以万金捆绑而去，往践日人成约"[4]，只因日本人所重为宋元旧椠，未能成交，李慈铭旧藏躲过此劫。第三次是在民国十六年（1927）时，胡某与日人交易不成后，遂将书转售公司股东陆姓，但陆姓非喜好古书之人，后因资金流通不畅，贬价售与北平图书馆。《国立北平图书馆月刊》的创刊号之《本馆略史》第六条记载详细："会稽李爱伯先生为同光著名学者，于史学致力尤勤。其藏书共九千一百余册，内中手批手校之书，共二百余种，约二千七百余册。考证经史，殊可珍宝。本馆经地方政府介绍，全部收入，另将李氏批校文字，编为读书札记，布于本刊。"[5]《乾隆府厅州县图志》也随着李氏藏书一起为北平图书馆所藏，后为国图继承。

李氏藏书汇入北平图书馆后，王重民曾据此纂辑《越缦堂读史札记》《越缦堂文集》，王利器辑录《越缦堂读书简端记》及《续编》，其中《简端记》不仅包括了李慈铭所撰题记，还收录李氏的眉批、校语，十分全面，为学界研究李慈铭生平、藏书以及学术成就等提供了极大的便利。但检诸以上书籍，均未见载录李慈铭手校《乾隆府厅州县图志》的眉批、校语，可以说李氏对于此书的校勘及批注尚不为学界知晓。有鉴于此，本文特将书中李慈铭眉批、校语略作评析，冀图抛砖引玉。

二、眉批纠《乾隆府厅州县图志》之讹

国图藏《乾隆府厅州县图志》本前有于宗林跋语，称"《乾隆府厅州县图志》五十卷，北江先生未通籍时历客陕西、河南时所著也"[6]，洪亮吉为乾隆五十五年

---

① 相关研究可参考张桂丽：《李慈铭藏书归宿述略》，《图书馆工作与研究》2007年第2期。

② 此文原题于《越缦堂书目》首页，现藏北京大学图书馆。

③ 原为明代藏书家祁承㸁《澹生堂藏书约》中语，李慈铭日记（同治六年十一月十五日）引用此句。

④ 北京大学图书馆藏，黄华：《越缦堂藏书让渡记》，《越缦堂书目》卷首。

⑤ 《国立北平图书馆月刊》1938年12月第1卷，书目文献出版社，1992年影印版。

⑥ 《乾隆府厅州县图志·跋》，编号：地88/852/部二。

（1790）进士，故"未通籍时"当指乾隆五十五年之前。另吕培《洪北江先生年谱》载洪亮吉自乾隆四十六年（1781）至陕西，乾隆五十一年（1786）三月赴河南开封，乾隆五十二年（1787）十月复入开封，直至乾隆五十三年（1788）八月与毕沅偕行武昌①。于跋称"客陕西、河南时"当是乾隆四十六年至五十三年八月间。于宗林与洪亮吉交往密切，而且此书的刊刻幸得于氏资助，故其言定非虚妄。又《洪北江先生年谱》称"乾隆五十二年，是岁得诗二百首，撰《乾隆府厅州县图志》"②，可知此书于该年初撰。《乾隆府厅州县图志·序》称"阅以岁年，撰成此志，卷裁五十，渐管见之南周，谱及八荒，表盛朝之无外云尔。时乾隆五十三年，岁在戊申长至前五日"③，序中明言乾隆五十三年完撰，并开始付梓，今存诸版本首页均题"乾隆戊申刊起"，由此看来，此书成书速度之快确实惊人，并且在书成之后几乎没有进行审改亦或校勘即行付梓。李慈铭《越缦堂读书记》亦称"盖其书成于未第客游之时，不无草草，通籍以后，又未暇审定校刊耳"④，正因如此，《乾隆府厅州县图志》中存在很多错谬、讹误。国图藏李慈铭手批本《乾隆府厅州县图志》⑤，有朱、墨二色眉批及校语，涉及原文的疏误、脱漏以及增补作者叙述简略的内容等，很多眉批不仅体现了李氏的地理学功底，亦减少了《乾隆府厅州县图志》的讹舛，使其更趋完善。

李慈铭的眉批、校语纠正了原书中的错讹，举凡古地名、人物及地理沿革，李氏校语多进行了详悉的考订，兹举例略予评述。《乾隆府厅州县图志》卷41称"南海郡，元封五年属交州"，李慈铭墨笔眉批云："慈铭案，交州当作交阯。《汉书·地理志》武帝南置交阯，北置朔方之州。颜注引《胡广记》云'汉既定南越之地，置交阯刺史，别于诸州'。《后汉书·灵帝纪》，中平元年交阯屯兵执刺史，遣交州刺史贾琮讨平之。《元和郡县制》，安南上都护府，古越地也。元封五年置刺史，汉本定为交阯刺史，不称州，以别于十二州。建安八年，张津为刺史，士燮为太守，共表请立州，自此始称交州焉。是建安八年无交州之称。"这段眉批在于论辩交阯与交州称谓，李慈铭以《后汉书》及《元和郡县志》为据，认为建安八年（203）之前无交州之名，故将洪亮吉书中原文改作"交阯"。20世纪30年代，谭其骧曾与顾颉刚探讨交州之名，谭其骧认为建安八年前应无交州，并以《后汉书》中所载邓让等事迹为证，论辩充分。顾颉刚认为未断定扬雄《交州箴》为伪作及《汉志》注文非班固原注之前，不能径自认为班固时无交州之名。但实质上，顾、谭二位各有所执，亦不能互相攻伐，

① 吕培：《洪北江先生年谱》，乾隆四十六年至五十二年。

② 吕培：《洪北江先生年谱》，乾隆五十二年。

③ 《乾隆府厅州县图志·序》，编号：地88/852/部二。

④ ［清］李慈铭：《越缦堂读书记》，上海书店出版社，2000年，第511页。

⑤ 《李慈铭日记》详细记录了大部分书籍的得来由自，遗憾的是没有注明《乾隆府厅州县图志》从何处购买抑或何人相赠。

因此顾颉刚称"关于这个问题（交州之名），你和我的主张各有理由，亦各有证据；我固不能淹没你的证据，你也不能抹杀我的证据。只恨古书太多抵牾，古人不可复生，无法作根本解决耳"①。实际上，关于建安八年之前是否无"交州"之名，前贤并未解答，原因便在于史料互相抵牾，难以统偕。但李慈铭首先发现并提出建安八年之前无"交州"之名，显然早于谭其骧，但由于李氏眉批久藏不出，且假于他书之中，谭其骧亦不曾睹目，从这个层面来说，谭其骧的论断与李氏眉批可谓"闭门造车，出门合辙"。当然，李慈铭还详悉考辨了东汉至三国时期的交州治所的迁移，补苴了《乾隆府厅州县图志》的缺略。洪书在叙及交州治所时多有语焉不详，其称"汉末移交州来治，三国吴黄武五年改置广州，晋曰广州南海郡"，明显忽略了三国时期交州治所的迁徙变更，李慈铭广征史籍，考辨出自东汉至三国时期交州治所沿革。"至交州治所，《续汉书·郡国志注》王范交广春秋曰'交州治赢娄县，元封五年移治苍梧广信县'。建安十五年，治番禺县。考《三国·吴志·士燮传》，建安十五年，孙权遣步骘为交州刺史，盖当为赖恭被逐之后，时士燮虽各领交阯太守，而加将军封龙侯都七郡专制海外。赖恭本与苍梧太守吴巨同治，后为巨所逐。步骘到后，巨怀疑心，骘遂斩巨。是时，尤治广信也，其移治番禺不知在何时。骘、燮两传皆不载。至黄武五年，孙权始分合浦，以此为广州，交阯以南为交州，寻省广州，还并交州，以番禺为治所，后又徙交州于交阯，而番禺还为广州，此所叙尚未分晰。"结合李氏眉批，洪书中关于交州治所的迁转沿革方才完备。反观今人研究，仍难以逾越其考证之上。②李慈铭的眉批、校语是仔细考辨后得出的结论，因而有必要重新审视李慈铭对于《乾隆府厅州县图志》以及还有尚未发现的其他书籍的眉批、校语。

当然，李慈铭眉批指陈洪书之讹，并不限于传统沿革的考辨，还建立在已有的史论基础上。关于金朝诸帝陵的位置，《乾隆府厅州县图志》卷1作"金太祖睿陵在县西北二十里云峰山下，世宗兴陵在县大房山东北，相近有章宗道陵、宣宗德陵"。考顾炎武《京东考古录》，"宣宗自即位之二年（1214）迁于南京（开封），三年五月，中都为蒙军所陷，葬于大梁，非房山矣"③。后《日知录》又有更为详细的考辨。李慈铭朱笔眉批作"案，此尚沿《明一统志》之误，金自海陵时，迁始祖以下十帝及太祖太宗皆葬大房山以后，熙宗至章宗俱葬此，至宣宗南迁汴都，葬于大梁，其时燕京之属蒙古，何得复有德陵？《日知录》辨之甚详矣"。李氏眉批并非妄下断言，而是复以前人考证为据。当然，洪氏书中不囿于拾撷他说之处，李慈铭亦多加赞赏。关于殷汤

---

① 谭其骧：《长水集》，人民出版社，1987年，第36页。

② 今人研究有梁雁庵：《汉代交州州治沿革》，《广州史志》1996年第2期。凌文超：《论三国时期的交州争夺》，《成都大学学报》2006年第2期。

③ ［清］顾炎武：《京东考古录·考金陵》，《顾炎武全集》第5册，上海古籍出版社，2011年，第79页。

陵位置，历来论述不确，自《元和郡县图志》以来，尚有亳城、偃师、蒙县、宝鼎四说，陈陈相因，多是无稽之谈。时人孙星衍多有考辨，以汤葬于济阴（山东曹县）。洪亮吉与孙星衍交契甚挚，但没有偏于其说，而是采信刘向，认为殷汤无葬处。洪亮吉没有执信于史籍流传的各种误舛，李慈铭赞其乃"通人之论"。

此外，书中多处出现李氏朱笔校语，直接改正原文讹误，如"殷沬邑，周初为卫国"，李慈铭以朱笔改"沬"为"沫"。查《史记·周本纪》引《括地志》称"纣都朝歌，在卫州东北七十三里，朝歌故城是也，本妹邑，殷王武丁始都之"[1]。《水经注·淇水》《通鉴地理通释》亦引《括地志》之说。《今本竹书纪年疏证》载"武乙三年自殷迁于河北。十五年自河北迁于沫"[2]。因此，当以李慈铭改定的"沫邑"为是。又如"汉永建四年，阳羡令周喜上书"，朱笔作"案，喜当作嘉"。据《水经注》"永建中阳羡周嘉上书以县远，赴会至难，求得分置，遂以浙江西为吴，以东为会稽"[3]，周喜为周嘉之误，李氏校改当属确论。

三、眉批补《乾隆府厅州县图志》之阙

除了纠正原书中的错讹外，李慈铭眉批对于《乾隆府厅州县图志》脱漏的补阙，亦堪称精湛。《乾隆府厅州县图志》卷48遵义县处有墨笔眉批作"慈铭案，此处有脱误。《旧唐书·地理志》云，遵义本恭水，贞观元年于牂牁地置，及朗州废，县亦省。十三年复置州，亦复置县。十四年，更恭水曰罗蒙。十六年改置罗蒙为遵义。《新唐书》亦同此处。当曰唐贞观元年置恭水县，十一年省，十三年复置云云"，眉批将遵义本作恭水时隶属朗州的记载一并叙述。《旧唐书·地理志》载，"汉武开西南夷，置牂牁郡，秦夜郎郡之西南境也。贞观九年，置恭水县，属朗州。十一年省，十三年复置，属播州。十四年，改为罗蒙。十六年，改为遵义"[4]。李氏眉批称"贞观元年"恐有舛误，但其言遵义县的沿革皆与《旧唐书·地理志》合。《乾隆府厅州县图志》卷18"遵义"下作"唐贞观五年省，十三年复置为播州治。十四年改恭水曰罗蒙。十六年改曰遵义"，此处不仅设置年月有误，而且脱漏恭水初置时本属朗州的记载，径以为遵义一直隶属播州，显有因脱漏而产生的误舛。李氏眉批先述恭水属朗州，复置后

① ［汉］司马迁：《史记》卷4，中华书局，1959年，第123页。按：妹、沫同音，可通用。《书·酒诰》"明大命于妹邦"，此即称沫邑。
② 王国维：《古本竹书纪年辑校·今本竹书纪年疏证》，辽宁教育出版社，1997年，第76页。
③ ［北魏］郦道元著，陈桥驿注：《水经注》，浙江古籍出版社，2013年，第531页。
④ ［后晋］刘昫：《旧唐书》，中华书局，1975年，第1163页。

改属播州，还原了遵义在贞观年间的沿革，补充了洪氏缺略的记载。

《乾隆府厅州县图志》中存在的脱漏以及讹误，远不止李慈铭批校所引数例，清代学者陆续有纠谬《乾隆府厅州县图志》之举，如张宗泰、章学诚、陈汉章、沈家本、王懿荣等针对洪书的不足及错讹皆有指陈。其中章学诚、沈家本主要探讨《乾隆府厅州县图志》的体例问题，洪氏著作完撰后，章学诚曾有信札与洪亮吉商讨，认为应改为以"总督、巡抚"分部①，而沈家本称章氏"其言极辨，然循名责实，究有未安者"，认为不当以部院为名，"今之部院也，不过下属申上之文，私家往来之牍，专就巡抚一人而尊之耳……其结衔无称部院者"②，因而《乾隆府厅州县图志》遵《一统志》之成例，至为确论。张宗泰、陈汉章等则针对洪氏著作的舛误进行考辨。张宗泰《书洪亮吉〈乾隆府厅州县图志〉后》称，"修武得名，由来已久，《汉书》高祖至修武，陈平亡楚来降；获嘉以获南粤相吕嘉，武帝行过更名，俱见《汉地理志》；而以为后魏始从山阳分置北修武，隋改置获嘉，则于二县源委未审也"③。以上二县的得名，久已盛传，《汉志》应劭注称"臣瓒曰：韩非书'秦昭王越赵长平，西伐修武'，时秦未兼天下，修武之名久矣"④。据此，修武之名必不自后魏始见。又《汉书·地理志》载，"获嘉，故汲之新中乡，武帝行过更名也"⑤，洪氏却于此失察。陈汉章重点论辨书中关涉水道的记述，纠正了书中关于刚水的错误记载。⑥从这些学者的考辨即可看出，他们或争论《乾隆府厅州县图志》的体例，或偏于具体史实的订正，鲜有如李慈铭一样，既评骘体例得失，又评价记载详略，兼及史实考辨、论述异同等。可以说，李慈铭的眉批校语以及读书记，具有相当大的参考价值。

李慈铭除了对《乾隆府厅州县图志》进行具体的查证补阙外，还做了很多纠谬的工作，而这些眉批与纠谬的细节，再现了其读书的具体过程，为探究《越缦堂日记》的撰写提供了参稽。李慈铭日记中首先总体评价《乾隆府厅州县图志》"详沿革、里贡、四距、八到、山川、城镇、驿保"，同时又称"所志沿革，亦多彼此失顾，时见柢梧。历代州县之名，脱载尤多"⑦，这段论述褒贬参半。与日记中所言相对应的是，李慈铭眉批、校语对洪书中的建置沿革进行了仔细的考证，并且补充、纠谬了叙述的

① ［清］章学诚：《章氏遗书》，文物出版社，1982年。

② ［清］沈家本：《枕碧楼偶存稿》卷4，转引自谭其骧《清人文集地理类汇编》第一册，浙江人民出版社，1986年，第303页。

③ ［清］张宗泰：《鲁岩所学集》卷8，转引自谭其骧《清人文集地理类汇编》第一册，第302页。

④ ［汉］班固：《汉书》，中华书局，1974年，第1555页。

⑤ ［汉］班固：《汉书》，第1554页。

⑥ ［清］陈汉章：《缀学堂初稿》卷4《书洪稚存〈刚水考〉后》，转引自谭其骧《清人文集地理类汇编》第四册，浙江人民出版社，1987年，第473页。

⑦ ［清］李慈铭：《越缦堂读书记》，第511页。

脱漏以及抵牾的沿革记载，特别是针对新疆各地的补苴。从这里即可看出，李慈铭撰写的日记是在通览全书并于各卷撰写眉批之后作出的评骘。在评价《乾隆府厅州县图志》的体例时，李慈铭又广征洪亮吉与章学诚的往复信札以及《文史通义》，在论及殷汤陵时不仅知悉孙星衍的考证，还通晓《元和郡县图志》及《太平寰宇记》的记载，可见李慈铭撰写日记时早已熟稔关涉洪书的论述。更为重要的是，李慈铭日记中批评洪书不当缺少形胜的记载，否则难以称作学人著述，《乾隆府厅州县图志》过于强调建置沿革，而忽略了风俗人情的描述，与官方档册无异。若非通读全书，断不敢如此评述。同时，日记中还称每省各冠以地图，但仅见大意而又不计里画方，"既多疏略，无所折衷"①。复旦大学图书馆所藏《乾隆府厅州县图志》②内，多今人墨笔修改，其中对各省卷首地图均进行了订正和补充，对于疏略的地图元素，在旁白处绘制新图。遗憾的是李氏眉批或者校语中没有针对地图的修改，但日记中的论述已然体现了其对《乾隆府厅州县图志》的整体评判，于此可见李慈铭对于洪书的精准了解。综上所言，李慈铭日记中关于《乾隆府厅州县图志》的读书札记，是仔细阅读书籍后随笔标注眉批，并结合自身的学识撰写的具有总结性的叙述。在这个过程中，眉批、校语是作者思考的缩略，并由此上升为字字珠玑的评论。

《乾隆府厅州县图志》作为重要的历史地理学文献，其价值无须赘言，其中遗留的李慈铭眉批、校语，对客观评估洪亮吉的舆地学成就以及李慈铭本人的学术造诣皆有价值。但由于长期庋藏秘阁，不为所知，因而全面梳理并评价李氏眉批、校语，于此二者皆有裨益。同时，自邵懿辰之后，清代学者评价《乾隆府厅州县图志》几乎众口一词地认为"其书无甚发明，特一统志之节本"，加之梁启超《中国近三百年学术史》总结有清一代学术，称其"一统志之节本，稍便翻览而已"③，因此致使《乾隆府厅州县图志》的价值长期被低估。但通过李慈铭的眉批、校语以及时人的考辨文章可知，此书较《一统志》，详于水道、城镇，价值不可小觑。

（中国人民大学清史研究所）

---

①　［清］李慈铭：《越缦堂读书记》，第511页。

②　此本现藏于复旦大学图书馆，《续修四库全书》据此影印。

③　梁启超：《中国近三百年学术史》，上海古籍出版社，2014年，第314页。

《蒙古游牧记》考辨*

那顺达来

张穆的《蒙古游牧记》是第一次尝试以旗为单位研究蒙古各旗游牧地的著作。他博览群书，互相印证，花费10年时间完成这部内容丰富的巨著而贡献卓著。但是，因当时的社会背景、作者个人的素质、精力所限，还也有不少误引、误考之处。下面笔者以具体例子来纠正讹误记载。

一、瓦剌与瓦赤剌

额鲁特旧分四部，曰和硕特，今作霍硕特，姓博尔济吉特；曰准噶尔、曰杜尔伯特，亦作都尔伯特，皆姓绰罗斯；曰土尔扈特，姓不箸。部自为长，号四卫拉特。统称额鲁特，额鲁（特）作厄（鲁特），新疆识略，厄鲁特之先，故有四卫拉特，华言四大部也，部各有汗。即明史所谓瓦剌者也，额鲁特总传，谓额鲁特即明之阿鲁台，误。辨见内蒙古科尔沁部，博明西齐偶得曰，瓦剌即今之厄鲁特，其始祖为托欢太师，而未详其意。按朔漠方略，博硕图之称号，则首冠以瓦赤剌，喀尔喀汗，其初亦有此三字，今达赖喇嘛封号亦有之。盖唐古特之美称也。明人不察，遂以此称之，一成而不改耳。①

《新疆识略》之"四卫拉特"者，并非华言之"四大部"，而是"四部卫拉特"。其中"瓦剌"者，不等同于"瓦赤剌"。"瓦剌"，明人对"卫拉特"的称呼，"卫拉

---

* 本文原刊于《内蒙古师范大学学报》（哲学社会科学版）2011年第1期。

① ［清］张穆：《蒙古游牧记》卷11《额鲁特蒙古总叙》，同治六年版，第531页。

特"为元代之"斡亦剌惕""斡亦剌""外剌",不难判断"斡亦剌"到"外剌"时,还有"瓦亦剌"音变过程,到了明代半音节字母"亦"(即 yi)完全脱落便成为"瓦剌"。清初,满洲语为国语,其语言文字的读写与蒙古语相近,能发出蒙古语的完整的读音。随着与蒙古诸部联系之密切,理解之加深,便恢复了蒙古语原始读音"卫拉特"。

"瓦赤剌",藏(梵)语,谓"金刚",一般作"瓦赤剌达喇",为佛教用语"手持金刚"者也。与"瓦剌"相去甚远,"wqirdr-a 应该用藏文读音"。

毋庸置疑,喀尔喀土谢图汗冠以"瓦赤剌巴图""瓦赤剌赛音"等号,且达赖喇嘛冠以"瓦赤剌达喇"号,皆为"金刚"之意。非"明人不察,遂以此称之,一成而不改耳",而是张穆"未详其意"是也。

二、哈萨尔名称

> 科尔沁部,其酋奎蒙克塔斯哈喇姓博尔济吉特,元太祖弟哈布图哈萨尔十四世孙也。哈萨尔,元史太祖纪作哈萨儿,表作搠只哈儿,食货志作搠只哈撒儿,札尔火者传作哈札儿,今译改作哈札儿,又作楚齐格尔,元秘史作阿儿孩哈撒儿,又作拙赤合撒儿,亦单称曰合撒儿,蒙古源流作特穆津哈萨尔。[1]

太祖弟哈萨尔,又作"拙赤合撒儿""合撒儿""哈萨儿"等等,"哈札儿""楚齐格尔"为误读。还有"阿儿孩哈撒儿"者,不是太祖弟"哈萨尔",而是另一个人,"元秘史"中此人常作使者,奔走于各部之间。"特穆津哈萨尔"者,"特穆津""哈萨尔"为两个人。"特穆津",即"帖木真",为太祖成吉思汗。《蒙古游牧记》将两个人作一人,误也。

三、嫩江释名

> 科尔沁部,其酋奎蒙克塔斯哈喇姓博尔济吉特,元太祖弟哈布图哈萨尔十四世孙也。走避嫩江。嫩江一作妹江,又名诺尼江,古名难水,也曰那

---

[1] 《蒙古游牧记》卷1《科尔沁》,第17页。

河，明人谓之脑温江，又曰忽剌温江，方式济龙沙纪略，蒙古谓脑温为碧，诺尼意同，今呼嫩江。①

满语"脑温"，意为妹妹；蒙古语"脑温"，意为男孩。所以《蒙古游牧记》所载"嫩江一作妹江"，从满语角度看，有一定的可信度。但其"蒙古谓脑温为碧"的解释是错误的，《蒙古游牧记》将"脑温"误作表示绿色的"脑古干"。"碧"为青绿色的玉石，可以说"蒙古谓脑古干为碧"，但"脑温""诺尼""嫩"等很难与"脑古干"对音，所以"脑温"不能以"碧"来解释。

四、达尔汉号之解释

乌克善季弟满珠习礼，尚郡主，授和硕额驸，天聪二年，征察哈尔，以功赐号达尔汉巴图鲁，崇德元年，封札萨克多罗巴图鲁郡王，顺治九年，叙讨腾机思功，晋达尔汉号，各部蒙古有功，加达尔汉号者，增加俸银二十两，俸缎四匹，达尔汉者，有勤劳之谓也。②

达尔汉，蒙古语，有工匠、匠师、匠人、手艺人之意。旧时蒙古将士因功而获的荣誉称号也叫作达尔汉。该称号元代文献中已经有记载，所以出现时间不晚于元代。蒙古附清后，为了激励蒙古人为朝廷效力而袭用蒙古人公认的"达尔汉号"，满语中也随之沿用蒙古语"达尔汉"的原意，"达尔汉"无勤劳之意。

五、额鲁特称号的出现时间

外藩蒙古，称杜尔伯特者二，同名异族，一系绰罗斯，为额鲁特台吉宇罕裔，驻乌兰固木。③

---

① 《蒙古游牧记》卷1《科尔沁》，第18页。
② 《蒙古游牧记》卷1《科尔沁》，第28页。
③ 《蒙古游牧记》卷1《郭尔罗斯》，第54页。

"孛罕"为明代或更早期的人物，不能称他为"额鲁特台吉"，"额鲁特"为清代称谓。元明时期卫拉特人只有"斡亦剌""瓦剌"等称谓，没有"额鲁特"之称。张穆误认"瓦剌"为"瓦赤剌"之讹，所以未用"瓦剌"的字眼，反而造成古今混同之误。

六、达儿泊与答儿海子

阿巴哈纳尔牧地有达里岗爱诺尔。案达里诺尔，即达儿泊，蒙古语捕鱼儿海子，元之答儿海子也，岗爱亦作岗噶、岗垓，与达尔诺尔相联。[1]

按：光绪三十三年冬末月十日的蒙古游牧图[2]，相连的"达里诺尔"与"岗噶诺尔"在克什克腾旗境内，不在阿巴哈纳尔右翼旗境内。虽然阿巴哈纳尔右翼旗与克什克腾札萨克接界的地方画得不甚翔实，但很容易看出阿巴哈纳尔界内没有"达里诺尔"的地名。此克什克腾达里诺尔华言曰"野海"，蒙古语作"达拉诺尔"，并非蒙古语之"捕鱼儿海子"，更不是元代之"答儿海子"也。

元代之"答儿海子"亦称"达里诺尔"，但此湖位于呼伦贝尔境内，与"野海"相隔几千里。因为张穆没有实地考察且只靠文字记载而犯了如此错误。

七、茂明安、乌拉特之地界

茂明安部牧地当爱布哈河源，东至黄乌尔，南至固尔班哈喇陀罗海，西至哈喇达噶（哈喇特格克），北至伊克尔德阿济尔噶，东南至魏迈乌兰和硕，西南至吉兰陀罗海，东北至苏朗，西北至土勒札图（土里业图）鄂博。

与乌拉特游牧记载有重复之嫌，即：乌拉特三旗同游牧，牧地当河套北岸，噶札尔山之南，东至黄乌尔，南至黄河，西至拜塞墨突，北至伊克尔德阿济尔噶，东南至黄河，西南至黄河，东北至苏朗，西北至塔起勒克图鄂

---

① 《蒙古游牧记》卷4《阿巴哈纳尔》，第126页。
② ［德］海西希：《蒙古游牧图集》下册，威斯巴登，1978年，第98页。

博。[1]

茂明安部之北界与东北界为错误记载，据蒙古游牧图，北界之"伊克尔德阿济尔噶"和东北界的"苏朗"（游牧图作"索朗山"）均在乌拉特三旗牧地北部。茂明安部与乌拉特三旗之方位交错，茂明安旗的南北西方与乌拉特三旗接界，换言之，茂明安之牧地位于乌拉特牧地的半包围中。

其中还有两处犯了蒙古语地名的误读：即"伊克尔德阿济尔噶"者，应该为"哲克尔德阿济尔噶"，蒙古游牧图[2]也是如此记载。"哲克尔德"，即马毛色，谓枣红。"阿济尔噶"为种公马、儿马。张穆看其书面形式"![蒙古文]"与"![蒙古文]"长相极为相似而犯错误，但两者之第一音节的长牙一在前，一在后，即"![蒙古文]"与"![蒙古文]"。而且前者没有什么意思，又与后面的字没有联系，不符合地名；"土勒札图鄂博"者，应该为"土里野图鄂博"，"土里野图"者，有柴火、燃料之谓。"土勒札图"则没有什么意思。张穆也是看书面形式，将"![蒙古文]"和"![蒙古文]"的第三音节"![蒙古文]"与"![蒙古文]"弄混，其实前者的长牙有钩，带钩的长牙误读为长牙。张穆不识蒙古文，所以在文字解读方面犯了不少错误。

八、车臣汗盟游牧地界

外蒙古喀尔喀喀鲁伦巴尔和屯盟游牧所在，喀尔喀东路车臣汗部，直古北口边外北，至京师三千五百余里。东界额尔德尼陀罗海［龚之钥《后出塞录》[3]，额尔登陀罗海，约计在张家口外西北三十（千）余里］。接黑龙江呼伦贝尔城，南界塔尔滚柴达木。跃瀚海，接浩齐特、阿巴噶、阿巴哈纳尔诸部。西界察罕齐老图。（《一统志》，插汉七老，在张家口，北八百余里。）北界温都尔罕，接俄罗斯边喀。[4]

据张穆所引文献《后出塞录》及《一统志》，车臣汗盟东界额尔德尼陀罗海在张家口西北，南界察罕齐老图在张家口北，东界跑到南界之西，这显然是错误的。而且

① 《蒙古游牧记》卷3《茂明安、乌拉特部》，第232—245页。
② 《蒙古游牧图集》下册，第125页。
③ 龚之钥：《后出塞录》，小方壶斋舆地丛抄补编。
④ 《蒙古游牧记》卷9《车臣汗》，第435页。

对照古今地图，塔尔滚柴达木与温都尔罕均位于牧地中央地带，并不是南北界。

九、曲雕阿兰与阔迭兀阿拉里

圣武亲征录，乙丑八月二十四日，诸王驸马百官，大会怯绿连河曲，雕阿兰，共册太宗帝登极。……元史，误以曲字属下读，故改曲雕阿兰，曰齐达勒教拉。今案亲征录之怯绿连河，即秘史之客鲁连河，而秘史阔迭兀三字，必非亲征录之曲雕二字。其应以怯绿连河曲断句甚明，然则怯绿连河曲，即此克鲁伦河曲处，雕阿兰殆即巴颜乌兰也。①

阔迭兀阿兰，即曲雕阿兰。"元史"为其独特的音写法，既照顾原文的读音，用元明时期的音韵来记载当时的蒙古语。"曲"，是音写"阔、库"音的专字。当时汉语没有"迭兀"的圆唇音，所以用"雕"来记载。"曲雕"就是"阔迭兀"。"秘史"的汉译本是作为明代人学习蒙古语的教材，所以照顾每个音节，便写成"阔迭兀"。此条那木云、班斯拉齐已做过一些解释②，所以不再赘述。

十、札萨克图汗部左翼后末旗与左翼前旗
游牧地的方位、方向

札萨克图汗部，左翼后末旗札萨克一等台吉，与左翼前旗同游牧。牧地在奇勒稽思诺尔之东，东至讬果诺尔，南至达兰图鲁库，西至桃赉图，北至奇勒稽思诺尔，东北至罕库奎山梁，西北至爱拉克诺尔，东南至达罕德勒，西南至哈什滚。③

该旗牧地在"奇勒稽思诺尔"之东，而又误载为"北至奇勒稽思诺尔"，显然是错误记载，而且对照古今地图，张穆所载游牧地界地名都在蒙古游牧图西半部分。方

---

① 《蒙古游牧记》卷9《车臣汗》，第484页。

② ［清］张穆：《蒙古游牧记》（蒙古文），那木云、班斯拉齐译，民族出版社，1992年。

③ 《蒙古游牧记》卷9《札萨克图汗》，第503页。

向颠倒、地界混乱。其实"奇勒稽思诺尔"与"爱拉克诺尔"均在牧地西南角。"罕库奎山梁"在牧地西部偏北地区,"桃赉图"在牧地西北靠南地带。而且张穆也误以为"左翼后末旗",以上地名都是左翼前期地名,均在"左翼后末旗"的东边。虽说"左翼后末旗"与"左翼前旗"同游牧,但两旗之间有明显地界。据蒙古游牧图,"左翼后末旗"在"左翼前旗"境内偏东南地带圈出一小块地作自己的游牧地,上述所有地名与"左翼后末旗"无关。

(内蒙古师范大学地理科学学院、内蒙古大学蒙古学研究中心)

第三部分　清代政区沿革研究

从分藩到分省

——清初省制的形成和规范[*]

傅林祥

正德《明会典》载全国行政区划为南北二直隶、十三布政使司，[①] 习称两直隶（两京）十三省，又设总督、巡抚分驻各地。清顺治二年（1645）改南京（南直隶）为江南省，是为十四省。雍正二年（1724），直隶地区设布政使司（以下简称藩司、藩）和按察使司（以下简称臬司、臬），职官制度由此与各省相同，后习称直隶省。乾隆《清会典》载全国实行府州县地方行政制度的区域为顺天、奉天两京府及十八省，各省行政长官为总督和巡抚。江南、湖广、陕西三省何时析分为江苏、安徽、湖北、湖南、陕西、甘肃六省？[②] 各省的行政长官如何从明初的布政使转变为清代的总督、巡抚，即督抚是怎样从"差遣官"完成向地方大吏的转换？学界作过很多研究，[③] 但

---

* 原刊于《历史研究》2019年第5期。

① 正德《明会典》卷17，文渊阁《四库全书》第617册，台湾"商务印书馆"，1986年，第178页。

② 明清两代与行政区划相关的"省"有多种含义，本文除特别说明外，均指地方高层政区。

③ 关于清初分省，20世纪八九十年代的讨论大多认为分省是在某一年完成的，争论焦点表面上是时间问题，实际上是分省的标志问题，即以某个官缺的设立或驻地的迁移，或是否符合某些条件作为分省标准。主要研究有季士家：《江苏康熙六年建省说献疑》，《江苏地方志》1988年第1期；王亮功：《江苏建省论考》，《江苏地方志》1988年第4期；王社教：《安徽称省时间与建省标志》，《中国历史地理论丛》1991年第1期；刘范弟：《湖南建省考疑》，《湖南社会科学》1992年第2期。此后，关注点或是转向分省与省制演变的过程、清代文献中省名的不同含义，主要研究有公一兵：《江南分省考议》，《中国历史地理论丛》2002年第1期；傅林祥：《江南、湖广、陕西分省过程与清初省制的变化》，《中国历史地理论丛》2008年第2期；傅林祥：《政区·官署·省会——清代省名含义辨析》，《中国历史地理论丛》2011年第1期；段伟：《俗称与重构：论安徽、江苏两省的逐渐形成》，《白沙历史地理学报》第11期，彰化师范大学历史学研究所，2011年。或是讨论分省后对新省的认同，主要研究有陆发春：《安徽建省与省域认同》，复旦大学历史地理研究中心博士论文，2013年。有关督抚从"差遣"向地方官转化的研究，主要有王跃生：《关于明清督抚制度的几个问题》，《历史教学》1987年第9期；方志远：《明代的巡抚制度》，《中国史研究》1988年第3期。近年来，关晓红《清季外官改制的"地方"困扰》（《近代史研究》2010年第5期）一文对清末外官改制过程中的督抚是否为"地方官"进行了探索，认为清季改制前并没有真正近代意义的地方官与地方官制。有关明清省制变化的，主要研究有真水康树《明清地方行政制度研究——明两京十三布政使司与清十八省行政系统的整顿》（北京燕山出版社，1997年），一些研究分省的论文也有所涉及。

仍有可探讨的余地。而清人是如何认识本朝省制和省区的变化过程,《清会典》作为国家法典是如何基于当时的认识进行规范,则较少被研究或关注。

地方行政制度史的研究对象,以行政区域的划分、行政权力的分配与各级地方政府的组织为主。[①] 清初江南等省的分省是空间上的行政区域重新划分、组织上的省行政机构(省级官员衙门体系)的重建和权力的重新分配,督抚转换为地方大吏的实质就是成为省行政机构的行政长官,这些都是清初省制变化中的关键点。本文以清初巡抚和布按两使官缺的调整及其辖区变迁、巡抚职能变化作为切入点,复原清初江南、湖广、陕西三省省级官员衙门的分官设治及其行政体系调整的过程,分析清初分省的动因、清人对新省区的认识以及《清会典》的规范过程。

一、协理不如分任:分藩与增设臬司

顺治十八年(1661),江南省右藩迁驻苏州府城并分管江宁、苏州、松江、常州、镇江5府,这是清初江南等三省最早的省级官员驻地、辖区、职能调整。江南省的幅员小于陕西、四川、湖广等省,所辖府州县数量在直隶、湖广之后。江南省为顺治二年(1645)改明代南直隶而设,朝廷非常重视,设置有江南江西总督(驻江宁)和江宁(驻苏州)、安徽(驻安庆。顺治六年[1649]被裁后由操江巡抚兼,康熙元年[1662]操江巡抚不再管理军务后称安徽巡抚)、凤阳(驻泰州。一度由漕运总督兼,驻淮安)三员巡抚。总督与布按两司管辖全省,三员巡抚分管各府州。那么,江南省为何在三省中最先分藩?

江南省左右藩分驻两地,应与朝廷钱粮紧张有关。顺治初年,国库空乏,"是以内则司农,外则藩省,动见掣肘"。[②] 明代江南地区赋税特重,有"三吴赋税甲天下、苏松赋税半天下"之称。清廷依据明朝名义上的数目(明朝实际征收额要低一些)征缴钱粮,江南省每年都不能完成。户部不断催促,三员巡抚随之问责府县。在这种情形下,总督郎廷佐在顺治十四年(1657)三月的奏请中,认为江南省自顺治八年(1651)至十三年(1656)积欠钱粮的原因是多方面的,"未必尽欠在民。或官吏侵蚀,或解役烹分,新旧牵混,上下朦胧",[③] 题请由左右布政使分管新旧钱粮:左布政

---

① 严耕望:《中国地方行政制度》,《严耕望史学论文集》,上海古籍出版社,2009年,第855页。

② 卢纮:《新泰丈田议》,贺长龄《清经世文编》卷31,来新夏主编《清代经世文全编》第6册,学苑出版社,2011年,第104页。

③ 《世祖实录》卷108,顺治十四年三月甲寅,《清实录》第3册,中华书局,1985年,第849页。

使专管征收新粮，右布政使督催守巡道员分路催征历年积欠钱粮。

这一请求得到朝廷的同意。清代一些志书赞许为"宿弊顿为之革"。① 江南省右藩的职能由此产生了改变，《顺治十八年缙绅册》记载为"江南等处承宣布政使司右布政使专理钱法"。②

但是，这一措施并没有革除"宿弊"。江南省积欠钱粮仍是普遍现象，数量最多的是江宁巡抚辖区内的苏松常镇四府："一邑之征输，近可比于上江数府之额赋，远可比于他处通省之岁供。兼之节年压欠，新旧带征，催呼日迫，民力日疲。"③ 顺治十七年（1660）正月出任江宁巡抚的朱国治，在第一次奏请被户部否定的情况下，于次年再次奏请将右藩移驻苏州。④ 朱氏首先指出江南省行政体系存在着一个重要缺陷，与钱粮相关的事务都要经过藩司，藩司成为全省办理钱粮事务的一个瓶颈：

> 江宁等十四府、徐州等四州，凡催征报解，总归诸藩司矣。漕（运）、操（江）二抚臣与凤阳抚臣及臣抚衙门，凡批驳、查核，并责诸藩司矣。上江按臣、下江按臣，凡考察完欠，亦问诸藩司矣。而以藩长一官备求肆应，极一人之精力，任通省之催科，拮据不遑，实难周到。所以参罚屡至，而国赋终亏也。

其次，藩司衙门以左藩为主，有时还要左右藩协商，行政效率低下。此时江南藩司所管事务最为"烦剧"，为了打消朝廷担心增加支出的顾虑，朱国治对右藩的驻地、辖区、衙署等问题进行了说明：

> 拟将安庆、庐、凤、淮、扬、徽、宁、池、太等九府、徐州等四州，所属虽多，而赋役少减，专责之左藩，仍令驻扎省会，可以居中征解。臣属江宁、苏、松、常、镇等五府，所属虽少，而赋役较重，专责之右藩，令其移驻苏州，可以就近督催。若右藩一官，臣前言驻常，而今言驻苏者，非敢自为异同也，诚以驻苏与臣同城，如上用与军需事在紧急，必烦查解者，臣催藩司，可以一呼而至，所谓臂指之灵也。况钱粮重大，防护宜严，若苏城有臣标官兵，而藩司仓库亦可恃为□御，此又臣之欲图万全耳。至于书门与皂快，右藩原自有人，固不烦另编经费。兼以新移之衙舍，苏郡查有闲署，亦

① 乾隆《盛京通志》卷77《国朝人物十三》，文渊阁《四库全书》第502册，第616页。

② 《顺治十八年缙绅册》，清顺治洪氏剞劂斋刻本，国家图书馆藏。

③ 郑端辑：《政学录》卷2《直省》，《丛书集成初编》第1册，中华书局，1985年，第42页。

④ 乾隆《江南通志》卷22《公署一》，文渊阁《四库全书》第507册，第649页。

不烦创造兴工。所议添者，止司印一颗。我皇上必不靳此而贻东南半壁财赋难完之忧也。①

朱国治的建议理顺了行政关系，形成江宁巡抚—右藩—苏松等五府的管理格局，有望提高行政效率，获得了朝廷的同意。顺治十八年（1661）十一月，朝廷任命孙代为江南布政使司右布政使，②移驻苏州府。③江南省由此分藩，右藩的驻地、辖区和职能均发生了变化。此举开启了一省之内两员布政使分驻并分区而治的"新例"。此后，右藩也被称之为江南江宁苏松常镇五府布政司右布政使、江宁苏松等处布政司。④

但是，朱国治在奏疏中没有说清楚分藩后，原属右藩催征的积欠钱粮由哪个布政使负责。职掌稽核财赋的户科给事中赵之符为此上奏："凡正项钱粮及兵饷，将其原来即拖欠在上江者，可交给左布政司催缴。而其原来即拖欠在下江者，可交给右布政司催缴。理应如此。如此则职责变得专业，督催尚可用力，无相互推诿之弊端，且不会有上下愚昧混淆之事。视钱粮之办完及拖欠，定左右布政司之优劣，则俱可无言以对也。"⑤

分藩后，随之产生江南省钱粮总数如何向朝廷上报的问题。顺治十四年（1657）前，三员巡抚各自奏报辖区内的数据，全省数据由藩司汇总奏销并由总督负责。顺治十四年，朝廷规定总督不再经管钱粮，全省数据改由江宁巡抚汇总并上报。新任江宁巡抚韩世绮认为已经分藩，继续汇总上报只是增加工作量，并无实际意义，因此在康熙元年（1662）九月上疏："一省钱粮已分南北，将来司总完欠，两藩各另为册，似难复以通省汇核。第司总既分，则抚总须照左右二司所辖分造。除臣之抚总及右司总册，臣应循例造报，其安、凤二属抚总暨左司总册，或归安抚，或归凤抚。"部议核准。这样，安徽、凤阳两巡抚所属各府钱粮数据，左藩汇总后，由安徽巡抚上报；江

① 朱国柱：《分驻藩司疏》，康熙《江南通志》卷65《艺文六》，清康熙二十三年江南通志局刊本，第31册，第7页b—9页a。按：乾隆《江南通志》卷22《公署一》（文渊阁《四库全书》第507册，第649页）、卷105《职官志》（文渊阁《四库全书》第510册，第132页），均载该年江宁巡抚为"朱国治"。韩世琦《抚吴疏草》（康熙五年刻本，《四库未收书辑刊》，北京出版社，2000年，第8辑，第5册，第687页；第6册，第150页）亦作"朱国治"。

② 《圣祖实录》卷5，顺治十八年十一月壬辰，《清实录》第4册，第96页。

③ 孙代：《五府分藩公署记》，同治《苏州府志》卷22《公署二》，《中国方志丛书》华中地方第5号，第1册，成文出版社，1970年，第530页。

④ 韩世绮：《抚吴疏草》卷2《题明张九征病痊赴补疏》、卷22《请给右藩库大使印疏》，《四库未收书辑刊》第8辑，第5册，第347页；第6册，第561页。

⑤ 康熙元年五月二十日户科给事中赵之符奏，台湾"中研院"历史语言研究所藏内阁大库档案，登录号167264-012。原文为满文，由齐光博士译为汉文，特此致谢。

宁巡抚所属各府钱粮数据，右藩汇总后，由江宁巡抚上报。[①] 同月，右藩专辖新设的永盈库及库大使一员，左藩仍辖原有的长盈库，各自拥有附属机构。经过上述变革，江南省左右藩的驻地、辖区、附属机构，与主管上级（巡抚）以及与户部的行政关系，均已一分为二，成为两个独立的行政管理系统。

如前所述，江南省的变革引起了京城言官的注意，言官成为陕西、湖广两省分藩以及三省增设臬司的推动者。康熙二年（1663）四月，户科都给事中史彪古上疏，提议当时幅员最为广阔的两省——陕西、湖广的左右藩也应分驻并分区而治，理由有三点：一是这两个省的幅员辽阔，省会都不在适中的地方，"武昌则僻乎东偏，西安乃迤乎南界"；二是制度规定州县征收到的钱粮必须上解到藩司所在的省会，而兵饷又必须从省会下发支放，来回折腾，增加了开支；三是社会治安还不安定，"况四塞之陕，素多绿林暴客；洞庭之淼，亦饶江洋巨盗"，钱粮上解与下发途中容易出现意外。[②] 吏部随即征求两省督抚意见。湖广总督张长庚会同湖广、郧阳、偏沅三巡抚题奏赞成，并提出了具体方案。[③] 陕西督抚应该也无异议。由此，陕西省左藩驻西安府，分辖西、汉、凤、延四府及兴安一州；右藩驻巩昌府，分辖平、庆、临、巩四府及宁夏、河西各卫所。湖广省左藩驻武昌府，分辖武、汉、黄、安、德、荆、郧、襄八府；右藩驻长沙府，分辖长、衡、永、宝、辰、常、岳七府及郴、靖二州。康熙三年（1664）四月，湖广右藩移驻长沙，[④] 陕西右藩在此前后移驻巩昌府，[⑤] 湖广、陕西由此分藩。

在史彪古上疏后不久，山西道御史李赞元于康熙二年七月提议在江南省增设按察使一员。此时，湖广、陕西两省分藩之事已经在走程序，吏部认为三省应各增设按察使一员，同样征求相关各省督抚意见。《分理刑名奏议》是一份"部覆"，应是吏部公文的节录，记载了增设按察使的过程：

> 该臣等查得先经会议，各省按察使所管刑名繁简不一，江南省事件繁多、地方宽阔，陕西、湖广两省地方宽阔，而且与别省多设巡抚，止一按察使管理刑名，必至迟误。相应于江南、湖广、陕西三省各增设按察使一员，

① 韩世琦：《抚吴疏草》卷11《请分抚司总奏销考成疏》、卷22《请安抚属裁扣归安抚奏销疏》，《四库未收书辑刊》第8辑，第6册，第47，568页。

② 周纶：《石楼臆编》卷1《藩臬》，《四库全书存目丛书》子部第232册，齐鲁书社，1997年，第646页。

③ 《分藩奏议》（部覆），康熙《长沙府志》卷14《典章志》，《湖南省图书馆藏稀见方志丛刊》第7册，国家图书馆出版社，2014年，第335页。

④ 《圣祖实录》卷11，康熙三年四月癸巳，《清实录》第4册，第177页。

⑤ 《圣祖实录》漏载陕西右藩移驻之事。乾隆《甘肃通志》卷28言田起蛟于康熙二年任藩使，后分辖平、庆、临、巩四府（文渊阁《四库全书》第558册，第57页）。

分府料理。其驻扎地方及分隶府分，应敕江南、陕西、湖广各该督抚确议具覆。移咨去后，今据湖广总督张长庚疏称，据各司会详，应驻长沙为适中，专理湖南长、宝、衡、永、辰、常、岳七府、郴、靖二州一切刑名政事，照依右司，一例并驻长沙，以为经久之规模，等因，前来。查增设臬司驻扎地方、分辖府分，既据该督抚查明，以长（沙府）为适中，驻扎妥便。应如督抚所请，候命下之日铨补可也。①

康熙三年二月，添设甘肃按察使，驻巩昌府，辖平凉等四府。三月，增设湖广按察使，驻扎长沙府。五月，江南省增设江北按察使，驻凤阳府泗州，分辖安庆、庐州、凤阳、淮安、扬州五府以及徐、滁、和三州，江宁、苏州、松江、常州、镇江、徽州、宁国、池州、太平九府和广德州仍隶属于江南按察司。②至此，三省的司法行政系统也一分为二。湖广、陕西两省增设的臬司与右藩的驻地和辖区相同，原设的臬司与左藩驻地、辖区相同，布按两使的辖区已经重合。江南省比较特殊，一是两藩与两臬的辖区不同，二是两藩、两臬分驻三地。康熙五年（1666），按照新划定的江宁、安徽两员巡抚的辖区，布、按两司的辖区重新进行了调整，左藩所属扬、淮二府和徐州往属右藩。③江北按察使自泗州移驻安庆，辖安庆等七府三州；布按两司的辖区重合。如前所引，这些分驻的布政使衙门亦可称之为布政使司，全国由此共设17组布政使司和按察使司。

三省分藩后，左右藩名义上仍属一个布政使司。其他各省沿袭明制，设有左右两员布政使（除贵州外）。康熙六年（1667）七月，经过议政王贝勒大臣、九卿、科道的讨论，朝廷决定河南等11省保留一员布政使，"至江南、陕西、湖广三省，俱有布政使各二员，驻扎各处分理，亦应停其左、右布政使之名，照驻扎地名称布政使。"④三省的六员布政使"照驻扎地名称布政使"，说明朝廷已经认为这是各有名称的新布政使司。每个布政使司只设一员布政使成为一项全国性的新制度。

① 康熙《长沙府志》卷14《典章志》，《湖南省图书馆藏稀见方志丛刊》第7册，第337页。
② 《圣祖实录》卷11，康熙三年二月癸丑、三月甲戌，《清实录》第4册，第173，175页；卷12，康熙三年五月丁卯，《清实录》第4册，第181页。
③ 乾隆《江南通志》卷106《文职八》，文渊阁《四库全书》第510册，第145页。
④ 《圣祖实录》卷23，康熙六年七月甲寅，《清实录》第4册，第315页。

二、两抚分属：督抚员缺的调整

清初沿袭明末制度，各省设有总督和巡抚，统辖布按两司或道府州县。康熙《清会典》谓清初督抚员缺"因事设裁，随地分并，历年员额多寡不一"。① 那么，清初的督抚员缺设置是否毫无规律可寻，其职能在顺康之际发生了哪些变化？

督抚均有坐名敕。顺治年间敕书中规定的总督辖区与职能，与明末已经有所不同。一是管辖两省的总督增多，明末管辖两省的总督有两广总督，顺治年间新设的有浙闽、川湖、云贵、江南江西总督等。二是本时期总督的职能以军事为主。如顺治二年四月颁给陕西三边总督孟乔芳的敕书言："兹命尔总督陕西三边、四川等处军务兼理粮饷。巴蜀壤地相连，控制非遥，征调犹便，今特酌于川陕〔适〕中地方，以便往来调度。凡两省镇巡等官，咸听节制，蜀中兵马钱粮悉从调发。"② 又如顺治十六年颁给云贵总督赵廷臣的敕书谓："惟兹云贵幅员辽阔，兵燹初宁，需人控制。尔其居中调度，严饬文武官吏，修浚城池，操练兵马，积聚粮饷，稽察奸宄。一应战守机宜，悉听便宜区处。"③ 为了"居中调度"，总督的驻地不一定在省城。云贵总督半年驻贵州安顺，半年驻云南曲靖；④ 浙闽总督的驻地分别在福建福州、浙江衢州。顺治十三年（1656），左副都御史魏裔介认为总督专责剿寇靖众，其驻地不应与巡抚同在省城，应移驻军事要地。⑤ 顺治十四年（1657）九月谕旨："总督、巡抚责任不同。巡抚专制一省，凡刑名钱谷、民生吏治，皆其职掌。至于总督，乃酌量地方特设，总理军务，节制抚镇文武诸臣，一切战守机宜、调遣兵马重大事务，当悉心筹画。若更令兼理刑名钱谷等细事，不特精力难周，且致彼此推诿，耽延时日，何以专任责成。"命九卿詹事科道会议。⑥ 从前述两江总督职能变化来看，应该是规定总督不再"兼理刑名钱谷等细事"。当时天下未定，总督职能以军事为主，着重于控制大区域（两省）的军事局势，是否管辖省内刑名钱谷事务，各总督并不相同，至此才有统一规定。

顺治年间巡抚员缺的设置，沿袭明代旧制，分省会巡抚（亦作"省下巡抚"，简

① 康熙《清会典》卷146《都察院》，《大清五朝会典》第2册下，线装书局，2006年，第1879页。
② 《皇帝敕命孟乔芳为陕川三边总督》（顺治二年四月二十二日），张伟仁主编《明清档案》第2册，台湾"中研院"历史语言研究所，1986年，第B837页。
③ 《皇帝敕命赵廷臣为云贵总督》（顺治十六年一月二十一日），张伟仁主编《明清档案》第33册，第B18821页。
④ 《世祖实录》卷133，顺治十七年三月己巳，《清实录》第3册，第1029页。
⑤ 《吏部尚书科尔坤题覆江南督臣应令照旧驻扎江宁》（顺治十三年十一月十日），张伟仁主编《明清档案》第29册，第B16487页。
⑥ 《世祖实录》卷111，顺治十四年九月己巳，《清实录》第3册，第875页。

称"省抚")① 和区域巡抚两类。省会巡抚节制布按两司，管理钱谷刑名等民事，辖有绿营（即抚标），也可节制绿营副总兵以下武职。以浙江巡抚为例，其职能包括"修理城池、水寨，训练水陆军马，整办战船器械，甄别将领，申明纪律。遇有盗贼生发，相机调度，严行剿杀，无使滋蔓。合用军饷，从宜措置。……春秋两汛，巡行海上，考察将领，稽阅军实。文官司道以下，武官副总兵以下，俱听节制"。② 值得注意的是，省会巡抚辖境为全省，或者与藩司辖区相同。区域巡抚管辖数个道员、府州县或卫所，按辖区情形不同又可以分为两种。③ 一种是管辖数省交界地区的巡抚，其辖区与省会巡抚辖区或其他区域巡抚辖区有重叠，其职能以军事震慑为主，不管理钱谷刑名，如天津、南赣、偏沅巡抚等；一种是分辖省内某一区域的巡抚，主要在直隶、江南、陕西等省。随着政治、军事形势的变化，原先的一些军事要地失去其重要性，再加上经济困难减少开支，登莱、宣府等区域巡抚率先被裁撤。④

顺治死后，辅政大臣们于顺治十八年（1661）八月，以"文武并重"为由，要求吏、礼、兵等部将地方文武官员职掌重新划定。清初由于财政紧张，在官缺设置上一直采取紧缩政策，不断裁减冗官。这次为何一反常态增设一批总督，除了"文武并重"这个因素外，由于史料缺乏，相关情形尚不清楚。己未，朝廷决定直隶和各省每省设一员总督，驻扎省城。⑤ 由此，形成一省一总督的制度，总督全部移驻省城并节制同省提督、巡抚。这一制度仅实施数年就被调整，康熙四年（1665）三月，吏部上疏："各省督抚多设，如要省督抚全留，如非要省应酌量裁并。"⑥ 朝廷对这个问题非常重视，以议政王贝勒大臣、九卿、科道会议的形式对此进行了讨论，决定裁撤山东、河南、江西、山西、广西、贵州等六省总督，改设直隶山东河南、江南江西、山陕、两广、云贵等五员总督，保留福建、浙江、湖广、四川四省总督，同时裁撤凤阳、宁夏、南赣三员区域巡抚。尚不清楚吏部为何有这个提议，但这次调整没有影响总督的职能及其与提督、巡抚行政关系，只是裁撤了非"要省"的总督员缺，让保留下来的"要省"总督管理两至三省，这与此后一些省份不设总督的制度有明显区别。

顺治十八年一省一督制的实施，是清初督抚制度的一大变化。除了官缺数量有变

---

① 彭之凤：《扼要驻扎疏》，康熙《长沙府志》卷14《典章志》，《湖南省图书馆藏稀见方志丛刊》第7册，第333页；姚文然：《责成职掌疏》，康熙《长沙府志》卷14《典章志》，《湖南省图书馆藏稀见方志丛刊》第7册，第330页；郑端辑：《政学录》卷2《直省》，《丛书集成初编》第1册，第46页。

② 《皇帝敕命秦世祯为浙江巡抚》（顺治十一年四月二十八日），张伟仁主编《明清档案》第19册，第B10683页。

③ 参见傅林祥：《晚明清初督抚辖区的"两属"与"兼辖"》，《安徽大学学报》2010年第5期。

④ 《世祖实录》卷64，顺治九年四月丁未，《清实录》第3册，第499页。

⑤ 《圣祖实录》卷4，顺治十八年八月己酉、己未，《清实录》第4册，第83，85页。

⑥ 周纶：《石楼臆编》卷1《督抚》，《四库全书存目丛书》子部第232册，第642页。

动外，最重要的是督抚职能发生明显变动，实行文武分治，总督为一省的最高军事、行政长官。巡抚只管民政，不理军务，敕书、印文内的"提督军务""赞理军务"字样被删除；抚标被裁，各员巡抚仅辖护卫兵50名；兵部兼衔在康熙元年被改成工部兼衔。由此，管理数省交界区域的区域巡抚，从原先的地方大员变为冗官，失去了继续存在的基础。顺治十八年，就有言官提议裁撤"无事可掌"的南赣巡抚。[1] 康熙四年五月，南赣、宁夏、凤阳等区域巡抚被裁撤，[2] 安徽、偏沅、甘肃三员区域巡抚得到保留，职能发生改变。由此，全国共设十八员巡抚，形成了江南、湖广、陕西一省两抚，其他各省一省一抚的局面。

随着江南等三省一省两抚局面的形成，巡抚与两司的行政关系也在这个过程中得到了调整。湖广省在顺治年间设有省会巡抚——湖广巡抚，统管全省民政。同时设有偏沅、郧阳两员区域巡抚，均不管民政，辖区与其他巡抚辖区重叠。偏沅巡抚管理荆州、常德、长沙、衡阳四府，[3] 郧阳抚治弹压湖广、河南、四川、陕西四省交界区域。大约在康熙二年（1663），刑科给事中姚文然提议仿照江南省例，湖北地区由省会巡抚专辖，湖南地区由偏沅巡抚专辖：

> 臣思楚省提封最广，府州所属共有三十余处之多，湖南北相距五千余里，诚为辽阔，其钱粮、钦件及刑名、官评不知凡几。今虽设有三抚，而执掌不分，向来未经详议，实有未尽当者。……如郧阳抚治，原为秦、豫、川蜀三省疆隔相接，故特设治臣弹压，与楚省抚务似不相关。省下巡抚总理全省之事，偏沅巡抚虽云管理衡、永、长沙等属，然虚名无实，十羊九牧。……臣愚以为莫如援江南、陕西之例，将两抚分属，以湖北责之省下巡抚，湖南责之偏沅巡抚，一切钱粮、钦件、官评、刑名，皆派定地方。……其左右布政使已经奉旨照江南例，分湖南北驻扎掌管，则糗粮刍茭价值多寡，皆可周知，随时随地预先就近备办。[4]

显然，姚文然受湖广分藩、江南与陕西巡抚分区而治的启发，将原先各自进行的巡抚与藩臬两个层面的变革交集在一起，使湖广省的官制改革由分藩转向分省。随后，刑科左给事中彭之凤提议将偏沅巡抚移驻长沙府："长沙一府实居湖南里道之中，

① 真水康树：《明清地方行政制度研究——明两京十三布政使司与清十八省行政系统的整顿》，第46页。

② 《圣祖实录》卷15，康熙四年五月丁未，《清实录》第4册，第229页。

③ 《偏沅巡抚金廷献奏报督臣与续顺公挟嫌牵制不决请敕部察酌》（顺治九年四月二十六日），张伟仁主编《明清档案》第14册，第B7785页。

④ 姚文然：《责成职掌疏》，康熙《长沙府志》卷14《典章志》，《湖南省图书馆藏稀见方志丛刊》第7册，第329页。

所辖湖南府治既道路相近，即关会湖北各郡亦相去不远，呼吸可通，实为居中要地。合无请敕下该部从长酌议，将偏沅巡抚移驻长沙，以便居中而理，则里道维均。凡一切转解粮饷，文移往来，俱可朝发夕至，首动尾应，庶抚臣无偏安一隅之嫌，而地方获长治久安之术矣。"①朝廷随即令湖广总督张长庚"详确定议"。张长庚建议将洞庭湖以北的武昌等八府仍属湖广巡抚管辖，将洞庭湖以南的长沙等七府二州改由偏沅巡抚管辖，"刑名钱谷，各归管理"。②偏沅巡抚周召南也同意此方案。③康熙三年三月，朝廷决定长沙等七府二州归偏沅巡抚管辖；四月裁郧阳抚治；闰六月，朝廷令准偏沅巡抚移驻长沙府；④八月，巡抚周召南到长沙城上任。⑤由此，湖广省在一个总督之下、一省之内，分设两员巡抚、布政使、按察使并分驻武昌、长沙两地，实际上形成了两套省级行政机构并分区而治。

陕西省在顺治年间设有省会巡抚——陕西巡抚，管辖藩司辖区内的行政事务。同时设有甘肃、宁夏、延绥三员区域性巡抚，分别管理甘肃、宁夏、榆林镇等实土卫所地区的行政事务。康熙元年裁延绥巡抚，辖区并入陕西巡抚；四年三月朝廷决定裁撤宁夏巡抚，陕西总督白如梅上疏反对：

> 查陕西一省东西四千里，南北三千余里，计四围则万余里，省会之大未有过于秦者。且三面逼邻番彝，止间一墙，省分之要又未有过于秦者。原设西安、延绥、宁夏、甘肃巡抚四员。康熙二年，延绥巡抚林天擎疏请裁并延抚一员，归并省抚。盖以榆林外部落效顺，且距西安止一千三百余里。至于宁抚驻扎宁夏，距省一千四百五十里，逼近套彝；甘抚驻扎凉州，距省二千五百里，逼近海彝。甘、宁二抚各相距又千里，山隔河阻，势不相通。就今日无事时视之，巡抚既卸兵马，似为闲员；倘值有事，实有必不可少者。⑥

① 彭之凤：《扼要驻扎疏》，康熙《长沙府志》卷14《典章志》，《湖南省图书馆藏稀见方志丛刊》第7册，第334页；参见故宫博物院文献馆编：《刑科奏章文册》，上海书店出版社编《清代档案史料选编》第1册，上海书店，2010年，第165页。

② 《八旗通志》卷190，文渊阁《四库全书》第667册，第458页。

③ 康熙《长沙府志》卷2《职官上》："至康熙三年，部议移驻长沙。而大中丞周公召南请专职掌，分辖七府二州，并设藩臬二司以重其任。"（《湖南省图书馆藏稀见方志丛刊》第4册，第3页。）

④ 《圣祖实录》卷11，康熙三年四月戊申、四月戊申，《清实录》第4册，第175，178页；卷12，康熙三年闰六月辛未，《清实录》第4册，第189页。康熙《宝庆府志》卷1《郡建置纪》谓康熙二年四月"奉旨特允偏沅巡抚都御史移镇长沙"（康熙二十三年刊本，《北京图书馆古籍珍本丛刊》第37册，北京图书馆出版社，1998年，第81页）。

⑤ 康熙《长沙府志》卷1《建置志》，《湖南省图书馆藏稀见方志丛刊》第3册，第633页。

⑥ 周纶：《石楼臆编》卷1《督抚》，《四库全书存目丛书》子部第232册，第642页。

同年十月，镇守陕西总兵桑格也上疏反对："今裁宁抚，他抚兼领，紧急边情，必失机宜。"[1] 朝廷未采纳他们的意见。白如梅又提议将甘肃巡抚迁驻兰州，认为兰州"离宁夏一千四百余里，离肃州一千五百余里，实为宁甘适中之地"。[2] 原宁夏巡抚辖区由甘肃巡抚接管。朝廷同意此方案。康熙五年，甘肃巡抚、陕西右藩和增设的臬司驻地同时调整，分别从凉州、巩昌府迁至兰州。同驻兰州的甘肃巡抚与藩臬组合成一个完整的行政机构，管辖陕西省西部地区；同驻西安的陕西巡抚与藩臬管辖陕西省东部地区；陕西总督管理全省。

江南省在顺治初设有三员巡抚。江宁巡抚与右藩的行政关系已见前述。凤阳巡抚被裁后，江南总督郎廷佐的上疏于康熙四年十一月被御准，将原属于凤阳巡抚管辖的庐州、凤阳二府及滁、和二州划归安徽巡抚管理，淮安、扬州二府和徐州划归江宁巡抚管理。[3] 江北按察使迁驻安庆的具体经过，目前未见到详细史料。康熙五年，江宁、安徽两员巡抚与布按两司的辖区调整完成，[4] 奠定了清代江苏、安徽两省的区域。

随着巡抚辖区调整完毕，江南等三省均设一员总督管理全省，设两员巡抚和两员布政使、按察使，分疆而治。[5] 其他各省至康熙六年七月，直隶设一员巡抚，未设布按两使；山东等十一省均设一员巡抚、布政使、按察使。由此，全国名义上仍是 14 省，实际上形成 17 个由巡抚与布按两使共同组成的行政机构及其行政区域，另有一个由巡抚单独管理的直隶地区（康熙八年增设直隶守道、直隶巡道，行使藩臬两司职能）。

三、从"几同二省"到"截然二省"：对新省区的认识过程

如上所述，顺治末、康熙初年对江南三省的巡抚、布按两使的官缺设置及行政关系进行了调整，各员巡抚与所属布按两使形成了新的、共同的辖区，区域巡抚由此具备省会巡抚的职能。这些调整是分散进行的，没有一个"分省"的谕旨或事件，变动

---

① 周纶：《石楼臆编》卷1《督抚》，《四库全书存目丛书》子部第232册，第642页。乾隆《甘肃通志》卷29有宁夏总兵"桑格，满洲人，康熙四年任"（文渊阁《四库全书》第558册，第82页）。

② 郑端辑：《政学录》卷2《直省》，《丛书集成初编》本，第1册，第46页。

③ 《圣祖实录》卷17，康熙四年十一月戊申，《清实录》第4册，第253页。

④ 乾隆《江南通志》卷106《文职八》，文渊阁《四库全书》第510册，第145，147页。

⑤ 三省形成事实上的分省局面后，一些具体问题逐步得到解决，如安徽藩司、江苏臬司的移驻等，直到雍正、乾隆年间才告完成。参见傅林祥：《清代江苏建省问题新探》，《清史研究》2009年第2期。

后的江南、湖方、陕西仍然被视为一省，即"一省而有两巡抚、两布按"。江宁、安徽、偏沅、甘肃四员区域巡抚与所辖布按两使的辖区，在何时被认为是省区？有一个较长的认识过程。①

（一）名虽一省，几同二省

康熙六年（1667）后，三省仍在原先的总督管辖之下，即在总督辖区层面仍是一省；顺治十八年（1661）开始的一省一督制度虽然实施时间不长，也会强化明代以来的省域观念，因而在目前所见康熙年间的绝大多数史料中，江南、湖广、陕西（陕甘）仍被记载为一省。这些史料中，有些记载了三省具体的官制变化，如两员巡抚的分治，康熙十三年（1674）六月谕称"曩当太平之时，湖北、湖南，巡抚二人分治。今军兴之际，不得仍以地方分属为诿"。②或是布政使的分治，康熙《岳州府志》载："皇清因之，属湖广承宣布政使司。康熙三年分藩，属湖南承宣布政使司。"③或是关注到巡抚和布按两司、道员整体的分地而治，制度已经与其他各省有所差异。康熙年间修《清一统志》时，总纂官陈廷敬认为："一省而有两巡抚、两布按，虽分地而治，亦当与统辖全省者同例。"④康熙二十三年（1684），湖南按察使范时秀认为："自昔以鄂城为会，未闻画南北而区分之，国初亦因其旧。我皇上御极之始……命于洞庭以南再树藩屏，建阃星沙，亦如吴会之有东西，关陕之分左右。……然亦广为节制，以示长驾远驭之方，未尝界全楚而二之也。至有大期会、大征调，则湖以南所属之郡邑咸相率征缮而听命于统督之大吏，无或敢后。"⑤这些记载了当时湖南、湖北已经分区而治，在特殊情况下统一听令于湖广总督的状况。

康熙年间的文献中偶尔也有"两省""分省"的记载。大约在康熙三十年（1691）前后，从未做过官的松江府文人叶梦珠，⑥对江南省在清初的省制变化作了如下记载：

---

① 陆发春《安徽建省与省域认同》（复旦大学历史地理研究中心博士学位论文，2013年）从安徽官员在纂修《江南通志》和《安徽通志》中的安徽省域空间的认知、《清代缙绅录集成》中安徽籍官员籍贯信息的数量分析、旅京安徽会馆的兴办与重建这三个方面，较为系统地探讨了安徽省域认同问题。一些探讨分省问题的文章，从省名等角度对分省认识问题也有所涉及。

② 《圣祖实录》卷48，康熙十三年六月甲辰，《清实录》第4册，第626页。

③ 康熙《岳州府志》卷1《建置沿革》，中国科学院图书馆选编《稀见中国地方志汇刊》第38册，中国书店，1992年，第18页。

④ 陈廷敬：《午亭文编》卷39《与徐少宗伯论〈一统志〉书》，文渊阁《四库全书》第1316册，第576页。

⑤ 康熙《湖广通志》卷首《湖南按察使范时秀序》，康熙二十三年刊本，第1册，第1页a—2页b。

⑥ 叶梦珠的生卒年限，可参见江功举：《关于〈阅世编〉作者叶梦珠的生卒年问题——兼与来新夏同志商榷》，《成都大学学报》1983年第3期；顾承甫：《关于〈阅世编〉作者叶梦珠生平》，《史林》1987年第3期。江氏认为《阅世编》非作者于晚年一举完成，而是壮岁以后即开始动笔的追录和随录，这种断断续续的写作一直进行到康熙三十年前后。

江南故为南京直隶卫、府、州、县。自顺治二年改为行省，于是始设布按三〔二〕司，然亦仍前朝行省之制。布政使二员，左右并建，按察使则惟一员，俱驻省城。顺治季年，因苏、松赋重，特分江宁及苏、松、常、镇五府属右藩，而驻扎于苏州；左藩则辖安徽等九府，徐、和、滁、广四州，驻扎省城。至康熙六年丁未，尽裁天下右藩，独于江南添设江苏布政使，照旧驻苏。而按察司亦添一员分辖安徽等府，驻扎安庆，于是上江下江，名虽一省，几同二省矣。①

叶氏观察到了布政使的分驻、按察使的增设等变化，只是没有记载巡抚的调整，这可能与松江府一直属于江宁巡抚管辖有关。又言康熙六年"尽裁天下右藩"，更是具有全国性视野。他的"名虽一省，几同二省"的观点，在现存康熙朝前中期文献中较为稀见。又如康熙五十四年（1715）抄本《蓝山县志》："康熙三年移偏沅抚院及分湖北藩臬、驿盐粮道各衙门俱驻长沙府，自是南北分省，专属湖南布政使司。"②修纂者关注到分省过程是由巡抚、布按两使和驿盐粮道移驻长沙府等一系列事件组成，认为湖南、湖北已经"南北分省"。

裁撤湖广总督之事，从一个侧面反映了皇帝和朝中大臣对新省区的认识。

由于江南等三省的巡抚与布按两司实际上已经分治，作为"一省"最高长官的总督，有时就显得不再那么重要。康熙二十七年（1688）三月十九日，吏部上奏，湖广总督徐国相革职后，该总督的空缺是开列满洲还是汉军、汉人，请皇帝定夺。康熙帝对徐国相非常不满，进而认为："此总督之缺无用，应裁去。"大学士王熙附和道："此省既有两巡抚，则总督之缺宜裁，圣见甚当。"③在裁撤过程中，督标兵丁发生变乱。为此，御史阮尔询上奏："他省止设巡抚一员，惟湖广与江南、陕西设两巡抚以分治之，由其地广而势悬也。夫地广势悬，名虽一省，其实视他省较倍，原不可同日而语。今两巡抚各率其属，分疆划界，漠不相关。即荆州设有将军，常德设有提督，文武职掌亦属殊途。查总督一官为联络文武、调剂兵民而设，无总督则事权不一，事权不一则弹压无人。"④点出了湖广保留总督的重要性。九月二十四日，吏部尚书阿兰泰、兵部尚书纪尔塔布、工部尚书苏赫等大臣以湖广地方辽阔为由奏请复设湖广总

①　叶梦珠：《阅世编》卷3《建设》，来新夏点校，中华书局，2007年，第76页。

②　康熙《蓝山县志》卷1，《故宫珍本丛刊》第156册，海南出版社，2001年，第26页。

③　《康熙起居注》第3册，康熙二十七年三月十九日，中国第一历史档案馆整理，中华书局，1984年，第1751页。

④　阮尔询：《全楚幅员甚广》，平汉英《国朝名世宏文》卷3《吏集》，《四库未收书辑刊》第1辑，第22册，第573页。

督，"上颔之"。① 由此升湖广巡抚丁思孔为湖广总督。②

从这一事件可以看出，无论是大学士王熙，还是言臣阮尔询等，都清楚地知道江南、湖广、陕西由两员巡抚分管，"分疆划界"实际上是两个并立的地方政府在管辖各自的行政区域，作为行政区划的"湖广省"已经名存实亡，可有可无。作为湖广总督衙门或湖广总督辖区代称的"湖广省"，③ 在康熙二十七年消失了六个月。

（二）湖南与湖北，今已截然两省

雍正元年（1723）正月，登基不久的皇帝给总督的上谕谓："总督地控两省，权兼文武，必使将吏协和，军民绥辑，乃为称职。"这是给全体总督的，湖广总督所统辖的也应是两省。给巡抚的上谕："一省之事，凡察吏安民，转漕裕饷，皆统摄于巡抚。"④ 明确巡抚是一省的行政长官。"总督地控两省"、巡抚统摄"一省之事"，⑤ 这与康熙年间"一省而有两巡抚、两布按"的观念完全不同。

同年七月，雍正帝又谕湖南、湖北分闱。分闱后，王文清提出："湖南与湖北，今已截然两省，既分抚军，分藩臬，又分乡闱，自应各就其乡邦各训其子弟。"⑥ 为此湖南巡抚向朝廷提议："湖北、湖南乡闱既分，教职亦请分选。"⑦ 此前的湖广分设巡抚和藩臬，是已经分省但又藕断丝连，分闱使两地"截然两省"。

雍正三年（1725）十月，皇帝谕内阁："外省官员督参抚审，抚参督审，此系向来定例。但朕思督抚果系同城驻扎，或相距不远，则旧例甚属合理。若隔处辽阔，该犯与干连人等不无往返拖累，且案件亦易至耽延。""寻议……其湖南虽统属湖广，相隔洞庭一湖；甘肃虽统属陕西，相去千有余里；以及浙江、江西、四川、广西、贵州等省，均属隔省，巡抚所参之员应即令该抚就近审结。"⑧ 这里所言"湖南虽统属湖广""甘肃虽统属陕西"，强调的是在总督层面仍然同属一督或一省。但实际上湖南与甘肃已经分别是独立的一省，因而内阁讨论的结果是按照实际情况归入"隔省"一类。

① 《康熙起居注》第3册，第1797页。

② 《圣祖实录》卷137，康熙二十七年九月戊戌，《清实录》第5册，第491页。

③ 有关清代省名的含义，参见傅林祥：《政区·官署·省会——清代省名含义辨析》，《中国历史地理论丛》2011年第1辑。

④ 《世宗实录》卷3，雍正元年正月辛巳，《清实录》第7册，第67，68页。

⑤ 一省之事"皆统摄于巡抚"的说法，在顺治十四年九月的谕旨中已有："又谕吏部：总督、巡抚责任不同。巡抚专制一省，凡刑名钱谷、民生吏治皆其职掌。"（《世祖实录》卷111，顺治十四年九月己巳，《清实录》第3册，第875页。）顺治此谕所指当是省会巡抚。

⑥ 乾隆《长沙府志》卷23《政迹》，乾隆《中国方志丛书》华中地方第299号，第2册，成文出版社，1976年，第594页。

⑦ 《世宗实录》卷21，雍正二年六月辛巳，《清实录》第7册，第340页。

⑧ 《世宗实录》卷37，雍正三年十月戊辰，《清实录》第7册，第546，547页。

雍正六年（1728）四月，"川陕总督岳钟琪疏言陕甘两省丁银，照各省以粮载丁之例题请，奉旨允行在案"。[①] 两江、湖广、陕西（或川陕）三员总督长期管辖"通省"事务，因而常将巡抚辖区作为本省的一部分，如康熙三十九年（1700）七月，湖广总督郭琇奏："臣思楚省之米出自湖南。"[②] "楚省"指湖广省。康雍乾三朝，公文中常以"通省"（如"湖广通省"）、"一省"（如"江南一省"）指称三省分省前的省区。岳钟琪为四川陕西总督，在此前的雍正四年（1726）十二月将陕西、甘肃两巡抚辖区称之为"陕甘两属"，[③] 此时将两巡抚辖区称之为"陕甘两省"，反映了观念的某些变化。

　　雍正七年（1729）五月，雍正帝认为：江南的上江、下江，湖广的湖北、湖南，陕西的西安、甘肃，"虽同在一省之中，而幅员辽阔，相距甚远，定制各设巡抚、司道以统辖之，其情形原与隔省无异"。[④] 这条谕旨，以往的研究或将其作为当时尚未分省的依据。细读全文则不然，"虽同在一省中"，显然指湖北、湖南这些区域只是在"名义"上仍是一省；"定制各设巡抚、司道以统辖之，其情形原与隔省无异"，则道出了湖北、湖南的现状，各有自己的省政府，名实不符的状况显露无疑。而且"各设巡抚、司道以统辖之"是"定制"，不是临时性措施。

（三）督抚驻扎之地为省会：对新省制认识的一个侧面

　　作为行省所在地的"省会"一词，在元代文献中已经出现，如刘鹗谓："江西以鄱阳为襟喉，以江州为辅臂，袁、临、吉、赣当楚粤之要冲，抚、建、广、饶控闽越之关隘。至于龙兴，名为省会，居中应外。"[⑤] 龙兴府即今江西南昌市，江西行省驻此。明洪武间，改行省为藩司，其衙门或辖区习惯称呼为省、藩省。如弘治年间，黄河在河南原武县决口，于是有"迁河南藩省于他所，以避其害"之议。[⑥] 又如："天下藩省以两浙为称首，而两浙之郡以杭为称首。"[⑦] 布政使司的驻地沿袭元代习惯称省会、会城。明代巡抚或驻省会，或驻一般府县，因而特称驻地在省会的巡抚为"省会巡抚"。清代沿袭明代称呼，有时仍称藩司治所为省会、省城。如嘉庆《清会典》卷45《工部》："凡建置，曰省（布政使所治为省城），曰府（除省城知府外，其余知府所治为

①　《世宗实录》卷68，雍正六年四月乙酉，《清实录》第7册，第1033页。

②　《圣祖实录》卷200，康熙三十九年七月庚申，《清实录》第6册，第38页。

③　《世宗实录》卷51，雍正四年十二月癸亥，《清实录》第7册，第762页。

④　《世宗实录》卷81，雍正七年五月丁巳，《清实录》第8册，第68页。

⑤　刘鹗：《惟实集》卷1《直陈江西广东事宜疏》，文渊阁《四库全书》第1206册，第297页。

⑥　黄光昇：《昭代典则》卷22，弘治三年三月，《四库全书存目丛书》史部第12册，第795页。

⑦　刘春：《东川刘文简公集》卷3《送杨温甫守杭州序》，《续修四库全书》第1332册，上海古籍出版社，2002年，第53页。

府城）。"①俞正燮谓"自乾隆二十六年，安庆为省会"，②显然是指安徽藩司"回驻"安庆，安庆由此成为安徽省会。

清代督抚成为一省实际行政长官后，督抚驻地何时称为省会，也就是省会含义在清代的变化，从一个侧面折射出人们对新省制的认识过程。康熙年间，湖南藩司张仲举认为："移抚治于此（长沙），分藩设官，一如省会。"③湖南驿粮道赵廷标："分藩臬二司，特移重臣节钺，以资弹压，是长沙一郡俨如省会之区。"④两位官员都注意到了巡抚与藩臬两司共驻长沙府，使其具有省会的地位。一些方志虽未明言巡抚驻地为省会，但已经包含着这层含义，这在直隶最为明显。康熙十二年（1673）刊刻的《静海县志》谓："北拱盛京，南通省会，东濒沧海，西据卫河，密迩三津。"⑤此时直隶地区无藩臬二司，名义上仍是"直隶"。直隶巡抚于康熙八年（1669）由真定府移驻保定府，又置直隶守道、巡道分管钱粮、刑名事务。《静海县志》中所说的"南通省会"，显然指的是直隶巡抚的驻地。值得注意的是，此时距江南三省分省不到十年，"省会"概念的变化不一定是受分省的影响。与之时间相近，直隶巡抚于成龙认为："窃维保定府城，自前抚臣金世德移驻之后，设立守巡二道，总汇八府钱谷刑名，已成省会之区。"⑥因巡抚的移驻和守巡二道的设立，将保定府视作为省城。

康熙以后，以督抚驻地作为省会的认识更加明确。梁份《新修广润门记（代王中丞）》认为："国家经理天下，分布都御史以抚治者十有七，行台所在为省会，府曰大府，江西之南昌其一也。"⑦此处的"行台"指巡抚。雍正四年（1726）四月，"湖南平溪、清浪二卫与贵州思州府接壤，去湖南省会辽远，请改归贵州管辖"。⑧"湖南省会"比康熙年间"俨如省会"的认识更为明晰。雍正五年（1727），皇帝认为"省会乃督抚驻节之区"；十一年（1733），皇帝明确指出"督抚驻扎之所为省会之地"。⑨

① 嘉庆《清会典》卷45，《大清五朝会典》本，第13册，第547页。

② 俞正燮：《癸巳类稿》卷8《黟县山水记》，《续修四库全书》本，第1159册，第421页。

③ 湖南布政使张仲举序，康熙《长沙府志》卷首，《湖南省图书馆藏稀见方志丛刊》第3册，第397页。

④ 湖南驿盐粮储道赵廷标序，康熙《长沙府志》卷首，《湖南省图书馆藏稀见方志丛刊》第3册，第429页。

⑤ 康熙《静海县志》卷1《形胜》，《中国地方志集成·天津府县志辑》第5册，上海书店出版社，2004年，第14页。

⑥ 于成龙：《题为剧郡亟需能员保举恐违常例仰请睿裁拣选补用以资治理事》，《抚直奏稿》第5册，清康熙二十六年刊本，第1页a。

⑦ 梁份《怀葛堂文集》卷之《记》，清雍正间刻本，《四库全书存目丛书》集部第236册，第137页。据雍正《江西通志》卷5《城池》：康熙"六十一年，广润门毁，巡抚王企靖重建"（文渊阁《四库全书》第513册，第192页），梁份此文当作于雍正初年。

⑧ 《世宗实录》卷43，雍正四年四月戊寅，《清实录》第7册，第633页。

⑨ 《世宗实录》卷61，雍正五年九月乙卯，《清实录》第7册，第928页；《世宗宪皇帝圣训》卷10，雍正十一年正月壬辰，文渊阁《四库全书》第412册，第153页。

乾隆元年（1735）修成的《甘肃通志》称兰州因"康熙五年甘肃巡抚移驻，遂为省会"。[①] 乾隆四年（1739），安徽巡抚孙国玺在奏折中言"安庆府城乃省会重地，江广通衢"，[②] 此时安徽布政使仍驻江宁府城。乾隆《江南通志》记载"江苏、安庆俱属省会，而江宁尤重焉"。[③] 王鸣盛特别注意到了省会的差异："江宁为两江总督省会，苏州为江苏巡抚省会，杭州为浙江巡抚省会。"[④] 从明代的"省会巡抚"到清雍正十一年的"督抚驻扎之所为省会之地"，巡抚完成了从"客"到"主"的变化过程。

随着以总督、巡抚驻地为省会观念的出现，以巡抚改名作为分省时间的判定也因之产生。到清中后期，咸丰年间，湖南巡抚骆秉章谓"自国朝康熙年间改偏沅巡抚设湖南巡抚，以长沙为省会，别为一省"；[⑤] 同治年间方志称雍正二年（1724）"改偏沅巡抚为湖南巡抚，遂分省"，[⑥] 都是以后世的观念去衡量此前之事。

（四）分湖广为南北二行省，法当立省城隍庙：新省区在文化层面的认识

乾隆初年各省通志的编纂与省城隍庙的设立，标志着地方官员在文化层面对新省区的认同。

康熙年间三省所修的通志，以总督辖区为一省。以《江南通志》为例，两江总督于成龙就认为修通志是总督应尽的责任："惟江西去江宁千有余里，控辖辽阔，不得身至其地，于是发凡起例，定为程式，移檄江西布政司兼摄抚臣事臣张所志，诹日设局。"[⑦] 由总督主修，通志所记载的只能是"江南省"。江西巡抚驻地距江宁城千有余里，于是江西就单独设局修成《江西通志》。

雍正年间各省再修通志，朝廷仍然要求由督抚负责。[⑧] 江南总督主修的仍是《江南通志》。《湖广通志》仍由湖广总督主修，"以湖南、湖北合为一书，与《江南通志》合上江、下江为一者体例相同"。陕西、甘肃两省则与江南、湖广情况不同，主修者已经认识到分为两省："雍正七年，各直省奉敕纂修通志，抚臣许容以甘肃与陕西昔

---

① 乾隆《甘肃通志》卷3上《建置沿革》，文渊阁《四库全书》第557册，第75页。

② 乾隆四年八月二十五日安徽巡抚孙国玺奏，台湾"中研院"历史语言研究所藏内阁大库档案，登记号014100-001。

③ 乾隆《江南通志》卷10《疆域》，文渊阁《四库全书》第507册，第356页。

④ 王鸣盛：《蛾术编》卷12《八府一州志书》上册，顾美华标校，上海书店出版社，2012年，第180页。

⑤ 骆秉章：《骆文忠公奏议》卷10《请建表忠祠求中书院折》（咸丰九年十二月初六日），《近代中国史料丛刊正编》影印本，第3册，文海出版社，1967年，第1955页。

⑥ 同治《茶陵州志》卷3《沿革》，同治十年（1871）刻本，第9页b；同治《酃县志》卷2（同治十二年刻本，第9页a）记载相同。

⑦ 江南江西总督于成龙序，康熙《江西通志》卷首，第1册，第1页b。参见江南江西总督于成龙序，康熙《江南通志》卷首，第1册，第1页a。

⑧ 《世宗实录》卷75，雍正六年十一月甲戌，《清实录》第7册，第1122页。

合合今分，宜创立新稿。"① 分省时的陕西总督官缺经过多次变革，此时已经是统管四川、陕西、甘肃三省的"川陕总督"，驻扎在四川省成都府，与甘肃省会兰州之间路途遥远，甘肃巡抚就拥有了与江西巡抚相同的修志自主权。陕西、甘肃两位巡抚分辖两地，也没有必要编纂包含两省内容的通志，于是甘肃首先有了自己的《甘肃通志》。两省各自修志，两省"同在一省中"的又一象征脱落。从上引督抚在通志序中所言可以看出，强势的两江、湖广两员总督主修通志，才是出现《江南通志》《湖广通志》的原因。

乾隆五年（1740）十一月，《清一统志》御制序时谓："自京畿达于四裔，为省十有八，统府州县千六百有奇。"② 皇帝认识到全国分为十八省。该书在编纂体例上，陕西、甘肃、湖北、湖南均已一分为二，只有江苏与安徽仍合为"江南省"。

保佑一方的城隍庙，在唐宋时已经兴盛。较早设立的省城隍庙，可能是明洪武二年（1369）的山东行中书省城隍庙。③ 明末清初，有的城隍庙内同时祀都城隍、府城隍、县城隍。康熙年间云南省云南府城隍庙内，中祀云南省都城隍之神，左祀云南府城隍之神，右祀昆明县城隍之神，④ 应该是沿袭明代旧例。入清以后，各省城隍庙开始称"省城隍庙"。⑤ 有的省将首府城隍庙改为都城隍庙，如雍正年间观风整俗使焦祈年奏请将广州府城隍庙改为广东都城隍庙，"巡抚、司道皆诣展谒庙"。⑥ 湖南长沙府原先建有府城隍庙，塑有府城隍像。乾隆二十八年（1763），巡抚陈宏谋在府城隍庙中增立省城隍像，将府城隍像移至省城隍像的东侧，同时改名为省城隍庙。光绪年间，有人认为："康熙三年分湖广为南北二行省，移偏沅巡抚于长沙，法当立省城隍庙，未遑也。"⑦ 显然是以乾隆年间的观念去思考康熙年间的问题。乾隆三十八年（1773），又在省城隍庙内塑立湖南省八府四直隶州的城隍像，建成了省城隍与全省各府级城隍的一个体系，在宗教文化层面塑造了一个完整的"湖南省"。嘉庆元年（1796），增设乾州、凤凰、永绥 3 直隶厅，省城隍庙于嘉庆十四年（1809）添立这三个直隶厅的城

① 《四库全书总目》卷68，文渊阁《四库全书》第2册，第481页。

② 《高宗实录》卷131，乾隆五年十一月甲午，《清实录》第10册，第914页。

③ 《续通志》卷170《金石略》："山东行中书省城隍庙碑，陈修撰，陈汝言书，正书，洪武二年，历城。"（《十通》第1册，浙江古籍出版社，2000年，第4290页。）

④ 康熙《云南府志》卷16《祀典志》，《中国地方志集成·云南府县志辑》第1册，凤凰出版社，2009年，第367页。可参见张传勇：《都城隍庙考》，《史学集刊》2007年第12期；《省城隍庙考》，《清史研究》2004年第3期。

⑤ 顺治《祥符县志》卷1谓："省神隍庙，在旧县治西北。洪武二年封为承天鉴国显灵王。宣德辛亥修。"（中国科学院图书馆选编：《稀见中国地方志汇刊》第34册，第28页。）

⑥ 道光《广东通志》卷145《坛庙一》，《续修四库全书》第672册，第243页。

⑦ 李元度：《天岳山馆文钞》卷4《湖南省城隍庙碑（代）》，《续修四库全书》第1549册，第61页。

隍像。^①由此可见，对新省区的认同已经扩展到文化、宗教层面。

四、直省名实不符：《清会典》对省区与省制的规范

皇帝虽然在一些谕旨中言及新省制或新省区的变化，但是没有针对新省制或新省区单独下达一个谕旨。一些朝廷官员对分省或职官制度变化的看法也没有经过各部的讨论和御准，反映的是他们个人的观点，各省通志的记载反映了该省官员和修志者的认识。代表朝廷的看法并对新省区和新省制进行规范的，是《清会典》的相关条文。《清会典》是清朝国家层面的"大经大法"，^②在本文涉及的时间段内，先后编纂有康熙、雍正、乾隆三朝《清会典》。这些《清会典》的相关内容，经过了修纂者的讨论，并经皇帝御准。在当时的认识条件下，先后对新省区、新省制作了法律意义上的规范，主要体现在《吏部·外官》《都察院·督抚建置》《户部·州县（或疆理）》卷目之中，前两者规范的是官制，后者规范的是省制与省区。

康熙《清会典》成书于康熙二十九年（1690）。卷5《吏部·外官》首先列有"各承宣布政使司"，谓"旧设左右布政使各一员，康熙六年裁一员，改称为布政使。江南、湖广、陕西各二员，浙江、江西、福建、山东、山西、河南、四川、广东、广西、云南、贵州各一员"；其次是"各提刑按察使司"，谓"按察使，江南、湖广、陕西各二员，余省各一员"。^③此为布按两司层面。该卷无督抚官缺，与万历《明会典》相同。卷146《都察院·督抚建置》对督抚的院衔有特别说明："都察院右都御史、右副都御史、右金都御史等官，俱不专设，但为直省总督、巡抚兼衔。凡遇补授命下之后，其应兼职衔由吏部议拟，具题请旨。"^④表明督抚事实上已经不是都察院官员，这

① 嘉庆《长沙县志》卷11《秩祀》，《中国方志丛书》华中第311号，第4册，成文出版社，第1127，1128页。光绪《善化县志》卷14《秩祀二》，岳麓书社，2011年，第244页。
② 关于明清会典的性质，学界有多说。本文采用杨一凡《明代典例体系的确立与令的变迁——"律例法律体系"说、"无令"说修正》（《华东政法大学学报》2017年第1期）、林乾《从〈清会典馆奏议〉论〈会典〉的性质》（中国第一历史档案馆编：《明清档案与历史研究论文集》，新华出版社，2008年）、陈灵海《〈大清会典〉与清代"典例"法律体系》（《中外法学》2017年第2期）等文的观点。清代皇帝和《清会典》的修纂者，认为会典是"国家大经大法"，"官司所守，朝野所遵"，"所载必经久常行之制"，详见五朝《清会典》的御制序和凡例。
③ 康熙《清会典》卷5，《大清五朝会典》第1册上，第42，43页。
④ 康熙《清会典》卷146，《大清五朝会典》第2册下，第1879页。

与万历《明会典》的规定大不相同。① 在框架上没有打破《明会典》的体系，同时又说明实际的变化，结果督抚既不是京官，也不是外官（地方官），督抚作为官缺应该具备的本衔仍然空缺，由督抚管辖的布按两司又位列地方官之首。这种看上去矛盾的记载，正是康熙初年从明制向清制转变后认识混乱的反映。

康熙《清会典》卷18《户部·州县》对当时的政区作如下表述："顺治元年定鼎京师，以顺天等八府直隶六部，各省设布政使司以统府州县，州县俱隶府，县或隶州，州或直隶省。二年，改南直隶为江南布政使司。十八年，江南省分设江苏、安徽布政使司。康熙二年，陕西省分设西安、巩昌布政使司。三年，湖广省分设湖北、湖南布政使司。今备例直隶八府及奉锦二府、十四省布政使司并所属州县于后。"② 与万历《明会典》不同，将地方高层政区称之为省，各省设布政使司。同时又规范了江南等三省的布政使司名称。由于这一时期对新制度缺乏整体的认识，仍认为全国是14省，将江苏、安徽、湖北、湖南、西安、平庆等六个布政使司与其他各省的布政使司按同样的规格排列，同时又保留了"江南""湖广""陕西"所辖府州县数量和四至八到。

雍正《清会典》基本沿袭康熙《清会典》的旧体系，只有个别不同之处。卷5《外官》特别注明"督抚统辖外僚，因系都察院堂官，详都察院，兹不载"。③ 仍没有给督抚以新的定位，督抚"系都察院堂官"的说法在某种程度上是倒退。在《都察院·督抚建置》中，文字与康熙《清会典》有所不同："督抚之设，统制文武，董理庶职，纠察考核，其专任也，以右都御史、右副都御史、右佥都御史为之。故都察院在京衙门唯左。直省督抚虽加部堂衔，其院衔不去。"④ 强调了督抚的地位与职能，可以看作是雍正元年上谕中对督抚定位的延续。与《外官》下的"督、抚统辖外僚"一句相结合，说明纂修者特别强调总督、巡抚是统辖地方文武之官。卷24《州县一》对政区的表述与康熙《清会典》基本相近，只在末尾处略有不同："雍正二年，改直隶守道为布政使司。今备例京师及直省布政使司，并所属州县于后。"⑤ 雍正《清会典》中未见"十四省"，也不用"十五省"，而是以较为模糊的"直省"替代。

① 据鲁佳统计，以左衔出任总督的基本集中在嘉靖中叶及以前，万历末年后，只有孙传庭以左衔出任总督；嘉靖中叶以后，以左职宪衔出任巡抚者，只有天启时的乔应甲一人。孙、乔以左衔分别出任督抚，均有其特殊原因。详见鲁佳：《明代官制中的"左"与"右"》，复旦大学历史学系硕士学位论文，2011年，第24，37页。由此可推知，明嘉靖中叶以后，朝廷在委任督抚时，已经有一种默契或制度，康熙《清会典》只是将其规范化。
② 康熙《清会典》卷18，《大清五朝会典》第1册上，第174页。
③ 雍正《清会典》卷5，《大清五朝会典》第3册，第48页。
④ 雍正《清会典》卷223，《大清五朝会典》第9册，第3674页。
⑤ 雍正《清会典》卷24，《大清五朝会典》第3册，第274页。

对清代新省制和新省区进行法理上的探讨和总结，直到乾隆十三年（1748）第三次修《清会典》时才进行。乾隆十二年正月，下诏新修《清会典》。次年九月，礼部尚书王安国上奏，提出了两个重要问题。一是地方高层政区的名称：

> 本朝初沿明制，裁南直隶，增安徽、江苏两布政使司。厥后直隶亦设布按官，事申总督题奏，不直达内部矣，而"直省"之名仍旧。此见之寻常文字原无妨碍，惟典礼之书期垂不朽，似应核其名实。
>
> 臣愚以为畿辅之地，或如唐之关内，义取山川形胜；或如宋之京畿，义取京师首善，恭请钦定二字佳名，以改明"直隶"之旧。其安徽等处地方，亦如唐宋之称道、称路，恭请钦定一字佳名，以改明"布政使司"之旧。此于疆域定制，原无纷更，而纪载所垂，庶几名实不爽。

王安国注意到明朝的北直隶地区，在清朝已经发生制度上的变化，不再"直隶"于六部，名不符实，奏请皇帝为直隶省取一个专名，为各省取一个通名。二是对督抚地位的认识，王安国认为督抚实际上已经是外官：

> 今外官之制，督抚、提镇文武相维，与唐时节度使专制一方者迥异。况由京堂官出授外任，其京堂官即开缺别补，非暂差可比。予以实而靳其名，于义似无所取。臣请《会典》所载外官品级，以督抚居首，次布按两司，庶几大小相承，体统不紊，足备盛朝典制。

乾隆十三年九月二十七日，御批"大学士会同该部议奏"。[1] 十一月，大学士等议复："督抚总制百官，布按皆为属吏。该尚书所奏，亦属大小相承之义。应如所奏。"[2] 从制度上确认督抚为地方行政长官。王安国提出的第一个问题，似乎未予讨论，"直省"一词在《清会典》其他各卷中仍有使用，但在卷8《疆理》（即康熙、雍正《清会典》之《州县》）中不再出现。从王安国提出这个问题的本身，也可以看出"直省"只是清代高层政区的习称。

乾隆二十九年（1764），新《清会典》修成。对地方高层政区官员衙门的组成、各级政区的隶属关系、地方高层政区的名称均进行了新的规范。卷4《吏部·官制四·外官》对省政府官员衙门的组成及主要职能进行了规范："直省设总督统辖文武、诘治军民，巡抚综理教养、刑政，承宣布政使司掌财赋，提刑按

---

① 乾隆十三年九月礼部尚书王安国奏，台北"故宫博物院"藏，档案编号：032244。

② 《高宗实录》卷328，乾隆十三年十一月丙辰，《清实录》第13册，第427页。

察使司主刑名，粮储、驿传、盐法、兵备、河库、茶马、屯田及守巡各道核官吏、课农桑、兴贤能、砺风俗、简军实、固封守。督抚挈其纲领，司道布其教令，以倡各府。"① 由此，督抚由明代的都察院堂官，转变为乾隆《清会典》规范的外官，即地方大吏。卷81《都察院》仍谓"右都御史、右副都御史，均为督抚兼衔"。② 笔者推测这样的设计，是为了不让督抚成为纯粹的外官（地方官），维系原有的中央与地方关系。

卷8《户部·疆理》对地方高层政区的名称和数量进行了规范："两京设尹，崇首善也。外列十有八省，分之为府，府领州县，直隶州亦领县，皆属于布政使司，而统治于总督、巡抚。巡抚专辖本省，总督所统或三省，或两省，又或以总督管巡抚事，或专设巡抚不隶总督。莫非因地因时而立之经制。"③ 首先规定地方高层政区的通名为"省"，不再是明代的"布政使司"；其次明确实行府州县制度的地方高层政区的数量，除顺天、奉天两京府外，为"十有八省"，不再是旧会典的"十四省布政使司"或"直省"，从法律层面确定了顺治末、康熙初江南等三省分省的结果。

结合上引乾隆《清会典》卷4、卷8相关条文，可以看出当时省政府的行政官员（衙门）设置是：两个（总督和巡抚）或一个（总督或巡抚）行政长官，两个主管衙门（藩司、臬司），以及多个专管道员衙门（盐捕等道员）和外派道员衙门（守巡道员）。也就是说，新建或分建一个符合乾隆《清会典》规定的省行政机构，必须配备两个（或一个）行政长官和藩司、臬司衙门，缺一不可。按照这个规范，康熙六年（1667）新分各省的督抚与布、按两司的配置已经完成，仅有江南、湖广二省的专管道员还未调整结束，省制也在这个过程中完成了从明制向清制的转换。

乾隆《清会典》的规范对此后官修《清一统志》、政书中的相关内容起了示范作用。乾隆《清一统志》将江苏与安徽两省分开，④ 目录中已经全部为"以上某某省"。各省的"统部"卷，有的改为"某某省"，如江苏省；有的仍为"某某统部"，如"安徽统部""江西统部"，并不一致。是时间仓促还是修纂者观念没有统一，有待探讨。总督、巡抚列在各省文职官之首，称"某某总督""某某巡抚"，不带部院衔。《清朝文献通考》之《职官考》载直省官员，首为总督、巡抚，后为学政、布政使司、按察使司；《舆地考》言京师、盛京而外为十八省，各省均以"省"为称，如直隶省、江苏省等。《清朝通典》之《职官典》《州郡典》的格式基本相同。《清朝通志》之

---

① 乾隆《清会典》卷4，《大清五朝会典》第10册，第31页。

② 乾隆《清会典》卷81，《大清五朝会典》第11册，第734页。

③ 乾隆《清会典》卷8，《大清五朝会典》第10册，第71页。

④ 乾隆初年修成的康熙《清一统志》已经将湖北、湖南、甘肃与其他各省并列，江苏、安徽仍合在一起。督抚列在各省文职官之首，总督称"总督部院"，巡抚称"巡抚某某部院"或"巡抚都御史"。

《地理略》虽然未言"十八省"，但各省也标以"某某省"；《职官略》之"直省文职"之首为总督、巡抚。《钦定历代职官表》同样将督抚列于八旗官员之后，学政、司道之前。

结　语

通过梳理，本文可以得出以下观点。

其一，清初江南等省分省是一个过程。分省（建省）的实质是新的省行政机构的建立，以及相应的政区划分。现代政治学认为"行政区划"是"将全国领土分级划成若干区域，并建立相应的地方各级国家机关，实行分层管辖的区域结构"。[①] 乾隆《清会典》对省行政机构的官缺设置及行政关系也有明确的规范：省级行政机构由督抚和布按两司、道员等衙门共同组成。按照这两条，探讨清初江南等三省的分省，就必须考虑整个省级行政机构（省政府）及其辖区的一分为二，而不是某个衙门或官缺的分设。[②] 三省左右藩分驻与分治，在该年只是一省之内两员布政使对区域的分管，可以说是分省、建省的开始。增设按察使司并实行分驻与分治，使得这三省布按两司的设置与其他各省形成明显差异。康熙三年的湖北、湖南，四年的陕西、甘肃，五年的江苏、安徽，这六个区域内的巡抚辖区先后与布按两司辖区重合，偏沅、甘肃、江宁与安徽巡抚分别与省内分设的布政使及新设的按察司形成上下级行政关系，构成独立的行政管理体系。江南、湖广、陕西三省同时拥有两个互相独立的省行政机构（政府）和行政管理体系及其辖区，说明分省或建省事实上的完成，也标志着乾隆《清会典》记载的省制基本形成。因此，我们如果崇"实"，可以将巡抚辖区与布按二司辖区重合、巡抚与藩臬两司上下级行政体制的确立时间视为分省（建省）结束；如果尊崇传统文化中的"名正言顺"这一传统，当以康熙六年为宜，此后一些职官制度变化只是补充和完善。

其二，三省分省的动因有所差异。江南省分藩的直接动因是为了解决苏州等府钱粮征缴这个经济问题，深层次因素是江南省的行政体系存在着先天性的不足，推动者是巡抚。江南省分藩在制度上属于"破例"，户部等对此非常慎重，巡抚两次上奏并有较为充足的理由才获朝廷批准。湖广、陕西分藩和三省增设臬司，主要由于管辖范

---

① 　《中国大百科全书·政治学卷》（第一版）之"行政区划"条，光盘1.1版，中国大百科全书出版社，2000年。

② 　明代地方高层政区虽然称为布政使司，但是省级国家机关（行政机构）由都布按三司共同组成。

围面积较大，推动者为言官。偏沅巡抚管辖湖南地区，下辖湖广省右布政使并移驻长沙府，是为了理顺行政关系。

其三，分省过程中，地理形势不同是造成三省巡抚与布按两司官缺调整步骤差异的因素之一。就江南省而言，江宁府是全省政治、军事中心，在明代为"南京"，因而朝廷特别重视；苏州府虽然处于全省东南部，却是全国的财赋中心；安庆地处江北，位于江宁上游，起着屏障作用。无论是否分省，这三处在清代始终是长江下游的中心城市或重要城市。一省有三个重要城市，又分驻督抚大吏，使得布按两司的驻地和辖区不易一分为二，因此多了一个布按两司辖区调整的步骤，并留下了安徽布政使长期驻扎在江宁府的后遗症。湖广分省以洞庭湖为界，长沙府城又是洞庭湖以南最大的城市，地理位置适中，因而过程最为简单。陕西分藩，一开始并不考虑布按两司与巡抚之间的行政关系，因而以藩司辖区内地理位置相对适中的临洮府城作为右藩治所。随着宁夏巡抚的裁撤，西部的甘肃、北部的宁夏等实土卫所地区的并入，临洮府城作为省城就又不太适合。最终选择位置稍北、处于黄河边、作为交通要道的兰州为省会。所以与湖广相比，陕甘多了布按两司的迁移过程。

其四，巡抚员缺的调整与军事形势、国家宏观政策变化相关。顺治初年的巡抚设置基本沿袭明末制度，随着地方的初步安定，一些设置在原先是军事要地的区域巡抚被裁撤。凤阳、郧阳、宁夏三巡抚的裁撤，则是顺治十八年"文武并重"政策实施的结果。由于江南等三省已经设有两个布按衙门，而且江南省的江宁巡抚与安庆巡抚已经分管右、左布政使并具备了省会巡抚的某些职能，因而湖广、陕西分别保留一员区域巡抚，由其管理分驻或新设的藩臬两司。由此，巡抚的调整与藩臬两司的变化交集在一起，偏沅巡抚、甘肃巡抚得以保留并下辖藩臬两司。三省共形成以江宁、安庆、甘肃、偏沅四巡抚为行政长官、包括布按两司的四个新省级行政机构，各有独立的辖区。同时，湖广、陕西两员省会巡抚的辖区相应缩小。

其五，明末清初的巡抚分为省会巡抚与区域巡抚，两类巡抚的职能存在着明显的差异。省会巡抚因其稳定性，辖有全省并节制布按两司，在明嘉靖后事实上是一省的行政长官。在三省分省过程中，保留下来的江宁、安徽、偏沅、甘肃等四员巡抚完成了从区域巡抚向省会巡抚的职能转变。随着其他区域性巡抚的裁撤，全国所有巡抚皆管辖布按两司并拥有相近的权责，巡抚的设置基本完成了从明制到清制的转变。省会巡抚从京官转变为外官（地方大吏）也有一个逐步认识、规范的过程。

其六，清人对新省制、新省区的认识、认同过程是漫长的，《清会典》的规范明显滞后。一方面囿于成见，一方面又观察到一省之内巡抚、布按两司的分区而治，导致不同群体在不同的情景下会有不同的表述，因而在史料中留下互相矛盾的记载。持"分藩"观点者大多关注的是某一个职官或衙门的变化，持"分省"之说者往往关注多个职官或衙门的改变。对六省的认识亦不同步。湖北、湖南因为在康熙年间有湖广总督短暂被裁、雍正初年的分闱，陕西、甘肃因为有总督官缺及其辖区的多次调整，在雍正至乾隆初年即有较为明确的新省区认同。江苏、安徽既不分闱，总督的辖区与驻地也未调整，而且安徽藩司、江苏臬司又长期驻扎在江宁，因而认同过程较长。有人观察较为敏锐，在康熙年间已经提出"分省"之说，但他们的观点被淹没在传统的认识中，未对社会产生较大影响。

其七，《清会典》中的制度，从理论上说应该是编纂时正在施行的制度。就某项具体制度来说，它确实是如此。但是就一些综合性制度来说，没有一个奏请、核议（或合议）、御准的立法过程，是在多项具体制度之上累积、提炼、规范后产生，受到认识的限制，往往是滞后的。因此，一些综合性制度的形成时间不能以载有该制度的《清会典》修纂时间为准，应追溯到该制度的实际形成时间。就十八省与新省制来说，不能因为始见于乾隆《清会典》，就认为它是乾隆年间才"开始"的制度，应追溯到康熙初年的形成时期。只有在了解具体职官制度变化过程的基础上，将清人对新省制的认识和规范过程一一梳理清楚，才能较为全面地理解、复原清代制度的活的、动态的变化过程。

其八，江南等三省各衙门辖区的变动为我们了解传统社会高层政区的划分提供了一个重要案例。一般认为，政区的划分主要有山川形便与犬牙交错两种。江南左右藩辖区的第一次划分，主要依据两藩的工作量，没有地理因素上的考虑。湖广、陕西的分藩，是一种近似于均分的模式，即左右藩所辖的府级政区数量，同时兼顾山川形便，如湖北、湖南以洞庭湖为界。以府级政区为单位分省，使得分省后的陕甘两省界线犬牙交错的形状最为明显。江南省增设按察使，起初以长江为界，是以山川形便为主。康熙四年江南省先后调整巡抚与藩臬两司辖区，因史料缺乏，具体情形不明。从结果来看，江宁巡抚与右藩辖七府一州，安徽巡抚与左藩辖七府三州，所辖府级政区数量相近。当时江南省长江以南有十府州，长江以北为八府州，如果仿照臬司辖区的划分方案，以长江为界，府级政区数量也相差不多。江南总督没有采用先前臬司辖区以长江为界的山川形便划分方法，可能是考虑到其他更为重要的因素，笔者推测与巡抚的驻地和漕运有关。安庆是当时江南省的重要军事城市，必须要驻扎巡抚，因而裁掉了相对不重要的凤阳巡抚。安庆地处长江北岸，距离淮安、徐州等府州的路程遥远，巡抚管理这些地区极为不便，因而只能南北向划出一条线。如此，运河全部在江苏境内，便于漕运管理。

总之，清初江南、湖广、陕西三省分省不是体国经野、画野分州式的重划政区，而是清朝因地因时制宜政策的一次实践。没有整体的制度讨论或规划，不存在某一个称之为"分省"或省制改革的事件，只有数个官缺的调整；而具体某个官缺的调整则是经过朝廷批准，有明确的时间点。总体的省制与行政区划变化是由一系列单个官缺的变革事件累积渐变而成，有一个从开始到完成的过程。因此，就"分省"而言，很难在顺治末、康熙初找到或确定一个确定的"分省"时间点，但可以勾勒出一个较为清晰的变化过程。此后，对新省制和新省区有不同的表述。《清会典》的规范则受认识的限制。乾隆年间新修《清会典》，王安国关于省名、督抚为外官的奏请及议奏，促进了对新省制、新省区认识的统一，并以乾隆《清会典》的规范而暂告一段落。三省分省，加强了对地方的控制，同时理顺了巡抚与布按两司的行政关系，提高了行政效率，是清朝一次成功的制度变革。本文的探讨，也揭示了在地方行政制度史的研究中，将行政区域划分、行政权力分配与各级地方政府组织这三者有机结合在一起的必要性。

（复旦大学历史地理研究中心）

从直隶江南到安徽建省*

陆发春

中国以省制为一级行政区，是由元朝行省制度而来。元、明二朝省制逐渐成型。清承明制，省制确立，影响当今。安徽相比山东、山西等省制区划的确立为迟，清朝初年安徽建省，迄今350年左右。

今天的安徽省域，在中国历史上不同时期，分属于不同的建置。清初安徽建省，把一个自然区、社会风俗及人文特征差别明显的三块地域，整合为一个省级行政建置单位。安徽在清朝是何时建省的？由于建省的基本史料源如《清朝文献通考》《大清一统志》《清史稿·地理志》等文献，在记叙安徽建省问题时，讲了几个时间段；加之后世学者对建省标准认知不一，故而关于安徽建省的时间，自晚清以来，先后有顺治十八年（1661）、康熙元年（1662）、康熙六年（1667）、雍正朝建省说、乾隆二十五年（1760）等多种提法。目前，比较多的学者认同康熙六年安徽建省说。

历史时期的治政形势、地域形胜、职官设置是我们认知政区设置的几个重要要素。安徽自康熙建省，雍正十三年之前七府三州、七府七直隶州，其后为八府五直隶州，大体省域确立。作为一个省制的安徽，是从包括今江苏省、上海市在内的清朝江南省版图范围中析出，经过较长时期历史的磨合和完善建置过程。

一、江南省建立与清初治政中"安徽"一词的出现

顺治二年（1645），清军占领南京后，旋改明南直隶为江南省，改应天府为江宁府，定江南省治于江宁，设江南布政使司左、右布政使各一人，开始行政治理。"顺治二年七月壬子南京着改为江南省，应天府着改为江宁府，设知府，不设府尹，掌印

---

* 原刊于《学术月刊》2012年10期。

指挥管屯指挥暂留，余指挥俱裁去，其卫所改为州县。"① 在职官设置、区划调整上都有大的举措："改江南省，设布政使司，置两江总督辖江南、江西，驻江宁。又设淮扬总督，寻裁。及江宁巡抚，治苏州。又设凤庐安徽巡抚，寻裁。十八年，分府九：安庆、徽州、宁国、池州、太平、庐州、凤阳、淮安、扬州，直隶州四：徐、滁、和、广德，属安徽，江南左布政使领之。"② 顺治朝和康熙初期，以江南省直接统辖管理安徽的行政格局初步形成。

清朝统治安徽地域初期，中央政府在新占领区设官治理，军政性质很强，职能性质和管理区域持续调整。"顺治二年江南初入版图，命内院大学士经略招抚。四年停止内院，特设总督一员，初辖江南、河南、江西三省。自六年以后，止辖江南、江西二省。康熙元年裁去操江，归并总督。十三年止辖江南一省。至二十一年仍辖两江，带理操江。雍正元年三月吏部覆议两江总督统理江苏安徽江西三处巡抚事务，地阔兵多，与川陕总督俱实授兵部尚书职衔。着为例。"③ 这是《江南通志》对事关清初安徽地域行政统治变动的简洁叙述，实际情况要复杂多。了解其行政运行的主要特征，便于理解其后行政区划变动的主要动因。

实际上，清初在江南安徽地域的行政，是以军政统治为主，试图有效行政。主持江南大局的招抚江南各省地方总督军务兼理粮饷内院大学士、太子太保、兵部尚书兼都察院右副都御史洪承畴，先后出台军事布置、经济安抚、稳定财源等措施。

清军以武力占领江南，占领后在防区内布置军事力量，以维护统治秩序就尤为凸显。到顺治四年，招抚江南各省地方总督军务洪承畴，为议设徽宁池太安庆五府、广德一州兵马钱粮事，规划布置：

> 安徽巡抚标下并抚标营，共计官兵八百二十二员名。马骡三百二十二匹头，共岁支折色银一万六千二百五十七两六钱，本色米二千八百八十石。
>
> ……
>
> 以上通共官兵口千四百八十二员名，马骡三千四十二匹头，本折色银一十四万八千三百六十五两六钱，本色米二万六千四百三十八石四斗。④

了解王朝更替历史的人都知道，新建王朝初始阶段的政区设置，不可以用后世区

---

① 《世祖实录》卷十九，顺治二年乙酉秋七月庚戌朔享，《清实录》第3册，中华书局，1985年影印版，第166页下—167页上。

② 《清史稿》卷五十八《地理志·江苏》，中华书局，1977年，第1983页。

③ 乾隆《江南通志》卷一百零五《职官志·文职七》。

④ 《洪承畴章奏文册汇辑·议设徽宁池太安庆五府广德一州经制兵马钱粮文册（顺治四年七月）》，《台湾文献丛刊》第261种。

划行政经验测之。军事力量的规划布置为清初安徽区域的统治奠定了基础。

经济方面的举措，如顺治三年，在安庆府"公同安庆府推官李崇稷、潜山县知县胡绳祖、太湖县署印教官董文鼎，逐处亲加查勘。其荒残之惨苦，即李抚院原疏犹未尽其情形；倘不概从蠲恤、料理开垦，恐数十年后，亦难复其故业。"明末清初的战争给安徽的社会生产力带来极大破坏，政府不得不出台安抚百姓、提振经济的一些措施。如太湖县报告："太邑界连英六蕲黄，罹害独久。十余年来，兵寇频加，旱疫迭至。田荒丁逃，加以献贼屠城，闯逆盘踞，城郭仅存废店，乡间满目荆榛。卑职受事未久，招集流亡，渐固开垦，牛种不敷，艰苦万状。""安庆府所属六县，无处不遭残破，而潜山、太湖为尤甚。"[①] 到顺治四年（1647），安徽地域内的各府州及卫所，能够正常起解南京、凤阳仓本色量石。如安庆府每年额解凤阳仓夏麦一万石，秋米二万五千石；宁国府每年额解凤阳仓夏麦四千石；太平府每年额解凤阳仓夏麦六千石。

顺治四年秋后，马国柱继任，他在教育、经济上采取了进一步措施。如教育上，顺治六年（1649）十一月，"江南江西河南总督马国柱疏言：江南既改京为省，国学宜改为府学，即其旧址而新理之"。[②] 科考制度的运行，着力争取知识分子群体。再如经济上，根据气候灾害致农业受损情况，要求减免赋税等。例如顺治六年七月，"江南江西河南总督马国柱奏报：江南凤阳、滁州、淮安、扬州、苏州各属州县卫所及河南磁州、罗山县冰雹伤稼，请敕抚按确勘以行蠲恤。"[③] 此类地方灾情奏报，既是职责要求，也是为了争取朝廷减免辖属赋税，保证基层社会生活得以继续维持。

洪承畴、马国柱等执政江南省时期，厉行军政统治，政权稳固是最重要的目标。这一时期安徽地域是以府州县为单位，直隶江南，作为省制的安徽尚未出现。如庐州府、凤阳府、滁州、和州隶属江南省下的凤阳巡抚治理；安庆府、池州府、太平府、徽州府、宁国府及广德州隶属安庐池太巡抚治理；顺治三年（1646）由安庐池太巡抚改称来的安庐巡抚一度又称安徽巡抚，虽然说这是作为治理区域事务的"安徽"一词最早出现了，但是此"安徽巡抚"与后来作为专理省级行政事务官员的安徽巡抚，不仅管理职能不同，管理区域大小也不同，相同的仅仅是名称。据《清世祖章皇帝实录》卷25所记顺治三年四月己亥项下所录："安徽巡抚刘应宾疏报：官兵进剿宁

①　《洪承畴章奏文册汇辑·残县人少地荒钱粮骤无所出泣吁破格重免以俟生聚事揭帖（顺治三年八月初四日到）》，《台湾文献丛刊》第261种。
②　《世祖实录》卷四十五，《清实录》第3册，第372页下—373页上。
③　《世祖实录》卷四十五，《清实录》第3册，第360页上。

国、太平二府逆贼，斩获无算，招抚贼渠郑璧等二百名，余党解散。下部察叙。"① 显然这是一个军政性质很强的管理专员，职能与顺治二年（1645）出现的兼管巡江事务的操江巡抚相同。顺治六年，安徽巡抚被裁，代之由池州移驻安庆的操江巡抚，辖属五府一州。顺治十三年（1656年）户部侍郎蒋国柱被派出，提督操江且"巡抚安徽等处"。② 安徽巡抚此时期与凤阳巡抚等，均治理后来的安徽省地域，此时期则是江南江西总督统治下的江南省属官。治理事务的军政性质改变，直到康熙元年（1662）。据《清圣祖实录》卷6康熙元年三月乙亥项下记录："兵部遵旨议覆，巡抚不理军务，安徽操江巡抚所属十一营官兵，应听江南总督管辖，安徽巡抚止管安徽五府一州事务。从之。"由上可见，安徽一词最早从属官中出现，是顺治三年；作为专理地方行政事务官员的官员名称出现，则是康熙元年。

二、江南省分治及安徽建省的原因

清朝江南省作为一省，何时分成安徽、江苏两省，学者们看法不一。③ 康熙时期的《江南通志》《大清会典》等官书及后世私家著述，对江南省的统称一直延续，因此江南省分省年代问题难以断定。但是江南省的分治，确是不争的事实。且正是在分治过程中，安徽、江苏作为一个省制得到确立。那么安徽、江苏先是分阃而治，其后安徽得以建立省制的原因主要有哪些呢？

（一）政治方略的谋划

清初的江南省东临大海，西面的广大地域为淮河、长江穿过，这块被称为江淮之间的自然区域，自元朝之后，即开始改变此前王朝时期以山川形势走向划分政区的

---

① 存世的清内阁大库档案中，顺治三年"安徽巡抚"刘应宾所奏文件较多。如顺治三年六月十二日揭帖"揭为太湖县革职知县饶崇秩失守太湖该城屡经焚劫崇秩以孑然孤立之官纠合乡勇戮力擒贼伏乞皇上酌量功罪"。可参见台湾"中研院"所藏内阁大库档案目录。

② 《世祖实录》卷一百零四，顺治十三年丙申冬十月丁丑，《清实录》第3册，第808页上。

③ 此方面论文讨论，参见季士家：《江南分省考实》（《中国历史地理论丛》1990年第2期）；王社教：《安徽称省时间与建省标志》（《中国历史地理论丛》1991年第1期）；公一兵：《江南分省考议》（《中国历史地理论丛》2002年第1期）；傅林祥：《江南、湖广、陕西分省过程与清初省制的变化》（《中国历史地理论丛》2008年第2期）、《清代江苏建省问题新探》（《清史研究》2009年第2期）；段伟：《泛称与特指：明清时期的江南与江南省》（复旦大学历史地理所《历史地理》第23辑）、《俗称与重构：论安徽、江苏两省的逐渐形成》（台湾《白沙历史地理学报》第11期，2011年4月）；侯杨方：《"安庆省"考——兼论清代的省制》（复旦大学历史地理所《历史地理》第23辑）。

办法。明朝建置跨大江南北的南直隶，以政治方略谋划为先，行政区犬牙相错，相互钳制，方便中央政府控制。"而江南雄长诸省也，亘江淮扼荆楚而接中州，环瀛海而引闽越，洵寰宇之要区，国家之外府，声名文物之渊薮。"①清朝前期，主政的帝王和大臣尚能励精图治，这些强调治政实效的统治者，汲取历史经验，以两江总督辖管江苏、安徽、江西三省，以江西牵制拥有大别山、汉水的湖北省；东西二分后的江苏、安徽，各具其古人眼中所谓的形胜关隘，省域内淮北江南贫瘠富裕，又能相互搭配。后世在此做过官的魏源，在其所著《圣武记》中有一段议论，即道出统治者方略的运用之妙："今河南河北为一，而黄河之险失；今江南江北为一，而长江之险失；今湖南湖北为一，而洞庭之险失；今浙东浙西为一，而钱塘江之险失；淮东淮西，汉南汉北，州县错隶而淮汉之险失。"光绪朝的安徽官员在总结历史上江南省内安徽、江苏分合后，认为"安徽负江淮之胜，面潜霍之势，合岳渎之雄邦也。三国六朝衿喉，控制文武材用，政治盛衰，为天下安危所系，与中原交错而提挈之"。②诚然在江南统属之下，安徽与富裕的江苏既相互牵制又互为辅助。

（二）安徽、江苏分阃而治布局

顺应了清初很长一段时间内国内形势的需要。清初虽然较快地占领了明朝的南直隶，建立江南省，但是政治上全国范围的政治稳定，军事上王朝统一战争延长了很长时间才完成。江南省是清廷对南方统一战争的最重要的后方供给地，而顺治以来的经验证明，分省而治可以更便捷地服务军事上的需要。

顺治四年（1647）秋，清廷出于政治上的安排，洪承畴去职。七月戊午"升宣大总督兵部右侍郎马国柱为兵部尚书兼都察院右都御史总督江南、江西、河南等处"。③顺治六年（1649）正月，"江南江西河南总督马国柱奏：舟山伪金都严我公率知府许琅等投诚兼献进剿机宜，愿充乡导。下兵部议。"④顺治六年六月，"江南江西河南总督马国柱疏报南赣余孽拥明宗室朱由植作乱，宜兵讨之"。⑤再如顺治二年（1645）十二月，以江宁苏松常镇五府隶抚臣土国专辖，池太徽宁安庆五府并广德一州隶抚臣刘应宾专辖，仍兼管光固蕲广黄德湖口等处，庐凤淮扬四府，滁、和、徐三州隶抚臣赵福星专辖。⑥顺治四年正月，"归并荆关通惠河、中河、清江厂、杭关、芜湖、龙江芦政

① 《江南通志·序》，康熙甲子孟夏吉旦巡抚安徽宁池太庐凤滁和广等处地方提督军务督察院右副都御史薛柱斗撰。

② 《安徽通志·序》，光绪三年安徽布政使司布政使绍诚撰。

③ 《世祖实录》卷三十三，《清实录》第3册，第272页。

④ 《世祖实录》卷四十二，《清实录》第3册，第335页。

⑤ 《世祖实录》卷四十四，《清实录》第3册，第356页。

⑥ 《世祖实录》卷二十二，《清实录》第3册，第195页上。

等关差于户部。辛酉，升江南布政使司左布政使朱国柱为都察院右副都御史，巡抚登莱东江等处"。①顺治七年（1650）五月，"改凤阳皇陵卫为凤阳左卫，设守备一员"。②顺治十一年（1654）四月丙戌，命江宁昂邦章京管效忠移驻镇江，苏州提督总兵官张天禄移镇吴淞，总兵官王□□移驻刘河。③

以上此类布置都是清初统一战争中政治和军事的布局。

不仅是清初南下战争时，顺治统治后期，督抚置废依然有较强的政治军事功能考虑。如顺治十四年（1657）十月，加都督金事苏州总兵官梁化凤为都督同知，统率抽调各营官兵一万名，改为水师，仍驻崇明，两协设副将二员，各统师二千名，驻防吴淞，游击六员各统水师一千名，分泊崇明各沙，俱属水师总兵梁化凤统辖，提督总兵官马逢知专管陆师，裁苏州总兵官缺。④顺治十八年（1661）九月，裁江南提督、庐凤提督二缺，改苏松提督梁化凤为江南通省提督。⑤康熙四年（1665）十一月，"吏部议覆，江南江西总督郎廷佐疏言，凤阳巡抚缺，已经奉旨裁去，其所属庐、凤二府，滁州、和州，请分隶安徽巡抚管理，淮扬二府及徐州，请分隶江宁巡抚管理。应如所请，从之"。⑥

直到乾隆年间，政治军事的便利需要，仍然是关系行政区划布局的重要因素。如乾隆元年（1736年）十二月：

> 江南总督赵宏恩疏言，江北庐、凤、颍、亳、六、泗一带，地广兵微，不敷调拨。寿春、六安等营，向归狼山总兵统辖，穷远难以控制。应将寿春营副将，改设总兵。标下分中左右三营，每营设游击一员，守备一员，千总二员，把总四员，兵六百名，其原设中军都司改为中军游击，兼管中营及城守事务，添左右营游击各一人，均驻寿州。中营添守备一员，专防城池关厢。原有左军守备，改为左营守备，仍驻宿州。右军守备改为右营守备，仍驻凤郡。原有千总三员，把总六员，分防各汛，以千把为专汛，游击为兼辖，寿春总兵为统辖，所设兵丁，除现有一千四百十五名，再添三百八十五名，以足一千八百名之数。其六安、庐州两营，拨归寿春镇辖。六安营原防无为、巢县二汛，应改归庐州营辖。至亳州营都司所辖之颍州一汛，向系把总分防，今颍州既改府治，把总难资弹压，应添设千总一员，令其同原防把

---

① 《世祖实录》卷三十，《清实录》第3册，第247页下。

② 《世祖实录》卷四十九，《清实录》第3册，第391页下。

③ 《世祖实录》卷八十三，《清实录》第3册，第652页下。

④ 《世祖实录》卷一百一十二，《清实录》第3册，第880页上。

⑤ 《圣祖实录》卷四，《清实录》第4册，第88页上。

⑥ 《圣祖实录》卷十七，《清实录》第4册，第253页下。

总驻扎颍州府，防守汛务，仍听亳州营都司辖，添建衙署营房。均应如所请，从之。①

（三）江南省地域面积过大

清初治理过程中出现的繁难局面，使分省而治成为必然。清初江南省区域广大，"江南，府一十四，州一十七，县九十六，盐运司一"。"东抵海，东南抵大海，南抵浙江界，西南抵江西界，西抵湖广界，西北抵河南界，北抵山东界，东北抵山东界。"②不仅区域过大，而江南赋税最为繁重。顺治十八年，"各省布政司田土总计五百四十九万三千五百七十六顷四十亩三分七厘零，江南布政司田土计九十五万三千四百四十五顷一十三亩五厘四毫零。"③仅江南布政司的田赋"银四百六十万二千七百三十九两八钱二分一厘八毫。米二百七十四万五千一百一十三石四斗八升四合九勺。麦一万九千四百七十二石五斗八升六勺零。豆二万三千九百三十二石八斗五升八合五勺零"。④

正是此原因，使江南分治成为必然。这从后来江南省官员的分析可见：

> 伏惟江南幅员广远，安徽与江苏分闽而治，其地北薄虹灵，南抵黔歙，西界皖口，控扼千有余里，财赋差半江苏，而江山厄塞，形势险固，实为过之。自春秋吴楚之世，争钟离居巢州来，为今凤阳寿州庐州巢县之地。降及三国六朝，孙氏之濡须，祖逖之谯城，韦叡之合肥，世称南北重镇。而元明之季，颍亳英霍界连楚豫，长江左右独为奥区，盖山川隔阂，疆界纠纷，居东南辽辖之会，而钤辖阻深，不尽如江苏所隶，广谷大川，平畴广野，弥望千里也。地险民聚而富之教之，又一道也。⑤

（四）治政实际需要是后来江苏、安徽二省内部行政区域再作调整的重要原因

康熙皇帝下江南时对江淮地区有所考察，如康熙三十三年（1694）十一月，"移

---

① 《高宗实录一》卷三十二，《清实录》第9册，第634页。
② 康熙《大清会典》卷十八《户部二》，沈云龙主编《近代中国史料丛刊三编》（711—721册），第683页。
③ 康熙《大清会典》卷二十《户部四·田土一》，沈云龙主编《近代中国史料丛刊三编》（711—721册），第797—800页。
④ 康熙《大清会典》卷二十《户部四》，《近代中国史料丛刊三编》（711—721册），第813页。
⑤ 《江南通志·序》，乾隆元年江南安徽等处承宣布政使司布政使晏斯盛撰。

江南凤阳关监督驻正阳关，从江南江西总督范承勋请也"。[1] 雍正二年（1724）九月，"户部议覆两江总督查弼纳疏言，江南财富甲于天下，款项繁多，地方辽阔，知府实难查察。请以凤阳府之颍州、亳州、泗州，庐州府之六安州，苏州府之太仓州，淮安府之邳州、海州，扬州府之通州，俱改为直隶州。以颍上、霍邱二县隶颍州，太和、蒙城二县隶亳州，盱眙、天长、五河三县隶泗州，英山、霍山二县隶六安州，镇洋、嘉定、宝山、崇明四县隶太仓州，宿迁、睢宁二县隶邳州，赣榆、沭阳二县隶海州，如皋、泰兴二县隶通州。其直隶州一切考成，俱照知府例处分，至颍州等四州钱粮令庐凤道盘查，太仓州钱粮令苏松粮道盘查，邳州钱粮令淮徐道盘查，海州、通州钱粮令淮扬道盘查。均应如所请，从之"。[2] 另如雍正十一年（1733）十二月，"添设江南安徽宁池太广道一员，驻扎安庆，其滁、和二州分巡事务，归庐凤道管理。从升任安徽巡抚徐本请也"。[3]

三、安徽建省的过程、职官设置

（一）建省的过程

由行政组织形态的构建视角，动态考察安徽建省过程，会发现安徽省的建置，是一个对区划、职官等不断地调适和整合过程。概括地说，由顺治朝到康熙朝前期的康熙六年前后，初步确立安徽省的建置；经康熙中后期和雍正朝、乾隆朝前期的进一步调适整合，省制基本完成；其后的修补主要是随时势变动，予以完善。后世俗说的安徽建省，并非一蹴而就，经过了一个历史过程和不同阶段，主要历经有十多次大的调整变动。如清顺治二年（1645）江南省设立后，与今安徽省域相关的治政职官即有凤阳巡抚[4]、操江巡抚[5]、安庐池太巡抚三个巡抚分抚而治。次年，安庐池太巡抚改称安徽巡抚[6]。再如顺治六年（1649）裁凤阳巡抚，由漕运总督管巡抚事[7]，安徽巡抚归并操江，驻地也由池州移驻安庆。此时期安徽是在两个总督南北分治之下。在顺治后期

① 《圣祖实录二》卷一百六十五，《清实录》第5册，第801页上。
② 《世宗实录一》卷二十四，《清实录》第7册，第383页下。
③ 《世宗实录二》卷一三八，《清实录》第8册，第759页。
④ 光绪《大清会典事例》卷二十三《吏部》；《清世祖实录》卷十六，顺治二年五月庚寅。
⑤ 《清世祖实录》卷十九，顺治二年七月丁丑；康熙《江南通志》卷二十六《职官》。
⑥ 钱实甫：《清代职官年表》，中华书局，1980年，第1518页。
⑦ 《世祖实录》卷四十四，《清实录》第3册，第354页。

的几年中，江南省先后复设凤阳及安徽巡抚。到顺治十八年（1661），江南省以左布政使统领安庆、徽州、宁国、池州、太平、庐州、凤阳、淮安、扬州九府，徐州、和州、广德四州[①]，对行政区划作了一次大调整。康熙元年（1662）管江南操江事务的操江巡抚裁撤，专设安徽巡抚[②]。康熙四年（1665）又一次调整，把裁撤的凤阳巡抚属地凤阳府、庐州府和滁州、和州归属安徽巡抚，把淮安、扬州二府及徐州划归江苏巡抚[③]，安徽与江苏二大省行政区划分割特征凸现。其后值得重视的大的整合还有：康熙六年（1667），改左布政使司为安徽布政使司[④]，此年也因此被多数学者看作安徽建省的标志年份；乾隆二十五年（1760）安徽布政使司办公官署由江宁（今南京）迁驻安庆[⑤]，安徽省级职官三司同城理政，省的行政建置进一步得以完善；到嘉庆八年（1803），安徽巡抚获提督关防衔，作为省级最高长官的职能扩展到军事领域。也就是说，差不多经过了 150 多年，作为省制的安徽省，建构得以完备。

（二）主要职官设置[⑥]

清初安徽省主要职官的兴废设置过程，也是安徽地域行政管辖主体逐渐明晰的过程，同时反映了安徽省建省过程的复杂性。

首先是作为中央统部的官员两江总督于顺治二年（1645）在江南省建立，开始时内院大学士经略招抚事务；到了顺治四年（1647），停止经略，创设总督职，驻江宁府管理江南江西河南三省的总督出现；顺治六年（1649）该职只是辖属江南、江西两省，称江南江西总督；[⑦] 到了顺治九年（1652），因为有江西总督另外设立，江南江西总督改称江南总督。康熙元年（1662），操江事务归属江南总督治下。四年（1665），江西总督裁，事并江南总督，称两江总督。康熙十三年（1674），又专设江西总督，停江南总督兼辖。"二十一年（1682），仍辖江西。裁江西总督，仍归并江南总督管理。复为江南、江西总督。雍正元年（1723），吏部复议，两江总督统理江苏、安徽、江西三处事务，地连江海，应授为兵部尚书兼都察院右都御史。"[⑧] 也就是说，到康熙二十一年，基本定名，而先后担任职官治理过安徽的官员有洪承畴、马国柱、马鸣

---

① 乾隆《江南通志》卷四；《舆地志·建置沿革总表序》。

② 《清圣祖实录》卷六；光绪《大清会典事例》卷二十三。

③ 乾隆《江南通志》卷一百八十六《职官志》。

④ 《圣祖实录》卷二十三，《清实录》第4册，第315页。

⑤ 《高宗实录》卷六百一十五，乾隆二十五年庚辰六月乙丑；参见《起居注册》，乾隆二十五年八月下。

⑥ 本部分所述，请参见钱实甫《清代职官年表》（中华书局，1980年），2004年复旦大学史地所林娟博士论文《清代行政区划变迁研究》和前揭段伟、傅林祥等论文。

⑦ 《清世祖实录》卷四十五，顺治六年八月辛亥。

⑧ 道光朝《安徽通志·职官志》卷八十九。

佩、郎廷佐、麻勒吉、阿席熙、于成龙、王新命、董讷等。

中央统部官员治理过安徽区域事务的还有漕运总督。如顺治朝："漕运总督，驻淮安府。顺治四年，设满洲侍郎一人，与总督同理漕务，名为总理。八年裁，十二年复设，十八年撤回。六年，裁凤庐巡抚，以漕运总督管巡抚事。十六年，复置凤庐巡抚总漕，遂专督七省漕运事务。"①

其次是与安徽省的行政体制构建直接关联的几个职位。安徽巡抚：安徽巡抚的名称出现有其时间阶段性区分，以安徽地域治理的职官论，清初分别有操江巡抚、凤阳巡抚、安徽巡抚等官员理政。顺治初，有管辖凤阳、庐州、淮安、扬州四个府及徐州、滁州、和州三个直隶州的凤阳巡抚设置，驻淮安府。②顺治二年江南省设立后改驻扬州府的泰州。③见于《清世祖实录》，顺治二年也有此方面记载："宿迁兵备道赵福星为都察院右佥都御史，巡抚凤阳等处，赞理军务。"顺治六年已被裁，漕运总督接管该职事。到顺治十六年（1659）又复置凤庐巡抚，治事依然是漕运总督兼管。事见于《清世祖实录》顺治十六年八月条。复置的原因是地方海防军务和粮饷办理的需要。顺治十七年（1660）专设凤阳巡抚，漕运总督不再兼理。到康熙四年（1665），辖属的凤阳府、庐州府及和、滁二直隶州归隶已经出现的安徽巡抚。与北方府州相对的安徽地域的南方府州辖属沿革，与顺治二年的操江巡抚兴废有关。据《清史稿·职官志》记载："顺治元年，置操江兼巡抚安徽徽、宁、池、太、广，驻安庆。"④到了次年十二月，清廷"允吏部覆招抚江南大学士洪承畴疏，以江宁苏松常镇五府隶抚臣土国宾专辖，池太徽宁安庆五府并广德一州隶抚臣刘应宾专辖，仍兼管光固蕲广黄德湖口等处，庐凤淮扬四府，滁和徐三州隶抚臣赵福星专辖。其原颁敕书俱照各分属地方另行改正"。⑤操江巡抚在清初管理安徽事务的重要性，可见于《世祖实录》顺治三年记载："吏部议覆招抚江南大学士洪承畴疏言，江南改京为省，一应设官自当与各省一例。应如所议，设操江都御史一员。"⑥驻地也有变动，原驻安庆府，继驻池州，再到顺治六年移驻安庆。此年操江巡抚把原来顺治二年辖管的安庆、宁国、徽州、太平、池州五府和广德一直隶州即安徽巡抚事务归并衙中，此事见证于《清世祖实录》顺治六年五月记载："裁天津、凤阳、安徽巡抚，巡江御史天津饷道等官，以裕国家经费之用。"此处"安徽巡抚"的出现，在顺治三年就有。《世祖实录》顺治三年四月

① 道光朝《安徽通志·职官志·文职五》卷八十九。

② 光绪朝《大清会典事例》卷二十三《吏部》："凤庐巡抚一人，驻淮安府，以操江管巡抚事领之。"第290页，凤阳巡抚亦有称谓凤庐巡抚。

③ 《清世祖实录》卷十六，顺治二年，《清实录》第3册，第144页。

④ 《清史稿·职官志》，中华书局，1976年，第3342页。

⑤ 《清世祖实录》卷二十二，顺治二年，《清实录》第3册，第195页。

⑥ 《清世祖实录》卷二十四，顺治三年二月甲申，《清实录》第3册，第205页。

己亥条"安徽巡抚刘应宾疏报：官兵进剿宁国、太平二府逆贼，斩获无算，招抚贼渠郑璧等二百名，余党解散。下部察叙"。不过此年的安徽巡抚是由安庐池太巡抚改称的。[①] 此后"安徽巡抚"名多次出现。如乾隆朝的《江南通志·职官志》记载"蒋国柱奉天人，顺治十二年任安徽巡抚。"《清世祖实录》顺治十六年三月记载："戊申。升陕西右布政使朱衣助为都察院右副都御史，提督操江，兼巡抚安徽等处。"操江巡抚与安徽巡抚，在顺治年间交错替代，据学者提出，"迄（顺治）十三年十月，以蒋国柱提督操江巡抚安徽，复安徽巡抚之称号。自是遂为永制。"[②] 但是它与后面的安徽巡抚也有区别，康熙元年安徽巡抚是专设的，事见于《清圣祖实录》康熙元年三月记载："乙亥。兵部遵旨议覆，巡抚不理军务，安徽操江巡抚所属十一营官兵，应听江南总督管辖。安徽巡抚止管安徽等五府一州事务。从之。"到康熙四年，原治理安徽北方的凤阳巡抚被裁，辖地凤阳府、庐州府以及滁州、和州二直隶州，加上顺治初"小"安徽巡抚管理的五府一州，合在一起共七府三直隶州，底定安徽省区的基本版属。到雍正十三年（1735），原颍州由直隶州升为府，且把雍正二年（1724）升格的亳州降为散州，这样加上该年所变动的六安、泗州直隶州，安徽巡抚治下，呈现八府五直隶州版图格局。据道光朝《安徽通志》记载："巡抚部院署，在府城中，旧为巡江察院署，明季设皖抚，遂为抚治。国朝顺治五年移驻池州，康熙元年仍驻安庆，操抚李日芃重建。"[③] 康熙时期专任过安徽巡抚的有靳辅、徐国相、薛桂斗、杨素蕴等。

安徽布政使：江南省设立后，顺治三年，江南省设左右布政使，"并驻江宁，安省诸府、州左布政所辖"。[④] 顺治十八年，江南左布政仍驻江宁。辖安庆、徽州、宁国、池州、太平、庐州、凤阳、淮安、扬州九府和徐州、滁州、和州、广德州四州。康熙五年扬州府、淮安府和徐州归江南右布政使司。康熙六年七月，清廷下令"应将河南等十一省俱留布政使各一员，停其左、右布政使之名。至江南、陕西、湖广三省，俱有布政使各二员，驻扎各处分理，亦应停其左、右布政使之名，照驻扎地名称布政使"。[⑤] 江南左布政使司改名为安徽布政使司，与江苏分治地域事务。据乾隆朝《江南通志·职官志》记载："国初分左右二使并驻省城。顺治十八年分右布政驻苏州，辖江宁、苏、松、常、镇五府。康熙五年并辖淮、扬、徐三府州。左驻省城，辖安、徽、宁、池、太、庐、凤、滁、和、广等七府三州。康熙六年并停左、右之名，分为

①　《世祖实录》卷二十五，《清实录》第3册，第216页下；参见钱实甫：《清代职官年表》，第1518页。
②　傅宗懋：《清代督抚制度》，台湾"国立"政治大学，1963年，第13页。
③　道光朝《安徽通志·舆地志·公署》卷二十四。
④　道光朝《安徽通志·舆地志·公署》卷二十四。
⑤　《圣祖实录》卷二十三，康熙六年七月甲寅，《清实录》第4册，第315页上。

上江、下江两藩司，不相统领。"但是布政使司公署"仍驻江宁"①。

到了乾隆二十五年（1760），确定安徽布政使，移驻安庆办公。移驻的原因，是乾隆帝提出了看法："上谕江苏钱谷殷繁，安徽布政使远驻江宁，所办专系上江事务，莫若于江苏添设藩司分职管理地方为有益，前曾降旨该督抚等令其酌议，将安徽布政使仍回驻安庆而于江苏添设藩司一员，驻扎江宁，分隶管辖一切政务，庶可从容就理，今据尹继善等奏到请将江淮扬徐海通六府州分隶江宁藩司管辖，苏松常镇太五府均分隶藩司管辖，其安徽布政使移驻安庆专办上江事务等语……"②其所属官员有经历一人，库大使一人。顺治三年，设经历、理问、都事、照磨各一人。顺治十六年，裁都事。康熙三十九年，裁照磨。雍正二年，裁理问。先是，江宁布政使有仓大使一人，乾隆二十五年议准安徽无省仓，裁仓大使。以经历及库大使随驻安庆府。"布政使司署，在县署东，旧府署也。乾隆二十六年，设安徽布政使，以安庆府治为公署，加扩焉。"③

安徽按察使：按察使主管一省刑名司法，康熙初年安徽司法事务是在江南省之下。康熙二年八月，清政府"增设江南、湖广、陕西三省按察使各一员"，④说明江南省有二个按察使理事。康熙三年五月增设江北按察使，"命江宁、苏、松、常、镇、徽、宁、池、太九府，广德一州，分隶江南按察使司，仍驻江宁府；安庆、庐、凤、淮、扬五府，徐、滁、和三州，分隶江北按察使司，驻凤阳府之泗州"。⑤安徽地域的司法在江南省之下，分长江南北二大块地域行使司法职权。但是这个过渡时间并不长，据康熙《江南通志·职官志》载："国初，按察使司提刑通省。康熙三年，臬分南北，南驻省城，管江苏九府一州，北驻皖城，管安徽五府三州。康熙五年，为请旨事，南臬改为江苏按察司，管七府一州，北臬改为安徽按察司，管七府三州。"乾隆朝的《江南通志》更清楚地说明了江苏、安徽以省域管辖事务经过："提刑按察使司，旧制通省止设按察使一员，驻省城。康熙三年，又添设一司，南驻省城，辖江苏九府一州，北驻安庆府，辖安徽五府三州。江北一员系添设，康熙三年驻泗州，五年驻安庆。康熙五年，南改为江苏按察使，管七府一州，北改为安徽按察使，管七府三州，不相统领。"

安徽按察使也在安庆设置公署衙门。"江南通省原设一司，驻扎江宁。于康熙三年添设一司分辖上江，初驻泗州，康熙五年移驻安庆。"⑥清初的按察使司署，位于安

① 嘉庆《大清一统志》卷一百零八《安徽统部·文职官》，四部丛刊本，第4—10页。

② 《光绪重修安徽通志》卷七，高宗纯皇帝诏谕。

③ 道光朝《安徽通志·舆地志·公署》卷二十四。

④ 《圣祖实录》卷九，康熙二年八月甲寅，《清实录》第4册，第155页下。

⑤ 《圣祖实录》卷十二，康熙三年五月丁卯，《清实录》第4册，第181页上。

⑥ 陈焯等纂修：《安庆府志·职官》（康熙十四年刊本）卷二，第175页，台湾成文出版社，1985年影印版。

庆府城东北，"即明守备署遗址，国朝康熙五年，按察使移驻安庆，即其署改建"。①

提督学政：顺治初，设江南提督学政，后分设上江、下江学道二人；十一年，改称提学道。康熙元年，议定江南省上江、下江学道二人裁并归一。到康熙二十三年，议准江南、浙江学政以侍读、侍讲、谕德、中允、赞善等官概行开列，凡由翰林科道任职者为学院，由部属等官任者为学道。雍正三年，议准江苏、安徽各分设学政一人。提督安徽学院署，"在太平府府城内东南"。②四年，定各省督学一体为学院，以部员任者，二甲进士加编修衔，三甲进士加检讨衔。但是，安徽与江苏省始终没有分闱，民间俗称的江南乡试，一直都在江宁举行科举考试。

结　语

后世追溯述说区划建置，往往由今日版图作论说基点。只是历史本身充满复杂性，未必沿着研究者线性逻辑展开史事。从今日安徽省地域版图来看，安徽的府州县清初分属不同性质、不同职方的官员管辖治理。正是在此磨合和调适中，形成了安徽省域的府州县主体。到康熙五年，安徽巡抚开始成为安徽地域最重要的治政衙署，六年，江南左布政使司改为安徽布政使司，虽然治在江宁，安徽布政使司辖区固定下来。安徽巡抚辖区、布政使司、安徽按察使辖区逐渐趋同。由康熙年间的安庆府、徽州府、宁国府、池州府、太平府、庐州府、凤阳府以及滁州、和州、广德州等七府三州，构成了安徽地域版图的地理轮廓。

到目前为止，并没有某某人在某种历史场合下命名"安徽"省名的清楚明白表述的史料。在没有直接文献史料证明，安徽一词是取"安庆府""徽州府"联词组成的文献状况下，由历史认知看"安徽"作为省名出现可靠一点的说法是，在官方行政运行过程中，在公文往来中，为称谓的方便和简洁，是对官职称谓"巡抚安、徽、宁、池、太、庐、凤、滁、和、广等处地方……"，省称或简记为"安徽"。③

历史地理学强调对历史时期人地关系互动了解的重要性，省制设立原不过中央政府对地域人群社会的分治。由直隶江南到安徽建省，即是中央政府在特定历史条件下对一个区域分治的实现。它既是一个新的高层行政区划的建立过程，又是对早前省制

---

① 道光朝《安徽通志·舆地·公署》卷二十四。

② 道光朝《安徽通志·舆地·公署二》卷二十五。

③ 如康熙二十三年在安徽做官的徐国相，其正式职衔是"巡抚安、徽、宁、池、太、庐、凤、滁、和、广等处地方、提督军务、兵部尚书兼都察院右副都御史加十三级"，安徽巡抚即为省称，安徽即是管理辖区"安、徽、宁、池、太、庐、凤、滁、和、广"的文字简记。

已经确立省份如山东、浙江、江西等省模仿的过程。就省制建设论，它是清初以来职官兴废调整、区域整合等具体历史时空下制度变动、层累叠加、整合效用的产物；以省制模仿议论，它又是地域人群心理趋同逐渐得以认同的过程。一定意义上说，安徽之名得以传至四方，腾播众口，既是地域制度建设整合完成的结果，又是社会认同的高度呈现。

（安徽大学历史学院）

清代"直隶"省级政区沿革考
——《清史·地理志》直隶省叙[*]

华林甫

21 世纪初，国家清史纂修工程上马，主体工程分纪、志、表、传、图五大部分，规模庞大；敝人始终参与邹逸麟教授主持的《地理志》工作，并具体撰写其中直隶、浙江两省内容。

本文系十余年前旧稿，为《地理志》中"直隶"作为省级政区的沿革考证，正文 2186 字。作为大型清史的一部分，《地理志》撰稿须符合《清史编纂则例》、《清史典志编纂细则》和《〈清史·地理志〉正文编纂细则》等规则。总体要求是简明扼要、点到为止，关键是史实必须明白无误，所以典籍记载不明之处必须逐一考辨明晰。

今人续写《清史·地理志》应与全国地理总志、地方志区别开来，即：继承十六部正史地理志优秀传统，以高层政区来谋篇布局，但字数有约束，既不能像全国地理总志那样可以放开了写，也不能像地方志那样细大不捐，但又不能遗漏重要的清代地理事物。鉴于《清史》成果今后正式出版时仅能保留极少量个别脚注之情况，本文脚注 18678 字予以全部公布，以示《地理志》原稿"无一事无来历"之理念。

因体例、字数所限，正文有些地方不允许展开。特此说明。

---

[*] 本文原刊于华林甫主编《新时代、新技术、新思维——2018年中国历史地理学术研讨会论文集》，齐鲁书社，2020年6月。

直　隶 ①

① 《清史·地理志》各省排序，鉴于傅振伦先生早有对《清史稿·地理志》之批评（《清史稿评论》，载许师慎编《有关清史稿编印经过及各方意见汇编》下册，台北：1979年，第587页），我项目组一直有考虑。为此于2007年9月2日专门研究过，2009年5月30日拿出了排序初稿（系笔者所撰），并在《地理志》合同到期而上交典志组的全稿中予以具体贯彻。为准备2011年7月《地理志》专题研讨，我项目组以长篇文档《关于"地理志—审审校报告"的答复》上交典志组，内有各省排序的终稿（亦系笔者所撰）。清朝各种文献之编次序互有差异，有的差别还很大，清代本身也没有一个完全统一的编排，应以若干重要文献排序为基本框架，同时吸收各种排序的优点，进行适度合理的个别调整。无论怎么排序，"直隶"均排首位。但没有想到的是，有人竟利用典志组联系专家、一审专家能第一时间接触我项目组最新成果的有利身份，趁大型《清史》未曾出版之机，抢先发表了省域排序结论，见《清末新政与边疆新政》上册第54—67页之《"在乎山水之间"——〈清史·地理志〉审改札记》一文（社科文献出版社2018年3月出版）。为了正本清源，特发表十余年前我项目组《清代省域排序详情》的结论：

典籍		统部名称																					
		直隶	奉天吉林黑龙江	江苏	安徽	山西	山东	河南	陕西	甘肃	浙江	江西	湖北	湖南	四川	福建	台湾	广东	广西	云南	贵州	新疆	内外蒙古	青海、西藏
康熙朝《大清会典》卷18-19《户部·州县》		1	2	3		9	8	10	11		4	5	6		12	7		13	14	15	16			
《皇朝文献通考》卷269-292《舆地考》		1	2	6	7	4	3	5	13	14	10	8	11	12	16	9		17	18	19	20	15	21	22
《皇朝通典》卷90-96《州郡典》		2	1	6	7	4	3	5	13	14	9	8	11	12	15	10		16	17	18	19		20	
《皇朝通志》卷28-31《地理略》		2	1	6	7	4	3	5	13	14	9	8	11	12	15	10		16	17	18	19		20	21
乾隆府厅州县图志		2	1	3	4	5	6	7	8	9	10	11	12	13	14	15		16	17	18	19	20		21
《一统志》 初修		1		3	4	5	6	7	8	9	10	11	12	13	14	15		16	17	18				19
《一统志》 续修		1	2	3	4	5	6	7	8	9	10	11	12	13	14	15		16	17	18	19	21	20	
《一统志》 重修		1	2	3	4	5	6	7	8	9	10	11	12	13	14	15		16	17	18	19	20	21	22
《皇朝地理志》		1	2,3,4	5	6	8	7	9	10	11	13	14	15	16	19	12		17	18	20	21	22	23	
《清国史·地理志》		1	2,3,4	5	6	8	7	9	10	11	13	14	15	16	19	12		17	18	20	21	22	23	
《清续通考》		1	2,3,4	8	5	9	6	7	16	13	10	14	15	19	11	12		20	21	22	23	18	24-25	26-27
《皇朝政典类纂》卷429-450《方舆》		1	2	3	4	5	6	7	8	9	10	11	12	13	14	15		16	17	18	20		21	22
《清史稿·地理志》		1	2,3,4	5	6	7	8	9	10	11	12	13	14	15	16	17	18	19	20	21	22	23	24-26	27-28
《皇朝地理志》		1	2,3,4	5	6	7	8	9	10	11	13	14	15	16	19	12		17	18	20	21	22	23	
《中国历史地图集》		1	2,3,4	5	6	7	8	9	10	11	13	14	15	16	16		17	18	19	20	21	22	23	24
王恢先生的意见		1	2,3,4	16	15	4	3	5	7	16	13	14	10	11	19	6	12	20	21	22	23	18		
赵泉澄		1	2,3,4	8	9	6	5	7	16	13	14	10	11	19	12	15		20	21	22	23	18		
全国官缺表		1	2	3	4	5	6	7	8	9	10	11	12	13	14	17		11	15	16	19	18		

说明："全国官缺表"是指刘子扬著《清代地方官制考》（紫禁城出版社1994年8月第2版）第459页至第523页附有根据中国第一历史档案馆两件档案编成的《全国各省府州县官缺一览表》。

王恢先生的意见：氏著《地志识略》第187页论"《清史稿·地理志》"，台北"国立"编译馆，1988年8月印行。

由上述表格来综合考虑《清史·地理志》省域排序，就是以三部《大清一统志》的编排为基本框架，吸收台北庋藏《皇朝地理志》等文献编排的优点进行了微调，结果是：直隶、奉天、吉林、黑龙江、江苏、安徽、山东、河南、山西、陕西、甘肃、浙江、江西、福建、台湾、湖北、湖南、广东、广西、四川、云南、贵州、新疆、内蒙古、外蒙古、青海、西藏。

明为北直隶 [①]。顺治元年有其地，改曰直隶 [②]，因明制辖顺天、永平、大名、顺德、

---

① 或曰，查《乾隆一统志》："（明）永乐元年以北平为北京，罢布政使司，以所领隶北京行部。十九年改北京为京师，罢北京行部，以各府州直隶京师。本朝顺治元年，世祖章皇帝定鼎建都，顺天等八府二州及宣府镇仍直隶。"于此可知：明之北直隶，其正式称呼为"直隶"，即直隶于京师。清仍其旧，称"直隶"，并无更名之说。所谓"北直隶"，只是与"南直隶"的对称，并非正式名称。

笔者按：据《乾隆一统志》以为明无北直隶，故无清初更名之说。此说差矣！揆诸实际，明朝有无北直隶，须以明代史料为据。明代有"北直隶"之称的史料，有下述四类：

明朝官方常用"北直隶"一词。《大明会典》，于卷9，29，30，32，76，77，132，155，157，171，173十一卷中出现"北直隶"19次，并且多次南、北直隶并称。仅举两例，卷77："洪熙元年定取士额数，南京国子监并南直隶共八十名，北京国子监并北直隶共五十名，江西五十名，浙江、福建各四十五名……"卷157："弘治八年奏准停止烧砖官员请敕河南、山东及南、北直隶巡抚官委府州县官管理，仍以布、按二司分巡分守官提督烧造。"《明会典》是朝廷官书，其中的政区难道是"并非正式名称"？

明朝大臣商辂、马文升、杨一清、胡世宁、杨廷和、孙懋等奏疏奏议中，常见"北直隶"一词。如名臣杨廷和《请圣驾还京以安宗社以慰人心疏》："具官臣杨廷和谨题为恭请圣驾还京以安宗社以慰人心事，伏惟圣驾出幸今已一月矣，内外人心栗栗危惧，又有讹言传播总督军务威武大将军名号及巡幸山西、陕西、河南、山东、南北直隶之说，愚民无知，转相告语，甚至扶老携幼逃避山谷。"很难想象，名臣杨廷和给皇帝奏疏中使用的不是正式名称。明朝官方常用"北直隶"一词，毋须再多举例证。

明代文臣、文人的诗文集中，亦多"北直隶"之称，见陆容撰《菽园杂记》卷五、贺士谘编《医闾集》卷四、何瑭撰《柏斋集》卷八、文征明撰《甫田集》卷二十八、陆粲撰《陆子余集》卷四、杨继盛撰《杨忠愍集》卷三、钱谷撰《吴都文粹续集》卷四十三等。此处仅举一例，贺士谘《医闾集》卷四："永乐间，朝廷以朵颜三卫内向效顺，遂徙大宁诸城之人于北直隶，而以其地与之义州，遂两面受敌。"

明章潢撰《图书编》卷三十六："除中都留守司南京、北直隶、山东、河南各二班……"明罗洪先《广舆图》卷一，即有"北直隶舆图""北直隶图叙"（参见下图），开头即称"北直隶建置：北直隶府八、属州一十七、县……"。

又，清代文献也有称呼明北直隶者，如雍正《畿辅通志》卷十三《建置沿革》："永乐元年建北京，称行在，十九年始都北京，改（北平等处承宣）布政司为北直隶。"这只是辅助史料，恕不展开。

② 《清国史·地理志》卷二："永乐元年建为北京，其畿辅之地直隶六部。国初因之，曰直隶省。"《清史稿·地理志》："清顺治初，定鼎京师，为直隶省。"清内府朱丝栏写本（204卷本）《皇朝地理志》卷二："国初因之，曰直隶省。"

广平、河间、保定、真定八府，延庆、保安两直隶州及宣府镇^①。顺治初置四巡抚、一总督：顺天巡抚初治密云，后移遵化，辖顺天、永平二府^②；保定巡抚治真定府，辖保定、真定、顺德、广平、大名、河间六府^③；天津巡抚治天津卫，析保定巡抚之河间府属之^④；宣府巡抚治宣府镇，辖延庆、保安二州^⑤；宣大总督辖有宣府镇，治山西大同

① 《雍正畿辅通志》卷十三《建置沿革》："本朝世祖章皇帝统一万方，定鼎建都，顺天、永平、保定、河间、正定、顺德、广平、大名八府直隶京师。"《清朝文献通考》卷二百六十九《舆地考一》："本朝顺治元年，世祖章皇帝定鼎建都，其顺天等八府二州及宣府镇，皆仍其旧。"《清朝通典》卷九十《州郡一》："明以顺天府为京师，共领顺天、保定、永平、真定、顺德、广平、大名、河间八府，延庆、保安二州。"康熙朝《大清会典》卷十八《州县一》："顺治元年定鼎京师，以顺天等八府直隶六部……京师并直隶地方不设布政使司，以守道管理钱谷，府八、州二十、县一百一十二。"

② 《清世祖实录》卷五顺治元年五月庚辰："顺天巡抚宋权献治平三策。"（《清实录》第三册，第64页上，中华书局1985年1月影印版，下同。）卷六顺治元年七月丁未："兵部左侍郎刘余佑以京土寇窃发，请移顺天巡抚驻密云，蓟州道驻遵化，摄政和硕睿亲王从之。"（《清实录》第三册，第71页上）。卷十二顺治元年十二月庚申："遵化乃近关要路，请命巡抚宋权仍自密云还镇遵化，以资弹压，从之。"（《清实录》第三册，第114页下。）《清史稿》卷二百三十八《宋权传》："明天启五年进士。官顺天巡抚，驻密云。受事甫三日，李自成陷京师，权计杀自成将黄锭等。睿亲王师入关，籍所部以降，命巡抚如故……时权仍驻密云，抚治二十余州县，兼领军事。旋以遵化当冲要，命权移驻，先后击降自成党数千。"《清朝文献通考》卷二百六十九《舆地考一》：（顺治元年）设顺天巡抚驻遵化，辖顺天、永平二府。嘉庆朝《大清会典事例》卷二十："顺治初年，设顺天巡抚一人，驻遵化州。"

③ 《清朝文献通考》卷二百六十九《舆地考一》：（顺治元年）设保定巡抚驻真定，辖保定、真定、顺德、广平、大名、河间六府。《清世祖实录》卷五顺治元年五月壬子："以故明真定府知府丘茂华为井陉道，署巡抚事。"（《清实录》第三册，第60页上。）《清世祖实录》卷六顺治元年七月壬子："以内弘文院学士王文奎为都察院右副都御史，巡抚保定等处地方。"（《清实录》第三册，第72页。）嘉庆朝《大清会典事例》卷二十："顺治初年，设保定巡抚一人，驻真定府。"

④ 《清世祖实录》卷五顺治元年五月己未："令故明太子太傅左都督骆养性仍以原官总督天津等处军务。"（《清实录》第三册，第61页上。）卷十顺治元年十月乙丑："升都察院副理事官雷兴为右副都御史巡抚天津等处。"（《清实录》第三册，第99页上。）参见林涓《清代的巡抚及其辖区变迁》，载《历史地理》第20辑。又，见于《清史稿》的天津巡抚，还有顺治二年四月的张忻（《清史稿》卷四，中华书局，1977年点校本，第94页）、四年九月的李犹龙（第108页）、五年八月的夏玉（第111页）。

⑤ 《清朝文献通考》卷二百六十九《舆地考一》："（顺治元年）设宣府巡抚驻宣府镇，以直隶延庆、保安二州属之。"嘉庆朝《大清会典事例》卷二十："顺治初年，设宣府巡抚一人，驻宣府镇。"

府①。六年五月裁天津巡抚，辖地并入顺天巡抚②；八月置直隶山东河南三省总督，治大名府③，三省总督兼保定巡抚④。九年裁宣府巡抚，辖地并入宣大总督⑤。十五年五月裁

---

① 《清朝文献通考》卷十三《钱币考一》："谨按：阳和地近大同，明洪武年间筑城，景泰时设宣大总督驻此，为重镇，国初尚沿其制；顺治六年以移大同府治于此，并移铸局，八年仍还故治；至是年议裁宣大总督，故铸局复移大同。"卷一百八十三《兵考五》："国初定鼎京师，因明制，设宣府巡抚，驻宣府镇，辖宣府及直隶延庆、保安二州；并设宣大总督，驻山西大同镇，以宣府属之。"卷一百八十四《兵考六》："谨按：顺治二年设山西巡抚，驻太原府；又设宣大总督，驻大同府之阳和城，十三年裁宣大总督，改设山西总督驻大同府。"同卷又说："（顺治）十二年移宣大总督及督标官兵自阳和改驻大同府"，"十三年裁宣大总督"。卷二百六十九《舆地考一》："宣大总督驻山西大同镇，以宣府属之。"卷二百七十三《舆地考五》："复仍明制，设宣大总督，驻大同府之阳和城，顺治十三年裁宣大总督，改置山西总督。"嘉庆朝《大清会典事例》卷二十："顺治初年，设宣大总督一人，驻山西大同镇。"

② 雍正《畿辅通志》卷五十九《职官》："天津巡抚都御史，天启二年设，顺治六年裁。"《清世祖实录》卷四十四顺治六年五月癸未，户部等衙门疏言"裁天津、凤阳、安徽巡抚巡江御史、天津饷道等官，以裕国家经费之用。报可"（《清实录》第三册，第354页上）。《清史稿》卷二百一《疆臣年表五》，顺治六年五月裁天津巡抚，末任巡抚夏玉于顺治六年九月改任山东巡抚。

③ 《清世祖实录》卷四十五顺治六年八月丁酉，录有姚文燃奏设三省总督全文，结果是"疏入，从之"（《清实录》第三册，第361页下）。雍正《畿辅通志》卷六十《职官》："顺治五年设总督直隶山东河南军务都御史于大名府。"《清史稿》卷一百九十七《疆臣年表一》内，顺治六年八月始有直隶、山东、河南总督张存仁。续修《大清一统志》卷三：张存仁，奉天正黄旗人，顺治七年总督直隶山东河南三省，驻节大名。卷一四八：张存仁，镶蓝旗汉军人，顺治七年总督直隶河南山东三省。雍正《畿辅通志》卷六十七《名宦》：张存仁字完真，正黄旗世职，浙江人，顺治七年总督三省驻节大名。或说为五年置，《清朝文献通考》卷二百六十九《舆地考一》：（顺治）五年设直隶、山东、河南三省总督，驻大名。嘉庆朝《大清会典事例》卷二十："（顺治）五年设直隶山东河南三省总督一人，驻大名府。"《清国史·地理志》卷二："顺治五年，置直隶山东河南总督，治大名。"笔者按：盖议在五年而六年始执行耳。据钱实甫《清代职官年表》第二册，第1345—1349页（中华书局1980年7月），顺治六年至十五年的直隶山东河南三省总督是张存仁（顺治六年八月辛亥至八年十月）、马光辉（八年十月辛酉至十一年二月）、李祖荫（十一年二月庚寅至十三年十二月）、张悬锡（十四年正月乙卯至十五年五月丁酉）。

④ 语出《清史稿》卷二百一《疆臣年表五》，点校本第7491—7492页。《清国史·地理志》卷二："保定巡抚，顺治十六年裁。"林涓《清代的巡抚及其辖区变迁》（载《历史地理》第二十辑）认为，顺治六年八月裁保定巡抚，辖地并入三省总督（《清世祖实录》卷四十五）。笔者按：据《清实录》，乃将真保巡抚改为总督衙门，不是废掉保定巡抚而改属云云，姚文杰奏言原文"……即将真保巡抚改为总督衙门……"（《清实录》第三册，第361页下），并无裁撤保定巡抚之意（"真保巡抚"之称，参见《钦定历代职官表》卷五十《总督巡抚表》、《清朝通典》卷三十三《职官十一》"正保巡抚"）。

⑤ 《清朝文献通考》卷一百八十三《兵考五》："（顺治）八年裁宣府巡抚，并于宣大总督。"卷二百六十九《舆地考一》："八年裁宣府巡抚，并于宣大总督。"《清国史·地理志》卷二："宣府巡抚，顺治八年裁。"嘉庆朝《大清会典事例》卷二十："（顺治）八年，裁宣府巡抚，归并宣大总督管理。"林涓《清代的巡抚及其辖区变迁》认为裁于顺治九年，依据是《世祖实录》卷六十四"顺治九年四月丁末"条："户部以钱粮不敷，遵旨会议，一山东登莱巡抚宜裁，一宣府巡抚宜裁，以总督兼理。"笔者按：据钱实甫《清代职官年表》第1522—1523页，顺治八年有宣府巡抚冯圣光，顺治九年四月丁末始免，故林涓之说至确。

三省总督^①而存保定巡抚^②，治大名府，辖大名、保定、真定、顺德、广平五府^③；七月裁宣大总督^④，以宣府镇属顺天巡抚^⑤。十八年十月增置直隶总督，治大名府^⑥，兼管河

---

① 《清朝文献通考》卷二百七十二《舆地考·山东省四》：顺治五年定山东，与直隶河南共一总督，十五年裁三省总督。《清朝文献通考》卷一百八十四《兵考六·直省兵》谨按：顺治元年设山东巡抚，驻济南府；五年山东与直隶河南共一总督，驻直隶之大名府，兼辖山东；十六年，裁三省总督。《清史稿》卷一百九十七《疆臣年表一》内，顺治六年始有直隶、山东、河南总督，至顺治十五年五月裁。

② 清内府朱丝栏写本（204卷本）《皇朝地理志》卷二："顺治五年置直隶山东河南总督，治大名，十六年改巡抚。"《清国史·地理志》卷二："顺治五年置直隶山东河南总督，十六年改为直隶巡抚。"明言巡抚由总督改，但年份差一年，原因待考。

③ 《清世祖实录》卷一百十七顺治十五年五月乙丑："议政王、贝勒、大臣会推直省总督，得旨：向因地方初定，特设直省总督，以资弹压，今可不设，但直隶八府幅员辽阔，著再添巡抚一员，分行管理，其驻扎处所及管辖地方，吏部酌议妥确并应用抚臣，即行会推具奏。"（《清实录》第三册，第916页下。）卷一百十九顺治十五年七月己酉："以礼部右侍郎潘朝选为兵部左侍郎兼都察院右副都御史，巡抚保定。"（《清实录》第三册，第923页上。）嘉庆朝《大清会典事例》卷二十："（顺治）十五年，裁直隶山东河南总督一人，改为直隶巡抚，仍驻大名府。"

④ 一说顺治十三年裁撤，《清朝文献通考》卷一百八十四《兵考六》："谨按：顺治二年设山西巡抚，驻太原府；又设宣大总督，驻大同府之阳和城，十三年裁宣大总督，改设山西总督驻大同府。"同卷又说："十三年裁宣大总督。"卷二百七十三《舆地考五》："复仍明制，设宣大总督，驻大同府之阳和城，顺治十三年裁宣大总督，改置山西总督。"一说顺治十五年裁撤，《清世祖实录》卷一百十九顺治十五年七月己亥，"裁宣大总督"（《清实录》第三册，第922页下）。《清史稿》卷一百九十七《疆臣年表一》，顺治十五年七月裁宣大总督。《清国史·地理志》卷二："顺治十三年裁。"笔者按：考钱实甫《清代职官年表》第二册第1348页至第1349页，顺治十三年宣大总督有马之先、张悬锡，顺治十四年宣大总督有张悬锡、卢崇峻，顺治十五年七月之前仍有宣大总督卢崇峻，则十五年裁撤之说甚确。

⑤ 《清朝文献通考》卷二百六十九《舆地考一》："（顺治）十三年裁宣大总督，以宣府属于顺天巡抚。"嘉庆朝《大清会典事例》卷二十："（顺治）十三年裁宣大总督，以宣府属顺天巡抚管理。"

⑥ 《清朝文献通考》卷二百六十九《舆地考一》，（顺治）十八年设直隶总督驻大名。雍正《畿辅通志》卷六十《职官》："（顺治）十八年，设直隶总督于大名。"《清史稿》卷一百九十七《疆臣年表一》内，顺治十八年十月始有直隶总督苗澄。《清国史·地理志》卷二："十八年增置直隶总督，亦治大名。"

务^①；裁顺天巡抚，辖地并入保定巡抚^{②③}；十二月保定巡抚移治真定府^④。康熙四年改直

---

① 《清会典事例》卷九百一："直隶总督兼管河道总督，所治为北河。"（《清会典事例》第十册，第401下—403页，中华书局1991年影印版，下同。）《嘉庆重修一统志》卷五直隶统部：直隶总督条"旧有副总河一员，乾隆元年裁，以总督兼管河务"。嘉庆朝《大清会典事例》卷二十作乾隆二年裁直隶副总河，由总督兼管。

② 嘉庆朝《大清会典事例》卷二十：顺治十八年"又题准：直隶已设总督，其顺天、保定两巡抚应裁去一员。奉旨：顺天巡抚著裁去，顺天等处地方著保定巡抚兼管"。《盛京通志》卷七十九《国朝人物十五》："王登联，奉天人，隶镶红旗汉军。顺治六年知河南。郑州巡抚吴景道荐其有德有材，擢山东济南道。十七年授保定巡抚，十八年裁顺天巡抚，以登联兼理其事。"《盛京通志》卷二百三《人物志八十三》："（顺治）十八年圣祖仁皇帝御极，裁顺天巡抚，以登联兼理其事。"所以，《清朝文献通考》卷一百八十三《兵考五》"（顺治）十八年裁顺天巡抚"和卷二百六十九《舆地考一》"康熙初裁顺天巡抚"的记载并不矛盾，因为顺治十八年正月顺治帝死，康熙即位，废顺天巡抚在该年十月。《清世祖实录》卷五顺治十八年十月辛酉："吏部题：直隶已设总督，其顺、保定两巡抚应裁去一员。得旨：顺天巡抚著裁去。韩世琦调江宁巡抚，其顺天等处地方着保定巡抚王登联兼管。"（《清实录》第四册，第92页下。）《清国史·地理志》卷二："顺天巡抚，康熙初裁。"《清史稿》卷二百一《疆臣年表五》，顺治十八年十月辛酉裁顺天巡抚。

③ 关于史事记载，典籍或有误。《清朝文献通考》卷一百八十三《兵考》：（顺治）十六年改直隶山东河南三省总督为直隶巡抚，仍驻大名府；十七年移直隶巡抚驻正定府。雍正《畿辅通志》卷六十《职官》："十六年改三省总督为直隶巡抚，仍驻大名；十七年巡抚移驻正定。"笔者按：两书记载有误。《清史稿》卷一百九十七《疆臣年表一》总督内，顺治十五年裁直隶山东河南三省总督，并无改巡抚事；且卷二百一《疆臣年表五》巡抚内，明言顺治十五年五月裁直隶总督而分设顺天、保定二巡抚，顺治十六年有顺天巡抚祖重光、保定巡抚潘朝选。

④ 《清世祖实录》卷五顺治十八年十二月壬子："命保定巡抚移驻真定府。"（《清实录》第四册，第98页上。）《清国史·地理志》卷二："直隶巡抚，（顺治）十七年移治真定。"嘉庆朝《大清会典事例》卷二十："（顺治）十七年改直隶巡抚，自大名府移驻真定府。"笔者按：应以《清实录》为准。

隶总督为直隶山东河南三省总督①。六年改保定巡抚为直隶巡抚②。八年裁三省总督③，直隶巡抚移治保定府④，并设守、巡二道⑤。三十二年改宣府镇为宣化府⑥，降保安、延

① 《清朝文献通考》卷八十五《职官考》："谨案总督，初设直隶、山东、河南各一人，康熙四年并为三省总督。"卷二百六十九《舆地考一》："（康熙）四年复改直隶总督为三省总督，仍驻大名。"关于总督的全称，或云直隶山东河南三省总督，或云直隶河南山东总督，不固定。《八旗通志》卷二百一《人物志八十一》：朱昌祚，汉军镶白旗人，康熙三年六月擢福建总督，以丁忧未之任，四年特起直隶山东河南三省总督。乾隆《山东通志》卷二十七《宦绩志》："朱昌祚字云门，高唐州人，初以奉天籍，康熙四年任直隶河南山东三省总督。"雍正《河南通志》卷五十四《名宦》："朱昌祚，辽东人，三省总督。"《八旗通志》卷二百一《人物志八十一》：白秉贞，锦州人，隶镶白旗汉军。康熙六年累升直隶河南山东总督。同书卷三百三十九《八旗大臣题名》：白秉贞，汉军镶白旗人，康熙六年正月任直隶山东河南总督，八年九月休。《清史稿》卷一百九十七《疆臣年表一》内，康熙四年五月设直隶山东河南三省总督。嘉庆朝《大清会典事例》卷二十："康熙三年谕：直隶、山东、河南三省设一总督，管三省事……伊等应驻何地，著确议具奏，钦此……遵旨议定，直隶山东河南三省总督应驻大名府。"

② 《圣祖仁皇帝实录》卷二十康熙五年十二月庚申，提及"（直隶）总督朱昌祚、巡抚王登联"；卷二十一康熙六年正月丙戌，"以顺天府府尹甘文焜为直隶巡抚"。据《清史稿》卷二百一《疆臣年表五》，康熙五年十二月尚有保定巡抚王登联，而次年正月则有直隶巡抚甘文焜。《八旗通志》卷二百七《人物志八十七》："甘文焜，其先江西丰城人，后迁沈阳……入关，隶正蓝旗汉军。文焜由兵部笔帖式累迁礼部启心郎，圣祖仁皇帝御极改大理寺少卿，康熙二年迁顺天府尹，六年正月授直隶巡抚。"卷三百四："甘文焜，汉军正蓝旗人，康熙六年正月任保定巡抚，七年十二月升云贵总督。"则知《清史稿·地理志》载"保定巡抚，顺治十六年裁"无据。同治《畿辅通志》卷三十二所载顺治十六年"直隶巡抚"为追记。

③ 《清圣祖实录》卷三十康熙八年七月壬辰，"裁直隶山东河南总督缺"（《清实录》第四册，第410页下）。清《文献通考》卷一百八十四《兵考六·直省兵》：康熙元年设山东提督，驻青州府，四年复统于驻札直隶之三省总督；五年移山东提督驻济南府；八年仍裁三省总督。《清朝文献通考》卷二百六十九《舆地考一》：（康熙）八年裁三省总督，以直隶巡抚自定移驻保定。《清朝文献通考》卷二百七十二《舆地考·山东省四》：康熙四年复设三省总督，仍驻直隶之大名府，八年复裁。《清史稿》卷一百九十七《疆臣年表一》内，康熙八年七月裁直隶山东河南总督。

④ 《清朝文献通考》卷一百八十三《兵考》："（康熙）八年裁三省总督，以直隶巡抚自正定府移驻保定府。"卷二百六十九《舆地考一》："（康熙）八年裁三省总督，以直隶巡抚自真定移驻保定。"雍正《畿辅通志》卷六十《职官》："（康熙）八年裁三省总督，巡抚自正定移驻保定府。"嘉庆朝《大清会典事例》卷二十："直隶总督 一人，驻保定府"；"（康熙）八年，裁直隶山东河南三省总督一人，改直隶巡抚自真定移驻保定府"。

⑤ 雍正《畿辅通志》卷十三《建置沿革》："康熙八年设守道、巡道各一员。"

⑥ 雍正《畿辅通志》卷十三《建置沿革》：康熙三十二年，改宣府镇为宣化府。续修《大清一统志》卷三直隶统部：康熙三十二年，改宣府镇为宣化府。《清朝文献通考》卷二百六十九《舆地考一》：（康熙）三十二年，改宣府镇为宣化府。《清会典事例》卷二十六：康熙三十二年"改直隶宣府镇置宣化府，设知府、通判、经历司狱等官"（《清会典事例》第一册，第329页下）。《清国史·地理志》卷二："康熙三十二年改宣府镇为宣化府，以延庆、保安二州属之。"

庆二直隶州为散州属之①。五十四年直隶巡抚加总督衔，六十年罢加衔②。雍正元年改真定为正定③。二年改直隶巡抚为直隶总督④，改守道为直隶承宣布政使司、巡道为直隶提刑按察使司，俱治保定府⑤，升定、冀、晋、赵、深五州为直隶州⑥，置张家口厅⑦。三年改天津卫为天津直隶州⑧。六年，以蔚州自山西来属。七年升河间府沧州为直隶州⑨。八

---

① 《清会典事例》卷二十八康熙三十二年："改直隶宣府镇置宣化府，改东路置保安、延庆二州，属宣化府……又改山西蔚州隶宣化府。"（《清会典事例》第一册，第358页下。）乾隆续修《大清一统志》卷二十四延庆州："本朝初属宣府镇，为东路，康熙三十二年属宣化府，乾隆二十六年裁延庆卫所辖地，并入州。"同卷保安州："永乐十三年复置保安州，直隶京师；本朝初属宣府镇，为东路，康熙三十二年属宣化府。"

② 雍正《畿辅通志》卷六十《职官》：（康熙）五十四年，直隶巡抚加总督衔，仍管巡抚事，六十年巡抚罢加总督衔。《清朝文献通考》卷二百六十九《舆地考一》：（康熙）五十四年直隶巡抚加总督衔仍管巡抚事。嘉庆朝《大清会典事例》卷二十："（康熙）五十四年定直隶巡抚兼总督衔，六十年停直隶巡抚兼总督衔。"

③ 因避雍正帝名讳而改。《皇朝通典》卷九十《州郡一》："雍正元年改真定府为正定府。"《清朝文献通考》卷二百六十九《舆地考一》："雍正元年，改真定府为正定府。"卷二百七十《舆地考二》："雍正元年改名正定府。"《嘉庆重修一统志》卷二十七正定府《建置沿革》："明洪武初复曰真定府，直隶京师；本朝初因之，雍正元年，改名正定府。"《清国史·地理志》卷五《正定府》："国初因明制曰真定府……雍正元年改府曰正定。"

④ 《清朝文献通考》卷二百六十九《舆地考一》：（雍正）二年改直隶巡抚为直隶总督。雍正《畿辅通志》卷六十《职官》："今上雍正二年升直隶巡抚为直隶总督，仍驻保定府，巡抚不复设。"查钱实甫《清代职官年表》第1388页，首任直隶总督李维钧，系由直隶巡抚迁任。《清国史·地理志》卷二："雍正二年复改巡抚为总督，始如今制。"《清会典事例》卷五百九十："直隶总督，节制一提督七镇，驻扎保定府，保定城守营参将一人（驻扎保定府）……新雄营都司一人（驻扎新城县）……涿州营参将一人（驻扎涿州）……拱板营游击一人（驻扎拱极城）……良乡营守备一人（驻扎良乡县）。"（《清会典事例》第七册，第629页上。）

⑤ 雍正《畿辅通志》卷十三《建置沿革》：雍正二年以守道为布政司巡道为按察司。卷五十九《职官》："今上御极，特昉唐人京畿采访遗意，置布、按二司，又增设河道总督。"《清朝文献通考》卷二百六十九《舆地考一》：（雍正）二年改直隶巡抚为直隶总督，复改守道为直隶承宣布政使司，巡道为直隶提刑按察使司，俱驻保定。乾隆《大清会典则例》卷五十一《户部俸饷上》：雍正三年议准直隶巡抚改为总督，守、巡道改为布、按二司。四库全书所收《朱批谕旨》卷十下朱批利瓦伊钧奏折：雍正二年十二月十一日直隶总督利瓦伊钧奏，"守巡二道缺已荷特旨改升藩臬两司"。

⑥ 《清朝文献通考》卷二百六十九《舆地考一》：（雍正二年）冀、赵、深、定、晋五州为直隶州。雍正《畿辅通志》卷十三《建置沿革》：升正定府属之定冀晋赵深五州俱为直隶州。续修《大清一统志》卷三直隶统部：雍正二年升正定府之定、冀、晋、赵、深五州为直隶州。《清国史·地理志》卷二："（雍正）二年，增置直隶州五：定、冀、晋、赵、深。"

⑦ 《清朝文献通考》卷二百六十九《舆地考一》：（雍正二年）又于边外增置张家口理事同知厅。《清国史·地理志》卷二："（雍正二年）又置张家口厅。"按：口北三厅，俱视为直隶厅。

⑧ 《清朝文献通考》卷二百六十九《舆地考一》：（雍正）三年改天津卫为直隶州。续修《大清一统志》卷三直隶统部：雍正三年改天津卫为直隶州。雍正《畿辅通志》卷十三《建置沿革》：雍正三年改天津卫为直隶州。《清国史·地理志》卷二："（雍正）三年升天津卫为直隶州。"

⑨ 续修《大清一统志》卷三直隶统部：雍正七年升河间府之沧州为直隶州。雍正《畿辅通志》卷十三《建置沿革》：雍正七年升河间府属之沧州为直隶州。《清国史·地理志》卷二："（雍正）七年升沧州为直隶州。"

年置直隶河道水利总督，驻天津①。九年升天津直隶州为天津府②，降沧州直隶州为散州属之③。十年置多伦诺尔厅④。十一年改热河厅为承德直隶州⑤；升保定府易州为直隶州⑥，以涞水及山西广昌县来属。十二年置独石口厅⑦；三月降晋州直隶州为散州，属

---

① 见《清世宗实录》卷一百一"雍正八年十二月己亥"条，《清实录》第八册，第337页上。《钦定历代职官表》卷五十九《河道各官表》："直隶河道总督，掌漳卫入运归海、永定河疏浚堤防之事，雍正八年置，以直隶总督兼管。"乾隆朝《大清会典则例》卷一百三十一《工部》："（雍正）八年议准设直隶河道总督一人。"笔者按：雍正八年并设协办一人，后改直隶副总河，驻固安（《养吉斋丛录》）。乾隆元年裁副总河，以直隶总督兼管河务，直隶河道出现总督与总河并管河务的局面，见《清高宗实录》卷十七"乾隆元年四月辛巳"条，《清实录》第九册，第440页下。

② 《清朝文献通考》卷二百六十九《舆地考一》：（雍正）九年复升天津州为府，以沧州属之。续修《大清一统志》卷三直隶统部：雍正九年复升天津州为府，以沧州属之。雍正《畿辅通志》卷十三《建置沿革》：雍正九年更置天津府。《清国史·地理志》卷二："（雍正）九年直隶天津州升为府，以沧州属之。"

③ 雍正《畿辅通志》卷十三《建置沿革》：雍正九年复改天津州为县，降直隶沧州为州。《清国史·地理志》卷二："（雍正）九年直隶天津州升为府，以沧州属之。"

④ 《清朝文献通考》卷二百六十九《舆地考一》：（雍正）十年，于边外增置八沟理事同知，及多伦诺尔理事同知厅。《清国史·地理志》卷二："（雍正）十年置多伦诺尔厅。"

⑤ 雍正《畿辅通志》卷十三《建置沿革》：十一年置热河承德州。《清朝文献通考》卷二百六十九《舆地考一》：（雍正）十一年于热河置直隶承德州。《清朝通典》卷九十《州郡一》："（雍正）十一年于热河置直隶承德州。"《清国史·地理志》卷二："（雍正）十一年，改热河厅为直隶承德州。"

⑥ 易州升为直隶州的年份，有雍正十一年、十二年、十三年三说。《清国史·地理志》卷二："（雍正）十一年，改热河厅为直隶承德州，又升易州为直隶州。"雍正《畿辅通志》卷十三《建置沿革》：雍正十二年升保定府属之易州为直隶州并辖山西之广昌县。《清朝文献通考》卷二百六十九《舆地考一》：（雍正）十二年升保定府属之易州为直隶州。《清朝通典》卷九十《州郡一》："（雍正）十二年升保定府属之易州为直隶州。"续修《大清一统志》卷三直隶统部：雍正十三年升保定府之易州为直隶州，并辖山西之广昌县。笔者按：《清世宗实录》卷一百三十七雍正十一年十一月"升直隶保定府属易州为直隶州，以保定府之涞水、及山西省之广昌二县隶之，从直隶总督李卫请也"（《清实录》第八册，第753页上）。当以《实录》为准。

⑦ 《清朝文献通考》卷二百六十九《舆地考一》：（雍正十二年）又于边外增置独石口理事同知厅，与张家口厅、多伦诺尔厅，并直隶于口北道。《清国史·地理志》卷二："（雍正）十二年又置独石口厅。"

正定府①。乾隆二年改直隶河道水利总督为直隶河道总督②，六年以直隶总督兼管直隶河道总督事务③。七年复改承德直隶州为热河厅④。八年升顺天府遵化为直隶州⑤。十四年定由直隶总督兼理河务，裁直隶河道总督⑥。二十八年直隶总督兼管巡抚事务⑦。四十三

---

①　《清世宗实录》卷一百四十一雍正十二年三月甲辰："改直隶晋州及州属之无极、藁城二县，定州属之新乐县，俱仍隶正定府管辖，分保定州属之深泽县隶定州管辖，添设正定府平山县洪子店巡检一员。"（《清实录》第八册，第784页。）雍正《畿辅通志》卷十三《建置沿革》：雍正十二年复降直隶晋州为州。《乾隆正定府志》卷二《地理上·沿革》："雍正十二年，复以晋州无极、藁城、新乐还隶正郡……十二年，复以晋州、无极、藁城、新乐一州三县还隶焉。"续修《大清一统志》卷二直隶统部：雍正十三年晋州仍属正定。《嘉庆重修一统志》卷二十七正定府《建置沿革》："雍正十三年以晋州及所属无极、藁城二县并定州之新乐复来属。"（按：《一统志》"十三"为"十二"之误。）

②　关于更改时间的考证。乾隆二年前，北河总河上奏时衔名均为"直隶河道水利总督"，而乾隆二年之后自顾琮始，历任北河总河上奏时衔名均为"直隶河道总督"。在刘勤和顾琮被任命为北河总河时的谢恩奏折里，记载分明。雍正十三年底，乾隆帝给刘勤的圣旨中写的是"刘勤补授直隶河道水利总督"，而乾隆二年给顾琮的是"直隶河道总督印务着顾琮暂行署理"。据此可推断，乾隆二年时，因圣旨中用字不同，礼部给刘勤和顾琮铸造的关防也有区别，所以自乾隆二年后，历任北河总河都使用"直隶河道总督"的衔名。

③　此事记载较为紊乱，稍作梳理。《清高宗实录》卷十七乾隆元年四月下辛巳："裁直隶副总河缺，以直隶总督兼管河务"（《清实录》第九册，第440页下）。《清会典事例》卷九百二："乾隆十四年裁直隶省河道总督，以直隶总督兼管河事。"（《清会典事例》第十册，第412页上。）《清续通考》卷一百三十三记载同。但是，《清高宗实录》卷一百四十九乾隆六年八月己酉条又云："谕直隶河道必须总督一人兼理，事权归一，始于河务民生均有裨益。高斌系熟悉河务之人，今补授直隶总督，河工一切机宜俱著伊相度办理。"（《清实录》第十册，第1140页。）按：今从后者。又，乾隆十年七月至十二年四月间直隶总督未兼河道总督职务，而由吏部尚书高斌兼任直隶河道总督，吏部尚书刘于义亦曾协理、署理，见《清高宗实录》卷二百四十四"乾隆十年七月乙酉"条（《清实录》第十二册，第157页上）、《清高宗实录》卷二百七十"乾隆十一年七月丁酉"条（《清实录》第十二册，第516页）。

④　《清朝文献通考》卷二百六十九《舆地考一》：（乾隆）七年罢承德州，改置喀喇河屯理事通判厅，与热河厅、八沟厅、四旗厅、塔子沟厅，并直隶于热河道。《清朝通典》卷九十《州郡一》："乾隆七年罢承德州，改置热河厅。"

⑤　《清朝文献通考》卷二百六十九《舆地考一》：（乾隆）八年，升顺天府属之遵化州为直隶州。《清会典事例》卷一千九十：乾隆八年"升遵化州为直隶州知州，以丰润，玉田二县属之，不领于顺天府"（《清会典事例》第十一册，第912页上）。《清高宗实录》卷一百九十六乾隆八年七月上辛巳"请将遵化州照易州之例，升为直隶州，其附近之玉田、丰润二县改归遵化直隶州统辖"（《清实录》第十一册，第522页下）。《清会典事例》卷一百五十二：乾隆八年升遵化州为直隶州，以永平府属之玉田、丰润二县隶州属（《清会典事例》第二册，第926页下）。《清国史·地理志》卷二："（乾隆）八年升遵化为直隶州。"

⑥　见《清高宗实录》卷三百三十七"乾隆十四年三月丁丑"条，《清实录》第十三册，第645页下。按：乾隆十二年四月，直隶河道总督印务又交由直隶总督兼管，见《清高宗实录》卷二百八十八"乾隆十二年四月己巳"条，《清实录》第十二册，第762页上。

⑦　《清朝文献通考》卷二百六十九《舆地考一》："（乾隆）二十八年谕：直隶总督官衔，照四川总督之例，兼管巡抚事务。"

年升热河厅为承德府①。咸丰十年直隶总督兼管长芦盐政②。同治九年直隶总督因兼北洋大臣而常驻天津，冬令还驻保定③。光绪二十九年析承德府朝阳、建昌二县为朝阳府④。

① 《清朝文献通考》卷二百六十九《舆地考一》：（乾隆）四十三年升热河厅为承德府，以喀喇河屯、八沟、四旗、乌兰哈达、塔子沟、三座塔等厅，置县属之。《乾隆御制诗五集》卷八十三《古今体六十九首·癸丑七》：丙申复升热河厅为承德府，辖一州五县，创建。《清国史·地理志》卷二："（乾隆）四十三年升热河厅为承德府。"

② 《清文宗实录》卷三百三十八咸丰十年十二月中丁丑："谕内阁：前因恭亲王奕䜣等奏请将长芦盐政一缺裁撤，归直隶总督兼管等语。当交户部议奏。兹据奏称：长芦盐务，改直隶总督统辖，可期全纲整饬等语。长芦盐政一缺，著即裁撤，所有督办运课事宜统归直隶总督管理。"按：《清史稿·职官三·总督巡抚·直隶总督》作咸丰三年者误。

③ 《穆宗毅皇帝实录》卷二百八十六同治九年七月丁丑："又谕崇厚奏体察津郡现时情形拟即来京陛见一折，崇厚著即来京，其三口通商大臣一缺著毛昶熙暂行署理。崇厚即将关防交毛昶熙接收，毋庸携带来京，津门应办事宜仍著曾国藩、毛昶熙懔遵次谕旨妥速筹办。将此各谕令知之。"卷二百九十三同治九年十月壬子："又谕总理各国事务衙门奏遵议毛昶熙请撤三口通商大臣条陈一折。洋务海防，本直隶总督应办之事，前因东豫各省匪踪未靖，总督远驻保定，兼顾为难，特设三品通商大臣驻津筹办，系属因时制宜；而现在情形，则天津洋务海防较之保定省防关紧尤重，必须专归总督一手经理，以免推诿而专责成。著照所议。三口通商大臣一缺即行裁撤，所有洋务海防各事宜著归直隶总督经管，照南洋通商大臣之例，颁给钦差大臣关防，以昭信守，其山东登莱青道所管之东海关、奉天奉锦道所管之牛庄关均归该大臣统辖。通商大臣业已裁撤，总督自当长驻津郡，就近弹压，呼应较灵，并著照所议。将通商大臣衙署改为直隶总督行馆，每年于海口春融开冻后移扎天津，至冬令封河再回省城。如天津遇有要件亦不必拘定封河回省之制。李鸿章现任直隶总督，当懔遵此次改定章程，将洋务事宜悉心筹划，海防紧要，尤须统筹全局，选练练兵，大加整顿，铭军酌留若干营，曾否定议，杨村河西务王庆坨等处，应否修筑码台，拨营分驻，均著该督酌度情形，妥为筹办，畿辅水利，本宜讲求，而畿东尤亟，应如何设法宣泄，以利农田而固封守，著该督慎选贤能之吏，次第兴办。"（《清实录》第五十册，第1051页下。）卷二百九十三同治九年十月下庚申："谕内阁、前据总理各国事务衙门奏、遵议尚书毛昶熙请撤三口通商大臣条陈。当谕令李鸿章妥筹应办各事宜。兹据该督酌议章程具奏，天津地方紧要，自宜因时变通。三口通商大臣一缺，著即行裁撤，所有应办各事宜均著归直隶总督督饬该管道员经理。即由礼部颁给钦差大臣关防，用昭信守，并著该督于每年海口春融开冻后移扎天津，冬令封河再回省城。倘遇有紧要事件，必须回省料理，亦准其酌度情形，暂行回省，事竣即赴津郡，以资兼顾。其山东登莱青道所管东海关、奉天奉锦道所管牛庄关、均归该督统辖。"卷三百二十一同治十年十月庚午："谕军机大臣等：李鸿章奏、酌派练军营勇分路巡缉一折。本年直隶地方被灾较重……本年封河后，该督应否仍驻天津暂缓回省之处，著酌量情形。"卷三百二十四同治十年十一月下："又谕、李鸿章奏、请饬催新授藩司迅速赴任等语。……直隶地方紧要，政务殷繁，各属被灾地方亟须加意抚绥。来春总督应驻天津，保定一切公事尤赖藩司经理。著瑞麟传知该员务于开春后即行雇搭轮船，由海道迅速赴任，毋稍迟延。将此谕令知之。"

④ 佟佳江著《清史稿订误》第4页谓："（《清史稿·地理志》的）朝阳升府时间抄自《续通考·舆地考一》：'（朝阳）本承德府属县……光绪三十年升府。'""光绪二十九年四月初五日，热河都统锡良《热河所属度地添设府县情形片》（载《锡五良遗稿》上册），奏准设立朝阳府及阜新、建平二县，划热河承德府属建昌县来属。伪满洲事情案内所1939年编《满洲国各县事情》及日人山田久太郎《满蒙都邑全志》，皆谓朝阳县于光绪二十九年升府。民国《建平县志》卷2，'光绪二十九年冬，析平泉州之东北境、喀喇沁右翼旗之旧牧地，置建平县'。故，光绪二十九年朝阳县升府并置府属建平县。"（吉林大学出版社1991年11月出版。）

三十四年升承德府赤峰县为赤峰直隶州①。宣统三年领府十二②、直隶州七③、直隶厅三④、散州十七⑤、散厅一⑥、县一百二十七⑦。⑧

---

① 《清德宗实录》卷五百八十五光绪三十三年十二月下戊寅，升热河赤峰县为直隶州，添设开鲁、巴西、绥东三县（《清实录》第五十九册，第730—731页）。《清朝续文献通考》卷三百五，第10507页：光绪三十三年升赤峰县为直隶州。《清史稿·地理志》也作光绪三十三年升赤峰县为直隶州。佟佳江著《清史稿订误》第5页引《光绪朝东华录》（五），亦作光绪三十四年二月。笔者按：光绪三十三年十二月戊寅，换算成日期为当年十二月二十一日，已属年尾，故佟佳江之说较合常理。

② 即保定、承德、朝阳、永平、河间、天津、正定、顺德、广平、大名、宣化十一府，再加上顺天府。

③ 即遵化、易、冀、赵、深、定、赤峰。

④ 即张家口、独石口、多伦诺尔。

⑤ 即通、涿、霸、蓟、昌平、祁、安、沧、景、滦、晋、磁、开、蔚、延庆、保安、平泉。《清史稿·地理志》作散州九，误。

⑥ 即围场厅。

⑦ 《清朝续文献通考》卷三百五直隶省："凡领府十一，直隶厅三，直隶州七，散厅一，散州十二，县一百有九。"《清国史·地理志》卷二："今京尹而外，领府十、直隶厅三、（直隶）州六、厅一、（散）州十七、县一百二十二。"谭其骧《〈清史稿地理志〉校正（一）》："实查散州凡一十二：祁、安、晋、开、磁、沧、景、平泉、蔚、延庆、保安、滦，并顺天所领通、昌平、涿、霸、蓟五州共一十七；凡县一百零八，并顺天所领一十九，共一百二十七。"（载《长水集》上册，第188页。）笔者按：宣统三年时，顺天府19县，保定府辖14县，承德府辖3县，朝阳府辖4县，永平府辖6县，河间府辖10县，天津府辖6县，正定府辖13县，顺德府辖9县，广平府辖9县，大名府辖6县，宣化府辖7县；遵化直隶州辖2县，易州直隶州辖2县，冀州直隶州辖5县，赵州直隶州辖5县，深州直隶州辖3县，定州直隶州辖2县，赤峰直隶州辖2县。以上总计127县。

⑧ 新修《清史·地理志》于直隶省各府州厅之排序，笔者研究后得出的初步结论见下表：

清朝直隶省各府、厅、州之排序

典籍	府、直隶厅、直隶州名称																			
	顺天府	保定府	正定府	大名府	顺德府	广平府	天津府	河间府	承德府	朝阳府	赤峰直隶州	宣化府	口北三厅	永平府	遵化直隶州	易州直隶州	冀州直隶州	赵州直隶州	深州直隶州	定州直隶州
康熙朝《大清会典》卷18	1	3	5	8	6	7		4						2						
《皇朝文献通考》卷269	1	2	6	9	7	8	5	4				10		3	11	12	13	14	15	16
《皇朝通典》卷90		1	5	6	7	8	4	3	10			9		2	11	12	13	14	15	16
《皇朝通典》卷24	1	2	6	9	7	8	5	4	11			10		3	12	13	14	15	16	17
全国官缺表	1	2	6	9	7	8	5	4				10		3	11	12	13	14	15	16
乾隆府厅州县图志	1	2	7	10	8	9	6	5	3			11		4	12	13	14	15	16	17
《一统志》初修	1	3	6	9	7	8	5	4	16			10		2		11	12	13	14	15
《一统志》续修	1	2	6	9	7	8	5	4	11			10		3	12	13	14	15	16	17
《一统志》重修	1	2	6	9	7	8	5	4	11			10		3	12	13	14	15	16	17
《畿辅通志》雍正卷13、14	1	3	6	9	7	8	5	4				10		2		11	12	13	14	15
《畿辅通志》同治卷16	1	2	7	10	8	9	6	5	3			11		4	12	13	14	15	16	17
《清国史·地理志》	1	2	7	10	8	9	6	5	3			11	12	4	13	14	15	16	17	18
《清续通考》	1	2	4	7	5	6	9	8	12	13	14	10	11	3	15	16	17	18	19	20
《清史稿·地理志》	1	2	3	4	5	6	7	8	9	10	11	12	13	14	15	16	17	18	19	20

说明："全国官缺表"是指刘子扬著《清代地方官制考》（紫禁城出版社1994年8月第2版）第459页至第523页附有根据中国第一历史档案馆两件档案编成的《全国各省府州县官缺一览表》。

（转下页）

辖境 东邻奉天、濒临渤海，西界山西，南连河南、山东，北与内蒙古交错。

省城① 即保定城，系元修，明初增筑女墙，雍正七年建四门、马道，乾隆十八年、嘉庆十三年重修。同治九年后，直隶总督因兼北洋大臣而设行辕于天津，冬令还驻保定。天津城系明永乐二年建，雍正三年修筑，门四，外有濠，乾隆二十六年重修。

名山 有太行、大茂、燕山、碣石。太行南起河南北部，北上为直隶与山西分界，北止于边墙，东迤为京师西山、燕山，至滨海碣石而止。北岳原为直隶曲阳大茂山，顺治末改祀于山西浑源②。

大川 有永定、滹沱、滏阳、子牙、大清及白、运、漳、卫、黄、滦诸河。永定河原名桑干河，西自山西来，因常泛滥改道而名无定河，康熙中筑堤而钦赐"永定"，迳③宣化、顺天、天津三府，汇入海河，东至大沽口入海。滹沱河亦自山西来，尝分南、中、北三路，同治七年后迳正定、保定二府及定、深二州，东至河间府与滏阳河合；滏阳河源出广平府磁州，北迳顺德府及赵、冀、深三州，入河间府纳滹沱为子牙河，东北迳顺天、天津二府，汇入海河。大清河上源拒马、猪龙河、唐河均源出山

（续上页）

关于直隶省府、州、厅排序的结论：综合上述文献排序，本着先府、后直隶厅、再直隶州的原则，排序应是：顺天、保定、承德、永平、河间、天津、正定、顺德、广平、大名、宣化、朝阳十二府，口北三厅，遵化、易、冀、赵、深、定、赤峰七直隶州。

疑问和说明：a.表内各种地理志书中，没有一部典籍是按照道的范围来排序的。b.若以道序来排，如果省会所在的清河道优先，清河道有保定、正定二府和易、赵、深、定、冀五直隶州，比省会还重要的顺天府怎么办？承德府放正定府后面？直隶州放在各府的前面？c.若以首都优先，以通永道排第一，则通永道包括了顺天府、永平府、遵化直隶州，但是永平府怎么也不能排在保定府之前的，而遵化直隶州放在保定、承德诸府之前。d.所以，依道序来排列府、直隶厅、直隶州序的设想，于直隶省恐怕是不成立的。e.于是，笔者自己排序如上结论。

① 本志体例，在省级叙述中加"省城"一项，只陈述城垣，如城周、城门等，如《大清一统志》"城池"一项。或曰：宜改为"省会"或"省治"。笔者按："省城"非指省会。如写省会，则还必须要讲衙署、人口、市街……彼仍《城市志》之任务。"省会""省治"之说固然存在，然"省城"一词大量见于清代官方文书中，如：上谕、圣训、朱批谕旨、臣工奏议、钦定方略、会典、会典则例、大清律例、清三通、省级通志、八旗通志等。可举三例：a.《钦定大清会典则例》卷一百十："又题准甘肃河州土司苏成威凶横不法，题参革职，迁往河南省城，在提镇驻扎地方安插，改设流官管辖。"b.《清朝通志》卷八十九："又开盛京、江西、河南、湖广省城及湖广之荆州、常德二府铸局，五年开江南之江宁府铸局。"c.四库全书所收《朱批谕旨》卷六十一：雍正四年二月二十四日广西巡抚汪澍奏："因左江总兵官驻札南宁府，与桂林省城相距甚远。"故不可将"省城"改为"省会"或"省治"。

② 北岳原为直隶曲阳大茂山，顺治末改祀于山西浑源。明《礼部志稿》卷八十四有《北岳改祀近地》一篇。《明经世文编》卷四百十七，有沈鲤《议改北岳疏》。又见清张崇德《恒岳志》卷上。齐召南《水道提纲》卷三《清水河》："唐县西北大茂山，即古北岳。"

③ 凡河流所经，用"迳"字。项目组曾反复讨论，在《细则》中规定："某水，东南西北（方位）自某地入，方位'迳'（不用'经'）某地。"普通历史地理学工作者都知道，这个字是郦道元《水经注》的常用字。

西，东迄易、定二州及保定、正定、顺天、天津四府，汇入海河。白河出塞外独石口厅，东南迄宣化、顺天二府，至通州而为北运河，南入天津汇入海河；南运河自山东临清入，北迄广平、河间、天津三府，亦汇入海河。漳河亦出山西，东迄广平、大名二府入卫河。卫河自河南彰德府入，黄河自咸丰五年后从河南开封府入，俱迄大名府入山东。滦河出承德塞外，南迄永平府入海。

淀泊　有东、西二淀，南、北二泊。东淀以三角为大，跨顺天、天津、河间三府；西淀以白洋最广，跨保定、河间二府。南泊即顺德府大陆泽，殆涸；北泊即赵州宁晋泊，仍为泽国。

关隘　东北有山海关，太行山有井陉、临洺[1]诸关及居庸、紫荆、倒马内三关，边墙有喜峰、古北、独石、张家诸口。

边墙　俗称长城，分内外。外长城东起山海关，经喜峰口、古北口、慕田峪而西迄独石、张家诸口而迄于宣化府镇口台；内长城北起慕田峪，南经内三关而达顺德府大岭口。

帝陵　有遵化东陵、易州西陵。

行宫　有承德避暑山庄（详见《京师志》）。[2]

园林　以京师西郊三山五园著称，即：万寿山、玉泉山、香山和圆明园、畅春园、颐和园、静明园、静宜园。[3]

主要商埠　有天津、张家口、秦皇岛。

盐场　属长芦盐运司，旧有十六场[4]，道光十二年后省并为八：归化、石碑、济民、越支、芦台、丰财、严镇、海丰。

铁路干线　津榆铁路之前身唐胥铁路修成于光绪七年，十二年延伸为开平铁路，十九年展筑完毕，起于天津而东至山海关；津卢铁路起于天津而迄于卢沟桥，光绪二十三年筑成；三十三年，将贯通京师与奉天省城间之铁路命名为京奉铁路。京汉铁

---

① 　《清文宗实录》卷九十九咸丰三年七月乙巳："据称河北形势，以清华镇、临洺关为最要，该处均有大军驻扎。"（《清实录》第41册，第435页。）

② 　参见某某篇的写法，是戴逸主任的提议。特此说明。

③ 　此为旧稿原有。在"行宫"与"主要商埠"之间，原有"园林"一目。2008年10月12日在典志组组长撮合下，《地理志》与《京师志》达成共识，《地理志》不再描述京师，故这段正文在正式定稿中是没有的。

④ 　雍正《畿辅通志》卷三十七《盐政》：长芦之盐，有由煎而成者，其旧有四场，曰阜民、曰石碑、曰济民、曰归化是也。今则阜民场荒矣。有由晒而成者，其旧有九场，曰兴国、曰利民、曰富国、曰富民、曰海丰、曰深州海盈、曰阜财、曰利国、曰严镇是也。今则富国、富民、深州海盈亦荒矣。若丰财、越支、芦台三场，其旧半煎而半晒，今则芦台如故，而丰财晒、越支煎矣。《嘉庆重修一统志》卷二十五《天津府二》：盐场在府界者凡十，富国场在天津县东，兴国场在静海县高家庄，丰财场在沧州葛沽，利民场在毕孟镇，严镇场在同居镇，俱属沧州；阜民场在常葛镇，利国场在韩村，海丰场在杨二庄，富民场在崔家口，阜财场在高家湾，俱属盐山县。

路原为光绪三十二年筑成的自卢沟桥至汉口之"卢汉铁路"，自卢沟桥至前门段筑成于光绪二十六年，全线起于京师正阳门而讫于湖北汉口。京张铁路起于京师西直门而讫于张家口，宣统元年筑成。正太铁路起于正定府石家庄^①而讫于山西太原府，宣统元年筑成。津浦铁路起于天津而讫于江苏浦口，宣统三年筑成。

电线 有三路，一由北京出张家口入蒙古，一历通州至天津分达营口、德州、烟台，一由保定达太原、西安。^②

（中国人民大学清史研究所）

---

① "石家庄"之名，世谓民国始见，实则清末已见于舆图标示。德国庋藏Kart. E. 1951/11–20晚清《获鹿县舆地全图》中，于县治东偏南绘出聚落"石家庄"（今石家庄市旧火车站附近）。

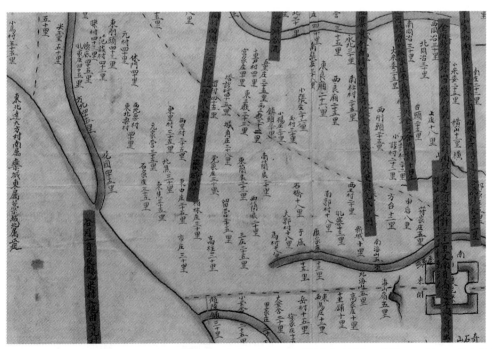

② 刘师培著《中国地理教科书》第六课《直隶上总论·上》，见《刘申叔遗书》下册第2329页，江苏古籍出版社1997年3月据宁武南氏1934—1936年校印之《刘申叔先生遗书》重印。

清代盛京等省的"城守"与"城"*

傅林祥

　　清代东三省、新疆等四省区在改设行省之前，实行八旗驻防制度，今人称之为"军府制"。一些研究注意到了盛京地区①八旗驻防与地方行政制度的关系：天聪六年（1632）二月海州等地的城守官是地方行政官吏，这些地方具有行政区划的标准；②顺治元年（1644）八月盛京各地的城守官辖区"也可看做是清入关后辽宁一带最初的行政区"；③清中期以后，盛京八旗驻防制度逐渐成为带有八旗制度色彩的地方行政制度，约定俗成称为"城"；④"城"是乾隆至光绪年间四省将军所辖区域的地方行政区划的正式名称。⑤本文拟对盛京等四省区内兼具行政属性的八旗驻防，是如何被认同和规范为地方行政制度与行政区划的过程进行梳理，并对相关问题进行探讨。

一、城守：三部《盛京通志》编纂者的认同

　　入关前，盛京地区的八旗驻防处于不断完善过程中。顺治元年八月，在准备迁都燕京后，朝廷对盛京地区的驻防进行了调整：

　　*　本文原刊于《史学集刊》2019年第4期。
　　【基金项目】本文系教育部人文社会科学重点研究基地重大项目"《清会典》地理研究"（项目批准号：15JJD770009）之阶段性成果。

　①　本文的"盛京"指盛京将军管辖的区域，即此后的奉天省。
　②　郑天挺：《牛录·城守官·姓长——清初东北的地方行政机构》，《社会科学战线》1982年第3期，第202页。
　③　定宜庄：《清代八旗驻防研究》，辽宁民族出版社，2003年，第61页。
　④　任玉雪：《从八旗驻防到地方行政制度——以清代盛京八旗驻防制度的嬗变为中心》，《中国历史地理论丛》2007年第3辑，第112页。
　⑤　傅林祥：《将军大臣所统曰城——清代乾隆以降东三省、新疆地方行政区划的名称》，华林甫主编《清代地理志书研究》，中国人民大学出版社，2014年，第34—44页。

以正黄旗内大臣何洛会为盛京总管，左翼以镶黄旗梅勒章京阿哈尼堪统之，右翼以正红旗梅勒章京硕詹统之。八旗，每旗满洲协领一员、章京四员，蒙古、汉军章京各一员，驻防盛京。又以傅喀纳为雄耀城城守官，仍设满洲章京三员、汉军章京一员；以梭木拜为锦州城城守官，额蒙格为宁远城城守官，拜楮喀为凤凰城城守官，每城仍各设满洲章京二员、汉军章京一员；胡世塔为兴京城守官，爱汤阿为义州城守官，丹达礼为新城城守官，伊勒慎为牛庄城守官，青善为岫岩城城守官，每城（复）[仍] 各设满洲章京一员、汉军章京一员；东京、盖州、耀州、海州、鞍山、广城，每城各设满洲章京一员、汉军章京一员，率兵驻防。①

对于此次调整的性质，以往的观点认为"其实这 15 处都是入关前原有的驻防地，估计入关时这些驻地的兵丁并未全部入关，而是各有部分留守，《实录》记载，不过是对各驻防官员的重新部署而已"，"也可看做是清入关后辽宁一带最初的行政区"。②

从入关前后盛京地区的驻防历史来看，各城城守官员管辖的不仅仅是一座城池（驻防城），应该是以城池为中心的一大片区域，军事上的防区兼具行政区性质。依据有以下三方面：一是八旗是一个集军事、行政、生产诸职能于一体的社会组织，其行政职能是一开始就具有的；二是天命八年（1623）六月的各旗驻防已经有明确的区域、界限；③三是康熙二十年代兴修地方志时，《盛京通志》和一些县志已经将城守官所辖区域记载为政区。康熙《盛京通志》的总裁为将军、副都统、府尹，监修为府丞等，具体纂辑者有佐领、笔帖式、知府、知县等。该志对八旗驻防辖区性质的界定应是八旗官与府县官的共识，这种共识需要一定的时间或明确的制度规定才能取得。

方志中，康熙《盖平县志》的记载最为典型。其《建置沿革志》谓："圣朝定鼎，以盛京为留都，裁诸卫所，悉设城守章京治之。顺治十年，以辽阳为府，设辽阳、海城二县，而盖邑附于海城。"④认为顺治元年裁卫所后，原先由卫所管理的地方改由城守章京管理。其《疆域志》："盖邑旗民杂处，邑令所治，守尉所辖，广狭各殊，尤所宜厘举者也。"⑤将城守尉与知县并列。"县治疆域"与"城守所辖疆域"的四至八到，

---

① 《清世祖实录》卷七，顺治元年八月丁巳条，《清实录》第3册，中华书局，1985年，第75页。

② 定宜庄：《清代八旗驻防研究》，第61页。

③ 参见中国第一历史档案馆、中国社会科学院历史研究所译注：《满文老档》上册，天命八年六月十八日，中华书局，1990年，第518页。

④ 康熙《盖平县志》卷上《建置沿革志》，《辽海丛书》本，辽沈书社，1984年，第4册，第2438页。

⑤ 康熙《盖平县志》卷上《疆域志》，《辽海丛书》本，第4册，第2439页。

格式完全相同。在《山川志》中特别说明一部分山为"盖州章京辖"，[①] 不属于县管理，说明这些山所在区域是由城守官管理。康熙《辽阳州志》《开原县志》的《疆域志》记载了相邻区域有"城守专辖""城守专辖地"。[②] 以上事例说明"城守所辖疆域"或"城守专辖"与"县治疆域"性质相同，同为行政区域。

康熙二十三年（1684）刊本《盛京通志》对城守官及其辖区做了详细记载和规范。卷首《凡例》称"今盛京州县所治之外，镇帅、城守所辖者多"，[③] 镇帅指奉天、宁古塔（后改吉林将军）两将军及其衙门。城守是专指城守尉，还是各城的城守官员或公署，需要依据志中所载内容进行探讨。该志卷六《建置沿革》，府州县沿革之后为"城守章京所辖"，有凤凰城、金州两地的沿革。[④] 卷一三《公署》，先为盛京城内各公署，次为"奉天府属""锦州府属"各州县公署，最后为"城守"各公署，共有兴京、凤凰城、牛庄、盖平、金州、开原、锦州府、宁远州、中后所、广宁、义州、山海关等12个"城守公署"。[⑤] 卷一四《职官》先载盛京、乌喇、宁古塔三地职官设置，次为奉天、锦州两府及各州县职官，末为各"城守"职官。[⑥]12个城守公署的长官，锦州府、义州、山海关为城守尉，兴京、凤凰城、牛庄、盖平、金州、开原县、广宁为防守尉，宁远州、中后所为佐领，同时列出各城守公署的其他官员。由此可见，"城守"是指兼具行政职能的八旗驻防机构，不是某一个驻防官员的衙门，也与驻防官员是否为城守尉无关。

该志在凡例中将城守所辖的区域定义为"疆域"："今盛京州县所治之外，镇帅、城守所辖者多，且古今疆域分合大小不一"；"州县所治与城守所辖互有不同，故今分载州县、城守所辖，各详其八至，庶区畛较然也"。[⑦] 此处"疆域"的含义相当于今天的行政区域。由于八旗驻防是一个集军事、行政、生产诸职能于一体的社会组织，"城守所辖"的区域同时具备了军事防区和行政辖区的双重属性。从上引凡例还可以看出，当时的盛京地区州县与"城守所辖"的区域"互有不同"，即存在着部分辖区交错重叠的现象。[⑧]

该志记载的府州县及"城守所辖"的区域，四至八到的格式完全相同：

① 康熙《盖平县志》卷上《山川志》，《辽海丛书》本，第4册，第2440页。
② 康熙《辽阳州志》卷六《疆域》，《辽海丛书》本，第2册，第730页；康熙《开原县志》卷上《疆域》，《辽海丛书》本，第4册，第2463页。
③ 康熙《盛京通志》卷首《凡例》，清康熙二十三年刻本，第3页a。
④ 康熙《盛京通志》卷六《建置沿革志》，第10页b。
⑤ 康熙《盛京通志》卷一三《公署志》，第7页b—8页a。
⑥ 康熙《盛京通志》卷一四《职官志》，第14页a—18页b。
⑦ 康熙《盛京通志》卷首《凡例》，第3页。
⑧ 关于盛京旗地与民地的辖区交错重叠现象，参见任玉雪：《从八旗驻防到地方行政制度——以清代盛京八旗驻防制度的嬗变为中心》，《中国历史地理论丛》2007年第3期，第103—112页。

开原县东至耿家庄七十里（边界），西至辽河六十里（外为城守专辖地），南至山头铺河五十里（铁岭县界），北至新边三里（边界），东南至马家寨六十五里（铁岭县界），西南至辽河六十五里（外为城守专辖地），东北至新边门三十里（边界），西北至辽河六十里（边界）。西南至盛京城二百里。

开原城守所辖东至耿家庄七十里（边界），西至彰武台二百二十里（广宁城守界），南至范河一百里（外为奉天将军所辖），北至边二里（边界），东南至英额二百里（兴京城守界），东北至威远堡新边门三十里（边界），西南至辽滨塔一百九十里（承德县界），西北至□五里（边界）。西南至盛京城二百里。①

结合凡例的规定和《疆域志》中的具体记载，说明《盛京通志》的编纂者认为城守所辖的区域是政区。《疆域志》中记载了兴京等十处"城守所辖"，比《公署志》《职官志》的记载少了宁远州、中后所两处。②《职官志》谓宁远州城守"属锦州城守辖"，中后所城守"属山海关辖"，③ 由于行政层级较低而没有记载其辖区。如果以内地州县进行比较，当时的宁远州、中后所八旗城守可以视为县级以下的行政单位。在康熙年间的公文中，也用"城守地方"表示城守的辖区："康熙十九年奉户部文，各城杂税归于驻防城守征收。除承、辽、铁三处无驻防城守者仍归奉天府通判督征，其余各城守地方俱由城守征收。"④

综上所述，"城守所辖""城守地方"是与州县一样的行政区划。

康熙年间，一些城守公署的长官由防守尉升为城守尉。吉林、黑龙江两地为加强对地方控制，除将军公署外，在伯都讷、三姓、墨尔根、黑龙江等驻防地设立副都统公署。有鉴于此，雍正五年（1727）六月皇帝谕内阁：

盛京甚属紧要，兵民旗人最多，且地方辽阔，十三城相隔七八百里有余。将军、副都统俱驻扎盛京内地，教训整理不能周到。朕意当照船厂、宁古塔、白都纳例，各设副都统一员管理。自广宁、义州、锦州、宁远至山海关设副都统一员，复州、熊岳、南金州、凤凰城、岫岩、旅顺等处设副都统一员，令其分辖管理一切事务。⑤

① 康熙《盛京通志》卷八《疆域志》，第5，9页b。
② 康熙《盛京通志》卷八《疆域志》，第8页a—11页b。
③ 康熙《盛京通志》卷一四《职官志》，第17页a，19页a。
④ 康熙《盛京通志》卷一八《田赋志》，第11页a。
⑤ 《清世宗实录》卷五八，雍正五年六月庚子条，《清实录》第7册，第888页。

雍正帝的提议，是将盛京原先的扁平化管理"将军—城守尉（防守尉）"两级制，改为"将军—副都统—城守尉（防守尉）"三级制，通过副都统加强对城守尉的督率。议政王大臣等认为："盛京将军及副都统俱在一城驻扎，十三城相距辽阔，应于锦州及熊岳地方添设副都统各一员。"①盛京地区由此形成了两个副都统辖区。

这种变化，在乾隆元年（1736）本《盛京通志》中得到了记载：熊岳副都统管理熊岳、凤凰城、复州、岫岩、金州、旅顺等六处驻防，锦州府副都统管理锦州府、宁远州、中前所、中后所、广宁、义州等处驻防。②乾隆四十八年（1783）本《盛京通志》："自将军而下，其最重且要者则设副都统驻扎，次则城守驻防，次则佐领、骁骑校驻防。盖城守尉隶副都统，协领、佐领隶城守尉，骁骑校等员复隶协领、佐领，而皆统隶于将军。"③说明了各类城守官员的行政隶属关系。

乾隆元年本《盛京通志》编纂者对城守的认识，与康熙《盛京通志》存在着一些差异。在卷一八《公署志》中，统一的"城守公署"被取消，改为"副都统公署""城守公署""佐领公署"（宁远州、中前所、中后所）和"协领公署"（广宁）。位于各城守公署之前的子目"城守"被改为"奉天将军所属外城"。④卷一九《职官志》中，改康熙《盛京通志》的"某某城守"为"某某驻防"，再列出驻防官缺数量。⑤从这两点来说，乾隆元年本《盛京通志》否定了康熙《盛京通志》的"城守"概念，更加强调八旗驻防的军事属性。在卷一二《疆域》中，沿袭了康熙《盛京通志》的格式，称为"某某城守"。同时特别强调"八旗外城，疆域所属"，"宁远、中后所、中前所与小凌河、巨流河、白旗堡、小黑山、间阳驿八驻防，惟宁远、中后所、中前所有城守之责，故皆开送四至。其余五驻防各有所属，故四至亦不分载"。⑥说明编纂者仍然认为八旗各城管理的区域是"疆域"，对哪些是单纯的军事驻防，哪些是具有政区意义的"城守"，是有明确的认识的。

综上所述，盛京地区在顺治元年八月初步形成一个较为完整的城守官分土而治的行政体系，各城守公署兼具军事和行政属性，同时具有军事和行政管理机构的职能，防区即是行政区。八旗驻防的行政属性被当地各级官员和志书修纂者认同，称之为

---

① 《清世宗实录》卷五八，雍正五年六月庚子条，《清实录》第7册，第888页。
② ［清］吕耀曾等纂：乾隆《盛京通志》卷一九《职官》，清乾隆元年刻、咸丰二年校补重印本，第17页b—23页a。
③ ［清］阿桂等修，［清］刘谨之等纂：乾隆《盛京通志》卷五一《兵防志一》，文渊阁《四库全书》本，台湾"商务印书馆"影印本，1986年，第502册，第233页。
④ ［清］吕耀曾等纂：乾隆《盛京通志》卷一八《公署志》，第9页b。
⑤ ［清］吕耀曾等纂：乾隆《盛京通志》卷一九《职官志》，第15页b—23页a。
⑥ ［清］吕耀曾等纂：乾隆《盛京通志》卷一二《疆域志》，第11页a，17页b。

"城守"，行政机构为"城守公署"，行政区域为"城守所辖"。康熙《盛京通志》首次较为系统地记载了这一地方行政制度。两部乾隆《盛京通志》更加强调八旗驻防的军事属性，同时仍认为城守所辖区域是行政区。

二、城：《清三通》的记载

八旗驻防处所大多建有城池，称之为"驻防城"，《钦定八旗通志》卷一一六《营建志》记载有各驻防城的大小。① 这些驻防城作为地名，在一般情形下不加"城"字，如前引康熙《盛京通志》及康熙《清会典》记载的盛京八旗官员的驻地有奉天府、牛庄、盖平、广宁、兴京、锦州等，例外的只有凤凰城。② 乾隆《清会典则例》也是如此。③ 雍正《清会典》有三处加"城"字：凤凰城、复州城、秀岩城。④

基于上述情形，清代文献中记载的盛京"某某城"，就要区别其不同含义。康熙《盛京通志》载："顺治十八年，锦、宁、沙后、广宁四城起科地伍千陆百亩，征银壹百陆拾捌两。"⑤ 四城新起科的地亩，应在八旗驻防城之外，属于城守所辖。说明在顺治末年，公文中的一些"城"已经具有城守所辖区域之意。

乾隆年间，公文中一些"城"的含义已经明确指向城守辖区，在《清实录》中常见记载。乾隆七年（1742）九月，"盛京礼部等部奏，岫岩城楞子沟地方，有朝鲜遭风商船一只"；⑥ 乾隆四十五年（1780）四月，"牛庄、盖州、熊岳、复州、金州、岫岩六城所属界内官山，前准旗民人等放蚕，输纳税课"。⑦ 牛庄等六城的官山与楞子沟，显然在城池之外、辖区之内。乾隆十五年（1750）十二月："蠲缓盛京、辽阳、广宁、岫岩、开原、铁岭、凤凰等七城本年分水灾旗民额赋，并赈恤有差。"⑧ 旗民分居在各屯，离城或有数百里之远。⑨ 每遇水灾，所耕农田受损，需要朝廷赈恤。

新疆、黑龙江等地的八旗驻防辖区，也有称之为"城"的记载。乾隆二十四年

① 官修《钦定八旗通志》卷一一六《营建志》，文渊阁《四库全书》本，第665册，第964—969页。

② 康熙《清会典》卷八二《驻防官员》，《大清五朝会典》第2册上，线装书局影印本，2006年，第1081页。

③ 乾隆《清会典则例》卷一〇二《武选清吏司》，文渊阁《四库全书》本，第623册，第91—93页。

④ 雍正《清会典》卷二一七《盛京兵部》，《大清五朝会典》第9册，第3600—3602页。

⑤ 康熙《盛京通志》卷一八《田赋志》，第2页a。

⑥ 《清高宗实录》卷一七五，乾隆七年九月"是月"条，《清实录》第11册，第254页。

⑦ 《清高宗实录》卷一一〇五，乾隆四十五年四月壬申条，《清实录》第22册，第790页。

⑧ 《清高宗实录》卷三七九，乾隆十五年十二月戊子条，《清实录》第13册，第1206页。

⑨ 《清高宗实录》卷六九一，乾隆二十八年七月丙子条，《清实录》第17册，第745页。

（1759），"又开西域叶尔羌城鼓铸局……嗣后仍于各城产铜之地陆续采铜加铸"。① 乾隆四十四年（1779），"军机大臣议覆黑龙江将军富玉等奏，黑龙江各城地方历年由部发遣人犯随来子女内有联亲生子"，"各官庄设立领催一二名，余人入于各城旧官庄册内，以便挑补壮丁缺"。②

虽然康熙《盛京通志》已将城守所辖记载为行政区划，但在雍正年间成书的《古今图书集成》之《职方典》卷一六五至卷一七八中并没有记载，乾隆初年成书的康熙《清一统志》和康熙、雍正、乾隆三朝《清会典》也无记载，说明这些典籍的编纂者对城守所辖的政区属性没有取得共识。

乾隆五十年代编纂的官修《清朝文献通考》等政书，对四省城守辖区有所记载，并称之为"城"。《清朝文献通考》之《舆地考》首载奉天、锦州二府各州县，其后谓："盛京为留守重地，凡形胜扼要所在，并设八旗驻防。自将军而下，有副都统、城守尉、防守尉等官，各有分治之地。今奉天、锦州二府全境皆奉天将军统辖地也，其各驻防之与州县同城者已兼载入二府之内，其有专城驻守地不属于州县者，谨编次于左。"③"各有分治之地"，这一观念与三部《盛京通志》相同，将城守所辖视为政区。具体记载了盛京将军下辖的兴京（辖抚顺城）、凤凰城、开原城等城，熊岳副都统下辖的熊岳城、秀岩城等城，锦州副都统下辖的锦州城、义州城等城。但在这些"城"中，又夹杂有"边门"，说明编纂者对城守辖区的"城"认识还不够清晰。对新疆的记载分两种情况：天山北路的伊犁、乌鲁木齐等处均不称城；天山南路自辟展开始，哈喇沙尔、库车等地均称"城"，小标题为"某某城属地"，④ 南路只有和阗不称城，但是下辖有六城。说明编纂者已将天山南路各城辖区认同为政区。

《清朝通典·州郡典》简略记载了东三省将军、副都统的设置过程，并谓"副都统复分镇于将军所辖之地。其余各城、各边门，又有城守尉、防守尉等员分驻焉"。⑤ 同时记载了新疆南路的各城："其南路为回部之哈密城、辟展城、吐鲁番城、哈喇沙尔城、库车城、沙雅尔城、赛哩木城、拜城、阿克苏城、乌什城、喀什噶尔城、叶尔羌城、和阗六城等属地。"⑥ 也是将这些驻防视为城。

综上所述，顺治末或康熙初已经有将盛京的城守公署辖区称之为"城"的记载，但这只是公文中的习惯性称呼，有一定的随意性。乾隆年间，随着朝廷在新疆实行八旗驻防，伊犁和南疆各大臣辖区有时也称之为"城"。在修《清三通》时，《清朝文献

---

① 官修《清朝文献通考》卷一七《钱币考五》，浙江古籍出版社，2000年，第1册，第5012页。
② 官修《清朝文献通考》卷二〇《户口考二》，第1册，第5040页。
③ 官修《清朝文献通考》卷二七一《舆地考三》，第2册，第7277页。
④ 官修《清朝文献通考》卷二八五《舆地考十七》，第2册，第7349—7355页。
⑤ 官修《清朝通典》卷九〇《州郡典一》，浙江古籍出版社，2000年，第2708页。
⑥ 官修《清朝通典》卷九六《州郡典七》，第2728页。

通考》将东三省与新疆的八旗驻防区域称之为"城"，说明这些编纂者和朝廷官员对城守辖区的政区属性有所认同。

三、将军大臣所统曰城：嘉庆、光绪《清会典》的规范

在三部《盛京通志》和《清朝文献通考》等政书认同的基础上，嘉庆《清会典》首次对这四省八旗驻防地区的地方行政制度进行规范，光绪《清会典》有所修正。

嘉庆二十三年（1818）成书、断限为嘉庆十七年（1812）的嘉庆《清会典》，将盛京等地兼具地方行政机构职能的八旗驻防规范为"城"，将各省地方行政区划规范为"府厅州县"（明代为"府州县"）："乃经天下之疆里，凡尹与总督、巡抚所统曰府厅州县（府厅州县统以总督、巡抚，领以布政司。府领厅州县，亦有亲辖地方者。直隶厅、直隶州皆亲辖地方，亦领县。惟京畿四路厅领州县而无亲辖。厅州县皆分辖地方），将军、大臣所统曰城（城统以将军，分属于大臣、副都统、总管、城守尉、防守尉）。各治其所隶之地，以分井里而任众庶。"[1]"城"由此在国家法律层面成为与府厅州县制并列的地方行政制度。

该卷同时记载了东三省、新疆（伊犁）、外蒙古五省区各城的名称、等级，编排体例与各省府厅州县相同。如盛京"将军本属城一（盛京城），所属副都统城二（锦州城、熊岳城），城守尉城八（兴京城、开原城、辽阳城、复州城、金州城、岫岩城、凤凰城、义州城），协领城三（牛庄城、广宁城、盖州城。其昌图厅境及西境外之科尔沁左翼三旗则隶于理藩院）"。[2]外蒙古在"直隶之北，越蒙古四十九旗游牧，度大漠，则定边左副将军治焉。定边左副将军本属城一（乌里雅苏台城），所属参赞大臣城一（科布多城）"。[3]吉林、黑龙江、新疆（伊犁）等省区也是这个格式。

嘉庆《清会典图》记载了这些城的方位："奉天府……将军城之在府境者十有一（其一为盛京本城），治承德。其东兴京城（即兴京理事厅治），其南辽阳（即州治）、凤凰、岫岩（即厅治）、牛庄、盖州（即盖平县治）、熊岳、复州（即州治）、金州八城，其北开原城（即县治）；开原城之南铁岭县，其北边外昌图厅；牛庄城之东海城县；熊岳城之南宁海县。""锦州府……将军城之在府境者二，治锦县（即锦州城），西

① 嘉庆《清会典》卷一〇《户部》，《大清五朝会典》第12册，第108页。
② 嘉庆《清会典》卷一〇《户部》，《大清五朝会典》第12册，第110页。
③ 嘉庆《清会典》卷一〇《户部》，《大清五朝会典》第12册，第136页。

南宁远州，北义州城（即州治），东北广宁城（即县治）。"① 在各府级单位中，盛京以奉天府、锦州府为行政单位，吉林、黑龙江、新疆三省则以城为单位，记载了境内河流。对乌里雅苏台和科布多的记载，与《清会典》不同：喀尔喀三音诺颜部 "中后旗之西为乌里雅苏台城，定边左副将军治"；② "科布多城在京师西北，乌里雅苏台城之西，参赞大臣治"。③

嘉庆《清会典》的规范具有以下特点：首先，《清会典》是国家法律典籍，"城"由公文中的习称转为国家法律层面的制度，这是以往的《盛京通志》《清朝文献通考》的记载所不能比拟的。其次，"将军、大臣所统曰城"，说明《清会典》的编纂者希望将城制规范为北方所有以将军、大臣为行政长官的省区的地方行政制度。当时以将军、大臣作为行政长官的除了东三省和新疆（伊犁）外，还有青海、西藏、外蒙古等省区。三是盛京将军直接管辖的区域称之为 "盛京城"。近代以来一些论著将该区域视为奉天副都统辖区，并不符合清代制度。四是与州县不同，"城"本身没有等级差异，而是与驻防长官的等级相关。五是与康熙《盛京通志》相同，没有达到县级政区地位的防守尉以下的城，虽然也有辖区，但没有予以记载。

光绪《清会典》卷一三《户部》同样记载了府厅州县制与城制。④ 东三省记载了当时城的名称与数量、等级，体例与嘉庆《清会典》相同。新疆已经改为行省，只有府厅州县。光绪《清会典图》同样记载了当时存在的各城。

嘉庆年间，虽在乌里雅苏台驻有定边左副将军，在科布多驻有参赞大臣，但两地实施的主要是盟旗制，与东三省、新疆有所不同。嘉庆《清会典》卷一〇记载有乌里雅苏台城、科布多城，很可能是受《清朝文献通考》的影响，将两地的城池之城误解为行政区划。光绪《清会典》的编纂者显然发现了这个错误，对此进行修正，不再有这两城，未将外蒙古的乌里雅苏台和科布多归入城制。

四、其他文献记载中的城及相关制度

经过国家层面的嘉庆、光绪两部《清会典》规范后，东三省、新疆等省区的一些志书、公文以 "城" 作为城守辖区的通称。

---

① 嘉庆《清会典图》卷九〇，沈云龙主编《近代中国史料丛刊三编》第707册，台北文海出版社影印本，1992年，第3134，3146页。

② 嘉庆《清会典图》卷一三二，沈云龙主编《近代中国史料丛刊三编》第710册，第4962页。

③ 嘉庆《清会典图》卷一三二，沈云龙主编《近代中国史料丛刊三编》第710册，第4986页。

④ 光绪《清会典》卷一三《户部》，《大清五朝会典》第16册，第109页。

约咸丰年间成书的《辽海志略》载盛京有凤凰城、牛庄城、熊岳城等，吉林有吉林乌喇城、宁古塔城、白都讷城等，黑龙江有齐齐哈尔城、墨尔根城等。①

光绪《吉林通志》卷首《图例》："其有专城驻守，地不属于府厅者，次于后，为宁古塔、三姓、珲春。"②《沿革》卷谓"分府二、厅四、州一、县二、镇城五"；③在各城府沿革中，打牲乌拉、额穆赫索罗、阿拉楚喀等地不称城，伯都讷、三姓、富克锦、拉林、珲春称城。④在《疆域》各卷中，打牲乌拉、宁古塔、伯都讷、三姓、富克锦、阿勒楚喀、珲春等地全部记载为城。⑤

屠寄《黑龙江舆图说》卷首《凡例》："自国初以来，分设将军、都统、总管、城守尉，大抵有分兵无分土。而布特哈专辖牲丁，其牲丁所至之地皆布特哈总管应巡查之地，故外兴安岭鄂博向归布特哈巡查。而逊河等处鄂伦春亦归管辖，故布特哈旧日所辖之地最广，与各城本无一定之界。自光绪间改总管为都统，其旧辖之鄂伦春分隶黑龙江、墨尔根、呼伦贝尔三城，于是六城分地稍有界限。"⑥一方面认为"有分兵无分土"，即有驻防而无州县。另一方面认为各驻防所辖区域为城，只有布特哈、呼伦贝尔不称城。各城图说中，用"全城辖境""全城所辖"来表示管辖区域。

张国淦纂修的《黑龙江志略》成书于宣统年间。《区画》目下谓："黑龙江省先后设有齐齐哈尔、黑龙江、墨尔根、呼伦贝尔、布特哈、呼兰、通肯七城，本系八旗驻防之地。"并谓"黑龙江省原设将军、副都统，于光绪三十年裁撤齐齐哈尔、布特哈、呼兰、通肯四城，并分布特哈为东、西两路总管。嗣于三十四年又裁撤黑龙江、墨尔根、呼伦贝尔三城"。⑦

新疆关于城的记载主要见之于公文。嘉庆十八年（1813）二月谕："著传谕松筠、长龄，将新疆南北各城及镇西、迪化二府州所属，每年出纳大数，通盘核计。"⑧道光六年（1826）八月英惠奏，"计惟有由乌鲁木齐长运至阿克苏，交卸存贮，方为妥协。

---

① 隋汝龄：《辽海志略》，"中研院"历史语言研究所编《傅斯年图书馆藏未刊稿抄本·方志》第16册，"中研院"历史语言研究所，2016年，第69—81页。

② 光绪《吉林通志》卷首《图例》，李毓澍主编《中国边疆丛书》，台北文海出版社影印本，1965年，第1册，第58页。

③ 光绪《吉林通志》卷一二《沿革》，第2册，第979页。

④ 光绪《吉林通志》卷一二《沿革》，第2册，第985—989页。

⑤ 光绪《吉林通志》卷一五—卷一七《疆域》，第2册，第1198—1399页。

⑥ ［清］屠寄：《黑龙江舆图说》卷首《凡例》，《辽海丛书》本，第2册，第1021页。

⑦ ［清］张国淦：《黑龙江志略·地理》，柳成栋整理《清代黑龙江孤本方志四种》，黑龙江人民出版社，1989年，第146，151页

⑧ 《清仁宗实录》卷二八〇，嘉庆十八年十二月戊戌条，《清实录》第31册，第822页。

但粮数既多，驼只夫役亦众，所经各城尽属回庄"。① 道光二十四年（1844）二月谕："其伊犁已开地亩业经照例升科，此外及各城地方如有旷地可以招垦者，仍著该将军等详细伤查，一律奏办。"② 张曜《新疆局势大定敬陈管见疏》："新疆各城广川大原，间以戈壁。"③

一些全国性地理著述中也有记载。道光年间，李兆洛作《皇朝一统舆地全图序例》："京师居天下上游，府曰顺天，府尹治之，领厅四、州五、县十九。畿辅曰直隶，设总督于保定，领府十、直隶州六、厅三、州十二、县百有五。留都曰盛京，府曰奉天，府尹与将军共治之，尹领府一、厅三、州四、县八，将军领副都统城二、城守尉城八、协领城三。盛京之北曰吉林，将军治焉，领副都统城四、协领城三。又北曰黑龙江，将军治齐齐哈尔城，领副都统城二、总管城二、城守尉城一。是曰东三省。""陕甘之西为新疆，伊犁将军治惠远城，领城九、参赞大臣城二、办事大臣城八、领队大臣城二。"④ 显然是承袭、综合了嘉庆《清会典》《清会典图》的相关记载。

光绪年间纂修的《清国史·地理志》，奉天已经全部实行府厅州县制，沿革只记载副都统的设置，未言及城。吉林"今领府二、州一、县二、厅四、城四"，⑤ 宁古塔、三姓、富克锦、珲春四城与各府同样格式记载。黑龙江"今领城七、厅二"，⑥ 收录有齐齐哈尔城、黑龙江城、墨尔根城、呼伦贝尔城、呼兰城、布特哈城、兴安城。新疆"将军所属北路之城十有一，曰惠远，曰惠宁，曰熙春，曰绥定，曰广仁，曰瞻德，曰拱宸，曰塔勒奇，曰宁远，曰库尔喀喇乌苏，曰塔尔巴哈台；南路之城十，曰喀喇沙尔，曰库车，曰赛里木，曰拜城，曰阿克苏，曰乌什，曰和阗，曰叶尔羌，曰喀什噶尔，曰英吉沙尔，分设都统、参赞、办事、协办、领队大臣驻之"。⑦

清代与民国年间的一些文献还记载了城守公署的职能及城与府州县的关系。

关于城守公署或城守官的职能，《清会典》未做规范，一些政书、方志有所记载。"置城守尉、协领、佐领、防御等官，各视兵数多寡定额有差，以掌巡防讥察之事。"⑧

---

① ［清］曹振镛：《平定回疆剿捕逆裔方略》卷二三，道光六年八月甲戌条，《四库未收书辑刊》本，北京出版社，2000年，第5辑第5册，第357页。

② ［清］王先谦：《东华续录》道光四十九，道光二十四年二月丙午条，《续修四库全书》本，上海古籍出版社，2002年，第375册，第659页。

③ 张曜：《新疆局势大定敬陈管见疏》（光绪八年），葛士濬编《皇朝经世文续编》卷六四，来新夏主编《清代经世文全编》第49册，学苑出版社，2010年，第533页。

④ ［清］李兆洛：《皇朝一统舆地全图序例》，《养一斋文集》卷五，《续修四库全书》本，第1495册，第74、75页。

⑤ 嘉业堂抄本《清国史·地理志》卷一八《吉林一》，中华书局，1993年，第3册，第58页。

⑥ 嘉业堂抄本《清国史·地理志》卷二一《黑龙江一》，第3册，第74页。

⑦ 嘉业堂抄本《清国史·地理志》卷一九三《新疆一上》，第3册，第478页。

⑧ 官修《清朝通典》卷三六《职官典十四》，第2215页。

城守尉、防守尉"各掌本城驻防旗务，凡统于将军、都统者则达其治于其长，无兼辖者则专达部"。① 城守尉"专司催科、捕盗暨旗籍户婚等事"。②"城守尉公署，驻兴京城东门里。康熙二十八年设守尉一、防御四员、骁旗校四员、笔帖式一员、委官四员，防御辖左翼四旗，骁骑校统右翼四旗，每旗额兵五十九名。专司催科、捕盗、防守，兼司八旗档（栅）[册]、户口、民刑等事。迨乾隆二十八年设理事通判，民刑等事始归通判掌理。"③ 可见城守公署拥有一种综合性的地方官署职能。

吉林、黑龙江境内长期未设民官，由城守官管理流入的民人。如吉林伯都讷城，"乾隆二十六年，前任将军恒禄以该处地连蒙古，交涉事多，奏将巡检裁撤，请发理藩院委署主事一员住于该城，管办蒙古交涉事务。其一切民人刑钱事件，均归伯都讷副都统衙门兼理"。④ 至嘉庆十五年（1810），因流寓民人增多，每年人命案件多至十余起至二十余起，因而申请设立理事同知，专管伯都讷民人事务。由于附近没有道府官员进行申转、核察，就由副都统核转办理。直至光绪四年（1878）三月，才奏准仿照吉林、长春二厅之例，一切刑名钱粮事件由同知径详将军衙门核办。⑤ 黑龙江呼兰城情形也是如此："旧时行政官制约分三项：一为城守尉衙门，一为官庄屯官，一为呼兰理事同知厅。城守尉衙门有管辖屯官、同知之权，官职最高，主政亦最久。"⑥

城与州县等行政区划一起排序时，因城守尉、防守尉官衔较高，称"城州县"："查乾隆四十二年分，沿海各城州县并无拿获私渡携眷民人。"⑦ 或称"城州县厅"："奉天所属各城州县厅。"⑧ 同城的城县，遇到事故，城官与州县官共同担责。光绪十三年（1887）九月初六日夜三更时分，广宁城内南街福胜广当铺被二十余步贼越墙入室抢劫。知县盛昌华闻信带兵役前往堵拿，贼由城缺逃逸。广宁城守尉祥翰与广宁县知县盛昌华均被先行摘去顶戴，勒限缉拿赃贼。⑨

① 嘉业堂抄本《清国史·职官志》卷一二，第4册，第811页。

② 民国《凤城县志》卷二《职官志》，1921年石印本，第4页a。

③ 民国《兴京县志》卷二《公署志》，1925年铅印本，第7页b。

④ 吉林将军赛冲阿：《奏为遵旨查明伯都讷民人众多请添设同知巡检各官缺事》（嘉庆十五年七月初六日），中国第一历史档案馆藏档案，档号：04-01-01-0518-002。

⑤ 吉林将军铭安：《奏为具陈伯都讷厅刑钱办理情形拟请改由该同知（经）[径]详将军衙门核办事》（光绪四年三月初五日），中国第一历史档案馆藏档案，档号：03-5664-023。

⑥ 宣统《呼兰府志》卷二《行政官制沿革考》，本社选编《中国地方志集成·黑龙江府县志辑》第1册，凤凰出版社，2006年，第42页。

⑦ 弘昫等：《奏为查明乾隆四十二年份沿海各城州县并无拿获携眷私渡民人事》（乾隆四十三年正月二十九日），中国第一历史档案馆藏档案，档号：04-01-01-0367-019。

⑧ 大学士管理户部事务祁寯藻、户部尚书文庆：《题为遵察奉天所属各城州县厅咸丰元年额征民典旗人余地考成事》（咸丰四年七月初三日），中国第一历史档案馆藏档案，档号：02-01-04-21531-005。

⑨ 盛京将军庆裕：《奏为特参广宁城守尉祥翰广宁县知县盛昌华疏防捕务城内旗民被劫请摘顶勒缉事》（光绪十三年九月十六日），中国第一历史档案馆藏档案，档号：04-01-28-0023-071。

结 语

　　清朝根据各地的不同情况，因地制宜，实行多种形式的管理体制，如蒙古的盟旗制、新疆的伯克制等。这些制度虽经朝廷承认，但大多是民族性的或区域性的制度。

　　顺治元年在盛京实施的兼具地方行政机构职能的八旗驻防，在康熙二十年间被盛京官员认同为地方行政制度并称之为"城守"，行政区划则称之为"城守所辖"。乾隆年间成书的两部《盛京通志》更加强调八旗驻防的特性，但仍然认为城守辖区是行政区划。这是省级层面对八旗驻防的行政属性的认同。吉林、黑龙江两省的八旗驻防，在《盛京通志》中均未称为"城守"，是制度差异还是编纂者的认识问题，有待深入探讨。

　　乾隆年间，清朝版图达到最大，八旗驻防制度也推行到新疆地区。从国家层面来说，十八省实行整齐划一的府厅州县制度，各将军、大臣统辖的区域缺少一个统一的、与大一统国家相匹配的地方行政制度。《清朝文献通考》将盛京、吉林、黑龙江、新疆等省区的大多数八旗驻防记载为城，说明城守所辖区域是行政区划的观念在部分朝廷官员、政书编纂者中已经出现。但该书只是清代制度的汇编，不是当时国家现行的法律。《清会典》为国家"大经大法"，今人有观点认为是清代实际行用的根本法。①嘉庆《清会典》首次对城制进行规范，盛京等地兼具行政机构职能的八旗驻防被称之为城，城制成为与府厅州县制具有同样法律地位的国家层面的地方行政制度。嘉庆、光绪《清会典》谓"将军、大臣所统曰城"，编纂者显然希望将相关省区全部纳入城制的框架之内，有着整合清朝北部疆域的地方行政制度的意图。实际施行的有东三省和新疆。由此，清朝版图由总督、巡抚辖区和将军、大臣辖区这两类行政区域组成，府厅州县制与城制共同组成了乾隆以降直到光绪年间的地方行政制度。城与州县合称为"城州县"或"城州县厅"。

　　"城守"和"城"是清朝对中国地方行政制度的一项重要贡献。对城守、城制的重新发现，为清代政治史、清代北部疆域的八旗驻防制度史研究提供了一个新的视点。

（复旦大学历史地理研究中心）

---

① 陈灵海：《〈大清会典〉与清代"典例"法律体系》，《中外法学》2017年第2期，第402页。

论清代盛京围场的隶属与盛京、吉林将军辖区的分界*

任玉雪

一、问题的提出

一般认为清代盛京、吉林将军辖区是以柳条边辽东段分界的[①]，忽略了盛京围场的存在。盛京围场位于柳条边以北，管理具体事务的机构称为"荒营"，长官称"荒营协领"，或者"协领"，隶属于盛京将军。最迟在嘉庆二十四年（1819），盛京围场管理机构更名为"管理围场事务处"[②]。笔者认为以柳条边辽东段为盛京、吉林将军辖区的分界线，将盛京围场划入吉林将军辖区，并不妥当。

谭其骧主编的《中国历史地图集》在盛京、吉林将军辖区划界问题上的观点让人疑惑。根据《〈中国历史地图集〉东北地区资料汇篇》（以下简称《汇篇》）的前言可见，《中国历史地图集》的东北图幅是由中央民族学院的前辈编绘的，为了帮助读者阅读，在1979年出版了《汇篇》，与地图相辅相成[③]。虽然《汇篇》明确说明"（柳条边）一支南行至今辽宁省凤城县界，这是农业区和盛京围场的界线，也是盛京和吉林的分界线"，但在《中国历史地图集》（第八册）的盛京图幅中，盛京与吉林将军辖区的分界，并非以柳条边的辽东段（威远堡门至兴京门）为界，而是向外延伸，最远直

---

*　原刊于《中国历史地理论丛》2016年4辑。

①　李治亭主编：《东北通史》，中州古籍出版社，2003年，第461页；田志和、潘景隆编著：《吉林建置沿革概述》，吉林人民出版社，1990年，第59页；丁海斌、时义：《清代陪都盛京研究》，中国社会科学出版社，2007年，第67页。

②　赵珍：《清代盛京围场处》，《历史档案》2009年第4期，第65—72页。

③　《中国历史地图集》中央民族学院编辑组编：《〈中国历史地图集〉东北地区资料汇篇》，内部资料，1979年，第320页。

线距离约 38 里 [①]。如果向北延伸的范围是盛京围场，图中显示的范围显然小于盛京围场的实际范围，详见下文。

政区的边界是行政制度在地理空间的映射，本文的研究表明，清代盛京地区与吉林将军辖区并非以柳条边为界，盛京围场应划入盛京将军辖区。本文将以清代东北地区行政制度演变为基础，考察盛京围场的隶属，并以历史地图和档案文献为线索，探讨盛京、吉林地区的分界及盛京围场的范围，绘制带有地理坐标的奉天围场地图。

在文献方面，本文尽量利用历史档案资料。根据档案文献形成的时间自然而然地排出时间序列，更有利于判断边界形成的时间。此外，本文将创造性地利用地理信息系统（GIS），以各类舆图和档案的记载为线索，分析盛京、吉林将军的边界走势，并绘制清代盛京围场及吉林、盛京地区分界图。

二、清代东北地区的双重管理体制与盛京围场的隶属

顺治元年（1644）清朝入关，先后设盛京、吉林和黑龙江将军统帅八旗驻防东北，以盛京为留都，设户、礼、兵、刑、工五部，管理旗、民事务。乾隆朝之前，为开发东北，鼓励移民，设置郡县，以奉天府府尹统辖。故清代东北地区实行旗、民双重管理体制，机构隶属和行政区划边界比较复杂。

（一）与盛京有关的地理名词：盛京统部与盛京地区

清代东北地区被称为"盛京统部"。全盛时期范围"东西距五千九十余里，南北距五千八百三十余里，东至海四千三百余里，西至山海关直隶永平府界七百九十里，南至海七百三十余里，北至黑龙江外兴安岭俄罗斯界五十一百余里" [②]。覆盖了额尔古纳河、格尔必齐河及外兴安岭以南、以东，包括库页岛在内的广阔区域。

留都所在的地区，被称为盛京地区，有别于盛京统部，应指盛京将军和奉天府所辖区的区域。顺治元年，清朝定鼎京师，管理盛京事务的官员先为内大臣。后改为盛京昂邦章京（1646 年）、镇守辽东等处将军（1662 年）、镇守奉天等处（1665 年）将

---

① 谭其骧主编：《中国历史地图集》（第八册），中国地图出版社，1996年，第10—11页。按：清代1里约为576米［黄盛璋：《历代度量衡里亩制度的演变和数值换算（续二）》，《历史教学》1983年第3期］，利用GIS地理信息系统测算，盛京地区向柳条边外延伸的最远直线距离约为21公里，合38里（清代单位）。

② ［清］穆彰阿：《（嘉庆）大清一统志》（四部丛刊续编景旧钞本）卷57《盛京统部》。

军、镇守盛京等处将军，简称盛京将军（1747年）①。盛京将军管理驻防八旗的军事、经济、政治、文化等各项事务，在康熙中期，八旗驻防区已经演变为军事型政区。

顺治末年，盛京地区增置了奉天府，府尹正三品，与京府同，管理东北地区的郡县。清初鼓励汉族移民进入东北垦荒，并于顺治十年（1653）设置辽阳、海城二县管理民人。顺治十四年（1657）置奉天府，随着民人日众，郡县制度在东北地区迅速扩张，至雍正十二年（1734），下辖一府、五州、九县，即锦州府，辽阳州、宁远州、复州、义州、永吉州，以及承德（附郭）、锦（附郭）、海城、开原、铁岭、盖平、宁海、长宁、广宁等九县，其中永吉州、长宁县位于柳条边外的吉林将军辖区。②

（二）清代东北地区的旗、民双重行政区划

清代东北地区实行八旗与郡县并存的地方行政制度，意味着双重的行政区划。清代东北旗、民官员大多同城设治，可以说，与关内相反，东北州、县是通过圈占旗地设置的。此外，由于清初鼓励移民开垦，对移民耕种的地理位置并没有严格限制，自然产生旗、民杂居的现象。康熙十九年（1680）旗、民界线划定之后，以往交错居住的旗、民，同交错的旗、民土地一样，都没有立刻清理，只是在房屋买卖方面作了一定的限制③。因此，地方政府管理时会依靠身份和区划两个要素，《盛京通志》曾提到：

> 奉锦二郡旗民杂处，编户则守令治之，八旗则城守辖之，守令所治之外，有属本城城守辖者，有属他城城守辖者，又有不隶城守，总属将军辖者，彼此疆域广狭，参差不同，今照旗民旧界分列。④

由此可知，地方政府对旗、民的管理，是依据身份和行政区划两个要素。由于旗、民杂处的状态从康熙朝一直延续下来，编纂者还特别说明，乾隆元年《盛京通志》的四至八道也是沿袭康熙时期的数据。

因此，旗、民行政区划无法与旗、民分布完全对应。州县四至八道内，不仅有民人村，也有旗人村，但民人进入州县界以外的城守界，则可能是非法的。旗民杂处，使清代东北地区的双重行政区划十分复杂，以下是开原地区的旗、民政区示意图：

---

① 任玉雪：《再论清代东北的旗、民管理体制》，《学术界》2010年第3期，第183—192页。
② 乾隆元年本《盛京通志》卷12《疆域》。
③ 《清圣祖实录》卷262，康熙五十四年二月癸巳；卷266，康熙五十四年十一月丁未。
④ 乾隆元年本《盛京通志》卷12《疆域》。

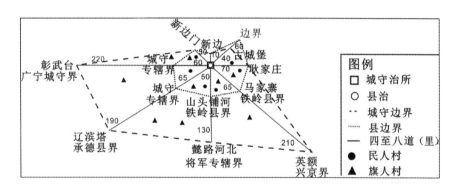

图1　清代开原地区旗、民行政区划示意图

资料来源：乾隆元年本《盛京通志》卷十二《疆域》。

说明：示意图是利用开原城守和县的四至八道绘制的示意图，单位为里（清代单位）。

图1是开原城守和县的辖界示意图，可以看到开原县界绝大部分位于开原城守辖界内，这也是清代东北地区的普遍现象，也就是说，同城设治的旗、民地方政府，八旗驻防的辖区远远大于州县政区。而开原城守辖界，不仅涵盖开原县的大部分区域，还包括铁岭县部分地区。因此同城设治的旗、民地方政府，城守辖界较县界广阔得多。

也就是说，在同城设治的区域内，旗、民地方政府在划分管界时，有两个标准，其一是旗人、民人的身份，无论居于何处，按照身份决定隶属于八旗政府，还是州县政府；其二是行政区划，虽然旗民人口、土地交错分布，但如果按照地面来区分管界时，则利用四至八道形成的行政区划来处理。乾隆二十九年（1764），凤凰城赛马集民人殴打旗官，清廷在追索应负责的民官时，就是遵循《盛京通志》所载旗、民官员辖界的四至八道，体现了身份和区划两个要素的管理原则[①]。

综上所述，与盛京有关的一些政区概念，盛京统部、盛京将军辖区及盛京地区，还是有着本质区别的。如前所述，盛京统部是指山海关以外的所有东北地区；盛京将军辖区是指盛京将军所管辖的八旗驻防区；盛京地区是指盛京将军辖区和奉天府辖区的总和。

需要指出的是，谭其骧主编的《中国历史地图集》（以下简称谭图）在界定嘉庆二十五年（1820）盛京地区范围时，可能存在一些问题。根据《汇篇》的解释，盛京疆域如下：

---

① 《大学士尹继善等谨奏为遵旨议奏事奉天将军恒鲁等查奏明德呈控耀海从前参劾不实一折奉》，《乾隆朝上谕档》第六册，中国档案出版社，1998年，第583—587页。

盛京疆域限于奉天府尹所辖奉天府、锦州府所属州县和兴京属地（兴京
　　为清发祥之地，努尔哈赤旧都，因而被尊为兴京，实属盛京辖区）。[①]

　　由上述可知，《汇篇》将盛京疆域的范围限定为奉天府尹所辖的州县地区，另加兴京属地。这样的划分原则并不合理，显然对盛京地区的行政区划存在误解。

　　由于在盛京围场行政隶属的认识上存在误区，导致谭图在盛京地区和吉林将军的分界线的绘制上出现错误。《汇篇》明确说明"（柳条边）一支南行至今辽宁省凤城县界，这是农业区和盛京围场的界线，也是盛京和吉林的分界线"[②]。在《中国历史地图集》（第八册）的盛京图幅中，盛京与吉林将军的分界，并非以柳条边的辽东段（威远堡门至兴京门）为界，而是向外延伸，最远直线距离约38里，但延伸部分仅仅是盛京围场实际面积的六分之一左右。[③]

（三）盛京围场的隶属

　　盛京围场是皇帝及盛京官兵讲武、围猎的地方，也是盛京内务府每年向皇帝进贡鹿、麋、虎、熊、野鸡等动物的狩猎场。设置的时间不详，有明万历三十五年、天命四年、天命十年、康熙二十一年等各种说法[④]。围场设立后，管理具体事务的机构称为"荒营"，长官称"荒营协领"，或者"协领"，隶属于盛京将军。最迟在嘉庆二十四年（1819），盛京围场管理机构名称更名为"管理围场事务处"[⑤]。

　　盛京将军衙门共有协领十一员，每年四季轮流巡查边外各处卡伦，由其中一员特别兼管围场事务，统帅演围、巡围翼长佐领二员，梅伦骁骑校八员，领催兵200名。由于盛京围场地界辽阔，原设卡伦七处，1819年增加五处，共十二处，每处官一员，领催兵二十名，严密巡缉[⑥]。所有巡围机构和官兵均隶属于盛京将军，其管理的围场显然应划入盛京将军辖界。

　　从行政区划制度的理论层面来说，盛京围场是盛京地区的重要组成部分，谭图

①　《〈中国历史地图集〉东北地区资料汇篇》，第307页。根据《汇篇》前言可见，《中国历史地图集》的东北图幅是由中央民族学院的前辈承担编绘工作，为了帮助读者阅读，中央民族学院地图编辑组东北小组在1979年出版了《汇篇》，与地图相辅相成。

②　《〈中国历史地图集〉东北地区资料汇篇》，第320页。

③　谭其骧主编：《中国历史地图集》（第八册），第10—11页。按：清代1里约为576米，利用GIS地理信息系统测算，盛京地区向柳条边外延伸最远直线距离约为21公里，合38里（清代单位）。

④　参见杨永耀、赵井我：《盛京围场建置时间考辨》，《历史档案》1990年第3期，第81—83页。

⑤　参见赵珍：《清代盛京围场处》，《历史档案》2009年第4期，第65—72页。

⑥　《朱批奏折》，嘉庆二十三年十一月十四日，《奏为遵旨酌拟添设官兵专管盛京吉林围场事》，档号：4-01-01-0577-062；《朱批奏折》，嘉庆二十四年，《奏为遵旨拟将荒营改为管理围场事务处字样事》档号：04-01-01-0587-012。均藏于中国第一历史档案馆。

嘉庆二十五年（1820）盛京图幅中，将围场的大部分地区划入吉林将军辖区，并不正确。

三、基于舆图的盛京、吉林将军辖区边界讨论

从清代留传下来的舆图来看，盛京地区与吉林将军划界大约有三种情况，其一，《盛京通志》系列舆图，以柳条边辽东段为界；其二，清朝《大清会典》系列舆图，主要以盛京围场与吉林将军的分界为界，围场东部至为辉发河上游；其三，《盛京典志备考》等图，以盛京围场与吉林将军的分界为界，但围场东部直抵朝鲜界①。

（一）基于《盛京通志》舆图的分界考察

《盛京通志》认为盛京将军辖区的北界为"边"，即柳条边辽东段。在康熙二十三年（1684）《盛京通志》的《盛京舆地全图》，记载"北至边二百六十余里边界"；在《奉天府形势图》中，记载"北至边二百六十余里威远堡边界"。在稍后的疆域卷里，盛京地区、奉天将军和奉天府的北界，均为北至柳条边二百六十余里。②可以说，康熙二十三年版的《盛京通志》认为盛京地区的北界是柳条边辽东段。

此后《盛京通志》经历过几次大规模的修订，记录了盛京地区北界的变化，在乾隆元年版《盛京通志》的《盛京舆地全图》，显示"北至黑龙江外兴安岭五千一百余里鄂（俄）罗斯界，东至海四千三百余里东海界"，可见涵盖整个东北地区，是盛京统部的概念；在《奉天将军所属形势图》中，显示"北至边二百六十余里边界，东至兴京边二百八十余里乌喇界"，沿袭了康熙年间的将军辖区。但在《奉天府形势图》中，奉天府的北部、东部界则有巨大变化，"北至长宁县松花江八百七十余里蒙古界，东至永吉州东南长白山一千三百余里永古塔将军专辖界"。③

乾隆元年奉天府辖界的更改，主要是由于政区的变化。雍正四年（1726）在宁古塔将军辖区的吉林、宁古塔和伯都讷三城分别设置了永吉州、长宁县、泰宁县，隶属于奉天府，使奉天府辖界几乎覆盖了宁古塔将军辖区④。不过，泰宁县于雍正七年

---

① 《盛京典志备考》卷1《舆图》附《盛京历代建置考》。
② 康熙《盛京通志》卷1《盛京舆地全图》《奉天府形势图》。
③ 乾隆元年本《盛京通志》卷1《盛京舆地全图》《奉天将军所属形势图》《奉天府形势图》。
④ 《清世宗实录》卷51，雍正四年十二月戊寅。

（1729）裁撤，长宁县于乾隆元年省，改设州同，隶永吉州[①]，而永吉州于乾隆十二年省，改设理事通判，隶宁古塔将军，与奉天府再无隶属关系[②]。

清朝最后一次大规模修订《盛京通志》是在乾隆四十四至四十九年（1779—1784），与乾隆元年的版本相比，盛京统部、奉天府及奉天将军的舆图全部继承下来，没做任何修改。但在《疆域形胜》卷中，按照政区变化对四至八道进行了修订。盛京统部和奉天将军的疆域没有任何变化，奉天府的疆界做了部分修改，"东至抚顺八十余里抚顺城守界，北至白都讷松花江八百七十余里蒙古界"。至乾隆四十四年，宁古塔将军辖区的民人与奉天府已经没有隶属关系，因此北部边界至白都讷的说法有误。与乾隆元年相比，由于永吉州的裁撤，东部边界回收到抚顺城守界，距盛京城80余里。

总的来说，从《盛京通志》的记载和舆图来看，盛京地区与吉林将军辖区的分界，基本上是以柳条边辽东段为界。而《盛京通志》一般是奉天府府尹主持编写的，对后人的影响非常深远，现在认为以柳条边东段为界的说法，一般都是基于《盛京通志》的观点。

（二）基于《大清会典》的盛京地区和吉林将军辖区分界考察

如果追溯《大清会典》所载的盛京地区相关舆图，会发现康熙及雍正朝的舆图，一般是绘制的盛京统部，即整个东北地区，无法分辨盛京地区与吉林将军的分界。但仔细观察乾隆朝《吉林全图》，西南到达伊屯河（伊通河）流域，而非柳条边。可见在盛京地区与吉林将军分界的问题上，乾隆朝会典舆图与《盛京通志》的观点并不一致。

晚些的《嘉庆大清会典图》，将盛京围场明确地划入盛京地区。在《盛京图》及《奉天府图》中，在柳条边外明确标记有"围场"，位于吉林城与吉林所属辉发城以西，显然是盛京围场。舆图后面的文献说明还记载"长岭在英额门东，外有围场"，"辉发河出长岭东麓，东北流入吉林辉发城界"。[③]由此可见，盛京围场位于吉林城以南，辉发城西南，英额门外的长岭以东。由此可见，清会典系列舆图与《盛京通志》舆图并不相同，比较明确地界定了盛京围场及其相关位置。

关于清代盛京围场的范围，不同的舆图间存在巨大的差异。在《盛京典志备考》的《盛京全图》中，盛京围场的东部边界直抵朝鲜界，并不正确，将在下文中详细讨论。

① 《清高宗实录》卷22，乾隆元年七月丁酉。

② 《清朝续文献通考》卷307《舆地三》。

③ 《钦定大清会典图》卷90《舆地·奉天府图一》，第3119—3141页。

四、盛京围场的范围与边界划分

保留至今的各种文献，对盛京围场范围的记载不一，本文尝试利用清代档案及舆图资料，探讨盛京围场的边界。

乾隆五年（1740）奉天府府尹提出在盛京与吉林的围场之间设置界碑，具体内容如下：

> 两处将军（奉天将军、宁古塔将军）围场宜定界牌也，自威远堡至大孤山保（堡），奉天将军围场，大孤山以东系宁古塔将军之围场，与驿站大道俱隔二三十里及百余里不等，并无四至界牌……奉天所属威远堡边外相去宁古塔大路以东、宜通河之南至英额边门，俱系奉天所属围场地方，大路以北、宜通河之东宁古塔所属。①

档案中提到的宁古塔将军，即为吉林将军。由上述可见，至乾隆初年，盛京围场与吉林围场相邻，两者的范围是清楚的，但两者之间并没有明确的边界。虽然两处围场的边界没有设置界牌，盛京围场的位置还是十分清楚的，位于威远堡至宁古塔的驿站大路以东，伊通河（宜通河）以南，东南至英额边门附近。

关于盛京围场的范围，在嘉庆二十三年（1818），盛京将军赛冲阿曾提到"盛京东北边外设立围场，东西南北宽长均有四百余里，西、南两面至边，东北与吉林接壤"②。《嘉庆朝大清会典事例》的记载则更为详细，南北约480余里，南至当时沙河尔郎头南的三通河（也称三屯河或三统河），北至阿机格色合勒北的义通河（今伊通河）；东西约490余里，东至辉发城，西至开原威远堡边门；东南至西北约510余里，东南从骆驼砬子起，西北至三因哈达交界的西北封堆；西南至东北约520余里，西南从英额边门起，东北至色珠勒阿林③。

道光年间的《盛京围场图》④很好地诠释了《嘉庆朝大清会典事例》关于盛京围场

---

① 《户科题本》，乾隆五年六月十一日，《题为遵议奉天府尹吴应枚条奏围场左近招民开垦地亩事》，档号：02-01-04-13228-005，中国第一历史档案馆。

② 《朱批奏折》，嘉庆二十三年十一月十四日，《奏为遵旨酌拟添设官兵专管盛京吉林围场事》，档号：4-01-01-0577-062，中国第一历史档案馆。

③ 《嘉庆朝大清会典事例》卷573，《近代中国史料丛刊三编》第69辑，台湾文海出版社，1992年，第6640—6641页。

④ 《盛京省城所属各城围场卡伦全图》一卷《盛京围场图》，藏于台湾"故宫博物院"，文献编号：057611。

的四至八道的记载。由图 2 可见，盛京地区通往吉林将军的驿路，位于围场的北部，驿路之南修建了封堆，可以视为盛京围场的北界。与上文提到的乾隆五年（1740）盛京将军请求设立界碑的奏折联系起来，驿路之南的封堆可能是 1740 年之后设立的。

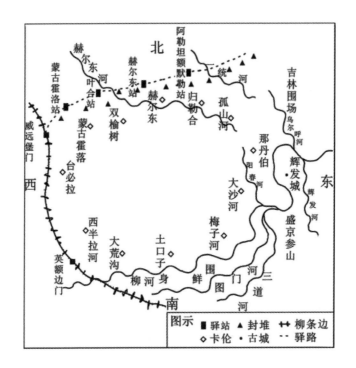

图2 盛京围场图①

图 2 显示，柳条边自西至西南方向延伸，与东部的河流一起，将盛京围场环绕起来。围场的四至清晰可见，威远堡至英额边门迤南的柳条边，将围场的西及西南包围起来；围场东至吉林将军辉发古城；东南为至三道河（亦名三统河、三屯河），三道河右岸为盛京参山所在；东北至一统河源（亦名伊通河），与吉林围场相邻。

由图 2 可知，十二处卡伦分布在围场四周，设南北监督。据《盛京典志备考》记载，西半拉河监督辖南六台，包括蒙古霍落（蒙古伙落）、台必拉、西半拉河、大荒沟、土口子、梅河（梅河勒夫勒）六处卡伦；赫尔苏（赫尔东）监督北六台，包括双榆树、赫尔苏、归勒合、孤山河、那丹伯、大沙河②。

盛京围场十二处卡伦共管理 105 围，如果按照使用的方式，可分为御围、王多罗树围（旺多罗树围）和鲜围，御围供皇帝围猎，王多罗树围供应内务府捕牲丁应差，

---

① 图2 "盛京围场图"是根据台湾"故宫博物院"所藏《盛京围场图》绘制。原图上南下北，左东右西，为了读者阅读方便，改为上北下南，左西右东。图2中的地名系原图地名，没有改动。
② 《盛京典志备考》第4册，卷五《围场处事宜》，第21—23页。

鲜围是捕晒干鹿肉的场地[①]。从 105 围隶属的卡伦来看，鲜围和御围主要分布在那丹伯、土口子和梅河卡伦附近，王多罗树围则主要分布在赫尔苏、归勒合和孤山河卡伦附近。

需要指出的是，图 2 中北部的驿站自威远堡向东北，有棉花街（蒙古霍落）、叶赫（叶合）、克尔素（赫尔苏）和大孤山四站，隶属于吉林将军管辖，故驿路附近的土地为吉林将军所辖[②]。因为驿路右侧修建了封堆，故盛京围场与吉林将军辖地的分界还是很明晰的。

盛京围场的北部至东北边界，沿伊通河源折向东南[③]，东至吉林将军所属的古城——辉发城，与吉林围场相连，但界线并不清楚。在光绪初年，盛京围场荒地部分放垦[④]，吉、奉两省官员都在努力争取土地，由此产生众多边界纠纷[⑤]。在狩猎时代，盛京、吉林的围场以河流、山脉等自然地理界线为主，设置一些卡伦巡察境内的非法活动就可以了，但至了清朝末年，大片土地开始放垦，农业开发及管理需要更准确的边界。

为厘清此段边界，光绪七年（1881），吉林、奉天两省派官员共同对围场和荒地的边界进行实地堪测，主要是经界不清的伊通河至报马川地段，最后双方形成统一结论，绘制《奉吉两省会分界址图》，并附图说，如下：

> 按图内黄线为吉奉两省分界，由腰水泡流入黑鱼沟至小沙河，向东至五石封堆，由封堆东南山头向南直取小背山东北之大泉眼，流入西亮子河，绕锅口山帽尔山之阳，入当石河，汇入辉发河。东北吉林界，西南奉天界。辉发河南以报马川之西南网（往）上，旧有封堆为限，网（往）东为吉林界，网（往）西为奉天界。小伊通河东岸为吉林界，西岸为奉天界，位于小沙河口东至横头山网（往）五石封堆至大泉眼及报马川，西南三处挖立封堆，谨照堪明定界绘图贴说各存一纸，用备查考。[⑥]

由上文可知，吉林、奉天两省的官员对两省的分界进行了详细的勘查，不仅用文

① 赵珍：《资源、环境与国家权力——清代围场研究》，中国人民大学出版社，2012年，第174—175页。

② 《钦定盛京通志》卷33《关邮》。

③ 《户科题本》，乾隆五年六月十一日，《题为遵议奉天府尹吴应枚条奏围场左近招民开垦地亩事》，档号：02-01-04-13228-005，中国第一历史档案馆。

④ 刀书仁：《清代盛京、吉林围场开放述略》，《史学集刊》1993年第4期，第35—38页。

⑤ 赵珍：《资源、环境与国家权力——清代围场研究》，第184—188页。

⑥ 《户科题本》，光绪七年六月二十一日，《呈奉吉两省会分界址图》，档号：03-5667-018，中国第一历史档案馆。

字清晰地描述了边界的走向，另附《奉吉两省会分界址图》（以下简称《界址图》），图3是据此绘制的。图说中提到的黄色线，在图3中用断续线表示。奉、吉两省的分界，沿着小伊通河向南，经腰水泡、黑鱼沟、小沙河口，向东南迄小背山北的大泉眼，后沿着西亮子河、辉发河，至报马川西南的封堆。

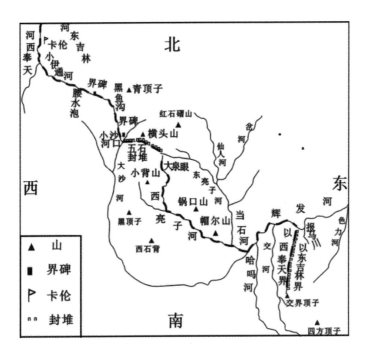

图3　奉吉两省会分界址图[①]

光绪七年（1881）奉吉两省的划界，也可以视为盛京与吉林围场边界的勘测。需要指出的是，根据道光年间的《盛京围场图》和《嘉庆朝大清会典事例》记载，"盛京围场东界至辉发城"。[②]光绪七年的《界址图》中，东部边界到达报马川以西的封堆，包含了盛京参山的区域。

笔者利用地理信息系统（GIS），在参考了图2和图3及其他舆图的基础上[③]，绘制了盛京围场与吉林、盛京地区分界图，如下：

①　图3"奉吉两省会分界址图"是根据档案中《奉吉两省会分界址图》绘制的，原图上南下北，左东右西，为了读者阅读方便，改为上北下南，左西右东。图3中的地名系原图地名，没有改动。

②　《嘉庆朝大清会典事例》卷573，《近代中国史料丛刊三编》第69辑，第6640—6641页。

③　《奉天省全图》，商务印书馆，中华民国二年（1912）发行；谭其骧主编：《中国历史地图集》（第八册），第10—11页。

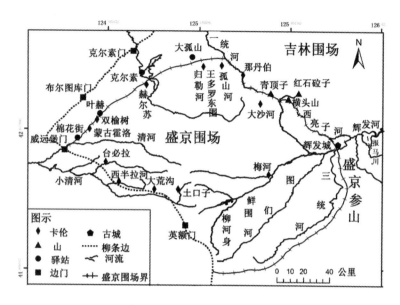

图4　清代盛京围场与吉林、盛京地区分界图

由图4可见，盛京围场北至一统河（伊通河）上源，东至吉林辉发古城，南至三统河（三道河）河源，西至威远堡边门。盛京围场形状略似不规则的长方形。1881年盛京、吉林勘界后，则明确标明边界是沿着盛京围场的北界向东，经西亮子河、辉发河至报马川西侧封堆，这是盛京、吉林围场及附近地区的分界线。

根据地理信息系统软件测量，威远堡至辉发城，直线距离约为152.46公里，约合264.69里[①]；伊通河西北角至三统河源处的东南角，直线距离约为159.19公里，约合276里。测得的数据要小于《嘉庆大清会典事例》关于盛京围场四至八道的记载，GIS地理信息系统得到的是直线距离，清代测量的结果可能受到地势的影响，大于直线距离，也是比较正常的。

如图4所示，威远堡以北的柳条边与驿站围出一个狭长的区域，似吉林将军的一条细细的腿，站立在盛京围场的西面。克尔素门和布尔图库门隶属于吉林将军，西侧为蒙古界；边门的东侧是盛京通往吉林的驿路，有棉花街（蒙古霍洛）、叶赫（叶合）、克尔素（赫尔苏）、大孤山（阿勒坦勒默勒）等四处，亦隶属于吉林将军，故驿路和柳条边围出一个狭长的地带，隶属于吉林将军。清末盛京围场放垦后，先后设海龙府、辉南直隶厅，以及东丰、西安、西丰、柳河四县，均隶属于奉天省，而边门和驿站形成的狭长区域，清末属于伊通县，仍隶属于吉林省。因此在1912年的吉林省全图上，可以看到吉林省伊通县似细细的腿伸入奉天省，这种格局也是清代政区边界

---

① 本文提到的单位"里"，俱指清代单位，每里合576米。

的延续[①]。

五、结论

盛京围场自设置以来，一直由盛京将军衙门管理。围场内设置卡伦十二处，另有协领统帅演围、巡围的佐领、骁骑校和领催兵等官兵巡缉，在嘉庆二十四年（1819）设置了专管盛京围场的管理围场事务处。管理盛京围场的机构和官员都隶属于盛京将军。故从行政区划的角度来讲，盛京围场无疑应入盛京将军辖区。

盛京围场本是皇帝及盛京八旗官兵讲武、狩猎的地方，位于柳条边以北，围场南界为柳条边，东以三统河为界，一直没有变化；西部、北部与吉林将军的驿站和围场相连，之间的边界是逐渐划定的。

围场西界与驿路距离不远，自威远堡边门向北，经蒙古伙落、双榆树、赫尔苏、归勒合和孤山河等卡伦，直抵伊通河上游。驿路与卡伦之间还有封堆，可能是在乾隆五年（1740）后修建的。

光绪七年（1881），吉林、奉天两地官员共同勘定围场及附近地区的省界，最终确定分界线——沿伊通河河源，经横头山南五石封堆，沿西亮子河东南行，续沿辉发河，东至报马川西侧封堆。此线以北以东为吉林界，以南以西为奉天界。盛京围场的北及东北部边界亦在此次勘测中最后划定，即沿伊通河河源向东南，经横头山南五石封堆东南行，至西亮子河中游，即吉林辉发古城西。实际上，划定边界时，围场已经开始放垦，边界虽然划定，但狩猎意义上的围场已经不在了，很快被农业移民的浪潮淹没。

综上所述，康熙、雍正及乾隆朝的《盛京通志》认为盛京将军辖界北至柳条边的观点，以及《盛京典志备考》等将盛京围场东界画至朝鲜界的观点，并不正确。《嘉庆朝大清会典图》所绘《盛京图》和《奉天府图》是基本准确的，盛京围场应划入盛京地区。谭其骧主编的《中国历史地图集》嘉庆二十五年（1820）盛京图幅中，盛京与吉林将军辖区的分界线也不准确，盛京围场约有 5/6 的面积划入了吉林将军辖区。

（上海交通大学人文学院）

---

① 戴修鹏绘，缪学贤编：《吉林省全图》，中华民国元年（1912）发行，吉林省民政司署版权所有。

清代新疆建省前镇迪道
部分职官、建置考[*]

刘传飞

目前学界关于清代新疆政区，特别是镇迪道的研究成果已经很多[①]。在前人研究中，由于占有史料不足及对原始史料理解有误差，或者是由于论述重心不在政区设置，新疆建省前镇迪道部分县级政区及其佐杂官员的具体设置时间，目前尚有很大的商榷空间。笔者在前人研究的基础上，试图在梳理文献[②]的基础上，就西域新疆巴里坤同知、巴里坤理事同知、巴里坤理事通判在清代的沿革，昌吉县，阜康县，奇台县以及宜禾县训导、济木萨巡检、奇台通判和东济尔玛台巡检的设置时间及相关问题提出自己的观点和看法。

---

* 本文原发表于《西域研究》2014年第2期。在收入本书时，进行了部分修改。

① 如在镇迪道的设置、沿革方面，有吴轶群的《清代新疆镇迪道与地方行政制度之演变》（《中国历史地理论丛》2007年第3辑，第92—102页）和《清代新疆道制建置沿革探析》（《兰州学刊》2007年第3期，第154—156页）。吴轶群后以此两篇论文为基础，写成《多重视角下的边疆研究——18世纪至20世纪初叶的新疆区域社会史考察》（黄达远、吴轶群著，民族出版社，2009年）一书中的第一章"清代新疆行政制度"。另外华立的《新疆军府制下的理民体制与满汉员的任用》（《清史研究》2010年第4期，第31—39页）和郭润涛的《新疆建省之前的郡县制建设》（《西域研究》2013年第1期，第25页）亦用大篇幅详细叙述了镇迪道及道内各县级政区的设置过程。

② 本文除重点参考了《清实录》《嘉庆大清会典事例》《光绪大清会典事例》等全国性政书外，主要选择了《西域图志》、《乌鲁木齐政略》、《三州辑略》和《新疆乡土志稿》等地方志作为主要的参考材料。其中，《西域图志》初稿成于乾隆二十一年（1756），最终成书于乾隆四十七年（1782），是清代新疆最早的官修地方志，是我们今日研究乾隆时期新疆状况的最重要历史地理文献。《乌鲁木齐政略》大约成书于乾隆四十四年至四十五年间（1779—1780），是清代乌鲁木齐都统辖区（东起巴里坤、哈密，西至乌苏）的首部志书。《三州辑略》于嘉庆十三年（1808）编成，是记述清代前期乌鲁木齐都统辖区情况最详细的方志。《新疆乡土志稿》自光绪三十三年（1907）开始由新疆各县分别纂修，陆续成书；清末《新疆图志》中有关各政区的沿革多直接采自此书。

一、巴里坤同知、巴里坤理事同知、巴里坤理事通判在清代的沿革

　　乾隆二十一年（1756）十月，清廷以"巴里坤现派满兵驻防，兵民杂处"，设置巴里坤理事同知①。西域平定后，乾隆二十五年（1760）十月，清廷将安西同知移驻巴里坤，改为巴里坤同知，负责其粮饷刑名钱谷及监狱事务等项②。至此，巴里坤地区出现一个同知和一个理事同知，其中，巴里坤同知负责办理地方事务，巴里坤理事同知则主要负责处理旗民交涉事务。

　　到了乾隆三十八年（1773）九月，巴里坤地区改置镇西府，同时设置附府宜禾县。在宜禾县知县设置上，曾在嘉庆初年任职镇迪道道员的福庆在其《异域竹枝词》认为是"由巴里坤理事通判……改置"③，地方志《三州辑略》亦持同样看法④。说明在乾隆三十八年（1773）九月之前，巴里坤理事同知一缺已经改置为巴里坤理事通判，其后，此巴里坤理事通判一缺最终改置为宜禾县知县⑤。

　　在镇西府设置后不久，巴里坤同知改置为巴里坤理事通判一职⑥，但此新改置的巴里坤理事通判一职随即被裁撤。对于其裁撤的具体时间，史无记载。由于在乾隆四十年（1775）四月时尚存在⑦，而在乾隆四十四年（1779）或乾隆四十五年（1780）成书的《乌鲁木齐政略》中，已不见其相关记载，由此大概可以推测出，其裁撤当在乾隆四十年（1775）到乾隆四十五年（1780）之间。另，虽然此时乌鲁木齐亦有一理事通判驻扎⑧，但此理事通判为乾隆三十七年（1772）由原凉州理事通判移驻乌鲁木齐，非巴里坤理事通判移驻⑨。总之，至迟到乾隆四十五年，巴里坤地区已经没有巴里坤同

---

①　《清高宗实录》卷五二五，乾隆二十年十月庚寅，《清实录》第15册，中华书局，1985年，第616页下栏。理事同知一职是专门设置于八旗驻防地区、处理旗民事务的官员。一般皆以满人充任此职。

②　《清高宗实录》卷六二二，乾隆二十五年十月丁丑，《清实录》第16册，第993页上栏。

③　王云五主编：《丛书集成初编》第3277册《西南夷风土记·异域竹枝词》，商务印书馆，1936年，第22页。但其年代误记为乾隆三十七年（1772）。

④　和瑛：《三州辑略》卷二《镇西府》，甘肃省古籍文献整理编译中心《中国西北文献丛书》二编《西北稀见方志文献》第五卷，线装书局，2006年，第233页。其原文是"（乾隆）三十八年，通判改为知县"。

⑤　《镇西厅乡土志》（马大正、黄国政、苏凤兰、中国边疆史地研究中心主编《新疆乡土志稿·镇西厅乡土志》，全国图书馆文献缩微复制中心，1990年，第177页）则记为"改同知为宜禾县"，误。

⑥　《清高宗实录》卷九五三，乾隆三十九年二月辛亥，《清实录》第20册，第921页下栏。

⑦　《清高宗实录》卷九八一，乾隆四十年四月丙午，《清实录》第21册，第103页下栏。

⑧　《乌鲁木齐政略·文员》，王希隆校注《新疆文献四种辑注考述》，甘肃文化出版社，1995年，第12页；《乌鲁木齐事宜·文职》，王希隆校注《新疆文献四种辑注考述》，第112页。

⑨　和瑛：《三州辑略》，《中国西北文献丛书》二编《西北稀见方志文献》第五卷，第221页。

知、巴里坤理事同知或巴里坤理事通判一职。

咸丰五年（1855）三月，清政府降镇西府为镇西直隶厅，裁附郭宜禾县；同时重新设置巴里坤同知一职[1]。咸丰七年（1857），铸给关防[2]。自此，巴里坤同知一职一直延续到清末。

二、昌吉县设置于乾隆三十八年

《清高宗实录》卷九三九"乾隆三十八年七月甲申"载："吏部议准：陕甘总督勒尔谨奏称，……宁边州同，改为知县……从之。"[3] 由宁边州同改置的知县便是昌吉县知县。由此，昌吉县设置的时间应为乾隆三十八年（1773）。《西域图志》《乌鲁木齐政略》《三州辑略》亦持有同样看法[4]。《嘉庆大清一统志》卷二八〇《迪化直隶州》记乾隆三十九年（1774）设昌吉县[5]，当是以官员上任时间作为了设置时间[6]。《昌吉县乡土志》记为乾隆四十二年（1777）设县[7]，是错误的。

三、阜康县和奇台县两县的行政建制设置于乾隆四十年

牛平汉在《清代政区沿革综表》中以《清高宗实录》卷一〇二三"乾隆四十一年十二月丁巳"条记载为据，认为阜康县和奇台县设置于乾隆四十一年（1776）[8]。部

① 档案《咸丰五年三月十五日朱批庚福奏折》，转引自牛平汉《清代政区沿革综表》，中国地图出版社，1990年，第504页。《奇台县乡土志》（《新疆乡土志稿》，全国图书馆文献缩微复制中心，1990年，第57页）言为咸丰三年（1853），误。

② 《清文宗实录》卷二三一，咸丰七年七月癸未，《清实录》第43册，第579页上栏。

③ 《清高宗实录》卷九三九，乾隆三十八年七月甲申，《清实录》第20册，第687页下栏。

④ 刘统勋修，钟兴麒等校注：《西域图志校注》，新疆人民出版社，2002年，第192页。佚名：《乌鲁木齐政略》，王希隆校注《新疆文献四种辑注考述》，第11页。和瑛：《三州辑略》，《中国西北文献丛书》二编《西北稀见方志文献》第五卷，第234页。

⑤ 《嘉庆大清重修一统志》卷二八〇《迪化直隶州》，《嘉庆大清重修一统志》第6册，上海古籍出版社，2008年，第635页。

⑥ 和瑛：《三州辑略》，《中国西北文献丛书》二编《西北稀见方志文献》第五卷，第244页。

⑦ 中国社科院边疆史地研究中心：《新疆乡土志稿》，第96页。

⑧ 牛平汉：《清代政区沿革综表》，第511，512页。

分学者亦持同样观点①。此条记载原文是："吏部等部议覆陕甘总督勒尔谨疏称：特纳尔州判改阜康县，应设训导、典史二员……奇台通判改奇台县，经收房课牲税，应设训导一员……。从之。"②揆诸文意，此条史料的真实意思是清廷同意在已经设置的阜康县、奇台县设置训导等佐杂人员，而非是讨论设县。根据清代前期惯例，在边疆地区的新县县名只能在中央已经决定设置这一行政建制后，由吏部等初步拟定，皇帝钦定（如镇西府宜禾县之设置过程③、乾隆二十四年安西府各县得名④），地方官员在奏请设县时无权提出所议新县县名。另外，阜康县和奇台县首任知县早在乾隆四十一年（1776）十月即分别已经正式就职⑤。因此，以此条史料来论证阜康、奇台二县于此时成立是不恰当的。此条史料只能旁证出阜康、奇台二县在乾隆四十一年十二月以前即已经设置，而不能证明二县于这一时间设置。

根据《三州辑略》，阜康县和奇台县的设置过程是明晰的："奇台县：乾隆四十年，军机大臣会同吏部议覆都统索诺木策凌条奏，奇台……原设通判一员不足以资弹压，亦照巴里坤宜禾县之例，改设知县。作为满缺。仍兼古城满营理事厅事务。"⑥"阜康县：……乾隆四十年军机大臣会同吏部议覆都统索诺木策凌条奏，乌噜木齐地东之特纳格尔地方……仅设州判一员不足以资弹压，应改设知县一员。"⑦此条记载在《乾隆朝上谕档》中得到验证⑧。此后，乾隆四十一年十月，奇台首任知县纳福和阜康首任知县王喆正式任职⑨。但关于阜康县和奇台县的设置时间，清代的文献却主要形成了两种观点⑩：一是认为两县设置于乾隆四十年（1775）。这种观点主要体现在中央政书的《嘉庆大清会典事例》⑪《光绪朝大清会典事例》⑫，以及分别由当时时任镇迪道道员的福

① 郭润涛：《新疆建省之前的郡县制建设》，《西域研究》2013年第1期，第25页。

② 《清高宗实录》卷一〇二三，乾隆四十一年十二月丁巳，《清实录》第21册，第708页下栏。

③ 《清高宗实录》卷九二六，乾隆三十八年二月癸亥，《清实录》第21册，第708页下栏。

④ 陕甘总督杨应琚"奏为请定安西新设府州佳名事"，中国第一历史档案馆录副奏折，档号03-0051-058，缩微号003-0644。具文时间：乾隆二十四年十月初十日。朱批时间：乾隆二十四年十月十七日。

⑤ 和瑛：《三州辑略》，《中国西北文献丛书》二编《西北稀见方志文献》第五卷，第247，241页。

⑥ 和瑛：《三州辑略》，《中国西北文献丛书》二编《西北稀见方志文献》第五卷，第233页。

⑦ 和瑛：《三州辑略》，《中国西北文献丛书》二编《西北稀见方志文献》第五卷，第235页。

⑧ 中国历史第一档案馆：《乾隆朝上谕档》第八册，广西师范大学出版社，2008年，第137页。

⑨ 和瑛：《三州辑略》，《中国西北文献丛书》二编《西北稀见方志文献》第五卷，第247、241页。

⑩ 除此两种观点外，还有两种看法：一是《清朝文献通考》（第1册，卷八五《职官九直省官员》，商务印书馆，1936年，第5620页）认为"乾隆三十六年设奇台县"，其当是以乾隆三十六年（1771）设置奇台通判误以为是设置奇台县。二是《奇台县乡土志》（《新疆乡土志稿》，第55页）记奇台县为乾隆三十八年（1773）设，不知其何所依据，误。由于两种说法明确错误，所以笔者在此不予讨论。

⑪ 《嘉庆大清会典事例》卷五〇《吏部三·陕西边缺调补》，文海出版社，1988年，第2339页。

⑫ 《光绪朝大清会典事例》卷六六，新文丰出版公司，1976年，第5930页。

庆所著的《异域竹枝词》^①、和瑛编写的《三州辑略》^②中。在受伊犁将军松筠委托，徐松编写的《新疆识略》中亦持此种看法^③。一是认为设置于乾隆四十一年。这种观点主要体现在《西域图志》和洪亮吉私人所著的《乾隆府厅州县图志》中^④。这两种看法之所以发生分歧，笔者认为主要是在"一个政区的设立到底应该以中央政府批准为准，还是以实际成立为准"^⑤的判断标准上发生了分歧。按照政治学的观点，行政区划包括三个方面的内涵：行政建制、行政单位、行政区域^⑥。认为两县设置于乾隆四十年的记载把行政建制设置即"中央政府批准"作为了政区设置的时间，而认为两县设置于乾隆四十一年的记载则把两县知县上任即地方行政单位"实际成立"的时间作为了标准。对于朝廷而言，清帝批准设置乃是新政区设置最为关键的一个步骤，代表着国家对某一局势或者地区在综合考虑后进行决策、采取措施和行动的结果。清帝批准代表着从国家层面这一决策正式实施，其后政区具体的执行机构和人选的配置已经不再是一种决策程序，而是开始进入到了执行程序，这也是这一个政区设置及发生运作行为的最始的时间。所以，在国家层面而言，用清帝批准的时间代表其政区设置的时间是恰当的；但是就地方层面实际发生作用而言，则当以地方行政单位成立为最重要。依笔者之意，如果是单纯考订政区设置，且由于目前政区以行政建制的设置时间为准，笔者鄙意认为历史政区设置时间也应以行政建制的设置时间作为判断标准较妥。

四、宜禾县训导由甘肃灵台县训导裁撤移驻

乾隆三十八年（1773）九月，清廷设宜禾县训导。《嘉庆大清会典事例》^⑦和地方

---

① 王云五主编：《丛书集成初编》第3277册《西南夷风土记·异域竹枝词》，第22页。

② 《三州辑略》卷二《直隶迪化州·镇西府》，《中国西北文献丛书》二编《西北稀见方志文献》第五卷，第234，233页。

③ 徐松：《新疆识略》卷二，道光元年武英殿刻本。

④ 《乌鲁木齐政略》中关于"于（乾隆）四十一年间，经都统大人索　（原文空格——笔者注）具奏，在于特纳格尔改设知县等官案内，将……迪化州属特纳格尔州判改为阜康县知县、添设训导、典史……镇西府属奇台通判改为奇台县"的记载只是表明到乾隆四十一年，索诺木策凌上奏后的最终结果，并不能确切说明阜康、奇台县的具体设置时间。

⑤ 徐建平：《政治地理视角下的省界变迁》，上海人民出版社，2009年，第8页。

⑥ 田穗生、罗辉、曾伟：《中国行政区划概论》，北京大学出版社，2005年，第8页。

⑦ 《嘉庆大清会典事例》卷五〇《吏部三·陕西边缺调补》，第2337页。

志《三州辑略》^①《新疆识略》^②皆记载为宜禾县训导由灵台县训导裁撤移驻，而《清高宗实录》记载为灵璧县^③。由于"新疆丞倅各缺，向例于甘肃拣员调补"^④，又据《嘉庆大清一统志》卷一〇八《安徽统部》，灵璧县此时尚有训导一职^⑤，而《嘉庆大清一统志》卷二五一《甘肃统部》，灵台县已无训导一职^⑥，由此可以旁证宜禾县训导应由甘肃灵台县训导裁撤移驻，《清实录》当是误记。

五、济木萨巡检设置于乾隆三十四年十一月 至乾隆三十八年十二月之间

关于济木萨巡检的设置时间，史料中并无明确记载。目前较为流行两种说法：薛宗正和吉木萨尔县史志编纂委员会认为于乾隆二十四年（1759）设置^⑦，昌吉回族自治州地名委员会认为是乾隆三十七年（1772）设置^⑧。但目前均尚不知此二种说法的文献依据。

乾隆三十八年（1773）十二月，清廷铸给济木萨巡检印信^⑨。说明至少在此时，已经设置了济木萨巡检。另外由档案《陕甘总督明山（乾隆三十四年）正月十一日（2月17日）奏》^⑩可知，济木萨在乌鲁木齐范围之内，而乾隆三十四年（1769）十一月，甘肃布政使在详述乌鲁木齐所属各缺时并未提及济木萨巡检^⑪。因此，济木萨巡检的设置时间当是在乾隆三十四年（1769）十一月戊申至乾隆三十八年（1773）十二月庚寅之间。

① 《三州辑略》卷二《直隶迪化州·镇西府》，《中国西北文献丛书》二编《西北稀见方志文献》第五卷，第233页。
② 徐松：《新疆识略》卷2，道光元年武英殿刻本。
③ 《清高宗实录》卷九四三，乾隆三十八年九月己巳，《清实录》第20册，第747页上栏。
④ 《清高宗实录》卷八四七，乾隆三十四年十一月戊申，《清实录》第19册，第348页下栏。
⑤ 《嘉庆大清一统志》第2册，卷一〇八《安徽统部》，第750页。
⑥ 《嘉庆大清一统志》第6册，卷二五一《甘肃统部》，第750页。
⑦ 薛宗正：《丝绸之路北庭研究》，新疆人民出版社，2009年，第5页；吉木萨尔县史志编纂委员会编：《吉木萨尔县志》，新疆人民出版社，2002年，第22页。
⑧ 昌吉回族自治州地名委员会编：《新疆维吾尔自治区昌吉回族自治州地名图志》，内部资料，1989年，第124页。
⑨ 《清高宗实录》卷九四八，乾隆三十八年十二月庚寅，《清实录》第20册，第846页上栏。
⑩ 中国科学院地理科学与资源研究所、中国第一历史档案馆编：《清代奏折汇编——农业·环境》，商务印书馆，2005年，第231页。
⑪ 《清高宗实录》卷八四七，乾隆三十四年十一月戊申，《清实录》第19册，第348页下栏。

六、奇台通判、东济尔玛台巡检设置于乾隆三十六年

据《嘉庆大清会典事例》卷五〇《吏部三·陕西边缺调补》："（乾隆）三十六年，议准：奇台地方添设通判一员，总理民屯事务；旧驻之经历裁汰，改设东济尔玛泰巡检，分理屯务。"[1] 可知奇台通判、东济尔玛台巡检设置于乾隆三十六年（1771），有学者误认为是乾隆三十七年（1772）[2]，其依据当是《清高宗实录》卷九〇四，乾隆三十七年三月戊戌条[3]。此条史料原文为："吏部等部议覆：护陕甘总督甘肃布政使尹嘉铨奏称，前裁宁夏府西路同知缺，改设奇台通判，裁驻东济尔玛台经历缺，改设巡检……"在提及改设奇台通判及东济尔玛台巡检前，加一"前"字，表明奇台通判及东济尔玛台巡检在此前已经设置。

总之，在较为全面占有史料及对原始史料进行正确理解的基础上，笔者复原了清代巴里坤同知、巴里坤理事同知、巴里坤理事通判的沿革过程。认定昌吉县设置于乾隆三十八年（1773）；阜康县和奇台县两县的行政建制设置于乾隆四十年（1775）；宜禾县训导由甘肃灵台县训导裁撤移驻；济木萨巡检设置于乾隆三十四年（1769）至乾隆三十八年之间；奇台通判、东济尔玛台巡检设置于乾隆三十六年。同时，鉴于目前史学界和历史地理学界对判断一个政区设置时间上尚无统一看法的现状，笔者认为在史料较为丰富的清代，判断历史政区设置时间也应仿照现代，以行政建制的设置时间作为判断标准较妥。

（中国社会科学院中国边疆研究所）

---

① 《嘉庆大清会典事例》卷五〇《吏部三·陕西边缺调补》，第2334页。

② 管守新：《清代新疆军府制度研究》，新疆人民出版社，2002年，第55页。

③ 《清高宗实录》卷九〇四，乾隆三十七年三月戊戌，《清实录》第20册，第71页上栏。

改土归流与区划调整

——以清代酉阳直隶州为例[*]

董嘉瑜

一、导言

学界对于改土归流与行政区划调整的关系，多是从线性关系入手，认为前者是后者的原因，后者是前者的结果。^① 但对于二者关系的演变，缺乏过程性探讨。苗疆的土司研究一直是学术界研究的一个热点话题，对于苗疆地区的改土归流等问题的关注则更是其中的一个重点内容，并产生了丰富精彩的研究成果。这一研究浪潮自 20 世纪三四十年代便蔚为大观，并一直延续至今。就研究视角而言，经历了从中央视角到区域视角的转化。就研究区域言之，黔西北、黔东南以及湘西地区是研究的热点地区。^②

清代酉阳直隶州相当于今渝东南地区的酉阳、秀山、彭水三县和黔江区的范围。相较之下，本区域一非改土归流研究的重点区域，二处在苗疆的边缘地带，亦非苗疆研究的重点区域，因此直至 20 世纪 90 年代起才为学界所关注，代表性的研究成果尚

---

* 原刊于《云南大学学报》（社会科学版）2019年第5期。

① 周振鹤将土司制度看作是一种特殊性政区，认为土司制度的建立本是一种权宜之计，在条件具备的情况下，就必然要采取各种策略与方法，将土司制度逐渐改造成正式的郡县制，这就是改土归流，参见周振鹤、李晓杰《中国行政区划通史·总论、先秦卷》，复旦大学出版社，2017年，第134—135页。

② 代表性研究成果有：温春来关于黔西北苗疆的研究，参见温春来《从"异域"到"旧疆"——宋至清贵州西北部地区的制度、开发与认同》，生活·读书·新知三联书店，2008年；陈贤波关于都柳江上游地区的研究，参见陈贤波《土司政治与族群历史：明代以后贵州都柳江上游地区研究》，生活·读书·新知三联书店，2011年；张中奎关于黔东南苗疆的研究，参见张中奎《改土归流与苗疆再造》，中国社会科学出版社，2012年。

不多见。①其中张万东的博士论文《明清王朝对渝东南土司统治研究》在先行研究基础之上，对明清两朝在渝东南土司地区的统治进行了较为详细全面的梳理，其注意到明朝在管理以酉阳司为首的五土司中采取邻省"兼制体制"，在清代又通过五个步骤实现了对这一地区的改土归流，并对改流时机、改流后清朝对这一地区的善后问题进行了较为充分的研究。②

综上，苗疆改土归流的研究，多集中于从中央改土归流的举措、历程及改流后的安置措施来探讨国家对这一区域的统治，对政区建置与区域历史之间的内在关联研究不够。改土归流过程中采取什么样的政区形态，其隶属关系又如何调整，改流进程与政治运作背后体现的中央与地方关系如何，均有进一步探讨的空间。在酉阳直隶州地区改土归流的历史中，从行政区划调整来看，酉阳司地在短期内经历了土司、厅、县、直隶州等多种政区形态，如何认识改土归流的历史与政区调整之间的关系，如何看待黔彭厅的性质，以及改流背后中央与地方的关系问题，均有待探讨。正如胡恒所指出的那样："明清地方行政制度的变迁是一个系统，必须将厅制的演变置于整个行政制度变迁的大背景下来考察，将其与卫所裁革、改土归流、疆域拓展及清代地方施政理念结合起来讨论，而非就厅制而论厅制。"③

此外，多数的研究仍属就本区域言之，缺乏区域比较研究视角。和酉阳司命运不同的是，同样作为川省行政区域边缘的九姓土司，在清代的命运却与酉阳土司截然不同，杨伟兵等的研究中以川南九姓土司为例，从政治地理的视角探讨清代四川总督对九姓土司的统治，在经历了废卫存司、划司为乡、分州升县三次大的变动下，九姓土司直至清末也未被完全裁改。酉阳土司却很快在雍正年间的改流过程中被裁撤。④因此，尚需从区域比较的视角出发，探讨区域历史与行政运作中所体现出的中央与地方关系的区域差异。本文以酉阳州地区为例，借以档案史料，从个案研究的视角去分析改土归流与政区调整之间的关系，通过改流时机的提出、政区形态的变动及所呈现出的中央与地方关系三个方面，去探讨政区变动与改土归流之间的关系，以丰富土司政治地理的过程研究。

---

①　主要的论著有王承尧、罗午：《土家族土司简史》，中央民族学院出版社，1991年；田敏：《土家族土司兴亡史》，民族出版社，2000年。尚有一些论文，就渝东南地区土司的设置、族群源流、土司内部的权力文化结构、土司与中央政府关系等方面进行了研究，限于篇幅，兹略之。

②　这五个步骤是：从康熙朝开始，清廷通过剥离平茶、邑梅土司与酉阳土司的隶属关系，设重庆府同知管理酉阳、石耶土司，移重庆府同知于黔江驻扎，设置黔彭直隶厅，最终设置酉阳直隶州，参见张万东《明清王朝对渝东南土司统治研究》，吉林大学博士学位论文，2016年，第186页。

③　胡恒：《厅制起源及其在清代的演变》，邹逸麟、华林甫主编《清代政区地理初探》，北京联合出版公司，2015年，第273页。

④　杨伟兵、董嘉瑜：《资控驭而重地方：清代四川总督对九姓土司政治地理的整合》，《历史地理》第36辑，第98—110页。

二、同知分驻与改流时机之争

对于这一地区改土归流的时机选择问题，是以往研究中关注不多的一点，仅有张万东对此展开过探讨，[①] 本文希冀通过更为全面的档案史料来表明酉阳司区划变动的过程是与酉阳司区域的改流时机密切相关的。

明清鼎革，以酉阳司为首的五土司归附清朝。清沿明制，于顺治十五年（1658）授予酉阳司宣慰司原职，仍辖地坝、平茶、邑梅、石耶四小土司，统隶重庆府。

雍正四年（1726）六月二十日，朝廷发谕，令各省督抚对任内的土流官职存在的守重位卑现象进行调整，上谕言："查各省流官大小不一，有设立同知、州同者，有设立吏目者。同知、州同于土知府、知州尚可弹压。至于吏目，则职分卑微，既无印信可行，又无书役可遣，土司意中倘有轻忽之念，则未必肯遵其约束。今可否酌土司之大小，将微员如何改设，重其职守，使流土相适，地方各安。"为此，时任川陕总督岳钟琪随即对所辖区域的土司地区展开调查，并于同年八月二十二日上奏朝廷，其称："臣愚以为酉阳司附近重庆属之黔江县界，与石耶土司均属重庆同知所辖，应将该同知移驻黔江，令其就近约束。其原设酉阳司经历一员，似属闲冗，相应裁汰。"[②]

九月十七日，吏部尚书查弼纳向雍正帝上奏部议意见，"今川陕总督岳钟琪等钦遵上谕，将酉阳等处土司地方所有流官酌议移改具题，俱应如所请，重庆同知，准其移驻黔江，将酉阳司令其就近约束，其原设酉阳司经历，准其裁汰"，"至所请颁给各员关防，亦应准其颁给，俟该督等拟定字样报部，移咨礼部，照例铸给可也"。[③] 九月十九日，雍正帝同意了部议意见，重庆府同知随即移驻黔江，形成对酉阳土司的"就近约束"态势。

雍正五年（1727），川陕总督岳钟琪又就酉阳司地方的情形上奏皇帝："酉阳司界连湖广红苗，其中道路情形以及民风习俗，臣尚未及深知。且相距成都甚属遥远，非确查明白，妥为料理，未敢草莽径行。"[④] 由此可见，地方大员并未将酉阳司的改流提上日程。然而雍正七年（1729）与酉阳司有关的两个案件，即容美土司滥给委牌、科敛丝花案和垫江县新场地方的聚众谋逆案，则改变了地方大员对于酉阳司的态度。

---

① 张万东：《明清王朝对渝东南土司统治研究》，吉林大学博士学位论文，2016年，第178—181页。

② 《奏覆将四川管辖土司之流官与土官官职不相称者调换以便弹压管辖折》，《宫中档雍正朝奏折》第6辑，台北"故宫博物院"，1978年，第481—483页。

③ 《吏部尚书查弼纳题为四川酉阳等处土司地方流官官职卑微不足弹压酌议改本》，中国第一历史档案馆编《雍正朝内阁六科史书·吏科》第30册，广西师范大学出版社，2002年，第424—425页。

④ 《奏查重庆所属之酉阳司泸州所属之九姓司二土司地方情形折》，台北"故宫博物院"所藏宫中档雍正朝奏折，档号：402021907。

雍正七年（1729）四月十一日，四川巡抚宪德、四川提督黄廷桂奏报川省建始县"恶棍"向仲乾等用重金贿通楚省容美土司，私自接受了容美土司所授的彝职。同时，容美土司还派土游击、千总、把总等土目赴川楚交界处向建始县的川民征收银两、丝花等物。① 随后，四川提督黄廷桂将这一情况咨达川陕总督岳钟琪处，岳钟琪在了解情况后，于四月二十九日上奏雍正帝，提出其解决办法，其称："臣详加审度，愚见所及，以为此事似当先去其党羽，然后从容料理，方属有益。查川省酉阳地方与容美土司地界接壤，酉阳土司冉元龄强横不法，未必不与容美土司互相朋比，勾结为奸，前岁臣在京陛见时曾将酉阳情节面奏在案，嗣因西藏备兵，复有进剿雷波等处之案，是以未暇奏请办理，今臣已将冉元龄款迹逐细访明，现在与署总督吏部尚书臣查郎阿会同酌议，俟将来酉阳事定，则容美土司是可易于筹划矣。"② 五月二十七日，岳钟琪又上奏雍正帝，主张对酉阳土司改土归流。③

雍正帝对于岳钟琪的上奏十分重视，立即令和硕怡亲王允祥议奏前来，其经过调查后，认为岳钟琪所奏应当缓之，雍正帝正是根据其意见，④ 对酉阳司的改土一事作出暂缓决定：

> 至于酉阳司改流之议，经卿面奏，朕亦时常在念。但思迩来云贵、四川、广西整理处颇多，应须安静数年，然后举动为是。况卿折内有逐细访明另奏之语，则是咸由查访而得，尚非彰明较著之案。如以为与容美勾结为奸，而欲先去其党，酉阳朝动，容美夕觉，必致疑惧，激成事端。朕意此举亦且不必，总俟卿凯旋面朕，应行与否，彼时详酌再定可耳。⑤

由此可见，川陕总督岳钟琪借由容美土司滥给川民委牌、科敛丝花二事，想要对酉阳土司进行改土归流，但在雍正帝看来，其改流时机并不成熟。川省大员在将重庆府同知移驻黔江县之后，想要进一步对酉阳土司进行改流的想法与西南改土归流的大形势发生冲突，并不符合王朝西南改流的整体利益。然经此一案，川省大员对酉阳土

①　《奏报恶棍向仲乾等贿通容美土司寓立私结干授官职》，台北"故宫博物院"所藏宫中档雍正朝奏折，档号：402010202。

②　《奏为楚属容美土司田旻如擅假名器私给川民委牌并差土目多人越界科敛人民春花银两》，台北"故宫博物院"所藏宫中档雍正朝奏折，档号：402021657。

③　《奏报湖广容美土司田旻如滥给委牌一案并四川酉阳司改土一事》，台北"故宫博物院"所藏宫中档雍正朝奏折，档号：402021669。

④　有关和硕怡亲王允祥的奏议，可分别参见《奏议岳钟琪所奏酉阳土司之事亦属可缓折》《奏议化导容美西阳苗民案折》两折，台北"故宫博物院"所藏宫中档雍正朝奏折，档号：402019856，402019835。

⑤　《奏为楚属容美土司田旻如擅假名器私给川民委牌并差土目多人越界科敛人民春花银两》，台北"故宫博物院"所藏宫中档雍正朝奏折，档号：402021657。

司的态度已有颇多不满。垫江县新场地方的聚众谋逆案件成为又一案例。

雍正七年十二月初一日，四川巡抚宪德、四川提督黄廷桂奏称：

> 闻得新场地方有聚众之人，带有牌票招人，随即文武会同齐差兵役拿到杨大铭、董先朝、黄四等十九名，并获马二匹，未装束鸟枪一杆。杨大铭处搜出招人朱判纸一张，上写杨大铭名下人一百。随审，据杨大铭供，系江西吉安府庐陵县人，到新场剃头生理，有黄四、赵汝梅等邀去买棉花，到丰都县白石丫王可久家同湖广人陈姓、李姓、刘姓等别的不知姓名共四十多人，王可久整了血酒，叫小的们大家发誓拜弟兄，才对小的说忠州出了杨家将，叫杨承勋，他家有金镶玉印、刘伯温碑记，他家第七个兄弟必要为王，送在酉阳司去了，叫大家扶助……据查此等奸徒，擅敢妖言惑众，复敢捆绑兵丁，大干法纪，除飞饬护重庆镇及按察司、川东道会同多拨兵丁四路，分头协拿首恶党羽，并檄饬酉阳司追献杨七，及严查有无假印、碑记，确审实情。①

雍正帝接到上奏后，对于此事十分谨慎，"但向酉阳追献杨七并察究碑印处，详慎为之，不可逼令无知武弁激成事端"。②同年十二月十三日，署陕西总督查郎阿接到了四川巡抚宪德就此事的咨文，对于杨七逃去酉阳司一事，他在十五日上奏皇帝的折子中提到："自应严查勒获，其玉印、碑记等物，俱应搜追存贮。"雍正帝却不认为如此："至首逆杨七既称在酉阳土司处，自应严查勒获等语，朕则以为不然。试观杨大铭所供杨承勋家有玉印、碑记，他家第七个兄弟必要为王，则是谋为不轨明矣。该土司若素行恭顺，断不敢招纳叛逆，或即心怀不逞，又岂肯容留无籍之徒而奉戴之乎？倘听信此等荒唐支饰之词，遂向该司勒获杨七，殊非情理之当。汝其详审虚实，斟酌办理，庶期正犯就获，可免波累，勿令无知将弁孟浪举动，以致滋生事端。"③

此次的谋逆案件尚未查清，仅仅三天之后，查郎阿便再次上奏，题参重庆镇标左营游击保璠在被委署黔彭营印务、游击印务期间，与酉阳土司冉元龄往来密切，并借机多次勒索银两、人畜。查郎阿还将此事与前述垫江杨承勋谋逆案件结合起来，认为"冉元龄盘踞酉阳，素不安分"，其"窝藏首逆之罪，更不止于行求纳贿，实难疏纵养

① 《奏闻妖言惑众捆绑兵丁之匪徒并追献杨七及严查有无假印碑记等事》，台北"故宫博物院"所藏宫中档雍正朝奏折，档号：402010214。

② 《奏闻妖言惑众捆绑兵丁之匪徒并追献杨七及严查有无假印碑记等事》，台北故宫博物院所藏宫中档雍正朝奏折，档号：402010214。

③ 《署陕西总督查郎阿奏报四川缉拿研讯聚众结拜鼓惑情形折》，中国第一历史档案馆编《雍正朝汉文朱批奏折汇编》第17册，江苏古籍出版社，1991年，第525页。

奸，应即严刑参究"。雍正帝态度却颇感无奈："此事候朕另有谕旨。此则又不当严而严之举也，总不知事情之来历轻重，胡乱之办理也。非过则不及，奈何？奈何？"①

随即，雍正帝根据查郎阿的奏报，颁发了一则谕旨：

> 各省土司，朕皆一视同仁，与内地官民无异。莫不欲其安生乐业，共享升平之福。是以屡降谕旨，令该督抚训饬官弁，凡有管辖土司之责者，加意抚绥，无得借端滋扰。若有苛虐生事以致土司失所者，必重治其罪……但管辖苗疆之官弁等，往往不能仰体朕心，屏除私念。若土司等有不敢书使往来者，则加以傲抗之名，摭拾小事，申报上司。若私相往还，有所馈赠，则上司访知，又加土司行贿钻营之名，究治其罪。如此则土司岂不处于两难乎？
>
> 即如该督参奏冉元龄之纳贿于保璠一案，朕知冉元龄必有屈抑难申之情也……惟是奸民匪类等播弄拘衅，希图获利。于官弁之前，则假捏土司不法事端，而在土司地方，又肆行恐吓怂恿之诡计。为督抚大吏者，安可不详加审察，而轻信属吏之浮言，为奸徒所愚弄乎？此案内需索受贿之保璠，著该督抚严加审讯，照所定苗疆之例定拟具奏，冉元龄悉从宽免，不必查究。②

而垫江杨承勋等谋逆案件很快也有了结果。雍正八年（1730）正月十八日，四川提督黄廷桂上奏雍正帝，称已将"垫江贼党一案"的主要案犯捉拿归案，"查首恶杨七，果系于杨隘嘴地方被获，并未在酉阳土司境内"。③

容美土司跨省给川民授职、征收银两丝花一案使得川省大员认为要解决容美土司的改流问题，必须先从酉阳司的改流入手；再到垫江县聚众谋逆案，川省大员仍旧想借此参革土司。可以看出，地方大员对于土司改流的态度是坚决的、急速的，但这种态度与整个西南区域改流的整体利益相冲突，因此他们的上奏均遭到了雍正帝的驳斥与批评。川省地方大员在对酉阳土司急速改流的做法首次失败之后，并未深刻体会到雍正帝的真正用意，而是再次借题发挥，必欲将酉阳土司参革改流方可。在雍正帝的严加批评之下，川省大员方逐渐理解了雍正帝的用意，而围绕酉阳土司的改流暂时被搁置。

---

① 《奏报游击保璠与土司勾结不法折》，台北"故宫博物院"所藏宫中档雍正朝奏折，档号：402009767。

② 《谕酉阳土司冉元龄多有冤抑著署川陕总督查郎阿等传旨晓谕》，参见中国第一历史档案馆编《雍正朝汉文谕旨汇编》第3册，广西师范大学出版社，1999年，第229—230页。

③ 《奏报拿获垫江贼党首恶杨七折》，台北"故宫博物院"所藏宫中档雍正朝奏折，档号：402010217。

三、废厅立州——酉阳司之行政区划调整

雍正九年（1731）以后，随着清廷对西南大规模改土归流的结束，其所面临的改流压力已大为缓解。因此，川省大员开始逐渐从行政区划的调整入手，逐步推进酉阳司地的改流。

十一年（1733）三月十六日，四川总督黄廷桂上奏朝廷："该臣等看得设官分理，自应量地方繁简，酌道里远近，使百姓便于从治。兹据布政使刘应鼎详称，查得重庆府辖一十八州县，地逾千里，属员既多，民风颇杂，知府一官，势难遥制。如黔江县，距府一千九十里，接连贵州苗疆，又有本省酉阳各土司环附，原分重庆府同知驻彼钤辖，应请将黔江及附近之彭水二县，均归重庆同知管辖，以专责成。"[1]四月十三日，雍正帝发谕"该部议奏"。当年十月初六日，吏部给出了意见："应如该督等所请，黔江、彭水二县照永宁县归叙永同知之例，准其归于重庆同知管辖"，同时，"应如所请，将黔江、彭水二县，酉阳等处土司一切生童考试，由该同知照知府提调之例复考，会送学政衙门。亦应如所请，将黔江、彭水二县，酉阳等处土司一切钱谷事件，由该同知汇核。至黔江、彭水二县，酉阳等处土司一切命盗案件，亦应由该同知审转，以专责成"。十月初八日，部议意见被雍正帝采纳。[2]由此可见，重庆府同知不但具有了专管之地，还具备了"钱谷刑名"这一职责，黔彭军民厅由此成立。

十二年（1734）九月初二日，黄廷桂和四川巡抚鄂昌上奏朝廷，奏报酉阳土司诚心向化，地坝、平茶、邑梅、石耶四土司亦一并呈请改流。[3]同月二十一日，重庆总兵吴正同样奏报"酉阳土民诚心向化"。面对川省大员的上奏，雍正帝表示同意，但要求他们谨慎行事，妥善办理。虽然其态度仍旧谨慎，但已默认了对酉阳司的改流措施。[4]

针对酉阳司改流后的区划设置问题，四川总督黄廷桂于雍正十三年（1735）奏称"酉阳幅员辽阔，境地四通，外连川、黔、楚三省，内包平茶、地坝、石耶、邑梅四司，按其道里，垦其户口，必划分二县，始足治理"，并提出其方案，"于司治设知县一员，典史一员，分管西北二路忠孝、感坪、治西、容坪、上际、照旗、功旗、白

---

① 《四川总督黄廷桂题请将忠州改升直隶州顺庆府通判移驻丰和场打箭炉添设照磨本》，《雍正朝内阁六科史书·吏科》第71册，第494—495页。

② 《兼管吏部尚书事张廷玉题议四川忠州改升直隶州其衙署吏役无庸增改等事本》，《雍正朝内阁六科史书·吏科》第73册，第299—301页。

③ 黄廷桂：《奏报酉阳土司诚心向化折》，参见台北"故宫博物院"《宫中档雍正朝奏折》第23辑，1979年，第467页。

④ 吴正：《奏报酉阳士民诚心向化折》，参见台北"故宫博物院"《宫中档雍正朝奏折》第23辑，第508页。

家溪、城子头各里，并大江河西半里"，"酉阳东南三合场，广袤二十余里，界于四小土司之中，地势宏敞，水陆均便，且距黔楚新抚苗疆甚属紧要，似应于此处请设知县一员，典史一员，分管酉阳东南一带之南洞、九江、巴白、十二庄、容溪、晚森、小江、苗江等里，并大江河东半里，以及平茶、地坝、石耶、邑梅四司地方"。① 同时，为了便于管理，于新设的酉阳县龙潭镇设立县丞，龚滩镇设立巡检，酉阳东南所设新县的石堤地方设立巡检一员。在统县政区的设置上，川督提议将原先驻扎黔江县的重庆府同知移驻酉阳司治，令其"兼辖新旧四县一切刑名钱谷、命盗案件，俱由同知汇核审转，仍隶川东道统辖，并照直隶叙永同知之例，请增照磨一员，以供委用"。②

川督上奏后，朝廷同意在酉阳司地方新设二县的奏议，但在统县政区的设置形式上，兼吏部、户部尚书事大臣张廷玉提出异议："查直省州县，俱隶府辖，亦有因属县无多，不便建立府治，而请设直隶州者。至同知原系知府佐贰，从无改为直隶同知、专辖州县之例。惟重庆府同知，先经该督以重庆府管辖一十八州县，地逾千里。其黔江、彭水二县，离府甚遥，题准将该府同知移驻黔江，分隶管辖在案。亦并未将重庆府同知改为直隶同知。今该督于原属之黔江、彭水二县外，又将酉阳等土司改设二县，是属县既多，必得正印之员，方足弹压，不便复以该府同知管辖，应令该督抚会同巡抚，将此四县或应另设府治，或改设直隶州管辖，并添佐杂，以供委用之处，悉心安酌，详悉具题，到日再议。"③

雍正十三年十一月初一日，四川总督黄廷桂据部议上奏："酉阳各土司及黔、彭二邑事务尚简，请将前议酉阳司治所设一县改为直隶州治，设立知州一员"，"重庆府同知，仍令驻扎重庆，改设直隶州知州一缺"。④ 乾隆元年（1736）六月初五日，部议通过了该奏请，同时在州治添设州判一员，将酉阳直隶州州同分驻龙潭镇，龚滩镇仍为巡检司驻地。至此，黔彭厅被撤废，取而代之的是酉阳直隶州的成立。⑤

通过梳理清代黔彭厅的置废过程，可见黔彭厅之设立，乃是源于这一地区具备如下两大特点：一是地处行政统治力量的薄弱地带。从重庆府范围内来看，黔江县距府

① 《兼管吏部尚书事张廷玉题为敬筹酉阳添设知县县丞典吏巡检游击守备等安设事宜本》，中国第一历史档案馆编《雍正朝内阁六科史书·吏科》第81册，广西师范大学出版社，2002年，第559—568页。

② 《兼管吏部尚书事张廷玉题为敬筹酉阳添设知县县丞典吏巡检游击守备等安设事宜本》，中国第一历史档案馆编《雍正朝内阁六科史书·吏科》第81册，第560—561页。

③ 《兼管吏部尚书事张廷玉题为敬筹酉阳添设知县县丞典吏巡检游击守备等安设事宜本》，中国第一历史档案馆编《雍正朝内阁六科史书·吏科》第81册，第561页。

④ 《四川总督黄廷桂题请将酉阳改为直隶州并拣员补放本》，《雍正朝内阁六科史书·吏科》第83册，第527—529页。

⑤ 关于中央官员对于酉阳直隶州设立的部议，可参见冉崇文、冯世瀛纂，王鳞飞等修：同治《酉阳直隶州总志》卷十二《职官志·文佚》，《中国地方志集成·四川府州县志辑》第48册，巴蜀书社，1992年，第535—541页。

治遥远，统治不易；从清代四川的行政版图来看，这一地区又处于川省行政统治的东南边缘，毗连楚、湘、黔三省，地理位置紧要。二是土司力量强大。以酉阳宣慰司为首的土司成为清代川东南地区的一股重要力量，且地处苗疆，与贵州、湖南、湖北等省的红苗联系紧密，民族关系极为复杂。

正是源于这两大特点，以四川总督为代表的地方督抚大员先奏请将重庆府同知移驻到黔江县来弹压以酉阳司为首的土司，乃由同知分防具备厅之雏形。此后，从加强行政统治的意愿出发，将黔江、彭水二县归重庆府同知钤辖，并赋予其"刑名钱谷"的职责，使得重庆府同知因有专管之地而具厅之实。随着酉阳司地改土归流的实现，川督先是提议将酉阳司地改设二县，并令重庆府同知管辖新旧四县，成为直隶同知。这一提议遭到部议官员的驳斥后，黔彭厅被裁撤，取而代之的是酉阳直隶州与秀山县的成立。

中央与地方官员对于黔彭厅是否为直隶厅的分歧，说明黔彭厅在当时仅为散厅，并非中央所认可的直隶厅，也反映出此时厅制尚处在形成之中。以四川总督为首的地方行政大员，企图通过援引"直隶叙永同知"之例，在地方行政实践中推广这一模式，但囿于与中央官员意见上的分歧，使得黔彭厅很快被撤废。更为重要的是，黔彭厅的撤废，与这一地区改土归流的形势密切相关，"要放在具体的行政实践与区域历史发展中去考量"，[1] 而非只是一种临时性的建置。

四、界连多省——苗疆改土归流下的酉阳司地命运

如前所述，酉阳州在清代与湖广、贵州毗连，因此围绕对本区域的治理，从纵向的层级划属来看，明代先后归重庆府、川东道、四川布政使司管辖。从横向的管辖范围来看，除了隶属四川管辖之外，周边省份的官员对本区域也有兼辖之责。明代采取四川管辖、邻省兼制的举措，以酉阳司为首的五土司在行政区划上隶属四川，同时，贵州方面的贵州总兵、思石兵备、铜仁守备，湖广方面的九永守备则有兼制之权。[2]

入清之后，酉阳司从行政划属上仍隶四川，但也受邻省节制。清初贵州巡抚除了巡抚贵州之外，还"兼督理湖北、川东等处地方"[3]，湖南地方大员也曾就这一地区

---

① 胡恒：《厅制起源及其在清代的演变》，邹逸麟、华林甫主编《清代政区地理初探》，第273页。

② 关于此点，张万东的博士论文曾有专篇论述，参见《明清王朝对渝东南土司统治研究》，吉林大学博士学位论文，2016年，第73—80页。

③ 《清世祖章皇帝实录》卷一二三，《清实录》第3册，中华书局，1985年，第953页。

的治理向朝廷建言献策。这一做法，实际上是想要延续明代在这一地区治理中的"兼制"体制，以解决多省交界地带事权不统一所带来的障碍。① 其作用尽管有限，但朝廷出于控制西南的目的，刻意实行犬牙交错的行政格局。为解决这一问题，清代企图通过改土归流的方式加以实现。在大体完成川省西南乌蒙、镇雄两军民府的改流后，云贵广西总督鄂尔泰坐镇黔省，指挥贵州苗疆改土归流，至雍正七年，随着黔东南"各处苗疆悉皆平定"，鄂尔泰的注意力又集中在了黔东北的无管生苗地带。他在七月二十四日上奏雍正帝的奏折中说：

> 窃照贵州铜仁一府，地处黔省极边，逼近红苗夷界，向因路远苗强，不能管辖，仅于近府之乌罗等司地方，薄筑土墙，以分内外……自红苗而外，又有无管生苗，北连湖广，西接四川，广袤千余里，成化外之巨区，居三省之腹里。其中地土平衍，人民饶庶，语言衣饰，多如汉人，鸡犬桑麻，无异内地。因并不隶于何省，或为强横土司所割据，或为凶悍头目所分侵，向号四不管，积习相沿，由来已久。查其……接连川界者，则系酉阳、石耶、地坝、平茶、邑梅等司。其内酉阳土司冉元龄自恃地广苗众，肆行凶恶。或窝藏奸匪，或杀劫善良，尤属渠魁，首应钤制。②

因此，鄂尔泰主张对这一无管生苗地带进行招抚。和前述雍正七年的两次案件一样，雍正帝出于西南整体局势的考量，不同意鄂尔泰的做法："此事目下万万不可，事情重大，若清理此事，必四省督抚得人，同心合力，预为筹划万全，一举而可就绪。今者迈柱、查郎阿、宪德、王国栋皆非能料理此事之人，暂且听之。再者川陕精锐多派出口，滇、黔官兵亦当令休息，湖广民刁兵骄，而从未经事，非其时也……若急欲举行，倘遇不法凶苗，再有汉奸挑拨，则新附之苗，否能保其不被煽惑也？此事愈缓愈妥。"③

鄂尔泰从苗疆治理整体出发，企图突破行政界限的窒碍，他在分析贵州、湖南、四川三省交界地区的形势后，下令黔省官员跨省界招徕苗民，湖南巡抚王国栋、湖广总督迈柱随即来咨询问此事，并向雍正帝上奏，说黔省官员越界楚省招徕苗民。雍正帝接到湖广总督迈柱的上奏后，支持了鄂尔泰的做法，同时认为其行为亦属恰当："六里苗人果被黔省委员招去，乃极好之事，楚、黔宁有彼此之分耶？汝之详审，亦

---

① 傅林祥：《晚明清初督抚辖区的"两属"与"兼辖"》，《安徽大学学报》（哲学社会科学版）2010年5期。

② 鄂尔泰：《朱批鄂太保奏折》（原钞本）第3册，全国图书馆文献缩微复印中心，2005年，第411—413页。

③ 鄂尔泰：《朱批鄂太保奏折》（原钞本）第3册，第412—418页。

所当然。"① 鄂尔泰得到雍正帝认可后，更是认为："此疆苗界，名为四不管，既已四不管，则属楚属黔，谁能划定？"② 正是在这样的治理思路之下，黔省官员又提议将酉阳司地划归贵州管辖。

雍正八年（1730）七月初七日，即将升任广东巡抚任的贵州布政使鄂弥达上奏朝廷："查四川重庆府所辖之酉阳司并所属之邑梅、平茶、石耶、地把等土司，离府十八站，离黔属之思南府仅止五站，地界相连，因离川窎远，鞭长莫及，以致该土司等匿犯藏奸，横行不法。且其地方辽阔，土脉肥沃，每有铜仁等府贫窘百姓在彼开垦生理，完纳土司租赋，稍不遂意，百般凌虐。考之黔志，思南府属之甫南图地方，久被该土司占去，似此侵课害民，亟宜钤束清理。应请将酉阳等司就近割归黔省管辖。"③ 不唯如此，鄂弥达出于筹饷需要，还请求朝廷将湖南辰州府属之沅州划归黔省管辖。雍正帝命鄂尔泰对此发表意见，十一月二十八日，鄂尔泰上奏朝廷，表明看法："查酉阳土司，前明时原隶黔省，因红苗作乱，改隶楚省。嗣因六里地方叛踞，不便管辖，又改归川省……就道里之远近，论控制之难易，黔非利其有，川亦乐于还，勤勤约束，缓缓图维，似于事机两无妨碍。"但雍正帝仍主张"当为缓者"。④

事实上，早在明代，便有黔省人士提议将酉阳等五土司划归黔省。⑤ 不唯如此，除了明清两代黔省官员主张将酉阳土司之地划归黔省管辖之外，湖南官员也有此动议，以湖南辰永靖道道台王柔为代表，他针对鄂尔泰所奏黔省东北的无管生苗地带治理问题提出自己的看法："川属之石耶土司，亦应拨归黔省管辖，以除挑衅之后患。"⑥

此外，对于多省交界地区的治理，王柔认为朝廷应派重兵弹压这一带的大小土司，使他们屈服兵威，从而达到改流目的："查该土司之地方形势，容美处东北，酉阳处西南，十八小土司则纷处其中，形如长蛇，容美为首，酉阳为尾，而诸小司为胸腹。据其前则后为之动，抚其左则右为之扰。若行进剿，必须环匝布置，四围防御，以备缓急应援，令彼无所躲闪，方为控制全策。"对此，雍正帝严辞批评："土司中容美、酉阳，原有僭妄不法举动，近日亦皆知悔过敛迹，国家未有无故兴师征剿之理。容美向称富庶，此皆武弁贪利图功、无事生事之论，汝何可蹈袭而言及此耶……汝今张大其辞，以耸朕听，不知具何肺腑？似此孟浪乖谬之见，速宜改除。惟以安静弹压地方，是务不可更生多事贪功之念，倘有激成事端行迹，罪不汝贷矣。将朕此谕并所

① 《为奏闻事》，雍正七年七月二十七日，《朱批谕旨》第54册，点石斋书局，1887年，第25—26页。

② 鄂尔泰：《朱批鄂太保奏折》（原钞本）第3册，第485—486页。

③ 《奏为敬陈管见仰祈睿鉴事》，参见《朱批谕旨》第56册，第8页。

④ 鄂尔泰：《朱批鄂太保奏折》（原钞本）第4册，第293—297页。

⑤ 倪状猷《四川酉邑湖广永保四司改隶黔中议》和万世英《四川酉平邑石四土司改隶议》两文，参见［明］万世英修纂，黄尚文整理点校：万历《铜仁府志》卷十《经略志》，岳麓书社，2014年，第195—196页。

⑥ 《奏为密行奏闻事》，参见《朱批谕旨》第36册，第86页。

奏密令周一德知之。"① 周一德任湖北彝陵镇总兵，会同辰永靖道道台王柔共同用兵苗疆。雍正帝的批谕乃是从西南大局出发考量的，这一地区的改流时机尚未成熟，因此王柔这种武力征讨的手段遭到了其严厉批评。

由上可知，雍正年间西南改土归流这一大的事件背景之下，围绕这一多省交界地区的治理，川、黔、楚三省不同级别的官员渐次发声，纷纷向朝廷建言献策，最终汇总于雍正帝手中，由其作出最终决策，从而影响到酉阳司地的改流进程。官员级别不同，因此对于这一地区的治理思路各异。

一是以辰永靖道道台王柔为代表的官员，主张直接通过武力征讨的方式实现红苗区域的改土归流。因这些官员实际接触苗疆事务，往往在政策选择上比较激进，多是从一时一地的情况出发，缺乏大局观念，这些做法在雍正帝看来便属于急功冒进之举。二是以云贵广西总督鄂尔泰和四川总督黄廷桂为代表的督抚一级的封疆大员，相较于布政使和道台、总兵等官员，虽然在一些举动上往往也比较激进，但通过上奏得到皇帝的朱批意见后，往往能够比较稳妥地理解和执行皇帝的意图，同时具备大局观念。鄂尔泰从西南区域整体改土归流的角度出发，主张打破行政区域的限制，从而实现整个红苗区域的治理。黄廷桂则主张通过区划调整的手段逐步实现这一区域的改土归流，最终通过强化控驭来实现区域治理。这种分歧，则折射出明清两朝在这一区域治理中长久存在的一种结构性矛盾。②

地方官员的看法最终汇总到雍正帝手中，他从西南区域的大势出发，指导着这一区域的改流进程。在酉阳司地的划属上，最终还是维持了原有的隶属关系。

五、结语

本文通过酉阳直隶州这一统县政区如何从土司区域转变为经制化的行政区域的个案研究，旨在对区划调整与改土归流的关系进行过程性探讨，并揭示中央与地方如何在这一政治过程中实现互动与调整。③ 可以见到，改土归流实则是对区域政治力量的一种重新整合，区划的调整恰是其中一项重要的行政手段；反过来，区划调整时机的

① 《奏为奸土悍恶不悛万难再为宽容复沥愚忱跪乞圣恩迅赐乾断事》，《朱批谕旨》第36册，第80—81页。
② 这种结构性矛盾即指：从行政治理的角度来看，将川、黔、楚交界地区的苗疆划归到一个行政区域下显然有助于其民政管理，但对于王朝统治来看，更希望通过利用犬牙交错的格局来分解苗疆势力，防止其互通一气，整合力量对抗朝廷。因此苗疆区域传统的分区而治的做法与现实行政困境之间存在结构性的矛盾。
③ 杨伟兵《清代前中期云贵地区政治地理与社会环境》[《复旦大学学报》（社会科学版）2008年第4期，第39—40页]一文，认为对于改土归流要开展过程性实态研究，从而复原区域历史进程的整体面貌。

提出、政区形态的选择和隶属关系的调整，又深受中央与地方关系的政治过程影响。

从行政区划的调整的过程来看，重庆府同知移驻黔江弹压酉阳司而具厅之雏形，重庆府同知钤辖黔江、彭水二县并被赋予"钱粮刑名"之责而具厅之实，川省大员与部议官员围绕"直隶同知"之分歧而使厅废州立构成了酉阳州区划调整的三个阶段。而多种政区形态的出现，是中央与地方根据本区域改土归流的历程稳步推进的结果。在这一过程中，不论是改流时机的选择，还是政区设置形式问题，始终都围绕着西南改土归流的大势，反映出清代国家在边疆治理中根据实际情况进行适时调整的过程。

从国家治理来看，明清两朝对于苗疆治理最终均选择了分区而治的思路。采用犬牙交错的行政区划格局，使得多省交界地区因事权分散而不能有效应对苗疆之乱，行政区划上的弊端也因之凸显。明代采取将酉阳司地划归四川，同时令黔、楚二省"兼制"的做法来弥补，清代则逐渐抛弃这种"兼制"体制，转而通过改土归流，推动土司区域向经制化州县区域转变的方式来寻求苗疆治理的新思路。酉阳司和同省九姓司截然不同的命运，也与这一地区的民族形势密切相关。这一过程中，地方督抚大员与朝廷乃至皇帝之间的多向互动影响着区域历史的发展进程。这种方式在一定程度上是成功的，但未能从根本上克服分区而治与现实行政困境之间的结构性矛盾。持续的苗乱而引发社会秩序的动荡和国家在这一地区频繁的军事调动即反映出此点，从而也从一定意义上凸显出清代总督体制的制度性缺陷。

（四川大学历史文化学院）

清代县级政区分等制度再探*

胡　恒

政区分等是秦汉以降历代统治者为对行政区划进行分类管理而做出的一项重要制度安排，其分类标准屡经变迁，或以人口数量，或以赋税额度，或以政治地位，或以治理难度为依据。延至清代，政区分等制度集历代之大成，无论是分等标准的综合性与标准化，或是政区分等与官僚选任结合的紧密性都达到了极高程度。

清代政区分等制度一直受到清史学界的广泛关注，特别是刘铮云、张振国等诸位学者对这一制度的流变做出了深入研究，他们对雍正至乾隆朝制度初创至稳定阶段的变迁，梳理比较细致。① 不过，以往的研究主要基于制度史和政治史的视角，侧重这一制度的时间性变化及其背后所体现的皇帝、吏部与督抚之间的政治关系，基于地理角度的空间分析还比较少。笔者先前曾对包括府厅州县在内的政区分等进行过初步探讨，基于地理信息系统（GIS）与量化方法，依托政区分等及《缙绅录》量化数据库，展示了清朝政区分等的空间分布及其对官员选拔、任用与晋升的影响。② 不过清朝"府

---

* 原刊于《历史地理研究》2021年2期。

① 施坚雅：《城市与地方体系层级》，施坚雅主编《中华帝国晚期的城市》，叶光庭等译，陈桥驿校，中华书局，2000年，第327—417页；刘铮云：《"冲、繁、疲、难"：清代道、府、厅、州、县等级初探》，《"中研院"历史语言研究所集刊》第64本第1分，1993年；刘铮云：《〈清史稿·地理志〉府州厅县职官缺分繁简订误》，《"中研院"历史语言研究所集刊》第65本第3分，1994年；真水康树：《清代18省における「北京首都圈」の行政管理上の特質》（上、下），《法政理論》（新潟大学）第32卷第1號，1999年，第32卷第3、4号，2000年；董枫：《清代府县级行政单位划等问题的再审视——以乾嘉时期浙江省县级单位划等情况的讨论为例》，《历史地理》第25辑，上海人民出版社，2011年，第99—107页；张振国：《论清代"冲繁疲难"制度之调整》，《安徽史学》2014年第3期；张振国：《清代道、府、厅、州、县等级制度的确定》，《明清论丛》第11辑，故宫出版社，2011年，第382—400页；张振国：《论清代官不久任与"冲繁疲难"缺分之调整——以乾隆十二年为中心》，《明清论丛》第15辑，故宫出版社，2015年，第162—174页；刘铮云：《皇权为中心的权力竞逐：以清雍正十二年官缺更定为例》，《档案中的历史：清代政治与社会》，北京师范大学出版社，2017年，第127—156页；张振国：《清代"冲繁疲难"制度再审视——以乾隆七年制度调整为中心》，《清史研究》2019年第3期。

② 胡恒：《清代政区分等与官僚资源调配的量化分析》，《近代史研究》2019年第3期。

厅州县"四类政区的等第分布及选任方式均有差异，且数量不均。宏观性的分析固然可以看出政区分等整体制度设计的考量，但难以对不同类型政区分等的特点予以深入揭示，故此后笔者又专门对府、州的缺分及知府、知州选任做了一些新的研究。[①] 本文将在前述诸文基础上，对清代县级政区分等研究中若干讨论不足之处继续探索，以深入观察县级政区分等制度运行的细节。

一、乾隆十二年后县级政区等第变动的趋势及其分析

自雍正六年（1728）清廷初次讨论"冲繁疲难"制度之后至乾隆初年，县级政区一直处于频繁的调整阶段，直至乾隆十二年（1747）才稳定下来。《清实录》中有一段对乾隆十二年前"冲繁疲难"制度演变的概括描述：

> 伏查雍正六年九卿议覆广西巡抚金𬭚条奏，将各省道、府、同知、通判、州、县各缺，分别冲繁疲难，除道府请旨补授，其同知以下四项、三项相兼者，于现任属员内拣选调补。原恐初任之员，贻误地方，是以分别办理。雍正十二年直隶总督李卫奏称：从前所定繁简未确，奉旨令各省督抚详查，据实具题。经各督抚更正，有将选缺改为要缺者，亦有将要缺改归部选者。乾隆七年奉旨：各省道、府、同知、通判、州、县等缺，从前督抚办理时，不过据属员开报，以致繁简之间多不的确。着吏部行文各省督抚，将从前所定各缺，悉心妥议，务期名实相称，亦经遵照酌定在案。近年来各省仍有陆续奏改者，是同一地方、同一职守，繁简前后互异，更改不一。……应再通行各该督抚，将现定应题、应调各缺，详核更正，造册奏报。[②]

经过雍正六年、十二年（1734）及乾隆七年（1742）、十二年等几番重大调整，各省缺分至此基本稳定下来。对乾隆十二年"冲繁疲难"制度调整做过深入研究的张佩国认为这次调整"标志着请旨缺、外补缺和部选缺在道、府、厅、州、县中分配格局的正式确定，亦标志着道、府、厅、州、县缺选任结构和选任权力分配的正式

---

① 胡恒、陈必佳、康文林：《清代知府选任的空间与量化分析——以政区分等、〈缙绅录〉数据库为中心》，香港《新亚学报》第37卷，2020年；胡存璐、胡恒、陈必佳、康文林：《清代州的政区分等与知州选任的量化分析》，《数字人文研究》2020年创刊号。
② 《清高宗实录》卷二八九，乾隆十二年四月丁丑，中华书局，1985年，第776—777页。

定型"。①

表 1　清代政区分等制度演变一览

年份	制度变化
雍正六年至九年	经金铁奏请、吏部议覆，以"冲繁疲难"四字确定州县等第
雍正十二年	确定除苗疆、烟瘴等特殊官缺由督抚题补外，"冲繁疲难"占三字或四字的，由吏部开列名单，皇帝简用；一项或两项的由吏部月选。此时，"冲繁疲难"与最要、要、中、简缺之间并未形成规范的对应关系
乾隆七年	确定"冲繁疲难"四项俱全者为最要缺，三项者为要缺，两项为中缺，仅一项或四项俱无为简缺。官缺等第制度趋于成熟
乾隆十二年	各省再次厘定官缺
乾隆四十三年	确定各省官缺不得妄请更改。如以简改繁，必须同时将另一府厅州县由繁改简

注：本表制作参考了张振国《清代道、府、厅、州、县等级制度的确定》一文的研究。

　　乾隆十二年后制度大体定型，不像初创之时调整得那么频繁，故而学界对该年之后制度演变的重视程度远不如之前时段，大多仍以利用某一年份的材料进行统计分析为主，对于乾隆十二年以后各政区缺分等第的变化及其规律的探索极少。究其原因在于乾隆十二年之后，各省缺分的调整多为单独奏请，缺分更改的资料非常分散，不似先前在吏部题本或督抚奏疏中往往保存有全省系统性资料，且无论是《清实录》还是《清会典》，对州县一级的缺分调整记录都不多，要系统地研究乾隆十二年以后全国政区缺分变化的状况并不容易。

　　笔者此次采取的方法是将乾隆十二年与宣统三年（1911）共同存在的州县（如果仅仅是更名，或更改县级通名但仍为县级单位的情况，仍统计在内）的缺分逐个比对，并将各类档案、文献中的缺分更改资料逐个汇入其中，依据其中的变动情况再次排查各类档案文献特别是选官任官文书，得到绝大多数缺分更改的原始记录，由此获得了乾隆十二年以后全国各县级政区缺分等第变动的详情。需要说明的是，确定缺分等第更改的途径有两种：一是官方档案中关于州县缺分等第更改的直接奏疏；二是选官任官的档案文书中，往往会记载该年所属州县的缺分等第，依据不同年代县级政区正印官的选任情况，可以间接推测缺分等第变动的年代。此外，个别留存官员选任资料较少的州县，也可依据《缙绅录》的记载确定其缺分等第变动的年代范围。乾隆十二年各县级政区缺分等第资料来自乾隆十三年（1748）春季同升阁刊行的《缙绅全

① 张振国：《论清代官不久任与"冲繁疲难"缺分之调整——以乾隆十二年为中心》，《明清论丛》第15辑，第174页。

本》，^① 由于《缙绅录》的时效一般滞后三个月左右，故该书所反映的实际缺分信息应属乾隆十二年末，也正是乾隆十二年清廷最终厘定的缺分等第。值得注意的是由于此时厅制尚未定型，故该书所载县级政区中的散厅有所遗漏。宣统三年缺分等第来源于国家新修《清史·地理志》中经过一一考订后的结论。新修《清史·地理志》是由邹逸麟先生主持的国家新修清史典志之一，自 2004 年启动至今，全面整理了清代各省府厅州县的地理资料，是目前最新的清代地理志书，其中各政区缺分等第等经过严密考订，准确性较高，笔者参与了这一项目。本文以该志三审定稿（未刊）为基础进行了数据整理，共得到 1570 个县级政区（包括散厅、散州和县，不含府和直隶州的亲辖地）的缺分等第信息。^②

同升阁《缙绅全书》中所记录的县级政区，至宣统三年仍然延续的共 1406 个，其中缺分等第始终未变的州县共 1114 个，占 79.2%，说明清朝县级政区分等的稳定性是非常高的；缺分变动过的州县共 255 个，占 18.1%。此外还有 37 个州县缺分一致，只是等第所占的字略有差异，如湖南永兴县，乾隆十二年为"中缺繁难"，宣统三年则为"中缺冲繁"，且从档案等文献中未查找到变动依据。推测起来，这一差异可能是两种原因造成的，一是同升阁《缙绅全书》记载并不十分准确；一是的确在某个时间清廷对州县等第所占的字进行了微调。但因缺分不变，对官员选任途径及督抚、吏部的权力划分几乎没有影响。

乾隆十二年后 255 个缺分等第变动过的州县中，200 个州县只变动过一次，52 个州县变动 2 次，2 个州县变动 3 次，1 个变动 4 次，共计变动次数达 314 次。按照变动时间统计如下（见图 1），因乾隆四十三年（1778）出现繁简互换的规定，对各省州县缺分等第的调整影响较大，故以此年为界，将乾隆朝分为前后两段。

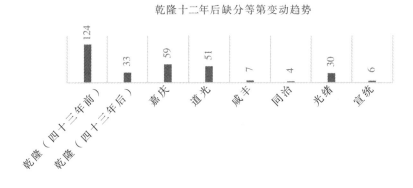

图1　乾隆十二年后缺分等第变动趋势

①　《缙绅全本》，乾隆十三年同升阁版，中国国家图书馆藏，"中华古籍资源库"，http://read.nlc.cn/thematDataSearch/toGujiIndex，2020年7月18日查询。

②　个别缺分等第，依据最新资料进行了订正。

可以看出，自乾隆十二年乾隆帝令各省重新厘定缺分等第以后，并未完全稳定下来，从乾隆十二年至四十三年间，督抚仍在不断地奏请更改州县缺分，其次数高达124次，其中涉及到督抚与吏部选任权力调整的案例中，中缺、简缺变为要缺的达74个，而相应的要缺和最要缺改为中缺、简缺的有37个，这就意味着吏部手中所掌握的县级职位已减少37个。如果这一趋势持续，则督抚对吏部选任官员权力的不断"侵蚀"将极大改变原有的权力格局。

表2 乾隆十二年至四十三年缺分变动情况

缺分变动	次数	官员选任
中—要	50	督抚新掌控
简—要	24	
最要—中	2	吏部新掌控
要—中	27	
要—简	8	
最要—要	1	不涉及督抚、吏部权力调整
要—要	1	
简—中	10	
中—简	1	

因是之故，乾隆四十三年清廷出台了一项政策，即所谓"繁简互换例"，"嗣后各省大小各缺，再不得妄请更改。如有因繁简不符，必须随时酌改之处，令各督抚分别缺之大小，如丞倅、牧令之缺应请改繁者，即于丞倅、牧令缺内改简互换。其佐杂之缺，即以佐杂内酌改。不准将州县以上之缺，与佐杂互易"。[1] 这一政策的出台显然正是基于乾隆十二年至四十三年政区分等制度实践的结果，它迫使清廷必须以互换的方式抑制督抚提升政区缺分等第并进而悄然"蚕食"吏部选官权力的"冲动"。嘉庆十年（1805）时，嘉庆帝批评"近年各省督抚不但将府道各缺具奏请改，即州县简缺亦多改选为题，殊属非是。试思外省多一题调之缺，则部中少一铨选之缺。该督抚只知为属员设法升转，广为疏通，竟不顾部中需次之员，日形壅滞"，并再次严令限制督抚擅自更改缺分并要执行严格的繁简互换，"嗣后除系特旨将选缺改交督抚题调者，该督抚遵行外，其余道府至州县各选缺，均不准改为题调，即实有今昔情形不同，不得不酌量调剂者，亦着于本省题调要缺内酌改简缺互换，以符定制"。[2] 繁简互换例得

---

① 嘉庆《大清会典事例》卷四九《吏部·汉员遴选·道府请旨部选各缺不准改题调缺》，《近代中国史料丛刊三编》，文海出版社，1992年，第2257—2258页。

② 《清仁宗实录》卷一四五，嘉庆十年六月庚申，中华书局，1986年，第982—983页。

以再次强调。就时间变迁而言，嘉庆、道光两朝仍然延续了乾隆朝缺分调整的趋势，只是不如乾隆朝剧烈；咸丰、同治两朝则属于稳定期，缺分调整极少；光绪、宣统两朝，随着政治局势的剧变，缺分调整之例又稍有增加。

这里有两个问题需要回答：第一，乾隆四十三年清廷制定了"繁简互换"的规定，它一直被严格执行了吗？第二，既然缺分更改十分困难，那么更改缺分的原因是什么？

第一，如果单纯从乾隆四十三年以后缺分调整的奏疏来看，繁简互换确实执行得比较严格，无可换之缺，即使理由再过充分，也很难得到皇帝与吏部的许可。一个典型案例是直隶顺德府巨鹿县。早在嘉庆十七年（1812），直隶总督温承惠就因巨鹿县"生齿日繁，讼狱较多，已非昔比，兼以风俗不淳，莠民交相煽惑"，奏请改为繁疲难兼三要缺，并请将顺天府永清县由沿海要缺改为部选简缺作为交换条件，[①] 但随即被吏部驳回，认为永清县不便改简。温承惠于直隶通省繁缺州县内未找到可以改为简缺的州县，故大胆上奏，请求免去改简互换，[②] 遭到了嘉庆帝的批评："直省州县缺分，无论繁简，总期得人则治。……巨鹿一缺既称难治，其部选人员到任后，如不能胜任，不妨据实奏明，请旨酌调，毋庸增易旧额，致碍铨政。"[③] 表面上看，这次更改缺分失败是由于嘉庆帝对于"治人"的考量胜过"治法"所致，但实际上正是温承惠试图突破缺分繁简互换的规定才引发了嘉庆帝的直接介入。道光十年（1830），巨鹿县终于成功更改为繁疲难要缺，这是由于找到了延庆州由繁改简作为交换，故而非常顺利。[④]

到了光绪初年，巨鹿县又卷入一场缺分互换的纠葛中。时任直隶总督李鸿章因铜瓦厢决口后，大名府东明县修防事宜繁重，奏请将东明县由繁难二字中缺改为繁疲难沿河要缺，同时声称直隶省内无可改之县，"若迁就互换，势必顾此失彼，自应变通办理"，奏请"免其互换"。[⑤] 但吏部坚持必须互换，此事延宕四年。光绪七年（1881），李鸿章再次奏请更改，并声称改缺应"因时因地以制宜，不能拘泥常例也"，[⑥] 但再次遭到吏部驳回，最终不得不选择将巨鹿县降为疲难二字中缺才得以成功。[⑦]

但"免其互换"的案例也不是没有，只是仍需采取适度变通的形式。最早在乾隆五十一年（1786）河南宁陵县由简缺改为沿河要缺，河南巡抚毕沅以"豫省繁缺知县

---

① 中国第一历史档案馆藏朱批奏折，嘉庆十七年七月十五日直隶总督温承惠奏，档号：04-01-13-0197-028。以下凡未注明出处的奏折均为中国第一历史档案馆所藏，不另行出注。

② 朱批奏折，嘉庆十七年八月二十四日直隶总督温承惠奏，档号：04-01-13-0197-009。

③ 《清仁宗实录》卷二六〇，嘉庆十七年八月戊辰，第529页。

④ 军机处录副，道光十年三月十五日直隶总督那彦成奏，档号：03-2595-018。

⑤ 军机处录副，光绪三年三月十一日直隶总督李鸿章奏，档号：03-5091-019。

⑥ 军机处录副，光绪七年二月二十五日直隶总督李鸿章奏，档号：03-9591-063。

⑦ 军机处录副，光绪七年七月初二日直隶总督李鸿章奏，档号：03-7075-024。

本为最少，现在各调缺万无可改，不得不据实陈奏"，并请求将鹿邑县县丞由繁改简，但实际上"知县与佐杂互易，与例不符"。① 这一奏请得到了吏部的许可并形成了一条"例"，"如该省实无事务稍简州县可归部选之缺，应于丞倅州牧各缺内酌改一缺归部铨选，以符定例"，允许以佐杂之缺与州县之缺互换。嘉庆十六年（1811）时江苏以此为据，将青浦县由疲难中缺改为繁疲难要缺，同时将柘林通判由繁改简作为互换。② 浙江也在同年将嘉善县与绍兴府北塘通判繁简互换。③ 但以佐杂与知县互换在万不得已的情况下才会被允准，且往往需以同知、通判等更高品级的官员作为交换，所谓"部选员缺，久有成例，不准妄议更张，即或今昔情形不同，有必应变通之处，定例同知、通判、州县准改为题调之缺，繁简互换"，④ 督抚的意愿并不强烈，且各省同知、通判数量本就较少，可调整余地不大，故实际发生的案例不多。嘉庆十一年（1806）河南因要将中河通判由简改繁，提出以汲县河工县丞作为互换条件，遭到吏部的驳回，故最终以考城县由繁改简作为替代；⑤ 同治六年（1867）山西永宁州亦依此例由中缺繁难改为要缺冲繁难，时任山西巡抚赵长龄着重强调山西繁缺知州只有"朔州"一个，无法互换。⑥ 咸丰元年（1851）江西新淦县与铜鼓营同知互换繁简。⑦

目前所知在光绪末之前仍有极个别案例免除了繁简互换，也没有裁改佐杂，如嘉庆八年（1803）四川省奉节、广元、平武三县，⑧ 陕西省西乡、平利、镇安三县改繁，当时得到吏部的批准。等到嘉庆十年（1805）嘉庆帝上谕严令缺分随意调整之后，四川和陕西均声称这六例发生在嘉庆帝下发谕旨之前。⑨ 道光二十三年（1843）奉天宁海县改为金州厅，缺分等第亦由中缺繁难变更为要缺冲繁疲难，但因奉天地区治理较内地困难，"州县向归拣补，不入选班，虽系以简缺改繁，与铨法并无干碍"，⑩ 故并未进行繁简互换。

到了光绪末、宣统之际，繁简互换之例开始遭到一些破坏。光绪二十三年（1897）湖北东湖县与竹溪县，二十九年（1903）湖南溆浦县与城步县，三十年

① 乾隆五十一年正月二十四日河南巡抚毕沅《为豫省知县无可改简事奏折》，见《雍乾时期地方官缺史料》（下），《历史档案》1993年第1期。

② 军机处录副，嘉庆十六年四月初四日两江总督勒保、江苏巡抚章煦奏，档号：03-1466-090。

③ 军机处录副，嘉庆十六年五月二十九日浙江巡抚蒋攸铦奏，档号：03-1467-004。

④ 军机处录副，道光元年十月十一日吏部左侍郎那彦宝奏，档号：03-2502-021。

⑤ 朱批奏折，嘉庆十一年八月二十三日东河总督吴璥、河南巡抚马慧裕奏，档号：04-01-02-0007-008。

⑥ 军机处录副，同治六年八月二十八日山西巡抚赵长龄奏，档号：03-4633-006。

⑦ 军机处录副，咸丰元年八月二十九日两江总督陆建瀛、江西巡抚陆应穀奏，档号：03-4088-055。

⑧ 朱批奏折，嘉庆八年二月十七日署理四川总督勒保奏，档号：04-01-12-0263-072。

⑨ 朱批奏折，嘉庆十二年二月二十六日陕西巡抚方维甸奏，档号：04-01-12-0276-034。

⑩ 朱批奏折，道光二十三年五月初七日盛京将军禧恩、盛京户部侍郎明训等奏，档号：04-01-12-0460-036。

（1904）四川万县与清溪县均执行了繁简互换。[①]光绪三十一年（1905）云南将阿迷州、宁州、路南州、弥勒州、宜良县、呈贡县、河阳县、江川县八个州县由简缺或中缺统一改为冲繁要缺，但并未进行繁简互换；[②]事实上，云南也没有足够的繁缺州县可以改简，这大概是由于边疆治理的特殊性而给予的特殊待遇。光绪三十三年（1907）陕西城固县由简改繁，亦未执行互换例。[③]但宣统元年（1909）江西玉山县、德化县、信丰县、萍乡县[④]，宣统二年（1910）江苏桃源县、江浦县缺分调整时依然进行了繁简互换。[⑤]

第二，清廷对于缺分更改的限制较为严格，那么州县多次更改缺分的原因是什么？据笔者统计，乾隆十二年至清末，共有55个缺分变动超过一次的州县，其中超过两次的有3个，见表3。

表3　清代缺分等第变动多于两次的州县

省	县	乾隆十二年	缺分等第变动及史料依据
江苏	句容	中缺冲难	乾隆三十二年改为要缺冲繁难（《历史档案》1993年第1期）
			乾隆四十五年改为中缺繁难（朱批04-01-12-0186-072）
			乾隆五十四年改为要缺冲繁难（朱批04-01-01-0427-001）
			道光十六年改为中缺冲难（台北"故宫"069773）
河南	考城	要缺冲繁	嘉庆十一年改为简缺繁（朱批04-01-02-0007-008）
			道光元年改为沿河要缺冲繁（朱批04-01-12-0355-055）
			光绪元年改简缺无字（录副03-7423-018）
四川	西昌	中缺冲难	乾隆三十三年改为要缺冲繁难（朱批04-01-12-0229-111）
			乾隆五十六年改为中缺冲繁（朱批04-01-12-0229-111）
			嘉庆十七年改要缺冲繁难（朱批04-01-12-0298-047）

这55处缺分变动中达到2次及其以上的州县，大致可分为两种情形：一种属于州县本身介于繁缺和简缺的平衡点上，在繁缺州县中属于较简，在简缺州县中属于较繁，故其缺分并不稳定，如稍遇变故，便可能出现治理艰难的情形，于是奏请升繁，

① 军机处档折件，光绪二十三年四月二十二日湖广总督兼署湖北巡抚张之洞奏，台北"故宫"藏，文献编号：139341；军机处录副，光绪二十九年八月二十八日湖南巡抚赵尔巽奏，档号：03-5424-085；朱批奏折，光绪三十年五月二十九日署理四川总督锡良奏，档号：04-01-12-0636-085。

② 《清德宗实录》卷五五一，光绪三十一年十一月甲戌，中华书局，1987年，第314页。

③ 军机处录副，光绪三十三年二月初十日陕西巡抚曹鸿勋奏，档号：03-5477-064。

④ 朱批奏折，宣统元年五月二十日两江总督端方、江西巡抚冯汝骙奏，档号：04-01-12-0676-063。

⑤ 《宣统政纪》卷三二，宣统二年二月庚寅，中华书局，1987年，第562页；朱批奏折，宣统二年二月初一日两江总督张人骏奏，档号：04-01-12-0683-051。

而一旦有别的州县需要升繁，它又被作为互换的条件而改简。表3中的江苏句容县，先后四次变动，原为中缺冲难，乾隆三十二年（1767）督抚声称"地当两路冲途，赋重事繁"，故改为要缺冲繁难；[①]四十五年（1780）为了将江阴县由中缺改为要缺，句容县又被称为"地居腹里，民风朴实，虽有经管两处驿务，仅止接递往来文报及解送钱粮等事，与水陆交冲之有驿州县不同。其应征钱粮止有银六万余两，米三万余石，较之江阴财赋，亦属多寡悬殊"，[②]被改为中缺繁难；五十四年（1789）关于句容县的描述又为之一变，"政务较繁，且设有龙潭、本城两驿，本系冲要之区。近来吏猾民刁，极称难治"，故又改为要缺冲繁难；[③]道光十六年（1836）为了将安东县改为繁缺，江苏又想到了句容，但在奏请时故意忽略掉乾隆三十二年和四十五年两次改缺的情况，而直接从乾隆五十四年改为要缺说起，"迄今数十年来，虽政赋无多于前而风俗民情较昔时为淳厚"，又改回了中缺冲难。[④]一种属于由于临时性突发事件而改缺，待局势缓和，又重新回归到原本的缺分上，如湖南麻阳县，嘉庆二年（1797）时因"苗疆用兵"，该地为"转输孔道"，故改为繁缺，道光二十一年（1841）"苗疆承平日久"，即在一次繁简互换中被改为简缺。[⑤]山东的寿张、齐东二县原均为简缺，乾隆四十五年、五十九年（1794）"偶因一时一事酌量改简为繁"，旋于嘉庆五年（1800）再度改为简缺。[⑥]

董枫在对浙江省府县划等情况特别是乾隆朝频繁调整现象的研究中，敏锐意识到"'冲繁疲难'四字标准并不能完全反映地方的实际情况，以'冲繁疲难'作为地方基本情况进行研究，或以一时的划等来描述有清一代的情况恐怕都是有危险的"。[⑦]对于单个州县而言，这是很有道理的，"冲繁疲难"来自于督抚对所管州县的主观判断，且州县形势因时而异，而缺分等第更改不易，这也容易造成稳定的缺分等第与变动的州县实际之间的背离。不过就全国范围内而言，"冲繁疲难"及"最要缺""要缺""中缺""简缺"的分布大体符合清朝地方治理实际。[⑧]换一种角度思考，如果说乾隆四十三年之前督抚还有着故意夸大州县治理难度以寻求地位提升并转而纳入督抚题

① 乾隆三十二年十二月初九日两江总督高晋等《为改吴江等县冲繁事奏折》，《雍乾时期地方官缺史料》（下），《历史档案》1993年第1期。

② 朱批奏折，乾隆四十五年正月初十日两江总督萨载、江苏巡抚杨魁奏，档号：04-01-12-0186-072。

③ 朱批奏折，乾隆五十四年十月十七日两江总督孙士毅、江苏巡抚福崧奏，档号：04-01-01-0427-001。

④ 军机处档折件，署理两江总督江苏巡抚林则徐、护理江苏巡抚布政使陈鉴奏《请将安东句容二县繁简缺目互改以裨地方事》，台北"故宫"藏，文献编号：069773。

⑤ 军机处录副，道光二十一年四月二十三日湖南巡抚吴其濬奏，档号：03-2503-064。

⑥ 朱批奏折，嘉庆五年十一月初一日山东巡抚惠龄奏，档号：04-01-01-0474-010。

⑦ 董枫：《清代府县级行政单位划等问题的再审——以乾嘉时期浙江省县级单位划等情况的讨论为例》，《历史地理》第25辑，第107页。

⑧ 可参胡恒：《清代政区分等与官僚资源调配的量化分析》，《近代史研究》2019年第3期。

调范围的"冲动",那么乾隆四十三年之后,由于繁简互换例的严格执行,督抚本身从州县缺分等第更改中已没有太大的益处。那么可以想见,如果一个州县缺分等第被提升,那么大概率该州县确属政治地位或治理难度亟需提升,而作为互换条件的降格州县也必定是所属繁缺州县中综合权衡利弊后较不重要的一个,故乾隆四十三年之后州县缺分等第的升降一定程度上可以反映该年以后至清末各州县政治地位变迁的一个替代指标。

今将乾隆四十三年以后调整过缺分等第的州县进行统计,共变动 190 次,涉及 164 个州县(其中 22 个州县变动两次,2 个州县变动过 3 次),其中又可分为三类:一类是升格的,既包括中、简缺升为要缺、最要缺的情况,也包括要缺升最要缺、简缺升中缺的情况,共 91 个州县。一类是降格的,包括要缺、最要缺改为中缺、简缺,也包括了最要缺改为要缺及中缺改为简缺的情况,共 52 个州县。一类是不变的,共 22 个州县,具体又分为两种情况:一是缺分不变而等第字数略有调整,此种因不涉及选任方式的转变,故统计为不变;二是不止一次调整,但最终经过两次调整以后,在宣统三年又调整回了乾隆四十三年的状态,亦统计为不变。

依据乾隆四十三年以后缺分变动州县的空间分布,可以看出清廷重点提升州县地位的几个区域是:1. 豫东南与皖北包括直隶、山东、河南交界一带。这是捻军、义和团等农民起义发生地,也确属政治治理难度较大的区域。[1] 本身这一地带安排的要缺比重就很高,即使如此,清廷依然在不断提升该区域州县的地位,充分显示出对这一区域的重视程度。2. 陕西、四川交界一带。在白莲教起义平定以后,清廷进行了诸多政区设置与缺分等第的调整,以适应这一地带日益严峻的治理形势。3. 沿海一带升格州县分布较多,包括奉天和闽浙等地。这与近代以来清朝来自海上的威胁及中外交涉事宜日益增多有关,如奉天金州厅于道光二十三年(1843)的升格、山东福山县于同治五年(1866)的升格、[2] 浙江永嘉、平阳二县于咸丰年间的升格,均与此有关。4. 零散分布的升格州县多处于省区边缘。同时,被作为互换条件或降格的州县则大多分布在各省腹地。这也显示出清廷地方治理上所承受的压力主要来自省区边缘。

---

① 关于这一地域的政治地理状况,可参程森:《明清民国时期直豫晋鲁交界地区地域互动关系研究》,中国社会科学出版社,2017年。

② 军机处录副,同治五年十月十六日山东巡抚阎敬铭奏,档号:03-4771-052。

二、缺分与等第的关系及各省缺分的空间分布

清代缺分等第体系共分三个层面：一是以"冲繁疲难"四字为区分的等第；二是由等第确定最要缺、要缺、中缺和简缺四等级缺；三是由四等级缺确定铨选序列，即请旨缺、题调缺和部选缺。关于等第与四等级缺的关系，以 1911 年为例，其对应关系可列为下表：

表 4 "冲繁疲难"组合方式与缺分

等第	最要	要	中	简	总计
冲繁疲难	58	*10*	*1*	0	69
冲繁疲	0	11	0	0	11
冲疲难	0	13	0	0	13
冲繁难	*2*	152	0	0	154
繁疲难	*5*	105	*1*	0	111
冲繁	0	*30*	122	0	152
冲疲	0	0	16	0	16
冲难	*2*	*5*	68	*2*	77
繁疲	0	0	13	*1*	14
繁难	*1*	*45*	103	0	149
疲难	0	*6*	80	*1*	87
冲	0	*2*	0	108	110
繁	0	*3*	*1*	49	53
疲	0	0	0	24	24
难	0	*6*	*6*	110	122
无字	*3*	*56*	*7*	342	406
总计	71	444	418	637	1570

注：不符合标准对应关系的缺分等第标注斜体并加下划线。

表中所列与制度规定中"冲繁疲难"所占字数与四等级缺分对应关系不一致的特例缺共有 196 个，占全部缺分的 12.5%，说明冲繁疲难与缺分的对应关系大体符合制度设计初衷。特例缺中，最要缺有 13 个，占全部最要缺的比例为 18.3%；要缺有 163 个，占比 36.7%；中缺有 16 个，占比 3.8%；简缺 4 个，占比 0.6%。可见，中缺和简缺与制度设计吻合程度更高，不吻合的情况主要出现在要缺上。要缺和最要缺的特例缺主要是苗疆缺、沿河缺、边缺等特殊缺分设置所致，也有很大一部分出现于晚清新

设省份的州县。[①]

如果比较县级政区中的县、散州、散厅的缺分，可以看出散厅的缺分整体要高于散州，散州高于县。最要缺和要缺之和，散厅可达80%，散州为44.5%，县则为28.9%。对于清朝统治者而言，厅的设置多位于边疆地区或内地的边缘，不少处于族群交界地带，治理难度较大，[②] 故而多设置最要缺和要缺，以期于吸引"精干之员"。

表5　散厅、散州、县的缺分数量及比例

政区缺分	散厅	散州	县
最要	4（5.3%）	9（6.3%）	58（4.3%）
要	56（74.7%）	55（38.2%）	333（24.6%）
中	5（6.7%）	39（27.1%）	374（27.7%）
简	10（13.3%）	41（28.5%）	586（43.4%）
总计	75（100%）	144（100%）	1351（100%）

这里值得注意的是厅中少数的中缺、简缺。中缺共5个，分别是江苏太湖厅、甘肃抚彝厅、福建云霄厅、四川城口厅、广东南澳厅；简缺共10个，分别是江苏省靖湖厅、太平厅，甘肃省庄浪厅，江西铜鼓厅，四川江北厅，广西那马厅、信都厅，云南维西厅、鲁甸厅，贵州郎岱厅。其中位于内地省份的太湖厅、云霄厅、南澳厅、靖湖厅、太平厅、铜鼓厅、江北厅等，并不是治理艰难的族群交错地带，而多是由于地理偏狭，或位于岛屿、沙洲之地的原因而置，纯粹为治理上的便利而设，故其等第并不太高，自是容易理解。边疆地区值得留意，如信都厅乃光绪三十四年（1908）新设，初拟定为"繁难题调要缺"，[③] 但最终定为了中缺。

将1911年1570个县级政区缺分数据与CHGIS第6版相连接，[④] 其中15个数据无法连接（9个厅和6个县，大多为晚清新设），共1555个数据得以在地图上呈现，可以清晰看出其空间分布。

关于全国范围内各缺分的空间分布特点，笔者在先前发表的文章中已有论及，此处不再赘述。但先前文章是从全国尺度进行的宏观勾勒，尚无法从中看出各省内部缺

---

① 笔者先前已对这些特例缺的空间分布情况做过讨论，见《清代政区分等与官僚资源调配的量化分析》，《近代史研究》2019年第3期。此处不再赘述。

② 傅林祥：《清代抚民厅制度形成过程初探》，《中国历史地理论丛》2007年第1期；陆韧：《清代直隶厅解构》，《中国历史地理论丛》2010年第3期；胡恒：《厅制起源及其在清代的演变》，《文史》2013年第2期。

③ 朱批奏折，宣统元年十月十六日广西巡抚张鸣岐奏，档号：04-01-12-0680-063。

④ CHGIS V6版本，复旦大学历史地理研究中心、哈佛大学燕京学社等合作研制。

分分布的特点，故此次从各省内缺分空间分布来看，其大体存在六种模式：

1. 反"中心——边缘"模式。传统的省域中心或省城附近不如省内边缘位置缺分等第更高。比较典型的区域如河南、山东、安徽、江苏交界一带，最要缺和要缺密集分布。这一带属于清朝统治核心区之一，又恰是省区交界，控制相对薄弱，如直隶大名府与山东曹州府、河南卫辉府等地，"境壤参错，三省毗连，向为逋逃渊薮，总由地方官各存此疆彼界之心，致宵小易于藏匿"。[①] 再如河南东南部与安徽北部就是一个治理极其艰难的地区，[②] 如安徽凤阳府、颍州府共管十一县三州，竟有五个最要缺（寿州、宿州、灵璧县、阜阳县、霍邱县）和六个要缺（凤阳县、凤台县、亳州、涡阳县、太和县、蒙城县），比例之高，在全国都极为罕见，尤其考虑到安徽全省也不过只有六个最要缺和十一个要缺。

表 6　安徽凤阳府、颍州府所属州县缺分变化

府	县	乾隆十二年缺分	缺分变化
凤阳府	凤阳县	要，冲繁疲	至清末无变化
	怀远县	中，疲难	至清末无变化
	定远县	中，冲繁	至清末无变化
	寿州	要，繁疲难	道光二十六年改为最要，繁疲难
	凤台县	中，疲难	道光七年改为要，繁疲难
	宿州	最要，冲繁疲难	至清末无变化
	灵璧县	最要，冲繁疲难	至清末无变化
颍州府	阜阳县	要，繁疲难	道光二十六年改为最要，冲繁疲难
	颍上县	中，疲难	至清末无变化
	霍邱县	中，疲难	乾隆二十六年改为要，繁疲难；道光二十六年改为最要，繁疲难
	亳州	要，冲繁难	至清末无变化
	涡阳县	/	同治三年设县，定为要，冲繁难
	太和县	中，繁难	嘉庆十三年改为要，繁疲难
	蒙城县	要，繁疲难	乾隆四十四年前已改为繁难中缺；嘉庆十三年改为要，繁疲难

注：蒙城县于乾隆二十三年尚为繁疲难兼三要缺（朱批奏折，乾隆二十三年九月初三日安徽巡抚高晋奏，档号：04-01-12-0091-051），四十四年已为繁难中缺（朱批奏折，乾隆四十四年十二月初十日安徽巡抚闵鹗元奏，档号：04-01-13-0058-013）。

该区域的缺分更改留下了详实的史料。从乾隆十二年至清末 160 余年间，该地州

① 朱批奏折，道光八年十一月初六日护理直隶总督屠之申、河南巡抚杨国桢奏，档号：04-01-02-0028-004。
② 清代淮北地区的政治、经济和文化生态，可参马俊亚：《被牺牲的局部——淮北社会生态变迁研究（1680—1949）》，北京大学出版社，2011年。

县缺分等第一直在上调，少量发生在乾嘉时期，多数在道光之时。早在乾隆二十六年（1761）更改缺分时，霍邱县已被称作"毗连豫省，民风强悍，命盗词讼繁多"。[①] 嘉庆十三年（1808）连嘉庆帝也特发上谕"颍亳等处各府州县遴选廉明干练之员，取其才堪治剧而又通晓事体者，责令随时整顿"，安徽方面奏请将太和、蒙城二县改为繁疲难兼三要缺。[②] 道光二十七年（1847）安徽巡抚再次强调凤颍二府治理之难："民风强悍，匪徒横恣，素称难治。……颍属凶徒结伙伤人，治罪从重，例有专条。"而霍邱、寿州、阜阳只是因非属冲途，故定为繁疲难兼三要缺，故奏请加上庐州府合肥县，一律改为最要缺，"如遇缺出，俱准升调兼行，于通省现任，不论繁简及候补，应升各员内逐加拣选人地相宜之员，酌量请补"，[③] 可以说集全省之力调任官员。与此相似的还有四川，成都平原大都是简缺，要缺基本分布在省界附近。

2. "中心——边缘"双中心模式。典型的是陕西，全省最要缺和要缺只在两个地方出现：一是关中平原，长安、咸宁二县为最要缺，此外还有要缺八县成片分布（咸阳、泾阳、三原、富平、临潼、渭南、大荔、蒲城）；一是秦岭山区，特别是与四川、甘肃交界地带，要缺共有14个。其他区域则一个最要缺、要缺都没有。江西的情况也类似于此，围绕着南昌府和省界沿线，形成两个要缺集中分布带。

3. 沿河线状分布。比较典型的是运河一带，这不仅是清朝钱粮运输的生命线，也是南北交通的生命线。从直隶到江南沿线的州县，普遍确立最要缺和要缺，以确保选配官员时优中选优。直隶除了沿运河一线，其他州县普遍为中缺和简缺，山东亦如此。缺分调整时，运河会成为重要考量因素，如直隶河间府故城县，原为沿河调缺，乾隆二十九年（1764）因"所管运河长十六里"改为简缺，[④] 道光四年（1824）直隶方面奏称该县"经管运河，查明实有六十余里……粮艘往来要津"，故改为疲难沿河要缺。[⑤] 运河成为确立缺分的重要考量因素。

此外沿长江沿线最要缺、要缺也比较多，四川、湖北、安徽等省都比较明显。与之相比，黄河沿线配备的最要缺、要缺则不明显。

4. 交通要道线状分布。最典型的是山西和湖南、贵州。山西省的要缺基本都分布在由直隶进入山西平定，至太原府而后沿着汾河谷地进入陕西的交通沿线，而湖南、贵州的最要缺、要缺也在由湖北经荆州府入澧州，经辰州府、沅州府入湖南，由岳州府折长沙府，经衡州府，一折西南入永州府进而入广西桂林府，一折东南入广东的官方大道沿线。

① 军机处录副，乾隆二十六年十月二十八日安庆布政使许松佶，档号：03-0104-056。

② 宫中档，道光二十六年九月十二日安徽巡抚王植奏，台北"故宫"藏，文献编号：405006676。

③ 宫中档，道光二十六年九月十二日安徽巡抚王植奏，台北"故宫"藏，文献编号：405006676。

④ 军机处录副，乾隆二十九年七月初八日直隶总督方观承奏，档号：03-0052-052。

⑤ 朱批奏折，道光四年闰七月初十日直隶总督蒋攸铦，档号：04-01-12-0380-048。

甘肃省也非常明显，经平凉府、兰州府向新疆和青海的两条线均广布最要缺、要缺。此外，由平凉府北上宁夏府的驿路周边也布满要缺，如平凉府为陕西进入甘肃省必经之地，所属平凉县、静宁州原定为中缺，自新疆平定，甘肃省在交通上的地位更加凸显，"万有余里，兵屯民聚，差使络绎"，所以乾隆二十六年（1761）将河西大路的永昌、山丹、高台三县改为要缺，二十八年（1763）又将河东的泾州、平凉、静宁三州改为冲疲难要缺。①

　　5. 沿海线状分布。最典型的是浙江、福建、广东三省。浙江省除了北部处于江南区域的杭嘉湖外，其余要缺大多分布在沿海。福建、广东绝大多数最要缺、要缺都在沿海一带，这充分显示了沿海海岛及其开放性特征对州县治理带来的巨大挑战。但江苏、山东等沿海地区则表现不明显，特别是山东半岛，仅福山县为要缺，该缺原为无字简缺，同治五年（1866）始改繁难要缺，其主因是烟台开埠，"中外通商"，"华洋杂处"。②但被德人强占为租借地的青岛所在的胶州直隶州即墨县一直是繁难中缺，尽管该知县有与德人交涉、汇报德人动态的重任。③

　　6. 经济中心模式。典型的是江南地区，④宣统三年（1911）时苏州府 11 个县级政区，3 个最要缺（吴县、长洲县、元和县），2 个要缺（常熟县、吴江县）；松江府 8 个县级政区，5 个要缺（华亭县、上海县、南汇县、青浦县、川沙厅）；常州府 8 个县级政区，1 个最要缺（武进县），1 个要缺（江阴县）；镇江府 5 个县级政区，1 个最要缺（丹徒县），1 个要缺（丹阳县）；太仓直隶州 4 个县级政区，要缺 2 个（崇明县、宝山县）；杭州府 9 个县级政区，3 个要缺（钱塘县、仁和县、海宁州）；嘉兴府 7 个县级政区，5 个要缺（嘉兴县、秀水县、嘉善县、石门县、平湖县）；湖州府 7 个县级政区，3 个要缺（乌城县、归安县、德清县）。以上合计江南地区县级政区共 59 个，其中最要缺 5 个，要缺 22 个，占比 45.8%。

---

① 朱批奏折，乾隆三十五年二月初八日陕甘总督明山奏，档号：04-01-12-0134-001。
② 军机处录副，同治五年十月十六日山东巡抚阎敬铭奏，档号：03-4771-052。
③ 如光绪二十三年德人向胶州及即墨知县索要钱粮册，军机处发山东巡抚电报，令胶州、即墨听候指令，不得擅自将钱粮册送给，电报档，光绪二十三年十二月十九日发山东巡抚张汝梅电《为应饬即墨县及胶州遵办德国租价事宜事》，档号：2-03-12-023-0589。
④ 其范围采自李伯重先生的界定，《简论"江南地区"的界定》，《中国社会经济史研究》1991年第1期。

三、附郭县缺分等第在府内的地位

关于府的附郭县的等第是否在所在府为最高，汉代、唐代的情况的确如此，[①] 清代是否也是如此？以 1911 年为例，该年全国共有附郭县 197 个（不含台湾省），[②] 最要缺 39 个，占 19.8%；要缺 99 个，占 50.3%；中缺 44 个，占 22.3%；简缺 15 个，占 7.6%。全国所有县级政区中最要缺 71 个，占 4.5%；要缺 444 个，占 28.3%；中缺 418 个，占 26.6%；简缺 637 个，占 40.6%。最要缺和要缺之和，附郭县以 70.1% 远超全国县级政区平均的 32.8%，具有较为明显的缺分等第优势。

但是也存在较多府的附郭县缺分等第低于府内其他县的情况。全国 197 个府中，附郭县在府内各县级政区缺分等第最高的占了 149 个，而附郭县非府内最高缺分等第的情况有 48 个，可参见表 7：

表 7　附郭县非府内最高缺分等第情况

省	府	附郭县	高于附郭县之县级政区
直隶	河间府	河间县（要，冲繁难）	献县（最要，冲繁疲难）
	大名府	大名县（要，繁难），元城县（简，繁）	东明县、开州、长垣县（要，繁疲难）
	宣化府	宣化县（要，冲繁难）	围场厅（要，冲繁疲难）
江苏	松江府	华亭县（要，繁疲难），娄县（中，疲难）	上海（要，冲繁疲难），南汇县、青浦县、川沙厅（要，繁疲难）
	常州府	阳湖县（中，繁难）	江阴县（要，繁疲难）
安徽	凤阳府	凤阳县（要，冲繁疲）	寿州（最要，繁疲难），宿州、灵璧县（最要，冲繁疲难）
山东	济南府	历城县（要，冲繁难）	长清县（最要，冲繁疲难）
	武定府	滋阳县（要，冲繁难）	滕县（最要，冲繁疲难），阳谷县（冲繁疲难）
	东昌府	聊城县（要，冲繁难）	恩县（最要，冲繁疲难）
	登州府	蓬莱县（中，繁难）	福山县（要，繁难）
	莱州府	掖县（中，疲难）	潍县（要，繁疲难）
山西	朔平府	右玉县（中，冲繁）	朔州（要，冲繁难）

---

①　马孟龙：《西汉初年上郡、陇西郡、北地郡治所考——以张家山汉简〈秩律〉所见各县等第为中心》，《历史地理研究》2021 年第 2 期。

②　关于中国历史上的附郭县情况，可参看华林甫：《中国古代的双附郭县》，《中国方域》1993 年第 6 期；赵逸才：《中国附郭县沿革考论》，中国人民大学 2017 届硕士毕业论文；《附郭县两千余年的历史变迁》，《中国社会科学报》2017 年 11 月 27 日。

续表

省	府	附郭县	高于附郭县之县级政区
河南	卫辉府	汲县（中，冲繁）	滑县（要，繁难）
	汝宁府	汝阳县（中，繁难）	信阳州（要，冲繁难）
陕西	同州府	大荔县（要，繁难）	潼关厅（要，冲繁难）
	凤翔府	凤翔县（中，冲繁）	宝鸡县（要，冲繁难）
	延安府	肤施县（简，无字）	定边、靖边县（中，冲难）
甘肃	巩昌府	陇西县（中，冲繁）	洮州厅（要，繁难）
	宁夏府	宁朔县（中，冲难）	灵州（要，繁疲难），中卫县（要，冲繁疲），宁灵厅（要，无字）
新疆	迪化府	迪化县（要，冲繁难）	奇台县（最要，冲繁难）
浙江	金华府	金华县（中，冲繁）	兰溪县（要，冲繁难）
	衢州府	西安县（中，冲繁）	江山县（要，冲疲难）
	严州府	建德县（简，冲）	遂安县（中，疲难）
	温州府	永嘉县（要，冲繁）	乐清县（要，冲繁难）
	处州府	丽水县（简，冲）	龙泉县（中，疲难）
江西	南康府	星子县（简，冲）	都昌县（中，疲难），建昌县（中，冲繁）
	袁州府	宜春县（简，冲）	萍乡县（要，冲繁难），万载县（中，繁难）
湖北	汉阳府	汉阳县（要，繁疲难）	夏口厅、孝感县（最要，冲繁疲难）
	德安府	安陆县（简，冲）	云梦县（中，冲难），随州（要，繁疲难），应山县（中，冲繁）
湖南	宝庆府	邵阳县（要，繁难）	武冈州（要，繁疲难）
四川	保宁府	阆中县（中，冲繁）	广元县（要，冲繁难），巴州（要，繁疲难）
	夔州府	奉节县（中，冲繁）	万县（要，冲繁难）
	嘉定府	乐山县（中，冲繁）	峨边厅（要）
广东	高州府	茂名县（中，繁难）	电白县（要，繁疲难）
	琼州府	琼山县（简，繁）	儋州（要）
广西	庆远府	宜山县（中，繁难）	安化厅（要，无字）
	泗城府	凌云县（要，难）	西隆州（最要，冲难）
	平乐府	平乐县（中，冲繁）	贺县（要，繁难）
	浔州府	桂平县（简，冲）	贵县（中，繁难），武宣县（中，冲难）
	太平府	崇善县（要，冲难）	宁明州（最要，冲难）
云南	临安府	建水县（简，疲难）	阿迷州、宁州（要，冲繁），蒙自县（要，繁难）
	曲靖府	南宁县（中，冲难）	平彝县（要，冲繁难）
	丽江府	丽江县（中，疲难）	中甸厅（要，无字）
	普洱府	宁洱县（要，无字）	威远厅、思茅厅（最要，无字）
	昭通府	恩安县（中，繁难）	大关厅（最要，无字）

省	府	附郭县	高于附郭县之县级政区
贵州	镇远府	镇远县（中，冲繁）	天柱县（要，繁疲难），黄平州（要，冲繁难），台拱厅、清江厅（要，无字）
	黎平府	开泰县（中，繁难）	古州厅、下江厅（要，无字）
	都匀府	都匀县（简，繁）	麻哈州（中，繁难），独山州（要，无字），清平县（中，冲难），荔波县、八寨厅、丹江厅、都江厅（要，无字）

注：县级政区比较，首先看缺分；缺分相同情况下，则比较占有字数多寡。

以上 48 例附郭县缺分等第低于府内其他县级政区的原因，具体而言有四种情况：

1. 府内存在散州、散厅所造成的。一般而言，散州和散厅从政区缺分等第而言，虽同为县级政区，但地位较县为高，如府内有州或厅，而恰好附郭县缺分等第较低，则导致散州或散厅的等第高于附郭县，云南、贵州省这种情况比较典型。

2. 双附郭县的影响。清代存在双附郭县和三附郭县，其缺分等第存在三种情况：一种是双附郭县或三附郭县缺分"双高""三高"配置。如顺天府宛平、大兴二县，广东广州府南海、番禺二县，江苏苏州府吴、长洲、元和三县，扬州府江都、甘泉二县，陕西西安府长安、咸宁二县，福建福州府闽、侯官二县均为"最要，冲繁疲难"。此外，也有大量同为要缺的例子。一种是双附郭县"一高一低"等第配置。如江苏省松江府两附郭县，华亭县为"要，繁疲难"，而娄县则为"中，疲难"，导致其中一个附郭县等第低于府内其他各县。此外，采用"一高一低"模式的还有江苏常州府武进县（最要，冲繁疲难）、阳湖县（中，繁难），直隶大名府大名县（要，繁难）、[①] 元城县（简，繁），甘肃宁夏府宁夏县（最要，冲繁疲难）、宁朔县（中，冲难），[②] 湖南衡州府衡阳县（最要，冲繁疲难）、清泉县（中，疲难）。[③] 一种是双附郭县"双低"配置，如同为中缺，但因府内县份等第普遍不高，即使附郭县为中缺，也仍然高于府内其他县份。

3. 沿黄河、运河的县的缺分等第过于突出，超过附郭县。典型的是直隶和山东的例子，如直隶河间府献县，"地处冲途，经管驿站，兼有河道堤工，狱讼纷繁，赋多

---

① 大名县原为"简，无字"，乾隆三十六年改。见朱批奏折，乾隆三十六年四月十六日直隶总督杨廷璋奏，档号：04-01-12-0142-004。

② 宁朔县本为"最要，冲繁疲难"，乾隆三十五年改。见军机处录副，乾隆三十五年二月初八日陕甘总督明山奏，档号：03-0129-036。

③ 清泉县本为"要，繁疲难"，乾隆四十一年改。见乾隆四十一年十二月二十九日湖南巡抚敦福等《为改临湘等县繁简各缺事奏折》，见《雍乾时期地方官缺史料》（下），《历史档案》1993年第1期。

遍欠"，"系四项兼全最要缺"，① 超过了附郭县的河间县。山东长清县、恩县、阳谷县、滕县也因位于运河要地而得四项兼全最要缺，超过了所在府的附郭县。② 山东登州府蓬莱县自乾隆四十五年（1780）后等第为府内最高，但同治五年（1866）福山县因境内烟台为通商口岸，由无字简缺改为繁难要缺后丧失府内最高等第。③

4. 缺分更改所致。附郭县原在府内为最高，但经过缺分调整，府内其他县超过了附郭县。如江苏常州府附郭阳湖县，原为最要缺冲繁疲难，府内最高，但乾隆三十二年（1767）因"钱粮亦已年清年款，查无遍欠。且该县原系武进县之分邑，驿站设于武进，该县并无应付之事，是该县并无冲疲，亦非昔比"，改为"中缺，繁难"。④ 山西大同府附郭右玉县原为"要缺冲繁难"，乾隆三十一年（1766）因所管旗民要务随绥远城将军和归绥道的设立而逐渐废弃，故改为"中缺冲繁"而被朔州超越。⑤ 类似例子还有，温州府乐清县原为"中缺，冲难"，嘉庆十五年改为"冲疲难要缺"而超过附郭永嘉县。⑥ 四川保宁府附郭阆中县，由于保宁府所属巴州在乾隆五十六年（1791）改为要缺繁疲难，广元县于嘉庆八年（1803）定为要缺冲繁难而丧失府内最高缺分等第。⑦

四、缺分的优瘠——以湖南为例

缺分与官员仕途之间的密切关系已得到《缙绅录》量化数据库的证明，最要缺、

---

① 朱批奏折，乾隆三十四年四月初六日直隶总督杨廷璋奏，档号：04-01-12-0128-008。

② 长清县"南北驿递通衢，地方辽阔，民情刁悍，兼以地多山僻，窃匪易藏，治理不易"（朱批奏折，乾隆三十一年五月二十五日山东巡抚崔应阶奏，档号：04-01-12-0118-036）；恩县"路当孔道，政务纷繁，赋多遍欠，民俗刁悍，又有河防堤工"（朱批奏折，乾隆三十六年六月十二日山东巡抚周元理奏，档号：04-01-12-0143-100）；阳谷县"沿河兼四最要缺，政务殷繁，民刁俗悍，兼有催攒漕运铜船之责"（朱批奏折，乾隆五十七年十月十八日山东巡抚吉庆奏，档号：04-01-12-0240-020）；滕县"地当孔道，兼管河务，幅员辽阔，政务殷繁，俗悍民刁，素称难治"（朱批奏折，乾隆五十年六月初四日山东巡抚奏，档号：04-01-13-0073-005）。

③ 军机处录副，同治五年十月十六日山东巡抚阎敬铭奏，档号：03-4771-052。

④ 乾隆三十二年十二月初九日两江总督高晋等奏《为改吴江等县冲繁事奏折》，《雍乾时期地方官缺史料》（下），《历史档案》1993年第1期。

⑤ 朱批奏折，乾隆三十一年山西巡抚彰宝奏，档号：04-01-01-0263-009。

⑥ 朱批奏折，嘉庆十五年四月初八日浙江巡抚蒋攸铦奏，档号：04-01-12-0285-124。

⑦ 朱批奏折，乾隆五十六年四月初二日四川总督鄂辉奏，档号：04-01-12-0229-111；朱批奏折，嘉庆八年二月十七日署理四川总督勒保奏，档号：04-01-12-0263-072。

要缺的晋升几率要大大高于中缺和简缺。[①] 但政治上的美好前景未必等同于额外收入上的优势。清代对于官缺的优劣判断还有另外一套标准：肥缺（有时也称优缺）、瘠缺。晚清思想家陈虬就曾在建议调剂各县耗羡时透漏：

> 缺之肥瘠，省异而郡不同。陕甘云贵为最瘠而易于得缺，江浙多优而难题补，然颇易得差。豫闽、山东以及川省多系中，广东、台湾近经厘定，渐不如前。至如浙之嘉、湖等县，江之上海、南汇、华亭、江阴，安徽之宣城、芜湖，湖北之汉阳，陕西之临潼、宝鸡，有视简缺相去廿余倍者。[②]

清末四川总督奎俊也曾在奏疏中论及缺之优瘠："查地方官衙署一切款项皆为办公之需，……如地丁钱漕之有平余，耗羡等项以补廉俸之不足。……地方有大小，粮赋有多寡，政事有繁简，公款或此有而彼无，用款或此增而彼减，因之缺有优瘠之分，优缺获有盈余，瘠缺恒苦赔累。"[③] 而亦有人将肥缺多寡与吏治挂钩，如孙宝瑄《忘山庐日记》记录了他的友人孙梦岩对山东官场的观察："余山东人也。山东旧多循吏，其所以致此者，以凡州县收民赋税时，皆有盈余，足以供州县之用。故肥缺多于他省，因之居官者咸知自爱，而循吏多。"[④] 缺之肥瘠虽是官场公开的秘密，但很少有人将其记录下来，就连皇帝也不是很赞成地方官每以瘠缺为借口而不完纳赋税，就在奎俊的奏折之后，光绪帝朱批"即著认真整顿吏治，毋任再以缺瘠借口"。张振国曾利用清末官员加津贴及公费的档案间接推测奉天和广西两省肥缺和瘠缺的情况，[⑤] 但这些材料仍然不是对肥缺、瘠缺的直接描述。笔者在锡良档中发现了关于湖南缺分肥瘠情况的直接描述，非常珍贵。这份档案名《锡良档存湖南各州县缺分繁简优瘠情形清折》，[⑥] 锡良于光绪二十五年至二十六年（1899—1900）在湖南任布政使、按察使及护理湖南巡抚，故这份档案应该形成于这一时期。[⑦] 以长沙县为例：

① 胡恒：《清代政区分等与官僚资源调配的量化分析》，《近代史研究》2019年第3期。

② 陈虬：《治平通议》卷六《东游条议》，《续修四库全书》子部第952册，上海古籍出版社，2002年，第596页。

③ 朱批奏折，光绪二十五年八月初十日四川总督奎俊奏，档号：04-01-01-1032-009。

④ 孙宝瑄：《忘山庐日记》，光绪二十七年正月二十九日条，上海古籍出版社，1983年，第314页。

⑤ 张振国：《"肥缺"与"瘠缺"——清末广西官缺肥瘠分布及与繁简等级、选任制度之关系》，《清史论丛》2015年第1期；王月、张振国：《清末奉天官缺肥瘠探析》，《满族研究》2017年第4期。

⑥ 中国社科院近代史所编，虞和平主编：《近代史所藏清代名人稿本抄本》第三辑，第138册，大象出版社，2017年，第643—682页。以下凡涉及各州县缺分处均引自此，不另出注。

⑦ 台湾"中研院"人名权威资料库查询，http://archive.ihp.sinica.edu.tw/ttsweb/html_name/search.php，2020年8月28日。

长沙县　冲繁难三项要缺　在外拣选　题补

　　民勤耕凿，士重廉隅。惟幅员辽阔，词讼繁多，且附治省城，事重差繁。现虽删减供亿，尚属入不敷出。必以精明强干之员方能胜任。

　　每一个府厅州县，皆以寥寥数语介绍各缺分及选任、风土、幅员、词讼、政务等事，并兼及其财政状况，以供选拔官员时参考。该折在叙述时，有的直接点名优缺、瘠缺，或是中缺，如衡阳府衡山县"所得羡余除支用外，可余一万数千金，为通省中第一优缺"，常德府沅江县"民贫官瘠，是湘中清苦之缺"，衡阳府酃县"缺分瘠苦，炎陵在其境内，遇祭告大差则须赔累"等等，也有一些未直接点名优瘠，但字里行间，亦有透漏，故笔者依照这些文字叙述进行了一些判定。如优缺，除直接提到"久负优缺之名"（浏阳县）、"简缺中之较优者"（醴陵县）、"长沙府属优缺"（湘乡县）、"南路第一优缺"（零陵县）、"知州中最优之缺"（武冈州）、"湘省中上优缺"（平江县）、"西路第一优缺"（溆浦县）、"永顺府属之优缺"（永顺县）、"西路优缺"（黔阳县）外，其余凡提及"岁可余三四千金"等字样者，亦归入优缺之列。瘠缺，有的直接提及瘠缺字样，如"民贫官瘠"（桑植县）、"缺亦瘠苦"（安仁县）、"缺分清苦"（宜章县）、"乃瘠而且疲之缺"（嘉禾县），此外凡涉及"赔累益重"（善化县）、"入不敷出"（长沙县）等相关字样者亦归入瘠缺。中缺中，则大多用"稍有盈余，不致赔累"（湘阴县）、"所入仅敷支用"（宁乡县）、"尚有盈余"（衡阳县）等相关字样。

表8　湖南县级政区的优瘠

优瘠缺	县级政区
优缺（19）	长沙府浏阳县、醴陵县、益阳县、湘乡县、攸县，衡阳府衡山县、耒阳县、常宁县，永州府零陵县，宝庆府武冈州，岳州府巴陵县、平江县、华容县，常德府桃源县、龙阳县，辰州府溆浦县，永顺府永顺县，沅州府黔阳县，靖州直隶州会同县
中缺（36）	长沙府湘阴县、湘潭县、宁乡县、安化县、茶陵州，衡州府衡阳县、清泉县，永州府祁阳县、东安县、道州、宁远县、永明县、江华县、新田县，宝庆府邵阳县、新化县、新宁县，岳州府临湘县，常德府武陵县，辰州府泸溪县、辰溪县，永顺府保靖县、龙山县，沅州府芷江县、麻阳县，郴州直隶州永兴县、兴宁县、桂阳县、桂东县，靖州直隶州绥宁县，澧州直隶州石门县、慈利县、安乡县、安福县，桂阳直隶州临武县、蓝山县
瘠缺（12）	长沙府长沙县、善化县，衡州府安仁县、酃县，宝庆府城步县，常德府沅江县，辰州府沅陵县，永顺府桑植县，郴州直隶州宜章县，靖州直隶州通道县，澧州直隶州永定县，桂阳直隶州嘉禾县

　　缺分高低与优瘠程度并不一定成正比。即以京官、地方官为例，京官清誉较高，品级较高，但论做官收益，则不如地方官，故清代京官乐意外调地方任职；对于地方

各州县而言，亦是如此，政治前途与经济收益并不是完全吻合的。湖南省的这份材料恰好就提供了一个难得的观察缺分与优瘠关系的例子。

表 9　湖南缺分与优瘠关系

优瘠	缺分			
	最要	要	中	简
优	1	9	3	6
中	3	7	7	19
瘠	1	4	1	6
总计	5	20	11	31

最要缺中，优瘠标准中的中缺和瘠缺比例很高，这主要是两个因素造成的，一是苗疆的县份因属特殊官缺，虽交通不便，经济不够繁荣，但定为最要缺，实际却是瘠苦之地。如宝庆府城步县被定为"最要，繁难"，属于因苗疆而破格，本身县的等第只是"繁难"二字，档册中形容其为"地处苗疆，民风朴质，名为最要之缺，实系无事之区。万山之中，异常瘠苦，官场每视为畏途"；靖州直隶州绥宁县亦属苗疆，"入款足敷用度"而已。二是县虽重要，但因处交通要道，差事繁多，如遇大差，不免花销巨大，稍不留意就会赔垫。如岳州府巴陵县虽定为优缺，但实际"缺分在上中之间，如无大差过境，尚有羡余"；衡阳府衡阳县、常德府武陵县虽入款多，但出款亦多。对于追求经济利益的官员而言，这些最要缺显然并非最佳去处。甘肃省的例子同样证明交通便利并非可与优缺划等号，道光三年（1823），陕甘总督琦善在报告本省缺分时谈到道："通省州县，惟河西各属民力尚觉稍纾，其河东各属地本荒凉，路当孔道，常年供亿，纷烦情形，尤为劳累，是冲途州县每多借词赔垫，任意亏那。"①

要缺当中，优缺较多。这些要缺，大多数都是等第兼三项的名副其实的要缺，故往往交通发达，政务繁忙，钱粮庞大，稍微动下心思，即可获利颇丰。如衡州府横山县，号称"通省中第一优缺"，原因是"钱漕征钱解银，近年银价平落，所得羡余除应用外，可余一万数千金"。再如长沙府攸县，"钱漕羡余除支用外，每岁盈余款约在万金以外，为长沙府属第一优缺"。长沙府湘乡县，"钱漕年款不待催征，僻在一隅，无多支应，每岁所余将及万金，为长沙府属优缺"。永州府零陵县，"缺分较优，每岁余款在万金以上，为南路第一优缺"。钱粮盈余是优缺的重要指标，往往可达五六千两乃至万两以上。

也有一些因采办兵谷而发财的，如永顺府永顺县，"征收秋粮只数十金，专恃采

---

① 军机处录副，道光三十年七月二十二日陕甘总督琦善奏，档号：03-2793-068。

办兵谷得有羡余，以资津贴，为永顺府属之优缺"。只要有赚"外快"的机会，同样是优缺。但要缺当中同样存在瘠缺，特别是湖南省省会长沙府所在的附郭县长沙县、善化县，长沙县因差务繁忙，供应太多，"入不敷出"，而相邻的善化县"入款更少，赔累益重"，较长沙县尚且不如。有的要缺的县份则在两可之间，典型的是长沙府湘潭县，"每年如无大差过境，量入为出，尚有羡余。倘冠盖络绎，应接不暇，即须赔垫"。财政上处于紧张状态，波动较大。

中缺大多在中瘠之间，只有极少数因钱粮盈余较多而成为优缺，如长沙府益阳县"入款较多，岁有盈余约五六千金"；岳州府平江县"钱漕颇有羡余，为湘省中上优缺，近年店铺行使钱票，颇累贫民，急须整顿"；岳州府华容县"钱漕各款，岁可余三四千金。民情不刁，滨湖乐土"。

简缺大多在中瘠之间。值得注意的是简缺州县中有 6 个属于优缺。和要缺、中缺一样，简缺成为优缺的条件之一是钱粮税契收入要高，如常德府龙阳县"钱粮税契所入较丰，无大差过境，岁有盈余"；辰州府溆浦县"钱粮采买，羡余丰厚，每岁可余万金，为西路第一优缺"；衡州府常宁县"漕米折钱，征收颇有盈余，在优缺之列"；长沙府醴陵县"每年可余三四千金，简缺中之较优者"；或是陋规较多，如靖州直隶州会同县"钱粮羡余无几，而陋规颇多，每岁除用可余三四千金"；或是采办兵米等专务，如沅州府黔阳县"应酬甚稀，采办兵米，羡余颇多，岁盈七八千金，为西路优缺"。各省缺分肥瘠的情况可能并不太相同。档案中还曾看到陕西省缺分优瘠的资料，嘉庆二十二年（1817）时因陕西军需银追赔案内，令通省官员养廉银扣除五成。时任陕西巡抚朱勋奏疏为部分瘠苦州县请免，里面列明了被视为瘠苦的 19 州县，分别是延安府的肤施、安塞、甘泉、保安、安定、宜川、延长、延川，榆林府的榆林、葭州、怀远，绥德州的米脂、清涧、吴堡，鄜州的中部，兴安府的平利、白河、石泉、紫阳，均为偏远之地的简缺，[1] 与湖南简缺的状况就不太相同。

如果将湖南优瘠缺分在地图上加以呈现则彼此差别更为明显（图 2）。可以看出，优缺多处于两种位置：一是距离省城适中的位置。距离太近则差务纷纭，难免赔累；距离太远，又远离政治中心；距离较为适中的县份，特别是省城附郭县周边的县份优缺的比例很高。一是位于交通要道上，可办理各项兵米大事，油水较多，特别是由湘入贵的交通要道沿线的县份，优缺比较多。而瘠缺或分布在省区中心，特别是省城附近，因差务过重之故；或分布于省区边缘，民贫官瘠，如再差务纷纭，则更属于瘠县中之瘠缺，如郴州宜章县等。

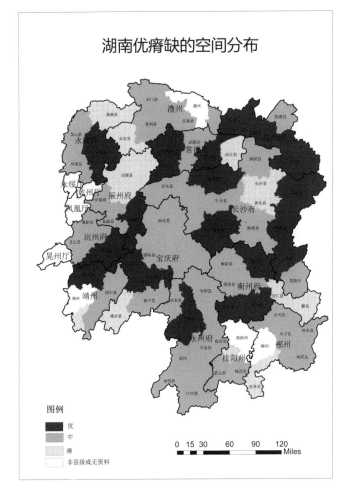

图2　湖南优瘠缺的空间分布

结　论

　　清代县级政区分等是政区分等的基础，也是核心。自雍正六年开始，政区分等制度一直处于调整阶段，直至乾隆十二年才大体稳定下来。但从乾隆十二年至四十三年间，依然有高达124次的调整，且以中缺、简缺改为要缺、最要缺为主，这就意味着督抚掌握的职位越来越多，吏部掌握的职位越来越少，冲击督抚、吏部选官任官的权力结构，于是乾隆四十三年清廷出台了繁简互换例，至此，各省县级政区职位的选任权虽偶有突破，但比例大体稳定下来。但各省内部仍有相当数量的繁简互换，从这些案例中可以窥见各省内县级政区政治地位的升降，而边界区域成为政区等第提升的重点。

对各省缺分的空间可视化中，可以清晰地看出其全国性及省内空间分布状况，最要缺和要缺的空间分布凸显了清廷地方治理的重心，特别在省界交界、沿运河长江沿海及交通干线、经济中心等区域，分布了大量高等级缺分等第。与汉唐时代稍有不同的是，虽然府的附郭县就整体而言，缺分等第较府内其他州县一般是高的，但1911年的数据显示，仍然有48个府的附郭县缺分等第低于府内其他县级政区，从中可以看到"厅"这种一般处于府的边缘但又缺分等第较高的政区形式对原有府内缺分等第秩序的冲击。政区缺分等第作为一种显性的政区分等体系在官员调配中发挥着关键性作用，这已得到诸多研究的证实，只是政区还有经济收益的隐性等级体系，这就是优缺、瘠缺之分，两者并不一致，晚清湖南的案例再次明确证明了这一点。政治收益与经济收益的背离是否是清代乃至更长时段内选官任官的内在逻辑，仍然有待于进一步探索。

总而言之，从政区分等的历史演变中，可以看到清廷如何不断调整制度的设计以满足官员素质与州县治理之间的匹配程度，尽可能维持人地相宜；也可以看到围绕缺分设置与官员选任，皇帝、吏部、督抚在权力的多重竞合关系中如何共同维持动态的平衡，并不断适应变化着的地方政治形势。对于县级政区分等的探索，将从微观层次上进一步深化对于"空间中的地方政治"这一主题的认识。

（中国人民大学清史研究所）

独立与依附的变奏

——雄安三县政区演变研究[*]

李 诚

2017 年 4 月 1 日，中共中央、国务院印发通知决定设立河北雄安新区。雄安新区涉及的地理范围主要是河北平原中部的雄县、安新、容城三县。本文拟从传统的政区沿革为视角，分析构成雄安新区主体三县的设置过程与演变脉络，并由此探讨三县的沿革特色、影响因素及在河北平原政区演变史上的地位。有关河北平原政区演变的研究，民国时有陈铁卿《河北省县名考源》等系列文章[①]，20 世纪后期则有《河北政区沿革志》[②] 等著述逐渐问世。这类成果多是对政区置废的简要概述，有关白洋淀区域的政区沿革情况，尚待系统梳理。

一、分属不同州（郡）下的容城与归义

今天在行政关系上隶属于河北省保定市的雄县、容城、安新三县，虽然地域毗邻，却经历了各不相同的政区演变历程。三县之中，以容城县的设置最为悠久。对于容城县的初置情形与沿革变化，可从早期的正史地理志与后出的地理总志中考察。

---

[*] 原刊于《中国历史地理论丛》2019年第2辑。

[①] 陈铁卿：《河北省县名考源》，《河北月刊》第1卷第1号，1933年1月；陈铁卿：《河北省县名次序之衍成》，《河北月刊》第3卷第8号，1935年8月。

[②] 河北省地名办公室编：《河北政区沿革志》，河北科技出版社，1985年。

《汉书·地理志》中涿郡领有容城县[1]，当时的容城县治在今县治西北。容城县在西汉先属燕国，后属涿郡。除隶属关系变化外，容城县一度做为侯国[2]。《汉书·地理志》称"容城，莽曰深泽"，则新莽时期曾将容城县改为深泽县。"容城"之名再次出现在正史地理志中是《晋书·地理志》[3]。不过，容城县也并非迟至西晋才再度恢复。由《魏书·地形志》《太平寰宇记》等可知，容城县在东汉时也隶属涿郡[4]。但在《续汉书·郡国志》中，涿郡领县中并无容城县。可以肯定的是，在《续汉书·郡国志》记载断限的东汉中期，容城县已经省并。而东汉光武帝在位时期曾有一次大规模的县邑省并，容城县可能在此时被罢废，又至迟在西晋时容城县已经复置[5]。

　　两汉涿郡在曹魏时改为范阳郡，西晋武帝又将其改为范阳国。由此，容城县在《晋书·地理志》中被记在范阳国之下。《魏书·地形志》中，容城县属于范阳郡，其沿革为"容城，前、后汉属涿，晋属，后罢。太和中复"[6]。受制于史料局限，容城县在西晋后何时省并已不可考，在北魏孝文帝太和年间（477—499）恢复。

　　在两唐书地理志中，容城县是由遒县改置而来[7]。唐代容城县已非西汉以来的容城县。《元和郡县图志》中"容城"条下记"高齐省入范阳县"[8]；又《太平寰宇记》记"高齐天保七年省并入范阳"[9]，原容城县在北齐天保年间废入范阳县。自此，《汉书·地理志》记载的容城县消失。容城县在西汉至北齐时代，曾两度省并又两度恢复，最终被废。要考察唐代出现的容城县，需要回溯遒县的演变由来。

　　《汉书·地理志》涿郡辖有遒县，县治即今涞水县。遒县曾在北周大象二年

---

①　［汉］班固撰，［唐］颜师古注：《汉书》卷28《地理志上》，中华书局，1962年，第1578页。另据后晓荣：《燕国县级地方行政称"都"考》，《首都师范大学学报》（社会科学版）2012年第6期，容城之名最早出现在战国时期的燕国，时有名称"容城都"，秦代改置容城县。参见后晓荣：《秦代政区地理》，社会科学文献出版社，2009年，第369页。

②　《汉书》卷17《景武昭宣元成功臣表》，第640页。

③　［唐］房玄龄等撰：《晋书》卷14《地理志上》，中华书局，1974年，第425页。

④　［北齐］魏收撰：《魏书》卷106《地形志上》，中华书局，1974年，第2476页；［宋］乐史撰，王文楚点校：《太平寰宇记》卷67《河北道十六》，中华书局，2007年，第1364页。

⑤　按，［晋］陈寿撰，［宋］裴松之注：《三国志》卷22《魏书·卢毓传》记载"进爵封容城侯，邑二千三百户"，中华书局，1982年，第652页。又［清］洪亮吉撰《补三国疆域志》卷上，丛书集成初编本，中华书局，1985年，第46页："容城，汉旧县，中兴后省。《魏志·孙礼传》容城人，《卢毓传》封容城侯，则县盖汉末及魏时复立侯国。"容城县是否在曹魏或东汉后期复置待考。

⑥　《魏书》卷106《地形志上》，第2476页。

⑦　［后晋］刘昫等撰：《旧唐书》卷39《地理志二》，中华书局，1975年，第1512页；［宋］欧阳修、宋祁撰：《新唐书》卷39《地理志三》，中华书局，1975年，第1016页。

⑧　［唐］李吉甫撰，贺次君校：《元和郡县图志》卷18《河北道三》，中华书局，1983年，第516页。

⑨　《太平寰宇记》卷67《河北道十六》，第1364页。

（580）省入涿县①，隋开皇元年（581），为保留遒县县名，将易州范阳县改为遒县，同时隋也不忘范阳之名，将范阳县移于旧遒县治所②。隋代的做法实际上是恢复遒县的同时将遒与范阳的治所进行了对调。隋代遒县唐初仍属易州，唐武德四年（621），朝廷以遒县置北义州③。北义州废后，遒县仍回属易州，后于武周圣历二年（699）至唐神龙二年（706）一度改为全忠县。更名的背景是圣历元年北部突厥的南侵，遒县在此时"固守得全，因改名全忠县"④。天宝元年（742），遒县改为容城。至此容城作为县名，在沉寂近二百年后再度出现并延用至今。容城县在唐代之前的频繁省并与复置，与各朝代不同的政治形势有关。如太和年间的北魏国力已有所恢复，人口的增殖带来了大规模的复县行为；而北魏后期和东魏的州县过度滥置，直接影响了北齐天保年间的省并。

唐初设置的北义州虽是招降纳叛的权置州郡，却产生了雄县的雏形——归义县。北义州除领有遒县外，还辖原属幽州之固安县，同时又另置归义县属之。归义县治今雄县治所西北。由《旧唐书·地理志》可知，归义县原为汉涿郡易县地，北齐时易县废入鄚县⑤。鄚县治今河北任丘市鄚州镇，归义县当分自鄚县设置。今雄县地域在分置归义县前，为鄚县西北部地域，并与容城接界。贞观元年（627）废北义州时，归义县也被罢废，不过贞观八年（634）再度恢复。归义县虽有权置用意，不过已经有了设县基础，因此才会恢复建置。归义县复置时改属幽州，景云二年（711）改属鄚州，同年回属幽州。大历四年（769），朝廷设涿州，归义县改属涿州。在容城（遒）与归义并存的唐代，两县除短暂同属于北义州外，其余时段分属不同的统县政区。

二、从依附走向独立：雄州、安州的设置

进入五代后，河北地区成为中央政权与地方政权、地方政权与北部民族政权的势力交叉地带，辽会同元年（938，即后晋天福三年），石敬瑭以河北、山西北部的十六

---

① ［唐］魏徵、令狐德棻撰：《隋书》卷30《地理志中》，中华书局，1973年，第858页；《元和郡县图志》卷18《河北道三》，第516页；《太平寰宇记》卷67《河北道十六》，第1362页。

② 《隋书》卷30《地理志中》，第858页。

③ 按：关于北义州的置县时间与属县，《旧唐书·地理志》与《新唐书·地理志》记载有异。本文参考吴松弟编著《两唐书地理志汇释》考证结论，以《旧唐书·地理志》所载为准。

④ 《旧唐书》卷39《地理志二》，第1512页。按："契丹入寇"之说不合史实，当为突厥进犯时期。

⑤ 按：西汉涿郡易县并非今日易县，今易县为隋开皇十六年新置。鄚县，设置于西汉。唐景云二年（711），设置鄚州。唐开元十三年（725），改为莫州。明洪武七年（1374），莫州废。

州割予契丹，其中就包含归义的属州涿州①。易州则处在南北政权的争夺之下。辽会同九年（946）在辽军南下灭后晋途中，易州归附辽②。后周世宗显德六年（辽应历九年，959）的北伐促进了雄安地区的建置进一步发展。

显德六年三月，周世宗率军北伐，四月先后收复乾宁军（治今河北青县）、益津关、瓦桥关、淤口关（治今河北霸州信安镇），辽所置宁州③及原莫州、瀛州皆内附。五月，易州被攻克，至此后周共收复四州。鉴于瓦桥关、益津关的重要性，周世宗升瓦桥关为雄州，益津关为霸州④。二州定名"雄""霸"二字有震慑辽朝的意味。雄州治瓦桥关即今雄县治，"雄"作为政区专名开始出现在该地域。

雄州虽以关为州，也领有附郭县及属县。据《新五代史·职方考》，雄州治所为归义县，属县为原属易州的容城县⑤。在短暂同属北义州后，容城再度与雄县前身——归义县同属一个统县政区。只不过，雄州的规模比北义州还要小，仅领此二县。据《辽史·穆宗纪》，应历九年六月，辽复得容城县⑥。辽应历九年即后周显德六年，容城县在该年的归属情形为：先属辽之易州，五月易州与容城县同属后周，六月再度归辽。失去容城县的雄州仅领有归义一县并延续至北宋初年。

后周北伐虽基本止步于拒马河，却对拒马河北岸的唐代旧县念念不忘，如新设的霸州附郭县永清县⑦，雄州归义县的设置也当如此⑧。在后周设置雄州、霸州后，以后周而言，有侨置于拒马河南的归义、永清二县；从辽代来看，仍然有自唐延续下来的归义、永清二县。拒马河南北两岸开始出现同名异地之县。雄州名称的出现与归义县治的移动，使得雄安地区继容城之后第二个县级政区至此成型。

北宋初年，与辽边境仍延续了后周的雄州、霸州一线。据《元丰九域志》，建隆四年（963）曾复置容城县⑨，雄州复领有二县。宋太宗端拱二年（辽圣宗统和七年，989）辽军攻克易州⑩，北宋南退至今徐水、满城一线。宋辽订立"澶渊之盟"后，以

①　［元］脱脱等撰：《辽史》卷4《太宗纪下》，中华书局，1974年，第44页。

②　《辽史》卷4《太宗纪下》，第57页。

③　按：《旧五代史》卷119《周书·世宗纪》称为"伪宁州"，可知其为辽所置。

④　［宋］薛居正等撰：《旧五代史》卷119《周书·世宗纪》，中华书局，1976年，第1580页。

⑤　［宋］欧阳修撰，［宋］徐无党注《新五代史》卷60《职方考》，中华书局，1974年，第741页："雄州，周显德六年克瓦桥关置，治归义。割易州之容城为属，寻废。"

⑥　《辽史》卷6《穆宗纪》，第75页。

⑦　《新五代史》卷60《职方考》，第741页。

⑧　按：《太平寰宇记》卷67《河北道十六》，第1364页归义县下云"唐末移治瓦桥关"，但在雄州下云"仍移归义并易州之容城二县于城中"，归义县在唐末是否移治待考。

⑨　按：［宋］王存撰，魏嵩山、王文楚点校《元丰九域志》，中华书局，1984年，第70页记"建隆四年以唐省全忠县地置容城县"。唐全忠县后改为容城县，该书记载当为宋之容城县，治所在原容城县地域内。

⑩　按：《宋史·地理志》作雍熙四年，误，据《辽史·地理志》等改。

白沟河（即拒马河）为界河的边境线基本稳定。宋代相对丰富的史料，可为我们勾勒拒马河南北两岸的州县管理情形。

在同是元代人编修的《宋史》与《辽史》中，拒马河南北两岸同名各县的沿革记载有明显的详略区别：《宋史》中的归信与容城县记述只有复置与管辖各寨的名称，《辽史》中的归义与容城县则详记其汉唐以来的变化过程。这说明，在编纂者眼中，辽县才是因袭汉唐而来，宋县仅是侨置。不过，《辽史》在归义与容城县条下最后都有类似的记述，"户民皆居巨马河南，侨治涿州新城县"①。拒马河（巨马河）北岸的归义与容城虽然是旧县，然而户口都在河对岸的北宋一方。没有户口这一设县的必要根基，两县不得不侨置涿州新城县，使得新城县城一度容纳了三个县治。

与辽代缺失户口侨置他县不同，北宋的容城与归义（信）虽然占有相对更多的户口②，县城却在辽代一方。《太平寰宇记》中的"仍移归义并易州之容城二县于城中"③即是北宋两座县城移治的明确记载。在宋辽分治的历史时期，拒马河南北的两组同名县没有一个县与唐代的县完全一致。辽县虽有旧县之名，却无一县之实，不得已侨置他县；宋县虽有一县之实，却无旧县根基，不得已侨置他处。唐代的容城与归义两县至此分化成宋辽均有的四个县级政区。

拒马河南北的宋县与辽县名称、县治既已划定，在户口管理方面仍有交叉管理现象，这在《续资治通鉴长编》《宋史》中被称为"两属"，以示与"全属南"民户的区别。拒马河并不能阻隔人员往来，是两属民户产生的基础。两属现象的由来，北宋人张希一在与辽人辩论时论及："界河之禁，起于大国统和年，今文移尚存。白沟本输中国田租，我太宗特除之，自是大国侵牟立税，故名两属，恶有中国不役之理？"④两属民户向何方缴纳赋税是宋辽争论的焦点⑤。宋辽对两属户的管理虽有互相约束的条款，但实际上只是"彼此空文"⑥而已。

宣和四年（1122），北宋短暂地囊括了原拒马河两岸的雄安地区，却很快失去了整个河北平原。金代在稳定占领河北平原后，面对的是一个因长期军事对峙产生的州军林立、辖境犬牙交错的局面。这之中尤以拒马河南北两岸的容城、归义（信）最为

① 《辽史》卷40《地理志四》，第499页。

② 按：《太平寰宇记》卷67《河北道十六》，第1364页归义县下记"旧十二乡，今十乡"，表明宋县继承了唐县的大部分户口。

③ 《太平寰宇记》卷67《河北道十六》，第1363页。

④ ［元］脱脱等撰：《宋史》卷290《张耆传附子希一传》，中华书局，1985年，第9712页。

⑤ 按，［宋］李焘撰：《续资治通鉴长编》卷295《神宗元丰元年》，中华书局，2004年，第7185页记载，宋神宗元丰元年（1078年），河北缘边安抚司曾上书指明辽朝要求容城、归信两县的拒马河南两属户不要向北宋纳粮，北宋一方最后的结论是先暂缓缴纳。

⑥ 《续资治通鉴长编》卷295《神宗元丰元年》，第7185页。

复杂，四县不仅名称近似或一致，县城也寄治他处，且县治距离过近。旧县与侨县都亟待新政权的更置以便于管理。金代对各县的更改过程为：

1.辽之容城县在重新回归金代的天会三年（1125）改为安城县以别于宋之容城县[①]。对于宋、辽重名县的更改，金代采取的是以宋县为标准更改辽县的原则。金代将沿袭自唐的辽县更名，表明其更看重的是一县领有户口之实，而非沿袭旧县之名。这次更名后，拒马河北岸两县为安城、归义；南岸两县为容城、归信，同名的问题已经解决。

2.皇统二年（1142）将更名之安城县与辽之归义县各自废入原北宋之容城、归信二县。一河之隔导致的县治相距过近远非更易县名所能解决，故而有废县的举措。金代没有回溯历史而直接以户口更多的宋县为标准，减少了废县的行政成本，也再次表明户口多寡是设县的重要指标。

3.容城县在金初仍与归信同治雄州城中，金代在归信县确定为雄州附郭县后，容城县已有了移出的必要。容城县的移治伴随着隶属关系的更改。泰和八年（1208）容城县改属安州，贞祐二年（1214）又改隶安肃州（治今徐水县）。容城改属后，雄州领有归信及由北宋保定军改置的保定县（治今文安县新镇），仍保持领有二县的规模。容城县的两次改属表明金代容城县的地位尚未确定。容城县的改属与移治造成了其与雄州的分离趋势，也增强了独立性，保证了其名称、县治、辖境的逐渐稳定。

金代对雄安地区政区建置的另一贡献是安州及属县的设置。安州原为北宋的顺安军，军治高阳县（今高阳县东）。天会三年改为安州，仍治高阳县。大定二十八年（1188）将州治由高阳县迁往葛城，随后析高阳县置葛城县（治今安新县安州镇）。泰和四年（1204）将原属雄州之混泥城改置为渥城县（治今安新县），改属安州。泰和八年，又以渥城县为安州治所。由安州两附郭县的设置，可知安州地域原为高阳县北境，并与雄州接界。

金代安州设置的初衷，是将北宋的军事建置转化为民事建置。由安州而设置的葛城、渥城两县与当地水环境密不可分。据《括地志辑校》，葛城又名西阿城，"以徐、滋二水并过其西，又徂逐其北，故曰阿，以齐有东阿，故曰西阿城"[②]。渥城得名于《水经注》之渥水[③]。二城因水得名，可看作水环境对该地域的早期影响。两附郭县设置与该地域的水环境发展有密切关系：金代安州南有唐河入境北流，西有濡水东流，合于州境内，又合为南易水过雄州至霸州。此外，金代安州为金主游猎主要

①　王颐：《完颜金行政地理》，香港天马出版有限公司，2005年，第93页。

②　[唐]李泰撰，贺次君辑校：《括地志辑校》卷2，中华书局，1980年，第97页。

③　[清]顾祖禹著，贺次君、施和金点校：《读史方舆纪要》卷12《北直三》，中华书局，2005年，第539页。

地域。辽、金以游牧民族入主华北，其游猎本性保留的重要途径之一即是组织"春猎""冬猎"。《金史》中有多次帝王在霸州、安州游猎记载，如大定十年（1170）十月"甲寅，如霸州，冬猎"①，承安二年（1197）春正月"丁亥，如安州春水"②，等等。在解决了自后周延续下来的同名异地县问题后，金代安州增置的两个附郭县奠定了今安新县境内两县长期并立的局面。安新县安州镇与安新县城，在金代先后成为统县政区治所。然而，二地的附郭县之争没有因设县而终止，而是一直持续到了中华人民共和国成立后。

三、由属州到属县：三县分立格局的形成

金宣宗兴定二年（1218），蒙古占领了包括雄州、安州的广大地域。蒙古对雄安地区的政区改置始于窝阔台汗十一年（1239）。是年，金代保州（治今保定市）升为顺天路③，同时将雄州及所辖归信、容城二县改隶顺天路。雄州隶属关系的更改，改变了其长期直属高层政区的情况。雄州自此作为属州，长期隶属治所在今保定市的中层政区。

元世祖至元二年（1265）安州州县俱省，渥城县改为新安镇，省入雄州归信县；葛城县省入高阳县④。从并入各县的方位来看，葛城县向南并入同属安州的高阳县；渥城县则向东并入他州。金代置此二县时，即是分高阳置葛城，分雄州置渥城，因此二县地域实际上回归了原属地⑤。渥城省并时，"渥城"之名消失，"新安"称谓出现，开启了安州二县名称更改的进程。在省并之前，安州治所曾在元初迁移回葛城县⑥。

至元九年（1272），安州重新设置，此时原安州地域内仅剩高阳一县。在恢复安州建置时，虽然省并的两县都被恢复，却有不同的命运：葛城县重新复置，并成为安州的附郭县。渥城改为新安镇后，复置时已为新安县，却改属了正在扩张中的顺天路⑦。两县的治所回迁、名称更改与省并地域的变化，表明在安州地域内葛城地位的上升与渥城地位的下降。元代开启的将各州作为属州隶属中层政区的行为，改变了隋唐

① ［元］脱脱等撰：《金史》卷6《世宗雍纪上》，中华书局，1975年，第147页。

② 《金史》卷10《章宗纪二》，第240页。

③ ［明］宋濂等撰：《元史》卷58《地理志一》，中华书局，1976年，第1354页。

④ 《元史》卷58《地理志一》，第1354页。

⑤ 按：据《元史·地理志》，省并的渥城县地域在至元四年又改属容城县。

⑥ 《元史》卷58《地理志一》，第1354页。

⑦ 按：据《元史·世祖纪》，顺天路于元世祖至元十二年十一月壬午改为保定路。

以来州（郡）越分越多、领县越分越少的局面，雄州、安州开始稳定地从属同一中层政区。

明初改路为府，雄安地区整体隶属保定府管辖。洪武二年（1369）七月，雄州、安州附郭归信、葛城二县同时废入各州①。裁撤属州附郭县是明代改革属州的第一步。有别于河北平原在元代将中层政区扩大的改革方向，明代改革的方针是减少属州规模②。以雄安地区所在的保定府而言，洪武二年七月已将不辖县的安肃州与完州降为县，这也是雄州与安州的改置方向。裁撤附郭县后，雄州与安州仅各领有容城与高阳一县的规模。洪武六年（1373）五月，高阳县改属保定府，安州成为不辖县之州。次年，雄州与安州各自降为县，即雄县与安县。同时，容城县省入雄州。雄州之名，起自后周显德六年，至此消失，取而代之的是至今仍在沿用的雄县，雄安地区继容城之后第二个县级政区由此定型。

洪武七年（1374）七月，新安县并入安州③。单以洪武七年而言，雄安地区由元代的二州四县（雄州辖归信、容城二县，安州辖葛城，另有新安县属保定路）减少到二县（雄县、安县）。洪武十三年（1380）十一月，雄安地区再度恢复了容城、新安二县及安州，同时以容城改属保定府，新安改属安州。雄安地区建置恢复到一州三县的格局（安州及雄县、容城、新安）。明景泰二年（1451）容城县移治于拒马河北④，即今容城县治。

清代中期虽有分置直隶州的政策，却并未影响到雄安地区的基本政区构架。雄安地区在清代的政区变化是新安县于道光十二年（1832）六月裁撤入安州。新安县治与安州治相距过近，这应当是裁撤新安县的考量因素之一。安州地域较新安为广，又在一定程度上影响了新安废入安州的决策。在新安县废后，原新安知县的职责实际上被一分为三，管河与治理地方由安州州判执掌，实际上管理原新安县的日常事务。而赋

①　［清］张廷玉等撰：《明史》卷40《地理志一》，中华书局，1974年，第890页。

②　按，《明太祖实录》卷37，洪武元年十二月丙戌条，"中央研究院"历史语言研究所校印本，1962年版，第746页："时廷议以各地州治有连辖数县，有不辖县而亲隶民事者，于体未善。诏从其议，于是凡州之不辖县治而改为县者六十有五。"洪武元年对"州"的改革主要是裁撤不领县的州，所采取的办法是将州直接降为县。

③　《明史》卷40《地理志一》，第890页。

④　《读史方舆纪要》卷12《北直三》，第521页："容城故城，在容城县西北三十里，汉、唐以来县盖此治。辽志云容城故城本在雄州西南，辽侨置于涿州新城县界，仍属易州。盖以宋所置城为故城。金初以北容城并入南容城。明景泰二年相地筑城，复迁治于巨马河北，南去旧县十余里，即今县也。"

役、断狱收归安州知州管理，显示出新安废入安州，不再独自为县①。废县后，原有学额、支出照旧，表明新安仍保留了一定独立性。新安县废后，雄安地区的县级政区数目降为三个，与今日持平。新安县罢废后，原为属州的安州因不再辖县，降为从属于保定府的散州，已与普通的县无异。

民国初年，雄安地区政区改置仍围绕安州展开。民国二年（1913），《划一现行各县地方行政官厅组织令》公布，全国各厅、州名称均裁撤改为县，安州由此改为安县。次年，取安县、新安两处地名首字为"安新"县。安新县的出现，意味着雄安地区政区建置至此定型。

雄安地区政区的再次剧烈搅动始于全面抗战开始后。1937 年八路军东进，开辟了广泛的敌后根据地。由于抗日根据地所占据的多是距离县城较远地域，或各县结合部，因此多有切割设县和联合县建置。共产党在雄安地区设置过的县先后有新安县②、之光县③、第一联合县④、白洋县⑤、容雄联合县⑥、容（城）定（兴）联合县⑦、新（镇）雄（县）联合县⑧。1949 年初，新雄县撤销后，容城、雄县、安新三县恢复原建置。共产党建立的县级政区变动剧烈是受战争形势所影响。抗日战争时期，敌后根据地普遍较小，且地处偏僻，又时常受到日伪军的侵扰，因此设县地域与县治经常不固定。解放战争时期，共产党武装已有能力收复包括县城的广大地域，因此所设立的联合县不仅数目较少，时间也更为短暂。

中华人民共和国成立后，1950 年 4 月 24 日，安新县城由安州迁往新安，原安州

---

① 道光二十六年抄本《安州志·凡例》，收于《中国地方志集成·河北府县志辑》第34册，上海书店出版社，2006年，第7页："自道光十二年奉旨裁汰新安归并安州。将知县、县丞、典史、教谕、训导尽行撤回归部。另选以安州州判移驻新安，总管河道堤工并弹压地方街道；以安州训导移驻新安为安州乡学。所有入学、出贡、补廪人数仍依旧额。至于赋役、讼狱俱归知州办理。将来两志或分或合尚不能定，今且先就州志纂修之。"

② 安新县地方志编纂委员会编：《安新县志》第1编《建置》，新华出版社，2000年，第80页，1938年8月，将安新县东部与雄县西南部划为新安县，以原安新县西部仍为安新县。按：新安县名的恢复并不意味着新安县的复置，因其管辖的地域范围与县治皆与旧新安县不同。

③ 1940年5月将新安县重新划入安新县，同时又将安新与清苑接壤的边界地区划为之光县，1944年10月撤销。按：之光县名称为纪念李之光烈士而来。

④ 1941年9月，将雄县全部与容城、定兴、新城、霸州一部分设立第一联合县。按：据河北省雄县地名志办公室《雄县地名资料汇编》（1983年），第一联合县在1942年春改为第二联合县，又于1944年10月至抗战胜利为四联县。

⑤ 参见《保定晚报》2013年4月28日，"安新大田庄：明代清泉庵古庙抗战时称'小延安'"。白洋县治大田庄，1946年2月撤销。

⑥ 1945年3月至7月间，曾以容城、雄县部分地域设立容雄联合县。

⑦ 容定联合县设立于1946年7月。

⑧ 1948年4月至1949年初，曾设立新雄联合县。

改为安州镇。安新县治迁移至此终结。雄安地区的最后一次政区调整是在 1958 年的"大跃进"时期。为求县大而全，各地掀起并县高潮 ①。雄安地区的并县过程为 1958 年 6 月撤销容城县，分属雄县与定兴；9 月 23 日又将原容城县整体并入徐水县 ②；同年 9 月 21 日撤销安新县并入徐水县；10 月 2 日将雄县与新城、涿县和涞水县西部合并为涿县。三县实际都已合并，雄安地区分属徐水县与涿县。不过，这次并县的尝试时间短暂，雄安三县中的安新县于 1961 年 1 月 11 日恢复建置，雄县与容城也于同年 4 月 28 日、次年 1 月复置。雄安地区政区演变至此结束。

四、走向雄安新区时代

雄县、容城、安新三县，虽设县时间有早晚之分，设县方式与演变历程也有不同，但地域毗邻将三者紧密联系在一起。在河北平原县级政区历次调整中，雄安三县唯一没有明确经历的仅有北宋中期的省并，不过这是由雄安地区所处的地理位置决定的。在军寨密布的宋辽边境，北宋难以进行县邑省并。对雄安三县的沿革梳理，实际上就是对河北平原县制发展大势的考察。然而，经历的政区改革多，也说明雄安三县的政区稳定性不高。而与容城县同为西汉涿郡属县的涿县，虽有过名称与层级的变化，却始终没有罢废并延续至今，与雄安地区的政区改置形成明显对比。不仅如此，雄州、安州的出现，表明雄安地区已有相对独立的统县政区建置。然而，这种独立性却伴随元明清三代政区调整彻底消失，最终形成了今天三县分立格局。

雄安三县政区演变历程与其所处地理位置有密切关系。雄安地区距离河北平原的交通主动脉——太行山前大道有一定距离。远离交通干道意味着人员往来、经济发展都受到一定程度抑制。虽然雄安地区河湖密布，却并非漕运干道，这在以陆路交通为主的北方，自然无法形成较强的地域辐射力。在历次政区调整中，人口、财赋与地缘等就是中央政府的"卡尺"。雄安三县因此屡遭裁撤。元代在扩展中层政区管理幅度时，选择了治今保定市的保州，并将其周围各州作为保定路的属州，也说明长期以来，雄安三县的地域辐射力不强。

虽然自身规模小，却仍在屡次省并后再度复置，表明具体到该地区内，设置三县

① 按：以河北省来看，1958年的并县高潮中一年就省并了85个县，合并为58个县。参考路紫：《论河北省县级行政区划的几个问题》，收入张文范主编《中国行政区划研究》，中国社会出版社，1991年，第665页。

② 容城县地名志编纂委员会编：《容城县志》第1章《政区》，方志出版社，1999年，第56页。

的规模能适应日常管理需求。

雄安三县中先后出现的容城、雄县与安新，各县县治距河流呈逐渐接近趋势，且地势逐渐低洼。安新县治已位于西淀湖泊群包围之中。由河边高地向低洼地带推进，这与河北平原设县地域演变基本一致。在流经雄安地区的众多河流中，拒马河的作用尤其突出。北宋初年何承矩等营建塘泺后，拒马河流向呈现由正东向东南的摆动过程。借由拒马河等河流汇入，以白洋淀为代表的西淀湖泊群日渐形成。西淀水系的形成促进了安州及其附郭县的设置。湖泊密布引发的水患问题又对安州、新安二县有重要影响。虽然设置最晚，但与容城、雄县相比，安新县的地域规模、设县变化与县治迁移都更为繁杂，这与安新县所处地理环境有关。

安新县境内不仅河道众多，且湖泊密布。淀泊分布集中于中部与东部，很自然将县境分为南北两部分，这也是安新县内长期分属两县的原因。由金代增置附郭县开始，安新县城的选择一直在安州镇与新安镇（今县治安新镇）之间徘徊。以安州镇为县治，好处是距离各处淀泊较远，不易遭受水患；弊端则是安州偏居县境西部，原新安县境内的赋税缴纳与治安管理多有不便；以新安镇为县治，好处是县治在县境位置适中，弊端则是县境三面为湖泊包围，河堤常有漫溢之险。因此在水患不烈的时期，中央偏向于新安镇，一旦水患严重，往往会顾虑县城安危而移治安州。晚清之后，白洋淀所属的西淀湖泊群在补给源日渐减少的情势下，逐渐枯减萎缩，加之历次对河道的整修，新安镇附近水患危险已经减轻，因此县治终迁往新安。

雄安新区的设置，是新时期该地区的重要机遇。雄安三县由各自相对独立发展到因雄州、安州而产生行政隶属关系，最终回归到三县分立的局面。雄安新区的政区性质虽尚未确定，以雄安三县的建置史来看，在三县之上设立更高一层政区管理是有历史依据的。雄安三县长期处于河北平原被遗忘的"角落"，与该地区交通发展迟缓有关。高铁、公路等基础设施建设有助于地区的跨越式发展。雄安新区的地理优势之一是生态环境优良，其主要依据是湖网水系的涵养水源、水土保持作用。从西淀湖泊群的演变及其与政区关系上考察，有助于发挥积极作用，使雄安新区真正成为"千年大计、国家大事"。

（北京市社会科学院历史研究所）

置县存废下的博弈与妥协
——以清代以来魏县、大名、元城三县行政关系为例[*]

李 诚

　　魏州及其后的大名府一定程度上继承自汉魏的魏郡，并长期作为河北平原南部的行政中心，北宋时还曾为"北京"。以河北平原置县的历程来看，在行政中心附近的各县，其沿革变迁一般较其他地域更为频繁。魏县、贵乡（大名）、元城三县的行政关系演变可称为这一特点的诠释范例。如从三县沿革的各项要素来看，设置、罢废、省并、复置、改名、治所迁移等各种情形都有体现。本文拟要探讨的是清代以来三县的置废之争及由此体现的各种势力在"县"这一角力场上的博弈、妥协与平衡。

一、问题的产生——乾隆并县及影响

　　清初承袭明制，大名府附郭仅有元城一县，魏县治今县治，大名县治今旧治乡。三县之中，魏县偏西，元城偏东，大名位于两者之间，三县的这种局面维持了一百余年。乾隆二十二年（1757），漳河水发，先后淹没魏县县城与大名县城。两县的存废去留遂成为三县行政关系的焦点。民国《大名县志》引《野纪便览》，描绘了水淹二县后，时任直隶总督方观承的查勘灾情情形。在查勘灾情、兴修水利时，由各省督抚、布按等高级官员查验地方是清代通行的惯例，这些大员更多的是代表省与朝廷的利益。如新安县并入安州后，朝廷即曾委派穆彰阿去新安查勘。穆彰阿认为新安百姓提出的复县请求皆是"欲量求减免"的私利，从而驳回了复县所请。方观承此次在魏县的查勘也是如此，魏县百姓因蒙受水患，基于自身利益既乞求朝廷减免租赋，又希

*　原刊于《中国地方志》2018年第2期。

望得到赈济，因而"凡引方所验者，皆洼下之区，舟楫通行之所"①。在魏县百姓的利益认同内，只是魏县受灾，朝廷应当有所表示，而不会有魏县应该罢废的认识。但一片泽国的景象却给了方观承完全不同的认识："方公视其地，已成泽国，不可再居，议迁治仕望集而未果"②。仕望集在魏县县城之南，基本处于魏县的中心位置，且不曾被漳河决口影响，否则不会移治该处。不过，县城移治有一过程，在其"未果"之际，大名县城又被水所毁，改变了方观承之前的想法，也偏离了魏县百姓请求蠲免赈济的本意。

漳河在乾隆二十二年五月底六月初冲毁大名县城，"城市为沼，治无定所，方公因欲取两县而并之"③。以历史时期河北平原的省并县邑来看，主要是一县并入他县，保留原县名与县治为多。即便县名取自两县名称，并县后的县治也一般为其中一县县治。而在决定大名、元城合并时，需要解决的两个问题是：两县合并以谁为主，以谁为次？两县县治均已被水冲毁，新县治选在何处？

方观承实际是将两个问题合并解决，而考虑的首要因素是治理便利："建署于郡城内西南隅，因天雄书院而广之，以仍大名之号。故谓大名为本邑，魏县为新并。"④选取有一定基础的天雄书院作为新县治，与另建县治相比无疑会减少建筑成本。因天雄书院在府城内，以此作为县治，表明新县"与元城同为附邑"⑤。在县名的选择上，新县治在大名东端，以魏县为名不合，故以大名为县名，于是出现"本邑"与"新并"的称谓。在魏县、大名合并前，"三县密迩郡城，犬牙相错"，这次合并对县界也做了整理："因将大名县原管二百二十五村，拨与元城十三村；魏县原管三百三十七村，拨与元城三十一村，以便统辖。大名所剩二百一十二村，与魏县所剩三百零六村合为一县。"⑥此次县界调整中，魏县并入元城县的31村名目可考，其地域位于魏县的东北角。大名划归元城的13村为"旧管之府东关、北关、三里店"⑦等。由此可知，大名县在划归元城县村庄前，已辖有府城外部分村庄，而这些村庄又在府城的东关、北关。大名县移驻府城后，管辖的是府城西、南两方向的村庄。在移治前的大名县领有这些村庄，只有一种可能——飞地⑧。在这次县界调整中，"所有府城内街道关厢，

① 民国《大名县志》卷三十《杂俎》，第19页。

② 民国《大名县志》卷三十《杂俎》，第19页。

③ 民国《大名县志》卷三十《杂俎》，第19页。

④ 民国《大名县志》卷三十《杂俎》，第19页。

⑤ 《清实录》第16册《高宗实录（八）》，乾隆二十三年六月甲戌，中华书局，1986年，第162页。

⑥ 民国《大名县志》卷三十《杂俎》，第19页。

⑦ 乾隆《大名县志》卷一《图说二·疆域》引"并县部议"。

⑧ 按，魏、大、元三县飞地在民国二十八年复县运动中也有体现："一县之中，而有按寄庄地征收之例。"

划半分管"①，表明此次也是一次整理"寄庄地"的行为。

在魏县、大名县城被淹的次年，乾隆二十三年（1758）六月，直隶总督方观承奏请"魏县裁汰，归并大名、元城管辖"②，魏县并入二县的过程实际完成。在此过程中，大名县官民有何反应不得而知，魏县百姓本以蠲免赈济为目的而带领方观承查勘，却落得并县下场，自然对此决策不满。与新安并入安州时移安州州判与旧新安县治以管理原县境相同，方观承在提出裁减原魏县官员时③，对魏县也进行了一定"补偿"：

> 魏县县丞准驻札旧制，改为大名县管理漳河县丞……至学额量为改拨之处，应如该督所请，于魏县原额文童十八名、武童十五名内，各拨二名，归入元邑取进，其剩额另编乡学字样考取。并将大名训导一员，专管乡学事务。④

在新安并入安州时，是将安州州判移治原新安县治，新安县的主要衙门机构裁废殆尽。魏县则保留了县丞建置，治所仍为魏县旧治，并将其改名为大名县管理漳河县丞。加上"管理漳河"四字的原因在于，原大名县治已有大名县丞的建置。新安并入安州时，奏议只说学额照旧。魏县并入大名后，除因划归元城31村，减少两名外，其余并未直接划归大名，而是将其编为乡学，统一录取，同时设大名训导专管乡学。大名县由并县所得，多是"现存谷拨归大名，作为常平额贮"⑤之类。这就实际上在新合并的大名县境内，保留了原魏县的大部分职能，因而比新安并入安州更进一步，其"明合实分"也体现得更为明显。魏县并入大名后，新县治在大名县的东端，这对主体地域在县境西部的旧魏县民众来说，纳税服役词讼等均距离较远。此外，原魏县与大名辖境相差悬殊。从两县原辖各村数目上看，魏县原辖337村，大名原辖225村，魏县是大名县的近1.5倍；以地域看，在民国三年（1914）三县合并后，魏县占新大名县的近1/3，原大名县"仅有全县地五分之一耳"⑥。在并县30余年后修的《大名县志》中，明确了前述大名"本邑"与魏县"新并"的认识⑦，并在"赋役"等卷目下明

---

① 乾隆《大名县志》卷一《图说二·疆域》引"并县部议"。

② 《清实录》第16册《高宗实录（八）》，乾隆二十三年六月甲戌，第162页。

③ 《清实录》第16册《高宗实录（八）》，乾隆二十三年六月甲戌，第162页："至魏县教谕、训导、典史亦裁。所支官俸役食，亦宜裁存报部。"

④ 《清实录》第16册《高宗实录（八）》，乾隆二十三年六月甲戌，第162页。

⑤ 《清实录》第16册《高宗实录（八）》，乾隆二十三年六月甲戌，第162页。

⑥ 陈铁卿：《纪魏县元城与大名合并经过及其复县运动》，《河北月刊》第1卷第3号，1933年3月。

⑦ 乾隆《大名县志·凡例》："新并县后大名为本邑，魏县为新并，于事有不可混同者，书以别之，他不复分。"

确将大名分为"本邑"与"新并"两部分。魏县并入大名后，虽有"大名管理漳河县丞"处理原魏县的部分事务，但县城被水淹后，"居民尽移居城外"^①，县城并未恢复，且漳河水势汹涌，民国年间"城中地面，较之乾隆时似高丈许"^②。伴随原魏县县城荒废的还有地方治安的崩坏，咸丰年间"东匪西窜，乡学单公倡团练，议修寨"^③。与并县前相比，魏县民众距离新县治过远带来的各种后果，无疑都会增加其复县的要求，这一要求至清末地方自治兴起后变得越发强烈^④。

二、博弈的开端——民国三年并县风潮

晚清倡议的省并附郭县在民国肇建后得以实现，民国元年（1912）以大名县并入大名府，次年因袁世凯颁布的划一令，大名府又降为大名县。在大名县并而复置的过程中，魏县的复县运动也再度高涨，与之相对的却是元城县附郭地位的日益衰微。乾隆二十三年大名移治府城后，关于两县附郭地位的主次，曾规定"首大名，次元城"^⑤。元城虽较大名附郭时间更早，附郭时段亦长，但大名因与府同名，自附郭后遂以"首邑"相称。民国初年大名府、县关系升降也为三县行政关系调整创造了条件^⑥。内务部遂要求直隶省"斟酌地方实情，查复决定"^⑦。直隶省在勘察后提出的方案为"迁元并大及迁大治魏"。以名称来看，"迁元并大"是以元城县并入大名县，"迁大治魏"是将大名县移治原魏县。两个方案的表面得益者是大名县，因为其又可纳入元城县辖境；实际得益更多的恐是原魏县，因魏县治在荒废100余年后可成为新大名县的治所，原魏县百姓可减轻纳税及匪患之苦，只是魏县名称仍未恢复。"元城自入

① 陈铁卿：《纪魏县元城与大名合并经过及其复县运动》。
② 陈铁卿：《纪魏县元城与大名合并经过及其复县运动》。
③ 陈铁卿：《纪魏县元城与大名合并经过及其复县运动》。
④ 民国《大名县志》卷一《沿革》附"民国三年大元归并办法"："前清之季，倡议归并同城首邑。四五年来，大、元、魏士绅各结党团，主并、主迁、主复旧，纷争不已。"
⑤ 乾隆《大名县志》卷一《图说二·疆域》引"并县部议"。
⑥ 内务部《内务总长朱启钤呈大总统拟将直隶省大、元两县合并为大名县暨毋庸规复魏县请鉴核示遵文并批》："一年以来，迭据大、元两县士绅呈请，文电交驰，意见歧出，争执逾年，莫衷一是。"中国第二历史档案馆整理编辑《政府公报》第25册，1914年3月16日第666号，上海书店出版社，1988年影印本，第19页。下同。
⑦ 内务部：《内务总长朱启钤呈大总统拟将直隶省大、元两县合并为大名县暨毋庸规复魏县请鉴核示遵文并批》。

民国后，渐至名存实亡，县政由大名兼理，已渐呈合并趋势"①，成为这两个方案的利益牺牲者。元城之所以在民国初年逐渐沦为大名县附属，是受两点因素共同影响：一是乾隆并县后"首大名，次元城"的局面经过了百余年的发展，两县强弱之别已有了一定基础；二是大名由府改县以后，"遂即府署为县署焉"②。大名县治由府城内天雄书院移治原大名府衙门内，代表其实际上已成原府城内地位最高的县治，元城县遂不得不附属于大名。直隶省提出的这两个方案在其后又有进一步发展，甚至"刊发魏县印信，交大名保管"③，在省内决策中实际出现了恢复魏县的行为。在魏县规复指日可待时，中央内务部一纸批文使这次复县运动戛然而止。

内务部在《直隶省大、元两县合并为大名县暨毋庸规复魏县呈文并批》中指出直隶省提出的各办法"一时均难解决，迁移建筑一切经费，实在为难"④，以财政拮据为由，要求"将大、元合并一县，采大名府旧称以正区域"⑤，随即将指令下发直隶省。直隶省提出的办法与内务部基本一致，并认为"似此变通，虽区域不无稍广，而按之行政，各方面尚无窒碍，办理亦较易为力"⑥，至于"规复魏县前案，自当准其作罢，庶免再起纷争"⑦。民国三年魏县的复县运动至此终止，以元城并入大名，成立地域涵盖原魏县、大名、元城的新大名县结束。原魏县通过直隶省提出的"迁大治魏"乃至"规复魏县"的议案均被内务部以"亦无财力"予以压制。

在新的大名县成立后，采用新区制。原大名县为中区，其下为三小区；原魏县⑧为西区，其下为五小区；原元城县为东区，其下亦有五小区：三区共计十三小区⑨。以地域组成来看，"东区最大，几占全县之半；西区次之；中区最小，仅有全县地点五分之一耳"⑩。民国十八年（1929），"省令大县不得过十区，于是将三大区中各裁去一

① 民国《大名县志》卷一《沿革》附"民国三年大元归并办法"。
② 民国《大名县志》卷一《沿革》附"民国三年大元归并办法"。
③ 民国《大名县志》卷一《沿革》附"民国三年大元归并办法"。
④ 内务部：《内务总长朱启钤呈大总统拟将直隶省大、元两县合并为大名县暨毋庸规复魏县请鉴核示遵文并批》。
⑤ 内务部：《内务总长朱启钤呈大总统拟将直隶省大、元两县合并为大名县暨毋庸规复魏县请鉴核示遵文并批》。
⑥ 内务部：《内务总长朱启钤呈大总统拟将直隶省大、元两县合并为大名县暨毋庸规复魏县请鉴核示遵文并批》。
⑦ 内务部：《内务总长朱启钤呈大总统拟将直隶省大、元两县合并为大名县暨毋庸规复魏县请鉴核示遵文并批》。
⑧ 据陈铁卿《纪魏县元城与大名合并经过及其复县运动》，此魏县当为排除掉乾隆二十三划拨元城31村后的魏县。
⑨ 民国《大名县志》卷四《自治·新区制》。
⑩ 陈铁卿：《纪魏县元城与大名合并经过及其复县运动》。

小区，成为十区"①。魏县自乾隆二十三年并入大名、元城以来，"实际上一切县务……仍均系各自为政，毫不牵混"②，长期保留了在新县境内的独立性，一旦时机合适，还会再度出现复县的诉求。

三、博弈的激化与尾声——民国二十年复县运动

民国三年新大名县成立后，东、中、西三区"名为一县，其实田赋、学警各要政，各办各区，各花各款，不相混合"③，但并非一切都是各区自办，如"警费出自亩捐等项，宜不分畛域，汇总收支。薪饷……向有参差，现已酌中，改归一律"④。不过，这种努力弥合各区差异，统于一县的做法却导致了适得其反的后果。三区内部权利与义务分配不平衡带来的矛盾激化，及当时南京国民政府推行的县自治政策，将复县运动推向了新的高潮。

民国二十年（1931）六月，大名县西区士绅刘萝弼再次发起魏县复县运动，东区士绅亦"呈元、魏均请与大名分治事"⑤。总体来看，两县的复县诉求是"魏县发起于先，元城继之于后。呈电交来，并各推代表进省面陈，各呈所述理由，大致相同"⑥。在陈铁卿的文章与民国《大名县志》中，都摘录了魏县复县呈文⑦。在此呈文中，魏县先列举与并县前的人口状况与地域规模⑧，而后历数"合县之不便有四，而分治之利有五"⑨。其中，并县不便有因大名县地域过于辽阔，魏县西部的村镇距离县治过远，而在盗匪稽捕、诉讼听断上有所不便。三县合并后，新大名县努力弥合各区界限的警政、财政归一也成为了原魏县攻击的重点。三区在享受"学警额数"等权利时"各欲其多"；承担"摊认款项"等义务时，又"各欲其少"⑩。作为人多、地广、负担重的旧魏县来说，不免于有害贻魏县、利归大名之感。而如果分治后，既合乎当时的地方

---

① 陈铁卿：《纪魏县元城与大名合并经过及其复县运动》。

② 陈铁卿：《纪魏县元城与大名合并经过及其复县运动》。

③ 呼九泽：《大名县志序》，中华民国十八年十二月，民国《大名县志》卷首《序》。

④ 民国《大名县志》卷一《沿革》。

⑤ 民国《大名县志》卷一《沿革》附"复县运动"。

⑥ 陈铁卿《纪魏县元城与大名合并经过及其复县运动》。

⑦ 按：以刊印时间来看，陈铁卿的文章发表于1933年的《河北月刊》，民国《大名县志》刊印于1934年。

⑧ 陈铁卿《纪魏县元城与大名合并经过及其复县运动》："魏县昔当分立时代，号称中缺，人口约二十五万以上，面积辽阔，南北宽五六十里不等，东西袤长九十余里，足与元城抗衡，而视大名本邑且大一倍。"

⑨ 陈铁卿：《纪魏县元城与大名合并经过及其复县运动》。

⑩ 陈铁卿：《纪魏县元城与大名合并经过及其复县运动》。

自治政策，也可激发本地乡民兴办学警的积极性，因此主张先设立民国时期的置县预备机构——设治局，并进而提出"所有建筑一切经费，由魏民按银均摊，以敷应用"①。此外，魏县乡民还对乾隆年间划拨给元城县的 31 村"数典不忘"②，要求重新划归魏县。

与民国初年的复县请求相比，此次魏县提出的诉求包含了各个层面与角度，可谓准备充分：以魏县自身看，减轻在大名县中承担过多的义务，同时恢复乡民的地域认识，便于兴办各种事业；以省内方案看，如能分治，其所有经费都出自魏县自身，有利于消除省内增加财政负担的疑虑；以中央决策看，魏县的分治也符合当时的县自治政策。

在接到魏县、元城复县呈文后，河北省政府要求民政、财政二厅加以核查后回复。两个月后，"民、财两厅会同呈复"，却"历述分治困难情形"③有五，其主要依据是在咨询大名县时任县长刘运鸿后得出的认识："三县合治已久。一旦骤欲变更旧制，头绪繁重。"④早在同年四月三日，刘运鸿即在大名县中山俱乐部召开全体大会，商讨分治理由，"结果一致主张分治"，刘运鸿本人表面上也认为分治理由"足征民意"，且"均不无可探之处"⑤。即使从大名县来看，分治也有一定的合理性，但刘运鸿是大名县长，大名又是并县的实际受益方，自然不会轻易舍去原魏县、元城的财税与人口。于是，刘运鸿提出分治后的地域划分问题，如果以旧县境为准，便会延续旧大名与元城的"腹部狭细，权杈斜长，而且犬牙交错互有出入"⑥的问题；如新划县界亦与中央整理行政区域的政策不合。而且三县分治后的县治选择、财政划拨等方面均有困难，因此不主张分治。河北省民、财两厅在采纳刘运鸿的意见后，又将复县纷争的"皮球"踢回各区⑦。在明知三区不可能商讨出彼此满意的解决方案时，省方仍采取如此的"和稀泥"方式，既表明了其在处理三县分治问题上的无奈，也反映出魏县、元城在提出分治时有一定的合理性，这一点已为陈铁卿点明⑧。

---

① 陈铁卿：《纪魏县元城与大名合并经过及其复县运动》。

② 陈铁卿：《纪魏县元城与大名合并经过及其复县运动》。

③ 陈铁卿：《纪魏县元城与大名合并经过及其复县运动》。

④ 陈铁卿：《纪魏县元城与大名合并经过及其复县运动》。

⑤ 陈铁卿：《纪魏县元城与大名合并经过及其复县运动》。

⑥ 陈铁卿：《纪魏县元城与大名合并经过及其复县运动》。

⑦ 陈铁卿《纪魏县元城与大名合并经过及其复县运动》："似不如先由地方人士协商妥筹：如何另划政区，俾较整齐。划拨之后，如何使行政上水乳交融，不生扦格。征收粮赋，如何避免纷歧。地方及省方财政，如何不受影响。至于设治地点，究以何处为宜。建设各项款项，又如何筹措。凡此种种，各该地方人士均筹有妥善办法，然后呈报候核，似较顺利。"

⑧ 陈铁卿《纪魏县元城与大名合并经过及其复县运动》："呈中所举各点，多难解决。惟前三问题，似为元城分治所独有。魏县区域比较整齐，民财两厅呈中已言之矣。"

既然征询地方无法得到完善的解决办法，河北省政府只能在八月十六日上呈北平政务委员会裁决。北平政务委员会在认可河北省提出的分治五点困难后，又指出分治"既于中央整理办法不合，又与现在国难情形不符，本应暂从缓议"[①]，但"兹为体念该县人士请求之殷，姑准由该政府按照民、财两厅议覆各点，转饬该县详审计议，如能筹有妥善办法，再行呈候核夺"[②]。北平政务委员会的指令虽有体念魏县、元城的措辞，但在"姑准"之前已有从长计议的定调，实际上已将两县分治的大门关闭。领会这一指示的河北省政府与大名县政府随即采取了"降温"措施。十一月刘运鸿自大名县长去任后，程庭恒继任县长，在其召集绅民会议时，舆论由"民人对于分县事宜无不欢声如雷"转变为"民人对于分县事宜无不恨视如仇"[③]。社会舆论的一边倒来源于中区赵锡光与"西区六十七乡乡长及连圪村士民郭弼亮函呈攻击分治，并有人反对魏县筑城于大路固村者"。中区为旧大名县境，西区又有人反对魏县另建县城。反对分治的呼声虽不算高，但在县长报送河北省的呈文中已可改变结局，加之有北平政务委员会的指令"撑腰"，程庭恒遂以国难当头及县境水患为由，呈请河北省政府终止魏县、元城分治一案。魏县的分治最终再次失败，元城县随即也偃旗息鼓。今天的魏县是民国二十九年（1940）共产党领导的敌后抗日根据地大名县政府分大名县而设，其设置背景与抗日形势有关。当时也曾短暂地分置元城县，但随即与山东朝城县合并为元朝县。其后元朝县废，元城县地域仍旧回属大名县。日伪大名县政府及后来的国民党大名县政府均未有分县的行为，仍以大名县为一地。

关于魏县的第二次复县运动，刚刚历经此事的陈铁卿在其文章中分析得很深入。河北省政府提出的"大、元、魏三县，合则俱合，分则俱分"，在陈铁卿看来，"俱分既不可能，惟有俱合耳"；"二县分治，容有商量之余地；若三县分治，则为事实所牵，无由实现"[④]。陈氏所说的"二县分治"所指为魏县与大名的分治。在分析魏县与元城的复县过程后，便可发现这句话是很中肯的评价。单以魏县的复县诉求而论，可谓准备充分，其提出的理由完善，善后措施也得当，既能避免加重财政支出的疑虑，也没有强求将魏县县治定为原治所。但在元城县加入"队伍"后，原本有很大程度可能实现的复县运动陡然变得复杂和棘手。以旧县县治来看，元城县治已被大名占有；以县界而言，元城与大名犬牙交错。这两点都决定元城与大名的分治必会困难重重，牵扯相关的村镇、乡民利益也过多。旧元城县虽在大名县中地域最广，但与魏县相比，复县的实力与意愿均较弱，因此，在此次复县中才会将自己与魏县捆绑在一起。

---

① 陈铁卿：《纪魏县元城与大名合并经过及其复县运动》。

② 陈铁卿：《纪魏县元城与大名合并经过及其复县运动》。

③ 陈铁卿：《纪魏县元城与大名合并经过及其复县运动》。

④ 陈铁卿：《纪魏县元城与大名合并经过及其复县运动》。

魏县的复县要求已有史料印证，元城县虽然与魏县"大致相同"，但也自然有其不同点。这些旧魏县已有的地域与县治优势自然是不同点的重要构成。这样，原本魏县复县不存在或不突出的问题，因元城县的捆绑加入，变成了两县的都存在的困难。这些困难阻碍了魏县的第二次复县运动，但当元城不存在后，复县的阻隔既已消失，旧魏县又长期与大名"各自为政"，再度复县并延续至今便是顺理成章的了。

四、结语

纵观清代及民国魏县、大名、元城三县的行政关系变化，乃至历史时期河北平原各县的演变历程，可以看出在县的置废、省并、复置，乃至治所迁移决策中，不同行政层级与群体如何进行博弈与平衡。以县而论，被并入的县，其长官自然会因乌纱帽的失去而不满；旧县的民众或因词讼纳税距离过远，或因地方治安鞭长莫及，一般也会对并县有所疑虑。由魏县被省并可看出，地方乡民的诉求初衷往往不是县的存废，而是蠲免赋税与得到赈恤。纳入旧县的县如果治所不发生迁移，其长官管理的地域与人口都会扩展，本县的实力也会增长。但并县后，新县需要处理的不仅是地域与人口，还有旧县的县治。县治作为一县行政中心，自设县起便开始有该县乡民的地域认同感。废县后的县治处理，不同时期有不同方式。以河北平原来看，宋金时期的废县，其县治一般改为镇；明清时期废县后，其县治则多设县辖的佐杂僚署，如县丞、通判等管理。但这也为该县保留一定的独立性预留了伏笔。即便是在皇权专制的中央集权时代，也有如新安县请求复县这类地方诉求。但在请求复县的呼声中，对旧县有地方认同感往往不是主要动力。请求复县的主要动力，于原县的管理者来看，自然有可能恢复乌纱帽的利益驱使。地方乡民请求复县的原因则较为复杂，通常是为了自身的利益方便，这又多由在新县内自身利益受损导致。如魏县之所以有长期强烈的复县意愿，一方面是在并县之初，设置的大名管理漳河县丞及钱粮分治等给了旧魏县境内很强的独立性，出现明合实分的局面；一方面是旧魏县百姓在经过更远的距离输纳钱粮后，大名县多将其用在县城及周边地域的行政管理上，这种"付出多，收益少"的不平衡心理始终伴随着魏县的复县运动。

民众诉求虽能在县的置废过程有很大甚至决定性影响，但做出决策的还是中央政府。"县"的建立目的，便是中央能够通过机构设置将权力直达征税理民的基层。因此从县制出现以来，对其做出置、废决定的终审权便一直为中央所有（汉末军阀与唐后期藩镇等割据势力不在此列）。然而自行政体系出现三级制以来，中央政府掌控事务的全局性与地方各县具体置废的个别性矛盾便一直存在。为解决这一矛盾，同时获得对县的存废影响较为客观的认识，明清以来中央政府多借助高层政区或督抚等高层官员查勘地方实情，通过其回奏、呈文等作出最终决定。对于县的存废，国家的主要利益是地方的赋税与稳定。一旦触及这两点，国家甚至可能改变最终决策的初衷，采纳地方意见。高层官员一般起着上传下达的枢纽作用。在其实地调查的过程中，多由地方官员乃至乡民陪同引导。乡民因各自利益等因素，引导的路线或反映的问题不同，会明显影响高层官员据此得出的"实情"或"民意"。官员依据这些情况向中央的回馈，是中央获得地方认识的重要来源。中央决策自然也不排除"一刀切"等原因影响，但地方舆论越到后期越能明显影响高层官员的认识与中央的最终决策。

县级官员或县下百姓是地方民意的主要来源，影响其支持或反对县的存废的原因更多还是自身利益考虑。如魏县在二次复县运动中，曾拟定以西区大路固村西红庙附近为新县治的地点。西区为旧魏县地域，如以地域认同感而论，西区百姓自当拥护这一决定。然而实际情形是，西区乡长与百姓都反对建立县治，其主要原因自然是县城建立时加重当地负担。这一点恰为大名县用来反驳分治的理由之一。从县下乡民到县令县长、高层官员乃至中央决策层，对县的存废的态度都以各自的利益为出发点。这也使得"县"成为各方利益的角力场，当各方利益平衡时，县便能稳定存在；一旦某一方或某几方利益因县的存废受损，便会因利益诉求而与其他方面产生博弈，直至寻找到各方利益都能接受的平衡点。这样，在"发掘政区变革中隐藏于官方叙事之下底层民众的声音"[1]之外，更可分析并判断影响行政区划演变中各种利益的角力与妥协。

（北京市社会科学院历史研究所）

---

① 胡恒：《关于清代县的裁撤的考察——以山西四县为中心》，《清史研究》2011年第2期。

清代语讹政区名探析
——从灵壁县到灵璧县[*]

段　伟

一、问题的由来

　　中国的地名有多种多样的来历。历代的地名学家对历史地名也有一定的梳理、解释。明代的郭子章撰有《郡县释名》[①]，近人吕式斌撰有《今县释名》[②]，对历代地名的来源予以较为详尽的解释。华林甫在《中国地名学史考论》中，对古代地名渊源的解释予以归类，指出《水经注》的地名渊源可分24类[③]，《元和郡县志》的地名渊源可分24类[④]，其中一类称之为语讹地名。语讹地名是因音近或某些错误认识无意识地改动地名，造成对原有地名的讹误。因语讹而导致的地名变化历史上并不少，特别是聚落名称较多，县级政区名变化在《水经注》和《元和郡县志》中也有多处记载。但随着政区名称的规范化，后代的语讹政区名越来越少。清代《一统志》《清史稿》甚至没有关于清代政区因语讹更名的记载。实际上，清代仍有语讹政区名存在，本文拟讨论历史上的灵壁县是如何因语讹而演变为今天的安徽省灵璧县的。

　　灵壁作为地名出现非常早。《史记》《汉书》中已有记载。《史记》载："与汉大战彭城灵壁东。"[⑤]《汉书》也载此句，颜师古注引孟康曰："故小县，在彭城南。"[⑥]陆

① ［明］郭子章：《郡县释名》，万历四十二年刻本，日本内阁文库庋藏。

② 吕式斌：《今县释名》，北平恒和商行，1931年。

③ 华林甫：《中国地名学史考论》，社会科学文献出版社，2002年，第80—83页。

④ 华林甫：《中国地名学史考论》，第86—89页。

⑤ 《史记》卷八《高祖本纪》，中华书局，1959年，第371页。

⑥ 《汉书》卷一上《高帝纪》，中华书局，1962年，第36页。

萍、陈立柱就以孟康和郦道元《水经注》的记载，认为灵壁是秦汉时期的一个小县[①]。灵璧县民政局也认为："项羽定都彭城（今徐州），分泗水郡而置彭城郡，'灵壁故小县'为项羽在徐州之南睢水附近为军事需要所设。"[②] 根据目前学术界的研究，项羽王九郡，并未有彭城郡[③]。实际上秦代至汉初并无彭城郡，只是在西汉宣帝时期，楚国曾短暂改名为彭城郡，"宣帝地节元年更为彭城郡，黄龙元年复故"[④]，楚国的首县为彭城县。后晓荣认为秦置彭城县，属泗水郡[⑤]。这说明楚汉之际灵壁应属于彭城县而不是彭城郡，是重要聚落名而不是县名。《晋书》载："东海王越移檄天下，帅甲士三万，将入关迎大驾，军次于萧，乔惧，遣子祐距越于萧县之灵壁。"[⑥] 指出灵壁在西晋属于萧县。《宋书》载谢灵运的《撰征赋》有"眺灵壁之曾峰，投吕县之迅梁"[⑦]，提到灵壁，与吕县并举，似乎是县名，但并不是确证。有关南北朝时期的几部正史都没有记载灵壁地名，更没有灵壁县。《水经注》："睢水又东迳彭城郡之灵壁东，南流。《汉书》项羽败汉王于灵壁东，即此处也。"[⑧] 从文中来看灵壁在郦道元时期似乎属于彭城郡。北魏时期有彭城郡，治彭城县，但萧县属于沛郡，两郡中都没有灵壁县[⑨]。如果在北魏时期灵壁仍是属于萧县，则郦道元此处则有误。也有可能是郦道元知道灵壁已经不属于萧县，但又不能确指属于哪个县，估计是在彭城郡，故使用"彭城郡之灵壁"的写法。

目前学界在探讨今灵璧县的沿革时，很多忽视了其本来名称灵壁，甚至将文献中的"灵壁"径改为"灵璧"，没有做到真正意义上的沿革梳理。有鉴于此，笔者不揣冒昧，在梳理宋代灵壁立县以来的名称变化基础上，重点探讨清代对其名称的认识。

① 陆萍、陈立柱：《秦汉小县灵壁究竟在哪里》，《安徽日报》2015年5月18日第7版。

② 灵璧县民政局：《安徽地名故事：从"零壁"到"灵璧"》，人民网–安徽频道，刊载时间2017年7月10日，网址：http://ah.people.com.cn/n2/2017/0710/c358428-30448197.html。

③ 清代以来多位学者考察项羽王九郡所指，虽不一致，但都未有彭城郡。详见拙著《清儒地理考据研究》（秦汉卷），齐鲁书社，2015年，第346—349页。

④ 《汉书》卷二十八下《地理志下》，第1638页。

⑤ 后晓荣：《秦代政区地理》，社会科学文献出版社，2009年，第249页。

⑥ 《晋书》卷六十一《刘乔传》，中华书局，1974年，第1675—1676页。

⑦ 《宋书》卷六十七《谢灵运传》，中华书局，1974年，第1751页。

⑧ ［北魏］郦道元著，杨守敬、熊会贞疏：《水经注疏》卷二十四《睢水》，江苏古籍出版社，1989年，第2023页。

⑨ 《魏书》卷一〇六中《地形志中》徐州彭城郡、沛郡条，中华书局，1974年，第2538，2539页。

二、宋代的灵壁县

灵壁作为县级政区名，确切的出现是在北宋。一些学者认为宋代置灵璧县，其后一直是灵璧县①。这种认识并不符合《宋史》等记载。《宋史》载："元祐元年，以虹之零壁镇为县，七月，复为镇。七年二月，零壁复为县。政和七年，改零壁为灵壁。"②此书全部采用灵壁县名。乐史《太平寰宇记》反映太平兴国后期政区："灵壁城，在县西北八十里。……楚击汉，军彭城，项羽以精兵三万出胡陵，至徐州萧县，于灵壁东睢水上，大破汉军，睢水为之不流。"③指出宋初符离县有灵壁城。《文献通考》认为："灵壁，本虹县之灵壁镇。元祐元年升为县。"④笔者认为，马端临指出灵壁县来自虹县之灵壁镇，与《太平寰宇记》所载灵壁镇是吻合的，也可以与《史记》所载的灵壁衔接。考虑到《宋史》记载灵壁县的沿革较为复杂，由零壁镇升为零壁县，再改为灵壁县，应该是有确切依据的，那么说明至迟在元初已经对灵壁县的沿革有不同的认识，但县名为灵壁是确切的。

北宋欧阳忞的《舆地广记》点校本载为灵璧⑤，《四库全书》本也为灵璧，但据曝书亭藏宋刻初本为灵壁。南宋时人王明清的《玉照新志》据《学津讨原》本载："政和七年十二月壬午诏以宿州零壁为灵璧县。"⑥《四库全书》本则作零壁、灵璧。徐松辑录的《宋会要辑稿》载："灵璧县，元祐元年以镇升为县，七月废为镇，七年二月复为县，政和七年改零为灵"，"元祐元年四月二十五日，户部言：'宿州零壁镇在符离、蕲、虹三县之中，盗贼转徙，艰于迹捕，良民不得安业。欲乞将三县近零壁镇乡管割隶本镇，仍以本镇为县。'从之"⑦。又载："宿州灵璧镇，元祐元年改为县，七月复为镇，七年复为县。'灵'旧为'零'，政和七年改'零'为'灵'。"⑧灵壁、灵璧混用，可能是传抄之误，刘琳等校点本即将灵壁、零壁点校为灵（壁）〔璧〕、零（璧）〔壁〕⑨，认为是明显的、无需说明的文字讹、脱、衍、倒，故不出校记。此书在他处也

① 陆萍、陈立柱：《秦汉小县灵壁究竟在哪里》，《安徽日报》2015年5月18日第7版。

② 《宋史》卷八八《地理四》宿州灵壁条，中华书局，1977年，第2179页。

③ ［北宋］乐史：《太平寰宇记》卷十七《河南道十七》宿州符离县条，中华书局，2007年，第328页。

④ ［元］马端临：《文献通考》卷三百十七《舆地考三》宿州灵壁县条，中华书局，1986年，第2494页。

⑤ ［元］欧阳忞：《舆地广记》卷二十《淮南东路》宿州灵璧条，李勇先、王小红校注，据聚珍本定为灵璧，四川大学出版社，2003年，第597页。

⑥ ［南宋］王明清：《玉照新志》卷一，《丛书集成初编》第2769册，商务印书馆1936年据《学津讨原》本，第9页。

⑦ 《宋会要辑稿》方域六之十一，中华书局，1957年，第7411页。

⑧ 《宋会要辑稿》方域十二之十二，中华书局，1957年，第7525页。

⑨ 《宋会要辑稿》方域六之十一，刘琳等校点，第15册，上海古籍出版社，2014年，第9385页。

有使用灵璧[①]。结合《史记》《汉书》的记载,《太平寰宇记》《宋史》《文献通考》等记为灵璧更为可信,不排除宋代已经有误写为灵璧的可能。

三、金元明时期的灵壁（灵璧）县

据中华书局本《金史》,县名为灵壁:"灵壁,宋元祐元年置。"[②] 此书记载灵壁有3条,而灵璧有12条。百衲本《金史》采用元至正刊本景印,阙卷以涵芬楼藏元覆本配补,《地理志》也为灵璧。中华再造善本《金史》采用中国国家图书馆藏元至正五年江浙等处行中书省刻本影印,也为灵璧[③]。但明嘉靖八年南监刊本,在《地理志》中则是为灵壁[④],其他地方也有使用灵璧的。因为《金史》《宋史》都是在元代至正时期修撰,采用不同的写法,应该是符合当时的称呼。极可能灵壁在金代已经改为或误写为灵璧了,但原因未知。

《元史》载:"元初隶归德府,领临涣、蕲、灵璧、符离四县并司候司。至元二年,以四县一司并入州。四年,以灵璧入泗州,十七年复来属。"[⑤] 此书全部采用灵璧县名,这也可能是元代恢复了宋代灵璧名称。《元朝名臣事略》载金末蒙初时严武事:"灵璧一县,当废者五万人,公悉救之"[⑥],也是采用灵璧。

明代编撰的地理文献则多为灵璧。以明代景泰五年（1454）政区建制为断限的官修地理总志《寰宇通志》载:"唐立灵璧镇。宋因置灵璧县。元及国朝皆因之。"[⑦] 之后的《明一统志》也为灵璧县:"本隋虹州地,唐为虹县之灵璧县镇。宋元祐初置零璧县,政和中改曰灵璧,属宿州。元省入泗州,后复置属宿州。本朝因之。"[⑧] 万历元年（1573）顾充《皇明一统纪要》第二卷有南直隶凤阳府宿州灵璧县。明《皇舆考》也

① 《宋会要辑稿》兵一九之一二,隆兴元年:"九月十九日,诏宿州灵璧、虹县诸军立功官兵已降指挥等第推赏。"（中华书局,1957年,第7086页。）

② 《金史》卷二十五《地理志中》宿州灵壁县条,中华书局,1975年,第598页。

③ 《金史》卷二十五《地理志中》宿州灵璧县条,中华再造善本,北京图书馆出版社,2005年,第5册,第7页。

④ 《金史》卷二十五《地理志中》宿州灵壁县条,嘉靖八年南监刊本,第5册,第7页。

⑤ 《元史》卷五十九《地理志二》归德府宿州条,中华书局,1976年,第1408页。

⑥ [元] 苏天爵辑撰:《元朝名臣事略》卷六之二《万户严武惠公》,中华书局,1996年,第94页。

⑦ 《寰宇通志》卷九《凤阳府》灵璧县条,《玄览堂丛书》续集第41册,国立中央图书馆,1947年。

⑧ [明] 李贤等:《明一统志》卷七《中都·建制沿革》,天顺五年刊本。引文"灵璧县镇"应衍"县"字。

是宿州灵璧县①。

从地方志来看，也是采用灵璧。成化《中都志》载："灵璧县……汉为虹县地。旧为灵璧镇。宋元祐七年升为县，属宿州，县有磬石山，故名。后金宋交争，居民流散，城郭为墟。元至元间复立县，初属泗州，十七年仍属宿州，隶河南归德府。元末张士诚僭据，丙子年归附，国朝仍属宿州，编户三十八里。"②嘉靖《宿州志》也载为灵璧县，解释为："灵璧县，地产磬石，故名。唐为零璧镇。宋升为县，改零为灵。"③这种地名渊源解释也得到之后的著名地名学家郭子章的认同。郭子章在《郡县释名》中也采用灵璧，并对其来历进行详细解释："本隋虹州地。唐为虹县之零璧镇。宋元祐初置零璧县，政和中改灵璧县。有磬石山在县北七十里。山出磬石，取置编磬以供郊庙朝廷之用。《书》云：泗滨浮磬，是也。"④也认为灵璧得名与磬石有关。这两种解释都无视《宋史》记载的是零壁、灵壁而不是灵璧。

明代其他文献也有使用灵璧的。《皇明会试录》记载建文二年（1400）会试中式举人第二十五名王郁籍贯是直隶凤阳府灵璧县⑤。

明代文献也有使用灵壁，但数量远少于灵璧。《明太祖实录》载，吴元年（1367）三月："沂州流民千余家还灵壁、虹县复业，王信追至宿迁杀之。"⑥洪武十年（1377）三月："是月灵壁县民袁亮、蒋开山聚众作乱官军捕斩之境内悉定。"⑦到洪武二十四年（1391）才出现灵璧，四月："辛酉，灵璧县丞周荣以事逮系刑部，父老赴阙举荣善政。"⑧其他各朝实录，灵壁、灵璧也有混用情形，甚至《崇祯实录长编》4条县名记录全部采用灵壁。嘉靖《邓州志》载：内乡县洪武四年（1371）例贡别整为灵壁主簿⑨。结合《明太祖实录》记载，明初应该是采用灵壁，但逐渐通行为灵璧。

清初编撰的《明史》仅一处采用灵壁⑩，其他部分特别是《地理志》都采用灵璧。

① ［明］张天复撰：《皇舆考》卷三《南直隶》宿州灵璧县，《玄览堂丛书》明万历十六年刊本，正中书局，1981年重印本，第6—105页。

② 成化《中都志》卷一《建置沿革》，《天一阁藏明代方志选刊续编》第33册，上海书店，1990年影印本，第32页。

③ 嘉靖《宿州志》卷一《地里志》郡名条，《天一阁藏明代方志选刊》第31册，上海古籍书店，1963年。

④ 郭子章《郡县释名》之南直隶郡县释名卷上灵璧县条。

⑤ 《皇明会试录》，《明代进士登科录汇编一》，台湾学生书局，1969年，第137页。

⑥ 《明太祖实录》卷二十二，吴元年三月丁酉条，台湾"中研院"史语所，1962年，第323页。

⑦ 《明太祖实录》卷一一一，洪武十年三月条，第1850页。

⑧ 《明太祖实录》卷二〇八，洪武二十四年四月条，第3099页。

⑨ 嘉靖《邓州志》卷七《选举表》，《天一阁藏明代方志选刊》第70册，上海古籍书店，1963年。

⑩ 《明史》卷一三一《费聚列传》，中华书局，1974年，第3852页。

王鸿绪编著的《明史稿》也是采用灵璧①。但万斯同的《明史》是少有的以灵璧为名者："灵璧，宋置零璧县，寻曰灵璧。"②还灵璧得名本原。《读史方舆纪要》有载明代南直隶凤阳府宿州辖灵璧县③，但在文中其他部分又多作"灵璧"，特别是小字有"在今灵璧县"④。同书卷二十一《南直三》中全部采用灵璧县，叙述其沿革为："本虹县零璧镇，宋元祐初升为县，旋复为镇。七年又升为县，政和七年改曰灵璧，属宿州。金因之。元省入泗州，寻复置，仍属宿州。明因之。"⑤这说明顾祖禹倾向于为灵璧，甚至认为明代也是灵璧。

以上可以看出，明代多以灵璧为县名，认为县名来源于当地的磬石，并未认识到与宋代的灵璧县有不同。

四、清代的灵壁（灵璧）县

与宋、金、元、明各代相比，清代文献中灵壁、灵璧都有大量记载，在同一种文献中混用更加明显。

《清实录》对于灵壁、灵璧一直混用。最早出现的是灵璧，顺治二年（1645）五月记有灵璧侯汤国祚⑥。灵壁则是到雍正十一年（1733）才出现⑦。从数量来看，灵璧使用的数量多于灵壁。

从地方志来看灵壁（灵璧）的记载，有不同的特点。

灵璧县在明清时期共纂修过五次县志，目前留下的仅有康熙和乾隆2部⑧。吴嵩等纂修的康熙《灵璧县志》成书于康熙十三年（1674），将县名定为灵璧，编者系奉命修志，以"部颁《河南通志》为式，令州县依式编辑"⑨。此书在《艺文志》所引元

①　[清]王鸿绪：《明史稿（一）·志十八·地理一》灵璧县条，文海出版社，1962年影印敬慎堂刊本，第350页。

②　[清]万斯同：《明史》卷七十九《地理》凤阳府宿州条，《续修四库全书》第325册，上海古籍出版社，2002年，第354页。

③　[清]顾祖禹：《读史方舆纪要》卷十九《南直一》，中华书局，2005年，第873页。

④　[清]顾祖禹：《读史方舆纪要》卷十九《南直一》，第893页。

⑤　[清]顾祖禹：《读史方舆纪要》卷二十一《南直三》，第1055页。

⑥　《清世祖实录》卷十六，顺治二年五月十五日条，《清实录》第3册，中华书局，1985年，第148页。

⑦　《清世宗实录》卷一百三十六，雍正十一年十月癸酉条，《清实录》第8册，中华书局，1985年，第746页。

⑧　徐静：《康熙〈灵璧县志〉的修撰及文献价值》，《宿州学院学报》2016年第3期。

⑨　[清]吴嵩：《灵璧县志序》，[清]吴嵩、顾勤墉纂修《灵璧县志》，黄山书社，2007年，第1页。

明时期的碑记、序文等文献，也皆为灵璧。贡震主编的《灵璧县志略》成书于乾隆二十三年（1758），也将县名定为灵璧。但其书所附节录的康熙六十年（1721）于志薲序则写为灵壁[①]。贡震另纂修有《灵璧河渠原委》[②]，也是定县名为灵璧。《灵璧县志略》引用《宋史·地理志》"元祐元年以虹之零璧镇为县，七月复为镇，七年二月零璧复为县。政和七年改零璧为灵璧"[③]，将《宋史》原文零壁、灵壁改为零璧、灵璧；又指出"命名之义自来未有所据。旧志云因县有山产磬石神之故，改零为灵。此因《宋史》而传会其说也。夫磬，乐器；璧，礼器，既不可混而为一，且《金史·地理志》犹言下邳有石磬山，则灵璧设县之时，此山尚属下邳明矣。下邳有是山而不以名县，灵璧以名县而乃无是山，此岂有说乎？古者军垒称壁。《汉书·高祖功臣侯表》祁谷侯缯贺战彭城，争恶绝延壁，师古曰：争恶谓争恶地，延壁，壁垒之名也。然则灵壁亦或是当时壁垒之名。史迁举此以为睢水之志，今县西北七十里有霸王城。《通志》谓是项羽屯军处，土人亦相传云尔。其地正在萧、宿群山之阳、睢水之浒。所谓灵壁者，疑是其处。其字从《史记》《汉书》作灵壁为是。传写之误以灵为零，以壁为璧。政和中改零字未改璧字，后人之传会从此起矣"[④]。这段话有三点值得关注，一是仍误以为《宋史》为灵璧；二是指出灵璧县与出产磬石不相涉，其名未有所据；三是进一步指出，古应为灵壁，后传写误为零壁、零璧、灵璧。从中我们可以看出，《灵璧县志略》非常清楚灵壁是正名，但认为北宋政和中已经误写为灵璧，并坚持使用讹误的灵璧。这种坚持讹误的写法并非独有，光绪《重修安徽通志》也是此种做法："灵璧县，按璧本作壁，今承用作璧。"[⑤]

康熙《凤阳府志》载灵璧县："旧为灵璧镇。宋元祐七年升为县，属宿州。后金宋交争，居民流散，城郭为墟。元至元复立县，初属泗州，十七年复属宿州，隶河南归德府。明属宿州，改隶凤阳府。皇清因之。"[⑥]光绪《凤阳府志》也为灵璧县[⑦]。

清末《宿州志》则载："国朝顺治二年，平定江南，改置江南承宣布政使；十八年，为左、右布政使，宿州属凤阳，隶左布政使，仍辖灵壁一县。康熙六年，分置安

① ［清］贡震：《灵璧县志略》卷首《图说》，《中国地方志集成·安徽府县志辑》（30），江苏古籍出版社，1998年，第5页。

② ［清］贡震：《灵璧河渠原委》，乾隆间刻本，见中国国家图书馆数字方志网。《安徽省图书馆古籍缩微胶卷目录》著录为《灵璧县志略：乾隆：四卷首一卷附河防录一卷河渠原委三卷》，刻本，民国23［1934］，［清］贡震纂修。应该不确。见http://www.ahlib.com/ahlib/wszp/jpgj.htm。

③ ［清］贡震：《灵璧县志略》卷一《疆域》，《中国地方志集成·安徽府县志辑》（30），第9页。

④ ［清］贡震：《灵璧县志略》卷一《疆域》，《中国地方志集成·安徽府县志辑》（30），第10—11页。

⑤ 光绪《重修安徽通志》卷二十《舆地志·建置沿革》，《续修四库全书》第651册，第212页。

⑥ ［清］耿继志等修，［清］汤原振等纂：《凤阳府志》卷二《建置沿革》，《中国方志丛书》华中地方第697号，成文出版社1985年据康熙二十四年刊本影印，第146—147页。

⑦ 光绪《凤阳府志》卷三《沿革表》灵璧县，《中国地方志集成·安徽府县志辑》（32），第34页。

徽承宣布政使司，以灵壁入凤阳。"① 使用灵壁。

《江南通志》定县名为灵璧。康熙二十三年（1684）的《江南通志》载："汉以前本虹县地。唐零璧镇。宋元祐初置零璧县，后改零为灵，隶宿州。元省县，随复。明属凤阳府。皇清因之。"② 乾隆元年成书的《江南通志》也继承了灵璧："《宋史》志元祐元年以虹之零璧镇为县，七月复为镇。七年二月复为县。政和七年改零璧为灵璧。按《汉书》注孟康曰：灵壁③ 故小县，在彭城南。《史记正义》曰：灵壁在符离县西北九十里。则灵壁汉本以前旧县，久废而复置也。"④ 此处，将《史记》《汉书》中的灵壁改为灵壁，也就是灵壁，更将《宋史》的灵璧、零璧改为灵壁、零壁。光绪时期的《皖志便览》定为灵璧，偶尔也使用灵壁⑤。

清代安徽省外的方志在叙述灵璧的相关内容时，不像安徽省内的县志、府州志和通志多为灵璧，而是灵壁、灵璧皆有，没有规律。顺治《汾阳县志》载：王斗宿"灵壁吏员，（万历）四十五年任"⑥，马某"灵壁吏员，（崇祯）二年任"⑦，采用灵壁。康熙《杭州府志》载"刘继文，灵璧人，四年任"⑧，则是采用灵璧。这样的例子并不少见。

清代地理总志多使用灵壁。康熙时，宋荦等编的《御批资治通鉴纲目》载："《一统志》云：灵壁，汉之县名，属沛郡。晋属雕州。隋升为虹州。唐初改虹县，后废为零壁镇。宋元祐初改镇为县，政和中，改零壁曰灵壁，属宿州。元省入泗州，后复置灵壁县，属宿州。本朝因之，改属凤阳府。"⑨ 此《一统志》应该是康熙年间撰修但尚未定稿的《一统志》，而不是上文提到的《明一统志》。

乾隆八年（1743）最终完成的《大清一统志》仍定为灵壁县："宋元祐元年置灵壁县，二年废，属虹县，政和七年又改置灵壁县，属宿州。元至元四年改属泗州，十七年还属宿州。明属凤阳府宿州。本朝以县属凤阳府。"⑩

乾隆四十九年（1784）完成的《大清一统志》为灵璧县条："宋元祐元年置灵璧

① ［清］何庆钊等修，［清］丁逊之等纂：《宿州志》卷二《舆地志·沿革》，《中国方志丛书》华中地方第669号，成文出版社1985年据光绪十五年刊本影印，第280—281页。

② 康熙《江南通志》卷三《建置沿革》凤阳府灵璧县条。

③ 壁的异体字。

④ ［清］赵弘恩等监修，［清］黄之隽等编纂：《江南通志》卷八《凤阳府》灵璧条，《景印文渊阁四库全书》第507册，台湾"商务印书馆"，1986年，第321，322页。

⑤ 《皖志便览》卷三《凤阳府序》："西百八十里曰灵璧县"，第143页；"茨河自蒙城涉灵璧境"，第138页。载《中国方志丛书》华中地方第224号，成文出版社，1974年。

⑥ ［清］吴世英等纂修：顺治《汾阳县志》卷三县丞条，顺治十四年刻本。

⑦ ［清］吴世英等纂修：顺治《汾阳县志》卷三典史条，顺治十四年刻本。

⑧ ［清］马如龙修、杨鋹等纂：康熙《杭州府志》卷十八《会治各宪中》，康熙二十五年刻本。

⑨ ［清］宋荦：《御批资治通鉴纲目》卷十八，晋惠帝永兴二年八月条，康熙四十七年武英殿刊本。

⑩ 康熙《大清一统志》卷六十三《凤阳府》灵壁县条，乾隆九年武英殿刊本。

县，二年废，属虹县，政和七年又置灵璧县，属宿州。金因之。元至元四年改属泗州，十七年还属宿州。明属凤阳府宿州。本朝以县属凤阳府。"① 此书采用"璧"的异体字写法，可能是对于灵壁还是灵璧的记载颇为矛盾，故采用了既像"壁"又像"璧"的写法。这个字并不是清代首创。笔者在明代《大明舆地图》的南直隶舆图中也发现使用灵壁②。

嘉庆《重修一统志》确定为灵壁，并对灵壁还是灵璧作了考辨："宋元祐元年置零壁县，旋废，属虹县。七年复置。政和七年改为零壁县，属宿州。金因之。元至元四年改属泗州，十七年还属宿州。明属凤阳府宿州。本朝以县属凤阳府。按：零壁，宋金元三史《地理志》，俱作壁，惟《明史》志作璧。考灵壁名县，本《史记》《汉书》'项羽追汉军灵壁东睢水上'，当作壁。"③ 无独有偶，清末编纂的《皇朝地理志》有总裁徐昆贴条"灵璧不从玉　覆　徐　　遵改　　谨覆"④，也认定为灵壁。

清代编有五朝会典，对各类制度予以详载，记载的政区名可算是国家认可的正式名称。各朝《会典》记载灵壁（灵璧）县名也有变化。康熙、雍正、乾隆和嘉庆四朝《会典》在《户部》卷里都记为灵璧县⑤，但《光绪会典》则记为灵壁县⑥。从《大清五朝会典》的出版说明中可以得知，五朝会典中，康熙朝采用康熙二十九年（1690）的内府刻本，雍正朝采用雍正十年（1732）的武英殿刻本，乾隆朝采用乾隆四十三年（1778）的《四库全书荟要》本，嘉庆朝采用嘉庆二十三年（1818）的武英殿刻本，光绪朝采用光绪二十五年（1899）的石印本。类似的光绪《清会典事例》也作灵壁⑦。清末席裕福等纂《皇朝政典类纂》也作灵璧县⑧。《光绪会典》没有循例写为灵璧，而是改为灵壁，这个改变有可能是受以嘉庆二十五年（1820）为断限的《重修一统志》的影响。

① 乾隆《钦定大清一统志》卷八十七《凤阳府》，《景印文渊阁四库全书》第475册，第721—722页。

② 美国国会图书馆藏。据研究，此套图绘制年限在嘉靖三十七年至四十年间，见李新贵、白鸿叶《美国国会图书馆藏〈大明舆地图〉绘制时间考》，《档案》2012年第6期。

③ 嘉庆《重修一统志》卷一百二十五《凤阳府一》灵壁县条，《四部丛刊续编·史部》，上海商务印书馆，1934年。

④ 《皇朝地理志》卷三十一《江苏八》睢宁条，前纂修官高觐昌纂辑、前纂修官鹿瀛理覆辑、提调官叶昌炽校辑，总裁徐昆贴条，台湾"故宫博物院"藏，第16页。

⑤ 《康熙会典》卷一八《户部二》，《大清五朝会典》第一册上，线装书局，2006年，第179页；《雍正会典》卷二十四《户部二》，《大清五朝会典》第三册，第280页；《乾隆会典》卷八《户部一》，《大清五朝会典》第十册，第76页；《嘉庆会典》卷十《户部一》，《大清五朝会典》第十二册，第118页。

⑥ 《光绪会典》卷一四《户部二》，《大清五朝会典》第十五册，第119页。

⑦ 《清会典事例》（第二册）卷一五二《户部一·疆理》，中华书局，1991年影印本，第933页。

⑧ 《皇朝政典类纂》卷四百三十一《方舆七·行省》安徽凤阳府条，《近代中国史料丛刊》三辑第900—920册，文海出版社，1983年，第9857页。

除《重修一统志》和《光绪会典》等中央政府撰修文献写为灵壁外。清代后期的一些官员在涉及灵璧县时也多处采用灵壁。高廷瑶在嘉庆年间曾在凤阳任通判等职，其《宦游纪略》中叙述凤阳县一案，语及灵璧县事①。清末张应昌（1790—1874）编辑的《国朝诗铎》，记载嘉庆时陶誉相的《灵壁查灾》诗，也采用灵壁②。光绪末年的《清诰授中宪大夫安徽灵壁县知县杨君（同福）墓志铭》③也认为是灵壁县。

从官方绘制的地图来看，《康熙皇舆全览图》《雍正十排图》《乾隆十三排图》皆为灵壁④。由安徽巡抚福润主持编绘的《江南安徽全图》⑤，其配套编纂的《光绪安徽舆图表说》也是灵壁县⑥。清末《大清帝国全图》安徽图中则为灵璧县⑦，但这套图应该是民间绘制，不像前述各图由中央或地方政府主持绘制。

从档案来看，依据中华文史网数字图书馆收录的各类档案，以"灵壁"县名检索，刨除不相干的条目，共139条档案，其中一条内容实为灵璧，故仅138条。其中录副61条，朱批奏折27条，灾赈档16条，刑科题本25条，安徽1条，户科题本6条，端方档2条。以"灵璧"县名检索，共得456条档案：朱批奏折89条，刑科题本208条，灾赈档31条，录副61条，户科题本42条，端方档25条。

上文提到的康熙《灵璧县志》最早发起者为前任知县马骕，即《绎史》的作者。《四库全书》中《绎史》题为灵壁县知县马骕撰⑧。中华书局版《绎史》附录施闰章（1619—1683）为其所撰的墓志铭也指其为灵壁知县⑨。但《清代诗文集汇编》收录的影印康熙时版本《施愚山先生学余文集》中则为灵璧⑩。《绎史》所附其他清人介绍马骕的传记也指出其为灵壁知县。但核校原文，并不尽然，汪沆《小眠斋读书日札》为

① ［清］高廷瑶：《宦游纪略》卷上，同治癸酉（1873年）成都本，第29页。

② 《清诗铎》卷十六，中华书局，1960年，第531页。史州《安徽史志综述》把此诗定名为《灵璧查灾》，安徽教育出版社，2002年，第435页。此说有误。

③ ［清］缪荃荪：《清诰授中宪大夫安徽灵壁县知县杨君（同福）墓志铭》，光绪三十四年七月二十五日，《新中国出土墓志江苏［壹］ 常熟下册》，中国文物研究、常熟博物馆编，文物出版社，2006年，第253页。

④ 《清廷三大实测全图集》之《康熙皇舆全览图》第五排二号，《雍正十排图》七排东一，《乾隆十三排图》十排东一，汪前进、刘若芳整理，外文出版社，2007年。

⑤ ［清］刘筹总纂：《江南安徽全图》，光绪二十二年版。

⑥ ［清］刘筹：《光绪安徽舆图表说》，光绪二十二年版。

⑦ 《大清帝国全图》，商务印书馆光绪三十一年版、宣统元年版。

⑧ ［清］马骕：《绎史》，《景印文渊阁四库全书》第365册，第18页。

⑨ ［清］马骕：《绎史》附录二《施闰章施愚山先生学余文集卷十九灵壁县知县马公墓志铭》，王利器整理，中华书局，2002年，第4253页。

⑩ 《清代诗文集汇编》第67册收录的《施愚山先生学余文集》则为灵璧，上海古籍出版社，2010年，第176页。

灵璧 ①。王士禛《池北偶谈》②《分甘余话》中为灵壁 ③。钱林（1762—1828)《文献征存录》为灵壁 ④。李元度《国朝先正事略》为灵璧 ⑤。唐鉴《学案小识》为灵壁 ⑥。疑《绎史》点校者统一改为灵壁。

从以上清代各种文献灵壁、灵璧混用的情况来看，似乎没有什么规律。但细致分析后，可以看出，安徽省内的方志文献，多是使用"灵璧"，或是强调灵璧得名与磬石的关系，或是即使认为与磬石无关，仍坚持继承语讹名称；中央政府编纂的史料虽然是灵壁、灵璧皆用，但至清代晚期，特别是嘉庆《重修一统志》《皇朝地理志》则明确认为应该使用"灵壁"。其中原因可能是地方政府受明代影响，认为灵璧与磬石有关，比灵壁来说无疑更雅，故无视其原名；而中央文献编纂者是饱学之士，懂得地名渊源，更愿意使用灵壁立县时的原名。

五、结论

灵壁在宋代立县，其写法在金、明时期多为灵璧。明人认为灵璧县有磬石，没有上溯至秦汉之际的灵壁、宋代的灵壁县，而是直接认为宋代即为灵璧县，实际是对地名有雅化意味。清代从中央至地方，灵壁、灵璧作为县名并行，即使有中央和地方的学者清醒地认识到灵壁是本名而提出质疑，仍然不能阻止灵璧的使用，甚至灵璧作为县名比灵壁更为通行。这在语讹地名的变化中是不多见的。

清代灵璧县名的频繁使用影响到了民国时期。民国政区在表述上也多为灵璧。民国二年（1913）的《各省区域沿革一览表》为灵璧县 ⑦。民国六年（1917)《最新全国行政区划表》为灵璧县 ⑧。这是当时内务部职方司的表述。

---

① ［清］汪沆：《小眠斋读书日札·绎史一百六十卷》，《国家图书馆藏古籍题跋丛刊》第4册，北京图书馆出版社，2002年，第192页。

② ［清］王士禛：《池北偶谈》卷九，《景印文渊阁四库全书》第870册，第132页。

③ ［清］王士禛：《分甘余话》卷一，《景印文渊阁四库全书》第870册，第547页。

④ ［清］钱林：《文献征存录》卷二《马骕》，咸丰八年刻本，《续修四库全书》第540册，第73页。

⑤ ［清］李元度：《国朝先正事略》卷三十二《马宛斯先生事略》，同治五年版，《续修四库全书》第538册，第677页。

⑥ ［清］唐鉴：《学案小识》卷十三《邹平马先生》，道光二十六年版，《续修四库全书》第539册，第638页。

⑦ 内务部职方司第一科编制：《各省区域沿革一览表》，1913年，第50页。

⑧ 内务部职方司第一科编制：《最新全国行政区划表》，1917年，第60页。

民国时期杨守敬、熊会贞在《水经注疏》中则以灵壁为今县名[①]。《清史稿》多处，特别是《地理志》采用灵璧，列传中有几处采用灵壁，应该说是赞同灵壁说。吕式斌《今县释名》以灵壁为县名："本汉谷阳县，有古灵壁城，项羽于灵壁东睢水上，大破汉军，即此地，宋置今县。"[②]《中华民国省县地名三汇》也为灵壁，认为是"清之旧县，民国因之"[③]。说明当时从中央到社会对灵壁（灵璧）的认识仍不一致，学者多使用"灵壁"。经过民国时期，到 1949 年后，政府逐渐正式采用灵璧作为县名。当代学者在解释灵璧县由来时也经常强调与磬石有关，这其中，灵璧相比灵壁来说，地名雅化有很大影响。

（复旦大学历史地理研究中心）

---

①　［北魏］郦道元著，杨守敬、熊会贞疏：《水经注疏》卷三十《淮水》，江苏古籍出版社，1989年，第2545—2547，2570页。

②　吕式斌：《今县释名》卷一《安徽省》灵壁县，北平恒和商行，1931年印行。

③　李炳卫编制：《中华民国省县地名三汇》，北平民社，1935年，第135页。

清代政区名演化的个案研究

——从杂谷厅到理番厅[*]

段 伟

　　中国的政区名有多种多样的来历。历代的地名学家对历史政区名也有一定的梳理、解释，如明代郭子章撰有《郡县释名》①，近人吕式斌撰有《今县释名》②，都对历代政区名的来源作了较为详尽的解释。华林甫在《中国地名学史考论》中，对古代地名③渊源的解释予以归类，指出《水经注》的地名渊源可分24类④，《元和郡县图志》的地名渊源可分24类⑤。但这些地名解释遗漏了一类职官地名。职官名作为地名在历史上并不鲜见。东汉时，边疆地区就有多个以职官名作为城名（相当于县）的地方，武威郡辖有城左骑千人官，张掖属国辖有城：候官、左骑、千人、司马官、千人官，上郡辖有候官。⑥清代也有多处以职官名作为地名，如光禄渠、巡检司村等，但以职官性质作为正式政区名的例子非常少，本文所要讨论的四川省的理番直隶厅是其中之一，其前身是杂谷直隶厅。杂谷直隶厅何时演化为理番直隶厅，原因是什么，前人研究并不充分，特撰文讨论。

---

　*　原刊于《历史地理研究》2020年第3期。

①　［明］郭子章：《郡县释名》，万历四十二年刻本。

②　吕式斌：《今县释名》，北平恒和商行，1931年。

③　实际上，中国地名研究主要就是政区名研究，所以本文对二者不做区分强调。

④　华林甫：《中国地名学史考论》，社会科学文献出版社，2002年，第80—83页。

⑤　华林甫：《中国地名学史考论》，第86—89页。

⑥　《续汉书·郡国志五》，《后汉书》第12册，中华书局，1965年，第3520、3521、3524页。

一、前人研究述评

对于今天四川省阿坝藏族羌族自治州理县在清代的沿革，民国以来史书的描述并不一致，民国时期的记载已出现不同。龚煦春认为"理番厅，乾隆十八年，宁远府炉宁同知裁，设直隶理番同知。分五寨：杂古脑寨、干堡寨、上孟董寨、下孟董寨、九子屯寨"[1]，指出理县前身是乾隆十八年（1753）设置的理番直隶厅。吕式斌认为理县的沿革是"清置厅，西南北皆生番，领土司四，管理番民十数万户，民国三年改县"[2]，即也认为清代设置的是理番厅。赵泉澄在其著作中分两处叙述了杂谷厅的沿革以及更名为理番直隶厅的时间："乾隆十七年，改杂谷土司为杂谷厅，设同知，隶府属。领厅二，县四。二十五年，松潘厅升为松潘直隶厅，杂谷厅升为杂谷直隶厅。领县四"[3]；"乾隆二十五年，龙安府属之杂谷厅升为杂谷直隶厅，设同知；无属领。嘉庆六年，裁茂州直隶州属之保县，以其地归并入厅，仍无属领。八年，改杂谷直隶厅为理番直隶厅，仍无属领"[4]。

近年来对其沿革的叙述较为详细。《清代政区沿革综表》认为：杂谷厅"原为杂谷安抚司，属茂州直隶州。乾隆十七年十月庚寅裁安抚司，改置杂谷厅来属。二十五年升为直隶厅"[5]。理番直隶厅条："乾隆二十五年置杂谷直隶厅。嘉庆六年十一月己亥改厅名为理番。"[6]《理县志》载："清乾隆十八年改土归流，废杂谷土司，设杂谷厅，以保县旧城为厅治所（在今薛城乡较场村）。乾隆二十五年省保县入杂谷厅，并升为直隶厅，清嘉庆八年改杂谷直隶厅为理番直隶厅"[7]；又载"乾隆十八年设置理番直隶厅，直至清末"[8]。是乾隆十八年即置理番直隶厅还是嘉庆八年（1803）改杂谷直隶厅为理番直隶厅，此书的叙述相互矛盾。最近出版的《中国行政区划通史·清代卷》则在综合众多史料的基础上，非常详细地叙述了理番直隶厅的沿革："初为杂谷安抚司，康熙十九年（1680年）来属，属茂州保县。乾隆十七年十月改流，置杂谷厅，治所即今四川理县东北薛城镇。为直隶厅。乾隆十八年十二月，划定行政区域，除杂古脑一带外，'旧保县地方汉番及梭磨、大金川等各土目，请归新设理番同知管辖。再旧保

---

① 龚煦春：《四川郡县志》卷一一《清代疆域沿革表》，成都古籍书店，1983年，第416页。

② 吕式斌：《今县释名》卷六《四川省》"理番县"条，北平恒和商行，1931年印行，第3页。

③ 赵泉澄：《清代地理沿革表》"四川省龙安府"条，中华书局，1955年，第122页。

④ 赵泉澄：《清代地理沿革表》"四川省杂谷厅""理番厅"条，第127页。

⑤ 牛平汉：《清代政区沿革综表》四川省总表，中国地图出版社，1990年，第329页。

⑥ 牛平汉：《清代政区沿革综表》四川省总表，第324页。

⑦ 四川省《理县志》编纂委员会编：《理县志》，四川民族出版社，1997年，第2页。

⑧ 四川省《理县志》编纂委员会编：《理县志》，第199页。

县城内汉民，满溪十寨熟番，及竹克基、松冈、小金川、沃日等地方，并请归该同知兼辖。'乾隆二十四年（1759年），增领丹坝三长官司。嘉庆六年十一月，保县并入，约嘉庆以后改名。"[1] 这是目前学界关于理番直隶厅的沿革最为严谨的研究。傅林祥还在上文注释中对杂谷直隶厅何时改名为理番直隶厅做了一番探讨。他指出，20世纪80年代以来的新修方志大多记载为嘉庆十年（1805），但检诸史料，并无确证有何时改名之事，嘉庆六年（1801）之后至道光时期的一些史料仍作杂谷厅，故推测，四川理番同知驻杂谷，杂谷厅改称为理番厅，可能是嘉庆年间或稍后改变的过程。[2]

"理番"二字有管理少数民族的意思。仅从字面意义来看，作为政区名称并无特殊之处。清代以同类词为政区名的不在少数，以类似职官名为政区名的也不是孤例。甘肃的靖逆厅就与理番厅的命名类似。康熙五十七年（1718）二月己丑"议政大臣等议覆，靖逆将军富宁安疏言西吉木设立赤斤卫，达里图设立靖逆卫，各添设卫守备一员。锡拉谷尔设立柳沟所，添设守御所千总一员。再添设同知、通判各一员，兼管二卫一所。其驻防兵丁、武职官员令肃州镇管辖。卫所官员令肃州道员管辖。应如所请，从之"[3]。牛平汉在论述安西直隶州的沿革时，即认为康熙五十七年置靖逆直隶厅，乾隆二十四年九月初五（1759年10月25日）裁。[4] 乾隆《甘肃通志》载："康熙五十七年置靖逆同知。雍正三年以柳沟通判改调靖逆，领靖逆卫、齐勤所。"[5] 靖逆厅即由长官靖逆同知和靖逆通判而来。理番厅来源于厅的长官理番同知。两者性质类似，但又有所不同的是，靖逆同知和靖逆通判，全国仅此一处，故以靖逆为厅名，即指此处，不作别想。理番同知则不一样，在清代有多地设置。四川、贵州、台湾等处都设有理番同知，台湾甚至有北路理番同知和南路理番同知之别。那么，以理番这样的一个通名作为某地政区名，是非常不合适的。这如同粮逼、水利等同知或通判，全国多处设置，不会作为正式厅名一样。所以说，杂谷直隶厅改名为理番直隶厅是清代政区名称演变的一个特例。当然，换个角度讲，直隶理番同知是唯一的正式政区的行政长官，不像其他的理番同知仅是事务性长官，故理番也作为政区名便宜处之，也有可理解之处。

① 周振鹤主编，傅林祥、林涓、任玉雪、王卫东著：《中国行政区划通史·清代卷》（第2版），复旦大学出版社，2017年，第454页。

② 周振鹤主编，傅林祥、林涓、任玉雪、王卫东著：《中国行政区划通史·清代卷》（第2版），第454页注7。

③ 《圣祖仁皇帝实录》卷二七七"康熙五十七年二月己丑"条，《清实录》第6册，中华书局，1985年，第717页。

④ 牛平汉：《清代政区沿革综表》，第458页。

⑤ 乾隆《甘肃通志》卷三下《靖逆厅》，《景印文渊阁四库全书》第557册，台湾"商务印书馆"，1986年，第125页。

从前人研究可以看出，乾隆十七年（1752）置杂谷直隶厅是非常明确的。但后来有没有改为理番直隶厅或何时改为理番直隶厅，大家聚讼不已，仍需辨析。

康德告诫研究者认识事物应该先从考察其起源开始，也要注意它们的蓝图或者形式。[①] 在研究历史地名的变化时，也是应该如此。下文将从文献中的杂谷厅和理番厅两个方面入手，考察杂谷厅的演变。

二、文献中的杂谷厅

《清实录》对杂谷设厅有较为详细的记载："军机大臣议覆，四川总督策楞、提督岳钟琪奏称，番众苦苍旺残虐投诚者四万余人，悉愿改土归流。其已入版图之杂古脑等处应筑城，并设副将、理番同知各一员，兵一千二百名。杂古脑之西南系梭卓接壤，均须建汛设兵。查威茂营旧制，原系参将，今应仍改参将，即将该协副将移驻杂古脑，均归松潘镇管辖，兵即以威茂所裁并通省各营通融抽拨。同知亦有泸宁一缺可以裁改，并照松潘同知之例增设照磨一员，统于善后事宜内分别筹办，等语。其改设副将、移驻同知、拨兵设汛之处均应如所请。"[②] 乾隆十七年十月庚寅，清廷同意在杂古脑置理番同知，其缺原系泸宁同知。虽未说明杂谷厅是散厅还是直隶厅，但因言明仿照松潘同知例，而松潘同知为直隶同知，故杂谷厅应为直隶厅。乾隆二十二年（1757）的《大清职官迁除全书》中四川省杂谷厅即为直隶厅。[③] 乾隆时人彭遵泗编的《蜀故》中记载杂谷厅："杂谷厅，乾隆十七年设同知，在省西四百六十里，管辖大小金川、松冈、卓克基、沃日六土司，抚夷绥汉筹边要地"[④]；"松茂道共辖成、龙二府、直隶杂谷一厅、绵茂二直隶州"[⑤]。这明确说明杂谷是直隶厅。洪亮吉《乾隆府厅州县图志》"杂谷厅"条载："本朝康熙十九年归附，仍授安抚司。乾隆十七年升为厅，设理番同知。"[⑥] 以上文献皆说明杂谷厅始置即为直隶厅。

① ［德］康德：《自然地理学》导论，收入李秋零主编《康德著作全集》第9卷《逻辑学、自然地理学、教育学》，中国人民大学出版社，2010年，第157页。

② 《高宗纯皇帝实录》卷四二四，"乾隆十七年十月庚寅"条，《清实录》第8册，中华书局，1986年，第546页。

③ 《大清职官迁除全书》，乾隆本二十二年夏五月，第四本。

④ ［清］彭遵泗辑：《蜀故》卷二《形势》，《四库未收书辑刊》壹辑27册，北京出版社，2000年，第550页。

⑤ ［清］彭遵泗辑：《蜀故》卷五《官制》，《四库未收书辑刊》壹辑27册，第573页。

⑥ ［清］洪亮吉：《乾隆府厅州县图志》卷三七《四川布政使司》，《续修四库全书》第627册，上海古籍出版社，2002年，第214页。

嘉庆《重修一统志》指出："乾隆十七年，土司苍旺不法伏诛，改土归流，设理番同知，以保县旧城为厅治所，俗曰老保县。二十五年，升为直隶厅。嘉庆六年，裁茂州属之保县，俗称新保县，入之，属四川省，领土司四。"[1] 光绪《清会典事例》载："（乾隆）十七年，以杂谷安抚司为杂谷厅……二十五年，升龙安府松潘厅并杂谷厅均为直隶厅。"[2] 两者皆认为杂谷厅初为散厅，直到乾隆二十五年（1760）才升为直隶厅。因上述乾隆二十五年前的文献[3] 皆以杂谷为直隶厅，这两条史料皆为后出，故不确。

　　乾隆后期的官修史书也载杂谷厅为直隶厅。乾隆《大清一统志》载："乾隆十七年土司苍旺不法伏诛，改土归流，因以保县旧城为厅理所，直隶四川省。"[4]《清朝文献通考》载："（乾隆）十七年置直隶杂谷厅同知。"[5]《清朝通典》载："杂谷厅，旧杂谷安抚司地，乾隆十七年置同知厅，直隶松茂道。"[6] 就连乾隆也称之为杂谷厅。嘉庆初年，乾隆题诗《四川布政使林儁奏报连次雪泽优沾情形诗以志事》："夔州府属之奉节、巫山、叙永厅及所属之永宁县并打箭炉、会理州、石砫厅、忠州、松潘厅、杂谷厅、汶川、保县于十月初五日至初十、二十一、二等日连次得雪。"[7] 前人研究中，有说法认为嘉庆年间杂谷直隶厅改为理番直隶厅，但嘉庆至清末的大量文献仍载为杂谷厅。

　　道光十七年（1837）才完成的许鸿磐《方舆考证》一书[8]，其中四川省列有杂谷厅，其沿革仅述"乾隆十七年升为厅，设理番同知"，未载其改名事。[9] 金科豫是"乾隆癸卯科举人，官至四川杂谷厅理番同知"[10]。据吕文郁的文章，金科豫在道光二年（1822）升任四川杂谷直隶厅理番同知，道光四年（1824）镇守维州，在战役中阵

① 嘉庆《重修一统志》卷四二一《杂谷厅》，《续修四库全书》第621册，第742页。
② 光绪《清会典事例》卷一五三《户部二·疆理》，第2册，中华书局，1991年，第943页。
③ 彭遵泗卒于乾隆二十三年，上述文献除洪亮吉《乾隆府厅州县图志》外皆可明确成书于乾隆二十五年之前，故言。
④ 乾隆《大清一统志》卷三二一，《景印文渊阁四库全书》第481册，第471页。
⑤ 《清朝文献通考》卷二八六《舆地十八·四川省》，商务印书馆，1936年，第7357页。
⑥ 《清朝通典》卷九四《州郡五·四川省》，商务印书馆，1935年，第2723页。
⑦ 乾隆《御制诗余集》卷一六，《景印文渊阁四库全书》第1311册，第755页。
⑧ 徐明兆、周玉山：《许鸿磐与他的〈方舆考证〉》，《山东图书馆季刊》1990年第2期。
⑨ 许鸿磐：《方舆考证》卷七一《四川七》"杂谷厅"条，第30册，民国济宁潘氏华鉴阁本。
⑩ 民国《锦县志》卷一六《人物下》，《中国方志丛书》东北地方第15号，台北成文出版社，1974年，第857页。

亡。^①可推测民国时人还是认为这一政区在道光年间是称为杂谷直隶厅的。^②同治《直隶理番志》载马百龄于道光二十二年（1842）任直隶理番同知。^③咸丰三年（1853）陕西巡抚张祥河在奏折中称之为"前任四川杂谷厅同知马百龄"。^④

清末还有中央官修史籍保留杂谷厅。席裕福纂《皇朝政典类纂》载"永乐五年始置杂谷安抚司。本朝康熙十九年土舍板第尔吉归诚，仍授为安抚司。乾隆十七年土司苍旺不法伏诛，改土归流，因以保县旧城为厅理所，直隶四川省（一统志）"^⑤，抄录《一统志》资料，仍为杂谷厅。光绪《清会典事例》载"嘉庆六年，省保县，以其地并入杂谷厅"^⑥，并未载嘉庆甚至道光时期杂谷厅改名，后又指出光绪时四川省"茂州领理番厅一"^⑦。其实不论是杂谷厅还是理番厅，皆为直隶，未曾属茂州。《清会典事例》对杂谷厅的演变记述有误。

从旁证史料来看，清末，杂谷厅附近的地方史籍也有杂谷厅的记载。光绪末年，兴元任懋功厅同知，其编撰的《懋功厅乡土志》载："乾隆十七年杂谷安抚司土司不法，剿灭之后改土归流，另立为一厅，设直隶同知一员，辖七土司，两金、鄂克什并立焉。四十一年两金剿灭，改土归流，五十年复将鄂克什土司改归懋功同知管辖。虽于杂谷厅稍有划分，而适还冉州之旧。"^⑧此书没有提改名理番厅之事。不过，谢鸿恩编《茂州乡土志》载："嘉庆七年裁保县，以其地并入杂谷厅，今领汶川县一"^⑨；地理"西南隅至理番界九十里"^⑩。此书提到嘉庆七年（1802）仍为杂谷厅，清末已经称理番厅了，但没有改名过程的记载。

清末其他省的方志也载有杂谷厅。光绪《丹徒县志》载："赵涌岚，四川杂谷厅

① 吕文郁：《金老之家世》，《吉林大学古籍研究所建所30周年纪念论文集》，上海古籍出版社，2014年，第485页。

② 同治《直隶理番厅志》没有载金科瑔任同知，而是记载王梦庚"浙江金华人拔贡，道光二年任"。见《中国地方志集成·四川府县志辑》第66册，巴蜀书社，1992年，第677页。不知是《直隶理番厅志》遗漏还是有关金科瑔的记载有误，但不影响民国时人对杂谷厅的认识。

③ 同治《直隶理番厅志》卷二《建置·职官》，《中国地方志集成·四川府县志辑》第66册，第677页。

④ 录副奏折：咸丰三年正月二十二日，张祥河《奏请前任山东布政使王笃等帮办省城防堵事务事》，《张祥河奏折》第324条，凤凰出版社，2015年，第267页。

⑤ ［清］席裕福：《皇朝政典类纂》卷四四一"杂谷厅"条，第27册，台北成文出版社，1969年，第12857页。

⑥ 光绪《清会典事例》卷一五三《户部二·疆理》，第2册，第944页。

⑦ 光绪《清会典事例》卷一五三《户部二·疆理》，第2册，第944页。

⑧ ［清］兴元编：《懋功厅乡土志》，《四川大学图书馆藏珍稀四川地方志丛刊》第7册，影印光绪末年修抄本，巴蜀书社，2009年，第333页。

⑨ ［清］谢鸿恩编：《茂州乡土志》，《四川大学图书馆藏珍稀四川地方志丛刊》第7册，影印光绪末年修抄本，第276页。

⑩ ［清］谢鸿恩编：《茂州乡土志》，《四川大学图书馆藏珍稀四川地方志丛刊》第7册，第300页。

同知。"① 同治《直隶理番厅志》不载此人，不知此条史料是否真实，但还是可以证明光绪《丹徒县志》的编纂者是知道四川有的是杂谷厅而不是理番厅。

从中华文史网收录的清代奏折、题本来看，乾隆时期都称杂谷，嘉庆之后大量称之为理番厅。刑科题本乾隆三十二年（1767）九月十六日"题为会审四川理番厅番民郎塔因被索欠相争谋死熊万山一案依律拟斩监候请旨事"② 是检索到的唯一的乾隆间理番厅奏折、题本。但看具体内容，有"杂谷理番同知崔纶"，显系工作人员拟名有误。虽然嘉庆后使用理番厅比较多，但当时也不乏有称杂谷厅的记载。朱批奏折载嘉庆十年（1805）十月二十六日四川总督勒保"奏请以张敏树升补杂谷直隶厅理番同知事"。③ 录副奏折也载此事，嘉庆十年十月二十六日"奏请成都县知县张敏树委补杂谷厅理番同知事"。④ 录副奏折载，嘉庆十三年（1808）十月二十七日"奏请以徐廷钰升补杂谷厅理番同知并黄泰升调阆中知县事"；⑤ 道光十一年（1831）十月二十五日"奏请刘名震升补直隶杂谷理番同知事"。⑥ 朱批奏折也载有刘名震升事。⑦ 刑科题本载，道光三年（1823）八月二十一日"题为审理杂谷理番厅客民蒋文斗等挖药纠纷伤毙儿噶偷沙甲等命一案依律分别定拟请旨事"。⑧ 这6条资料实为4条，多系奏请任命厅同知事，称之为杂谷，可知杂谷是正式的政区名。

从清代地图上可以看到杂谷厅在很多时代，包括嘉庆以后有著录。乾隆中前期的《大清分省舆图》中，四川图绘有"杂谷厅"⑨，表明杂谷厅在设置之初就是正式名

① 光绪《丹徒县志》卷二三《贡监》，《中国地方志集成·江苏府县志辑》第29册，江苏古籍出版社，1991年，第462页。

② 题本：乾隆三十二年九月十六日，刑部尚书刘统勋《题为会审四川理番厅番民郎塔因被索欠相争谋死熊万山一案依律拟斩监候请旨事》，中国第一历史档案馆藏，档号：02-01-07-06299-011。

③ 朱批奏折：嘉庆十年十月二十六日，四川总督勒保《奏请以张敏树升补杂谷直隶厅理番同知事》，中国第一历史档案馆藏，档号：04-01-13-0163-014。

④ 录副奏折：嘉庆十年十月二十六日，四川总督勒保《奏请成都县知县张敏树委补杂谷厅理番同知事》，中国第一历史档案馆藏，档号：03-1498-055。

⑤ 录副奏折：嘉庆十三年十月二十七日，四川总督勒保《奏请以徐廷钰升补杂谷厅理番同知并黄泰升调阆中知县事》，中国第一历史档案馆藏，档号：03-1518-050。

⑥ 录副奏折：道光十一年十月二十五日，四川总督鄂山《奏请刘名震升补直隶杂谷理番同知事》，中国第一历史档案馆藏，档号：03-2617-067。

⑦ 朱批奏折：道光十一年十月二十五日，四川总督鄂山《奏请以刘名震升补直隶杂谷理番同知事》，中国第一历史档案馆藏，档号：04-01-12-0422-229。

⑧ 题本：四川总督陈若霖《题为审理杂谷理番厅客民蒋文斗等挖药纠纷伤毙儿噶偷沙甲等命一案依律分别定拟请旨事》，中国第一历史档案馆藏，档号：02-01-07-10416-008。

⑨ 《大清分省舆图》，林天人编撰《皇舆搜览——美国国会图书馆所藏明清舆图》，台北"中研院"数位文化中心，2013年，第79—82页。此图册由总图、盛京和直隶等18省图组成，共19幅，林天人根据行政区划判定此图册绘制时代大致在乾隆十九年至二十五年间。此图册绘制时代或可再议，但代表了乾隆中前期的行政区划无异议。

称。美国国会图书馆藏有的《舆地全图》绘有杂谷厅。林天人根据图中行政建制及地名的演变，判定此图绘制年代为嘉庆四年（1799）。林先生判定绘制时代依据即参照了杂谷厅："嘉庆六年（1801）所变动的行政区划，如：江西南昌府所属宁州改名义宁州、四川杂谷厅的改名理番直隶厅、太平县改置直隶厅、达州改升绥定府，更未在图中反应。"① 嘉庆十六年（1811）绘制的《大清万年一统天下全图》，据乾隆三十二年（1767）浙江余姚黄千人的旧图摹刻增补，此图绘有"杂谷"。② 道光十二年（1832）版李兆洛《皇朝一统舆地全图》中，标为杂谷直隶厅。③ 同治二年（1863）的《皇朝中外一统舆图》中，南四卷有杂谷直隶厅。④ 美国国会图书馆馆藏中文舆地图同治三年（1864）《皇朝直省府厅州县全图》四川全图亦为杂谷直隶厅。光绪年间的《大清廿三省舆地全图：附朝鲜州道舆地图》中，左近区域有地名为"维谷"。清代没有地名叫"维谷"，其应该是"雑谷"的误写，则应仍为杂谷厅。⑤

日本人绘制的中国地图，也有很多标为杂谷厅。《清二京十八省疆域全图》中四川全图标为杂谷厅。⑥ 岸田吟香绘制的《中外方舆全图》中为杂谷，图符是厅级。⑦ 日本人于1911年绘制的地图《最近调查清国大地图——革命动乱地点注》标注也是杂谷。⑧ 通过众多文献看来，杂谷直隶厅直到清末并未改名为理番直隶厅。

三、文献中的理番厅

上文引述的众多文献指出直到清末仍有很多史料称其为杂谷直隶厅，但梳理史料发现称为理番厅的史料也不少。刘锦藻《清朝续文献通考·舆地考》载："理番厅在省治西北五百三十里，东及北界茂州，西及西南界懋功厅，南及东南界茂州汶川县，

---

① 《舆地全图》，林天人编撰《皇舆搜览——美国国会图书馆所藏明清舆图》，第85页。

② 《大清万年一统天下全图》，林天人编撰《皇舆搜览——美国国会图书馆所藏明清舆图》，第86页。

③ ［清］李兆洛：《皇朝一统舆地全图》，道光十二年阳湖李氏辨志书塾锓版。

④ 《皇朝中外一统舆图》，湖北抚署景桓楼藏同治二年板。

⑤ 《大清廿三省舆地全图：附朝鲜州道舆地图》，林天人编撰《皇舆搜览——美国国会图书馆所藏明清舆图》，第83页。林天人指出"本图的绘制年代，很难以图中行政区划的沿革变迁来判断；图中若干州、厅、县属的建制，非常紊乱"，根据图中提及的"台湾巡抚驻扎所""新疆巡抚驻扎所"等，判断此图大概完成于1885—1895年间。

⑥ ［日］东条文左卫门：《清二京十八省疆域全图》，日本嘉永三年版。

⑦ ［日］岸田吟香：《中外方舆全图》，明治廿七年乐善堂印行。

⑧ 《最近调查清国大地图——革命动乱地点注》，日本明治四十四年十一月三日，大阪日本精版印刷合资会社印行。

西北界松潘厅。至京师五千二百四十五里，本名杂谷，乾隆二十五年改，嘉庆六年省茂州之保县入之，旋改称。"①指出杂谷厅嘉庆六年后改为理番厅。但这样明确指出更名时间的清代史料仅此一处。光绪《清会典事例》仅载："杂谷厅今改理番厅"②，并不写更改时间。同治《直隶理番厅志》卷一《沿革》载："乾隆十八年，宁远府泸宁同知裁，设直隶理番同知，并裁顺庆府司狱，设理番照磨。嘉庆七年裁保县入绵州之罗江县，以照磨分驻其地，厅遥治焉……节《四川通志》杂谷直隶厅沿革说，明永乐五年始置杂谷安抚司。我朝康熙十九年，土舍板弟尔吉归诚后，仍授安抚司。乾隆十七年土司苍旺不法伏诛，改土归流，因以保县旧城为厅治所。按此与乾隆十八年文卷裁泸宁同知设理番同知词不相涉，事实相因。至雍正时省威州，移驻之保县，在保子关，故今呼新保厅治。则雍正以前保县署在熊耳山之南麓，今人犹呼旧保云。"③仅说设直隶理番同知，没有说厅名就是理番，更没有说厅名为杂谷。同书又载"乾隆十七年杂谷土司苍旺与梭磨卓克基构觉抢掠两土司所管部落，四川总督策楞、提督岳钟琪率松潘镇马良柱带兵进剿，擒苍旺，伏诛。招降各番民，改土归流，分其地为杂谷屯寨、干堡屯寨、上孟董屯寨、九子屯寨，归理番厅管辖"，④则应是认为自设厅时即名为理番厅。民国时期撰写的《清史稿》实际是循着《直隶理番厅志》撰写沿革的思路，载："乾隆十七年改厅，驻理番同知。二十五年，升直隶厅。嘉庆六年，以茂州属之保县入之。"⑤不提杂谷厅。这种抹杀杂谷厅为初置的观点显然不符合历史实际。

称嘉庆六年前的杂谷厅为理番厅，并不是同治《直隶理番厅志》首创。实际上，一些嘉庆六年前的文献也称理番厅。汪绂《戊笈谈兵》卷三《宇内舆图·四川图》，有杂谷地名，卷五下《州郡财赋第八笈》四川宁远府条下有杂谷厅。另有西昌、冕宁、盐源、会理州三县一州。又在越嶲卫后载："又案，茂州之保县今为理番厅。"⑥汪绂于乾隆二十四年去世，虽然其叙述的沿革有误，但能够说明理番厅名出现非常早。乾隆二十五年的《富顺县志》载有："通判一员，岁历俸银六十两，额设衙役二十九名，每名岁支工食银六两，于乾隆十八年十二月内奉文为酌定善后事宜等案内裁减衙役二名，拨入理番厅。"⑦完成于乾隆四十九年（1784）的《大清一统志》载有维州协都司

① 刘锦藻：《清朝续文献通考》卷三二二《舆地考十八》，商务印书馆，1936年，第10635页。
② 光绪《清会典事例》卷六七八《兵部一三七》，第8册，第464页。
③ 同治《直隶理番厅志》卷一《沿革》，《中国地方志集成·四川府县志辑》第66册，第653页。
④ 同治《直隶理番厅志》卷四《边防》，《中国地方志集成·四川府县志辑》第66册，第764页。
⑤ 《清史稿》卷六九《地理一六》，中华书局，1976年，第2239页。
⑥ ［清］汪绂：《戊笈谈兵》卷五下《州郡财赋第八笈》，《中国兵书集成》第45册，解放军出版社、辽沈书社，1990年，第846页。
⑦ ［清］熊葵向修，周士诚纂：《富顺县志》卷六《田赋》，《故宫珍本丛刊·四川府县志》第5册，海南出版社，2001年，第77页。

条小字："左营以上驻理番厅。"① 但这并不说明理番厅就是正式名称，因为同卷即列有杂谷厅同知条②，同书更有杂谷厅专卷（卷三二一）。中国台湾学者刘铮云引用台湾"中研院"史语所藏《乾隆六十年分四川通省民数册》，其中的地名就是"理番直隶厅"③。

同治《直隶理番厅志》载："嘉庆七年署同知陈岳禀查理番衙门在维州城内，上距梭卓松党四土司地方或百余里，或四五百里不等，下距保县七十里。今保县并理番（卑职），若因此而驻保城，则与四土司相隔更远，难资弹压，而新旧番九枯六里纳粮未便，按形度势，自应驻扎理番，实为允当。"④ 虽没有直接称理番厅，但实际上是将理番作为地名。嘉庆二十一年（1816）成书的《四川通志》载："（乾隆）二十五年，改松潘卫为松潘厅，又改杂谷脑为理番厅。……嘉庆七年改达州为绥定府，以达州所属之太平县为太平厅，领府十二，州八，厅六：……杂谷厅……"⑤ 又于杂谷直隶厅条载："康熙十九年土舍板第尔吉归诚，仍拔为安抚司。乾隆十七年土司苍旺不法伏诛，改土归流，因以保县旧城为厅理所。嘉庆六年裁茂州属之，保县入之，直隶四川省。"⑥ 则此书虽然载乾隆二十五年改杂谷脑为理番厅，实际上是指出其性质，故后文仍以杂谷直隶厅为正式名称。

因为杂谷厅长官为直隶理番同知，故有时会俗称或误称为理番厅，但结合上文大量的记载杂谷厅的文献，杂谷厅应仍是正式名称。这种以职官性质而俗称或误称的政区名使用多了，就会变成通行的政区名，反而使地方政府甚至中央政府忘却了正式政区名。无论是担任同知的陈岳还是吴羹梅，都认为厅名为理番，可见这种俗称或误称的影响。从以上资料产生的时间来看，所谓嘉庆六年及以后杂谷直隶厅更名为理番直隶厅的观点，显然依据都不合理。

严谨的史家不直接使用"理番厅"这个错误名称，而是称之为"理番同知"，以职官名指代其管理地区。乾隆《钦定户部则例》载："茂州及理番同知岁征杂谷、干堡、九子牡丹、日诸、梭罗卜头、上下孟董、黑水等寨番民杂粮，折净米五百一十一石五斗五升四合六勺。叙州府属雷波厅并黄螂岁征苗民本色仓斗米……"⑦ 嘉庆六年十一月己亥日，《清仁宗实录》载："保县归并理番同知管理，即以该县改复罗江

① 乾隆《大清一统志》卷二九一《四川省》，《景印文渊阁四库全书》第481册，第13页。
② 乾隆《大清一统志》卷二九一《四川省》，《景印文渊阁四库全书》第481册，第11页。
③ 刘铮云：《清乾隆朝四川人口资料检讨——"中央研究院"历史语言研究所藏〈乾隆六十年分四川通省民数册〉的几点观察》附录《乾隆六十年（1795）四川省各项人口相关统计数字》，收入刘铮云《档案中的历史：清代政治与社会》，北京师范大学出版社，2017年，第419页。
④ 同治《直隶理番厅志》卷六《志存》，《中国地方志集成·四川府县志辑》第66册，第816页。
⑤ 嘉庆《四川通志》卷二《舆地·沿革》，巴蜀书社，1984年，第512页。
⑥ 嘉庆《四川通志》卷六《舆地·沿革》，第640页。
⑦ 乾隆《钦定户部则例》卷一五《田赋》，《故宫珍本丛刊》第284册，海南出版社，2000年版，第135页。

县。"① 这些史料虽然使用了"理番",但是使用的是职官名,就不会使读者产生误解。

理番直隶厅因俗称或误称而通行,在嘉庆之后使用得非常普遍。

道光十一年(1831)刊刻的《茂州志》载"西南至理番界九十里"②,但在沿革中又载:"嘉庆七年裁保县,以其地并入杂谷厅"③,说明道光时期理番是正式名。光绪八年(1882)丁宝桢编撰的《四川盐法志》既载当时名为理番④,但也载"叙永厅保县,嘉庆六年废入杂谷厅"⑤。虽然没有指明杂谷厅何时改为理番厅,但显然光绪年间理番厅也是正式名称。

理番县所立碑文《清光绪理番府禁令碑文》载"光绪六年钦加道衔,特用直隶州正堂,署理番府,加三级,记录十次邓"⑥,也是使用了"理番"作为政区名。

嘉庆之后的各类地图使用理番厅的非常多。咸丰九年(1859)刊《四川全省舆图》记为理番直隶厅。⑦ 光绪二十六年(1900)《四川省府厅州县图》为理番直隶厅。⑧《钦定大清会典图》(光绪重修本)卷二三二《舆地九十四》有理番厅图,也即理番直隶厅。光绪三十一年(1905)的《大清帝国全图》第一幅大清帝国图中,有杂谷,图符为直隶厅。四川省图中,茂州内有"理番"地名,图符为散厅。⑨ 这其实是错误的,即使当时出现理番厅名称,也不会是属于茂州的散厅。《皇朝一统图》四川图中,也是将理番厅置于茂州直隶州内。日本西山荣久编的《最新支那分省图》四川省图也是将理番厅作为散厅置于茂州直隶州内。⑩The China Inland Mission(中国内地会)编绘的《完全中国地图集》(*Complete Atlas of China*),标为 Lifanting,即理番厅。⑪

虽然清末诸多文献甚至包括日本、西方等地图在内,都认为理番厅是政区名,但不意味清代学者都赞同此说。《皇朝地理志》理番直隶厅条,原稿作杂谷,有贴签问曰"应作理番厅,缙绅所载皆作理番,以下所注均应改作理番字样",又有贴签答曰:"遵查杂谷是该厅地名,理番是同知职名。《缙绅》理番同知下注管理番民十数万

① 《仁宗睿皇帝实录》卷九一,"嘉庆六年十一月己亥"条,《清实录》第29册,中华书局,1986年,第211页。

② 道光《茂州志》卷一《舆地志》,《中国地方志集成·四川府县志辑》第66册,第325页。

③ 道光《茂州志》卷一《舆地志》,《中国地方志集成·四川府县志辑》第66册,第329页。

④ [清]丁宝桢:《四川盐法志》卷七《转运二·本省计岸》,《续修四库全书》第842册,第157页。

⑤ [清]丁宝桢:《四川盐法志》卷七《转运二·本省计岸》,《续修四库全书》第842册,第152页。

⑥ 《清光绪理番府禁令碑文》,庄学本《羌戎考察记》,上海良友图书印刷公司,1937年,第68页;四川省《理县志》编纂委员会编《理县志》附录,四川民族出版社,1997年,第819页。

⑦ [清]王庆云:《四川全省舆图》,咸丰九年五月刊。

⑧ 《四川省府厅州县图》,光绪二十六年涤雪斋刊。

⑨ 《大清帝国全图》第十九图"四川省"图,商务印书馆光绪三十一年九月再版。

⑩ [日]西山荣久编:《最新支那分省图》,东京大仓书店大正三年版。

⑪ The China Inland Mission, *Complete Atlas of China*,(2nd ed.),1917.

户。亦如越巂、马边二厅均为抚民同知，江北厅为理民督捕同知耳。世俗历来相沿直称为理番厅，缙绅因之，似有不合且即以缙绅四川省职官总目考之，内开同知七：成都、宁远、叙州、重庆各一，与石砫、松潘、打箭炉三直隶厅而七。理事同知一：隶成都。军粮同知一：叙永厅。理番同知一：杂谷。可见理番与理事、军粮皆是官而非地。《四川通志》是嘉庆末年所修，其时盐茶道分巡成绵，另有分巡松茂龙杂兼理新疆屯务兵备道，所谓杂即杂谷，自后未闻改名，所以本馆旧志及通志均作杂谷，不作理番。合并声明仍候钧裁。谨覆。"其后又有贴鉴称："理番名称遵批改正。谨覆。"①
《皇朝地理志》是清末光绪时期国史馆编撰的全国地理总志，反映了有清一代政区的沿革。台北"故宫博物院"庋藏有三种《皇朝地理志》，华林甫将其分类，分别称之为甲本、乙本和丁本。②上文所引贴签出自丁本，也是华林甫认为的最后的定稿本。各本反映的年份，甲本是光绪末年，定稿于光绪末、宣统初；乙本反映的是嘉庆末年；丁本反映的应是光绪末期之沿革。华林甫经过详细比较，得出"丁本是甲本的母本，丁是源、甲是流"，即丁本成稿在前，经总裁、副总裁签改，以馆阁体誊写工整的甲本誊录在后，两者内容有前后承袭关系。③通过上文的贴签，可以很清楚地认识到：

第一，清末个别学者对杂谷厅的沿革认识是很清晰的，杂谷是厅地名，理番是厅同知职名，只是世俗历来相沿直称为理番厅，《缙绅录》等误为正名是理番厅。

第二，很多人包括政府和学者对杂谷厅的沿革是认识不清的，所以《皇朝地理志》丁本原稿的正确见解被否定，甲本也仍以理番直隶厅为名。校辑等官员甚至用坊间的《缙绅录》，而不是中央政府撰修的文献、档案来论证理番厅的合理性，也说明他们的无知和轻率。④

---

① 台湾"故宫博物院"藏《皇朝地理志》卷一六四《四川一七》"理番直隶厅"条，旧副本总纂官杨捷三纂辑、提调官谢维璠覆辑、提调官恽毓鼎校辑本。编号：20500198。此条资料由复旦大学历史地理研究中心杨伟兵教授于2010年3月在台湾"故宫博物院"访问查得，特此说明致谢。

② 甲本是清内府朱丝栏写本《皇朝地理志》，存204卷、212册，缺安徽省大部分（卷36—39）。甲本是进呈本。此书卷164为理番、打箭炉二直隶厅及懋功屯务厅（《皇朝地理志》卷一六四，台北"故宫博物院"藏，编号：故殿18831）。乙本是清内府朱丝栏写本《皇朝地理志》，（清）国史馆编，不分卷，存56册，省份齐全。行、格与甲本完全相同。此书四川省分四册，第三册为嘉定、潼川、绥定三府，叙永、松潘、石砫、杂谷、太平五直隶厅，懋功屯务厅，眉州、邛州、泸州三直隶州（《皇朝地理志》四川第三册，台北"故宫博物院"藏，编号：故殿18618）。丁本是稿本《皇朝地理志》，302册。华林甫指出，丁本可分成若干部分，编号为205000029—205000248的，每册书前均有满、汉正副总裁的签字，应是最后的定稿本；205000249—205000765的内容庞杂，各种本子应该在鉴定内容的基础上作进一步区分（现在只是部分标出了底本、原纂本、稿本、废本、旧副本、第几次抄本）。

③ 华林甫：《关于〈皇朝地理志〉的几点初步认识》，《故宫学术季刊》2007年第24卷第3期。

④ 《缙绅录》对于研究清代政区职官等变化有很高研究价值，但也有错误，故应谨慎使用。

第三，杂谷厅在乾隆时期已经有被俗称为理番厅的现象，嘉庆至同治及以后更是相沿直称为理番厅，这一流变的影响是巨大的，很多政府官员和学者已经忘记了其本名是杂谷厅，也没有考虑理番作为厅名是不合适的。

四、结语

《皇朝地理志》撰修者有精通沿革地理的学者，所以采用贴黄的方法指出理番厅应该是杂谷厅。但这并不能影响包括总裁官在内的其他学者的错误认识，理番直隶厅仍被写入进呈本作为正式政区名。即使是清末沿革地理集大成者杨守敬，在《水经注疏》中也采用理番厅。在"益州沱水在蜀郡汶江县西南"条内，杨守敬指出"水当即今理番厅之孟董沟，惟不自江出，盖有变迁"[①]，没有采用杂谷厅。民国时期刘承干倩人代抄的《清国史》[②]，其《地理志》部分，据华林甫分析，大部分源出甲本、丁本，但不是全部。[③] 此书也因此继承了甲本、丁本关于理番直隶厅的说法，仅指出"原作杂谷厅，今名理番厅"[④]，并没有在沿革中指出何时改为理番厅，这说明作者确实不知道何时改为理番厅，只能实事求是指出今名已经是理番厅。能够指出理番厅原名杂谷厅，这已经比《清史稿·地理志》不提杂谷厅要进步了。

可以说，清代后期理番厅作为政区名非常流行，使得本名杂谷厅基本被遗忘。故民国肇建，仍受理番厅名的影响，废厅改县时取名理番县。到 1946 年，又改理番县名为理县，直到今天仍为理县。这种俗称的职官政区名逐渐取代正式的政区名，背后是从中央到地方一些官员、学者对杂谷厅错误的认识，积习不改，就此成为清代唯一的特例。

（复旦大学历史地理研究中心）

① 　[清]杨守敬、熊会贞疏：《水经注疏》卷四〇《禹贡山水泽地所在》，江苏古籍出版社，1989年，第3373页。
② 　冯尔康：《清代人物传记史料研究》，商务印书馆，2000年，第366页。
③ 　华林甫：《关于〈皇朝地理志〉的几点初步认识》，《故宫学术季刊》2007年第24卷第3期。
④ 　《清国史》第三册《地理志》卷一六四《四川十七》"理番直隶厅"条，中华书局，1993年，第427页。

玉田、丰润二县雍正四年改隶
永平府之推证*

陈 冰

清顺治元年（1644），沿明制顺天府属蓟州领玉田、丰润、遵化、平谷四县。康熙十五年（1676），以顺治帝陵寝所在升遵化县为州，以蓟州之丰润隶之。雍正四年（1726），以蓟州之玉田、遵化州之丰润二县改属永平府。乾隆八年（1743），升遵化州为直隶州，改永平府玉田、丰润二县隶之，直至清末不变。清代玉田、丰润二县之改隶沿革过程较为明晰，且康熙十五年、乾隆八年两次改隶年份的记载已无疑议。只是对于玉田、丰润二县改隶永平府的年份，历来记载不一，史料中即有6种说法。因而当代志书著述中，对于改隶时间的采择更是莫衷一是。如牛平汉主编的《清代政区沿革综表》①、1993年所修的《玉田县志》②和《丰润县志》③均取"雍正三年"说，傅林祥、林涓等著《中国行政区划通史·清代卷》④取"雍正四年"说。就笔者目前掌握的材料来看，玉田、丰润二县改隶永平府的年份当在雍正四年，具体时间当为雍正四年四月二十八日至十一月十二日之间。

---

* 原刊于《中国地方志》2018年第4期。本文为国家社科基金重大项目"清史地图集"（项目编号：12&ZD146）阶段性成果。本文的选题策划和写作过程得到了华林甫教授的全程指导，谨致谢忱！

① 牛平汉主编：《清代政区沿革综表》，中国地图出版社，1990年，第3页。

② 《玉田县志》，中国大百科全书出版社，1993年，第2页。

③ 《丰润县志》，中国社会科学出版社，1993年，第46页。

④ 傅林祥、林涓、任玉雪等：《中国行政区划通史·清代卷》，复旦大学出版社，2007年，第99，116，127页。

一、史料记载改隶年份之分歧

顺天府属蓟州之玉田县及府属遵化州之丰润县改隶永平府的时间，史料记载共有六种说法。分歧主要集中在雍正三年、四年，除此尚有雍正二年（1724）、五年、六年及乾隆八年四说。各改隶年份的史料来源如表1所示。

表1　清代玉田、丰润二县改隶永平府年份六说的史料依据

改隶年份	资料出处	相关记载
雍正二年	《清史稿·地理志》①	（玉田县）雍正二年，自顺天改属（永平府）； （丰润县）改隶同玉田
雍正三年	雍正《畿辅通志》②	雍正三年，以顺天府之玉田、丰润二县属焉； （玉田县）雍正三年改属永平府； （丰润县）康熙十五年改属遵化州隶顺天府，雍正三年改属永平府
	初修《大清一统志》③	（玉田县）初属顺天府，雍正三年改属永平府； （丰润县）康熙十五年改属遵化州，雍正三年改属永平府
	《钦定皇朝文献通考》④	（永平府）雍正三年，增置临榆县，以顺天府属之玉田、丰润二县来属； （玉田县）初属顺天府，雍正三年改属永平府； （丰润县）初属顺天府，雍正三年改属永平府
	《丰润县志》⑤	雍正三年改属永平府
	《玉田县志》⑥	雍正三年改属永平府

---

① 《清史稿》卷54《地理志一》，中华书局，1977年，第1919页。

② 雍正《畿辅通志》卷13《建置》，《景印文渊阁四库全书》第504册，台湾"商务印书馆"，1986年影印本，第223，225页。

③ 康熙《大清一统志》卷9《永平府》，乾隆九年（1744）刻本，第4b页。

④ 《钦定皇朝文献通考》卷270《舆地二》，《景印文渊阁四库全书》第638册，第251，259页。

⑤ 乾隆《丰润县志》卷1《建制沿革》，乾隆二十年（1755）刻本，第8b页。又，光绪《丰润县志》同此说。见《光绪丰润县志》卷1《建制沿革》，《中国地方志集成·河北府县志辑》第25册，上海书店出版社，2006年影印本，第183页。

⑥ 乾隆《玉田县志》卷1《沿革》，乾隆二十一年（1756）刻本，第3b页。又，光绪《玉田县志》同此说。见光绪《玉田县志》卷2《舆地》，《中国地方志集成·河北府县志辑》第21册，第129页。

续表

改隶年份	资料出处	相关记载
	《永平府志》①	雍正三年，又以顺天府之玉田、丰润二县属焉
	《钦定大清一统志》②（续修）	玉田县，初属顺天府，雍正三年改属永平府； 丰润县，康熙十五年改属遵化州，雍正三年改属永平府
	嘉庆重修《大清一统志》③	（玉田县）初属顺天府，雍正三年改属永平府； （丰润县）康熙十五年改属遵化州，雍正三年改属永平府
	同治《畿辅通志》④	玉田县，旧置，属蓟州，雍正三年改属永平府； 丰润县，旧置，始属蓟州，康熙十五年改属遵化州，雍正三年改属永平府
	《清国史·地理志》⑤	（玉田）初属顺天，雍正三年改属永平； （丰润）初属蓟州，康熙十五年来属州，雍正三年复改属永平府
雍正四年	雍正朝《大清会典》⑥	玉田县、丰润县，雍正四年改隶永平府； 玉田县，旧隶顺天府，雍正四年改； 丰润县，旧隶顺天府，雍正四年改
	雍正《畿辅通志》⑦	雍正四年以通永道专司河务，通州、三河等州县并属霸昌道，而以丰润、玉田二县分属永平府
	《钦定大清会典则例》⑧	雍正四年，以玉田、丰润二县改隶永平府
	《钦定皇朝通典》⑨	玉田初属顺天府，雍正四年改属永平府； 丰润初属顺天府，雍正四年改属永平府
	《钦定皇朝通志》⑩	玉田、丰润二县初属顺天府，雍正四年改属永平府

---

① 乾隆《永平府志》卷1《沿革》，乾隆三十九年（1774）刻本，第5a页。又，光绪《永平府志》同此说。光绪《永平府志》卷2《沿革表》，《中国地方志集成·河北府县志辑》第18册，第73页。

② 乾隆《钦定大清一统志》卷29《遵化州》，《景印文渊阁四库全书》第474册，第562页。

③ 嘉庆《大清一统志》卷45《遵化直隶州一》，《续修四库全书》第613册，上海古籍出版社，2002年影印本，第628页。

④ 《同治畿辅通志》卷16《沿革一》，《中国地方志集成·省志辑河北》第3册，凤凰出版社，2010年影印本，第556页。

⑤ 《清国史·地理志》卷10《直隶九》，中华书局，1993年影印本，第31页。

⑥ 《大清会典（雍正朝）》卷24《户部》，《近代中国史料丛刊三编》第77辑，台湾文海出版社，1995年影印本，第1077，1079页。

⑦ 雍正《畿辅通志》卷13《建置》，《景印文渊阁四库全书》第504册，第214页。

⑧ 《钦定大清会典则例》卷31《户部》，《景印文渊阁四库全书》第620册，第590页。

⑨ 《钦定皇朝通典》卷90《州郡一》，《景印文渊阁四库全书》第643册，第876页。

⑩ 《钦定皇朝通志》卷24《遵化州》，《景印文渊阁四库全书》第644册，第271页。

改隶年份	资料出处	相关记载
	《钦定大清会典事例（嘉庆朝）》①	（雍正）四年，以玉田、丰润二县改隶永平府
	光绪《清会典事例》②	（雍正）四年，以玉田、丰润二县改隶永平府
	《顺天府志》③	雍正三年，改武清隶天津州，四年复来属，改蓟州之玉田隶永平府； 雍正四年，改玉田隶永平府
	《清国史·地理志》④	雍正三年，武清改属直隶天津州，四年还属府，又以丰润、玉田二县属永平； 雍正四年以顺天府之玉田、丰润二县来属
雍正五年	《直隶遵化州志》⑤	雍正五年，丰润改入永平
雍正六年	《顺天府志》⑥	雍正六年，遵化州、通州、昌平州、涿州、霸州，五州均罢领县
乾隆八年	《蓟州志》⑦	康熙十六年，遵化升为州，割丰润隶之； 乾隆八年，又升遵化为直隶州，再割玉田隶之

二、雨雪奏折将改隶时间定格在雍正三年七月至四年十一月之间

雍正朝直隶地方州县须将本属得雨得雪的时间和所得分寸及时上报督抚，再由督抚上奏皇帝，这种雨雪奏折中有关当时的政区、建制（卫、州、县、府、直隶州）及隶属关系的记载往往能准确而及时地反映出政区变动情况，可信度很高。

查《雍正朝汉文朱批奏折汇编》，其中雨雪奏折与《宫中档雍正朝奏折》一致，可资参考的有 7 片。

---

① 《钦定大清会典事例（嘉庆朝）》卷128《户部》，《近代中国史料丛刊三编》第66辑，台湾文海出版社，1991年影印本，第5748页。

② 光绪《清会典事例》卷152《户部》，中华书局，1991年影印本，第924页。

③ 《光绪顺天府志》卷35《地理志十七》，《中国地方志集成·北京府县志辑》第1册，上海书店出版社，2002年影印本，第566，579页。

④ 《清国史·地理志》卷2《直隶一》，第5页；卷5《直隶四》，第14页。

⑤ 乾隆《直隶遵化州志》卷2《方舆》，乾隆二十一年（1756）刻本，第2a页。又，乾隆五十九年（1794）《直隶遵化州志》同此说。见乾隆《直隶遵化州志》卷4《方舆》，乾隆五十九年刻本，第5b页。

⑥ 《光绪顺天府志》卷35《地理志十七》，《中国地方志集成·北京府县志辑》第1册，第560页。

⑦ 道光《蓟州志》卷2《沿革》，道光十一年（1831）刻本，第8a页。

1.雍正三年二月初五日，直隶总督李维钧奏折中载，"顺天府属……正月二十三、四、五日……玉田、保定二县各得雨四五寸"①。知雍正三年二月初五日，玉田县仍属顺天府。

2.雍正三年七月初六日，直隶总督李维钧奏折中载，"又据署蓟州事玉田县知县吴士端申报，六月初旬起至今二十余日……又据玉田县知县吴士端申报……"②。顺天府属蓟州，原辖玉田县，后改隶永平府。此时，玉田知县吴士端署蓟州事，亦即为蓟州临时长官，依情理推之，只有蓟州辖玉田县时，才可能由玉田县知县署蓟州事。如果此时玉田已经改隶永平府，属滦州管辖，那么不大可能越府至顺天府属署蓟州事。以此推之，雍正三年七月初六日，玉田县仍属蓟州，隶属于顺天府。

3.雍正三年七月二十九日，直隶总督李维钧奏折中载，"今年六七两月雨水过多，北府被水州县如霸州、文安、东安、大城、永清、固安、武清、蓟州、玉田、宝坻及裁并之梁城所与任丘等十二州县所被水情形，臣已先后奏闻。续据各属呈报，除查明被水最轻者量行抚恤，民易得所外，尚有香河、丰润、保定、安州、新安、献县、青县、景州、南皮、东光、宁津、天津、庆云、交河、沧州、盐山、静海、肃宁及津军厅、苇渔课共一十九州县厅被水较重"③。其中，不难发现书写规律，前一句中，自霸州、文安、东安、大城、永清、固安、武清、蓟州、玉田、宝坻及裁并之梁城所均隶属于顺天府，自然书写在前，"与任丘"表明，任丘与前面州县所的不同府属，任丘为河间府。由此可见，雍正三年七月二十九日，玉田仍属顺天府。

4.雍正四年十二月初三日，直隶总督李绂奏折中载，"永平府属之昌黎县十月十七日得雪三寸、十一月十三日又得雪三寸，迁安县十一月十二日得雪一寸。玉田县、乐亭县十一月十二日各得雪二寸"④。由此可知，雍正四年十一月十二日，玉田县已经改属到永平府了。

5.雍正四年十二月十七日，直隶总督李绂奏折中载，"永平府属之玉田县十一月二十九至十二月初一两日得雪五六寸不等，乐亭县十一月二十九至十二月初二等日得

① 李维钧：《直隶总督李维钧奏续报各属雨雪普降折》，中国第一历史档案馆编《雍正朝汉文朱批奏折汇编》第4册，江苏古籍出版社，1989年，第421页。

② 李维钧：《直隶总督李维钧奏报文安蓟州玉田三州县被水淹害情由折》，中国第一历史档案馆编《雍正朝汉文朱批奏折汇编》第5册，第467页。

③ 李维钧：《直隶总督李维钧奏查赈霸州等三十一州县厅水灾折》，中国第一历史档案馆编《雍正朝汉文朱批奏折汇编》第5册，第667页。

④ 李绂：《直隶总督李绂奏报所属州县得雪情形折》，中国第一历史档案馆编《雍正朝汉文朱批奏折汇编》第8册，第568页。

雪二尺，滦州、昌黎县各得雪八寸，卢龙县得雪六寸，丰润县得雪五寸"。① 由此可知，雍正四年十一月二十九日，玉田、丰润二县已经改隶到永平府了。

6. 雍正五年闰三月二十二日，署直隶总督宜兆熊奏折中载，"永平府属之卢龙县、滦州、抚宁县、迁安县、山海关闰三月十一、十二两日，各得雨二寸，乐亭县得雨四寸，昌黎县得雨三寸，丰润县闰三月十一日得雨一寸"。②

7. 雍正五年四月十五日，署直隶总督宜兆熊奏折中载，"永平府属之……丰润县四月初二日得雨一寸，初四日又得雨二寸。玉田县四月初四、初五两日得雨一二寸不等，初六日又得雨二三寸不等"。③ 由此可见，进入雍正五年，在雨雪奏折中，玉田、丰润二县隶属于永平府已经是常态。

由以上 7 片雨雪奏折可见，直至雍正三年七月，玉田县仍属顺天府。至迟至雍正四年十一月，玉田、丰润二县已属永平府。玉田、丰润二县的改隶时间当在雍正三年七月至雍正四年十一月之间。因此，史料中提到的雍正二年、雍正五年、雍正六年、乾隆八年 4 种说法已经确认为错误。需要进一步确定的是，改隶年份到底是在雍正三年，还是雍正四年。

三、《雍正朝内阁六科史书》之吏科、 户科所见奏折档案

再查《雍正朝内阁六科史书》，对吏科、户科奏折档案中雍正三年至四年时间段进行爬梳，可以从以下 6 片档案中得到一些证据。

1. 雍正三年十月二十六日，总理户部事务怡亲王允祥题本中载，"再各属详报被水之州县内，如霸州、保定、文安、大城、固安、永清、东安、香河、武清、宝坻、玉田、蓟州、丰润、梁城所、安州、新安、献县、肃宁、任丘、交河、青县、景州、沧州、南皮、盐山、庆云、东光、宁津、静海、天津州、津军同知等三十一州县厅

---

① 李绂：《直隶总督李绂奏报各属得雪情形折》，中国第一历史档案馆编《雍正朝汉文朱批奏折汇编》第8册，第631页。
② 宜兆熊：《署直隶总督宜兆熊等奏续报各属得雨情形折》，中国第一历史档案馆编《雍正朝汉文朱批奏折汇编》第9册，第494页。
③ 宜兆熊：《署直隶总督宜兆熊等奏续报各属得雨日期折》，中国第一历史档案馆编《雍正朝汉文朱批奏折汇编》第9册，第646页。

所，经原任督臣李维钧奏明"。①

奏本依次所列霸州等 31 州县厅所，恰好是顺天府属、保定府属及河间府属三部分，即顺天府属霸州、保定、文安、大城、固安、永清、东安、香河、武清、宝坻、玉田、蓟州、丰润、梁城所；保定府属安州、新安及河间府属其余州县因天津升为直隶州，并领武清、青县、静海三县的批文在该年九月三十日，②距此不足一个月。并且，在同年的直隶查赈四路划分时，直隶州及所领县均与原隶之府一并。所以，后者均为河间府属范畴。

因此，至雍正三年十月二十六日，玉田、丰润仍属顺天府。

2. 雍正三年十一月初二日，署直隶总督蔡珽题本中载，"该臣看得理事通判移驻玉田县，查霸昌道属之昌平等六州县离保定弯远，应于通永道属之通州等八州县、永平府属之滦州等七州县卫旗民争讼交与通判审理"。③

考之沿革，永平府属滦州等 7 个州县卫应该指的是：卢龙、迁安、抚宁、昌黎、滦州、乐亭、山海卫；通永道属通州等 8 个州县应该指的是：通州、蓟州、遵化州、三河、宝坻、武清、玉田、丰润，此时宁河县未置，尚为梁城所。因此，通永道属 8 个州县就必须满足武清仍在通永道，未在天津州，而玉田、丰润尚未改隶永平府，才够通永道属 8 个州县之数。接下来一片奏折正好印证了这个推测。

3. 雍正三年十二月初五日，署吏部尚书孙柱题本中载，"该臣等议得，署直隶总督印务吏部尚书蔡珽题称，看得保定府理事通判准咨行令移驻玉田县，衙门作何拨给，何处州县事务令其管辖之处，定议具奏等因。行据署布政司德明、按察司浦文焯呈称，查霸昌道属之昌平、顺义、怀柔、密云、平谷、乡河（按：原文如此）等六州县，近在京之东北，离保定弯远，似应与通永道属之通州、三河、武清、宝坻、蓟州、玉田、遵化、丰润等八州县及永平府属之滦州、卢龙、迁安、昌黎、抚宁、乐亭、山海等七州县卫共二十一州县卫，将旗民争讼细事交与理事同知通判审理完结……应如该署督所请，保定府理事通判将霸昌道属之昌平、顺义、怀柔、密云、平谷、香河与通永道属之通州、三河、武清、宝坻、蓟州、玉田、遵化、丰润及永平府属之滦州、卢龙、迁安、昌黎、抚宁、乐亭、山海等二十一州县卫旗民争讼细事交与

① 允祥：《总理户部事务怡亲王允祥等题议直隶各州县田亩被水成灾令该督散赈平粜缓征钱粮本》，中国第一历史档案馆编《雍正朝内阁六科史书·户科》第23册，广西师范大学出版社，2007年，第272页。

② 允祥：《总理户部事务怡亲王允祥等题议改天津卫为直隶州武清等三邑屯民就近分隶各州县本》，中国第一历史档案馆编《雍正朝内阁六科史书·户科》第22册，第432页。

③ 蔡珽：《署直隶总督蔡珽题请理事通判应驻通州以便审理通永道及永平府属旗民争讼案本》，中国第一历史档案馆编《雍正朝内阁六科史书·吏科》第23册，广西师范大学出版社，2002年，第364页。

理事通判审理完结……雍正三年十二月初三日题本本月初五日奉旨依议"。①

据此，直至雍正三年十二月初五日，玉田、丰润二县仍属顺天府，归通永道管辖，而永平府尚只有滦州等 7 个州县卫。

4. 雍正四年二月十一日，吏部尚书孙柱题本中载，"通永道所属除永平一府亦应不属道辖外，其通州等八州县原无知府统辖，该道有稽查钱粮之责，应令照旧兼理"，"应如怡亲王所请，直隶之河分为四局……其北运河为一局，旧有分司亦应撤去，令通永道兼理，其管河州判等官悉听管辖……通永道所属永平一府，亦准不属道辖，其通州等八州县原无知府统辖，应仍令该道稽察钱粮，照旧兼理"。②亦即在雍正四年二月，怡亲王允祥奏请改通永道为河道，将直隶划为四个河道治河之时，通永道所辖除永平府外，尚有通州等 8 个州县。

考察通永道沿革，自康熙八年（1669）改通蓟道为通永道，③通永道所辖一直是通州、蓟州、遵化 3 个州及三河、武清、宝坻、玉田、丰润 5 个县加上梁城所，共 9 个州县所。此外，平谷县虽隶属蓟州，但并不与蓟州同属通永道，而是隶属霸昌道。

雍正三年至四年间，梁城所经历了一个裁撤与复置的过程。据《清实录》载，雍正三年三月乙巳日裁梁城所，雍正四年三月癸巳日复设。这在雨雪奏折中也有体现，雍正三年六月的雨雪奏折中，梁城所尚属单独建制，未言裁撤事，④到了雍正三年七月的奏折即已言"已裁撤之梁城所"。⑤因此雍正三年三月至雍正四年三月这段时间的前后均言通永道属之通州等 9 个州县所，只有此时段言 8 个州县。同比，奏折中常将永平府之山海卫、顺天府（霸昌道）之延庆卫等州县卫所并称，甚至将河间府的津军厅、苇渔课都列入政区之列。此处只写 8 个州县，显系梁城所已裁之故。

上文已经提及，雍正三年九月三十日，朱批依议，天津升为直隶州并辖武清、青县、静海 3 个县。方志中有乾隆七年（1742）《武清县志》记载为雍正四年正月自顺天府改隶天津直隶州，同年八月划回；光绪《顺天府志》卷 35《地理志十七》记载为雍

① 孙柱：《署吏部尚书孙柱题议请准保定府理事通判移驻通州审理旗民争讼细事本》，中国第一历史档案馆编《雍正朝内阁六科史书·吏科》第 24 册，第 221 页。

② 孙柱：《吏部尚书孙柱题请准将直隶之河分四局并设河道官员以专责成本》，中国第一历史档案馆编《雍正朝内阁六科史书·吏科》第 25 册，第 250 页。

③ 《清圣祖实录》卷 30，康熙八年六月丙子，中华书局，1985 年影印本，第 407 页。

④ 李维钧：《直隶总督李维钧奏续报各属雨泽折》，中国第一历史档案馆编《雍正朝汉文朱批奏折汇编》第 5 册，第 272 页。

⑤ 李维钧：《直隶总督李维钧奏查赈霸州等三十一州县厅水灾折》，中国第一历史档案馆编《雍正朝汉文朱批奏折汇编》第 5 册，第 667 页。

正三年正月改隶，八月划回。因奏折中已明确，长芦盐政莽鹄立雍正三年七月二十一日才奏请升天津直隶州并改武清、青县、静海3个县隶之，^① 直到九月三十日获得批准，故光绪《顺天府志》记载的雍正三年正月改隶当有误。

但笔者在查阅奏折档案时却发现，上文提到的雍正三年十月二十五、十一月初二日、十二月初五日3片奏折，以及雍正四年二月改通永道为河道奏折、雍正四年七月十一日雨雪奏折、雍正四年七月二十九日水灾奏折中，均有顺天府（通永道）属武清县。从奏折档案出发，笔者十分怀疑武清县在实际中到底有无改属天津直隶州。与其同时改隶的青县、静海二县，在此时段的雨雪奏折中，如雍正四年十二月十七日奏折已明列"直隶天津州……所属之静海县……青县"。因此，雍正四年二月改河道时，通永道所属通州等8个州县，是包含武清县的。

由此可知，雍正四年二月通永道改河道时，玉田、丰润二县尚属顺天府（通永道）。玉田、丰润二县由顺天府改隶永平府的时间必在雍正四年二月之后。

5. 雍正四年四月二十八日，总理户部事务怡亲王允祥题本中载，"原署直隶总督印务吏部尚书蔡珽前事雍正四年二月十二日题本，本月二十五日奉旨该部议奏钦此。该臣等查得……先后具题在案。今据署布政司德明将霸昌道属之霸州、通永道属之玉田、河间府属之肃宁、沧州等四州县，雍正三年被水地亩分数、应蠲钱粮册结呈送……违限两月以上之玉田知县吴士端……"。^② 由此可见，直至雍正四年四月二十八日，玉田县仍属顺天府（通永道）。

6. 雍正六年十二月二十日，吏部等部经筵讲官太子太保保和殿大学士兼管吏部户部尚书事加二级张廷玉题请道，"查顺天府属州县，原隶霸昌道统辖，续因通蓟道改为永道，将永平一府及通州等八州县归其管理。又于雍正四年二月内，九卿议覆和硕怡亲王条奏，请将通永道改为河道，永平一府不令统辖。其通州等八州县仍令稽察钱粮，照旧监管"。^③ 由此，雍正六年大学士、管理吏部户部尚书事张廷玉再次确认了雍正四年二月，通永道仍辖通州等8个州县，一直未变隶属的事实。

① 莽鹄立：《长芦盐政莽鹄立题请将天津改卫为直隶州分武清静海青县三邑管辖本》，中国第一历史档案馆编《雍正朝内阁六科史书·户科》第21册，第98页。

② 允祥：《总理户部事务怡亲王允祥等题议霸州等州县地亩被水准其照例蠲免银粮本》，中国第一历史档案馆编《雍正朝内阁六科史书·户科》第26册，第298页。

③ 张廷玉：《兼管吏部尚书事张廷玉题请将顺天府通永道改为河道一切工程事件仍照旧归通永道管理本》，中国第一历史档案馆编《雍正朝内阁六科史书·吏科》第45册，第633页。

结论推证

综合上述奏折档案可知，雨雪奏折已将玉田、丰润二县由顺天府改隶永平府的时间锁定在了雍正三年七月到雍正四年十一月之间。加之期间《雍正朝内阁六科史书》中的 6 片奏折，尤其是雍正四年二月改通永道为河道时，通永道不再辖永平府，其所辖无知府统辖之通州等 8 个州县中包含玉田县和丰润县，更是将玉田、丰润二县的改隶年份确定在雍正四年无疑。雍正四年四月二十八日的奏折将玉田县的改隶时间又缩短至雍正四年四月二十八日至雍正四年十一月十二日之间。

综上，玉田、丰润二县由顺天府改隶到永平府的年份，必在雍正四年。

（中山大学马克思主义学院）

第四部分　清代边疆地理研究

朝鲜古地图所见之清代中朝边界
诸问题初探*

孙景超

有清一代，朝鲜与中国的关系经历了藩属—平等外交—从属于中日关系的变化，两国边界也从藩属关系下的传统习惯界线，演变为国际法意义的条约边界线。对于清代中朝边界的研究，学界已经取得了丰富的成果；在研究过程中，对朝鲜（韩国）所存文献、舆图资料的运用也日益广泛。[①] 古地图作为时人编绘的产物，既承载了其所处时代的边界信息，更加直观地反映了边界的变化历程，也体现了编绘者本人的边界认知与政治理念。朝鲜由于三面环海，仅北面与中国有陆地边界，故其地图对北部与中国的边界有较为详细的描绘。本文即以现存朝鲜古地图为对象，拟从其对清代两国边界地区的绘制情况来揭示相关问题。

一、朝鲜的古地图传统

朝鲜在历史上深受中国传统文化的影响，中国的地图学知识很早就传入朝鲜，至迟从唐代开始，朝鲜即开始仿照中国体例编撰地理志书并制作地图。延至明清时期，有大量的中国方志、舆图，如《大明一统志》《历代地理指掌图》《广舆图》《坤舆万国全图》，乃至清代测绘的《皇舆全览图》以及《古今图书集成》等资料，均在朝鲜有

---

* 原刊于《中国历史地理论丛》2018年第1辑。

① 见于出版的专著有杨昭全、孙玉梅：《中朝边界史》，吉林文史出版社，1993年；杨昭全、孙玉梅编：《中朝边界沿革及界务交涉史料汇编》，吉林文史出版社，1994年；李花子：《明清时期中朝边界史研究》，知识产权出版社，2011年；陈慧：《穆克登碑问题研究——清代中朝图们江界务考证》，中央编译出版社，2011年。相关的论文数量众多，兹不赘述。

流通和收藏。① 朝鲜在吸收中国地图传统的同时，也开始绘制自己的地图。从地图学的知识体系、制图理论与绘制方法来看，朝鲜的古代地图学一直深受中国传统地图学思想的影响。朝鲜王朝时代，制作了相当数量的舆图，保留至今成为"朝鲜古地图"。② 具有代表性的有郑尚骥《东国地图》（18世纪40年代）、黄胤锡《八道地图》（18世纪90年代）、金正浩《大东舆地图》（19世纪60年代）等，标志着其传统地图学发展达到了较高的水平。其绘制方法主要采用"制图六体""计里画方"的方式，以写本的方式成图，如郑尚骥的《八道图》，以"百里为一尺，以十里为一寸"；至17世纪中期后，逐渐开始在地图中引入经纬线和比例尺，如申景濬的《东国舆地图》（四十二万分之一），金正浩的《大东舆地图》（一万六千二百分之一）。③19世纪晚期以后，随着西方测绘技术的传入，朝鲜有了较为精确的测绘地图。

朝鲜国三面临海，仅北面连接大陆，故而在朝鲜古地图中对于其北侧与中国的边界予以了特别注意。现存最早的，由朝鲜人所绘关于中朝边界的地图是《混一疆理历代国都之图》，该图绘成于明建文帝四年（1402），是在元代李泽民《声教广被图》与僧清濬《混一疆理图》的基础上改绘而成的。④ 该图上标注有"白头山"和"鸭绿江"等重要的边界地物。此后，由朝鲜人绘制的世界地图与本国地图开始大量出现。据初步统计，迄今为止保存下来的古地图中，涉及到清代中朝边界的有40余幅。⑤ 这些地图除了有朝鲜全国性的总图外，还有部分地图对于北部边界地区进行了详细的描绘，其详细程度甚至超过了当时中国方面的地图。透视朝鲜古地图对清代中朝边界的描绘与标注，可以获知其对清代中朝边界的认知情况，及其绘图技术与绘图动机，从而廓清对清代中朝边界问题的认识，这也正是本文写作的缘起。

---

① 汪前进：《历史上中朝两国地图学交流》，《中国科技史料》第15卷第1期，1994年。

② 按：关于"古地图""历史地图"等概念，学界目前尚有不同认知。本文所述的"古地图"，系指朝鲜王朝时期（含大韩帝国）绘制并流传至今的地图。

③ 李惠国主编：《当代韩国人文社会科学》第七章《地理学研究》，商务印书馆，1999年。曹中屏：《朝鲜朝历史学与编纂学考》，载复旦大学韩国研究中心编《韩国研究论丛》第22辑，世界知识出版社，2010年，第19—35页。

④ 孙果清：《混一疆理历代国都之图》，《地图》2005年第4期。

⑤ 目前国内可见的朝鲜古地图数量不多，本文所列地图，除特别注明版本出处外，皆引自［韩］李灿著，杨普景监修：《韩国古地图》，泛友社，1991年。该书共收录朝鲜古地图243幅。另：韩国首尔大学奎章阁研究院收藏有相当数量的古地图，可在其网站浏览，详见其网址：http://kyujanggak.snu.ac.kr/LANG/ch/search/2_07_search_gojido.jsp。

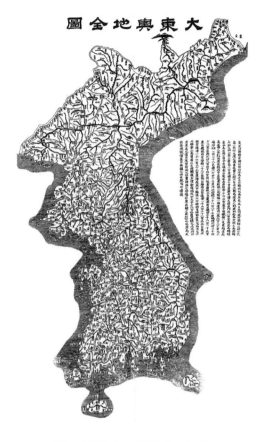

图1　金正浩《大东舆地图·全图》

二、地图中的中朝边界

明中叶（15世纪中期）以来，鸭绿江、图们江（朝鲜名豆满江）开始成为两国的界河，清代一仍其旧。[①] 两江下游河宽水深，界限较为分明，而两江上游至长白山江源地带则因山高水远、人迹罕至，没有详细的勘测与划定。清康熙皇帝在主持编绘《皇舆全览图》时曾论及于此："鸭绿江自长白山东南流出，向西南而往，由凤凰城、朝鲜国义州两间流入于海。鸭绿江之西北，系中国地方。江之东南，系朝鲜地方，以江为界。土门江，自长白山东边流出，向东南流入于海。土门江西南，系朝鲜地方。江之东北，系中国地方，亦以江为界，此处俱已明白。但鸭绿江、土门江二江之间地

---

① 杨昭全、孙玉梅：《中朝边界史》，第138—139页。

方，知之不明。"① 中朝边界这种明确而又模糊的状态，几乎贯穿了整个清代历史，直至1909年，《图们江中韩界务条款》规定"以图们江为中、韩两国国界，其江源地方自定界碑起至石乙水为界"，② 两国边界方才正式划定。正由于此，虽然绝大多数的朝鲜古地图将中朝边界标识在"两江一山"（鸭绿江—图们江—白头山）一线，但在具体的边界标注中，仍有一定的争议，主要存在于以下四个地区：

（一）穆克登碑及其位置

穆克登查边是清代中朝边界的重要事件，穆克登此行虽为"查边"而非"定边"，但所立之碑通常被后世认为是勘分两国边界的重要标志物。康熙五十年（1711），针对中朝边界的模糊状况，康熙皇帝派遣乌喇总管穆克登会同朝鲜方面巡查，"此去并可查看地方，同朝鲜官沿江而上……至极尽处，详加阅视，务将边界查明来奏。"次年，又谕令穆克登，"著于来春水（冰）解之时，自义州乘小舟溯流而上，至不可行之处，令其由陆路向土门江查去"。③

经过实地勘查，穆克登择地勒碑以志，关于其碑的内容迄无争议，其文曰："大清乌喇总管穆克登奉旨查边至此审视西为鸭绿，东为土门，故于分水岭上勒石为记。康熙五十一年五月十五日。"立碑之后，按照双方约定，由朝鲜方面在穆克登碑附近设立了木栅、石堆等标志物，"自立碑下二十五里，则或木栅，或累石。其下水出处五里，及乾川二十余里，则山高谷深，川痕分明之故，不为设标。又其下至涌出处四十余里，皆为设栅。而其间五六里，则既无木石，土品且强，故只设土墩"。④

对于这一关系中朝边界的重要标志物，有诸多朝鲜古地图予以标识，在图中或名定界碑，或名分界碑，多以类似符号"🔔"表示，部分地图还有文字说明，记录穆克登查边事与碑文内容。从图的内容来看，对于穆克登碑标识的位置及木栅、土墩的设置，主要存在着两种画法。一种是将穆克登碑标在白头山大泽（今长白山天池）东南，另一种绘法则将穆克登碑标在白头山主峰南侧之分水岭附近，木栅、土墩的位置也不尽相同，具体情况如表1。

---

① 《清实录·圣祖仁皇帝实录》第6册卷246"康熙五十年五月癸巳"，中华书局，1985年，第440—441页。

② 王铁崖编：《中外旧约章汇编》第二册，三联书店，1957年，第601页。

③ 《清实录·圣祖仁皇帝实录》第6册卷246"康熙五十年五月癸巳"，卷247"八月辛酉"，第441，448页。

④ 吴晗：《朝鲜李朝实录中的中国史料·李朝肃宗实录》，中华书局，1980年，第4310页。

表 1 穆克登碑位置标识方位地图统计表

穆克登碑位置	图名	时间	版式	内容简介
白头山大泽（今长白山天池）东南	《咸镜道图》	18世纪中期	彩色写本	在长白山大泽南侧偏东标有定界碑，并有木栅向南连向小白山附近的南天坪
	《八道地图·咸镜北道》	18世纪晚期	彩色写本	在白头山大池东南位置注"立碑"，距离小白山、分水岭均较远
	《东国地图·咸镜道》	19世纪前期	彩色写本	在大池南侧注"立碑"，西距小白山、分水岭，南为天坪
	《大朝鲜国全图》	19世纪后期	铜版本	标"定界碑"在分水岭北，白头山大池东侧稍偏南
	《北界地图》	19世纪后期	彩色写本	定界碑标在小白山以北，接近白头山大泽的位置，向东先有土墩，再向南有木栅至南甑山向南连一水，至长坡名豆满江
白头山主峰南侧之分水岭附近	《西北界图》	18世纪中期	彩色写本	在大角峰以南标有一碑，但在大角峰以北标有木栅，西侧连接源于白头山山麓的土门江源，东连笠帽峰附近的豆满江上源
	《西北彼我两界万里地图》	18世纪中期	彩色写本	标界碑在小白山，但将小白山位置标在白头山大泽的正东稍偏南，东标示有木栅连接土门江源
	《海左全图》	19世纪前期	木版本	定界碑标在分水岭旁，文字注有"定界碑文"
	《大东舆地图》	1861年	木版本	把穆克登碑标注在了长白山主峰之南的分水岭上
	《北关长坡地图》	19世纪80年代	彩色写本	标定界碑在长白山正南，大角峰西北位置，碑东标有"木栅十五里""土墩三十五里"至赤岩地方，豆满江源

可以看出，不同时期的朝鲜地图，对于穆克登碑的确切位置以及穆碑以东的土墩、木栅的设置顺序与走向等问题，均呈现出不同的画法，反映了不同学者的认识差异。从时间顺序上来看，18 世纪至 19 世纪中期所绘穆碑位置并不确定，或在小白山分水岭，或天池东南侧；沿至 19 世纪晚期，则全部绘在长白山主峰东南位置，体现了其运用地图作为划界依据的特色。[①]

据现存史料及 1766 年、1885 年、1908 年多次实地勘查，穆克登碑实际位于天池东南十余里的位置。[②] 但在碑东侧发源的河流并不是土门江（图们江）的源头，实为松花江上游小支流，与碑文所载内容不能相符。考诸清末中朝两国经过多次实地勘界

---

① 按：对于穆克登碑的实际位置及其是否曾被人为移动，学界尚有不同意见，具体可参吕一燃、徐德源、李花子、陈慧等人著述，兹不赘述。

② 陈慧：《穆克登碑问题研究——清代中朝图们江界务考证》，第165—172页。

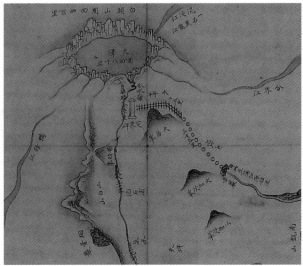

图2 大东舆地图（局部）　　　　　　　　图3 北关长坡地图（局部）

的结论，穆克登立碑在长白山主峰东南的说法被中朝两国官方所否定，主要原因即在于其实际位置与碑文所言"西为鸭绿，东为土门"的江流脉络不甚相符。因此，在边界谈判中，中朝双方代表曾达成共识，确认穆碑的实际位置与文献、舆图的记载标识存在矛盾之处；但由于穆克登碑在政治上的权威性，其位置关乎领土利益，导致后来在勘分边界时，双方对此依然存在争议。[1] 同时，穆克登碑的位置也直接关系到对土门江（图们江）江源的认定。由于其位置模糊，这又引发了对图们江源的认知分歧。

（二）土门江、豆满江及分界江

由于图们江江源地区水文情况复杂，加之上述穆克登碑存在的问题，这引发了朝鲜地图绘制中对土门、豆满二江的认识误差。土门、豆满本为一江二名，在穆克登查边时（1712年）十分明确，双方迄无异议。但由于穆克登查边时对图们江源仅用"初派""次派"等模糊称谓，并非精密测量，其查边结果与实际情况存在一定的误差，尤其是后世所见立碑位置东侧水源并非图们江源，而是松花江的上游小支流。鉴于穆克登碑的权威地位，引发了朝鲜方面江源认知的混乱，并反映在地图之中。从18世纪中期开始，朝鲜制作的地图中开始将图们江上游不同支流分别标注为土门江和豆满江，尤其是把与木栅、石堆连接的支流标志为中国所称的土门江。也有的地图将其标为"分界江"，并在下游的稳城附近又绘出一江流入豆满江，且两者中间往往并不相连，以符合穆克登查边立碑档案所述之"东流之水断流，过百余里后始为涌出"的描

---

① 陈慧：《穆克登碑问题研究——清代中朝图们江界务考证》第3—4章。

述。[1] 这段河流，后来又被冠以所谓的"分界江"名目（表2）。

表2　标注"土门"、"豆满"及"分界江"的地图

图名	时间	版式	内容简介
《朝鲜全图》	18世纪初	彩色写本	在白头山东绘有土门江源，但与其他河流水不连
《天下大揔一览图》	18世纪初	彩色写本	在土门江以北标注有分界江，在稳城以下与土门江合为豆满江，但二水不连
《宁古塔总揽图》	1741年	彩色写本	未标分界碑，在白头山大泽东南一水标豆满江，正东一水标分界江，至移民城附近入豆满江
《西北疆界图》	18世纪中期	彩色写本	豆满江北有分界江，分界江源在白头山大泽东南
《西北彼我两界万里地图》	18世纪中期	彩色写本	将江源标在壬辰定界碑附近，碑东木栅连接二江源，东为土门江源，东北为分界江源
《朝鲜全图》	19世纪初	彩色写本	图们江源在白头山南，长白山主峰东标有分界江源，稳城西北有有分江界（当为分界江）来汇，二者并不相连
《东国地图·关北》	19世纪前期	彩色写本	稳城西北有分界江，但无上源，豆满江上源众多，以出三池渊的大红丹为正源
《北关长坡地图》	19世纪80年代	彩色写本	碑东标有"木栅十五里""土墩三十五里"至赤岩地方，豆满江源。长白山大泽西南鸭绿江，东有分界江
《北界地图》	19世纪后期	彩色写本	定界碑东流为"分界江发源"，向东南经土墩、木栅至南甑山，一无名水由此发源，向南汇大红丹至长坡，名豆满江
《大朝鲜全图》	19世纪后期	铜版本	定界碑东一水曰乾川，再东有分东（当为界）江，二水不连

图4　朝鲜全图（局部）

---

① ［朝］金指南：《北征录》，转引自陈慧《穆克登碑问题研究——清代中朝图们江界务考证》，第108页。

图5 东国地图·关北（局部）

对于朝鲜古地图中的这种绘制方法，李花子在梳理文献的基础上进行了辨析：这种地图绘制方法由 17 世纪 40 年代郑尚骥的《东国地图》首开先例，在"豆满江"以北标出了"土门江源"和"分界江"，以表示东流之水为山潭正派和真正的图们江源。其后的申景濬将东流之水嫁接到海兰河上，造成了后世将海兰河称为"分界江"，由此引发了两国以此分界的错误认识。① 这一研究厘清了该现象产生的原因，但通过观察可以发现，采用此种标注的情况在朝鲜古地图中有相当数量的存在。

从实际地理情况来看，并不存在这样一条名称奇特、流向怪异的河流。这种观念上的认识显然与实际地理情况是不符的，因而未能成为朝鲜地图绘法的共识。如黄胤锡的《八道地图·咸镜北道》（1790 年），在白头山的东侧注"土门江源即豆满江"，金正浩的《大东舆地图》（1861 年）等则直认二江为一江。但这一绘法显然还是产生了一定的影响，除了影响到诸多地图的绘制外，对当时的朝鲜政论也有影响。如朝鲜《万机要揽军政篇》（1808 年）云："分界江在土门江之北，江名分界，则定界碑当竖于此……识者叹其无一人争辩，坐失数百里疆土云。"② 即便是《大东舆地图》认同土门、豆满为一江，仍在定界碑以东，沿穆克登碑—土堆—木栅一线，绘有一条小水曰"分界江上游"，可见此观念影响之深入。

延至晚清，随着朝鲜民众越界垦荒导致的两国边界纠纷，朝鲜部分官民公然以所

---

① 李花子：《18、19 世纪朝鲜的"土门江"、"分界江"认识》，《亚太研究论丛》第 7 辑，北京大学出版社，2010 年，第 110—123 页。

② 转引自张存武：《清代中韩关系论文集》，台湾"商务印书馆"，1987 年，第 222 页。

谓"分界江"名目为据，将其视为两国边界。如光绪九年（1883）六月，朝鲜钟城府使照会中方："粤昔在东方立国最久者，惟本国耳，不务拓地，以土门为界，而退守豆满江，土门、豆满两江之间，作为荒地禁民入居者，虑有边患矣……又于钟城越边九十里甘土山有分界江，江名之为分界，则以此分界明矣。"① 以政府公文照会的形式公然对传统边界提出了挑战，而后种种谬说，不一而足。

考分界江名目，其在中国地图上从未出现，在朝鲜古地图中的出现也只见于 18 世纪 40 年代之后。从上表中可以看出，朝鲜古地图对所谓分界江的认识是混乱、模糊乃至片段式的，也并无实际的地理基础。清光绪十一年（1885），作为朝鲜勘界代表的李重夏也承认："高丽睿宗动十七万众，使侍中尹瓘开拓豆满江北至七百里，竖碑于先春岭，旋失于女真，故此珲春、吉林境内往往有高丽境地名，分界江亦伊时之遗称。"② 考诸史实，李重夏所言之事发生金康宗二年至四年（1104—1106 年），《金史》载："（穆宗末年）五水之民附于高丽……（康宗）二年甲申，高丽再来伐……四年丙戌，高丽遣黑欢方石来贺袭位，遣盃鲁报之。高丽约还诸亡在彼者，乃使阿聒、胜昆往受之。高丽背约，杀二使，筑九城于曷懒甸，以兵数万来攻。斡赛败之。斡鲁亦筑九城，与高丽九城相对。高丽复来攻，斡赛复败之。高丽约以还逋逃之人，退九城之军，复所侵故地。九月，乃罢兵。"③

显而易见，所谓"分界江"可能是朝鲜高丽王朝睿宗（1106—1122）开拓北部边界时形成的短暂称谓，此次向北拓界为时极短，且距穆克登查边时已 600 余年，与现实中的界河无关。清末参与中朝边界事务的吴禄贞曾对此予以考辨："分界江名，前无所闻，其为彼等捏造可知，其意盖谓甘土山下之水为土门江矣。考其地，西距白山数百里，与所据白山碑记东为土门之语又大相背谬，且自称越边九十里，则其水在我边内而非界水尤为显然。"④ 朝鲜方面之所以要鱼目混珠，其目的也很明确，"欲藉（借）是而乞得寸土以插贫民也……但借得沿江或十里或五里，远不过二十里，随贫民所居而借地，照奉天例，设木栅以限之"。⑤ 仍是欲图将中国领土划归己有，正由于缺乏历史依据，在此后的勘界与谈判中，朝方放弃了这一说法。

① 吉林省档案馆、吉林师范学院古籍研究所编：《珲春副都统衙门档案选编》（上册）"朝鲜钟城府使为请派人会勘中朝边界的照会"（光绪九年六月），吉林文史出版社，1991年，第340—343页。
② 转引自陈慧：《穆克登碑问题研究——清代中朝图们江界务考证》，第248页。
③ 《金史》卷1《世纪》，中华书局，1975年，第16页。此事亦见《金史》卷135《高丽传》。朝鲜方面的史料中，郑麟趾《高丽史》及《李朝实录》等，对此亦有记载。
④ 吴禄贞：《延吉边务报告》第五章，台北文海出版社，近代中国史料丛刊，1969年，第232—233页。
⑤ 吴禄贞：《延吉边务报告》第四章，第179页。

（三）"间岛"

间岛是清末中韩界务争端的重要内容，[1] 也是前述"分界江"问题的延续。间岛之名起自清末，其地域范围由不同主体认定而存在差异。吴禄贞曾详细论述其地："图们江自茂山以下沿江多滩地，而以光霁峪前假江之地面为最大。纵十里，宽一里，计有地二千余亩。图们江正流向经钟城南岸滩地连接图们北岸。光绪七年，韩人于图们北岸私掘一沟，使江水歧出，此滩地遂介在江中，四围带水矣。自放荒后，韩民首先租种，每岁纳租银八百余两于越垦局，以为办公经贴，历有成案。至光绪二十九年韩官李范允行文越垦局，妄指假江之地为间岛……遂欲妄相牵混，指为韩领。"[2] 光绪三十年（1904）双方签订的《新定划界防边条约》（《会议中韩边界善后章程》）第八条明确规定："古间岛即光霁峪假江地，向准钟城韩民租种，今仍循旧办理。"[3] 考其地名来源，"间岛"一名是清末韩民越垦后，韩方非但不愿刷还流民，反欲趁机侵占中国领土而人为制造的新名词；同时以此牵混前述的"土门""豆满"二江论，"分界江说"等，意图混淆视听。日俄战后，日本完全控制了韩国的内政外交，接韩人之绪，并肆意牵引扩大。日韩双方的文献、地图亦开始将"间岛"纳入其描述、绘制的范围，其地图如表3。

表3　标注"间岛"的朝鲜古地图

图名	时间	版式	内容简介
《满韩最新地图》	1907年	—	将图们江以北、海兰河以南之地划入朝鲜国界之内
《大韩帝国地图》	1908年	铜版本	中韩边界西段仍沿鸭绿江绘制，在两江源头，界线划在"白头山大泽"，东段则绘在在图们江以北，并在其北侧标注"北间岛"，将其部分地区纳入咸镜北道范围之内，在鸭绿江之北则标有"西间岛"
《纪念大地图》	1908年	—	将图们江以北、牛心山支脉以南之地用特殊色标曰间岛
《实测详密朝鲜新地图》	1911年	修文馆印刷本	鸭绿江的江源绘制不准确，距离白头山还有一定的距离。白头山以东、以南的图们江各个源头均划入朝鲜界内。向北则大约以以黑山山脉为北界，至会宁附近转为以豆满江为界，北侧尚未达到海兰河，在此地区标注间岛

---

① 按：1897年，朝鲜改名为"大韩帝国"。

② 吴禄贞：《延吉边务报告》第六章，第394—395页。

③ 王铁崖编：《中外旧约章汇编》第二册，第281—282页。

图6 大韩帝国地图（局部）

考察日韩方面对"间岛"的认识历程，日俄战争无疑是其重要的转折点，"日俄战役以前，日人所制地图不下数百种，绝无间岛之名"。战后日本将韩国完全纳入自己的势力范围，间岛之说开始甚嚣尘上。"至日俄战役以后，日人守田利远所著《满洲地志》首倡间岛之谬说，有云：'韩人所称之豆满江，各地异名，在钟城、会宁及茂山附近者称伊后江或鱼润江；左侧支流向西逆溯，支那人谓之布尔哈通河，至蘑姑子再进至局子街（即延吉厅）为其本流；西南方位之分歧，经夹信子沟达黑沟岭之水源名骇浪河（即海兰河）；上流南分有一支流，韩人称曰土门江，该土门江与伊后江同发源于长白山中，至稳城而合流，其间沿二江之流域合成一大区域者，即间岛是也。是则妄以海兰河以南，图们江以北，宽约二三百里，长约五六百里之地为间岛矣。'"[1] 日本舆论甚至炮制出范围更大的间岛，"谓鸭绿、松花、图们三江发源于其地，有俨然一小独立国，曰间岛。间岛幅员东西七百六十里，南北三百五十里，帽儿山沿辉发河达松花南岸一带地域，悉入间岛范围，其广袤与我日本九州相伯仲。如此广大之版图，属中国乎，属朝鲜乎，尚难断定"。[2] 其源流脉络及相关说法，遭到了吴禄贞、宋教仁、匡熙民等人的据理驳斥。

1909 年中日签订《中韩图们江界务条款》，明确两国"以石乙水为图们江上源，鸭绿江、图们江为两国界河"，但"间岛"的影响犹在，仍有部分日韩地图予以标注，甚至在今天在朝韩民间仍有遗存。1934 年 12 月 1 日，日本扶植的伪满洲国将吉林省延吉县、汪清县、珲春县、和龙县及奉天省昌图县等地组合成间岛省，归"满洲国"

---

① 吴禄贞：《延吉边务报告》第六章，第398—399页。

② 吴禄贞：《延吉边务报告》第六章，第399页。

管辖。有趣的是，此后日本的地图对国界线的标注则比较符合实际：国界线沿两江一山（鸭绿江、图们江、白头山），在白头山地区的界线为定界碑沿石乙水经神武城之北的河流连结豆满江，惟将白头山东北侧的松江上源分支绘为土门江，大致与1909年条约规定相符。这种变化，充分反映了其将"间岛"地名作为政治手段的态度。

（四）鸭绿江下游诸岛

明清时期，中朝两国的边界地区大多人口稀少，鸭绿江作为明确的两国界线，边界情况较为稳定，引发的争议也较少。明初，朝鲜李成桂率军出征辽东，自威化岛回军建立李氏朝鲜，显示当时鸭绿江中已经有较大岛屿出现。之后两国和好，边界维持在鸭绿江，但对江中岛屿归属未予明确。自明嘉靖年间，始有辽东流民至此垦种，直到16世纪末，鸭绿江江中诸岛仍归属明朝管辖。辽东都司曾在威化、黔同、设陷坪岛各立一座石碑，上刻"辽东军民不许在此住种，朝鲜民不许越此采取"。[1] 这一禁令显示了对岛屿的管辖权，也表明对岛屿的封禁。自明万历年间援朝之役（朝鲜称"壬辰倭乱"）后，部分岛屿上开始有朝鲜民众前来垦种。年深日久，沿至明末，部分岛屿的归属情况开始发生变化。辽东镇江游击曾在替子岛（黔同岛）立碑：上刻"朝鲜界"，下刻"左兰子，右替子，某年月日断给鲜人"。[2] 沿至清代，由于清政府在东北地区实施封禁，限制本国军民在边界地区的活动，江中岛屿则大多由朝鲜人垦种，随着时间的推移，相应的岛屿归属权也发生了转移。反映相关情况的舆图如表4。

表4　标注鸭绿江下游岛屿的古地图

图名	时间	版式	内容简介
《海东地图·义州府图》	18世纪中期	彩色写本	对鸭绿江中岛屿标注极为详细，在义州城以下，计有水口、九里、小岛、胜栽、於赤、黔同、艾岛、味岛、兰子、驴、多智、素、威化、任、新、萝卜等十六个岛屿
《西北界图》	18世纪中期	彩色写本	鸭绿江口标为大总江，并沿江绘出中朝两国界线。鸭绿江中的岛屿威化、於赤、险同（黔同）等标在界南朝鲜侧，兰子岛在线上；薪岛的位置偏于朝鲜一侧，西北的鹿岛则标注属于辽东

① ［日］池田宏等：《明代满蒙史料·李朝实录抄》第十二册"中宗实录"卷96，台北文海出版社，1975年，第266页。

② 杨昭全、孙玉梅：《中朝边界史》，第144页。

图名	时间	版式	内容简介
《清北边城图》	18世纪后期	彩色写本	绘出鸭绿江下游自义州狻山镇至废四郡江界沿江诸城、堡设置情况。详绘江中诸岛把幕的设置情况，九里岛：把幕五处，每相距一里；於赤岛：把幕六处，每相距一里；兰子岛：把幕七处，每相距一里；黔同岛：把幕五处，每相距一里；麻岛：把幕五处，每相距一里；新岛：把幕二处，每相距一里；化同岛：把幕一处；任岛：把幕一处；其余威化岛、桑岛、楸岛、灵脂坪及大小胜栽二岛上无把幕。计14岛21把幕

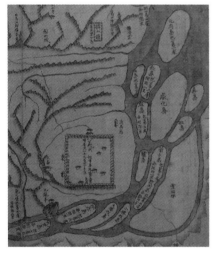

图7 清北边城图（局部）

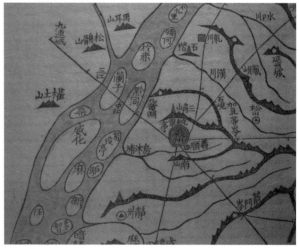

图8 义州府图（局部）

从地图中标出的界线与相关边界设施的设置来看，在清代，除中江台等少数岛屿外，鸭绿江中多数岛屿是由朝鲜方面进行管辖的。结合中方的资料记载与研究成果来看，朝鲜古地图对于清代鸭绿江中岛屿归属的标注情况，符合当时的实际情况。[1] 这一情况也为朝鲜前往清朝朝贡使者的《燕行录》等资料所证实。[2]

---

① 杨昭全、孙玉梅：《中朝边界史》，第144页。民国《奉天通志》卷81"山川"安东县条记於赤、威化、薪岛诸岛均为朝鲜界。

② 朝鲜《燕行录》中对鸭绿江诸岛的记载，可参见张士尊《纽带：明清两代中朝交通考》，黑龙江人民出版社，2012年。

三、讨论

通过对朝鲜古地图所见之清代中朝边界情况的解读与分析，可以得出以下认识。

（一）清代中朝两国边界长期稳定在鸭绿江—白头山—图们江一线

尽管在局部地区存在一定的争议，但几乎所有朝鲜古地图所绘的中朝边界都稳定在鸭绿江—白头山—图们江沿线。除了后期关于"间岛"的地图外，朝鲜古地图所绘之边界都没有超出这一界线。朝鲜古地图在制图理念、方法与发展历程方面深受中国传统舆图的影响，其制作理念、方法与传统中国基本无二，因此其所绘地图并非精确测绘的结果，也没有出现类似中国《皇舆全览图》《内府舆图》这样的大型实测地图成果。但从其内容来看，其所反映的清代中朝边界之大势还是相当明确的，部分地图对两国边界地区的情况描绘得比较详细，有些甚至是中国清代地图中所缺失的，因此可以将其作为研究中朝边界的重要史料。

（二）边界的清晰与模糊

清代前期，受中朝之间宗藩关系的影响，两国之间的边界可视为传统习惯线。由于两国政府对边界地区实施封禁，这一地区人烟稀少。除了《蓟辽关防图》《入燕程途图》等涉及朝鲜朝贡之事的地图外，在一般的朝鲜地图中，对于中朝边界以北区域的内容标注较少。绘制于18世纪初的《天下大捻一览图》，在鸭绿江北侧仅标注了九连城与柳条边栅门，且把鸭绿江下游的宽甸、长甸等地的位置错误地标在了九连城西侧。成于1747年的《天下舆地图》，在鸭绿江、白头山、豆满江一线之北，与中国的辽东地区之间呈现大片的空白区域。金正浩的《大东舆地图》则在"两江一山"以北未做任何标注。由此导致的结果是名义上明确的两国边界，在实际中并不清晰。前述对于穆克登碑位置的不同标注，土门、豆满二江的分离以及分界江在朝鲜古地图中破碎、零乱地出现，正是不清晰的表现。这种对边界认识的模糊，也是清末以来中朝双方界务纠纷不断的重要原因。甲午战争后，朝鲜虽然摆脱了与中国的藩属关系，但在政治上先倚俄，后附日，导致边界问题的复杂化。地图绘制正是体现其领土主张的重要手段。吴禄贞在辨析"间岛"问题时尖锐地指出，日俄战争以后，日本试图染指该地区时，正是以文献、舆图等作为其着手点："迨日俄战罢而日人扩张之势力于韩日以巩固，逐渐启其侵略之野心。既羡图们江北农产之沃饶，夹皮沟金矿之美富，长白山森林之丰茂，且得之可以拊海参崴之背，而断俄人之左臂也。于是视线所集，一若舍延吉无有为进取之基者。从来朔幕以东，文风不振，志风土纪道里之作在昔无之，即国朝舆地学者之著述，亦多详南而略北，明古而昧今。日人知其然，故始则别为间岛之名词，继且绘入韩国之境界，盖以图们江为天然界限，铁案难移，故欲藉（借）土门等种种音讹，淆乱万国之视听，其用心盖已狡矣。"[1] 清代晚期中朝边界问题的出现，在很大程度上是由于此前边界的模糊所导致的。

（三）地图体现了朝鲜的"国土"观念与北拓传统

在维持与清王朝的宗藩关系的同时，朝鲜作为相对独立的政治实体，在两国边界上仍然存在"彼我之分"。部分朝鲜地图上仍标注了清人所忌讳的"建州卫""毛隣卫""辽东"等明代地名字样（如18世纪初期《朝鲜全图》、19世纪初《朝鲜八道统合图》等），反映了朝鲜对清朝在政治认同与文化认同上的态度。尽管还没有近代意义上的"领土"观念，但作为面积狭促、偏安一隅，且长期与中原王朝相邻的弱小国家，朝鲜对于自身国土边界是极为敏感的。在多数涉及边界的朝鲜古地图中，都是"详我略彼"。为了区别"与彼之界"，对边界地带显著地物的标注都是有选择性的。在这一点上，朝鲜古地图的绘制体现了朝鲜人"观念中的东亚与世界"。[2] 在绘图过程中，朝鲜古地图也呈现出较强的主观性，尤其是继承并体现了自新罗以来的北拓传统。"此种传统，乃其民族寻求发展空间的心理意志趋向之表现。此种志念，每不顾法律及历史事实，而曲设途径以求旁通。"[3] 在19世纪末20世纪初两国划定边界时，朝鲜方面屡屡提出的分界江、间岛等无理问题，正是其突出表现。受这种观念的影响，朝鲜古地图对部分边界地区的标识是失真的，如鸭绿江口的薪岛在地图上位置偏向朝鲜一侧（图中偏南，实际偏北），岛屿的形状较实际也偏大许多。无独有偶，在朝鲜古地图中，对于图们江口的鹿屯岛及朝鲜半岛东侧海中的郁陵岛，也采取了类似的绘制方法。由此，也体现了政治观念对地图绘制的深刻影响。

（中国社会科学院古代史研究所）

---

① 吴禄贞：《延吉边务报告·叙言》，第9—10页。

② ［韩］裴祐晟：《朝鲜的地图和东亚》，载复旦大学韩国研究中心编《韩国研究论丛》第21辑，2009年，第322—344页。

③ 张存武：《清代中韩关系论文集》，第222—224页。

"根本亦须防"

——清代柳条边的时空分布[*]

张　敏

清代柳条边绵延于东北平原与山地间，"南起凤皇城，北至开原，折而西至山海关接边城，周一千九百五十余里。又自开原威远堡而东，历永吉州北界至法特哈，长六百九十余里，插柳结绳以定内外，谓之柳条边"[①]。柳条边是研究清代东北历史地理不可忽视的一环，以往关于清代东北史的研究对其也多有涉猎，如孙乃民主编的《吉林通史》[②] 等。也有一些介绍性的文章，如李喜林的《清代的柳条边》[③] 等。目前专门研究清代的柳条边的论著只有杨树森的《清代之柳条边》[④] 一书。另外还有一些研究多与其他内容相结合，如将清代柳条边与明代辽东边墙进行比较的研究[⑤]，关于

---

* 　原刊于《江汉论坛》2019年第1期。

　　［说明］：为行文方便，文中所涉诸学者后均不加"先生""教授"等称谓，特此说明。

① 　蒋廷锡等纂：（康熙）《大清一统志》卷32《关隘》。

② 　孙乃民主编：《吉林通史》（3卷本），吉林人民出版社，2008年。

③ 　李喜林：《清代的柳条边》，《兰台世界》1999年第4期。此类文章还有张涛：《柳条边记》，《满族文学》2005年第4期；薛洪波、肖钢：《浅淡清代柳条边》，《吉林师范大学学报》（人文社科版）2004年第5期。

④ 　杨树森：《清代之柳条边》，辽宁人民出版社，1978年。

⑤ 　刘选民：《明辽东边墙与清之柳条边》，《史地周刊》第109期，《大公报》1936年10月30日；周家璧：《满洲之柳条边》，1941年铅印本；等等。

柳条边的性质问题的论争^①，柳条边与东北移民及封禁关系的研究^②以及柳条边边门、部分地段及相关地名的考查与研究^③。

不难发现，以往对柳条边的研究，要么是针对谬论进行的论战式的研究，要么是出于对主要问题（例如移民史）的研究需要，而对与之相关的柳条边进行的研究，但这些研究尚不充分，就柳条边自身的一些具体问题而言，尚未得到清晰而有效的解决。

一、柳条边的时空分布

清代柳条边是按段分时修筑而成的，具体分为老边东段（英峨至凤凰城边门）始筑于崇德三年^④（1638），康熙十一年（1672），清廷分别于凤凰城、叆阳、英峨、兴京、碱厂五边门处设笔帖式一员^⑤，即威远堡至凤凰城边门间的柳条边已经正式形成。

老边西段（平川营至威远堡边门）进行大范围修筑，并最终形成一个有机整体，是在顺治年间。顺治八年（1651），于水口设边门^⑥。顺治十一年（1654），清朝于新台、黑山口、高台堡、平川营、长岭山、松岭、九官台、清河、白土厂、威远堡、法

---

① 别斯克罗夫内、齐赫文斯基、赫沃斯托夫：《论俄中边界形成史》，（苏联）《国际生活》1972年第6期；齐赫文斯基：《中国历史学中的大汉族霸权主义》，（苏联）《历史问题》1975年第11期。杨树森：《柳条边的历史和苏修的谬论》，《吉林师范大学学报》（人文社科版）1975年第3期；杨树森：《再论柳条边的历史——驳齐赫文斯基的〈中国历史学中的大汉族霸权主义〉》，《东北师大学报》1978年第1期；吕一燃：《关于"柳条边"的性质问题》，《人民日报》1982年3月19日；施立学：《东北柳条边的封禁及对东边道生态文化的影响》，《东北史地》2007年第3期；等等。

② 稻叶岩吉：《满洲发达史》，杨成能译，萃文斋书店，1940年，第277—286页；张士尊：《清代东北移民与社会变迁：1644—1911》，吉林人民出版社，2003年，第77—87页。

③ 姜应贵：《清代柳条边"人字"形结合部的位置》，《辽宁师范大学学报》1983年第4期；安万明：《辽宁省新民县境内清代柳条边遗迹踏查纪略》，《北方文物》1986年第3期；施立学：《柳条边伊通边门》，《满族研究》2006年第1期；等等。

④ 季永海、刘景宪译编《崇德三年满文档案译编》："崇德三年戊寅二月初九日，户部承政英俄尔岱、马福塔前往办理凤凰城、碱场、揽盘等处新开边界之事宜。凤凰城、碱场之间，揽盘、凤凰城之间，新辟边界，较旧界多扩出五十里。此二百里应用钉桩绳索，恐凤凰城应用不敷，令沿边四城均办协济。"（辽沈书社，1988年，第69页。）

⑤ （康熙）《盛京通志》卷14《职官》。

⑥ 高台堡边门，顺治八年，初设水口。见于阿桂等纂修：乾隆《盛京通志》卷33《关邮》，第六页，辽海出版社，1997年影印版，第618页下。

库、彰武台等十二处，设了边门笔帖式、马法、关口守御等职[1]。由此可知，老边西段于顺治十一年已经修筑完成。

从威远堡边门稍西杨堡至吉林东亮子山段柳条边，相对于盛京地区的老边修筑时间较晚，因而也称"新边"。"插柳结绳，以界蒙古"，最初指源于此段柳条边。康熙二十年（1681）三月，宁古塔将军"巴海请设界限，许沿边蒙古就近入口，采樵围猎"。清廷"遣侍郎沙赖前往设立边界"，并由"理藩院晓谕蒙古"[2]。《吉林外纪》载康熙二十年"添设巴彦鄂佛罗、伊通、黑尔苏、布尔图库等四边门防御四员，笔帖式各一员"[3]，可见新边于康熙二十年已经修筑完成。

柳条边的修筑基本确定了农耕、游牧和渔猎区域的界限，但这并未限制农耕经济区的发展。随着边内人口的不断增加，清廷便以"边内地瘠，粮不足支"为由，开始了"展边开垦"[4]活动。至于展边的方向，自然不会向老边东段之外的禁山、围场发展，故老边西段以北的蒙古地区则成了展边的最好对象，柳条边向蒙古地区外展，不仅能够获得耕地，更有利于对蒙古地区的限制和监管。

早在顺治十二年（1655），清政府就曾题准，"辽阳、铁岭至山海关，八旗庄地多有在边外者，相沿已久，不必迁移，令照旧种住，惟酌量边界开门，勿误耕获"[5]。由此可知，当时辽西地区的八旗庄地，多数已经位于边外，清政府对此仅予以"酌量边界开门"的处理。康熙即位之初，于顺治十八年（1661）十二月，谕兵部"盛京边外居住庄村，俱著移居边内。其锦州以内山海关以外，应展边界"[6]。此谕直到康熙十年（1671）才开始执行，前后用了二十六年的时间对原老边进行拓展，民间称其为"三展皇边"，其实康熙年间的展边活动不止三次。

开原于康熙三年（1664）设县，当时开原县位于柳条边外，这与清廷修柳条边界蒙古的目的相悖，因此于康熙十年发生了第一次展边，将柳条边从铁岭北二十里的山头关，"移置开原北"[7]，向北平推了五十多里，从而将开原纳入了边内。

康熙十四年（1675）第二次展边，将设于水口的柳条边展至高台堡，即向北扩展五里左右；另外将设于芹菜沟的柳条边展至二道河[8]，即向北扩展五里左右；又将柳条

---

① 康熙《盛京通志》卷14《职官志》；康熙《锦州府志》卷7《武备志·边防》。

② 中国第一历史档案馆整理：《康熙起居注》，中华书局，1984年，第2册上，第995页。

③ 萨英额：《吉林外纪》卷3《建置沿革》，吉林文史出版社，1986年，第38页。

④ 光绪朝《清会典事例》卷161《户部·田赋》。

⑤ 光绪朝《清会典事例》卷161《户部·田赋》。

⑥ 《清圣祖实录》卷5"顺治十八年十二月壬申"条。

⑦ 康熙《铁岭县志》卷上《关梁志》。

⑧ 参见阿桂等纂修：乾隆《盛京通志》卷33《关邮》，辽海出版社，1997年影印版，第618页。

边"自沙河堡展至松岭"①，即向北展了六七十里之远。

第三次展边发生于康熙十八年（1679），即废平川营边门，向西外展至鸣水塘②，这次调整将此段柳条边北移了三四十里。

康熙十九年（1680），奉天将军安珠瑚"又请于沿边展界二十里，设栅隘口，移兵防守，疏并下部议"③。此次上奏结果不得而知，不过事隔六年，即康熙二十五年（1686），第四次展边发生了。此次展边将康熙十四年从水口展至高台堡的边门再次展至"（宁远州）城西北一百里"④，"名宽邦门"⑤；又将柳条边从黑山口移至碾盘沟⑥。此次展边将此段柳条边向北推移三十多里。

第五次展边发生于康熙三十六年（1697），展宽邦门至白石嘴⑦，又自二道河展边至新台边门⑧，又自碾盘沟展边至梨树沟，同年又废除了长岭山边门⑨。此次展边平均向北推进二十五里左右。

经过康熙年间的数次展边，"自义县西北九官台，迤逦西南，经松岭门，至新台门，较明边外展六十里"，"自义县西南至长城亦有宽展明置障塞"，"并展明边广宁迤东，沿古塞旧址，经彰武、法库，以至开原城西前楼台，穿过明边，经威远堡东南，又穿明边，展到兴京以接凤凰城"⑩。康熙二十年（1681），在吉林地区又设置了四处边门，具体见《清史地图集》柳条边图，至此柳条边的"人"字形形势和各边门的位置，基本确定了下来。

① 乾隆《盛京通志》卷19《职官》，文海出版社，1965年影印版，第781页。

② 乾隆《盛京通志》卷19《职官》，文海出版社，1965年影印版，第782页。

③ 《钦定八旗通志》第4册，卷150《人物志三十·安珠瑚传》，吉林文史出版社，2002年，第2538页。

④ 阿桂等纂修：乾隆《盛京通志》卷33《关邮》，辽海出版社，1997年影印版，第618页。

⑤ 穆彰阿、潘锡恩等纂修：《大清一统志》第2册，卷65《锦州府》，第15页，据四部丛刊续编本影印，上海古籍出版社，2008年，第124页上。

⑥ 关于展边至梨树沟的时间有两种记载：一为乾隆《盛京通志》卷16《关梁》载"梨树沟小门，……康熙十八年设"，同书卷19《职官》载"梨树沟小门，……顺治十一年于黑山口设笔帖式……康熙十八年移驻梨树沟"（文海出版社，1965年影印版，第656，781页）；一为［清］穆彰阿、潘锡恩等纂修：《大清一统志》卷65《锦州府》第15页载梨树沟边门"旧有碾盘沟门，在州西北七十里，本朝康熙三十六年展边移此"。两种矛盾记载让人很难理清，不过按康熙《宁远州志》卷5《武备志》中尚有黑山口门推断，柳条边从黑山口处展至梨树沟当在康熙二十一年后，至于黑山口门何时移至碾盘沟门由于缺乏记载很难明确，但在康熙二十一至三十六年之间展边活动都发生在康熙二十五年，且（康熙）《皇舆全览图》柳条边部分同时有kuwang bang duka（宽邦门）和niyan pan ko duka（碾盘沟门），故本文采用黑山口门于康熙二十五年展至碾盘沟门，又于康熙三十六年展边至梨树沟。

⑦ 阿桂等纂修：乾隆《盛京通志》卷33《关邮》，辽海出版社，1997年影印版，第618页。

⑧ 阿桂等纂修：乾隆《盛京通志》卷33《关邮》，辽海出版社，1997年影印版，第618页。

⑨ 穆彰阿、潘锡恩等纂修：《大清一统志》卷65《锦州府》，第15页，据四部丛刊续编本影印，上海古籍出版社，2008年，第2册，第124页上。

⑩ 王树楠等纂：《奉天通志》卷78《山川十二》，东北文史丛书委员会影印本，1983年，第1776页。

二、凤凰城边门以南柳条边是否接海

凤凰城边门以南柳条边是否接海一直是困扰我的一个问题。关于柳条边的记载，各志书多从《大清一统志》，即"南起凤皇城，北至开原，折而西至山海关接边城，周一千九百五十余里。又自开原威远堡而东，历永吉州北界至法特哈，长六百九十余里，插柳结绳以定内外，谓之柳条边"①。由此记载看，老边东段当止于凤凰城边门而未到海。《康熙皇舆全览图》、《雍正十排图》、《乾隆十三排图》、《柳条边图》②、乾隆朝《大清会典》、多部《盛京通志》中的《盛京舆地全图》和《奉天将军所属形势图》、《大清一统志》的《盛京全图》和《奉天府图》、《皇舆全图》的《盛京全图》等，关于老边东段部分，也多止于凤凰城边门或稍南的山脉或河流。但光绪《大清会典》、《奉天通志》、《皇舆全图》的《盛京地区奉天府辖区东南局部图》中关于柳条边的地图，则将凤凰城以南的柳条边画至海。

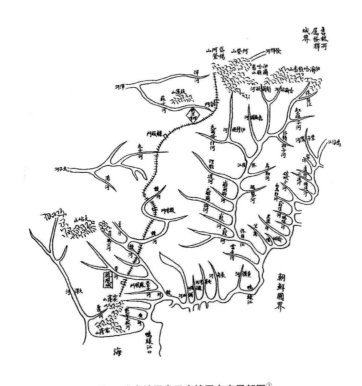

图1　盛京地区奉天府辖区东南局部图③

---

① 康熙《大清一统志》卷32《关隘》。

② 此图收藏于辽宁省图书馆。

③ 此图源于《皇舆全图》，见于辽宁省图书馆编《盛京风物》，中国人民大学出版社，2007年，第51页。

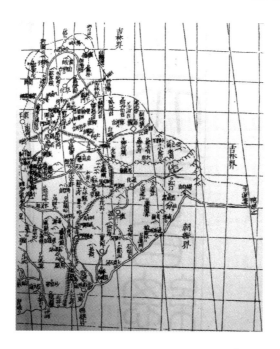

图2　光绪《大清会典》奉天东部舆图局部①

　　仔细梳理关于柳条边的这些地图，不难发现早出的康熙朝、乾隆朝、嘉庆朝的地图中凤凰城边门以南的柳条边并未到海，而后出的清晚期光绪朝及民国的地图中凤凰城边门以南的柳条边则接海。那么是什么原因造成柳条边凤凰城边门以南在清代前后期地图中的不同呢？

　　道光二十七年（1847），盛京将军奕庆上奏："查奉天东六边南北绵亘一千四百余里，设官兵驻守拴边壕垄，而边之内外界址，自应分清以凭稽查。兹奴才检阅东边旧图册，所载沿边一带，平坦地方系拴边壕垄以为界限。其有山河地方，即指山河为边。惟凤凰边迤南至长山嘴子地方，图载以山为边，而册载间有指甸子为者。其由长山嘴子南至窟窿山，皆以甸子为边。现在地方官详报图册与旧图参差不符。"②此记载首先明确了凤凰城边门以南柳条边修至窟窿山。民国《凤城县志》载"窟窿山，城南百九十里，山多窟临海，潮来则水环之"③，即柳条边在凤凰城边门以南是接海的。有学者回忆，20世纪50年代他从东港龙王庙镇辽东省立中学（现丹东二中）读高中，"入学时，是步行到安东的，约百里路。走到安东县北边十字街的地方，当地人说，这就是'边岗'，'边岗'以东是边外，'边岗'以西是边里，并说这就是过去的柳条

①　古道编委会：《奉天全省地舆图说》（光绪二十年刻本），西安地图出版社，2005年，第14页。

②　《查光土山夹片》，见于全国图书馆文献缩微复制中心《盛京将军奏折档》，新华书店，2004年，第67—69页。

③　民国《凤城县志》卷1《地理志》，第7页B。

边"。另外，现存的柳条边接海处还有柳条边村①，这样的地名沿用下来，也佐证了柳条边是接海的。

也许正是因为道光二十七年（1847）盛京将军奕庆发现地方官详报图册与旧图参差不符，指出了旧图的失误，道光朝以后的地图改正了旧图的失误，将柳条边凤凰城边门以南画至接海，即造成了我们现在看到的道光朝前的地图柳条边并未接海，而道光朝后的地图，柳条边是接海的状况。

那么关于柳条边的旧图为何出现未画至接海的失误，笔者略作分析如下：

首先，作为清代首幅在全国范围内进行大面积实地测绘编制的地图，《皇舆全览图》实地测绘得到了康熙帝的全力支持，《皇舆全览图》东北地区的实地测绘先从辽东入手，康熙四十八年（1709）五月，康熙帝命传教士前往凤凰城进行测绘。朝鲜义州府尹权省向朝鲜国王报告：五月间，皇帝特遣西洋国人善解天文地理者来到凰城，历览地理，图画山形②。传教士杜赫德提到，东北舆图"于12月14日制成。尽管图上颇多空缺，皇上仍感满意，因为这使他得以了解这块新的领地，而该地对大清的安宁是如此重要"③。传教士们到了凤凰城进行实测，由于柳条边于有山河处以山河为界的特征，传教士们对此有所忽略，故造成柳条边止于凤凰城边门稍南山处。而《雍正十排图》《乾隆十三排图》沿袭了这样的失误。

其次，乾隆朝《大清会典》、多部《盛京通志》中的《盛京舆地全图》和《奉天将军所属形势图》、《大清一统志》的《盛京全图》和《奉天府图》、《皇舆全图》的《盛京全图》在绘制过程中很可能参考了三大实测地图，故出现了相同失误。另外，这些总图反映实际面积较大，故地物相对粗略，有些为凸显行政聚落等主题内容而忽略了山脉地形等。如奕庆所奏："凤凰边迤南至长山嘴子地方，图载以山为边，而册载间有指甸子为者。其由长山嘴子南至窟窿山，皆以甸子为边。"凤凰城边门以南有山有甸子，但这些图中往往只画了山，其他并未显示。局部图相对更详尽准确一些，如清后期的《皇舆全图》，同一图的《盛京全图》和《盛京地区奉天府辖区东南局部图》，对于凤凰城边门以南的柳条边画法也不同，一个止于河，一个接海边窟窿山，作为局部图的图1画得更为详尽准确。

（中国人民大学书报资料中心）

---

① 位于辽宁省东港市长山镇临海自然村。

② 《肃宗实录》卷47"肃宗三十五年八月丙寅"，《李朝实录》，学习院东洋文化研究所，1966年。

③ 参见J. B.杜赫德著、葛剑雄译：《测绘中国地图纪事》，复旦大学历史地理研究所编《历史地理》第2辑，上海人民出版社，1982年。

清朝对漠北喀尔喀统治政策的失误及其影响

——以兵役制度为中心[*]

宝音朝克图

康熙三十年（1691），经多伦诺尔会盟，漠北喀尔喀蒙古正式臣服于清朝。康熙帝自豪地宣称："昔秦兴土石之工，修筑长城，我朝施恩于喀尔喀，使之防备朔方，较长城更为坚固。"[①] 清廷以此为治边思想的导向，在北疆采取不设边防，以蒙古为之屏藩的治边战略，在此编佐设旗，推行军政合一、兵民一体的管理体制——盟旗制度，使其成为统治蒙古、加强北疆边防的基本策略。

喀尔喀蒙古归清，是一重大历史事件。学术界将清朝对喀尔喀的各项政策认定为中国历代治理边疆的成功典范，且迄今为止无人对此提出疑议。本人认为事实并非如此。清廷虽称"施恩"于喀尔喀免除"国税"，但兵役制度下四部臣民所承担的朝廷差役名目繁多，负担沉重，实为压榨臣民，使其陷入困境。这一点与清廷对漠南蒙古较为优厚的政策相比形成明显反差，导致喀尔喀部众的不满情绪逐渐增长，加大了离心倾向，与清朝渐行渐远，为清朝治理北疆和巩固边防都埋下了巨大的隐患，为后来沙俄侵略势力提供了可乘之机，终于诱使喀尔喀脱离了中国。就此，本文利用清代喀尔喀扎萨克图汗部官府所遗留的畏兀体蒙古文《喀尔喀四部摊派各类差役档》（以下简称"档册"）等原始档案及相关文献，剖析清廷所推行的北疆民族与边防政策的缺失。

---

* 原刊于《云南师范大学学报》（哲学社会科学版）2018年第3期。

① 《清圣祖实录》卷151，康熙三十年五月壬辰，商务印书馆影印，1985年，第677页。

一、清代喀尔喀四部兵役制

据清制，外藩蒙古扎萨克旗作为行政组织由扎萨克世袭统治，土地、臣民均归其所有，不承担国家赋税，但作为军事组织，朝廷令扎萨克旗内除喇嘛、庙丁、随丁外，所有箭丁须服兵役，即具有"出则为兵，入则为民"的军政性质。清廷在喀尔喀蒙古设旗编佐（领），佐为旗内的基层组织，蒙古语称为苏木，意为箭丁，即仿照满洲八旗军政单位"牛录"制度而编设。每佐额定箭丁（兵）150人，其中50人为现役兵，100人为预备兵，不足150人则称余丁或半佐。按照清廷的规定，各旗须定期编审丁册，将18岁至60岁的男丁登记造册（习惯将两名箭丁合称一户），报理藩院。每佐设佐领（苏木章京）1员，领所属箭丁，编佐较多的旗由6个佐组成一个参领，参领长称为扎兰章京，而扎萨克为全旗的最高军政长官。喀尔喀四部扎萨克旗作为军事组织，成为清廷在该地推行兵役制度、征调箭丁、摊派差役的基础，箭丁须整饬装备、武器，以备奉调出征或当差。

清廷在漠北兵役中制定了以盟旗佐领及箭丁数为基准的摊派原则，将佐领和箭丁作为征派差役的唯一依据。因此，澄清不同时期喀尔喀各盟旗佐领及箭丁数，对剖析该地区差役情况具有重要意义。有关嘉庆至光绪年间喀尔喀四部各旗佐领及箭丁户数，"档册"载有极其翔实的数据。据该档记载，嘉庆九年（1804），喀尔喀四部应差佐领数分别为，土谢图汗部56佐；车臣汗部40佐；扎萨克图汗部20佐，另有半佐（该档称余丁，由一个昆都带领）；赛音诺颜部34佐，另有半佐（余丁10名）。到道光十年（1830），各部佐领为土谢图汗部52佐；车臣汗部40佐，另有半佐（余丁38名）；扎萨克图汗部20佐；赛音诺颜部31佐，另有半佐（余丁52名）。此时，四部佐领总数为143个，另有由各部半佐形成的90名余丁，兵丁总数为21540人[1]。道光二十年，四部佐领共139个，另有半佐3个。其中土谢图汗部51佐；车臣汗部40佐，余丁38人；扎萨克图汗部17佐，余丁75人；赛音诺颜部31佐，余丁52人。四部总兵丁为21015人[2]。光绪十三年、二十三年、三十年，四部又先后进行三次户丁编审，三次统计所得出的各部佐领和箭丁数分别为，土谢图汗部51佐，箭丁总数7650名；车臣汗部40佐，另有半佐38名余丁，箭丁总数6038名；扎萨克图汗部17佐，另有半佐75名箭丁，箭丁总数2625名；赛音诺颜部31佐，另有半佐52名箭

---

① ［清］喀尔喀四部盟长等：《喀尔喀四部摊派各类差役档》（道光十年），载［蒙］沙·那楚克多尔济、那森巴拉吉尔整理《喀尔喀四部摊派各类差役档》（畏兀体蒙文手抄本）。

② ［清］喀尔喀四部驻乌里雅苏台驻班公等：《摊派科布多新设哈喇塔尔巴哈台卡伦差役档》（道光二十年），载《喀尔喀四部摊派各类差役档》（畏兀体蒙文手抄本）。

丁，箭丁总数 4702 名[①]。可见，直至清末喀尔喀四部佐领及其箭丁人数没有太多增减，佐领总数基本保持 140 个左右，箭丁总数约 2.1 万人。清政府在四部兵役性差役的征派和具体摊分上有极其严格的规定和程序，严禁隐匿丁户，逃避差役。

清代，漠北喀尔喀四部所承担的兵役性朝廷差役名目繁多。首先，基本包揽了漠北所有驿站、军台的差役，包括漠北地区的阿尔泰军台、库伦南北二路台站、乌里雅苏台北路台站、科布多南北二路台站、恰克图卡伦道路（兼有台站功能）、乌里雅苏台卡伦道路，先后共 180 余个驿站或军台。此外亦被派遣到伊犁将军所属巴里坤等地承担当地台站差役。其次，承担四部境内，以及乌里雅苏台、科布多、库伦等地在内的整个漠北地区卡伦的驻卡差役。据统计，朝廷差役中驿站和卡伦差役负担最为沉重，占四部所有兵役性朝廷差役之 77%[②]。再次，承担科布多等地的屯田差役，以及四部境内官牧厂（包括中西孳生厂 35 处，东孳生厂 30 处，南北孳生厂各 10 处）及乌里雅苏台、科布多、库伦等处所设官牧厂的各项差役。除此之外，喀尔喀四部臣民还要奉命到清廷派驻乌里雅苏台、科布多、库伦、恰克图等漠北各城的相关机构服役，还要被派往边境地带进行巡边，且扎萨克王公等也要率箭丁一同当差。

喀尔喀四部臣民承担上述人力差役之外，还要缴纳清廷在漠北治边上所需部分驼马、食用家畜、毡包等实物。例如，"档册"记载：乾隆二十二年（1757 年），哈刺沁台站中路径喀尔喀境内之第 16 台至第 29 台，每台派驻图什莫勒一员、兵 10 名，其兵丁每人领马 4 匹、骆驼 2 峰、兵器 1 套，图什莫勒每人支俸银 18 两，兵丁支俸银 10 两。最初，该段驿站因路径喀尔喀土谢图汗部，由该部为上述每台出派台丁 6 人，拨放弁兵所需差务马 20 匹、骆驼 40 峰、食用羊 50 只、毡包 1 顶。由于该部臣民不堪承受，乾隆四十七年（1782），土谢图汗部策登多尔济为该段台站差务事咨理藩院，经准改由喀尔喀各部共同摊派，令各部就近出派官兵和驼马当差[③]。这类实物差役名目繁多。例如，自乌里雅苏台所属阿尔台路首台花什洛图至哈拉尼敦共 20 台台丁由喀尔喀出派，其所需驼马等也由四部承担。由于赛音诺颜及扎萨克图汗二部未按照既定数量为上述台站提供所需家畜，就此理藩院令赛、扎二部须按每台（驿）丁驿马 5 匹、骆驼 3 峰、食用羊若干只及毡帐 1 顶、黑驼 1 峰的数额备齐提供。又如，同治初年，伊犁将军所属巴里坤地区台站受回民起义的影响，无法递送公文，为此，同治四年清廷出派喀尔喀四部兵丁，在此增设 14 个台站，配备管理台吉 2 人，每台设章京一员，台丁 4 名，驿驼 10 峰。此项骆驼俱令所属蒙古兵丁自备，官牧厂不予以支放①。驿站等处所损耗的驼、马等亦领四部箭丁抵补。又如，派驻乌里雅苏台蒙古巡防兵200名，其34名派往台站当差，设管台协理和总管各1员，驿丁分别由土谢图汗部出派17人，赛音诺颜部出派11人，扎萨克图汗部出派6人，每人领差务马4匹，另由官牧厂向30名驿丁支放驼30峰、马60匹，并配备协丁10人，协丁每人领驼3峰、马4匹。上述台站所需驼马"按每岁缺损驼六、马十八计算，将其价银摊派给驿丁，令其从差务牲畜内抵补"②。此外，类似下面情况也令四部箭丁填补缺额驼马。"档册"记载："为增强官牧厂拨放驼马之耐力，将定期用于差务，其调用时间分别定为骆驼每岁冬春二季，马每岁约两个月，在此驼马调用期间，其缺额由各旗按分额补给。"③

综观史事不难看出，同属于外藩蒙古扎萨克旗体制下的漠北和漠南地区，二者在兵役性朝廷服役上的负担截然不同，差异极大。首先，清廷的军府制度在漠北喀尔喀盟旗中占据重要地位，兵役方面拥有极大的实际监管和指挥权。漠北作为清朝北疆边防前沿阵地，该地驻防并非从内地派驻重兵，而除主要军政将领及少量八旗和绿营领队外，其他弁兵主要来自喀尔喀四部蒙民。漠南六盟则除了战时出征，平日基本无戍边之务。尤其是漠南蒙古地区无边境卡伦，内扎萨克旗臣民无长年担负戍边、驻守数千公里的边境卡伦和定期巡边的差役，这里朝廷兵役性差役主要由八旗或内属体制下的官兵承担。其次，漠北乌里雅苏台将军之下设四名副将军，即喀尔喀四盟各设一名，加强漠北兵役方面的监督与管理，从审定箭丁、摊派和落实差役，以及兵役中的奖惩等方面均配合朝廷予以监管，而漠南蒙古六盟则无副将这一军管职位。再次，漠南六盟49个扎萨克旗臣民除特殊情况外，不承担特定的官牧厂差役，而该地区的官牧厂归内属蒙古体制，由察哈尔游牧八旗等官兵专门经营。屯田方面，漠南六盟各旗境内未驻兵屯垦，内属蒙古地区的农田亦由当地官兵或内地移民经营。因此，与漠南内扎萨克六盟相比，漠北喀尔喀外扎萨克四盟（部）臣民的兵役负担极其沉重，达到无法承受的地步。

二、兵役性差役之超负荷性

喀尔喀兵役性差役的征派形式主要是以佐领和箭丁为基准将差役量化均摊，并兼

---

① 《喀尔喀四部摊派各类差役档》（畏兀体蒙文手抄本）。
② 《喀尔喀四部摊派各类差役档》（畏兀体蒙文手抄本）。
③ 《喀尔喀四部摊派各类差役档》（畏兀体蒙文手抄本）。

以差丁折银均分等手段，依靠军事和行政指令强制实施。例如：道光十年，四部要派1001 名箭丁驻科布多卡伦。经计算，四部曾已出派当差的 6374 名箭丁，加上此次新增的 1001 人，当差总箭丁数增至 7375 人，即折合为 3687 户（余丁 1 名），将此按四部各旗佐领户数均摊后所得户口分别为：土谢图汗部 1335 户，车臣汗部 1034 户，扎萨克图汗部 513 户，赛音诺颜部 805 户，余出 1 人则按当时的规定每户以 80 两抵差银折银均衡。至道光十八年四部再次征派差役时，将前次未列入当差户数的 53 户箭丁予以摊派，土谢图汗部摊得 7 户，车臣汗部 25 户，赛音诺颜部 20 户，其余 1 户亦折银均摊[①]。是年，经箭丁编审，四部总体出现余丁数 185 户（即余丁 370 人），将此按照规定每户以 80 两抵差银折算，共 14800 两银，再将其摊入四部箭丁总数后，每丁又增加了 7 钱 4 厘 2 毫 6 丝的抵差银负担。

有清一代，喀尔喀四部差役负担极其沉重，往往超出四部人力和财力实际所能承受的能力。早在平准战争中，喀尔喀官兵随军出征的同时，朝廷长年向喀尔喀征派战争所需驼、马、牛、羊等家畜，各旗经济陷入困境，部众为免遭惩处，迁徙逃亡。史料记载，雍正初年，朝廷向喀尔喀征集战争所需马 3 万匹、羊 40 万只，由于喀尔喀臣民无法凑齐征额，纷纷背井离乡，四处逃散，人畜均受较大损失。为此，驻乌里雅苏台管理四部值班将军扎萨克图汗格里克雅木丕勒呈报清朝管理官畜大臣，请求减少征派数额[②]。乾隆十九年（1754 年），朝廷筹划出征准噶尔，拟派兵 5 万，分北、西两路进军，预计两路共需要马 150000 匹，驼约 16000 峰，羊 300000 只[③]。次年，清军出征准噶尔时令漠南六盟及漠北喀尔喀四部捐输所需驼、马、羊，其中喀尔喀应捐输的马匹数额已超出当地现有马匹的总数[④]，除了两岁的儿马和母马外，其余马匹均烙上官印，以备征调。俄国学者兹拉特金曾在其《蒙古近现代史纲》中指出，无限的勒索导致蒙古人缺乏马匹和食物，迫使兀鲁思人民破产。

平准之后，清朝西北和北部边疆基本稳固，而清廷对喀尔喀臣民的控制和压迫则明显加强，尤其到了晚清喀尔喀各旗负担更加繁重，差役加派叠兴。"档册"记载诸多相关实事，下面拣取几例予以分析。

道光三年差役摊派后，四部未能完成应差箭丁数额，经乌里雅苏台将军奏准，予

① ［清］喀尔喀四部盟长等：《重新分摊喀尔喀四部差役档》（道光十八年），载《喀尔喀四部摊派各类差役档》（畏兀体蒙文手抄本）。

② 蒙古国科学院历史研究所编：《蒙古人民共和国史》（蒙古文），内蒙古人民出版社，1986 年，第1084 页。

③ 《清高宗实录》卷465，乾隆十九年五月，商务印书馆影印，1986 年，第1027—1028 页。

④ 蒙古国科学院历史研究所编：《蒙古人民共和国史》（蒙古文），第1085—1086 页。

以酌量减免^①。但其后，四部差役既然没有减轻，反而趋于加重，可征派之成年劳力均被调遣一空，差役加派也就无从落实。科布多屯田蒙古兵定有每年换班的规定，但各部差役繁重、人手不敷等因，换班期往往拖延不定，由此受朝廷惩处。道光年间，乌里雅台将军果勒丰阿奏称：自嘉庆二十三年（1818）以来屡次严饬土谢图汗部落盟长扎萨克亲王车登多尔济，以既定差役派兵到屯田处换班，乃车登多尔济竟不以为事，反捏报伊之游牧被旱，不能更换，甚属非是。车登多尔济，著革去正盟长，以示儆戒^②。道光十年秋，科布多屯田处正逢收割，原拟调遣驿丁40人帮助收割，可因人手不足，驿务繁忙未能前往，清廷令四部调用箭丁子弟120人协助收割。为此，四部盟长、副将军等会盟于库伦，将新增120名子弟之差照差役分摊惯例亦按各部佐领及箭丁数进行分摊，结果土谢图汗部摊43名，车臣汗部34名，扎萨克图汗部17名，赛音诺颜部26名^③。

由此可见，朝廷所征派的箭丁人数已达喀尔喀四部无法承受的程度，可清廷仍不断增加各种差役，驱使四部设法完成，由于人手不敷，四部无奈才派出箭丁子弟，甚至哈木济拉嘎（随丁）、寺院沙比纳尔等被免除兵役的非箭丁者也要当差。道光十三年摊派差役后，由于负担过重和连年遭受自然灾害等因，各部未能完成额定差役。其中扎萨克图汗部十九旗（包括辉特部一旗）中有11个旗欠派差丁653名，于是清廷令其将欠差之箭丁差役转加给该部另外8个旗，使8旗负担加倍增长，迫使已免除差役的王公私属哈木济拉嘎（随丁），以及台吉等王公均承担了差役，同时还令该8个旗赈济上述11个旗饥民^④。另外，漠北哲布尊丹巴呼图克图之沙比纳尔（"沙比"或"沙毕纳尔"为寺院劳动者）亦被迫承担了朝廷差役。《理藩院则例》规定："阿勒台军站承应备办乌拉之官员、人役、牲畜等项，由喀尔喀四部落共同备办三年，由哲布尊丹巴呼图克图之徒众备办三年，轮流办理。"^⑤ 嘉庆十六年的记载显示，是年哲布尊丹巴呼图克图所属沙比纳尔遇困，求四部与其分担库图勒多伦、塔拉多伦和莫敦等3个台站的差役。上述三个台站之差由于此前喀尔喀四部未能按时派箭丁换班，而由哲布尊丹巴呼图克图所属沙比独自承担。同治年间的差役摊派中亦有其相关记载：莫敦至库图勒多伦三处台站差务先前已经摊派，由哲布尊丹巴呼图克图所属沙比与四部轮

① ［清］喀尔喀四部盟长等：《喀尔喀四部摊派各类差役档》（道光十年），载《喀尔喀四部摊派各类差役档》（畏兀体蒙文手抄本）。

② 《清宣宗实录》卷72，道光四年八月甲子，商务印书馆影印，1986年，第149页。

③ ［清］喀尔喀四部盟长等：《喀尔喀四部摊派各类差役档》（道光十年），载《喀尔喀四部摊派各类差役档》（畏兀体蒙文手抄本）。

④ 《扎克毕喇色钦毕都里雅诺尔盟副盟长致克鲁伦巴尔和屯盟副盟长书》（道光十六年五月十一日），载《喀尔喀四部摊派各类差役档》（畏兀体蒙文手抄本）。

⑤ 杨选第、金峰校注：《钦定理藩院则例》卷33《邮政》（下），内蒙古文化出版社，1998年，第292页。

流遣派弁兵，三年一换。后经重新摊派，作了如下详细帐目：莫敦至库图勒多伦三台协丁由四部与哲布尊丹巴呼图克图所属沙比轮流出派，三年一换，每台配备马八匹，骆驼三十四峰、羊十六只，每台设驿丁三十人，章京三员，沙比配备马二十六匹、骆驼十四峰、羊二十只、驿丁四人①。由此可见，漠北掌印呼图克图寺院按照朝廷的规定免除差役，但实事上不仅出派人力承担驿站差役，同时当差沙比也要承担自备乘骑驼马和食用羊只等实物差役。

由于四部所承担的朝廷差役已远远超出承受力，各部之间甚至为征派一头家畜或一顶毡包，或一名差丁之差而争执不休。道光十年差役摊派中查得，扎萨克图汗部交付巴噶诺尔台站的 2 匹马，其中一匹应由车臣汗部缴纳，故令该部务必按时供给，并明令告知上述二部臣民，"自是年十月初一日起实施"②。

由于多数成年男子已被征调，劳动力缺乏，漠北畜牧业经济的发展受到极大的影响，货币和实物差役自然成为四部臣民的一大包袱，时常受追呼之累。据"档册"记载，到光绪三十年冬，四部箭丁已欠待缴纳的差银中，仅卡伦、驿站、屯田等几项主要差役的抵补银总数就已高达 619350 两，按四部当时的箭丁总数 21015 人分摊，每丁摊 29 两 4 钱 7 分 1 厘 8 毫 1 丝。其中，土谢图汗部 51 个佐领 7650 名箭丁共摊得 225459.31 两；车臣汗部 40 佐共 6038 名箭丁共摊得 177950.76 两；扎萨克图汗部 17 个佐领加半佐共 2625 名箭丁摊得 77363.5 两；赛音诺颜部 31 个佐领加半佐共 4702 名箭丁摊得 138566.43 两③。

由此可见，当时四部箭丁均被征派，且新增差役征派不断，缺额差役折银抵补，加上原有实物和货币差役，箭丁人均抵差银越积越多，人力和财力均超出承受极限，导致喀尔喀部众一贫如洗。

三、兵役性差役之强制性

按照清朝政府有关外藩蒙古的管理制度，喀尔喀四部各扎萨克旗划定旗界，旗民不得擅自越界，更不可离开本该旗。清廷对蒙古的这一封禁隔离政策也成为其向四部强制征派朝廷差役的根本前提，旗民只能遵循相关制度，无法逃避沉重的差役。喀

①　《喀尔喀四部摊派各类差役档》（畏兀体蒙文手抄本）。

②　［清］喀尔喀四部盟长等：《喀尔喀四部摊派各类差役档》（道光十年），载《喀尔喀四部摊派各类差役档》（畏兀体蒙文手抄本）。

③　《遵命协调和摊派四部差役》（光绪十三年），载《喀尔喀四部摊派各类差役档》（畏兀体蒙文手抄本）。

尔喀四部朝廷差役的强制性主要体现在以下方面。四部兵役及差役始终由清朝政府统领，受到朝廷军政法令的制约，由兵部及理藩院等中央相关部门，以及将军、大臣、副将军等组成完整的管理体系，制定严格的条款予以监管。以驻卡弁兵为例，漠北卡伦多数由喀尔喀四部弁兵驻守，其卡伦事务由清朝中央统辖。雍正五年（1727）清朝在漠北设置47座卡伦之初，其事务俱由办理蒙古事务之喀尔喀王负责，按喀尔喀四部蒙古游牧远近每卡设章京一员，率领兵丁携眷戍守。随着漠北军政机制的完善，卡伦事务转由乌里雅苏台将军统辖，并由乌里雅苏台将军、库伦办事大臣和科布多参赞大臣等各级地方长官分别管理各自辖区内的卡伦，定期巡查，发现失误则严惩。《理藩院则例》中明确规定：若有"卡伦官兵等旷职误期，佐领革职，罚三九牲畜；骁骑校革职，罚二九牲畜存公；披甲人等鞭一百"；未到指定卡伦接班则"章京、骁骑校革职；披甲人等鞭八十"；坐卡期间"失察之佐领、骁骑校罚一九牲畜，存公"；若坐卡官兵武器等不全或有损"卡伦章京、骁骑校罚二九牲畜，存公。披甲人等鞭八十"。①

　　清廷对喀尔喀四部所承担的屯田差役之管理亦极其严格。科布多地区是清代漠北屯垦重地，保障清廷漠北驻防和治边所需粮食。漠北军政所需年粮食需求量一般在10000石左右。乾隆五十四年（1789），拉布多参赞大臣奏称：每年科布多和乌里雅苏台共需粮食七千五百余石②，道光十年为七千余石之多③，而有些年份则达上万石。据嘉庆年间的统计，"每岁城中（科布多城——引者）官兵暨卡伦、台站官兵……放粮约九千石有奇，如遇闰月放粮九千四百八十石有奇。春秋二季运送乌里雅苏台粮向系两千石"④，各项合计高达万余石。而就其劳力而言，自乾隆朝中后期始，科布多屯田处田间劳作由喀尔喀蒙民承担，只派少数绿营兵指导蒙民进行屯垦。据史料记载，乾隆四十六年（1781），该地区六个屯区有蒙古屯兵150人，绿营兵48名，每个屯区共33名屯兵中有蒙古兵25人，绿营兵只有8人⑤，该8名绿营兵中一半为修理农具等所需杂役工匠。道光十年（1830），科布多有10个屯区，其中蒙古屯兵250名，绿营屯兵80名，每一屯区仍由25名蒙古兵和8名绿营兵组成，这8名绿营兵分工明确，其4

① 杨选第、金峰校注：《钦定理藩院则例》卷34《边禁》，第298页。

② ［清］富俊：《科布多政务总册·城池》，载全国图书馆文献缩微复制中心编《科布多史料辑存》，1986年。

③ ［清］福绵：《科布多屯田紧要请准酌留应弁兵以资熟手事》（道光十年三月），中国第一历史档案馆《宫中档朱批奏折》。

④ ［清］富俊：《科布多政务总册·仓库》，载全国图书馆文献缩微复制中心编《科布多史料辑存》，1986年。

⑤ 《清高宗实录》卷1122，乾隆四十六年正月甲申，商务印书馆影印，1986年，第6页。

名引导蒙民种地，其余4名承担匠役等杂差①。可见，喀尔喀箭丁承担着强度极大的田间苦力劳动。

科布多屯田由清朝中央直接领导，在乌里雅苏台将军监管下由科布多参赞大臣具体管理垦务，大臣下设粮饷章京、粮饷处笔帖式等专员，屯田处设屯田蒙古兵参领、佐领、骁骑校等具体分管屯田事务。诸如弁兵的拣派和换班、耕种与收成、仓储量等均有章程，实施奖惩措施。如上所述，土谢图汗部盟长车登多尔济因未按时派出换班屯田兵，被革去盟长职衔。清廷对屯田收成也制定奖惩标准，规定：科布多所收分数（种子与收成之比例），照各分内收粮分数奖罚，不及五分者将该管蒙古官员交部议处，各罚一九牲畜存公，兵丁由该大臣责罚②。

清廷对牧厂和驿站也定有严格的管理制度。众所周知，乌里雅苏台将军所辖整个漠北地区军政上使用的驼马、牛羊需求量极其可观，而这些家畜的来源可谓基本由喀尔喀臣民提供。清代漠北官牧厂的经营基本由四部臣民承担。另外，四部臣民还要以缴纳家畜等实物、差役折银等形式，或自备家畜当差，或捐输等多种形式，补充和确保了清廷统治漠北所需家畜。

因而，朝廷对牧厂的管理极其严格。牧厂则有严格的繁殖和损耗指标，以牲畜增减数额予以赏罚。以牛群为例，每群每三牛三年孳生一牛，少一牛者牧丁鞭责二，少三牛者五群领催鞭责二，少六牛者十群长鞭责二。牧丁于额内少一至十牛者枷一月，鞭八十；至二十者枷四十五日，少二十一至三十者枷两月，少三十一至四十者枷七十五日，以上各鞭一百；少四十以上枷三月，鞭一百，发遣打牲乌拉充当牲丁等。"驿站马匹不得缺额、疲瘦，违者查参"，令"内外扎萨克，遵照理藩院所发印文供应差马廪羊，不许规避。如不供应差马者，罚三九牲畜；不供应廪羊者，罚一九牲畜"③。

清代的扎萨克旗具有军政合一的组织性质，各旗划定旗界，编审户丁，旗民被完全束缚在相对固定的旗境之内，不得擅自越界。正因如此，其差役制度也有与内地不同的特征。在内地早已推行"摊丁入亩"制度，废除人头税，减轻了农民的赋役负担，而在喀尔喀则由于其特有的军政合一的组织形式，严禁旗民离旗，以箭丁人数为基准征派差役的制度直至清末依旧不变，牧民的差役负担日益加重。

---

①　［清］富俊：《科布多政务总册·仓库》，载全国图书馆文献缩微复制中心编《科布多史料辑存》，1986年。

②　杨选第、金峰校注：《钦定理藩院则例》卷44《罪罚条》，第344页。

③　杨选第、金峰校注：《钦定理藩院则例》卷33《邮政》（下），第292页。

四、兵役性差役之消极影响

兵役制度下的喀尔喀四部臣民为清廷服役，其义务除出征作战，还要为朝廷担负各项繁重的差役，使其兵役自然带有类似中国古代的差役和赋役或苛捐杂税的性质。在古代，差役指朝廷派民户轮流驱使的徭役（又指官衙当差之人），赋役则是赋税和徭役的合称，其中赋税是朝廷向人民强制征收的实物、银钱等，徭役是则强迫人民从事的无偿劳役，包括军役、力役、杂役等。四部臣民的兵役包揽了"差役"和"赋役"制度所具有的内含、义务和性质。就拿喀尔喀差役中所采取的以差丁折银的措施而言，其目的，一方面将未摊尽的差丁余数折银计算，以银再求均平，另一方面，当箭丁人数不敷，无法承担新增差役时，将其折银换算，强加于四部臣民。所以对喀尔喀箭丁来说，并非纳银就可解脱差役。这与明中叶以后中国赋役制度中实行的纳银代役政策具有本质的区别。

清廷虽说免除外藩扎萨克旗缴纳国家赋税，其兵役则是变相的国税，而其负担远比"国税"沉重。到清末，由于战争和自然灾害的影响，四部经济残破异常严重，人丁减少，经济凋蔽，物资匮乏，但清廷对四部兵丁的征派丝毫没有减轻。

由于清政府依赖于守边的喀尔喀四部越发困窘，漠北边防建设显得极其薄弱，对清代的北疆边防造成了极大的影响。尤其到了晚清，随着沙俄的入侵，漠北地区的边防日益告急，可清廷并未加强边防，反而不断裁减，迫使科布多西路八卡伦两次内迁，原内地卡伦则变成了边境卡伦，而且内迁后每卡驻守弁兵由原来的四五十名锐减到十人左右，边境卡伦的建设以及驻卡喀尔喀弁兵的生计等仍没有引起朝廷的重视。科布多参赞大臣瑞洵报呈："科布多所管各卡伦，以阿拉克别克一卡为最吃紧，近年颇觉多事。昌吉斯台卡亦为俄人往来孔道，其所隶之分卡又处处联（连）俄，无一不关紧要。本宜整肃戎防，加意戎守。乃至光绪七年复设以来，兵额减至每卡十名，毡庐之弊破，器械之朽窳，直已不成气象。而对境俄卡则堡垒整洁，甲兵坚利，未免相形见绌，且易启盗贼轻侮之心。"[1] 光绪十二年，科布多参赞大臣又奏称：本年"科城满、汉、蒙古官兵由春至夏分厘未曾发放，刻下盼饷十分急迫"，曾咨呈乌里雅苏台将军筹措银一万五千两，可乌城方面答复称：银库亦亏空已久，各项官兵待饷尤殷，刻下实在无款筹措[2]。鉴于军费短缺和喀尔喀部众穷困，清廷决定自光绪十二年七月一日起将驻守科布多地区卡伦差役由原来的喀尔喀弁兵就近改由杜尔伯特、乌梁海部

---

① 中国第一历史档案馆编：《光绪朝朱批奏折》第115辑，中华书局，1996年影印本，第185页。

② ［清］科布多参赞大臣沙克都林扎布、额尔庆额奏：《为科城所属卡伦饷银未到恩请官兵暂缓赴卡伦换班事》（光绪十二年五月十六日），中国第一历史档案馆藏朱批奏折。

众承担。为此科布多参大臣等奏报：该项驻卡官兵应领盐菜银粮等项银一万三千余两，应先行支放一年，以备置办鞍马、衣履等项俾得前往驻守。可只因科城库款支绌，无项筹发，弁兵迟迟不能前往更换。后因卡伦兵饷仍不能得到解决，该大臣又奏称："科（布多）城所属沿边各卡伦换班官兵现因饷银未到，无项开放，拟请暂缓赴卡。"[1]驻守边境卡伦的官兵基本生活都得不到保障，出现了正如科布多参赞大臣沙克都林扎布所言，因官兵待饷窘迫，驻卡万难支撑，待炊之虑，难保滋生事端困境[2]。

综观史事，清廷繁重的差役，加之自然灾害，导致喀尔喀生产力萎缩，经济衰退，四部臣民陷入困境，赖以他们防守的北疆边防也失去了人力和财力的支撑。甚至，超负荷的朝廷差役使喀尔喀王公贵族产生了较强的抗拒心理，各部盟长等王公相互间长年推诿一马、一驼之差，表现出对清廷征派的强烈不满。据"档册"记载，按照嘉庆九年的摊派，赛音诺颜部派驻哈布塔海等处卡伦图什穆勒（专管卡伦扎萨克）一员、胡图勒（参领章京）三员应该由土谢图汗部派员更换，土部却概不循约轮驻。道光三年乌里雅苏台将军等将此事报呈理藩院，令土谢图汗部自道光四年夏季照例派一名图什穆勒和三名胡图勒更换赛音诺颜部原驻官弁。可土谢图汗部仍推诿未予派员更换[3]。图什穆勒和胡图勒等官吏职位长年悬缺，迟迟推诿，无人就任，说明上到扎萨克下到普通百姓对差役征派已怀有较强的抗拒心理，对朝廷亦产生了离心倾向。这种以喀尔喀部众穷困为代价换取稳定的策略违背了清朝统治者所提出的"我朝施恩于喀尔喀"的宽仁思想，从而制约了其真正意义上实现以喀尔喀"防备朔方"的意图。对于依靠喀尔喀构筑"较长城更为坚固"的屏障的意图而言，喀尔喀民众的人心向背至关重要。为此首先必须真正做到"施恩"，得到整个喀尔喀民众的信赖和支持。清朝政府统治漠北期间，并没有采取有效措施恢复和发展漠北经济，而推行封禁隔离、压迫剥削的高压政策，使喀尔喀民众的生产力遭到破坏，经济凋蔽。这无法扭转喀尔喀抗清情绪，反而激化矛盾和增大离心力，将自身陷入治边和边防两边均无法兼顾的被动态势，从而给沙俄蚕食北疆提供了可乘之机，最终引发了外蒙古独立风波。

历史证明，喀尔喀臣民为清朝实现"大一统"，进而治理北疆，巩固边防做出了重大贡献。清代漠北地区的社会问题及其最终走向，毋庸置疑，除了清廷的统治政策

---

① ［清］科布多参赞大臣沙克都林扎布、额尔庆额奏：《为科城所属卡伦饷银未到恩请官兵暂缓赴卡伦换班事》（光绪十二年五月十六日），中国第一历史档案馆藏朱批奏折。

② ［清］科布多参赞大臣沙克都林扎布、额尔庆额奏：《为科城所属卡伦饷银未到恩请官兵暂缓赴卡伦换班事》（光绪十二年五月十六日），中国第一历史档案馆藏朱批奏折。

③ ［清］喀尔喀四部盟长等：《喀尔喀四部摊派各类差役档》（道光十年），载《喀尔喀四部摊派各类差役档》（畏兀体蒙文手抄本）。

之缺失外，还有喀尔喀各部之间的矛盾或冲突，王公贵族与贫民之间的阶级矛盾，以及来自境外势力干预与渗透等错综复杂的因素相互作用的结果。其中，清朝政府通过兵役制度对喀尔喀臣民所推行的过度剥削和压迫政策，无疑是治边策略上的重大缺失，从而使喀尔喀部陷入穷困，边防松弛，社会动荡。这也自然成为外蒙最终走向分离的重要内在因素。

（中国人民大学清史研究所）

清代漠北金山卡伦考*

宝音朝克图

卡伦是清代派兵驻守，执行巡逻、稽查、监督、检查、传递、征收等任务的据点，设置卡伦是清廷治理边疆的重要措施。清代漠北卡伦分为边境卡伦和内地卡伦，前者以巡查边境为目的，后者为稽查游牧、监护物产而设。按其设置时间周期等情况又分为常设卡伦、移设卡伦、添撤卡伦。金山卡伦（蒙古文原意为产金沙之山的卡伦）位于清代漠北喀尔喀西二盟，即赛音诺颜部（齐齐尔里克盟）、扎萨克图汗部（扎克毕喇色钦毕都里雅诺尔盟）南部，是以阻止偷挖金沙等矿产为目的的常设卡伦，也是典型的内地卡伦。金山卡伦共有22座，约占清代漠北卡伦总数的25%，加以存在的时间长，无疑是清代漠北卡伦之重要组成部分，颇受清廷的重视，但学界迄今尚无专门研究。本文拟利用蒙古国家档案馆收藏的蒙古文档案及中国第一历史档案馆所藏档案，结合相关文献，考证清代漠北金山卡伦的名称、设置时间、方位、撤卡及复设等情况，并对驻卡差役的摊派等相关问题进行澄清。

一、金山卡伦的始设和增设

据《乌里雅苏台志略》载："乌里雅苏台西南距二百余里向东南设卡伦二十二处，因其山内有磺砂，谓之金山卡伦。"[①] 清代金山卡伦前后经历了始设、两次增设，以及撤卡、复设的曲折过程。

---

* 原刊于《清史研究》2022年第4期。

【基金项目】国家社会科学基金重大项目"清代驿站史研究"（项目批准号：19ZDA207）阶段性成果。

① 《乌里雅苏台志略·卡伦》，《中国方志丛书·塞北地方》第39号，成文出版社，1968年，第50页。

（一）始设

金山卡伦的始设时间为乾隆四十九年（1784）。起因是乾隆四十六年六月至四十七年一月间，漠北喀尔喀赛音诺颜部西南地带有数百名内地民人擅自越界采挖金沙，赛音诺颜部盟长车布登扎布遵照乌里雅苏台将军指令派额外笔帖式多尔济扎布会同扎萨克图汗齐旺巴勒斋前往驱逐。乾隆皇帝闻奏后认为漠北地方"聚至五百余民，断非一时骤至"，传谕新任乌里雅苏台将军奎林到任后亲自查明蒙古人是否合伙私募，挖金始于何年，偷挖者来自何省等情况，从速驱逐挖金人，若"不遵例法，妄加生事，立即剿办，切勿姑息"，并晓谕各该省大员等一体详查办理。①

乾隆四十七年三月，奎林回奏，此前派出的额外笔帖式多尔济扎布等在鄂郭托尔地方发现的挖金者均来自陕西、甘肃、山西等地，自称"风闻蒙古地方产金，遂有七百余人至此，现已有四百余人陆续返回原籍"，剩余二百余人已驱逐。乾隆皇帝又斥责奎林奏报不详，并质问：自去年六月至本年正月，陆续聚集七百余人，非一时之事；民人成群出边，归化城、杀虎口、张家口边关官兵为何任其出关？须彻底查清此等民人共挖多少金沙，其中先行返回之人带走多少，余下多少等情况。②此后奎林再次上奏称，据多尔济扎布及守备富浑等禀报，"伊等已将哈齐布齐等处过冬民人俱行逐回，未闻蒙古人图利引民挖金之情。且札萨克图汗齐旺巴勒斋亦到此，复经究问，俱与多尔济扎布、富浑所言相同"。并提出，为严查偷挖金沙之民，请在赛音诺颜、扎萨克图汗两部交界处设立卡伦，派扎萨克轮班督管。③

清代蒙古文档案中较为详细地记载了有关民人偷挖金沙的地点及设卡情况：

> 乾隆四十六年，山西、陕西、甘肃等地约七百人擅自越界到漠北赛音诺颜部左翼右旗扎萨克一等台吉索诺木衮布、扎萨克图汗部左翼后旗扎萨克辅国公拉沁苏咙旗境内的昭莫多、额布尔滚、哈日商达、额勒苏土胡图勒等地偷挖金沙。为此，时任乌里雅苏台将军庆桂等及时奏报朝廷，乌里雅苏台参赞大臣协同喀尔喀西二盟盟长等商讨对策，派笔帖式多尔济扎布，同扎萨克图汗齐旺巴勒斋前往巡察并予以驱逐。为杜绝偷挖事件再次发生，于乾隆四十九年，经乌里雅苏台将军奎林奏准，并同赛音诺颜部和扎萨克图汗部盟长等具体商讨、勘察，在上述二旗和额尔德尼班第达呼图克图旗境内，东南自霍尔顺，西北到哈日商达设置十座卡伦，令赛音诺颜部左翼右旗、扎萨克

---

① 《寄信档》，乾隆四十七年二月初十日，中国第一历史档案馆藏（下同），档案号：03-136-2-012。

② 《寄信档》，乾隆四十七年三月初六日，档案号：03-136-2-022。

③ 《寄信档》，乾隆四十七年三月二十五日，档案号：03-136-2-029。

图汗部左翼后旗出派官兵长年驻卡巡察。①

这 10 座卡伦由东向西分别为：霍尔顺、宝敖敏胡都克、塔阿奇、珠拉哈纳、巴木布、额布尔滚、召哈、额勒苏土胡图勒、乌珠尔滚、哈日商达。其大致方位为当时的赛音诺颜部西南部到扎萨克图汗部东南部，今蒙古国南戈壁省西南部和巴彦洪戈尔省南部，约东经 98° 至 102° 之间，其中召哈卡伦在北纬 44.5°，东经 99° 附近。上述 10 座卡伦隶属乌里雅苏台将军监管，驻卡弁兵由赛音诺颜部和扎萨克图汗部派出。

（二）第一次增设

乾隆四十九年始设金山卡伦之后，其巡查区域内偷挖事件基本得到控制，但卡伦以西到科布多参赞大臣所属扎哈沁旗东界之空闲地带又出现民人挖金、锡等矿产事件。② 为此，清廷饬令乌里雅苏台将军等派员查明，采取对策，严加管理。乾隆五十三年七月，乌里雅苏台参赞大臣在《为派员巡察金山卡伦并自扎萨克图汗部至扎哈沁地界设卡杜绝之事》一折中奏称：扎哈沁地界与扎萨克图汗部左翼右旗扎萨克镇国公贡楚克多尔济游牧地接壤，由此向东包括扎萨克图汗部中右翼左旗扎萨克一等台吉衮楚克、中右翼末旗扎萨克辅国公格哩克、右翼前旗辅国公达什车林、右翼后末旗扎萨克一等台吉达什琳沁、左翼后旗扎萨克辅国公拉沁苏咙游牧地均属空旷地带，为杜绝挖金、锡等矿沙之民的来路，防制旗民外逃，建议从已设额布尔滚、哈日商达、额勒苏土胡图勒等金山卡伦向西到科布多所属扎哈沁界，由上述扎萨克图汗部六旗就近增设卡伦巡察会哨。③

乾隆五十三年七月十五日，乌里雅苏台将军处派章京格林布带领赛音诺颜、扎萨克图汗二部两名协理台吉前往额布尔滚等前已设置的十座卡伦处查看有无偷挖金沙之民，并商讨自额布尔滚等十座卡伦到扎哈沁界应增设几座卡伦，及其如何派员坐卡会哨等事。④ 不久，乌里雅苏台将军根据格林布等查勘报告奏报乾隆帝，又增设十座卡伦。此次增设的卡伦位于西起塔赫和硕（扎萨克图汗部左翼右旗扎萨克镇国公贡楚克多尔济牧地与科布多所属扎哈沁旗交界处），东到前已设置的哈日商达卡伦之间。其中，考虑塔赫和硕一卡地处关隘，情形复杂，决定将派驻章京二人，兵八人，其余

① 《盟长扎萨克图汗之文》，乾隆五十五年七月二十日，蒙古国家档案馆影印《扎萨克图汗部要事档》（蒙古文档案，未公开发行），第125页。
② 《盟长扎萨克图汗之文》，乾隆五十五年七月二十日，《扎萨克图汗部要事档》，第122页。
③ 《盟长扎萨克图汗之文》，乾隆五十五年七月二十日，《扎萨克图汗部要事档》，第123页。
④ 《盟长扎萨克图汗之文》，乾隆五十五年七月二十日，《扎萨克图汗部要事档》，第123页。

九座卡伦每卡派章京一人，兵四人。①令扎萨克图汗部为新增设的十座卡伦派出一名协理台吉，按三个月轮班坐卡。②扎萨克图汗部盟长齐旺巴勒斋接到增设卡伦的任务之后，立刻告知本部相关各旗开展部署：扎萨克图汗部左翼后旗扎萨克辅国公拉沁苏咙旗抽调协理一名，中右翼左旗扎萨克一等台吉衮楚克等六旗分别派出驻卡章京及卡伦兵丁；同时下令上述弁兵各自备齐所需武器装备、乘骑驼马、食物、帐篷等，自巴噶斋日木向西到塔赫和硕之间酌情选址十处，"本年秋中月初五日准时抵达各卡驻守，失约则严惩"；以辅国公拉沁苏咙旗分摊的差役为例，该旗"派出驻巴喇尔图日滚之卡伦兵四名，管理卡伦台吉或图什莫勒一名"。③

此次增设的十座卡伦由东向西分别为：巴噶斋日木、斋日敏布拉克、巴喇尔图日滚、哈坦海日罕布拉克、什喇呼鲁苏、哈日德勒、海尔罕巴彦鄂博、乌日图、海尔罕布拉克、塔赫和硕。其方位在当时的扎萨克图汗部南部和西南部，今蒙古国戈壁阿尔泰、巴彦洪戈尔二省南部，约东经94°至98°之间。至此，金山卡伦总数由最初的10座升至20座。按照清廷有关漠北卡伦管理制度和相关规定，上述二十座卡伦由赛音诺颜、扎萨克图二部各派出一名管理金山卡伦扎萨克，以三年为一班轮流管理。④

（三）第二次增设

乾隆五十三年之后的40余年间，在金山卡伦巡逻区域之外围，即召哈卡伦之南翁滚乌兰等地又陆续发生民人偷挖金沙事件。嘉庆十三年（1808），乌里雅苏台将军衙门遵照理藩院的指令，饬令扎萨克图汗部盟长等迅速查明并上报有关金山卡伦的情况：其一，查明扎萨克图汗部左翼后旗扎萨克辅国公敏珠尔多尔济、右翼前旗扎萨克一等台吉蒙衮扎布、达什车林等人游牧地西南部所设金山卡伦的设置时间及其派驻弁兵情况。其二，查明卡伦外属哪一部之游牧地。其三，扎萨克图汗部南面与阿拉善厄鲁特、额济纳土尔扈特交界处，以及西面与巴里坤、扎哈沁交界处是否设有卡伦？⑤副盟长和托挥特王随后详细汇报了前已设20座卡伦的设置和驻卡情

---

① 《（扎萨克图汗部）副盟长和托挥特王之文》，嘉庆十三年四月二十七日，《扎萨克图汗部要事档》，第127—128页。

② 《（扎萨克图汗部）副盟长和托挥特王之文》，嘉庆十三年四月二十七日，《扎萨克图汗部要事档》，第126—128页。

③ 《盟长扎萨克图汗之文》，乾隆五十五年七月二十日，《扎萨克图汗部要事档》，第124—125页。

④ 《（扎萨克图汗部）副盟长和托挥特王之文》，嘉庆十三年四月二十七日，《扎萨克图汗部要事档》，第126—128页。

⑤ 《（扎萨克图汗部）副盟长和托挥特王之文》，嘉庆十三年四月二十七日，《扎萨克图汗部要事档》，第126—128页。

况，并称："金山卡伦外有赛音诺颜部扎萨克罗布桑达什、额尔德尼班弟达胡土克图、扎萨克图汗部敏珠尔多尔济、扎萨克达什车林、蒙衮扎布等旗牧地。其南边为阿拉善厄鲁特、额济纳土尔扈特，西边为巴里坤、扎哈沁界。但暂不明彼处是否设有卡伦。"[1]

道光二年（1822），杜鲁木扎布任卡伦扎萨克时又发现 67 名民人到翁滚乌兰地方偷挖金沙；之后的道光五年七月仍有民人擅自采挖，被时任卡伦扎萨克达木琳扎布派兵驱逐。[2] 于是道光六年，乌里雅苏台将军谴责扎萨克图汗和赛音诺颜二部盟长等前次未能查明翁滚乌兰一带为何旗游牧地，应属哪一卡伦负责巡察等情，要求此次务必详查上报。[3] 西二部盟长遵令派出公品级扎萨克卫塔布多尔济、那木吉勒多尔济等前往召哈卡伦处查看，并报称：翁滚乌兰为扎萨克图汗部左翼后旗扎萨克辅国公敏珠尔多尔济旗之西南旗界。此前在乾隆四十七年由乌里雅苏台将军、库伦办事大臣、四部盟长及副将军等一同划定各旗游牧地时，将敏珠尔多尔济旗西界划定为自阿达日勒、萨达日勒到乌布尔滚一线。乾隆四十九年设置金山卡伦时，沿这条旗界设置召哈、额勒苏土胡图勒、乌珠尔滚等卡伦；嘉庆十年亦按这一旗界绘制该旗游牧图，报送理藩院备案。[4] 经过追查，赛、扎二盟一概否认翁滚乌兰一带为其所辖牧地。在乌里雅苏台将军的督促下，西二盟采取了对翁滚乌兰地区的防范措施，但由于该二部官差负担过重，无力增设卡伦，只是将该地区的巡察任务交给原设召哈卡伦官兵巡察，并告知该卡伦附近各旗台吉等，必要时须带兵协助卡伦扎萨克驱逐和追捕偷金沙之民。[5] 但上述措施并不能杜绝翁滚乌兰山一带的偷挖行为，因翁滚乌兰山与召哈卡伦相距四五百华里路程，途中向来无人居住，地域宽广，地形复杂，偷挖者躲藏山中，召哈卡伦章京等事实上难以巡查。

道光十年，赛音诺颜部盟长等报称，又有十五名来自甘肃省的民人于当年四月十四日擅自进入金山卡伦区域，其中吕氏等七人到小沙岭山，杨氏等八人到翁滚乌兰山偷挖金沙。到翁滚乌兰山的八人被卡伦扎萨克达木琳扎布带兵捉拿，一人因病死亡，查获金沙五两，骆驼十一峰；到小沙岭山的七人中一人被卡伦台吉敏珠尔多尔济

① 《（扎萨克图汗部）副盟长和托挥特王之文》，嘉庆十三年四月二十七日，《扎萨克图汗部要事档》，第127—128页。

② 《扎克毕喇色钦毕都里雅诺尔盟盟长曼达尔瓦尔、齐齐尔里克盟盟长车林多尔济等之文》，道光六年九月十三日，《扎萨克图汗部要事档》，第150页。

③ 《扎克毕喇色钦毕都里雅诺尔盟盟长曼达尔瓦尔、齐齐尔里克盟盟长车林多尔济等之文》，道光六年九月十三日，《扎萨克图汗部要事档》，第151—153页。

④ 《扎克毕喇色钦毕都里雅诺尔盟盟长曼达尔瓦尔、齐齐尔里克盟盟长车林多尔济等之文》，道光六年九月十三日，《扎萨克图汗部要事档》，第153页。

⑤ 《扎克毕喇色钦毕都里雅诺尔盟盟长曼达尔瓦尔、齐齐尔里克盟盟长车林多尔济等之文》，道光六年九月十三日，《扎萨克图汗部要事档》，第158—160页。

捉拿，其余六人乘骑骆驼逃匿，最终敏珠尔多尔济将捉拿的一人也放走。^①乌里雅苏台将军等遵照清廷指令，将捉拿到的挖金人及缴获金沙如数押送科布多参赞大臣处，派员通过驿站送交陕甘总督衙门处置；同时令西二盟盟长等查明敏珠尔多尔济失职之事，将缴获的十一峰骆驼赏给捉拿偷挖民人之弁兵，并督促查拿在逃七人。^②为彻底杜绝内地民人进入漠北偷挖，这一年经乌里雅苏台将军奏准，清廷批准在翁滚乌兰一带增设二座卡伦，以扼守要隘，加强巡查；并传谕陕甘总督，其属民若擅自越界，将追查严惩相关官吏。为此，管理卡伦扎萨克达木琳扎布亲自到翁滚乌兰山落实增设卡伦选址、弁兵调派等事宜，并绘制地形和卡伦图呈交备案。^③九月，在翁滚乌兰山南之托里布拉克、额肯郭勒两地分别设置一座卡伦。西二盟盟长为减轻百姓差役负担，从前设二十座卡伦弁兵中抽调章京二人，兵丁十八人遣往上述两地驻守。^④至此，金山卡伦数量最终达到二十二座。此次增设的托里布拉克、额肯郭勒两座卡伦均在当时的赛音诺颜部境内，即今蒙古国巴彦洪戈尔省南部的托里布拉克泊及额肯郭勒河，约在北纬43.2°，东经99.5°。

二、金山卡伦的暂撤与复设

（一）暂撤

同治初年发生西北回民起义后，清廷曾令乌里雅苏台将军先后调派包括赛音诺颜、扎萨克图汗部在内的漠北兵力前往新疆等地围剿起义军，但后来部分义军北上进入漠北，反而影响到金山卡伦的正常巡查。同治九年（1870），库伦办事大臣张廷岳奏称："内地剿败余匪由扎萨克阿毕尔米特游牧窜入土谢图汗部落，到处滋扰，复在赛因诺颜部落肆行焚抢，蒙古人众闻警逃散，并探另有大股匪徒图犯库伦。"张廷岳为此咨乌里雅苏台将军转饬喀尔喀赛音诺颜等部派兵夹击，同治帝还特授其调派卡伦弁兵之权，"所有驻扎卡伦之蒙兵一千五百名，着准其暂行檄调"。^⑤

义军在漠北的活动最终导致清廷暂撤金山卡伦。同治十一年，乌里雅苏台将军

---

① 《扎萨克图汗部盟长之文》，道光十年十月初四日，《扎萨克图汗部要事档》，第161—162页。

② 《扎萨克图汗部盟长之文》，道光十年十月初四日，《扎萨克图汗部要事档》，第161—167页。

③ 《扎萨克图汗部盟长之文》，道光十年十月初四日，《扎萨克图汗部要事档》，第167页。

④ 《扎克毕喇色钦毕都里雅诺尔盟盟长副盟长之文》，光绪二十九年七月，《扎萨克图汗部要事档》，第138页。

⑤ 《清穆宗实录》卷280，同治九年四月辛丑。

奎昌等奏：“甘省肃州回匪于八月间分窜出关，在白托罗盖及金山卡伦等处扰掠，有图扑乌、科、库伦之说。”[①] 次年二月，乌里雅苏台将军长顺等以“回匪屡扰赛、扎两盟游牧”为由，奏准将扎萨克图汗部左翼后旗扎萨克辅国公车德恩敦多布多尔济旗移于赛音诺颜部右翼右后旗副将军王格里克扎木楚和扎萨克玛尼巴拉等旗游牧，令赛音诺颜部扎萨克阿毕尔密特旗移于本部赛音诺颜旗亲王车林端多布等旗游牧，同时“两盟南界金山卡伦亦令暂撤，俾作清野之计”。[②] 乌里雅苏台将军杜嘎尔的奏折也较为详细地记述了金山卡伦暂撤的整个过程：同治十年，因赛音诺颜等部各旗境内“贼匪出没”，道途梗阻，经前署将军奎昌等奏明，暂停金山卡伦巡查；十二年因“回匪滋扰”，该游牧复经前署将军长顺等奏明迁移他处游牧，“暂撤金山等卡，俾作清野，断贼来路”。[③] 喀尔喀西二盟呈报的蒙古文档案亦记述了同治十二年二月金山卡伦暂撤前后情形。[④]

（二）复设

清廷镇压西北回民起义后，漠北局势也得到了稳定，于是清廷令乌里雅苏台将军等恢复漠北金山卡伦。但由于喀尔喀民众承担的差役繁重，加上连年遭受天灾，金山卡伦之复设又拖延了十余年。光绪十年（1884），乌里雅苏台将军杜嘎尔督促喀尔喀驻班副将、扎萨克图汗、赛音诺颜二部盟长等恢复金山卡伦，驻卡巡查，并将复设时间定在次年九月间。但到光绪十一年，二部盟长仍然声称人力、财力不足，且原金山卡伦一带因长年无人居住已变为荒野，水井干涸，弁兵无法驻守，恳请乌里雅苏台将军上奏朝廷准予暂缓。杜嘎尔斥责西二盟实为借故推托朝廷大事，如此拖延，则盟长等必受严惩，务于当年九月间复设金山卡伦，照例将各卡复设时间和驻卡弁兵姓名、年龄以及武器装备等情造册详报于将军衙门。[⑤] 在清廷和乌里雅苏台将军再三督促之下，西二盟盟长始着手筹备复设事宜，告知相关各旗于光绪十一年九月前抽调弁兵，复设二十二座金山卡伦。管理卡伦扎萨克则仍由西二盟以三年为期轮流派出，复设当

① 《清穆宗实录》卷343，同治十一年十月乙亥。

② 赵尔巽等：《清史稿》卷521《藩部四·喀尔喀赛因诺颜部》，中华书局，1976年，14431页。

③ 《宫中档朱批奏折》，光绪十二年二月初十日乌里雅苏台将军杜嘎尔奏，中国第一历史档案馆藏（下同），档案号：04-01-01-0955-020。

④ 《西二盟管理金山卡伦之扎萨克玛尼达喇文》，光绪十一年八月十一日，《扎萨克图汗部要事档》，第185—189页。

⑤ 《西二盟管理金山卡伦之扎萨克玛尼达喇文》，光绪十一年八月十一日，《扎萨克图汗部要事档》，第185—189页。

年由扎萨克图汗部玛呢巴咂尔担任此职。①

光绪十二年二月初十日，乌里雅苏台将军杜嘎尔《奏为派员勘查设复金山等卡情形事》一折具体记述了金山卡伦复设情形：

> 经奴才札饬该两盟（即赛音诺颜、扎萨克图汗部）将前撤原卡照章设复，以归旧制……至光绪十一年九月间，始据西两盟盟长等陆续报称将前撤卡伦官兵照章如数设齐，派委扎萨克玛呢达尔（即上文中的玛呢巴咂尔）管理等情。奴才当即派委笔帖式奇成额等往查……设复卡伦二十二处，官兵一百六员名，管理扎萨克一员。②

光绪十二年十一月，杜嘎尔又奏称："乌里雅苏台所属三（赛）、扎两盟游牧西南界内有金山、翁滚山二处出有矿沙，向设卡伦二十二处，由该两盟分派官兵驻守逡巡，并由该两盟轮派扎萨克一员经管。"③可见，金山卡伦撤卡十余年后，于光绪十一年九月如数复设，并派兵驻卡巡逻。

这里需要指出的是，杜嘎尔折中并列"金山""翁滚山"（翁滚乌兰山之简称）两个地名，看似两座具体的山名，实际并非如此。金山二十二处卡伦分布于漠北喀尔喀西二盟南部（今蒙古国戈壁阿尔泰、巴彦洪戈尔二省南部及南戈壁省西南部的瑙云以西区域），周边有赛音诺颜部左翼右旗，扎萨克图汗部左翼后旗、右翼前旗，以及额尔德尼班弟达胡土克图喇嘛等旗游牧地，南接漠南套西阿拉善厄鲁特、额济纳土尔扈特二旗及甘肃北境，西南抵伊犁将军所属巴里坤界，西与科布多所属扎哈沁旗接壤，占据了东经94°至102°之间的广阔区域，东西相距上千里，南北亦有数百里。可见所谓"金山卡伦"这一概念中的"金山"并非指某一座山，而指上述众多卡伦的巡查区域，是以守护金沙等矿产为目的而设置的所有卡伦之统称。若列出该区域内民人当时偷挖金沙之具体山峰，则文献、档案中记载的有赛音诺颜部境内的鄂古真乌兰努克、扎萨克图汗部境内的翁滚乌兰、小沙岭等诸众多山峰。只是在道光年间，乌里雅苏台将军衙门及喀尔喀西二盟在查办翁滚山一带挖金情形并增设卡伦过程中，将翁滚山与原设二十座金山卡伦区分开来予以重点汇报，从而出现"金山、翁滚山"这样不规范的说法，之后这一提法逐渐成为习惯称呼。

---

① 《西二盟管理金山卡伦之扎萨克玛尼达喇文》，光绪十一年八月十一日，《扎萨克图汗部要事档》，第185页。

② 《宫中档朱批奏折》，光绪十二年二月初十日乌里雅苏台将军杜嘎尔奏，档案号：04-01-01-0955-020。

③ 《宫中档朱批奏折》，光绪十二年十一月十一日乌里雅苏台将军杜嘎尔等奏，档案号：04-01-01-0956-057。

（三）差役摊派

在对金山卡伦的管理中，清廷严格执行了在漠北推行的兵役制度。清代漠北喀尔喀各扎萨克旗具有军政合一，兵民一体的双重性质，旗下苏木（佐）箭丁为清廷服兵役，承担各项朝廷差役。驻卡差役也是照此执行，具体办法是将派驻金山卡伦的弁兵纳入喀尔喀四部承担的朝廷差役范畴，按各旗佐领和箭丁人数予以摊派，通过不同途径落实，或派出弁兵，或缴纳差役抵补银两。四部所承担的朝廷差役均按各部箭丁数额予以摊派，同时兼用"差丁折银均摊"的方法将一名箭丁换算为 80 至 90 两银，若不能派出弁兵，则以定额银两抵补。金山卡伦的驻卡任务看似只由西面的赛音诺颜和扎萨克图汗二部承担，其实东面的土谢图汗和车臣汗二部同样参与其中，按各该部箭丁人分摊金山卡伦差役，只是由于路途遥远等原因，以差银抵补的形式分担。

光绪三十年冬季，四部盟长会聚乌里雅苏台城，对金山卡伦在内的历年朝廷差役作了清算。其中与金山卡伦相关联的差役人数及其差役抵补银换算等项具体情况如下：派携家眷兵 105 人，每人折银 90 两；管理卡伦扎萨克一人，折银 80 两；协理台吉一人，折银 80 两；胡图勒一人，折银 10 两，以上合计 9620 两银。将该项差役折合银两按照四部均摊法分到当时四部箭丁总数 21015 人头上，每丁承担的差役抵补金额为 0.46 两银。[①] 这样，东二盟根据各自箭丁总人数，按照上述定额向西二盟缴纳差役抵补银，西二盟则遵照朝廷规定的金山卡伦驻卡官兵人数，全额派出弁兵驻卡巡逻。

综上所述，清代漠北金山卡伦于乾隆四十九年始设十卡，乾隆五十三年增设十卡，道光十年再增二卡，总数二十二座。同治十二年二月因受西北回民起义的波及，金山卡伦暂时撤卡；到光绪十一年九月又如数恢复，直至清朝灭亡再未发生变化。在其存在的百余年间，金山卡伦一直被置于清廷的高度关注和严格管理之下，其设置、撤销、复设等关键环节均交由皇帝最终裁夺；派驻金山卡伦的官兵由喀尔喀四部遵照清廷相关兵役制度进行摊派，或派弁兵，或缴纳差银抵补；同时还制订了一套巡查卡伦制度，即乌里雅苏台将军等漠北各级军政长官每年秋季定期对金山卡伦官兵的驻卡情况进行巡查，并如实地奏报清廷。巡查制度自乾隆四十九年始设金山卡伦起就开始执行，除了暂撤时段之外，直至清朝灭亡都未中断。以清朝最后两年为例：宣统二年（1910）九月初五日，乌里雅苏台将军堃岫等在《本年派员查勘金山卡伦并无偷挖情弊》一折中报呈："金山卡伦……每年秋季由臣等派员往查有无偷挖矿沙情弊……今届查勘之期，臣等委派笔帖式瑞昆等往查……会同管卡扎萨克玛呢巴哑

---

① 　《光绪三十年冬四部汇聚乌里雅苏台清理金山卡伦驻卡等差役事》，［蒙］沙・那楚克多尔济《喀尔喀四部摊派各类差役档》（畏兀体蒙文手抄本）。

尔查得，金山、翁滚山二处并无偷挖矿沙情弊，及各卡官兵数目亦各相符。"① 宣统三年九月十二日，乌里雅苏台将军奎芳等仍照例奏报金山卡伦无偷挖情形，巡查正常等情。②

（中国人民大学清史研究所）

---

① 《宫中档朱批奏折》，宣统二年九月初五日乌里雅苏台将军堃岫等奏，档案号：04-01-36-0115-039。
② 《军机处录副奏折》，宣统三年九月十二日乌里雅苏台将军奎芳等奏，中国第一历史档案馆藏，档案号：03-9648-057。

赛尔乌苏地理位置考析[*]

刘文鹏

在清代自张家口通往乌里雅苏台、库伦的北路台站中，有一个非常关键的点，即赛尔乌苏。这个词非常频繁地出现在清代留下来的实录、会典等各种官方典籍，及很多的私人著述笔记中。但在如何认识赛尔乌苏的地理位置方面，清代会典中的记载并不准确，后世学者对其地理位置的考证也有欠准确者。谭其骧先生主编的《中国历史地图集》第八册"乌里雅苏台图"（以下简称谭图）亦将赛尔乌苏标在"戈壁穆呼尔嘎顺台"处。[①] 但金峰先生曾经指出，嘉庆《清会典事例》在记载赛尔乌苏的地理位置这一方面有错误。赛尔乌苏作为一个管理台站的机构，设置地并非嘉庆《清会典事例》所载的赛尔乌苏所属台站的头台"默雷尔噶顺台"（笔者按：即嘉庆会典所载的"戈壁穆呼尔嘎顺台"），而是应该在"与库伦南路的分道处塔拉多伦台。然而塔拉多伦台，在远处往往被赛尔乌苏这一地名所代替"（笔者按：塔拉多伦台即会典所载的"他拉多兰台"）。金文指出会典的这一错误还导致《嘉庆重修一统志》《蒙古游牧记》和谭图都以会典事例为依据，犯了同样的错误，但金文在此未能提供充分的资料支持。[②]

那到底该如何理解"赛尔乌苏"这个词，赛尔乌苏确切的地理位置到底在哪里呢？笔者拟通过在文献档案中的发现，略作考析。

---

[*] 　原刊于《中央民族大学学报》（哲学社会科学版）2020年第1期。

① 　谭其骧主编：《中国历史地图集·清时期》第八册"乌里雅苏台"，中国地图出版社，1987年，第55—56页。

② 　金峰：《清代外蒙古北路驿站》，载《中国蒙古史学会成立大会纪念集刊》，1979年。

一、在清代档案文献中赛尔乌苏出现的两种语境辨析

在清代官方档案中，"赛尔乌苏"经常出现在两种语境之下。

首先，作为清代北路阿尔泰台站中一段台站之管理机构的驻地，赛尔乌苏常指这个机构的辖区。清代的阿尔泰军台是指自张家口外第 1 个台站察汉托罗台，经内蒙古察哈尔、四子部落共 18 站，然后进入外蒙古，经 4 站至图古里克台，共 23 个台站，归在张家口驻扎的司员管理。从第 24 台戈壁穆呼尔嘎顺台开始至哈达图台，共 21 站，归赛尔乌苏司员管理。以上 44 个台站统辖于驻扎在张家口的察哈尔都统，习惯称为阿尔泰军台。①

由以上可以看出，赛尔乌苏在阿尔泰军台路途之上具有独特的地理位置。由京师至喀尔喀蒙古的驿路，出张家口，穿越内蒙古进入喀尔喀蒙古，在赛尔乌苏台分为两路，一路向西北至乌里雅苏台、科布多地区，另一路由赛尔乌苏向东北通往库伦、恰克图。赛尔乌苏地处戈壁之中，自然条件非常恶劣，"一望沙漠。牲畜稀少。薪水维艰"。②但由于它位于三岔路口，南通张家口，西北可至乌里雅苏台，东北可至库伦，是张家口、乌里雅苏台和库伦三个方向路驿站的交汇点，因此被视为张家口外最重要的一个台站，是往返于张家口、乌里雅苏台、科布多、库伦、恰克图等地区的差使、官员们必经之路、必宿之地，地理位置极其重要。故，清朝在赛尔乌苏台一地专门设置管理台站司员，由理藩院派员驻扎。赛尔乌苏台站管理司员与张家口、杀虎口、独石口、喜峰口、古北口各处的司员平级，为管理蒙古驿站六名司员之一。所谓司员，又称部员，就是从理藩院旗籍、王会、柔远、典属、理刑、徕远六个清吏司的郎中、员外郎中抽调满蒙官员，轮流到这六个地方专门管理驿站军台，其级别为正五品或从五品。这些管理台站司员每 2 年轮换一次，但若有需要，经察哈尔都统奏请中央批准，可以有多个任期。能够作为长城以外唯一一处与长城五口的台站管理司员平级的官员，足见赛尔乌苏司员所受清朝之重视。

因此，赛尔乌苏在清代官方文书中常指对本段 21 个台站所在之辖区。如道光六年（1826 年）七月，兵部寄给乌里雅苏台的一件 600 里加急快递被迟延两日多，后经核查，"经张家口管站部员检举，该员所辖二十三台迟误一日有余。复经查出赛尔乌苏所辖二十一台，亦迟误一日有余。请将阿尔泰军台四十四站正副扎兰章京等，全行

---

① 关于阿尔泰军台所属，《清会典事例》亦有矛盾之处。光绪《钦定大清会典事例》卷982 "理藩院" 的边务条目下，将张家口外直至乌里雅苏台和科布多的台站均归入 "阿尔泰军台" 之下。光绪《钦定大清会典事例》卷658，"兵部" 之下，则谓阿尔泰军台专指张家口外的44台。虽然金峰先生持第一种说法，详见金峰《清代外蒙古北路驿站》。但赛尔乌苏所辖21处台站肯定属阿尔泰军台，当确切无疑。

② 《清穆宗实录》卷301，同治九年十二月乙酉。

革去顶带，管站部员分别交议"。^①

赛尔乌苏管辖 21 个驿站，大约有 1500 余里长的区域。所以，清代的官方文献档案中，每提及"赛尔乌苏"，常指这个区域。如，同治时期，为应对新疆的乱局，清朝在外蒙古调兵遣将，"福济等以大兵渐集，粮饷亟宜豫筹，请饬直隶山西酌派实缺道府出口，在赛尔乌苏一带督办后路粮台"。^②很明显，这个材料中所说的"赛尔乌苏"是指在赛尔乌苏所辖台站之区域。

其次，在清代的很多行政文书中，赛尔乌苏常用来代指设于当地的那个台站。

根据嘉庆《大清会典事例·置驿四》所载，赛尔乌苏站为张家口外的第 24 站"戈壁穆呼尔嘎顺台"，"戈壁穆呼尔嘎顺台，副参领一员，领催一名，马甲六名，乌拉齐十名，蒙古包二架，马十四，驼三十只，察克达章京一员，兵十名，马四十四匹，驼二十二只"。光绪《清会典事例》沿袭此说。另据嘉庆《清会典事例·驿程二》记载，张家口外阿尔泰军台的台站里程、顺序如下：

自皇华驿至乌里雅苏台，共四千九百六十里。四百三十里至张家口，六十里至

1. 察汉托罗台，五十里至

2. 布尔嘎素台，六十里至

3. 哈柳图台，四十里至

4. 鄂拉呼都克台，七十里至

5. 奎素图台，六十里至

6. 扎噶苏台，五十里至

7. 明爱台，五十里至

8. 察察尔图台，六十里至

9. 沁岱台，八十里至

10. 乌兰哈达台，七十里至

11. 布母巴图台，七十里至

12. 锡拉哈达台，五十里至

13. 布鲁图台，五十里至

14. 乌兰呼都克台，七十里至

15. 察哈呼都克台，四十里至

16. 锡拉木楞台，八十里至

17. 鄂兰呼都克台，六十里至

18. 吉思洪呼尔台。（由此进入喀尔喀蒙古）五十里至

---

① 《清宣宗实录》卷106，道光六年九月戊戌。

② 《清穆宗实录》卷299，同治九年十二月甲子。

19. 奇拉伊穆呼尔台，八十里至

20. 布笼台，六十里至

21. 苏吉布拉克台，五十里至

22. 托里布拉克台，七十里至

23. 图古里克台，九十里至

24. 赛尔乌苏台，一百里至

25. 戈壁和尼奇台，七十里至

26. 戈壁毕勒克库台，八十里至

27. 戈壁哈扎布巴台，八十里至

28. 戈壁扎拉图台，六十里至

29. 戈壁卓博哩台，六十里至

30. 博罗额巴台，六十五里至

31. 库图勒多兰台，五十里至

32. 他拉多兰台，七十里至

33. 莫敦台，九十里至

34. 哈必尔噶台，六十里至

35. 什巴尔台，七十里至

36. 罗萨台，七十里至

37. 哲林穆台，五十里至

38. 沙克珠尔嘎台，七十里至

39. 察布齐尔台，六十五里至

40. 哈沙图台，七十五里至

41. 哲林台，九十里至

42. 恩依锦台，七十里至

43. 乌讷克特台，六十五里至

44. 哈达图台（以上44台站归阿尔泰军台都统管理，以下台站归定边左副将军管理），八十里至……

在清代官方文件与私人著述中，为简便起见，这44个军台经常省略全名，按照第一台、第二台……这样的序号来代指。^① 按以上清会典事例所列，赛尔乌苏台就是第 24 台，也称穆呼尔嘎顺台或戈壁穆呼尔嘎顺台，在清人文件中，或被写为穆霍尔嘎顺。再如咸丰十一年（1861），清廷从俄罗斯购买枪炮武器，专门从圆明园、健锐营、外火器营中抽调 60 名官兵前往恰克图接收、试演，谕曰："此次兵丁，谕令色克通额、多尔济那木凯就近管带演习。并谕令庆昀派员护送该兵丁至赛尔乌苏地方。再由色克通额等派员迎护，送至恰克图。以期沿途安静行走。"^② 又如，光绪九年（1883）六月戊午，朝廷上谕曰："玉山、乌拉布奏：台路梗塞，亟宜设法疏通一折。据称此次致祭三音诺彦取道台路，自默霍尔嘎顺至赛尔乌苏各台，旱灾甚重，驼马倒毙殆尽。亟宜疏通要差。"^③

这两个事例中的"赛尔乌苏"应该是专指它所在的台站。而且，从这则材料也可以看出，既然《清实录》说"自默霍尔嘎顺至赛尔乌苏各台"，那么赛尔乌苏台与默霍尔嘎顺台必然不是一个地方。然而，赛尔乌苏台的具体地址在哪里呢？

从驿程角度来分析，根据嘉庆会典事例所载，由赛尔乌苏至库伦的台站路径为：自皇华驿至库伦共二千八百八十里，一千九百里至赛尔乌苏台，六十里至掁吉台，六十里至苏鲁海台，六十里至毕拉噶库台，六十里至巴彦和硕台，六十里至博罗达噶台，八十里至套哩木台，六十里至莫敦台，六十里至那蓝台，一百里至他拉布拉克台，八十里至佛都尔多布台，七十里至吉尔噶朗台，七十里至布哈台，六十里至布库克台，六十里至图拉河台，四十里至库伦。

赛尔乌苏后面即为掁吉台（也称搜吉台），谭图未标出；然后为苏鲁海台，谭图标出。但在谭图上，从地理位置来看，赛尔乌苏距离苏鲁海台的里程远远超过 120 里。也就是说，谭图标出的赛尔乌苏台并不能与搜吉台、苏鲁海台直接相接，也就不能成为张家口至乌里雅苏台与张家口至库伦两条驿路的交汇点。相反，第 32 台他拉

---

① 张家口至喀尔喀蒙古地区台站序号的使用，自雍乾之际已经开始。据《清世宗实录》卷111载，雍正九年十月癸丑，"管理阿尔泰台站郎中伦岱折奏：前因贼人扰乱，台站不通，臣遵上谕按站沿台，安抚蒙古。前至二十二台，皆已安定。随据赛尔乌苏等处管理台站委署章京常保报称，由二十三台直抵三十台，皆接续安抚。又据鄂尔斋图果尔等处管理台站之员外郎俄星额报称，顺承亲王令其带兵由四十七台至三十一台，俱已接续宁靖。奏入。报闻"。雍正九年的时候，清军在北路喀尔喀蒙古地区的大营位于察汉瘦尔，雍正十一年移至乌里雅苏台，两地相距不远。以上实录材料证明，在清军大营移驻乌里雅苏台之前，北路张家口外台站的序号已经开始在官方文书中使用。又据《清高宗实录》卷15载：乾隆元年三月乙卯，"协理军台事务总管觉和托奏请，将二十四台移于克勒。扎拉腰站，移于桑衮达赖。二十五台，移于齐希勒达克岱。丁萨腰站，移于哲格苏泰。二十六台，移于西巴尔图。二十七台，移于乌兰淖尔。下部知之"。可知对于张家口外通往喀尔喀蒙古地区的台站，清代官方自雍乾之际已经普遍使用序号。至于在私人游记、日记中，亦沿用了北路台站的这一序号。
② 《清文宗实录》卷345，咸丰十一年三月庚寅。
③ 《清德宗实录》卷164，光绪九年六月戊午。

多兰台（亦称他拉多兰腰站）的位置更符合会典中有关赛尔乌苏台至掺吉台里程的记载。

《置驿四》："他拉多兰腰站，参领一员，骁骑校一员，领催一名，马甲八名，乌拉齐十名，蒙古包二架，马二十匹，驼三十只，察克达章京一员，兵十名，马四十四匹，驼二十二只。"①

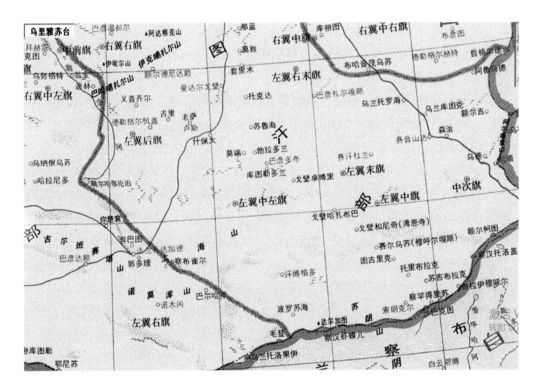

图1　载自"谭图"之"乌里雅苏台"图

那么，赛尔乌苏到底在第24台，还是在第32台？由于事关三条驿路的交汇点，其地理位置必须弄清楚。而且，要想坐实《清会典事例》记载有误，还需要证明整个清代没有调整过赛尔乌苏台站管理司员的驻地。因此，笔者尝试利用另外两类文献资料的记载加以考证和分析。

---

① 以上置驿、驿程内容都引自嘉庆《钦定大清会典事例》卷531《邮政·置驿四》，卷560《邮政·驿程二》，载《近代中国资料丛刊三编》第68辑，台湾文海出版社，1990年。

二、清代档案中有关赛尔乌苏位置的几条关键材料

从乾隆时期到光绪时期，有三则档案材料，明确地记载了赛尔乌苏所在并非第24台穆呼尔嘎顺，而是第32台他拉多兰。

第一个是乌兰巴根所撰《清代库伦南北路驿站考述》[①]一文提供了由赛尔乌苏—库伦驿路初建时的档案材料，这一材料来源于蒙古国档案馆。

乌兰巴根利用存于中国第一历史档案馆和蒙古国国家档案馆所存的清代满文档案，从库伦城和库伦南路台站起源的角度，证明了库伦南北路台站设置的时间和背景。作者指出，在乾隆以前，虽然已经有了恰克图作为中俄贸易枢纽，也有了从张家口到恰克图的商路，但当时尚未设置库伦办事大臣，库伦城也还没有建成。直到乾隆二十一年（1756），在与准噶尔部战争过程中，乾隆皇帝封喀尔喀土谢图汗部和硕亲王桑斋多尔济为喀尔喀左翼将军，前往图拉河畔二世哲布尊丹巴呼图克图驻地办事。哲布尊丹巴活佛驻地本游移不定，时常迁徙，但当时的二世哲布尊丹巴呼图克图圆寂于此地，一时间活佛驻地难以迁徙。此时又有桑斋多尔济亲王来驻，这一地方成为一个固定的行政中心，即后来的库伦城。桑斋多尔济亲王抵达库伦后，曾专门给皇帝上疏，建议设立库伦南北路台站，北路通恰克图，南路接通张家口至乌里雅苏台的台路，这个交叉点就在乌里雅苏台台路的第三十二台塔拉多兰台。"窃惟，自恰克图至塔拉多伦正站接续，由土谢图汗、札萨克图汗、赛音诺颜此三部，酌情分摊十所驿站，以为永驻，以备俄罗斯人行走。"[②]军机处根据乾隆帝的指示，专门讨论此事，亦言："喀尔喀副将军亲王桑斋多尔济奏自恰克图至塔拉多伦军台，接续设站以为永驻，以备俄罗斯人行走。"军机处认为意见可行，乾隆帝批准此事。[③]由此，作者也说："赛尔乌苏台就是塔拉多伦大站，由于阿尔泰军台赛尔乌苏段驿传道官员驻于此站，所以有时叫作赛尔乌苏台。"[④]这个事例证明，自乾隆时期库伦南路驿站初设之时，赛尔乌苏即为他拉多兰台，是由张家口—乌里雅苏台驿路分往库伦之路的起点。

那么在乾隆以后直到清末一个半世纪中，赛尔乌苏衙署地点有没有可能发生变化，改迁到穆呼尔嘎顺呢？我们再看两则清末的材料。

---

①　乌兰巴根：《清代库伦南北路驿站考述》，《中国边疆史地研究》2015年第4期，第97—105页。

②　《桑斋多尔济奏为设立恰克图至塔拉多伦驿站事请旨折》（乾隆二十四年正月二十九日），《满洲统治时期档案全宗》，蒙古国国家档案馆藏，档号M-159，第142—143页。转引自乌兰巴根：《清代库伦南北路驿站考述》，《中国边疆史地研究》2015年第4期。

③　《军机大臣傅恒议奏由恰克图至塔拉多伦设十座驿站以备俄罗斯使臣往来折》（乾隆二十四年二月初六日），《军机处满文录副奏折》，中国第一历史档案馆藏，档号03-0177-1740-005。

④　乌兰巴根：《清代库伦南北路驿站考述》，《中国边疆史地研究》2015年第4期，第97—105页。

第二则材料，是光绪二十三年（1897）二月，察哈尔都统、副都统奏请修葺赛尔乌苏司员年久失修、几乎全部倒闭的衙署的奏折。上奏者明确指出："查赛尔乌苏管站官员衙署北距张家口外三十二台，为南北通中之要地。孤悬沙漠，四顾无依。原有上房三十余间，分为前后二署。东则有关帝庙一座，后殿为万寿宫，两庑供奉龙神、马神。架木为屋，厌泥其顶，墙垣则树松杆，丹垩则草泥涂壁，匠役则求诸和硕，木料则运自库伦。"① 这段档案不仅揭示出，直到清末，赛尔乌苏所谓管站部员衙署的规模，有三十余间房子，远远大于普通驿站，而且，确定赛尔乌苏就在张家口外第32台，并非第24台。

第三则材料是光绪二十四（1898）年，察哈尔都统、副都统奏陈赛尔乌苏所辖台站周边遭受雪灾驼马倒毙严重请求朝廷尽快赈济的奏折。"复据赛尔乌苏管站部员纯锡报称，本属各台入秋以来，未得透雨，水草不生，蒙众受灾，致有饿毙驼马，无草啃食，倒毙几尽。穆呼尔嘎顺等六台被灾尤重，卓布里等五台被灾稍轻……"因此，他们奏请将所需的赈济银二千二百七十二两，"一并交赛尔乌苏管站部员纯锡、穆霍尔嘎顺参领多尔津等，自行就近购买驼马，采办米粮，妥为拯救，分别散放"。② 作为统辖这些台站的最高长官，察哈尔都统对赛尔乌苏的位置自然应该非常清楚。从这段档案文字叙述来看，赛尔乌苏与穆霍尔嘎顺是两个不同的地方，所以才需要"自行就近购买驼马"，证明赛尔乌苏并不在第24台穆霍尔嘎顺。

总之，在以上从乾隆到光绪时期档案中记载的三个事例，非常明确地证明，赛尔乌苏并不在24台穆呼尔嘎顺，而是在第32台的他拉多兰。而且，理藩院驻扎司员的衙署一直就在他拉多兰台站，从未迁移他处。

三、清末民初亲临者日记中对赛尔乌苏的记载

另一类可信性文献材料是亲身到过赛尔乌苏的官员、学者们留下的行程日记、考察日记。这些人是赛尔乌苏位置地点的见证者，他们将对赛尔乌苏的描述留在了他们的日记、游记中。下面我们根据清末民国时期曾经途径该地的人的日记文献资料，做

---

① 国家清史纂修工程数字图书馆所存朱批奏折：《察哈尔都统祥麟、副都统依崇阿奏为赛尔乌苏管站部员衙署及张家口内军台印房年久失修请旨修理事》，光绪二十三年二月二十五日，档号：04-01-37-0143-023。

② 国家清史纂修工程数字图书馆所存朱批奏折：《察哈尔都统祥麟、副都统明秀奏为赛尔乌苏所属台站等处被灾较重，人畜饿毙，请准按原额购补马驼并赈恤灾户事》，光绪二十四年十一月十六日，档号：04-01-07-0026-0012。

进一步分析。

第一个文献材料是《蒙古与蒙古人》。该书作者是俄国人阿·马·波兹德涅耶夫，他奉俄国政府之命于 1893 年，从北京至库伦、乌里雅苏台等地进行考察，详细记载了库伦、乌里雅苏台和科布多以及它们之间的台站道路。波兹德涅耶夫精通蒙古语言与文化，曾获蒙古文学博士学位，他对蒙古各地的记载比较可信。当波兹德涅耶夫行至赛尔乌苏时，他记载到："赛尔乌苏驿站，是库伦—张家口大道与张家口—乌里雅苏台大道的交点，库伦与张家口通向乌里雅苏台的道路从那里开始合而为一……我们的道路通往西南偏南方向。从驿站翻过不高的、山顶布满巨大黑色漂石的哈拉楚鲁山岭，来到一个山谷，山谷西南面又是一条同样的山岭，叫匝门察黑尔，只是上面的石头是白色的。过了这道山岭，直到赛尔乌苏驿站……赛尔乌苏驿站坐落在一片辽阔的平原上，只是在南面和西面才有山峦将平原明显地隔断。矗立在南面的是色尔奔乌拉山和塔里拉克图山，它们又分别叫作纳密赫山和舒布图山，在西边，靠近地平线处是连绵不断的施翁戈乌拉山。驿站的房屋散布在这片平川上。"① 阿·马·波兹德涅耶夫曾身临其境，到过赛尔乌苏，肯定赛尔乌苏为库伦至张家口、乌里雅苏台至张家口两条驿路的交汇点无误。

第二个游记材料是《考察蒙古日记》。该书的作者不详，但在书中对由京师至外蒙古沿途驿站记载非常详细。

"十七日，午前八时四十分，由三十台起程，午后五时抵三十二台——赛尔乌斯。此地为蒙古台站中枢，西北行三十二台至乌里雅苏台，更西通科布多、阿尔泰；北达库伦十四台。有理藩部部员驻此，蒙人称为加尔达，往来之人，须于此换票，因往访之。加尔达姓纪，自称在此当差，困苦万状。有喇嘛多人群聚，盘坐一处，相与歌唱不已。其声抑扬顿挫，隐隐动听。闻系本地风俗，唱者皆受雇而至，或数日或数十日而后止云。自入外蒙古台路以来，台站名称与《会典》所载多不相同，甚或前后颠倒，想系日后变置也。而《缙绅录》亦照旧录置卷首，亦谬甚矣。蒙古台站迁徙靡常，故无一定里数，亦无一定道路，名称之不一，此或一因欤？"②

《考察蒙古日记》作者也曾经到过赛尔乌苏台，将其称为"赛尔乌斯"，并明确指出它是两条驿路的分叉点，且位于第 32 台。虽然作者没有明确说出第 32 台的名字叫他拉多兰，但清代乾隆以后由张家口至乌里雅苏台的台站序号固定未变，所以第 32 台为他拉多兰台无疑。而且，作者说，由赛尔乌苏经 32 处台站可至乌里雅苏台，以此推算，这个地点也恰恰是他拉多兰，而不是穆呼尔嘎顺，穆呼尔嘎顺至乌里雅苏台隔着 40 个台站，与赛尔乌苏的位置相去甚远。作者也指出，如外蒙古后台站名称与

① ［俄］阿·马·波兹德涅耶夫：《蒙古及蒙古人》，内蒙古人民出版社，1983年。
② 佚名：《考察蒙古日记》，载毕奥南整理《清代蒙古游记选辑三十四种》，东方出版社，2015年。

《会典》所载多不相同，有的是因为历经位置调整。但如前所述，赛尔乌苏自乾隆一直到光绪，名称、位置并未调整。

第三个是志锐所撰《廓轩竹枝词》。志锐是满洲正红旗人，善写竹枝词。他于光绪九年（1883）考中进士，官至礼部侍郎，后被派往热河参与练兵之事。甲午战前，志锐因坚决主战，开罪于慈禧太后，被调任乌里雅苏台参赞大臣。1895 年志锐只身赴任，沿途之上不仅详细记载了每处驿站的地名、位置、自然风物及当地蒙古风俗，还以竹枝词作形象描述。志锐此行沿张家口外驿路抵达赛尔乌苏后，亦将赛尔乌苏记为第 32 台："赛尔乌苏，第三十二台，好水也。此台适中，东往库伦，西往科布多，西北往乌里雅苏台。设驿传道一名，专司台站之处文报，络绎公事甚多，蒙古人较他台稍多，且有居处土房者。距库伦十四台，两日可达。"[1] 志锐《廓轩竹枝词》也明确肯定了赛尔乌苏台为 32 台。考虑到志锐乌里雅苏台参赞大臣的身份，及他所做的详细描述，这应该是诸多材料中非常具有权威性的记载。

综上所述，三条档案和三条游记文献都由亲自到过赛尔乌苏之人所写，都证明赛尔乌苏并非第 24 台穆呼尔嘎顺台站，而是在第 32 台他拉多兰台站。另外，从赛尔乌苏至乌里雅苏台共 32 台，至库伦 14 台，这两者的交叉点也只能在他拉多兰，而非穆呼尔嘎顺。赛尔乌苏司员的驻地自乾隆时期设立直至清末，也都一直在这里，未曾迁移。故可以断定嘉庆、光绪《清会典事例》中的《置驿》《驿程》记载有误，《中国历史地图集》中乌里雅苏台图上所标位置也欠准确。至于赛尔乌苏和他拉多兰台站所在之今地，通过比照谭图与现代地图，再通过经纬度定位，可知大概位于今蒙古国中戈壁省中部地区、省会曼德勒戈壁（Mandalgobi）东南方向。[2]

至于清朝官方文献档案中的"赛尔乌苏"，或指赛尔乌苏台站的区域，或指他拉多兰这个台站本身所在之地。那为什么赛尔乌苏会在大多时候取代它所在的他拉多兰台站之名呢？笔者推测，这是由于习惯使然。由于是赛尔乌苏管站司员的驻地，及两路驿站的交汇点，往来人员频繁，人们更习惯于用赛尔乌苏代指台站之名。而或许，会典编纂者把赛尔乌苏所属的第一个台站穆呼尔嘎顺当作赛尔乌苏管站司员之驻地，以至于出现记载误差。

（中国人民大学清史研究所）

---

① 志锐：《廓轩竹枝词》，载毕奥南整理《清代蒙古游记选辑三十四种》。

② 《世界分国地图·蒙古》，中国地图出版社，2012年。

地理认知与边界划定

——清末滇缅边界变迁研究[*]

董嘉瑜　杨伟兵

一、引言

中缅边界问题是中华人民共和国成立后同周边国家最先解决的国界问题，其意义和重要性不言而喻。近代以来中缅边界的变迁，既是影响双方关系的一个重要因素，也是两国关系的一个缩影。20世纪60年代两国正式签署边界协定，标志着两国间边界问题正式解决。中缅边界问题作为两国关系研究中的热点，历来深受关注，清末便有人注意到这一问题并产生了大量著述，[①] 至民国时期，"江心坡事件"与"班洪事件"[②] 又引起全国震动，西南边疆再次成为焦点。除了官方谈判进行的调查、资政报告外，民间多种力量渐次发声引发全国民众对于西南边疆的关注，这成为这一时期边界研究的一大特点。[③] 中华人民共和国成立后的边界谈判激起了一波滇缅边界研究的

---

[*]　原刊于《历史地理研究》2020年第4期。

① 清代关于滇缅边界问题的著述，主要有［清］薛福成辑：《滇缅划界图说》，台北成文出版社，1974年；［清］姚文栋：《云南初勘缅界记》，《边疆边务文献初编》编委会编《边疆边务资料初编：西南边务》第4册，中央编译出版社，2011年，第1—38页；［清］姚文栋：《云南勘界筹边记》，《边疆边务文献初编》编委会编：《边疆边务资料初编：西南边务》第5册，第195—392页。

② "江心坡事件"和"班洪事件"分别指民国十五年和二十三年英国人非法入侵江心坡和卡佤地区的班洪、班老等地方，引发了中国人民反抗斗争的事件。

③ 参见徐之琛《滇缅镇边厅西境未定界意见书及要略》《关于中英会勘滇缅未定界上外交部书》《滇缅尖高山以北未定界筹拟办法意见书》，李日垓《滇缅界务说略》，李根源《滇西兵要界务图注》，尹明德《滇缅北界勘察记》，载姚乐野、李勇先、胡建强主编《中国西南地理史料丛刊》（上编）第4册，巴蜀书社，2016年，第1—310页。尹明德：《滇缅界务北段调查报告》，马玉华主编《云南勘界筹边记》（五种），黑龙江教育出版社，2013年，第242—247页。

高潮，特别是20世纪80年代以来，围绕边界的演变过程、边界的谈判、重要事件、重要人物及历次边界谈判的功过等问题进行了专题研究或整体研究。[①] 在研究理念和手段上，多学科视角切入、多语言文献运用越发重要。

由此可见，对滇缅边界问题的先行研究已比较充分，但近年来随着大量边界谈判档案、文集和舆图的公布，该类研究有了进一步发展的动力，而原始史料恰是以往研究中的缺憾。本文利用近些年新公开或发现的档案文牍和条约舆图，对清末滇缅边界变迁具体过程进行细致研究。从光绪十一年（1885）英国派兵侵占缅甸并设官统治开始，至宣统三年（1911）清朝灭亡，主要以光绪二十年（1894）《中英续议滇缅界务商务条约》和光绪二十三年（1897）《中缅条约附款及专条》两次谈判和条约为中心，结合台北"中研院"近代史研究所档案馆所藏一批清末划界档案及中国社科院近代史所所藏清代名人稿本抄本等文牍，详述这一时段滇缅边界的变迁过程，并从地理认知的角度分析一些约文舆图对未定界谈判的影响，从而对近代以来中缅边界问题研究有所深化。

二、条约划定的滇缅边界

英国在武力侵占缅甸之后，对于滇缅边境的界务、商务问题一直未进行处理。光绪十二年（1886）六月二十三日，总理各国事务衙门（以下简称"总署"）大臣奕劻与英国前驻华公使欧格纳在北京签订《中英缅甸条款》，其中第三条规定："中缅边界，应由中英两国派员会同勘定，其边界、通商事宜，亦应另立专章，彼此保护振兴。"[②] 但随着英军向云南边境积极推进，其势力很快抵达滇缅边境地带。光绪十六年（1890），英国派兵进驻伊洛瓦底江（大金沙江）东之昔董、昔马地区；光绪十七年（1891），又进占铁壁关附近之汉董、麻汤、垒弄、猛海等地，总署一面照会英国外交部，要求驻缅英员不得率兵私越滇边土司地区，一面开始同英国就滇缅边务问题

---

① 中华人民共和国成立以来代表性的成果，有云南大学图书馆编：《云南大学图书馆藏中缅、中印边界问题资料索引》，1960年印刷；云南大学历史地图组：《清云南图边界说明》（送审稿），1972年印刷；钮仲勋、陈金渊：《清代中缅边界的历史研究》，中国科学院地理研究所《中国边界历史地理研究论丛》，第101—125页；尤中：《中国西南边疆变迁史》，云南教育出版社，1987年。近年来有关中缅边界问题的研究专著有吕一燃主编：《中国近代边界史》，四川人民出版社，2007年；朱昭华：《中缅边界问题研究》，黑龙江教育出版社，2013年；等等。值得注意的是陈维新利用一手档案资料对滇缅界务问题来龙去脉做的细致考察，参见陈维新：《薛福成与滇缅界务问题交涉——以总理各国事务衙门条约档案为例》，《中国边疆史地研究》2019年第3期。限于篇幅，其他期刊文章和学术论文等从略。

② 台北"故宫博物院"：《翠绿边地：清季西南边界条约舆图》，台北"故宫博物院"，2016年，第225页。

进行交涉。光绪十八年（1892），清廷任命薛福成为谈判代表，与英国就滇缅边界问题展开谈判。

在此之前，滇缅边境在清朝官员眼中多是以腾越八关作为边界的，这也是薛福成与英国进行谈判时所称的"近百年来滇边原界"。[①] 经过两年多的交涉，双方于光绪二十年（1894）一月二十四日在伦敦签订了《中英续议滇缅界务商务条约》。光绪二十二年（1896），英国派新任驻华公使窦纳乐就边界问题与清朝重新谈判；光绪二十三年（1897）一月三日，中英两国在北京签订《中缅条约附款及专条》，两国边界重新变动。本节谨以两次边界谈判为据，就界务交涉相关问题进行探讨，着重考订期间滇缅边界的变化。

（一）昔马、昔董地区

昔董位于今缅甸密支那邦，临近伊洛瓦底江，清末时又名"萨洞纳"。英国侵占缅甸之后积极向滇缅边境推进，其势力很快扩展至大金沙江东岸的野人山地区。光绪十六年，据盏西土目禀报，有英兵越界在此屯扎。十七年，清朝向英国外交部发出照会，催促英兵从昔董退兵。[②] 当时薛福成与英国进行边界谈判，正想以争划野人山作为抵制英国继续向北扩张势力的筹码之一，同时在其他部分争取主动权，因此昔董、昔马地区之划属至关重要。

之后，英军虽并未归还昔董，但允诺归还昔马，这在光绪二十年《中英续议滇缅界务商务条约》第一条得以体现，约文载："其线……到纳门格坪，由此仍向西南随山脊而行，至大萨尔河，自此河源至此河与南太白江相会处，分尤克村在东，列捧村在西。自大萨尔河与南太白江相会处起，界线溯南太白江而行，至此江与雷格拉江相会，循雷格拉江上至其源，在尼克兰相近，自雷格拉江发源处，分尼克兰、古庚、升格拉在西，昔马及美利在东。其线自来色江之西源起，至此江与美利江相会处，复溯美利江上至其源，在赫畚辣希冈相近，再向西南顺列塞江而行。"[③]

光绪二十三年《中缅条约附款及专条》中此段界线调整为："其线……到纳门格坪，其线由此分西衣、冈木萨两处，而划直至大巴江，然须俟就近查考后再定。自大巴江至南太白江，自南太白江至巴克乃江，自此顺巴克乃江到该江源头大郎坪相近处，由此顺大郎坪岭至畚辣希冈。"[④]

---

① 台北"故宫博物院"：《翠绿边地：清季西南边界条约舆图》，第241页。

② 《照会希电知外部将滇界昔董英兵撤回由》，《缅甸档》，"中研院"近代史研究所藏，文献编号：01–23–005–04–002。

③ 台北"故宫博物院"：《翠绿边地：清季西南边界条约舆图》，第229页。

④ 台北"故宫博物院"：《翠绿边地：清季西南边界条约舆图》，第245页。按：赫畚辣希冈，光绪二十三年约文中写作"畚辣希冈"。

上述条约所载反映的即为今中缅国界盈江县段的变化。既阳江即为今羯羊河，巴克乃江即为今石竹河，[1] 赫畚辣希冈即为今盈江县昔马乡保边村之龙垒坪山，今为中缅两国分界山，设有 26 号国界碑，为民国勘定界第 13 号界石。调整后的中缅边界，昔马、昔董等地方皆归英属缅甸所有。

（二）腾越八关

腾越八关是明朝万历二十四年（1596）云南巡抚陈用宾在永昌府西南土司地区设置的八道关口，用来联系当时动摇不定的木邦、蛮莫土司，共同防御缅甸。八关从北至南依次为神护关、万仞关、巨石关、铜壁关、铁壁关、虎踞关、汉龙关、天马关，约沿今保山市腾冲县向南直至瑞丽市分布。

光绪十九年（1893）五月十五日，薛福成与英国就滇缅边界谈判时便已上奏了此段边界的重要性："自红蚌河起至天马关一带边界亦系最关紧要。"[2] 但朝廷因当时在与英方积极力争野人山地，而对此段边界无暇顾及。直至七月二十七日，薛福成就滇缅分界大概情形折上奏朝廷时，又特别提及此段边界，"惟腾越八关界址未清，尚须理论……前据督臣王文韶电称，汉龙关自前明已沦于缅，天马关亦久为野人所占跨，则八关仅存六关，现经臣再三争论，此二关亦可归中国"。[3] 经过派员核查后，薛福成于十二月二十日再次就八关界线情况上奏朝廷："继查腾越八关，除太平江以北四关，确在老界之内，今既划得昔马等地，则四关更有外障。惟太平江以南四关，非特汉龙、天马二关久沦异域，即铁壁、虎踞二关，亦骤难审其实址所在"，"继而详加考察，微闻虎踞、铁壁早为缅甸所占，英人复屡加工程，绸缪稳固。英兵所守，直接越虎踞关而东者已数十里，越铁壁关而东者亦六七里"。[4] 由此可知，光绪年间的腾越八关，上四关仍在滇缅老界之内，下四关或早已为缅甸控制，或已被英兵所守。

经过中英两次关于界务商务问题的条约签订，八关的归属发生了明显变化。光绪二十年《中英续议滇缅界务商务条约》第二条："以麻汤归英国，垒弄、格东、铁壁关、汉董归中国"，"以蛮秀地方及天马关、欣隆、拱卯各村归中国"。第六条："勘界官又须设法查勘中国旧边界名为汉龙关者，倘查得在英国境内，英国当审量可否归还中国。如查系在孟卯东南，即系在孟卯至麻栗坝直线之北边，则已归中国矣。"[5] 所以，

---

① 法律出版社编：《中华人民共和国和缅甸联邦边界条约文件集》，法律出版社，1960年，第5页。

② ［清］薛福成：《出使公牍·奏疏》，沈云龙主编《近代中国史料丛刊》第81辑，第809册，文海出版社，1966年，第453页。

③ ［清］薛福成辑：《滇缅划界图说》，《中国方志丛书·华南地方》云南省第249号，台北成文出版社，1974年，第12页。

④ ［清］薛福成辑：《滇缅划界图说》，《中国方志丛书·华南地方》云南省第249号，第29—31页。

⑤ 台北"故宫博物院"：《翠绿边地：清季西南边界条约舆图》，第230，232页。

588

英国以条约的形式承认了中国对于八关地区的领土主权，但汉龙关因关址尚未查清，双方并未确定意见。

光绪二十三年一月三日，中英《中缅条约附款及专款》第二条所划定的界线走向中，八关的归属已发生明显变化："自太平江及南奔江相会处，此线顺太平江到瓦兰岭相近处，由此顺瓦兰岭及瓦兰江至南碗河。顺南碗河至该河与瑞丽江（即陇川江）相会处，南碗河之南，那木喀相近，有三角地一段，西濒南莫江之支河及蛮秀岭之垒周尖高山，从此尖高山遵岭东北至瑞丽江，此段地英国认为中国之地，惟是地乃中国永租与英国管辖，其地之权咸归英国，中国不用过问。"据此可知，铁壁、虎踞关已划归英属缅甸所有。而天马关地区正处在孟卯三角地内，主权归属上当属中国，然此时因孟卯三角地永租英国，其关址即今缅甸掸邦南坎镇区累欠（Loi Chet）行政村，中国史料记载为"邦欠山"，已在边境之外。加上汉龙关终究未能收回，因此，清末的八关实际归属，仍只有上四关在中国境内，下四关已归英属缅甸。

（三）科干地区

科干又名"麻栗坝"，位于潞江东岸，原为孟艮土司之地，英国称其为"掸人地"。清末曾纪泽与英国就滇缅界务进行商定时，曾经约定在滇缅界务南段让地中国。光绪十七年正月，直隶候补道姚文栋趁出使国外期间，对云南边外与缅甸的交界情形进行了密探，并将其访察结果禀告云贵总督称："南路车里土司之外，为乾隆时土司孟艮、木邦之地，即英所谓掸人在潞江下游之东者。车里与孟艮相接处，仅有小江数道，无险可扼，惟孟艮在潞江之滨，为边外重镇，又系商贾四集之大埠，由缅甸渡潞江而犯思茅共有三道，孟艮总扼其江道之冲，实为要地。职道常论新街、孟艮之于云南，如鸟之有双翼。新街跨山为险，屏卫其西；孟艮扼江为险，屏卫其南，皆形势必争之地，若失此两险，则如无鸟之翼，就擒必矣。昔年英廷欲举潞江下游以东悉归于我，即指孟艮以内之地，于云南边务裨益非浅，奈之何其迟疑不授也。"[1]据此，薛福成在其后与英国就界务问题展开谈判时，以争野人山地为由，意在使英国在潞江东岸让地。

光绪二十年《中英续议滇缅界务商务条约》签订时，其第三条规定："第三段之边界，自瑞丽江与孟卯相对东边合流相近之处起，照天然界线及本地情形，东南向麻栗坝而行，约到格林尼址东经九十八度零七分，北京西经十八度二十三分，北纬二十三度五十二分地方，有一大山岭，自此循岭脊而行，过来邦及来本陇，至萨尔温江即潞江，约在北纬二十三度四十一分……自北纬二十三度四十一分起，边界线循萨尔温江至工隆北首之边界，即循此工隆边界向东，留出工隆全地及工隆渡归英国，科

---

① 《咨称候补道姚文栋禀称滇边及缅甸形势请查照备案由》，《缅甸档》，"中研院"近代史研究所藏，文献编号：01-23-006-01-001。

干归中国。"第五条又重申此处边界，并确认了中国对孟连、江洪等地的主权："英国大君主于北丹尼即木邦地及科干，照以上所划边界让与中国之外，又允将从前属中国兼属缅甸之孟连、江洪所有缅甸上邦之权均归中国。"①

光绪二十三年《中缅条约附款及专条》第三条对此段界线进行了更改："自瑞丽江于南算相近转北之处，即瑞丽江与南阳江相会处，现顺南阳江上行至改江源头孟哥山，约在北纬二十四度七分，东经九十八度十五分，自此顺丛树山岭至潞江与南迈江相会处，由此顺潞江上行直到科干西北界，顺接科干东界，直抵工隆界上，将工隆全地划归英国。"②工隆渡即今缅甸滚弄，经此变化，潞江东岸直至潞江与南定河交汇之处的科干地区全部划归英属缅甸所有。

综上所述，经过光绪二十年《中英续议滇缅界务商务条约》和光绪二十三年《中缅条约附款及专条》两次条约签订之后，滇缅边界的中段发生了三段变化（图1）。最北昔马、昔董地区划归英属，中间腾越八关仅实存四关在内，南段又将科干地区划出国界之外，从而基本形塑了今日从尖高山直至潞江与南定江交汇处段的中缅边界。

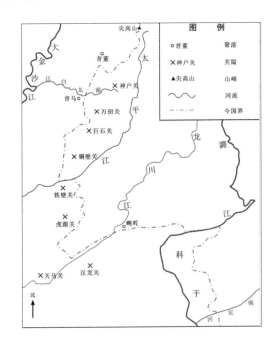

图1　滇缅已定界示意图

资料来源：底图根据谭其骧主编《中国历史地图集》第8册"云南"图（中国地图出版社，1987年，第48—49页）改绘。

---

① 台北"故宫博物院"：《翠绿边地：清季西南边界条约舆图》，第230—232页。
② 台北"故宫博物院"：《翠绿边地：清季西南边界条约舆图》，第246页。

三、尖高山以北段未定界

有关滇缅地区两段未定界的研究，之前已有不少成果。本节主要以中英双方对于高黎贡山[①]这一分水岭的地理认知作为切入点，考察其对滇缅界务谈判所发挥的作用。

英国在与清朝就尖高山以北的界务问题进行谈判时，提议以恩买卡河（恩梅开江，或恩梅卡河、恩梅卡江）与潞江（怒江，或名萨尔温江）的分水岭作为滇缅分界。先行研究多认为英国产生此议是在光绪二十四年（1898）六月初十日英国公使窦纳乐致总署的照会。窦纳乐在照会中提到："上年十二月间有华官带领兵丁二百名进入恩买卡河北境内，应请转饬华官，于恩买卡河与萨尔温江（即潞江）中间之分水岭西境，不得有干预治理地方之举"，"自以恩买卡河与萨尔温江中间之分水岭为暂时从权之界"。[②] 十月十六日，窦纳乐再次发函询问总署是否曾将六月十日之照会告知云南地方官员。[③] 实际上，英国的这一照会并非无端而发，而是有所依据，早在光绪二十年《中英续议滇缅界务商务条约》签订之前，英国已就此段边界的划定形成了上述看法。

光绪十八年正月，英国外交部寄送给清廷一份节略，并附图一幅，对滇缅边界的大略形势进行了说明。节略中对于尖高山以北段边界的看法是："北纬二十五度三十分之北边界信息尚未全备，自此处至南边一带，英廷可与中国会同派员划界，以此图所绘界线为底稿，英廷之意，所有上厄勒瓦谛江之地均归英国管辖，则两国俱有益处，商务亦交相有益，盖有天然之山可为界限。"[④] 厄勒瓦谛江即大金沙江，所谓"有天然之山可为界限"即指高黎贡山。薛福成收到英国的节略及附图后随即表示反对，按照薛福成的谈判计划，今高黎贡山以西的大金沙江流域，应由中英以江为界均分其地，英国索取对大金沙江上游地区的管辖，是其难以接受的。

不唯如此，英国与清朝就滇缅界务问题进行谈判前便将滇缅边界勘查完成。光绪

① 按：中英关于尖高山以北段未定界交涉中"高黎贡山"之具体指代，英方所指的"高黎贡山"，即今怒江傈僳族自治州福贡县西之高黎贡山，今为中缅国界之界山，清末多称其为"高黎贡雪山"，为怒江与恩梅开江之分水岭；中方所指的"高黎贡山"，指今腾冲市东北之高黎贡山，清末为腾越厅与永昌府保山县之界山，为怒江与龙川江之分水岭。其位置可参考谭其骧主编：《中国历史地图集》第8册"云南"图，中国地图出版，1987年，第48—49页。

② 《滇缅界务择要端转饬照办由》，《缅甸档》，"中研院"近代史研究所藏，文献编号：01-23-008-03-013。

③ 《上年十二月间有华官带兵进入恩买卡河北境曾否转饬华官干预治理请速复由》，《缅甸档》，"中研院"近代史研究所藏，文献编号：01-23-008-03-024。

④ ［清］薛福成：《出使公牍·奏疏》，沈云龙主编《近代中国史料丛刊》第81辑，第809册，第596—597页。

十九年，英国刊印《中缅暹交界草图》^①一幅作为与清廷划界之参考。据图中贴纸文字内容及图中内容可知，英国对这一段边界进行过考察，其中红色线为英国"所定缅甸之东北界"，绿色线为"按照确闻中国辖地权力"所绘，黄色线则系"中国辖地权力之尽处"。尖高山以北部分的黄色线走向基本是沿高黎贡山而行，正与上述"有天然之山可为界限"对应。由此可见，英国以高黎贡山作为滇缅边界的主张此时便已确定，并成为随后历次英国照会和节略中所主张的此段边界走向之基础。

至光绪二十四年英使窦纳乐正式提出"恩买卡河与萨尔温江中间之分水岭"西境不能出现"干预治理地方之举"之时，清朝各级官员面对该照会并未提出异议，又未质询分水岭究指何处，便给英国留以"默认"之口实。光绪二十六年（1900）正月，英军在派赖、茨竹一带与当地土兵发生冲突。围绕事件发生地的归属问题，英方认为之前已发出照会，"并未见贵王大臣有所异议"。^②而清朝官员对于边界情形的认识十分模糊，五月二十六日，时任云贵总督魏光焘就此事上奏朝廷，言"英使所谓恩梅卡河，查无其名"，并认为滇缅边界"应以现管小江为界"。^③总署根据滇督奏报，认为派赖、茨竹乃中国土司治理之地，进一步指出当以小江现管之界作为两国边界，"嗣后务须彼此各守现管之边界，以免争端。"^④

由上可知，茨竹事件的发生，表明英国的势力已抵达尖高山以北、小江以南滇西边界的茨竹、派赖地区。清朝在与英国的交涉中因对"分水岭"的具体走向及"恩梅卡河"的具体所指没有清晰的认识，也造成在尖高山以北段滇缅边界的协商问题上，由光绪二十年、二十三年两次界务条约规定的尖高山以北置而不论的立场发生了事实上的改变，并寻求以小江现管之界作为中方对此段边界的诉求，这是清末滇缅尖高山以北段未定界中国立场的第一次大的变化。

光绪二十六年茨竹事件发生后，英国派员在分水岭北部地方进行了详细查勘，并将结果于光绪二十八年（1902）八月十七日由公使萨道义照会清外务部，其文称："此二年中，旋由缅甸政府在曾经划定边界北方一带详细查勘，方知西流归入小江诸河之分水岭，不但为已定边境以北之天生极妙界限，并为中国现时管辖之边疆，此岭以西并无华民居住，该处亦向无华人村落等情，今照以上所叙，既已查明，本国政府

① 台北"故宫博物院"：《翠绿边地：清季西南边界条约舆图》，第236—237页。

② 《中缅边界分水岭仅为暂权之界不能任云督将权作罢尤不应预订如何画分请咨云督照行由》，《滇缅界务案》，"中研院"近代史研究所藏，文献编号：01-23-002-01-003。

③ 《查滇缅向以接壤小江为界英使所称暂时从权之界意图侵占亦非潞湄二江之分水岭务恩坚持覆照所有此案原奏及各函电抄呈查核由》，《滇缅界务案》，"中研院"近代史研究所藏，文献编号：01-23-002-01-015。

④ 《照会英窦使滇缅交界应仍各守现管小江边界由》，《滇缅界务案》，"中研院"近代史研究所藏，文献编号：01-23-002-01-002。

甚愿将此段边界现行立定，以免含混纠葛，是以电嘱本大臣向贵国政府议商，即以小江，即恩买卡河以东之分水岭作为定界。"① 在这里英国又提出了一个新的地理概念，即认为小江就是恩梅卡河，以其以东之分水岭，即指将高黎贡雪山作为两国此段边界划分之分水岭。

外务部面对英国的照会，咨请滇督魏光焘查明情况："所称恩买卡河以东之分水岭，是否即指滇省勘界图中之湄、潞二江之分水岭？岭西有无华民村落？"② 魏光焘随即电达外务部，认为"此段并无界图，历来均以腾越厅属茨竹土把总管理之小江为界"，"英员复萌固态，仍申前议，所称以小江，即恩买卡河以东之分水岭为界，词尤含混，亦非潞、湄二江之分水岭，苟越过小江，遂其所欲，不惟腾属以北险要全失，即保山之登埂各土弁属地，亦难保全"。③ 可见，茨竹事件已经过去两年，清廷外务部对于"恩买卡河及其以东之分水岭"具体何指仍然不知，甚至对此段边界有无界图都不知晓。地方大员虽看出英国试图混淆小江和恩梅卡江以达到继续向小江流域扩张势力的阴谋，但对这一区域的地理认知却与英方明显不同。

随后，为了更全面地掌握滇缅尖高山以北段未定界的情况，接任云贵总督的丁振铎派人前往此段边界进行测绘。④ 光绪二十九年（1903）底，勘测人员对小江流域调查完毕，滇督向外务部汇报了最新的勘界情况："查腾越北界，自小江以内，确系中国土司世守治理之地。至英人所指之分水岭，近接大垭口，距腾越厅城三百里，在小江内百余里。而茨竹、派赖、甘稗地等寨，即在小江与大垭口之间，明光隘土把总杨体荣世守其地，无所谓天然之分水岭。且经该员生等遍访土人，佥称小江非恩买卡河，惟腾越西北边境有恩梅开江，然亦与小江支分派别，断不能混而为一。且大垭口距恩梅开江甚远，距潞江更无论矣。今若徇其所请，以大垭口作分水岭，据以定界，不惟小江以内村寨损失甚多，亦且门户洞开，藩篱尽撤"，"再查腾越东北隅有高黎贡山，夷语为高良公山，土名分水岭，恰在龙、潞两江之间，然与英人所指之分水岭相去甚远，恐英人指此为词，则损失更甚，已于图内签注明晰矣"。⑤

云贵总督派员勘绘边界的行动十分重要，其结果至少使地方大员对尖高山以北直

---

① 《照称缅甸边界本国政府愿以恩买卡河以东之分水岭作为定界请照允以免边界未定之一切葛藤由》，《滇缅界务案》，"中研院"近代史研究所藏，文献编号：01-23-002-01-011。

② 《英使照称请以恩买卡河东分水岭作为定界速行查明并将近日情形暨地图备文送部由》，《滇缅界务案》，"中研院"近代史研究所藏，文献编号：01-23-002-01-012。

③ 《滇缅北段未查勘勘分并无界图二十六年英兵越界滋事一案曾电达兹英复萌故态希持命案亦乞与议结由》，《滇缅界务案》，"中研院"近代史研究所藏，文献编号：01-23-002-01-014。

④ 《滇缅界另派人测绘由》，《滇缅界务案》，"中研院"近代史研究所藏，文献编号：01-23-002-01-018。

⑤ 《大哑口非分水岭如以茨竹等寨为瓯脱损失甚多乞磋商以全门户由》，《滇缅界务案》，"中研院"近代史研究所藏，文献编号：01-23-002-01-026。

至小江流域的边境情况有了比较准确的认识。确认了英方所指分水岭接近大垭口，但否定了以大垭口作为分水岭的观点，还确认了腾越厅东北之高黎贡山为龙、潞二江的分水岭，但不能作为滇缅边界之分水岭。否定了英方小江即恩买卡河的论断，使清朝基本掌握了滇缅边界地带的情况，为随后的界务交涉奠定了地理基础。

光绪三十年（1904），中英双方又分别派出署腾越关道台石鸿韶（以下简称"石道"）和英国派驻腾越领事烈敦（以下简称"烈领"）为勘界员的队伍对此段边界进行联合勘察。光绪三十一年（1905）四月十九日，烈领照会石道，提出英方对此段分界走向的具体主张："由明光河头直上高黎共雪山顶，由山顶北往西藏，凡水归龙、潞二江者，概归滇治理，凡水归金沙江者，概归缅甸管理"，[①]并将大垭口作为分水岭，"欲由高黎共大雪山顺分水岭而下，过大垭口，执定河流分水，以大垭口为界"，中方则要求"按土司治理，执定以小江边为界"，[②]大垭口之外，英方拟以三角地永租之例处理，但中方因对于尖高山以北直至小江流域的边界情况已经有了比较明确的了解，拒绝了英方的方案。

光绪三十一年七月八日，云贵总督丁振铎将石道与烈领的勘界情形呈报外务部，认为英国"借词小江为恩梅开江河流分支，欲以小江分流所及之处为界，借以遂其进占至大垭口之谋"，同意石道以小江边为界的建议。[③]九月二十四日，他又进一步电咨外务部，认为"此次会勘，既经查明恩买卡河即恩梅开江，在野人山地英使累执小江西，即恩买卡河以东之分水岭作为定界，即应照此和平议结"，而"大垭口在小江以内，至小江尚百六七十里，中有茨竹、派赖等寨"，由此，以大垭口便在中缅边界之内，大垭口之外的地方，更不便作为租地。[④]但对于"小江西，即恩买卡河以东之分水岭"究为何指，并未声明。

外务部官员接到滇督丁振铎的呈文，经商讨后认为，滇缅边界的界务纠纷由来已久，应根据英方之要求，以"小江西，即恩买卡河以东之分水岭"作为两国之界线，但需"兹拟一公平办法"，对于以小江边为界的提议，外务部则表示反对，认为如按小江边为界，则"噬戛、独末等寨系腾越属之茨竹、大塘土司管理，笼榜系保山属之

① 《委员与英领会勘滇缅北段界务至定线及议租应听部与英使商定之由》，《滇缅、印藏、中俄界务》，"中研院"近代史研究所藏，文献编号：02-10-018-01-024。

② 《署迤西道（石鸿韶）与烈领（烈敦）勘议滇缅北段界务绘图呈外务部由》，中国社科院近代史所编，虞和平主编，闵杰、段梅副主编《近代史所藏清代名人稿本抄本》第3辑第98册，大象出版社，2017年，第4—7页。

③ 《详陈石道与烈领勘界情形应如何定界线候钧裁由》，《滇缅、印藏、中俄界务》，"中研院"近代史研究所藏，文献编号：02-10-018-02-002。

④ 《腾越野人山北段界既经勘明恩买卡河即恩梅开江自应照原议定界大哑口以外不便作为租地由》，《滇缅北段界务案》，"中研院"近代史研究所藏，文献编号：02-17-002-01-003。

登埂土司管理，皆小江外也"，"小江外土司所管之地一失，不独云龙州之茶山、雪山险要俱失，且以启外人觊觎巴塘、里塘土司地之心"，因此，"能从此议结，或止及分水岭，或不出小江，或不越球夷，总之此界明以野人山为主义，暗使不北逼四川、西藏为辅义"。①

由此可见，外务部出于尽快解决此段界务纠纷与西南边防整体安全的考虑，对此段界务问题的解决提出两点原则。一是既要符合英国提出的小江以西、恩买卡河以东之分水岭为界的主张，又要与中国之前主张以"现管小江边"为界的声明相符，并期望与英国尽快解决这段未定界务。二是与英国的界务划分问题只商讨至恩梅开江、小江流域的野人山地，不达其北球夷之地，以保证川藏边疆不至波及。

至于"小江西，即恩买卡河以东之分水岭"究竟何指，外务部发现光绪"二十年订约附约戳押之英文图，兹译出'恩买卡河分水岭'之文，其部位正在小江以西，恩买卡河以东"，"查察情形，腾越外恩梅开江一带，尤关紧要，浪漾大山、他戛甲大山等处，及会印图之扒拉大山，疑与签押图所载恩梅开江分水岭相去不远，究竟以何者为是"，"请饬测绘员生道经其地，随时一一探报"。②

接到外务部电文后，滇督丁振铎认为应当派人密勘边界，③随后于光绪三十二年（1906）二月十四日在发给外务部的电文中，提出了对此段边界的划分主张，首先同意外务部"由尖高山起，至石我、独木二河之间，循恩买卡，至小江西，恩买卡以东之分水岭为界"的方案，但考虑恩买卡河与扒拉大山中间的骂章等寨"缅久视为属地，恐难争回"，对外务部所拟界线进行调整："从尖高山起，过青草岭、熊家寨，过狼牙山、之非河，登高良工山，抵九角塘河，沿小江西岸之浪漾大山（即扒拉大山），接连他戛甲大山为分水岭"。此外，同意外务部的看法，认为"此次专勘野人山界，应以北不逾他戛甲大山，东不越小江为止境"。④

---

① 《外务部致滇督循卿（丁振铎）函并附件》，中国社科院近代史所编，虞和平主编，闵杰、段梅副主编《近代史所藏清代名人稿本抄本》第3辑第98册，第92—95页。

② 《外务部致滇督循卿（丁振铎）函并附件》，中国社科院近代史所编，虞和平主编，闵杰、段梅副主编《近代史所藏清代名人稿本抄本》第3辑第98册，第85—97页。

③ 关于滇督是否派人另勘此段边界，朱昭华认为丁振铎并未派员上街，并进行了论证。参见朱昭华《中缅边界问题研究》，黑龙江教育出版社，2013年，第137页。本文同意其最终并未派人勘界，但需强调的是，丁振铎当时确有派人密勘的提议，只是"现届隆冬，大雪封山，人马不能行走，且原派测绘学生李培英、莫文忠二人昨经署迤南道石鸿韶调往勘办镇边界务，明春始能回省，拟俟该学生调回后，遴派妥员，率同前往，详细测勘，绘图寄省，再行筹度地势，酌量情形，按照指示，拟议咨请核办"。参见云贵总督丁振铎光绪三十二年二月五日发外务部函《咨复野人山北段界务应派员密勘由》，《滇缅北段界务案》，"中研院"近代史研究所藏，文献编号：02-17-002-01-012。

④ 《野人山界务兹拟一公平界线希酌核由》，《滇缅北段界务案》，"中研院"近代史研究所藏，文献编号：02-17-002-01-013。

外务部接到滇督电文后表示同意,并以此为基础答复英方:"北段界务,自应从尖高山起,至石我、独木二河之间,循恩买卡河,至小江西,恩买卡河以东之分水岭为止。查二十年订约签押之英文图,兹译出有'恩买卡河分水岭'之文,约在北纬二十六度一十五分,北京西经一十八度一十五分,格林尼止东经九十八度一十五分,正在小江西,恩买卡河以东,与英使所称天生极妙界限适相符合,自应照此和平议结,以符原议,而昭公允。"①

至此,中国对于边界的立场发生了第二次大的转变,继茨竹事件丧失了尖高山以北小江以南地区的边界主动权后,此次石道、烈领联合会勘,中国又丧失了尖高山以北扒拉大山以西的边界主动权,并在事实上承认了英方提出的以分水岭为界的观点,只不过在分水岭具体何指这个问题上,中方认为是扒拉大山—高良工山一线,英方则坚持以高黎贡雪山为界。图2即为滇缅尖高山以北段区域示意图。

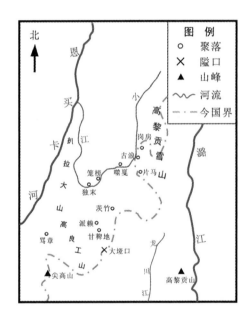

图2 尖高山以北段未定界示意图(局部)

资料来源: 底图根据谭其骧主编《中国历史地图集》第8册"云南"图改绘。

由上所述,中方以扒拉大山—高良工山为界的提议并非实际调查的结果,也非英方宣称的"天生极妙界限",而是中方以对边界地区的主张画出的一条符合本身利益的分界岭,作为对英方分水岭为界的回应,自然与英方主张的高黎贡雪山为滇缅分水岭之主张产生冲突。光绪三十二年二月十五日,英国公使萨道义与翻译甘伯乐、嘉乃

---

① 《外部咨滇缅北段界务开具节略希与英员磋商由》,中国社科院近代史所编,虞和平主编,闵杰、段梅副主编《近代史所藏清代名人稿本抄本》第3辑第98册,第113页。

续至外务部会见中方官员,明确告知英方所指之分水岭当指高黎贡雪山,而中方回答当是高良贡山,高黎贡雪山即指高良工山,是音近误会。① 英方面对中方的回应,于二月十六日面交节略一件,道:"今中英政府议定,滇缅边界北纬二十五度三十五分之北一段,应循厄勒瓦谛江(即大金沙江)及龙江之分水岭脊,至过龙江上流各溪,再循萨尔温江(即潞江)及厄勒瓦谛江(即大金沙江)之分水岭脊,顺至西藏边界之处。"② 英方的这一声明,不但坚持了以往以高黎贡山作为分水岭的看法,且将滇缅边界划至与西藏交界处,中方表示反对。

四月初八,萨道义向外务部发出照会:"本国政府拟将专条底稿所指之分水岭脊为交界,中国若竟不愿按照所拟各节允诺,则本国仍令缅甸政府驻守该处,治理一切,无需再行议商。"③ 面对英方照会,四月十三日外务部电催丁振铎,认为英国照会强词夺理:"所交专条,包占既广,且为经营通藏地步,用意显然",但"疆界攸关,事难悬定,执事筹之有素,即希熟察地势边情,权衡利害,妥酌办法,迅速详晰电复"。④ 闰四月初五日,丁振铎电复外务部,坚持前议:"萨使所指天然界限,确是扒拉大口。"⑤ 随后,中方据此照会英方,重申前议,"以土司治理之地"为界,即以扒拉大山—高良工山作为滇缅此段之分水岭。⑥ 至此,围绕分水岭而展开的边界交涉陷入僵局,双方互不妥协,最终酿成宣统二年(1910)底英军武装入侵的"片马事件"。

片马事件的发生,正如学者所说,是英国"趁着中国国内政治形势紧张的有利时机,抢先对恩梅开江下游以东的争议地区采取具有主权特征的管辖措施,以达到迫使清政府承认既成事实的目的"。⑦ 对于分水岭问题,英方的坚持一如既往,于宣统三年正月初一发出照会,英方"已经派员前往片马,此时所有至分水岭之地,业由英官和平治理。至中国政府以为英官不应如此,须将其故声明,倘中国政府欲将所收小江及

① 《节略三件》,《滇缅北段界务案》,"中研院"近代史研究所藏,文献编号:02-17-002-01-014。

② 《边界专条》,《滇缅北段界务案》,"中研院"近代史研究所藏,文献编号:02-17-002-01-016。

③ 《滇缅北段界务事》,光绪三十二年四月八日,《滇缅北段界务案》,"中研院"近代史研究所藏,文献编号:02-17-002-01-019。

④ 《滇缅北段界务事》,光绪三十二年四月十三日,《滇缅北段界务案》,"中研院"近代史研究所藏,文献编号:02-17-002-01-020。

⑤ 《滇缅北段界务事》,光绪三十二年闰四月十六日,《滇缅北段界务案》,"中研院"近代史研究所藏,文献编号:02-17-002-01-021。

⑥ 《滇缅北段界务事》,光绪三十二年闰四月十六日,《滇缅北段界务案》,"中研院"近代史研究所藏,文献编号:02-17-002-01-022。

⑦ 朱昭华:《中缅边界问题研究》,第165页。

分水岭间某寨礼物之证据指出，在北京会查，亦无不可"。[1] 外务部二月十一日照会英国："照中国政府看法，所谓分水岭者，仍宜指高良工山一带，毫无疑义。"[2] 为了打破僵局，三月十六日，英国公使朱尔典到外务部与中方官员会商后发出照会："英政府确信除片马、康方（译音）、古浪（译音）三处各寨外，其余毫不能承认。"[3] 中方之意见，则将此段界务分作两截，南部已勘小江流域为一截，北部未勘之腾越厅外为一截，南截坚持前述将高良工山作为分水岭的办法，北截按照光绪二十年界约，俟将来查明情形再定。[4] 至此，片马事件后围绕分水岭的交涉，以英方最终承认中国对片马、古浪、岗房的主权而结束。

四、滇缅南段未定界

和尖高山以北之未定界不同，南段未定界是中英两国在勘界过程中产生的。光绪二十三年《中缅条约附款及专条》签订后，条约规定双方要在 12 个月内开始会勘边界，并在 3 年之内完成勘界任务。中方派刘万胜、陈灿为代表，英方最终派出斯格德为代表。光绪二十三年至二十五年（1899）间，除南帕河与南定河交汇之处起至南马河与南卡江汇流处止的一段边界外，尖高山以南的中缅边界会勘基本完成。

这一段边界的勘划，基本就是镇边直隶厅的西界问题。所经地区是在清末被称作"卡佤"这个族群的居住地，按地名则属蟒冷地。其北为葫芦地，又分上下葫芦地，分别以班洪、班况作为中心。对于这一地区的划界，中英双方对约文与条约地图产生严重分歧，并进行了首次联合会勘。但早在光绪二十三年《中缅条约附款及专条》签订之前，两国对此段边界的勘划就有过分歧，中方是如何看待这种约文与地图的矛盾，又如何调整自己在此段边界的立场，仍有探讨余地。

光绪二十一年（1895），镇边直隶厅所属的西盟、孟梭境内发生扎法、罕炳昭为首的叛乱事件，二人逃往下蟒冷土司地方，镇边厅官员依照条约对下蟒冷土司索要二人，光绪二十三年一月十六日，英国公使窦纳乐照会总署，认为按照

---

① 《照复滇缅北段界务接外部大臣电称所有至分水岭之地须将其故声明倘中国欲将所收小江及分水岭间某寨礼物之证据指出在北京会查亦可等情请查照由》，《滇缅界务案》，"中研院"近代史研究所藏，文献编号：02-17-001-04-001。

② 《滇界事》，《滇缅界务案》，"中研院"近代史研究所藏，文献编号：02-17-001-04-012。

③ 《滇界事》，《滇缅界务案》，"中研院"近代史研究所藏，文献编号：02-17-001-04-023。

④ 《谨将滇缅界务拟具办法恭呈钧鉴》，《滇缅界务案》，"中研院"近代史研究所藏，文献编号：02-17-001-04-031。

"一千八百九十四年缅约第三条，孟卡、孟梭明系英国疆域之内，即札法、罕炳照二人因系该处土司，自属英民，故未便拿交"，并"附送缅界地图草稿，其照约内分界处所绘画红线，因该界未经妥为测量，难免稍有未确"。① 接到英方照会当日，总署也接到了时任云贵总督崧蕃发来的函件，滇督认为，光绪二十年的条约中并无明文规定孟卡、孟梭为英国疆域，且孟卡即西盟，孟梭即猛梭，均为镇边厅所管之地，因此英方的主张是没有道理的，至于其所附"华英文地图二纸"，崧蕃认为"当以薛星使会订图约为凭，细加检校，与缅抚寄来之图不合，实属任意挪移"。②

《中缅条约附款及专条》已于一月三日在北京签署，为何此时云贵总督认为"当以薛星使会订图约为凭"？实际上，当时虽然条约已签，但云南距京遥远，中英新的谈判情况尚未发到滇省。③ 二月初五日，中缅条约附款及条约所附界图终于送抵滇督崧蕃手中，对于这份新的滇缅界图，崧蕃"展诵再三"，"细阅中缅附约所有界线，除昔马、科干划归英管，其余并未更动，自应仍以薛图为准。惟查英使此所递之图，既未将经纬度数照薛图全绘，薛图内地名本略，而此图粘签各地名亦多与薛图不符，且在彼界内者居多，将补从前所未备与？抑详其所略，而略其所详与？彼族往往意存混越，或审易他名以误我，不可不防"，"惟有预妥委员会同地方官分投查访，将界线详确考证，绘图贴说，免致会勘时被彼族朦占"。④ 由此可见，虽然光绪二十三年中缅之间新签署了条约，并附有界图，但滇督根据条约判断，认为除了昔马和科干地区，此段边界并无变化，且新的滇缅界图在滇督看来存在种种问题，因此中英两国将来进行会勘时，仍应以薛图为准。

至于英方所附之"华英文地图"，当与光绪二十二年九月缅甸地方长官发给云贵总督照会中"附送缅界地图草稿"之图相同。该地方长官为"大英总管迤北哀牢濮夷等邦土司兼管兵备事总管斯"，即斯格德。该图中方称之"斯阁所绘之私图"，即后来与刘万胜会勘边界的英方勘界官斯格德所持的"石印小图"。斯格德认为，两国边界应"即照图中红线为界，此地既未详细履勘，不免图上小有纰缪，然大略终不外此"。⑤ 斯格德的地图将内地之孔明山作为约载分界之公明山，由此便将上葫芦地、镇

①　《照复扎罕二犯未便拿交又缅界按照来文电印度政府由》，《缅甸档》，"中研院"近代史研究所藏，文献编号：01-23-007-04-015。

②　《下蟒冷土司徇庇扎法罕炳照二匪情形并附地图及照会由》，《缅甸档》，"中研院"近代史研究所藏，文献编号：01-23-007-04-016。按：薛星使即薛福成。

③　《驻缅兵员暂缓往边隘毗连各处由》，《缅甸档》，"中研院"近代史研究所藏，文献编号：01-23-007-04-014。

④　《收到滇缅图约各件英使所递图内地名多与薛图不符已委员详查界线又现因瘴发须九月后方能会勘请告英使由》，《缅甸档》，"中研院"近代史研究所藏，文献编号：01-23-007-04-032。

⑤　《下蟒冷土司徇庇扎法罕炳昭二匪情形并附地图及照会由》，《缅甸档》，"中研院"近代史研究所藏，文献编号：01-23-007-04-016。

边厅之西盟、孟连之孟梭及卡佤地全部划归英属。

事实上，早在光绪二十二年十二月二十一日，云贵总督松蕃便与云南巡抚黄槐森就扎法、罕炳昭逃往下蟒冷地区之事共同上奏，并请中央饬令总署就此事照会驻京英国公使。二十四日，光绪帝发布上谕，"著松蕃督饬派出之迤南道陈灿会同普洱镇总兵屈洪泰、署该厅同知传鹤等相机办理"。随后滇督派出屈洪泰、陈灿赴此段边界进行实地勘察。光绪二十三年二月十一日，总署就此事回应，认为现在该土司归谁所属应由云南督抚饬令下属与英方勘明界址后确定。① 三月十二日，滇督给总署致函，指出这段边界去年已派人进行了勘查，而新的中缅附款条约对于西盟、孟梭的规定并无更改，所附界图未画及此处，"据薛图，以南卡江上流为界，仍应归我"。②

四月二十三日，云南省的调查结果送抵总署，根据屈洪泰、陈灿的调查，他们首先肯定了这段边界应以南卡江为断，由此"孟卡即西盟山，确在南卡江内，而猛梭又在西盟山以内，距南卡江尤远，其为我红线界内之地确凿无疑"。针对斯格德图中将孔明山认作公明山的主张，他们认为"孔明山至厅城六十里，是孔明山在中国红线南卡江界内，距江尤为悬绝，其不能牵指为分界之公明山，决无疑义"。然而对于其具体位置，仅是"据西盟土目李通明面称，约内之公明山距西盟山一百九十里，俗人呼为洒母山。由公明山北至猛角九十里，又由公明山东南距孟连三百余里，距内地之孔明山约四百余里"，算是对公明山非孔明山的又一补充证据，但他们也指出"土目李通明所称原非臆度之辞，而未经查明确切，殊难据为铁凭"，因此公明山的具体坐落位置，总署批复仍须继续实地调查。但这次调查肯定了以南卡江作为滇缅南段分界线的重要性，更指出"公明山最为此段界务之紧要关键"，③ 同时也显现出斯格德以孔明山为公明山意图侵占西盟、孟梭等地的目的。

由此可见，两国在光绪二十三年底进行此段边界联合会勘之前，围绕扎法、罕炳昭事件的处理而引发的界务纠纷使两国已就此段边界的勘划形成了各自的看法。英方早在联合勘界前便将"斯格德线"摆出，意图按照光绪二十三年条约中拟定的经纬度来划定此段边界，从而达到侵地目的。中国则在比对光绪二十三年界图的基础上再次肯定了以薛图汉文图作为划界依据的必要性，并通过初步的调查否定了英方将孔明山认作公明山的主张，确定了以南卡江为两国边界勘划的基础。

光绪二十五年（1899）三月，中方勘界总办刘万胜与英方勘界总办斯格德开始南帕河与南定河汇流处至南马河与南卡江段的勘界工作，但双方围绕以何图作为勘界依

---

① 《议复滇督等奏请将镇边逃匪照会英使索交等情由》，《缅甸档》，"中研院"近代史研究所藏，文献编号：01-23-007-04-026。

② 《收到滇缅图约各件英使所递图内地名多与薛图不符已委员详查界线又现因瘴发须九月后方能会勘请告英使由》，《缅甸档》，"中研院"近代史研究所藏，文献编号：01-23-007-04-032。

③ 《两国切划界址事》，《滇缅界务案》，"中研院"近代史研究所藏，文献编号：01-23-003-01-001。

据一直争执不下。五月二十三日，总署致函英国参赞福禄礼，邀请其第二日到总署共同核对界图。[①] 同一天，英国驻云南总领事杰弥逊又与斯格德到昆明面见滇督松蕃，并送呈英方节略一份。在这份节略中，英方首先提出勘界所依当以"石印小图"为据，薛图不足为凭。其依据主要是约文中规定经过的两处经度，东经99°40′和东经99°30′皆在南卡江东，而薛图之红线全画在南卡江之西，与约文文意不符。而英方所绘之图，"系顺约内定准之经纬而画，与约内之意大同"（图3）。

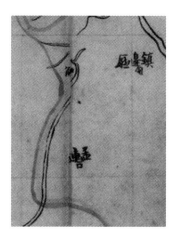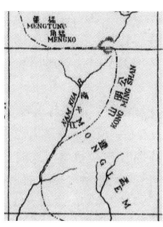

图3　薛福成汉文图、薛劳签字画押图、光绪二十三年界约附图中关于南卡江段画法差异[②]
资料来源：薛福成汉文图、光绪二十三年界约附图裁自台北"故宫博物院"《翠绿边地：清季西南边界条约舆图》，第241，251页；薛劳签字画押图裁自张凤岐《云南外交问题》之《滇缅界图》，商务印书馆，1934年。

除此之外，对于卡佤地，条约并无规定，英方认为中国已经承认该地为两国瓯脱之地，不中不缅，而该地全是"野人"，"凡有骑居界线，必致滋生许多事端"，因此将该处划归一区或总归一国为好，"俟至该处查明中国向来不服治化者，即行划入缅界，以便剿抚，庶几两相有益也"，如此一来，则此段边界便以"中国所属各土司现在实在能治理之境为界，凡不能弹压治理者，概划缅"。[③] 英方就这段边界的划分提出了两点意见，一是认为薛图不足为凭，当依据约文以经纬度为断，以分水岭为界来划定此段边界；二是卡佤之地（即蟒冷地）当根据中国土司实际治理之界划分，此外则

① 《请来署面同核对界图由》，《滇缅界务案》，"中研院"近代史研究所藏，文献编号：01-23-001-01-024。

② 薛劳签字画押图是指光绪二十年《中英续议滇缅界务商务条约》中国驻英大臣薛福成与英国管理外部事务大臣劳偲伯力在条约签订之后签字画押之图。

③ 《英员司格德等图混野卡瓦界务并法员吉理默等勘路情形由》，《缅甸档》，"中研院"近代史研究所藏，文献编号：01-23-008-04-006。

全部归入缅地。

前已提及，光绪二十二年滇督曾派屈洪泰、陈灿就此段边界展开过一次实地调查，但未探得公明山的实际位置。他们又于二十三年年底至二十四年年初进行了第二次实地调查，他们"带同随从人等登公明山详细巡视一周，查此山长约二百余里，山岭高峻，半入云际。山半百数十里内外环住居民十余寨，多系野狂。内有新地方一寨，系属猓夷，为猛角土职所属，卑职等此次亲履确查，不厌求详，再四考校，遍询该处土人，佥称此山确系夷呼洒母山，汉名公明山"，"公明山坐落，实与猛角、猛董相近，距猛角、猛董一百余里，其山半尚有猛角属之新地方一寨"，"其界线所经，自北纬二十三度处上山起，至北纬二十二度三十分下山止，界线均不离公明山"。正是由于这次实地调查，总署批复，"该厅营等亲往履勘，查明实系在中国红线界内，将来会勘，逐一确指，自难牵混"。[①]

这次复查使得中方对于镇边厅段边界形势有了较为清晰的了解，同时也坚定了中方以薛图作为划界依据界图的信心。因此面对英方光绪二十五年五月二十三日的节略，滇督在致总署的函件中明确指出，"英员始则欲借野卡瓦为改线侵占之基，继则增'分水岭'三字以图争我土司治理之地的归属，前则将公明、孔明两山混而为一，后则只言山岭以为改线内侵之张本"。[②]至于野卡佤之地，当按图约地势办理。

此后，双方围绕此段界线的划分，又进行了多次会议，未能取得一致共识，最终这次联合会勘以中英双方各划一线，各自禀报本国政府结束。英方仍以斯格德线作为划界依据，中方则拟出两条界线，一条依薛图所画，以上葫芦地班洪、公明山、南卡江作为边界走向，后称"镇道原定线"，一条在薛图的基础上按照条约中规定的行政区划为界，放弃了公明山及野卡佤之地，后称"镇道拟让线"。嗣因义和团运动爆发，两国划界也因此搁浅，此段边界暂时搁置。

光绪三十年（1904）三月二十八日，英国公使萨道义给总署发来照会，回顾了之前中英两国围绕南段未定界的交涉之所以未能达成共识，乃是由于中方所用地图是未经薛、劳二人签字的不确之图，如果与薛、劳二人签字之图对比，便知道中方所凭之图"实为谬误"。从而将此段未能勘划定界的责任推到中国身上，并再次重申英方斯格德线乃是按照图约划定的，"因逢庚子大乱，未遑将以上情形照会"，[③]其所附的界线说明也仍是按照斯格德线走向而定，要求中国予以承认。

① 《滇缅南段界务》，光绪二十四年闰三月二十八日，《滇缅界务案》，"中研院"近代史研究所藏，文献编号：01-23-003-01-002。

② 《英员司格德等图混野卡瓦界务并法员吉理默等勘路情形由》，《缅甸档》，"中研院"近代史研究所藏，文献编号：01-23-008-04-006。

③ 《照送中缅界图请允认赐复以便转报本国由》，《滇缅界务案》，"中研院"近代史研究所藏，文献编号：01-23-002-01-030。

五月四日，总署给英使的答复并未正面回应界图问题，而是认为之前两国各划一线未便作准，当派人再加以共同会勘。① 但在两天后发给滇督的函件中，明确提及界图问题，"我以英图为私，英以薛图为不确，辨说纷纭，致难定局。现经本部详细检查，存有缅滇分界图两种：一为薛星使汉文图，系光绪十九年九月十四日寄到，此商办滇缅界务，奏陈大概情形之图也。一为薛星使与英外部盖印画押之洋文图，系光绪二十年四月二十五日寄到，此议定缅滇条约后，附约本咨送之图也。前后相距数月，两图颇有参差"，"滇省所存十九年之薛图既在定约以前，英使指为未经签字，并非无因，而英馆映照薛劳签字之图，取以核对，又与二十年寄到之图无异。我若仍以薛图为凭，彼必不认，只可就画押盖印之图与之商办"。总署意识到英方希望中国仍承认斯格德线，"不无任意侵占，希图蒙混之处。而镇道所划之线亦相距较远，其土人所指之公明山在南卡江以西，原图则在南卡江以东"，② 因此对于此段边界还要进行调查，然后以薛、劳签字图为依据重新会勘，放弃双方的自划界线。至此，中方一直以薛图作为会勘依据的立场由于签约图的发现出现了动摇。

　　而总署再次会勘边界的主张也遭到了英方的拒绝。在英方商讨南段未定界如何处理的同时，中国已派石鸿韶于光绪三十一年（1905）十一月至三十二年（1906）三月进行了再次勘查，并在镇道拟让线的基础上再次退让，并得到总署认可，后称"部示线"。③ 和之前的镇道拟让线最大的区别在于，部示线又将西盟地区划归英属。图4即反映了这片争议区域。

　　和总署因界图问题而产生的划界主张动摇不同，云南地方政府的立场明显强硬，署滇督丁振铎于光绪三十年九月初九日致函总署，对这段边界的来龙去脉进行详细梳理。他认为此段边界的勘划基本无误，建议总署最好以镇道原定线作为两国边界，次则以镇道减让线作为底线。④ 总署在石鸿韶调查的基础上再次退让为部示线时，接任滇督岑春煊去信总署，指出此段边界中国有四个不可不争之处，坚决反对对英妥协。⑤ 总署因云南地方的意见，主张又趋于强硬。⑥ 此后，中英两国围绕南段未定界又展开

① 《镇边厅界务中英各划一纸未便作准应再派员会勘由》，《滇缅界务案》，"中研院"近代史研究所藏，文献编号：01-23-002-01-031。

② 《滇缅界务事抄送往来照会暨原图希详酌妥筹由》，《滇缅界务案》，"中研院"近代史研究所藏，文献编号：01-23-002-01-032。

③ 对于这一部分之交涉，朱昭华已做了较为详细的研究，兹略之，参见氏著《中缅边界问题研究》，第123—143页。

④ 《详覆确查中缅镇边厅界务情形由》，《滇缅界务案》，"中研院"近代史研究所藏，文献编号：01-23-001-01-040。

⑤ 《镇边界务事谨就节略所开考究有不可不争者四节特缮陈由》，《滇缅界务案》，"中研院"近代史研究所藏，文献编号：02-17-001-02-005。

⑥ 《中缅界务事》，《滇缅界务案》，"中研院"近代史研究所藏，文献编号：02-17-001-02-006。

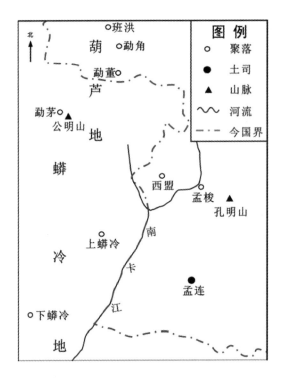

图4　滇缅南段区域示意图

资料来源：底图根据谭其骧主编《中国历史地图集》第8册"云南"图改绘。

了一些交涉，英方几次想通过两段未定界联合处理来解决界务问题，但直至片马事件发生，两国都未能取得一致意见，南段未定界也就此成为一桩悬案。

由此可见，在对此段边界进行联合会勘之前中英两国对于此段边界的看法和态度已基本形成。会勘开始之后，应依据的界图成为双方交涉的一个关键，其结果是中英双方各划一线。界图问题解决后，中英双方在此段边界上的立场均有让步，但最终未能就此段边界的勘划取得共识。好在中方对于上葫芦地班洪地区的主权声明和南段以南卡江作为两国边界的主张始终没变，从而对之后的边界谈判产生重要影响。

五、结语

本文从清末外交档案和条约舆图切入，以清末中英两国围绕滇缅边界的交涉进行考订性研究，试图更为全面地呈现清末滇缅边界的变迁过程。光绪二十年《中英续议滇缅界务商务条约》和光绪二十三年《中缅条约附款及专条》两次关于边界条约的签订，基本形塑了滇缅从尖高山直至潞江与南定江交汇处段的边界。中英两国围绕滇缅边界"分水岭"而展开的尖高山以北段未定界交涉，反映出地理认知对两国界务谈判的影响。小江流域的边界谈判，一开始英方利用中方对边界认识不清的情况，通过茨竹事件将其势力深入尖高山北小江以南的茨竹、派赖地区；再通过以大垭口作为分水岭，使中国放弃了对扒拉大山—高良工山以西领土的主权声诉。在石道、烈领联合勘界后，中方认识到"恩买卡河即恩梅开江"这一事实，为了解决此段界务纠纷，也为了维护整体西南边疆形势安全，中国虽然从未承认以高黎贡雪山作为边界分水岭的观点，但从事实上承认了以分水岭为界的主张，不过是用"扒拉大山—高良工山"一线来取代英方所称的"高黎贡山"。片马事件的爆发则是上述分歧的体现，最终结果是英国承认了高黎贡山以西中国对片马、古浪、岗房的主权诉求。

　　清末中英围绕会勘边界所依据界图的南段未定界交涉，呈现出对于界图的认知是如何影响双方的边界会勘。围绕扎法、罕炳昭事件的处理而引发的界务纠纷已令中英两国在会勘边界之前便基本形成各自的看法和主张。英方依据条约和界图中的经纬点及分水岭的走向作为划界依据，中方则以条约及界图中规定的行政区划作考量，双方各划一线。随着界图问题的解决，两方均作出一定让步，英方考虑的是借南段未定界的让步获取在尖高山以北段未定界谈判中获得更大利益，中方由于界图问题基本放弃了对于蟒冷地的划分主张，但出于对镇边厅区域的行政治理考量，并不承认英方的划界主张，使得双方就此段边界的勘划意见未能一致。虽然如此，中方对于班洪地区的主权声明对于中华人民共和国成立后中缅边界谈判产生重要影响。

　　由于清朝官员对边疆地理不熟悉，很长时间内只能以土司治理之地或行政区划的归属来应对英方以山川分水岭、经纬度等新的地理分界观念的主张。现代国家主权意识和领土观念的缺失，使得中国在边界谈判中长时间处在被动状态。梳理中英在清末时期的边界谈判可以看出，国家实力是边界问题的根本影响因素之一，但在具体的边界线划定上，时人对边疆地区地理认知的程度也起到了不容忽视甚至是关键性的作用。

（董嘉瑜，四川大学历史文化学院；杨伟兵，复旦大学历史地理研究中心）

存　目

1. 巴兆祥：《邹逸麟方志思想及其指导价值》，载《上海地方志》2021 年第 1 期。

2. 华林甫：《英藏"大清分省舆图"的初步研究》，载《地图研究》第 2 辑，中国地图出版社，2022 年 12 月。

3. 胡恒：《清代政区分等与官僚资源调配的量化分析》，载《近代史研究》2019 年第 3 期。

4. 胡恒：《从理事到抚民：清代归绥地区厅制变迁新探》，载《清史研究》2022 年第 2 期。

5. 段伟：《挣脱不了的附郭命运：明清时期凤阳府临淮县的设置与裁并》，载《复旦学报》（社会科学版）2020 年第 4 期。

6. 赵逸才：《清代县级政区的调整模式》，载《中国历史地理论丛》2022 年第 4 辑。

7. 赵逸才等：《清代县级行政区划调整的时空变动与演化机理》，载《地理学报》2022 年第 12 期。

8. 赵逸才等：《清代县级政区的设治理念、治所迁移规律与经验借鉴》，载《中国名城》2021 年第 10 期。

9. 薛梦缘：《晚清奉天东部县级政区界线变动》，载《中国历史地理论丛》2021 年第 2 辑。

10. 高茂兵：《清末民初同城治所裁并初探》，载《历史地理研究》2020 年第 1 期。

11. 李诚：《从"千里长堤"兴修看清代社会权力的转移》，载《河北大学学报》（哲社版）2015 年第 2 期。

12. 孙景超：《台北"故宫博物院"藏〈云南舆地图说〉考论——兼及〈伯麟图说〉的版本与流传》，载《文献》2022 年第 4 期。

13. 孙景超：《从"封禁"到"开放"清代吉林渔业的发展》，载《农业考古》2016 年第 6 期。

14. 华林甫、胡存璐、谢长龙：《积跬步以至千里——十部年会论文集评议》，载《历史地理研究》2021 年第 4 辑。

15. 华林甫、孙景超、赵逸才：《中国现代历史地理学的回顾与展望》，载《江汉论坛》2023 年第 1 期。

说明：华林甫主持的北京市社科重大项目《流散欧洲舆图与晚清史事研究》阶段性成果，本书不收，也未列存目。

附录：《清史地图集》文字内容选录

第一部分：《清史地图集》编例

（项目组起草，华林甫执笔）

一、本书为全国尺度的断代历史地图集，由序、前言、编例、目录、图例、序图、主体图组及图说、附录、地名索引、后记、作者名单、附件组成。

二、主体图组分全国、省域、专题三个图组，共七十二幅。

三、全国图组有四幅全国图，分别绘出乾隆六十年、道光二十年、光绪二十年、宣统三年疆域状况、省名省城与省界、所有府级政区名称与治所等。

四、全国图绘出各对应年份的疆域与政区。政区有各省域和府厅州县，简图标出国界、省界、省名、省城、道员驻地、府级政区名称与治所等，详图标出所有县级政区名称与治所（内外蒙古、西域新疆、青海、西藏除外）；边疆与少数民族地区有各将军辖区和青海、西藏、内蒙古，标出名称、驻地、边界线、部族分布；择要绘出西南、西北诸地文武各级土司；标出清人观念中的名山大川及其状态；标出海岸线、海域和主要岛屿；标出当年的邻国与都城名称等。宣统三年全国图标出府界，台湾省标为"日占"。

五、省域图组有五十七幅，绘出清末二十三省、内蒙古、乌里雅苏台将军辖区（本书简称"乌里雅苏台"）、青海、西藏各个省级地域的地图，局部区域放大图、城市图、租借地地图和近代失地地图集中编排于相关省域。

六、省域图二十七幅，分幅绘出光绪二十年台湾省地图（含钓鱼屿列屿）和宣统三年直隶、奉天、吉林、黑龙江、江苏、安徽、山东、河南、山西、陕西、甘肃、浙江、江西、福建、湖北、湖南、广东、广西、四川、云南、贵州、新疆二十二省以及内蒙古、乌里雅苏台、青海、西藏的地图。

七、省域图排序，遵从邹逸麟教授主持的国家清史纂修工程《清史·地理志》研究结论。

八、省域图组以宣统三年府级、县级政区为基本单元，呈现晚清的山岭、河流、湖泊、伏流河、井泉、海岸线、沙洲、岛屿、珊瑚礁等自然地理要素和各级职官驻地、聚落、市镇、驿站、商埠、塘汛、巡检司、行宫、边墙、关隘、运河、津渡、炮台、铁路、矿场、盐场、海塘、土司、界碑等人文地理要素状况。个别图幅标示副都统驻地及其辖区。少量图幅的标准年份在宣统三年之前。

九、省域图组各图，除青海、西藏之外，画出省级、府级、县级政区界线。个别县界、旗界、水域界未明处不画，以符清末之实。清末实行新政，吉林省宣统元年府厅州县撤销管辖关系，仍以府级、县级政区界线绘出。

十、省域图组力图绘出有清一代发生重大历史事件的地点，如萨尔浒、山海关、雅克萨、格登山、大溪滩、虎门寨、吴淞口、金田村、包村、杨家牌、冯官屯、梨园屯、郎房、楚望台等；但政区治所所在地名称或治所附近重要地物无法在图上标出，如长芦、颜神、盐官、平岭营、凤栖堡、九都市、唐家冈、同归域、大稻埕、烟集岗、成都武侯祠、黄冈邻苏园、苏州私家园林、上海江南机器制造局、绍兴府的兴隆山与大通学堂等。

十一、内蒙古东部南部的盟、旗，与山西、直隶、奉天、吉林、黑龙江五省壤地交错，在全国图上凡设有府厅州县处一律绘入各省，在省域图上则互出两见。内蒙古图绘出盟旗界而不绘府厅州县界，山西、直隶、奉天、吉林、黑龙江五幅省域图则不绘出盟旗界。

十二、省域的局部区域放大图，选定顺天府、直隶中南部、承德避暑山庄及其附近、太湖流域、皖江流域、归绥地区、关中平原、广东陆地主体、广州府城附近、四川中部、新疆中部、拉萨日喀则地区，共十二幅。

十三、城市图有京师、京师城属、盛京城、天津城、上海城市、武汉三镇、广州城七幅，标出主干街道、宫殿苑囿、河流湖泊、衙署、城墙、租界、警区、车站等。因受客观条件制约，各个省城内部样貌无法展开。

十四、租借地或包含租借地的地方有旅大、胶澳、威海卫、广州湾、香港、澳门，原在中国版图之内而近代失去的地域如黑龙江以北至外兴安岭地区、乌苏里江以东至海地区、库页岛、江东六十四屯、巴尔喀什湖以东以南地区，均单独设置图幅。

十五、专题图组有十一幅地图，选取在清史上具有重要意义并且能以地图形式表达的主题。

十六、清初直省府厅州县图绘出康熙二十四年各省和府厅州县的政区名称、治所，标出名山大川、海岸线、海域、岛屿、政权部族界、邻国与都城名称等；简图标出省名、省城、省界、府级政区和属州的名称与治所等，标出部分土司，详图标出所有县级及其以上政区名称与治所（附件）。柳条边图绘出康熙中期老边、新边形势和各边门满、汉名称。漕运图以分级设色表示乾隆三十一年有漕八省各地漕额之多寡（附清江浦图）。卡伦图绘出乾隆到同治期间北部边疆的卡伦分布。八旗驻防图绘出乾隆六十年的分布状态。驿路图绘出嘉庆二十五年由驿、站、台、塘构成的驿路，分详、略二图。晚清黄河下游改道图标示咸丰五年前与后各自的黄河流经。全国通商口岸图、铁路图、邮政图则绘出宣统三年的静态面貌，邮政图也分详、略二图。

十七、图说有六十七篇，对应各相关图幅，覆盖全部地域；其中直隶中南部、皖江流域、关中平原、四川中部、新疆中部五图地理情况，见相应各省图说。

十八、传统纪年括注公元年份的做法，学界习以为常，但欠准确。本书的传统纪年不再简单括注公元年份，而是把清朝每个年号开始的第一天和结束的最后一天换算成公元年月日，以助于读者进一步推算。详见附录1。

十九、各图对应年份的道名、道员驻地、辖区范围，详见附录2。图中用下划线标在道员驻地地名文字的下方。

二十、附件为七幅全开张详图，即：清初直省府厅州县图和四幅全国图、驿路图、邮政图。装订于书中的同名图幅为简图。

二十一、本书的"宣统三年"，是指该年的武昌起义之前时段（辛亥年正月初一日至八月十九日，公元1911年1月30日至10月10日）。

二十二、清朝的中国疆界，依据清史档案、文献，参照谭其骧院士主编的《中国历史地图集》（第八册）绘制；中华人民共和国国界线，按照中国地图出版社1989年出版的《中华人民共和国地形图》绘制。

二十三、涉及边疆与少数民族地区的地物名称，凡清朝文献记载若存在汉字异写，遵从图幅作者的研究结论，一般以官方名称或使用多数或约定俗成等原则予以采用；如果存在不同时段的异写，同此（例如关于蒙古部落名称的汉字异写，同治及其以前使用"扎萨克"，光绪、宣统年间使用"札萨克"；道光及其以前使用"赛因诺颜"，咸丰及其以后使用"三音诺颜"；乾隆及其以前使用"厄鲁特"，嘉庆及其以后使用"额鲁特"）。

二十四、政区地名专名中，因避讳而更改本字的，予以沿用；凡以缺笔、异体字等形式避讳的，则予以回改。

二十五、所有地图标注的今地，以2023年12月31日政区为准。

第二部分：直隶图说

（华林甫）

顺治元年改明北直隶为直隶，领有顺天、永平、大名、顺德、广平、河间、保定、真定八府，延庆、保安两直隶州及宣府镇。顺治初置四巡抚、一总督，即：顺天巡抚、保定巡抚、宣府巡抚、天津巡抚、宣大总督，至十八年仅存保定巡抚。康熙六年改保定巡抚为直隶巡抚，八年移治保定府，并设守、巡二道，五十四年直隶巡抚加总督衔。雍正二年，改直隶巡抚为直隶总督，改守道为承宣布政使司、巡道为提刑按察使司，俱治保定府。同治九年起，直隶总督因兼北洋大臣而常驻天津（有总督行馆）。

省城保定城系元修，明初增筑女墙，雍正七年建四门、马道，乾隆十八年、嘉庆十三年重修。天津城系明永乐二年建，雍正三年修筑，门四，外有濠，乾隆二十六年重修。

省境东邻奉天、濒临渤海，西界山西，南连河南、山东，北与内蒙古壤地交错。长城区分内、外，外长城东起山海关，西北经喜峰口、古北口、慕田峪、独石口、张家口迄于宣化府；内长城北起慕田峪，西南经内三关而达顺德府大岭口。

顺治十六年，废漷县入通州、兴济入青县；延庆州之永宁县废入永宁卫。康熙十五年，遵化县升为属州，辖丰润县。康熙二十七年，顺天府分四路同知，属霸昌、通永二道。三十二年，宣府镇改为宣化府，裁撤卫所改为宣化、赤城、万全、龙门、怀来、怀安、蔚、西宁八县；废永宁卫，延庆、保安二直隶州降为散州。雍正元年置热河厅，"真定"因避讳改为"正定"。二年置张家口厅，正定府之冀、赵、深、定、晋五属州升为直隶州，原领县的景州降为散州。三年，改天津卫为天津直隶州，领武清、静海、青县三县；改任丘为任邱，改内丘为内邱；内黄县改属河南彰德府，浚县、滑县改属河南卫辉府。四年，以河南彰德府之磁州来属。六年，顺天府之通、涿、霸、昌平、遵化五属州降为散州，丰润改属永平府；蔚州自山西大同府来属。七年，沧州升直隶州，辖东光、南皮、盐山、庆云四县。九年，升天津直隶州为天津府，置天津县、宁河县，降沧州直隶州为散州并属天津府。十年，置多伦诺尔厅。十一年，升易州为直隶州，辖涞水、广昌二县；升热河厅为承德直隶州；置八沟厅。十二年，晋州降为散州；置独石口厅。雍正年间，开州降为散州。乾隆元年，置四旗厅。二年，置临榆县。五年，置塔子沟厅、喀喇河屯厅。七年，改承德直隶州为热河厅。八年，遵化升为直隶州，辖玉田、丰润二县，蓟州降为散州。十一年，改庆都为望都。二十二年，废蔚县入蔚州。二十三年，废魏县入大名、元城。二十六年，废延庆卫。三十九年，置乌兰哈达厅、三座塔厅。四十三年，升热河厅为承德府，改八沟厅为平泉州、喀喇河屯厅为滦平县、四旗厅为丰宁县、塔子沟厅为建昌县、乌兰哈达厅为赤峰县、三座塔厅为朝阳县。道光十二年，废新安县入安州。光绪二年，置围场厅。光绪三十年，朝阳县升朝阳府，置阜新、建平二县属之。三十一年，围场厅改属宣化府。三十四年，赤峰县升直隶州，置开鲁、林西二县属之；置绥东县，属朝阳府。宣统元年，置隆化县。至宣统三年，直隶全省领府十二、直隶州七、直隶厅三、散州十七、散厅一、县一百二十七。

围场厅，原属承德府，后改属宣化府，宣统三年十一月十八日（公元1912年1月6日）从宣化府回归承德府。依《编例》第二十一条，此变动在图中不予标示。

名山有太行、大茂、燕山、碣石。太行山南起河南北部，北向为直隶与山西分界，北止于边墙，东迤为京师西山、燕山，至滨海碣石而止。北岳原为直隶曲阳大茂山，顺治末移祀于山西浑源。园林以京师西郊三山五园著称。清帝陵有遵化东陵、易州西陵，均建有行宫；塞外承德，有避暑山庄。

河流多由四境汇入海河、滦河等入海，漳、黄则入山东。潮、白二河合流至顺天府为北运河，于天津汇合永定、大清、子牙、南运诸河为海河。永定河原名“无定河”，自山西来，迳宣化、顺天二府入天津，康熙三十七年筑堤后钦赐河名“永定”。滦河源出多伦诺尔厅，东南迳承德、永平二府及遵化州入海。漳河源出山西，至大名府合卫河，又入山东。黄河自咸丰五年后北徙，迳大名府，亦入山东。

湖泊有东、西二淀，南、北二泊。东、西二淀以保定县张青口为界，东淀以三角淀为大，雍正四年导永定河入淀后渐淤。西淀以白洋淀最广，水草丰茂，清末仍为泽国。南泊即张家泊、大陆泽，清末近涸；北泊即宁晋泊，晚清仍为汪洋。

境内河道多有航运功用，南、北运河即如此，即使大清河之船舶也可以从天津航行至保定府城。铁路有津榆铁路、京奉铁路、京汉铁路、京张铁路、正太铁路、津浦铁路等。

商埠有约开之张家口、天津及自开之秦皇岛。

天津小站，为清末袁世凯练兵处。

因中南部平原小县众多，高邑、柏乡、广平、唐山、保定、容城诸小县错杂其间。广平府之威县飞地广布，小至一村、大则连片，直隶之冀州、南宫、曲周、鸡泽与山东之临清、冠县、邱县皆有属地。义和团运动起源地——梨园屯，即是山东冠县在直隶威县境内的飞地。

为体现中南部平原地理面貌，单独研制了《直隶中南部》放大图。

第三部分：浙江图说

（华林甫）

　　"浙江"系指钱塘江，原为河流名称，唐宋以来借用于政区，遂为省域专名。简称"浙"之用法，渊源甚早，清初业已常用。

　　顺治初年，领有杭州、嘉兴、湖州、宁波、绍兴、台州、金华、衢州、严州、温州、处州十一个府，管辖一属州、七十五县，其中安吉州为湖州府属州、辖孝丰县。康熙元年改崇德县为石门县，二十六年以舟山置定海县，改原定海县为镇海县。雍正八年分乐清、太平两县海岛地置玉环厅。乾隆三十八年，升海宁县为海宁州，降安吉州为县，孝丰县直属于湖州府。海宁州之南沙地方，因江道北徙，嘉庆十六年改隶萧山县。道光二十一年升定海县为定海直隶厅。咸丰十一年，太平天国李秀成攻占杭州，省会迁往衢州，同治三年复旧。淳安，同治初因避帝讳改曰淳安，后回改本字。宣统元年置南田厅。清末有四道，杭嘉湖道驻杭州、宁绍台道驻宁波、金衢严道驻衢州、温处道驻温州。厅制在浙江的具体情况，定海为直隶厅，玉环、南田二厅为散厅；文献记载另有石浦厅，只是宁波府海防同知驻石浦，实际并不存在叫"石浦厅"的这个政区。总计宣统三年全省政区，有十一府、一直隶厅、二散厅、一散州、七十五县。

　　因此，有清一代政区相对稳定，而省域也基本无变化，东至海中舟山、普陀诸岛，海上以羊山、黄龙山与江苏分界；西接安徽、江西，南连福建，北邻江苏而以太湖之大小雷山为界。东临大海，杭、嘉、绍、宁四府间为杭州湾，宁、台、温三府东濒南大洋（晚清称"东海"），舟山四周环海。

　　省城杭州，在西湖之东，城门有十，康熙二十四年、雍正五年重修。顺治七年筑满洲驻防城于省城西北隅，十六年置八旗镇守杭州等处将军。雍正二年，设八旗驻防水师营于平湖县乍浦镇。

　　浙江提督驻宁波府，总兵官有五，分别曰定海镇、海门镇、衢州镇、温州镇、处州镇；其中，处州镇原系平阳镇，康熙四十九年改；海门镇原系黄岩镇，同治十二年改。

　　浙江名山，有天目、会稽、四明、普陀、天台、括苍、南北雁荡，湖泊有湖州太湖、杭州西湖、嘉兴南湖、宁波东钱湖，大川有钱塘江、苕溪、浦阳江、曹娥江、姚江、甬江、灵江、瓯江及江南运河（大运河）。杭州西湖以风景宜人名闻天下，南宋以来以"西湖十景"著名。钱塘江入海口原在南大亹,明万历末至乾隆初,时或由中小亹入海;乾隆二十四年后,改由北大亹入海,由此造成杭州湾两岸土地的南涨北塌,而江流逼近海宁盐官,海潮与江水相薄,奔腾咆哮,蔚为壮观,曰"浙江潮"。海塘,乾隆时筑成"鱼鳞石塘",起自平湖县与江苏金山县分界,西南经海盐、海宁、仁和、钱塘,复自萧山东经山阴、会稽、上虞、余姚、慈溪,至镇海而止。因属水乡,河、溪、泾、塘、港、汉、溇、泾、湖、漾甚多,不可胜记。

浙江拥有江南运河南段,水运便利。清末已建沪杭铁路和拟建杭甬铁路,连接嘉兴、杭州、绍兴、宁波四府。

著名市镇,杭州府有笕桥、临平、留下、仓前、良渚、长安、硖石、袁花等,嘉兴府有新塍、王店、王江泾、玉溪、洲钱、澉浦、魏塘、斜塘、乍浦等,湖州府有南浔、菱湖、双林、练市、新市等,绍兴府有西兴、钱清、柯桥、百官、梁弄、观海卫、三山所等,宁波府有邱隘、柴桥、溪口、瀣浦、鸣鹤、龙头场等,跨界市镇有:枫泾镇为江浙两省之分界,乌青镇、塘栖镇为两府之分界,濮院镇、临浦镇各为两县之分界。

宁波系道光二十二年中英《南京条约》所开五口通商口岸之一。温州系光绪二年中英《烟台条约》开辟为通商口岸,故瓯江孤屿山上至今仍有英国领事署旧址。据中日光绪二十二年《杭州塞德耳门原议日本租界章程》,武林门外拱宸桥北、运河东岸一带被辟为日租界。

独松关地处杭、湖交界,为趋安徽广德要隘。千秋关北接安徽宁国府。昱岭关当浙、皖分界。仙霞岭为浙、闽往来要冲。分水关地当闽、浙分界。

藏书楼为文化发达之象征。杭州有皇家之文澜阁,私家之鲍廷博知不足斋、汪氏振绮堂、吴焯瓶花斋、卢文弨抱经堂、丁丙八千卷楼;嘉兴有朱彝尊曝书亭、海盐张氏适园、海宁蒋光焴衍芬草堂,湖州有陆心源皕宋楼、南浔刘氏嘉业堂,宁波有范氏天一阁,绍兴有李慈铭越缦堂、余姚黄氏五桂楼,台州有临海洪颐煊小停云山馆,温州有瑞安孙诒让玉海楼等。

康熙帝南巡至绍兴大禹陵,乾隆帝驻跸海宁安澜园。三藩之乱时,官军曾歼叛军于江山县大溪滩。诸暨县东北七十里包村,太平天国期间曾发生大屠杀事件。

浙江为海防要地。舟山岛晓峰岭下,定海三总兵抗英而壮烈殉国。镇海县东北一里招宝山,上有威远城,地当甬江入海口西岸,道光二十一年英舰由此登岸,光绪十一年法国将领孤拔被毙于此。乍浦有八旗驻防,道光二十二年被英军攻陷。同治元年九月,洋枪队"常胜军"头目华尔被击毙于慈溪县。

今标示宣统三年浙江全省县级及其以上政区,绘出政区治所和县界、府界、省界,而山川、河湖、海岸、盐场、岛屿、聚落、关隘、巡检司等则展示有清一代主要状况。

后 记

　　这是《清史·地理志》《清史地图集》项目组成员阶段性成果的再一次汇总，收录论文四十篇，已是项目组的第五部论文集。项目组成员在完成国家社科基金重大项目《清史地图集》（批准号：12&ZD146；结项证书号：2018&J047）、校订清史地图清样的同时，在清史地理研究领域做了许多探索，笔者为之欣喜！

　　此书分为四个部分。第一部分为清代历史地图编绘研究，收录与《清史地图集》直接相关的论文十三篇，既有恩师邹逸麟教授的"序"，也有谋篇布局的探讨，更多的则是具体问题的研究。《清史地图集》是笔者担任首席专家的国家社科基金重大招标项目，实际参加项目的师生有来自十多家学术单位的七十六人，在继承谭图学术精神的基础上努力创新，研制一部全面反映清代疆域、政区演变过程的历史地图集。七十二幅图的每一幅都有新意，图上每一处点、线、面都必须有文献史料依据，遵循孤证不立的原则，为此项目组不仅写了上千万字考证，得出了一系列全新认识，而且也经历了纸本图幅的一校、二校、三校和三校核对等步骤，所以才陆续发表了这些论文。本书所收，只是其中的一部分。

　　第二部分为清代古地图与地理志书研究，选录八篇论文。研制《清史地图集》离不开史料，包括文字史料和舆图史料。早在2009年，笔者在拙著《英国国家档案馆庋藏近代中文舆图》（上海社会科学院出版社）第22页就已提出倡议："从历史地理学学术界开始，逐步建立'舆图也是史料'的新概念，以期充分重视、挖掘、利用我们国家丰富的舆图庋藏，去充实各个具体领域的研究，将学术事业推向前进。"因此，项目组一贯重视这方面的摸索，在研制《清史地图集》中利用了大量古地图与地理志书材料，包括对海外庋藏中文古地图资料的挖掘，不仅有汉文的，也有少数民族文字的。我们项目组不可能也没有只盯着一两种（部、册）古旧地图或文字典籍，所以才有了这一组论文，并且还完成了北京市社科重大项目《舆图流散欧洲与晚清史事研究》（项目编号17ZDA09）的研究；从另一方面来说，假如仅仅把《大清帝国全图》（或者以该图为主）的地名悉数照搬到现代底图上，那样依样画葫芦作成的清朝（历史）地图将毫无质量可言，更写不出高质量的相关论文。

第三部分为清代政区沿革研究，收录从省域到县级政区的研究论文十三篇。从事《清史地图集》编绘研制，最基础的出发点是做政区的分解式研究，包括名称、上属、下辖、幅员、等第、行政界线等要素的研究。笔者在拙文《110 年来中国历史地图集编绘的成就与未来展望》(《中国历史地理论丛》2021 年第 3 辑，《新华文摘》2021 年第 21 期转载）中曾指出："历史地图集的研制编绘应该基于扎实可靠的沿革地理考证，'谭图效应'已经充分证明了这一点。不论历史地图集的性质是专题、区域抑或是断代，图上的任何地理要素、专题内容都是依托于历史疆域与政区研究，复原疆域、厘清政区沿革是一切历史地图工作的出发点。沿革地理涉及的问题是巨量的，研制者需要做好每一个细节，否则会涉笔便误、贻笑大方。"项目组在这方面做了很多研究，不仅有上千万字的《编稿表》考证，还有两篇博士后出站报告、六篇博士学位论文、十五篇硕士学位论文，更多的则是平时写下而尚未成文的考据文字，故而写成的学术论文只是沧海一粟。

第四部分为清代边疆地理研究。历史中国的疆域，奠基于秦汉，定型于清朝，清朝疆域继承了汉唐元明的主体。从清初到辛亥革命爆发的两百多年里，清朝疆域发生过巨大变化，值得研究的方面很多，本书收录的六篇只是与《清史地图集》有关的篇章。

以上四十篇论文全部都公开发表过，这次收入本书时，作者们大多做了少许增补、改写，内容将与《清史地图集》相得益彰。另有十余篇相关论文，因篇幅所限，只得列入存目。

《清史地图集》学术顾问邹逸麟教授，给予了项目组许许多多具体的指点，不幸于 2020 年 6 月 19 日病故。谨以此书，纪念恩师。

从 2003 年开始规划的中国人民大学"历史地理学研究丛书"，分甲、乙、丙、丁四种。甲种是学术专著，乙种是教材和通论性著作，丙种是论文集、集体著作、古籍整理与研究成果，丁种为工具书、学术资料集。"清史地理研究""清代政区地理研究"两个系列属于丙种，《清代地理志书研究》(即《清史地理研究·第一集》）编号为丙种第壹号，《清代政区地理初探》编号为丙种第贰号，《清史地理研究·第二集》编号为丙种第叁号，《清代政区地理续探》编号为丙种第肆号，本书《清代政区地理三探》编号为丙种第伍号（系中国人民大学科学研究基金项目"清史地理信息系统研究"[批准号：22XNLG03]成果）。

感谢北京联合出版公司一如既往地支持"清代政区地理研究"系列论文集的出版，感谢中国人民大学科研处的支持，也感谢历史地理学专业在校研究生崔童等学生的参与。

若有不足之处，希望学术界批评、指正。

华林甫

2023 年 1 月 21 日（农历壬寅年除夕）

图书在版编目（CIP）数据

清代政区地理三探 / 华林甫主编 . —北京：北京
联合出版公司，2024.7

ISBN 978-7-5596-7506-4

Ⅰ.①清… Ⅱ.①华… Ⅲ.①政区沿革—中国—清代
—文集 Ⅳ.① K928.2-53

中国国家版本馆 CIP 数据核字（2024）第 062944 号

清代政区地理三探

主　　编：华林甫

副 主 编：段　伟　丁　超　胡　恒

出 品 人：赵红仕

出版监制：刘　凯

责任编辑：孙常凤

封面设计：耿中虎

内文排版：北京麦莫瑞文化传播有限公司

北京联合出版公司出版
（北京市西城区德外大街 83 号楼9层　100088）
固安兰星球彩色印刷有限公司印刷　北京联合天畅文化传播有限公司发行
字数 920 千字　787mm×1092mm　1/16　39.25 印张
2024 年7月第1版　2024 年7月第1次印刷
ISBN 978-7-5596-7506-4
定价：98.00 元
